滿文老檔 만문노당

태조 1

알타이학번역총서 1

만문노당 | 태조 1 |

초판 1쇄 인쇄 2019년 3월 20일
초판 1쇄 발행 2019년 3월 25일

역주자 김주원 외
펴낸이 오세정
펴낸곳 서울대학교출판문화원

출판등록 제15-3호

주소 08826 서울 관악구 관악로 1
대표전화 02-880-5252 | 팩스 02-889-0785
홍보마케팅팀(주문 상담) 02-889-4424, 02-880-7995
이메일 snubook@snu.ac.kr
홈페이지 www.snupress.com

ISBN 978-89-521-2060-1 94910
978-89-521-1978-0 (세트)

이 저서는 2007년 정부(교육과학기술부)의 재원으로
한국연구재단의 지원을 받아 수행된 연구임(NRF-2007-361-AL0016).

알타이학번역총서 1

만문노당
滿文老檔

태조 1

김주원 외 역주

서울대학교출판문화원

Tongki Fuka Sindaha Hergen i Dangse

The Chronicles of Early Qing Dynasty
1607~1626 C.E.

Taizu Vol. 1

Translated and Annotated

by KIM Juwon et al.

Seoul National University Press

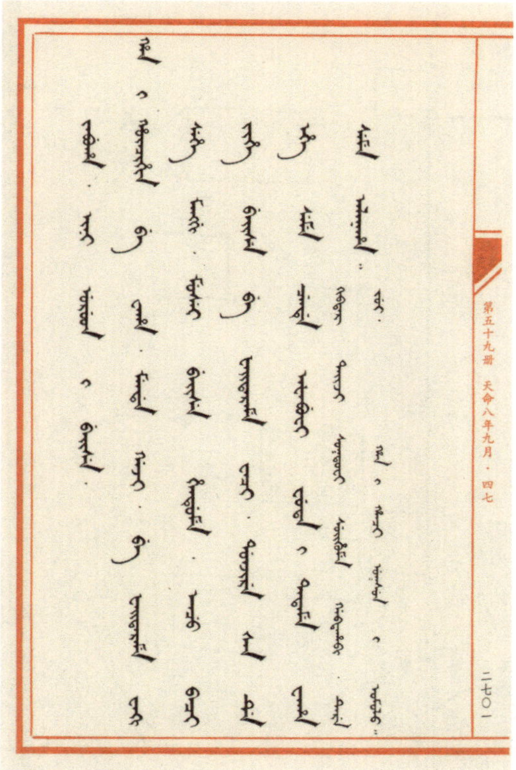

그림 1
『만문노당(滿文老檔)』 제59권 24a
(랴오닝민족출판사, 2009년)

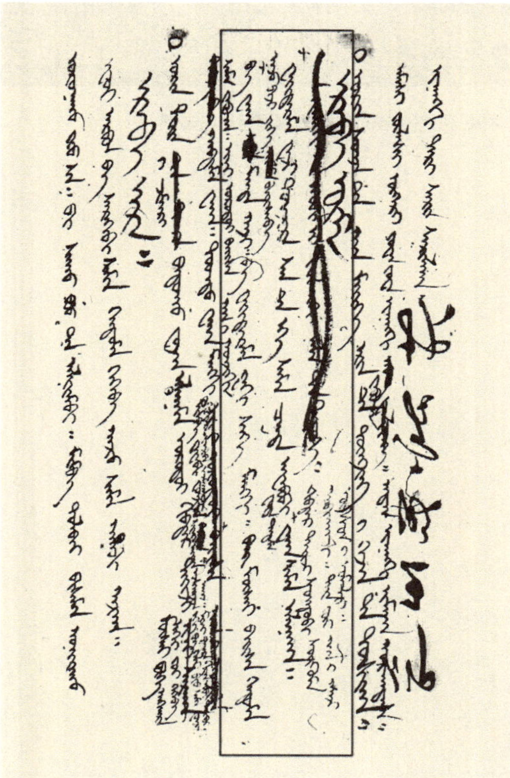

그림 2
『만문노당(滿文老檔)』 제59권 24a에 해당하는
『만문원당(滿文原檔)』 주자당(宙字檔)

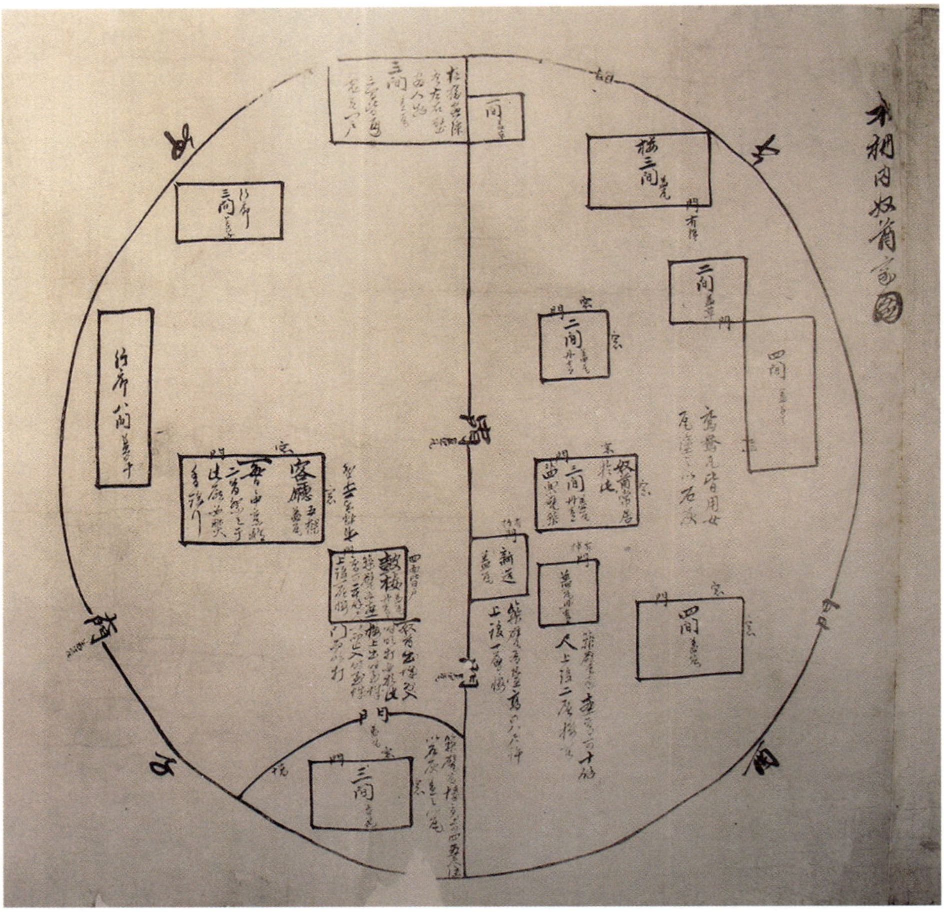

그림 3 Fe Ala에 있는 누르하치(Nurhaci)의 처소 도면(申忠一, 『建州紀程圖記』, 1596년)

그림 4 팔기기치(八旗旗幟) (선양고궁박물원)
위 아래에서부터 각각 정람기(正藍旗), 정백기(正白旗), 정황기(正黃旗), 정홍기(正紅旗)
아래 아래에서부터 각각 양황기(鑲黃旗), 양백기(鑲白旗), 양홍기(鑲紅旗), 양람기(鑲藍旗)

머리말

2010년 중국의 선양시에 있는 랴오닝성 도서관에서 만주어 서적을 조사하고 촬영하는 작업을 마치고, 랴오닝민족출판사에 들렀다. 만주어 관련 서적을 많이 취급하는 출판사이다. 새로운 책이 여럿 출판되었는데 그중에 『만문노당(滿文老檔)』 영인본이 눈에 띄었다. 태조조 7권, 태종조 9권 등 모두 20권으로 된 거질의 책이 컬러로 영인된 것이다. 『만문노당』은 일본의 청사(淸史) 연구 학자들에 의해서 이미 60여 년 전에 번역이 이루어졌고(1955~1963), 이를 통해서 한문 사료를 중심으로 한 기존의 청 초기사 연구를 만주어 사료를 통한 연구로 바꾸어놓았을 뿐 아니라, 이후의 청사 연구의 흐름을 바꾸어놓은 중요한 문헌으로 잘 알려져 있다. 다른 한편으로 『만문노당』은 만주어를 연구하는 데 필수 불가결한 책이기도 하다. 당시까지는 이 책의 원본을 보기가 어려웠는데 이제 영인본이 출판됨으로써 비로소 이용이 가능해진 것이다.

마침 서울대학교 인문학연구원에서 번역을 지원하는 프로그램이 있어서 알타이학연구소를 통해서 신청을 하여 지원을 받게 되었다. 2011년에 시작하였으니 지금으로부터 8년 전의 일이다. 본서의 주 번역자는 필자와 고동호 교수였다. 그러나 번역을 시작하고 보니 절대량이 많아서 시간과 노력이 엄청 들어가는 작업이었다. 그리하여 2014년 5월부터는 박사과정 학생들과 공동 작업을 하기로 하였다. 이후 학기 중에는 일주일에 최소 한 차례씩, 방학 기간 중에는 최대 나흘씩 머리를 맞대고 번역 작업을 하였다.

이와는 별도로 한국연구재단이 지원한 "만주어문학의 통합적인 연구를 위한 만주어 사전 및 만주문학 자료 DB 구축"(2012. 9. ~ 2015. 8.) 작업도 병행하였다. 지금 돌이켜 보니 2011년부터 6년간은 만주어 문어에 파묻혀 지낸 나날이었다. 2017년 여름에 번역이 끝나고, 그 뒤로 삼독 사독을 하면서 다듬는 과정을 거쳤다. 기록을 보니 2018년 1월까지 모두 237차례의 모임을 가졌다. 그 이후 거의 1년 동안 색인을 작성하고 교정 작업을 하였다.

번역 작업은 언어학 연구와는 다른 종류의 작업이었다. 특히 『만문노당』은 언어학 문헌이 아니라 역사 문헌인 점에서 언어학 전공자인 우리에게는 무척 힘이 들었다. 청사에 대한 지식이 일천한 역자들로서는 정확한 번역을 하려고 안간힘을 썼지만 오류가 없지 않을 것이다. 앞으로 고칠 기회가 있기를 바란다. 한편 우리 역자들은 대용량의 만주어 문장 자료를 다루는 작업을 통해서 만주어에 관해서 많은 것을 깨달아 알 수 있게 되었다.

위에서 말한 대로『만문노당』은 청대사 연구와 만주어 연구에 매우 중요함에도 불구하고 원본의 면모를 보기 어려웠으며 2009년에야 비로소 영인되어 나왔다. 더구나 이 책의 원본인 내각본에는, 숭모각본(랴오닝성 당안관 소장)에는 없는 난해 어구에 대한 두주(頭註)까지 원본에 있는 그대로 영인 출간됨으로써 자료로서의 가치가 높고 한층 더 정확한 번역이 가능하게 되었다.

간단하게 이 책의 특징을 제시하면 다음과 같다. 첫째, 만주문을 전자(轉字)하고 그와 나란히 번역문을 제시하였다. 만주문 전자는 행 바꿈을 원문과 동일하게 했을 뿐만 아니라, 존귀한 대상이나 그의 말을 대두(擡頭)한 경우에 화살표로 표시를 하여 원문의 대두 부분을 그대로 반영하였다. 즉 원문의 형식을 그대로 반영하면서 가장 정확한 번역이 되도록 노력하였다. 둘째, 전자와 번역에 정확성을 기하기 위하여, 저본인 내각본과 이본인 숭모각본을 대조하였다. 셋째, 각주에서는 역사적 사실에 관한 주석과 언어학적 주석을 붙임으로써 여러 분야에서 연구의 텍스트로 이용할 수 있도록 하였다. 넷째, 기록 당시의 상황에 대한 이해를 돕기 위해서 명말 청초 요동·요서지역의 지도를 첨부하였다. 다섯째, 권말에는 각 기사의 내용을 한두 행으로 요약하여 제시함으로써 원하는 내용을 쉽게 찾아볼 수 있도록 하였다. 여섯째, 인명 색인과 지명 색인에는 조선의 역사 기록 자료에 나오는 한자 고유명사를 추가함으로써 상호 참조가 가능하게 하였다.

비록 외국에 비해 늦은 감은 있지만, 이 책이 한국의 만주어 연구자들이나 청사 연구자들에게 길잡이가 되어서 앞으로의 연구에 도움을 줄 수 있으면 더 이상의 바람이 없겠다.

필자를 포함한 대부분의 역주자들은 우리나라 만주어 연구의 선구자이신 고(故) 성백인 선생님을 통해서 만주어를 접하였다. 이 책의 번역 과정에서 따뜻한 격려를 아끼지 않으셨던 성백인 선생님께 진심으로 감사를 드린다. 그리고 많은 시간을 들여 번역문 전체를 일별한 후 의견을 주신 권재일 교수께 감사드리며, 권두 부분에 있는 요동·요서지역의 지도를 작성하는 데 도움을 준 고예나 양에게 감사드린다.

2019년 2월

역주자를 대표하여
김주원 씀

일러두기

1. 이 번역서의 저본은 내각본(內閣本)『만문노당(滿文老檔)』이며, 저본의 영인본은 다음과 같이 출판되었다. 中國第一歷史檔案館 整理 · 編譯(2009),『內閣藏本滿文老檔』, 瀋陽: 遼寧民族出版社.
2. 만주문자의 로마자 전자(轉字)는 기본적으로 Möllendorff(1892)의 전자 방식을 따르고, 한어 등을 표기할 때 사용되는 특수문자는 성백인(1977)의 전자 방식을 따른다.
3. 원문에 따라 행을 나누며 각 장의 첫 행마다 (권차: 장차) 번호를 표시한다. 각 장의 앞면은 'a', 뒷면은 'b'로 표시한다. 예) (15:17a)는 '제15권 제17장 앞면', (27:12b)는 '제27권 제12장 뒷면'.
4. 원문의 체제(體制)를 반영하기 위해 다음의 부호를 사용한다.
   (1) 원문의 점 하나는 로마자 전자에서 쉼표(,)로, 점 두 개는 마침표(.)로 옮긴다.
   (2) ○ : 원문에서 기사가 시작되는 곳에 표시한 동그라미를 나타낸다.
   (3) ← : 원문에서 행을 한 단계 대두(擡頭)하여 한(汗)의 말을 높이는 것을 나타낸다(아래 그림 1의 1단 대두 참고).
   (4) ⇦ : 원문에서 행을 두 단계 대두하여 abka '하늘', han '한(汗)' 등의 존귀한 단어를 높이는 것을 나타낸다(아래 그림 1의 2단 대두 참고).
   (5) [原檔殘缺] : 원문이 소실된 부분에 '原檔殘缺'이라고 써서 붙인 찌지를 나타낸다. 번역문에는 '□□□'로 표시한다.
   (6) _____ : 원문에서 난상(欄上)의 두주(頭註)로 설명하는 난해어구(難解語句) 왼쪽에 붙인 황색 띠지를 나타낸다. 원문의 두주는 이 책에서 각주 위치에 '頭註'라고 적고 옮긴다(아래 그림 2 참고).

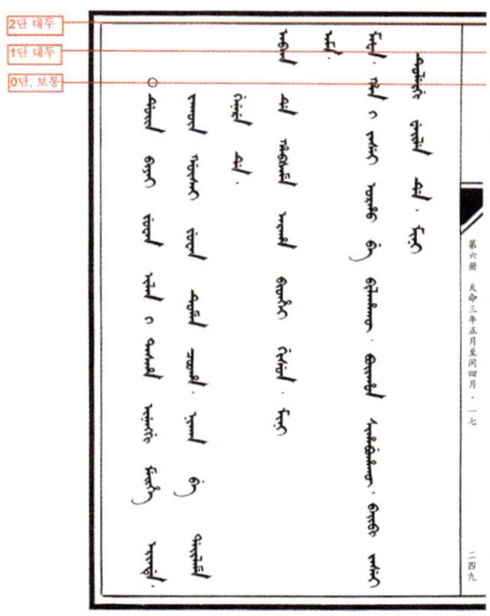

그림 1 대두(擡頭)의 예

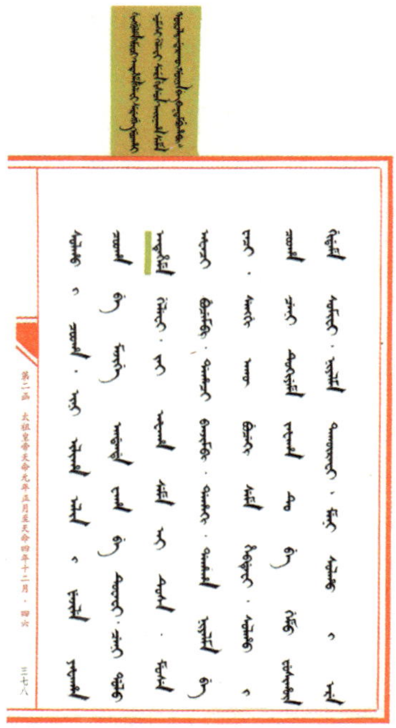

그림 2 두주(頭註)의 예

(7) 협주(夾註)는 괄호 안에 본문보다 작은 글씨로 쌍행(雙行)으로 적는다.

(8) 원문에서 기사와 기사를 구분하는 빈 행은 그대로 빈 행으로 남긴다.

5. 번역은 직역에 가깝게 하되, 자연스러운 한국어로 읽히도록 최소한의 의역을 한다.

6. 인명과 지명 등 고유명사는 다음과 같이 옮긴다.

(1) 원래 한어이거나 관습적으로 한자로 표기되는 고유명사는 한국 한자음으로 옮기고, 각 권에서 최초로 나타나거나 환기할 필요가 있는 경우 괄호 안에 한자를 병기한다. 예) giyang gung liyei: '강홍립(姜弘立)', guwangning: '광녕(廣寧)', kubuhe suwayan i gūsa: '양황기(鑲黃旗)' 등.

(2) 그 외에는 로마자로 적되, 단어의 첫 글자는 대문자로 적는다.
예) bujantai: 'Bujantai', yehe: 'Yehe', omoho suru: 'Omoho Suru' 등.

7. 일반명사는 다음과 같이 옮긴다.

(1) 한국어 대역어가 있는 경우 그것으로 번역한다.
예) bira: '강', cooha: '병사', niyalma: '사람' 등.

(2) 정확한 한국어 대역어가 없는 경우 한국어 독음(讀音)으로 적거나 의미를 풀어서 번역한다.
예) beile: '버일러', fujin: '푸진', gucu: '구추', gucihi: '남편의 다른 부인'.

(3) 원래 한어이거나 관습적으로 한자로 표기되는 경우 6의 (1)에 따른다. 예) pu: '보(堡)', sohon honin aniya: '기미년(己未年)' 등.

8. 10 이하의 수는 뒤따르는 단위 명사에 따라 한국어 고유어 수사 또는 아라비아 숫자를 선택하여 표기한다. 10을 초과하는 수는 아라비아 숫자로 표기한다. 만(萬) 단위 이상은 아라비아 숫자에 '만'을 더하여 표기한다. 원문에서 단위 명사가 사용되지 않은 경우라도 문맥을 보아 적절한 단위 명사를 추가한다. 예) 한 개, 석 냥, 5전, 열 명, 30마리, 200명, 3000벌, 보병 1만, 1만 5000명 등.

9. 날짜에 ice, 즉 '초(初)'가 붙은 형태는 '초하루, 초이틀, 초사흘' 등으로 옮기고, tofohon은 '15일'로 옮긴다. 그 밖에는 '10일', '26일' 등으로 적는다. 달은 숫자로 표기한다. 예) ice ilan de: '초사흘에', juwan juwe: '12일', ninggun biya: '6월' 등.

10. 직접 인용의 경우에는 큰따옴표(" ")로 표시하고, 인용문 내에서 다시 인용을 하는 경우에는 작은따옴표(' ')로 표시한다.

차례

만문노당 태조 2 차례

해제

이 책은 입관 전 청나라 초기의 역사적 사실들을 기록한 내각본 유권점자당(Tongki fuka sindaha hergen i dangse)을 번역한 것이다. 이 문헌은 학계에서 만문노당(滿文老檔)으로 지칭된다. 이 문헌에 대해서는 관련 연구 논저에서 여러 차례 소개가 되었으므로 여기에서는 최소한의 필요한 내용만 정리해보기로 한다.

[명칭과 종류]

청 초기의 역사 기록물이 한꺼번에 발견된 것이 아니고 시간적으로 간격을 두고 발견되었기 때문에 발견한 당시에 적절한 명칭을 붙였으나, 종합적인 고려를 하지 않고 붙인 명칭이므로 결국에는 혼란스럽게 되고 말았다. 이 사료의 명칭 문제를 논의하고 있는 옌충녠(閻崇年, 1998)이 제시한 명칭을 임시로 채택하면서 논의하고자 한다.

(1) 無圈點老檔

(2) 無圈點字檔(底本)

(3) 無圈點字檔(內閣本)

(4) 無圈點字檔(崇謨閣本)

(5) 有圈點字檔[1](底本)

(6) 有圈點字檔(內閣本)

(7) 有圈點字檔(崇謨閣本)

(8) 有圈點字檔(上書房本)

여기에서 보듯이 이 책은 무권점자로 된 것과 유권점자로 된 것이 있음을 알 수 있는데, 무권점노당(無圈點老檔)(1)과 그것을 베낀 것이 (2)이고, 그것을 바탕으로 하여 정자체로 베낀 것이 (3)과 (4)이며, (2)를 유권점자로 고친 (5)가 있고, 그것을 정자체로 베낀 것이 (6)과 (7)

---

1) 閻崇年(1998)에서는 가권점자당(加圈點字檔)이라고 하였으나 여기에서는 학계에서 일반적으로 쓰는 유권점자당(有圈點字檔)이라는 용어를 사용한다. 그러나 만주어로 "tongki fuka sindaha hergen[권(圈)과 점(點)을 둔 글자]"이므로 가권점자(加圈點字)라고 하는 것도 무방할 것으로 생각한다.

이다. (8)은 기록에는 있으나 현물은 없다.

작성 연대순으로 보면 (1)은 원 사료이며 1607년에서 1636년까지의 기록물이다. (1)은 후세에 『구만주당(舊滿洲檔)』 또는 『만문원당(滿文原檔)』으로 불리는 책으로 태조조 20책, 태종조 20책으로 모두 40책이다. 이 중에 37책이 1774년 이래에 중초(重抄)의 대상이 되었다.[2]

1741년에 무권점자당을 후대에 이해하지 못할 것을 염려하여 오르타이(鄂爾泰), 서원몽(徐元夢) 등이 어휘집에 해당하는 무권점자서(Tongki fuka akū hergen i bithe)를 만들었으며, 33년 뒤인 1774년에 슈허더(舒赫德)가 다시 건의를 하여 중초 작업을 시작하였다. 구체적으로는 1774년에서 1778년 사이에 (2)와 (5)를 제작한 후, 이를 바탕으로 하여 정자체로 (3)과 (6)을 제작하여 북경의 내각대고(內閣大庫)에 보관하였으며, 다시 그것을 바탕으로 하여 1778년과 1779년 사이에 (4)와 (7)을 각각 제작하여 성경(盛京), 즉 선양의 숭모각(崇謨閣)에 보관하였다.

이 중에서 (1)이 두 차례 영인 출판되었으며[3] (6)이 그 후에 영인 출판되었다.[4] 우리가 이 책에서 번역한 것은 (6), 즉 내각본 유권점자당(有圈點字檔)이다.

[원문과 중초문의 관계]

위에서도 말했듯이 본서의 번역 저본은 2009년에 간행된 (6), 즉 유권점자당(有圈點字檔, 內閣本)의 영인본이다. (6)의 저본은 무권점자본 (1), (2)와 그것을 유권점자로 중초한 (5)이다. 우리의 번역 작업에서는 특별한 경우가 아니면 무권점자본, 즉 『만문원당』을 참고하지 않고 작업을 하였으므로 이에 대한 상세한 언급은 피하기로 하며, 사진 자료를 첨부하여 이해를 돕기로 한다.[5](그림 1 참고)

무권점자본 『만문원당』을 유권점자본으로 개수(改修)하는 과정에 대한 연구는 역사학에서도 중요하겠지만, 언어학적인 고찰을 위해서도 매우 중요하다. 한 예로 성백인(1981)은 무권점자 당안의 만주어 표기 양상을 검토함으로써 당시 만주어의 음운체계를

---

2) 나머지 3책은 1935년에 발견되었는데 1624년(天命9)과 1626년(天命11)의 기사가 1책, 1632년(天聰6)의 기사가 1책, 1635년(天聰9)의 기사가 1책이다. 이 중 천총9년 당안은 일본 동양문고 청대사연구실에서 번역하여 『구만주당 천총구년(舊滿洲檔 天聰九年)』이라는 제목으로 간행하였고(1972, 1975), 중국에서도 1987년에 『천총구년당(天聰九年檔)』이라는 제목으로 간행하였다.

3) 『舊滿洲檔』 1~10, 臺北: 國立故宮博物院, 1969와 『滿文原檔』 1~10, 臺北: 國立故宮博物院, 2006이다. 동일한 내용인데 다른 제목으로 출판되었다. 이 사료의 명칭 문제에 관심을 기울였음을 알 수 있다.

4) 中國第一歷史檔案館 整理·編譯(2009), 『內閣藏本滿文老檔』 1~20, 瀋陽: 遼寧民族出版社.

5) 『만문노당(滿文老檔)』 내각본 영인본의 판광(板匡)은, 『만문노당(滿文老檔)』 숭모각본을 보아서도 알 수 있듯이 원래의 것이 아니며 영인본을 제작할 때 활자로 된 판심제를 페이지 표시와 함께 새로 넣은 것이다. 실제로 『만문노당』 내각본 영인본은 전체에 걸쳐서 동일한 형태의 광곽(匡郭) 형식을 반복해서 사용하고 있다. 그리고 『만문노당』 내각본 영인본에서는 원래의 책에 없던 장차를 넣었는데, 현대식 책의 개념으로 반엽당 한 페이지씩 매겼으나, 전통적인 책이라면 응당 한 엽당 한 페이지씩 매겨 넣어야 한다. 본 역주서에서는 전통적인 방법으로 장차를 고쳐 매겼는데, 예를 들어 1권 13은 1권 7a로 표기하였다.

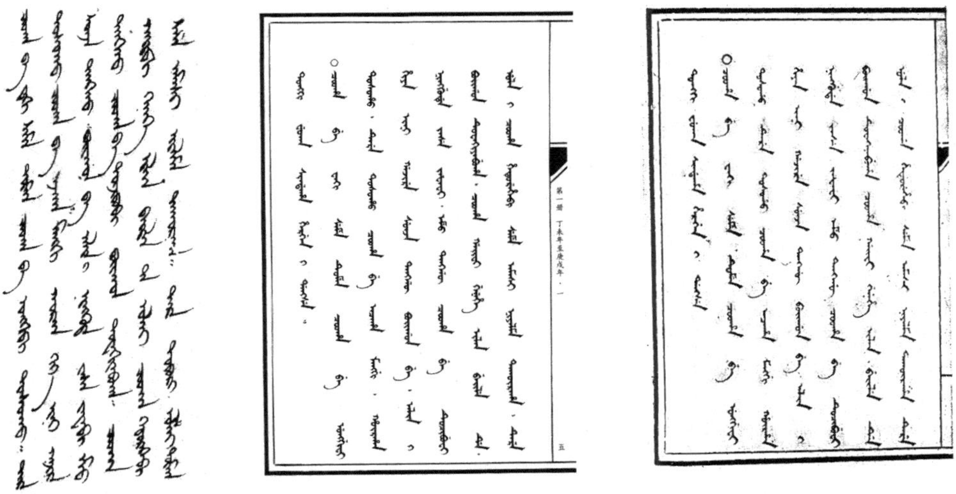

그림 1 왼쪽에서부터 각각 『滿文原檔』, 『滿文老檔』 내각본, 『滿文老檔』 숭모각본의 첫 페이지

이해하려 하였다. 유권점자로의 개수 양상을 정밀하게 고찰하면 당시 만주어의 어휘 문법면에서도 중요한 측면을 발견할 수 있을 것으로 기대된다. 개수의 양상에 대해서는 김두현(2010) 및 김주원 · 이형미(2017)에 몇몇 사례를 예로 들어서 언급하고 있으므로 참고가 된다. 이러한 연구는 차후의 과제로 남겨둔다.

[만문노당(滿文老檔)]

위의 (6) 유권점자당(有圈點字檔, 內閣本)과 (7) 유권점자당(有圈點字檔, 崇謨閣本)은 학계에서 『만문노당(滿文老檔)』이라는 명칭으로 그 영인본과 번역서가 간행되었다. 이 역주서에서 더 적합한 명칭을 붙일 수 없는 것은 아니지만 혼란을 피하기 위하여 관행에 따라 『만문노당(滿文老檔)』이라고 부르기로 한다.

(6)의 구성은 다음과 같다. 전체 26함(函) 180책으로, 태조조 10함 81책, 태종조 16함 99책이며, 태종조는 다시 태종 천총조(天聰朝) 10함 61책, 태종 숭덕조(崇德朝) 6함 38책으로 나누어져 있다. 그 세부 내용은 표 1과 같다. 이 역주서에서는 태조조 10함 81책을 번역했다.[6)]

[기존의 번역서]

이 사료의 존재가 처음 알려진 것은 1905년에 선양을 방문한 일본인 신문기자 나이토 고난(內藤湖男, 본명은 나이토 도라지로[內藤虎次郎])에 의해서였다. 그는 숭모각(崇謨閣)에 소장되

6) 태종조 부분은 고려대학교 민족문화연구원 만문노당역주회에서 『만문노당 역주(滿文老檔 譯註) 태종(太宗)』(1권~4권)이라는 제목으로 출간하였다(2017, 소명출판).

표 1

시대		함	권	한국어 역주본
태조	萬曆	1	1~4	본서 제1권 1607~1622
	天命	2	5~13	
		3	14~22	
		4	23~31	
		5	32~42	
		6	43~50	본서 제2권 1623~1626
		7	51~59	
		8	60~66	
		9	67~72	
		10	73~81	
태종	天聰	1	1~8	
		2	9~15	
		3	16~20	
		4	21~27	
		5	28~33	
		6	34~39	
		7	40~44	
		8	45~50	
		9	51~56	
		10	57~61	
	崇德	11	1~6	
		12	7~12	
		13	13~18	
		14	19~25	
		15	26~32	
		16	33~38	
합계		26함	180책	

어 있던 책 (4)와 (7)을 발견하고, 1912년에 하네다 도오루(羽田亨)와 함께 선양을 다시 방문하여 위의 (7), 즉 숭모각본을 사진으로 촬영하였으며, 그 이후 번역과 연구를 진행하였다. 몇몇 연구자가 번역을 시도하였으나 완성하지 못하였다가 일본의 동양문고(東洋文庫)에 소속된 만문노당연구회(滿文老檔硏究會)에서 번역 작업을 한 끝에 1955년부터 1963년에 걸쳐서 전권의 만문 로마자 전자와 일본어 번역(축자 번역과 의역), 그리고 인명 · 지명 색인을 넣어서 7권으로 출간하였다.[7] 이 번역으로 인해서 일본의 청사(淸史) 연구는 크게 도약하였다고 할 수 있다.

(7)은 (6)을 베껴서 쓴 것이므로 원문의 내용은 대략 같지만 완전히 같은 것은 아니다. 첫째, 필사 작업이다 보니 글자 크기나 간격 등이 차이가 나서 한두 단어가 당겨지거나 밀려나는 경우가 있다. 둘째, 만주어의 격어미 -be나 -i 등을 앞 단어에 붙여쓰기도 하고 떼어 쓰기도 해서 서로 달라진 부분이 있다. 셋째, 구두점에 해당하는 한 점 표시가 달라져 있는 부분이 많다. 넷째, 고유명사 특히 인명의 표기가 달라진 곳이 여러 곳 있다. 다섯째, 가장 큰 차이가 나는 것으로 내각본, 즉 (6)에는 두주(頭註, 添註라고도 한다)가 있고, 숭모각본, 즉 (7)에는 그것이 없다.[8]

7) 滿文老檔硏究會 譯註(1955~1963), 『滿文老檔』 1~7, 東京: 東洋文庫.

8) 한편 (3)과 (6)은 두주(頭註) 면에서 차이가 있는데 둘 모두 주석할 문구의 왼쪽에 황색 띠지를 붙여놓고 서미(書眉)에 황색지를 붙여놓은 점은 같으나 (3)에는 아무런 글씨가 쓰여 있지 않으며, (6)에는 주석이 적혀

중국에서도 부분적인 번역은 몇 차례 시도되었지만 완역된 것은 다음의 두 가지인데 둘 모두 (6), 즉 내각본 유권점자당(有圈點字檔)을 번역한 것이다. 첫째는 중국제일역사당안관(中國第一歷史檔案館)과 중국사회과학원 역사연구소(中國社會科學院 歷史研究所)의 합작으로 1990년에 전 2권(각각 태조편, 태종편)으로 번역하여 간행하였다.[9] 이 역주본에는 만문 원문 전자가 없이 중국어 번역만 있으며, 원문에는 없지만 차례에 기사 내용을 항목별로 요약하여 제목으로 추가하였으며 본문에 이에 해당하는 번호를 넣어두었다. 이것은 독자들이 찾아보기 쉽도록 배려한 것이라고 볼 수 있다. 그리고 인명·지명 색인(한자 획순)을 붙였다. 그리고 페이지 상단, 즉 서미(書眉)의 두주(頭註)는 일부만 번역하였다. 둘째는 2009년에 랴오닝민족출판사에서 제일역사당안관 소장 유권점자본, 즉 (6)을 20책으로 영인 출판하였는데, 제1책부터 제16책까지는 원문 영인, 제17, 18책은 로마자 전자, 제19, 20책은 한어 번역문 및 인명·지명 색인을 수록하였다. 한편 서미에 있는 두주는 로마자 전자 부분(제17, 18책)에서 각주란에 그대로 전자해놓았으며, 한어 번역 부분(제19, 20책)의 각주란에서 의미를 번역해두었고, 또 다시 첨주만한문대역(添註滿漢文對譯)이라는 제목으로 로마자 전자와 한어 번역을 나란히 제시해놓았다. 번역문은 1990년 간행본의 한어 번역을 약간 수정한 것이다.

한편 영어로 앞부분만 번역하여 온라인상에 일부 공개된 것도 있다.[10]

[두주(頭註)]

두주는 (6)에 다음과 같이 되어 있다. 두주가 필요한 만주어 어구의 왼쪽에 황색의 띠지를 붙여 표시를 하고 그 페이지 상단에 황색지를 붙이고 거기에 주석 사항을 적었다. 대개는 "gingguleme kimcici X sere gisun ainci Y dere"(신중히 살펴보니 X라는 말은 아마도 Y일 것이다)라거나 "이전의 책에서 찾을 수가 없어서 있는 그대로 베껴놓았다" 등으로 1770년대에 이미 140여 년 전에 적힌 단어에 대해서 모르거나 문맥상의 문제가 있을 때 주석을 달아서 이해하기 쉽도록 해놓은 것이다. 두주는 모두 410곳에 있는데 태조조 부분에 236곳, 태종조 부분에 174곳이 있다.[11] 우리의 역주본에서는 각 페이지의 하단에 두주의 내용을 전자하고 우리말로 번역하였다. 본문의 번역문에는 두주의 내용을 반영하였다.

있다.

9) 中國第一歷史檔案館·中國社會科學院歷史研究所 譯註(1990), 『滿文老檔』 上·下, 北京: 中華書局.

10) 엘리엇(M. Elliott) 교수가 편집한 것으로 태조조 제3책까지만 번역이 되어 있으며(*The Old Manchu Chronicles*), 2006년 이후로는 더 이상 업데이트되지 않고 있다(http://www. manchustudiesgroup.org/translations/lao-manwen-dang/).

11) 이에 대해서는 今西春秋(1959b)의 상세한 연구가 있다.

제1함

태조황제
정미년(丁未年, 萬曆 35년 1607)부터
을묘년(乙卯年, 萬曆 43년 1615)까지

ujui dobton,
taidzu hūwangdi, fulahūn honin
aniya ci niohon gūlmahūn
aniya de isinahabi.

제1권 만력(萬曆) 35년(1607)~만력(萬曆) 38년(1610)
제2권 만력(萬曆) 39년(1611)~만력(萬曆) 41년(1613)
제3권 만력(萬曆) 41년(1613)~만력(萬曆) 42년(1614)
제4권 만력(萬曆) 43년(1615)

제1권 정미년(丁未年, 萬曆 35년 1607)부터 경술년(庚戌年, 萬曆 38년 1610)까지

ujui debtelin,
fulahūn honin aniya ci
šanggiyan indahūn aniya de
isinahabi.

tongki fuka sindaha hergen i dangse. (1:1a)
유권점 당안

○ cooha be waki seme tumen cooha be unggifi
군사를 죽이려고 군사 1만 명을 보내서

tosoho,[1] tere tosoho cooha be acaha manggi, hūrhan
길을 막았다. 길을 막은 그 군사를 맞닥뜨리자, Hūrhan[2]

hiya ini gajire sunja tanggū boigon be, alin i
히야는[3] 자신이 데려가던 500가호를, 산

---

1) 유권점 당안인 이 책『滿文老檔』의 기록은 이미 있던 무권점 당안『滿文原檔』의 기록을 옮겨 적은 것이다. 옮겨 적을 당시에 이미 앞부분이 소실되었으므로 문장의 중간부터 기록되어 있다. 이 문장의 주어는 Bujantai이다.『滿洲實錄』(3권, 萬曆 35년(1607))에 의하면 소실된 내용은, Warka 부락의 Fio성 사람들이 Bujantai에게 핍박받는다고 호소하며 자신들 가호를 데리고 가달라는 요청을 하자 Nurhaci(1559~1626)가 동생인 Šurgaci와 아들 Cuyeng, Daišan, 그리고 Fiongdon, Hūrhan 히야 등 군사 3000명을 파견했다. 이들이 돌아오는 길에 조선의 국경 근처인 종성(鍾城)의 오갈암(烏碣巖)에서 Bujantai의 군사들을 맞닥뜨린 사건이다. 이 전투는『朝鮮王朝實錄』(이하『朝鮮實錄』)〈선조 40년(1607) 2월 1일〉에 비교적 자세하게 기록되어 있다.

2) Hūrhan(호이한 扈爾漢, 1576~1623)은 동가(佟佳)씨이며, 후금(後金)의 개국 5대신(Eidu 바투루, Fiyanggū 바투루, Fiongdon 대자르구치, Hohori 어푸, Hūrhan 히야)의 한 사람이다. 1588년 부친인 Hūlahū가 Nurhaci에게 귀부하자 Gioro 성(姓)을 받고 Nurhaci의 양자가 되었다. 대(對) Ula 전투에서 세운 공으로 Darhan이라는 명칭을 하사받는다(제1권 17a 참고).『滿洲實錄』에는 Hūrgan으로 표기된다.

3) hiya는 한(汗) 또는 버일러의 곁에서 호위하는 사람을 의미한다. 몽골어에서 유래했다.『朝鮮實錄』에는 초기에는 侍衛로 기록되어 있으나, 후금 시기 이후로는 舍(당시 한자음은 '샤'이다) 또는 下(하), 蝦(하)로 표기된다. hiya는 지금과 같이 특정 인물을 지칭하기도 하는데 이러한 경우 이 책에서는 '히야'로 번역하며, 일반 명사로 사용될 때는 '시위(侍衛)'로 번역한다.

ninggude jase jafafi, emu tanggū cooha be tucibufi
위에 울타리를 설치하고, 군사 100명을 뽑아서

boigon tuwakiyabuha, cooha gaifi genehe ilan beile de,
가호를 지키게 했다. 군사를 이끌고 간 세 버일러에게는[4)]

ula i cooha heturehebi seme amasi niyalma takūraha, tere
Ula[5)] 군사가 길을 막고 있다고 하며 뒤로 사람을 파견했다. 그날

dobori, ula i tumen [原檔殘缺][6)] ujihe, muse tuttu ujifi (1:1b)
밤에, Ula의 1만 □□□ "… 살려주었다. 우리가 그렇게 살려주고

ula i gurun de unggifi ejen obuha niyalma kai,
Ula국으로 보내서 수장이 되게 한 사람이다.

ere bujantai musei gala ci tucike niyalma kai, jalan
이 Bujantai는[7)] 우리의 손에서 나온 사람이다. 세월이

goidahakūbi, beye halahakūbi, ere cooha be geren seme
오래 되지 않았고, 몸이 바뀌지 않았다. 이 군사가 많다고

ume gūnire, muse de
생각하지 말라. 우리에게는

---

4) 여기서 세 버일러는 Šurgaci, Cuyeng, Daišan이다. 버일러는 부족 연맹체에서 추장급의 인물을 지칭하던 명칭이다. 『滿洲實錄』에서는 '왕(王)' 또는 '군(君)'으로 번역되어 있다. 순치(順治) 이후 '친왕(親王)', '군왕(郡王)'에 뒤이은 작위로 정비된다. 순치 6년(1650)의 규정에 의하면 친왕의 아들 중 한 명은 친왕으로 봉해지고 나머지는 군왕이 되며, 군왕의 아들 중 한 명이 군왕이 되며 나머지는 버일러(貝勒)에 봉해진다. 버일러의 아들은 Beise(貝子)이다. 현재 다루고 있는 부분은 황실 작위의 명칭이 확립되기 전이므로 친왕과 군왕의 개념은 보이지 않고, Beise는 버일러의 복수형으로서 사용된다.

5) Ula(오랍 烏拉)는 16세기의 여진 집단인 Hūlun(호륜 扈倫) 4부의 하나이다. Hūlun 4부란 Ula, Hoifa(휘발 輝發), Yehe(엽혁 葉赫), Hada(합달 哈達)를 함께 부르는 명칭이다. Ula부는 Ula강(현재의 송화강(松花江)) 하류에 있는 길림(吉林)시의 북쪽 지역에 위치하고 있었다.

6) [原檔殘缺]은 『滿文老檔』의 저본인 『滿文原檔』에서 어떤 이유로 인하여 읽기가 어렵거나 없어진 부분이라는 것을 나타낸다. 이 책의 번역 부분에서는 □□□로 표시했다. 『滿洲實錄』(3권, 1607)의 내용을 참고하면, 여기서의 원당잔결(原檔殘缺) 부분에는 제74권 16a 제5행의 isinjiha부터 해당 단락이 끝나는 제74권 17a 제7행까지가 포함된다.

7) Bujantai(포점태 布占泰, ?~1618)는 Ula국의 왕이다. 『朝鮮實錄』에 따르면 1593년에 Nurhaci에게 포로가 되어 그의 성채에 머물러 있었으며 이후 Ula국으로 돌아가 왕이 되었다. 『朝鮮實錄』에 夫者太, 浮者他 이외에도 何叱耳, 夏古 등 다양한 명칭으로 기록되어 있으며, 한때 조선에 직첩(職帖)을 요구하기도 했다.

⇦ abkai gosime buhe amba horon bi, jai
하늘이 사랑하여 부여한 큰 위엄이 있고,

⇦ ama han i gelecuke amba gebu bi, ere cooha be muse
아버지 한(汗)이라는 두렵고 큰 이름이 있다. 이 군사를 우리는

absi akū[8] gidambi seme henduhe manggi, geren coohai niyalma (1:2a)
반드시 제압할 것이다"라고 말하자, 여러 병사들이

gemu urgunjeme afaki saciki seme jabufi, tere bira be
모두 기뻐하며 "싸우자. 베자"라고 대답하고 그 강을

dooha, doofi,
건넜다. 건너서

⇦ sure kundulen han i juwe jui, sunjata tanggū cooha be gaifi,
수러 쿤둘런 한(汗)의[9] 두 아들이 500명씩의 군사를 이끌고서,

alin i wesihun juwe jurgan i afame genehe, deo beile
산 위로 두 대열로 싸우러 갔다. 동생 버일러는[10]

sunja tanggū cooha be gaifi, alin i dade ilihai
군사 500명을 이끌고, 산 밑에 진을 친 채

tutaha, tuttu yasa neihekū niyahan i gese juwe buya
남았다. 그처럼 눈도 뜨지 못한 강아지 같은 두 작은

---

8) absi는 '어찌, 어떻게, 어디로' 등의 의미를 갖는 의문부사이다. absi akū는 사전에 수록되어 있지 않을 뿐만 아니라 다른 문헌에서도 많이 출현하지 않아서 의미를 분명하게 파악하기 어렵다. 같은 장면을 기술한 『滿洲實錄』(3권, 萬曆 35년(1607))에서는 absi akū를 urunakū(반드시)로 교체하였으며, 드물게나마 나타난 『金瓶梅』〈43:09a〉, 〈45:09a〉에서는 '틀림없이, 적어도' 정도의 의미로 해석된다.

9) 1606년에 몽골의 Kalka 5부에서 Nurhaci에게 올린 존호(尊號)이다. sure는 '총명'을 의미하며 kundulen은 '공경'을 뜻한다. 한(汗)은 원래 유연, 돌궐, 위구르, 몽골 등 고대 북방유목민족이 사용했던 수장의 존칭으로, 명 말기 Hada부의 수장 Wan(王台)이 한(汗)의 호칭을 참칭한 이래, 여진 사회에서 부락의 귀족을 능가하는 최고 통치자를 가리키는 칭호가 된다.

10) '동생 버일러'는 Nurhaci의 친동생인 Šurgaci(1564~1611)를 지칭한다. Nurhaci의 동생이므로 동생(deo) 버일러라고 표현되었다. 『朝鮮實錄』에 小乙可赤, 小酋 등으로 기록되어 있다. 당시 건주여진에서 Nurhaci의 지위가 더 높았지만, Šurgaci 역시 독립적인 권력과 재산, 군병을 보유하고 있었다. Nurhaci가 한(汗)으로 추대되고 권력이 더 집중됨에 따라 내부적으로 갈등이 있었던 것이 신충일(申忠一)의 『建州紀程圖記』에서도 드러난다.

juse, sunjata tanggū cooha be gaifi, alin i wesihun afame (1:2b)
아들이[11] 500명씩의 군사를 이끌고, 산 위로 싸우러

genefi, tere dain be gidafi sacime gamara de, deo
가서, 그 적을 제압하고 베며 처리할 때, 동생

beile siden de emu amba alin be sindafi, adame
버일러는 중간에 큰 산 하나를 두고, 따라

genefi dain i niyalma be ambula bahafi wahakū, dain de
가서 적병을 많이 죽이지 못했다. 전쟁에서

bahafi wara beyebe ujifi, ula gurun de unggifi ejen
죽일 수도 있는 목숨을 살려주어서 Ula국에 보내서 수장이

obuha, wara beyebe ujihe dele, emu
되게 하고, 죽일 목숨을 살려주었을 뿐만 아니라 같은

⇦ ama de banjiha juwe fujin[12] sargan buhe bujantai gūwaliyafi, cooha
아버지에게서 태어난 두 푸진을 아내로 준[13] Bujantai가 변심해서 군사를

heturefi, boigon ganaha emu amha juwe efu be waki (1:3a)
가로막고서, 가호를 데리러 간 장인과 두 처남을[14] 죽이려고

seme tosoho, bujantai tumen cooha be
길을 차단했다. Bujantai의 군사 1만 명을

⇦ abka wakalaha, ujihe buhe dele,
하늘이 책망했다. 살려줬고 아내도 주었을 뿐만 아니라,

---

11) 여기서 두 아들은 각각 Nurhaci의 장자인 Cuyeng과 차남인 Daišan으로 당시에 각각 27세, 24세였다.

12) 한어 '부인(夫人)'에서 유래한 명칭으로 한(汗)이나 버일러의 부인을 일컫는다. 여기에서는 딸을 높여서 지칭한 것이다. 후대의 한어 문서에는 '복진(福晉)'으로 기록된다.

13) ama(아버지)에 대두(擡頭)를 사용하여 마치 Nurhaci의 딸인 것처럼 보이지만 실제로는 Nurhaci의 동생 Šurgaci의 두 딸인 Esitai와 Onje를 가리킨다. Esitai와 Onje는 각각 1598년과, 1603년에 Bujantai의 아내가 되었다. 이처럼 질녀(姪女)도 자신의 딸인 것처럼 말하는 것은 여진족들은 방계의 혈족도 직계처럼 생각하기 때문이다.

14) 여기서 장인은 Šurgaci를, 두 처남은 Cuyeng과 Daišan을 지칭한다.

⇦ sure kundulen han i mujilen i tondo be

수러 쿤둘런 한(汗)의 마음이 올바른 것을

⇦ abka na saišafi, tere tosoho bujantai tumen cooha be,

하늘과 땅이 칭찬해서, 길을 막은 Bujantai의 그 군사 1만 명을,

⇦ sure kundulen han i dehi uyun se de, honin aniya ilan

수러 쿤둘런 한(汗)이 49세 때인 정미년(丁未年, 1607)

biyai orin de, juwe juse emu minggan cooha be

3월 20일에, 두 아들이 군사 1000명을

gaifi gidafi, coohai ejen bokdo beilei ama jui be (1:3b)

이끌고 제압해서 군대의 수장인 Bokdo 버일러 부자(父子)를

gemu waha, cangju beilei ama jui be, deo hūribu

모두 죽이고 Cangju 버일러 부자와 동생 Hūribu

beile ilan nofi be gemu weihun jafaha, ilan minggan

버일러 등 세 명을 모두 사로잡았다. 3000명을

niyalma waha, sunja minggan morin baha, ilan minggan uksin

죽이고, 말 5000마리를 획득했으며, 갑옷 3000벌을

gaiha, tere cooha gidaha inenggi, genggiyen galga bihe, tere

노획했다. 그 군사를 제압한 날은 밝고 맑았는데, 그 날

dobori iliha andande nimanggi nimarafi, abka beikuwerefi, tere

밤 진을 치자마자 눈이 내리고 하늘이 추워져서, 그

cooha de feye baha niyalma burulara de, nei tucifi uksin

적병 중에서 부상을 입은 사람이 패주할 때, 땀이 나서 갑옷을

suhe niyalma geceme ambula bucehe, (1:4a)

벗었던 사람은 얼어서 많이 죽었다.

⇦ abka daha serengge tere inu,

하늘이 도왔다 하는 것이 바로 그것이다.

⇦ abkai genggiyen siren, coohai amba tu de sucufi, genehe tusa,
하늘의 밝은 광선이 우리 군의 큰 둑(纛)에 부딪쳤는데도[15] 출병한 보람이 있어서,

ula i bujantai wambi seme tosoho tumen cooha be gidaha,
죽이겠다고 길을 막은 Ula의 Bujantai의 1만 군사를 제압했다.

tuttu tere dain be gidafi jihe manggi,
그처럼 그 적병을 제압하고 오자,

⇦ sure kundulen han, deo beile de darhan baturu seme gebu buhe,
수러 쿤둘런 한(汗)이 동생 버일러에게 Darhan[16] 바투루라는[17] 이름을 주었다.

⇦ han, ini ahūngga jui be, amba dain de ujulafi juleri
한(汗)은 자신의 맏아들이[18] "큰 전투에서 앞장서서 선두로

← dosika seme, argatu tumen seme gebu buhe, jacin jui daišan (1:4b)
진격했다"라고 하여, Argatu Tumen이라는[19] 이름을 주었다. 둘째 아들 Daišan[20]

---

15) 『滿洲實錄』(3권, 萬曆 35년(1607))에 Šurgaci가 이 광선에 대해 'ere ehe sabi bidere, cooha amasi bedereki(이는 나쁜 징조이니 군대를 되돌려 돌아가자)'라고 말한 바가 있다.

16) darhan은 몽골어로는 darqan이다. 그 어원이 확실히 밝혀진 것은 아니지만 8세기 오르혼(Orkhon) 비문 등의 자료를 통해 이미 몽골 제국 이전에 튀르크 등 중앙아시아 일대 여러 민족의 언어에서 고위 관리 또는 특권 계층을 가리키는 단어로 사용되었음을 알 수 있다. 몽골어로는 '군공(軍功) 등으로 인하여 세금 납부 등의 의무를 면제받은 특권 계층'을 가리키는 데 사용되었는데, 대장장이 등의 장인(匠人)들이 의무를 면제받는 경우가 많았기 때문에 현대 몽골어에서는 장인을 가리키는 단어로도 사용된다. 이 외에도 '신성하다'의 의미도 있다. 이 부분의 darhan은 특정한 직위를 가리키는 것이 아니라 Šurgaci을 높여 지칭하는 고유명사로 볼 수 있으므로 번역문에 'Darhan'으로 옮겨 적는다.

17) baturu는 몽골어로는 baɣatur이다. '용맹한 전사' 또는 '영웅'을 뜻한다. 튀르크 또는 몽골계 유목 민족에게서 비롯한 것으로 보이며 그들의 영향을 받은 유라시아 일대의 주변 민족들에게도 전파되었다(러시아어 Богатырь 등). 『龍飛御天歌』에 '아기 바톨(阿其拔都)'〈7:10a〉이라는 인명이 나타나는데, 이것도 같은 의미이며 같은 인명이 『朝鮮實錄』〈태조 총서〉에는 '阿其拔都'로 기록되어 있다. 이 부분의 baturu는 고유명사 뒤에 붙이는 호칭으로 볼 수 있으므로 번역문에 '바투루'로 옮겨 적는다.

18) Nurhaci의 장자의 이름은 Cuyeng(저영 褚英, 1580~1615)이다. 1598년 정월 Warka부의 Anculakū 전(戰)에서 공을 세워 'Hūng 바투루'라는 칭호를 받은 바 있다.

19) argatu는 만주어 단어로는 '수노루'를 의미하지만 몽골어로는 '지모(智謀)가 있는'이라는 뜻이다. 버일러들이나 대신들에게 하사한 칭호가 대개 몽골어에서 기인한 것으로 보아 여기에서도 몽골어의 의미로 사용된 듯하다. tumen은 '만(萬)'이라는 뜻이다.

20) Daišan(대선 代善, 1583~1648)은 『朝鮮實錄』에는 貴盈哥〈광해 11년(1619) 7월 22일〉 또는 貴盈介〈광해 13년(1621) 9월 9일〉 등으로 표기되어 있으며, 조선의 다른 사료에서는 歹舍(『建州紀程圖記』(1595) 27a), 俱榮介(『瀋陽日記』〈인조 17년(1639) 4월 15일〉) 등으로도 표기되어 있다.

← beile de, tere coohai ejen bokdo beile be, morin i dele
버일러에게는, "그 적병의 수장인 Bokdo 버일러를, 말 위에서

← jafafi sacime waha, dain de dosire de gucu amcaci ambuhakū,
잡아서 베어 죽였다. 전투에서 진격할 때 구추가[21] 쫓아가도 따라잡히지 않고,

← ahūn i gese adafi dosika seme, guyeng baturu seme gebu buhe,
형과 똑같이 나란히 진격했다"라고 하여, Guyeng[22] 바투루라는 이름을 주었다.

⇦ sure kundulen han, cooha unggire de, mini juwe jui dain de
수러 쿤둘런 한(汗)이 군사를 보낼 때, "나의 두 아들이 전장에서

← morin yalufi afaci, beyebe tuwakiyame yabu, morin ci ebufi afaci,
말을 타고 싸우면, 신변을 지키며 다니라. 말에서 내려서 싸우면,

← morin be jafa seme akdun arafi afabufi unggihe, cangšu gebungge
말을 잡으라"고 당부하고 맡겨서 보냈던 Cangšu라는

amban, nacibu gebungge hiya, afabuha beile be dahahakū, tanggū (1:5a)
대인과 Nacibu라는 시위(侍衛)가 "맡긴 버일러를 따라가지 않고

cooha be gaifi, eshen beilei emgi ilifi, dain, alin i
군사 100명을 이끌고 삼촌 버일러와 함께 진을 치고서, 적병이 산

dele iliha bade afame genere de afahakū, gidaha
위에 진을 친 곳으로 공격하러 갈 때 공격하지 않았다. 돌격한

cooha de dain i niyalma be ambula bahafi wahakū
군사들과 같이 있으면서 적병을 많이 죽이지 못했다"라고

seme, tere juwe amban i beyebe wara weile araha
하여, 그 두 대인을 죽일 죄로 치죄(治罪)했었다.

---

21) gucu의 사전적 의미는 '벗, 친구'이지만, 역사적으로는 주인(ejen)과 같은 일족이나 씨족 출신이 아니면서 주인에게 의탁한 일종의 피고용인들을 가리킨다. 이들은 평소에는 주인과 함께 거주하며 활동하다가 전시에는 정예 무장 세력이자 지휘관으로 활약한다(유소맹 2013:188-193). 여기에서는 '구추'로 번역한다.

22) 몽골어의 güyeng은 '혹, 사마귀'라는 의미이다.

bihe, darhan baturu beile hendume, ere juwe amban be
Darhan 바투루 버일러가 말하기를, "이 두 대인을

waci, mini beye inu bucehe ton kai seme baiha
죽이면, 저 자신 역시 죽은 셈입니다"라고 청하자,

manggi, beyebe wara be nakafi, cangšu gebungge amban de, (1:5b)
죽이는 것을 그만두고, Cangšu라는 대인에게는

tanggū yan i weile araha, nacibu gebungge amban de,
100냥으로 치죄하고, Nacibu라는 대인에게는

kadala seme buhe jušen be gemu gaiha, tere ula i
관할하라고 주었던 속민을[23] 모두 몰수했다. 그 Ula의

cooha be gidaha manggi, warka i hesihe, fenehe goloi niyalma
군사를 제압한 후에도, Warka의[24] Hesihe로(路)와[25] Fenehe로(路) 사람들은

kemuni ula i bujantai be dahafi bihe,
여전히 Ula의 Bujantai를 따르고 있었다.

⇦ sure kundulen han hendume, muse emu gurun kai, ba i goro de,
수러 쿤둘런 한(汗)이 말하기를, "우리는 하나의 나라이다. 땅이 멀고

← ula gurun de dalibufi, suwe ula de dahafi banjiha dere,
Ula국에 막혀서 너희는 Ula에 복종하여 살았을 것이다.

← musei emu gurun i han, tucifi ula i cooha be gidaha kai, (1:6a)
우리들 한 나라의 한(汗)이 출병하여 Ula의 군사를 제압했다.

← te musei emu gurun i han de daha seci, daharakū
이제 우리들 한 나라의 한(汗)에게 복종하라"고 했으나 복종하지 않았다.

---

23) jušen은 원래 여진 민족의 자칭인데, 여진족의 계급 분화로 인하여 사회의 준자유민인 하급 계층을 가리키는 명칭으로도 쓰인다(유소맹 2013:166-170). 이 책에서는 민족을 나타낼 때는 '여진' 또는 '여진인'으로 번역하고, 계층을 나타낼 때는 '속민(屬民)'으로 번역한다.

24) 회령 북부에 있는 지역으로 동해여진에 속한다. 조선 초기의 『朝鮮實錄』 〈태종 4년(1404) 7월 14일〉 등 여러 곳에 모린위(毛隣衛)에 사는 兀良哈으로 기록되어 있다.

25) '로(路)'는 golo를 번역한 것으로 중국 측 사료의 용어를 따랐다. '지역', '지방'을 뜻한다.

ofi, ineku tere aniya sunja biyade, ini fiyanggū deo
그래서 같은 해 5월에, 한(汗)의 막내 동생

joriktu beile, eidu baturu, fiongdon jargūci, hūrhan hiya de,
Joriktu[26] 버일러와 Eidu[27] 바투루, Fiongdon[28] 자르구치,[29] Hūrhan 히야에게,

minggan cooha be afabufi unggifi, hesihe, omoho suru, fenehe
군사 1000명을 맡겨서 보내어 Hesihe와 Omoho Suru, Fenehe

tokso, tere golo be sucufi wacihiyame gaifi, juwe minggan
Tokso 등 그 지역을 습격해서 완전히 빼앗고, 포로 2000명을

olji[30] gajiha.
잡아왔다.

(1:6b)

○ bolori uyun biyai ice ninggun de, usihai siren tucifi,
가을 9월 초엿새에, 별에서 광선이 나와서,

nadan jakūn dobori šun dekdere ergide, hoifa gašan i
7일과 8일 밤 해 뜨는 쪽 Hoifa 마을[31]

teisu sabufi jai nakaha, terei amala šun tuhere ergide,
쪽에서 보이다가 다시 사라졌다. 그 후 해 지는 쪽에서,

---

26) Nurhaci의 배다른 막내 동생인 Bayara(파아라 巴雅喇)의 다른 이름이다. Joriktu는 1598년에 세운 공으로 하사받은 이름이다. ǰoriγ는 몽골어 어휘로 '용맹, 과감'이라는 의미이다.

27) Eidu(액역도 額亦都, 1562~1621)는 Niohuru(뉴호록 鈕祜祿) 사람으로 후금(後金) 개국 5대신 중의 한 명이다. Nurhaci에게 귀부(歸附)하여 Nurhaci 거병 직후부터 함께 전쟁에 참가했다. 1587년에 Barda성을 공격할 때 50여 차례의 공격을 받고도 물러서지 않고 성을 함락하는 공을 세워 바투루라는 칭호를 하사받았다.

28) Fiongdon(비영동 費英東, 1562~1620)은 Suwan 지역 출신이며 성씨는 Guwargiya씨이다. Suwan 지역의 수장이었던 Solgo의 아들로 1588년 아버지와 함께 Nurhaci에게 귀부했다. Nurhaci의 첫째 아들인 Argatu Tumen 버일러, 즉 Cuyeng의 딸과 혼인하여 Nurhaci의 손녀사위가 되었다.

29) jargūci는 몽골어로 '심판관'이라는 의미로, 즉 형정(刑政) 담당관을 가리킨다. 본래 Cinggis 한(汗) 시대에 사법과 소송업무를 관장하던 관리의 명칭이다. Fiongdon은 대자르구치로서 형정 담당관의 수장이다.

30) '노획물'을 의미하는 몽골어 olǰa에서 유래했다. 전쟁을 통해 획득한 전리품으로 사람뿐만이 아니라, 가축, 귀금속, 농작물 등이 포함된다.

31) gašan은 여진의 gurun(部)의 기본적인 지역조직단위로서 『滿洲實錄』에는 촌락을 의미하는 채(寨)로 번역되어 있다. 여기서는 '마을' 또는 '촌락'으로 번역한다.

jai emu usiha de siren tucifi emu biya funceme
다시 별 하나에서 광선이 나와서 한 달 넘게

bihe, hoifa i baindari beile, yehe i bujai, narimbolu[32] de
있었다.[33] Hoifa의 Baindari[34] 버일러가 Yehe의 Bujai와[35] Narimbulu를[36]

dafi, juwe jergi cooha jihe bihe, jai baindari, ini
도와서 두 차례 군사가 왔었다. 그리고 Baindari는 자기

nadan eshen be baindari i waha, waha manggi, ini (1:7a)
삼촌 일곱 명을 Baindari 자신의 손으로 죽였다. 그러자 그의

ahūn deo i niyalma, yehe i narimbulu de ubašame genehe, jai
형제들이 배반하여 Yehe의 Narimbulu에게 갔다. 그리고

ini gašan i niyalma geli ubašambi seme gisurere de,
자기 마을 사람들이 또 배반한다고 하자,

baindari ini gašan i nadan amban i juse be damtun
Baindari는 자기 마을의 일곱 대인의 자식들을 볼모로

benjifi cooha baiha,
보내오며 군사를 청했다.

⇦ sure kundulen han, minggan cooha be dame unggihe manggi, ubašara
수러 쿤둘런 한(汗)이 군사 1000명을 원조해 보내자, 배반하려던

hoifa gašan i niyalma, dame genehe cooha de gidabufi,
Hoifa 마을 사람이 원조하러 간 군사에게 제압당해서

---

32) narimbolu는 이 책의 다른 부분을 참고하면 일관적으로 나타나는 표기는 narimbulu이다. 끝에서 두 번째 o는 점(點)이 누락된 오기로 보인다.

33) 이 기사는 1607년에 나타난 핼리(Halley) 혜성에 대한 기사이다. 『朝鮮實錄』에도 이 혜성에 대한 기록이 있는데, 1607년(선조 40) 8월 3일 5경에 창백색의 꼬리가 달린 별을 관측한 것을 시작으로 하여 9월 14일에 구름이 끼어 혜성을 살필 수 없다는 기사가 마지막으로 실려 있다.

34) Baindari는 『朝鮮實錄』에 培隱達伊, 裵隱達 등으로 표기되어 있다.

35) Bujai는 『朝鮮實錄』에 夫者로 기록되어 있다.

36) Narimbulu는 Yehe부의 Bujai의 사촌동생이다. 『朝鮮實錄』에 羅里로 기록되어 있다.

yehe de ubašame genehekū tohoroko manggi, yehe i narimbulu, geli (1:7b)
Yehe에 배반하여 가지 않고 평온해지니 Yehe의 Narimbulu가 다시

baindari be šusihiyeme, sini damtun benehe juse be amasi
Baindari를 부추겨, "네가 볼모로 보낸 자식들을 도로

gaisu, minde ubašame jihe sini ahūta deote be gemu
받으라. 그러면 나에게 배반해 온 너의 형들과 동생들을 모두

sinde bederebure seme henduhe, tere gisun be gaifi baindari
너에게 돌려보내겠다"라고 말했다. 그 말을 받아들여서 Baindari가

hendume, bi suweni juwe gurun i siden de banjire
말하기를, "나는 당신들 두 나라 사이에서 중립으로 살겠다"라고

seme hendume, damtun benjihe juse be gemu amasi gamaha,
말하고, 볼모로 보내온 자식들을 모두 도로 데려갔다.

gamafi baindari siden de banjimbi seme henduhe niyalma ubašafi,
데려가고 나서 Baindari는, 중립으로 살겠다고 말했던 사람이, 변심해서

baindari ini jui be yehe i narimbulu de damtun unggihe, (1:8a)
Baindari 자신의 자식을 Yehe의 Narimbulu에게 볼모로 보냈다.

narimbulu, hoifa i baindari ci ubašame genehe niyalma be amasi
Narimbulu가 Hoifa의 Baindari로부터 배반하여 갔던 사람을

bumbi sehengge, buhekū oho manggi, baindari hendume, yehe i narimbulu,
돌려주겠다고 한 것을 주지 않자, Baindari가 말하기를, "Yehe의 Narimbulu가

mimbe holtoho gisun de bi dosika bihe,
나를 속인 말에 내가 빠져 있었는데,

⇦ sure kundulen han sinde enteheme akdafi banjiki, sini cangšu de
수러 쿤둘런 한(汗) 당신에게 영원히 의지하고 싶다. 당신이 Cangšu에게

buhe jui be hūwakiyafi, minde gaji seme gisurehe manggi,
자식을 준 것을 파기하고, 나에게 달라"고 말하자,

⇦ sure kundulen han sadulaha jui be, hoifa i baindari de bumbi
수러 쿤둘런 한(汗)은, 사돈 맺은 자식을 Hoifa의 Baindari에게 주겠다

seme sadun ci hūwakiyaha, baindari geli gūwaliyafi gaimbi seme (1:8b)
하여 사돈 관계를 파기했다. Baindari가 다시 변심해서 맞이하겠다고

gisurehe sargan be gaihakū oho manggi,
한 아내를 맞이하지 않자,

⇦ sure kundulen han hendume, baindari si yehe i etenggi fonde narimbulu de
수러 쿤둘런 한(汗)이 말하기를, "Baindari 너는 Yehe가 강했을 때 Narimbulu에게

← dafi, minde juwe jergi cooha jihe, si mini jui be
합세해서, 나를 두 차례 공격해 왔다. 너는 내 아이를

← gaimbi seme gisurefi, geli ainu uttu gūwaliyaka seme henduhe manggi,
아내로 맞이하겠다고 하고서, 또 어찌 이렇게 변심했는가"라고 말했다. 그러자

baindari hendume, mini yehe de bisire jui be baha manggi,
Baindari가 말하기를, "Yehe에 있는 내 아이를 구한 후에,

sini jui be gaifi, sini ici ojoro seme gisureme, ilarsu
당신의 아이를 아내로 맞이하고서, 당신 편이 되겠다"라고 말하면서 세 겹의

hoton be araha, yehe de bihe ini jui jihe manggi, (1:9a)
성을 쌓았다. Yehe에 있던 그의 자식이 돌아온 후에,

⇦ sure kundulen han hendume, sini yehe de bihe jui be baha kai,
수러 쿤둘런 한(汗)이 말하기를, "Yehe에 있던 너의 아이를 구했다.

← te ainambi seme henduhe manggi, baindari beile ilarsu hoton be
이제 어찌할 것인가"라고 말하자, Baindari 버일러는 그 틈에 세 겹 성을

arame jabduha seme, gaimbi seme gisurehe sargan be gaihakū
다 쌓았다고 하며, 맞이하겠다고 말한 아내를 맞이하지 않고

gūwaliyaka, tuttu gūwaliyaka manggi,
변심했다. 그렇게 변심하자

⇦ sure kundulen han jili banjifi cooha genere de, seheri hada gebungge
수러 쿤둘런 한(汗)이 노하여 출병했을 때, Seheri봉(峰)이라는

bade emu inenggi emu dobori abka abkafi[37] galaka, tereci
곳에서 하루 낮과 밤 동안 비가 오다가 개었다. 그곳에서

genefi, tere honin aniya uyun biyai juwan duin de, (1:9b)
출발하여 정미년(丁未年, 1607) 9월 14일에,

hoifa i hoton be kafi afame gaiha, hoton i ejen
Hoifa성을 포위해서 공격하여 빼앗았다. 성의 수장

baindari beile i ama jui be bahafi waha, tere hūrki
Baindari 버일러 부자(父子)를 잡아서 죽였다. 그 Hūrki

hada de, hoifa i niyalma ududu jalan halame banjiha
봉(峰)에서 Hoifa 사람이 여러 대에 걸쳐 살아온

gurun be efulefi gajiha.
나라를 멸망시키고 차지했다.

○ suwayan bonio aniya,
무신년(戊申年, 1608)[38]

⇦ sure kundulen han i susai se de, ilan biyade, argatu tumen, amin (1:10a)
수러 쿤둘런 한(汗)이 50세 때, 3월에, Argatu Tumen, Amin[39]

---

37) abkambi가 agambi의 고형이기 때문에 abka는 '하늘'을 가리킬 수도 있지만 aga(비)의 고형일 가능성도 있다(제7권 2a 제2행의 두주(頭註) 참고).

38) 만주어에서는 천간(天干)을 다음과 같이 색채어를 이용하여 나타낸다.
甲乙 파랑 niowanggiyan(甲), niohon(乙)
丙丁 빨강 fulgiyan(丙), fulahūn(丁)
戊己 노랑 suwayan(戊), sohon(己)
庚辛 하양 šanggiyan 또는 šanyan(庚), šahūn(辛)
壬癸 검정 sahaliyan(壬), sahahūn(癸)
따라서 suwayan bonio aniya는 무신년(戊申年), 즉 1608년이다.

39) Amin(아민 阿敏, 1586~1640)은 Šurgaci의 차남으로 4대 버일러(Daišan, Amin, Manggūltai, Hong Taiji) 중 한 명이다. 『朝鮮實錄』에는 阿民太主로 기록되어 있다. amin은 몽골어로 '숨결, 생명'이라는 의미이다.

taiji de sunja minggan cooha be adabufi unggifi, ula i
타이지에게[40] 군사 5000명을 붙여 보내서, Ula의

ihan alin i hoton be kafi afame gaiha, minggan
Ihan 산성을 포위하고 싸워서 빼앗았다. 1000명을

niyalma be waha, ilan tanggū uksin baha, ula i
죽이고, 갑옷 300벌을 획득했다. Ula의

bujantai de korcin i monggo i unggadai beile dafi, bujantai
Bujantai에게 Korcin 몽골의 Unggadai 버일러가 합세해서, Bujantai의

cooha gašan ci tucifi, orin ba i dubede ilifi, afaci
군사가 마을로부터 나와 20리 떨어진 곳에 진을 쳤으나, 싸울 수

ojoro cooha waka seme gisurefi amasi bederehe, argatu
있는 군사가 아니라고 말하고 뒤로 물러났다. Argatu

tumen tere hoton de juwe dobori dedufi jihe. (1:10b)
Tumen은 그 성에서 이틀 밤 머무르고 왔다.

⇦ sure kundulen han, nikan i wan lii han i nenehe ehe be gūnihakū,
수러 쿤둘런 한(汗)이 명의 만력제와의[41] 지난 시절 불화를 생각하지 않고,

geli sain banjire be buyeme, ehe be gūnici, emu inenggi
다시 화목하게 지낼 것을 원하여, '불화를 생각하면 하루

andande, sain doro be ududu jalan de baici
순식간이고, 우호의 길은 몇 세대 동안에 구해도

baharakū sere seme, tubabe gūnifi, han i jase be,
얻지 못한다고 한다'는[42] 것을 생각하고서, "'한인(漢人)이든, 여진인이든

---

40) 타이지는 원래 몽골의 황제 집안인 Borjigid씨의 자제를 높여서 일컫는 말인데, 『滿文老檔』 등에서는 몽골계 자제뿐만 아니라 Nurhaci의 자제들에 대해서도 이 명칭을 사용했다.

41) 만력제(萬曆帝, 1573~1620)는 명(明)의 신종(神宗) 주익균(朱翊鈞)이다.

42) 『滿洲實錄』(3권, 萬曆 36년(1608))의 해당 한문 부분은 '악을 행하기에는 한순간도 길고, 선을 행하기에는 평

nikan, jušen yaya hūlhame dabaci, dabaha niyalma be saha
누구든 황제의 경계를 몰래 넘으면, 넘은 사람을 본

niyalma waki, safi warakūci, wahakū niyalma de sui isikini (1:11a)
사람이 죽이자. 보고도 죽이지 않으면, 죽이지 않은 사람에게 죄가 미칠 것이다'라고

seme gisurehe gisun be, nikan aifuci, nikan han i guwangning ni
했던 말을, 명이 어기면, 명 황제의 광녕(廣寧)의

du tang, dzung bing guwan, liyoodung ni dooli, fujiyang, keyen i
도당(都堂)과 총병관(總兵官), 요동(遼東)의 도리(道吏)와[43] 부장(副將), 개원(開原)의

dooli, tsanjiyang, ere ninggun amba yamun i hafan ehe sui
도리(道吏)와 참장(參將), 이 여섯 큰 아문(衙門)의 관리에게 죄가

isikini seme gisurefi, wehei bithe be jasei jakade
미칠 것이다"라고 말하고서, 석비를 국경

ba bade ilibume, bonio aniya ninggun biyai orin i inenggi,
곳곳에 세웠다. 그리고 무신년 6월 20일,

šanggiyan morin wafi, senggi be emu moro, yali be
백마를 죽이고,[44] 피 한 사발, 고기

emu moro, boihon emu moro, arki emu moro, giranggi (1:11b)
한 사발, 흙 한 사발, 술 한 사발과, 뼈를

šofi sindafi, liyoodung ni u fujiyang, fusi i wang beiguwan
깎아서 놓고, 요동의 U 부장과 무순(撫順)의[45] Wang 비어(備禦)가[46]

생도 짧다(一朝爲惡而有餘 終身爲善而不足)'라고 되어 있다.

43) 도태(道台)라고도 하며, 성(省)과 부(府)의 중간에 있는 지방의 장관(품계는 정사품)이다.

44) 명대 여진에서도 하늘과 땅에 제사할 때 흰말과 검은 소를 죽이는 풍습이 있었다. 역사적으로 이러한 풍습은 적어도 한대(漢代)부터 흉노나 거란과 같은 초원의 유목민 사이에서 널리 행해졌던 것으로 몽골을 거쳐 만주족에 전승된 것이다.

45) fusi는 만주인들이 무순성(撫順城)을 부르던 이름이다. 『滿洲實錄』(3권, 萬曆 36년(1608))에는 Fušun Šo Hoton, 즉 무순소성(撫順所城)으로 표기되어 있다. 여기에서는 fusi를 '무순(撫順)'으로 번역한다.

46) beiguwan은 한어 備禦官의 음차이다. 『滿洲實錄』에 한문 부분에 備禦로 되어 있으므로 여기에서는 '비어(備禦)'로 번역한다.

jifi, han i jase be yaya dabarakū seme gashūha,
와서, 황제의 경계를 누구도 넘지 않을 것이라고 맹세했다.

tuttu ihan alin i hoton be gaiha manggi, ula i
그렇게 하여 Ihan 산성을 빼앗자, Ula의

bujantai beile golofi, tereci elcin yabufi, ineku tere bonio
Bujantai 버일러가 놀라서, 그때부터 사신이 다니고, 같은 무신년

aniya uyun biyade, yehe i narimbulu i susai niyalma be jafafi,
9월에, Yehe의 Narimbulu 예하의 50명을 잡아서,

⇦ sure kundulen han i elcin de bume, ula i bujantai dahame acaha,
수러 쿤둘런 한(汗)의 사신에게 주고,[47] Ula의 Bujantai가 따라와서 알현했다.

acafi, bujantai hendume, (1:12a)
알현하고서 Bujantai가 말하기를,

⇦ ama han de duin sunja jergi gashūha gisun be gūwaliyafi, ehe
"아버지 한(汗)에게 네다섯 차례 맹세한 말을 뒤집어서 관계가

ofi bi umai dere akū kai,
악화되었기 때문에 저는 전혀 면목이 없습니다.

⇦ ama han i beye de banjiha emu jui be buci, bi
아버지 한(汗)의 몸에서 태어난 아이 한 명을 주시면, 저는

⇦ ama han de enteheme akdafi banjiki aina seme gisurehe manggi,
아버지 한(汗)에게 영원히 의지하여 살고 싶습니다. 어찌하겠습니까"라고 말하자,

⇦ sure kundulen han i beyede banjiha mukusi gege be geli
수러 쿤둘런 한(汗)의 몸에서 태어난 Mukusi[48] 공주를 또

---

47) 『滿洲實錄』(3권, 萬曆 36년(1608) 9월)에는 '사신에게 주어서 모두 죽였다'라고 되어 있다.
48) Mukusi(목고십 穆庫什, 1595~1659)는 Nurhaci의 넷째 딸이며 Bujantai에게 시집 간 이 해에는 14세였다. gege는 한(汗)이나 버일러의 딸을 높여서 지칭하는 용어로 '공주'로 번역한다.

bujantai de buhe.
Bujantai에게 주었다.

(1:12b)

○ julge aisin han i fonde samsiha warka gurun, solho de
예전에 금나라 한(汗) 시절에 흩어졌던 Warka 사람들은, 조선에

dosifi, solho i jase i jakarame tehe warka be,
들어가서 조선의 변경을 따라 살았다. Warka 사람을

⇦ sure kundulen han baicame gemu gaji seme, amba nikan gurun i
수러 쿤둘런 한(汗)이 조사하여 모두 데려와 달라고 대명국(大明國)의

wan lii han de bithe wesimbume habšaha manggi, wan lii
만력제에게 글 올려 호소하자, 만력제가

han, solho i han de hendume baicabufi, julgei jalan de
조선의 왕에게 말하여 조사하게 하니, 전대(前代)에

samsiha ududu jalan i waliyabuha warka gurun be, solho
흩어지고 여러 세대 동안 버려진 Warka 사람을 조선

han baicafi, (1:13a)
왕이 조사해서,

⇦ sure kundulen han i susai emu se de, sohon coko aniya juwe
수러 쿤둘런 한(汗)이 51세 때, 기유년(己酉年, 1609) 2월에,

biyade, warka gurun i minggan boigon be tucibufi elgeme unggihe.[49)]
Warka 사람 1000가호를 골라내어 이끌어 보냈다.

---

49) 『朝鮮實錄』의 관련 기사는 다음과 같다. "조선의 성 안에 번호가 많이 들어가 살고 있으니 낱낱이 추급(推給)하는 것이 옳을 것이다."〈선조 40년(1607) 3월 21일〉, "노추가 번호(藩胡)를 모두 철수한 후 조선을 침범하고자 한다."〈광해 원년(1609) 4월 21일〉 여기에서 번호(藩胡)라고만 했지 족칭을 구체화하지 않은 것은 이 당시에는 이미 '올량합(兀良哈)'과 같은 명칭이 없어졌기 때문이다. 이후 〈인조 15년(1637) 1월 28일〉의 기사에는 Warka가 이전의 올량합(兀良哈)임을 가리키는 것으로 기록되어 있다.

⇦ sure kundulen han i deo šurgaci beile be, emu
수러 쿤둘런 한(汗)의 동생 Šurgaci 버일러가 같은

⇦ ama, emu
아버지, 같은

⇦ eme de banjiha damu deo seme, ai jaka be, gurun
어머니에게 태어난 유일한 동생이라 하여, 국인,

sain gucu, ejehe, aha be gese salibuha, tuttu (1:13b)
좋은 구추, 칙서,[50] 노복[51] 등 모든 것을 같이 거느리게 했다. 그렇게

gurun gucu eiten jaka be gemu gese bufi banjire de,
국인, 구추 등 모든 것을 모두 같이 주고 지냈지만,

deo beile dain de genefi, emgeri enculeme sain sabume
동생 버일러는 싸움터에 가서 한 번도 특별히 좋게 보이도록

yabuhakū, amba gurun i banjire doro de, emgeri sain gisun be
행하지 않았다. 대국인의 살아가는 도리에 대해 한 번도 좋은 말을

gisureme ergembuhekū, umai de erdemu akū bihe, erdemu
하여 편안하게 하지 않았다. 어떤 것에도 덕이 없었다. 덕이

akū bicibe, fulu akū damu deo ofi, ai jaka be
없었지만, 더없는 유일한 동생이어서, 모든 것을

gese bume ujihe, uttu bume ujire be, deo beile elerakū,
같이 주며 살게 했다. 이렇게 주며 살게 하는 것에 동생 버일러가 만족하지 않아서,

⇦ ahūn be biya giyalarakū aniya inderakū gasabuha manggi, (1:14a)
형으로 하여금 한 달도 거르지 않고 한 해도 쉬지 않고 한탄하게 하자,

---

50) 명이 여진의 대소 추장에게 나누어준 관직 위임장이자 조공무역에 참가하여 무상(撫賞)과 회사(回賜)를 받을 수 있는 증명서이다. 추장의 신분증명서일 뿐만 아니라 보유한 재산의 수준을 보여주는 것이다.

51) aha는 '노예' 또는 '노복'을 의미한다. 사유재산의 일부로 취급되며 인신의 자유가 없다. 주인과 함께 거주하며 경작 및 각종 노역을 담당한다(유소맹 2013:162-166). 명대 후기 성인 노예 한 명은 우마 20여 마리의 가치를 가지고 있었으며 Nurhaci 시기에는 소 한 마리의 가치가 있었다.

⇦ ahūn sure kundulen han hendume, deo sini banjire doro, gurun
형 수러 쿤둘런 한(汗)이 말하기를, "아우야, 네가 살아가는 도리와 국인,

← gucu be, musei
구추는 우리

⇦ ama i salibuha gurun gucu waka kai, ahūn mini buhe gurun
아버지가 물려준 국인과 구추가 아니다. 형인 내가 준 국인과

← gucu kai seme, ehe waka be wakalame henduhe manggi,
구추이다"라고 하며, 악행과 비행을 질책하여 말하자,

deo beile anggai dubede, dule ere banjire ai tangsu,
동생 버일러는 말끝마다 "원래 이렇게 살아가는 것이 어찌 아껴주는 것인가.

bucecina seme hendumbihe, uttu gurun gucu be gese salibuha
죽고 싶다"라고 말하곤 했다. 이렇게 국인과 구추를 똑같이 거느리게 한

⇦ ahūn be waliyafi, gurun be gamame encu gašan de teme, encu (1:14b)
형을 버리고서 국인을 이끌고 다른 마을에서 거주하기 위해 다른

golo de genembi sehe manggi,
지역에 간다고 하자,

⇦ sure kundulen han jili banjifi, ineku tere coko aniya,
수러 쿤둘런 한(汗)이 화가 나서 같은 해인 기유년(己酉年, 1609),

⇦ sure kundulen han i susai emu se de, deo beile i dehi
수러 쿤둘런 한(汗)이 51세, 동생 버일러가

ninggun se de, ilan biyai juwan ilan i inenggi, deo
46세 때 3월 13일, 동생

beile de buhe gurun gucu ai ai jaka be gemu
버일러에게 준 국인과 구추, 갖가지 것들을 모두

gaifi, emhun beye ilibuha, deo beile be ainu tafulahakū
몰수하고서 외톨이가 되게 했다. 동생 버일러에게 어찌 간언하지 않고

huwekiyebuhe seme, uksun i asibu gebungge jui be waha, (1:15a)
부추겼는가 하여, 일족인[52] Asibu라는 아이를 죽였다.

jai ulkun monggo gebungge amban be, moo de lakiyame
또 Ulkun Monggo라는 대인을, 나무에 매달아

hūwaitafi, fejile orho sahafi, tuwa sindame waha, tuttu
묶고서, 아래에 풀을 쌓고, 불을 놓아 죽였다. 그렇게

deo beile be girubufi, emhun beye ilibuha manggi,
동생 버일러를 욕보이고, 외톨이가 되게 했다. 그러자

deo beile ini beyebe wakalame,
동생 버일러가 자기 자신을 질책하기를,

⇦ ahūn han i ujihe ambula de dabafi encu teneki sehe, bi waka
"형인 한(汗)이 보살펴준 것이 많은데, 분수를 넘어서 따로 살러 가겠다고 했다. 내가 잘못한 것이

mujangga seme gaihari bederehe manggi,
사실이다"라고 하면서 갑자기 물러서니,

⇦ sure kundulen han, gaiha gurun gucu be, ineku tere aniya geli (1:15b)
바로 그해에 수러 쿤둘런 한(汗)은 몰수한 국인과 구추를 또

gemu amasi deo beile de dasame buhe,
모두 동생 버일러에게 되돌려주었다.

⇦ abkai kesi de jirgame banjire be hihalarakū,
하늘의 은혜로 편안하게 살아가는 것을 소중히 여기지 않고,

⇦ ahūn sure kundulen han i ujire be elerakū ofi, dehi jakūn se de,
형 수러 쿤둘런 한(汗)이 보살펴주는 것에 만족하지 않다가, 48세 때인

52) uksun은 『滿洲實錄』에서는 '족(族)'으로 번역하나, Manju족이 입관한 후 '종실'만을 뜻하는 용어가 되고, 족(族)을 의미하는 uksura라는 용어가 새로 만들어졌다. 『滿洲實錄』이나 『滿文原檔』에서는 Nurhaci의 조부의 여섯 형제인 'Ningguta 버일러와 그들의 자손들'을 uksun이라고 했다. uksun은 mukūn보다 혈연관계가 더 밀접한 집단으로 같은 조부의 자손을 의미한다.

šahūn ulgiyan aniya jakūn biyai juwan uyun i inenggi,
신해년(辛亥年, 1611) 8월 19일,

deo beile i beye akū oho.
동생 버일러가 죽었다.

○ neneme sohon coko aniya uyun biyade, (1:16a)
지난 기유년(己酉年, 1609) 9월에,

⇦ sure kundulen han i harangga ningguta gebungge hoton de, hūrha golo i
수러 쿤둘런 한(汗)이 관할하는 영고탑(寧古塔)이라는[53] 성에 Hūrha로(路)의[54]

minggan cooha jihe seme donjifi, sacikū de tehe
군사 1000명이 왔다고 듣고서, Sacikū에 주둔해 있던

⇦ sure kundulen han i emu tanggū cooha genefi, hūrha i minggan cooha be
수러 쿤둘런 한(汗)의 군사 100명이 출병하여, Hūrha의 군사 1000명을

gidafi, juwan juwe amban be weihun jafaha, emu tanggū
제압하고, 대인 12명을 사로잡았다.

niyalma be waha, duin tanggū morin baha, emu tanggū
100명을 죽이고 말 400필을 얻고, 갑옷 100벌을

uksin gaiha, terei amala huye golo i niyalma,
노획했다. 그 후에 Huye로(路) 사람이,

⇦ sure kundulen han be dahaha gurun i ukanju be singgebume (1:16b)
수러 쿤둘런 한(汗)에게 항복한 나라의 도망자들을 자기 사람으로

53) 영고탑(寧古塔)은 Nurhaci의 조부인 Giocangga의 여섯 형제가 Hetu Ala 일대에서 각기 하나의 촌락(gašan)을 이루어 거주했던 지역을 지칭하는 것으로, 이 여섯 조부에서 나온 일족을 의미하기도 한다. 만주어로 ninggun은 '여섯'을 의미한다.

54) hūrha는 한문 사료에서는 주로 胡里改로 표기되며, 『龍飛御天歌』(7:21b)에는 '홀아(火兒阿)'로 표기되어 있다. hūrha는 부(部)의 이름이자 목단강(mudan bira)의 다른 이름이기도 하다.

gaiha manggi,
받아들이자,

⇦ sure kundulen han hendume, huye goloi niyalma, si daharakūci bicina,
수러 쿤둘런 한(汗)이 말하기를, "Huye로(路) 사람들아, 너희는 항복하지 않아도 좋지만

← mimbe dahaha gurun i ukanju be, si ainu gaimbi seme,
나에게 항복한 나라의 도망자를, 네가 어찌 받아들이느냐"라고 하고,

ineku tere coko aniya jorgon biyade, hūrhan hiya
바로 그 기유년 12월에 Hūrhan 히야라는

gebungge amban de, minggan cooha be adabufi unggifi,
대인에게 군사 1000명을 붙여 보내어,

huye i golo be sucufi, tere golo be gemu
Huye로(路)를 급습하고, 그 지역을 완전히

gaiha, juwe minggan olji baha, tubade aniya arafi (1:17a)
빼앗고, 포로 2000명을 획득했다. 그곳에서 새해맞이를 하고

juwe biyade isinjiha, tere golo be dahabuha seme,
2월에 돌아왔다. 그 지역을 항복시켰다 하여,

⇦ sure kundulen han, hūrhan hiya de eture uksin, yalure morin
수러 쿤둘런 한(汗)이 Hūrhan 히야에게 입을 갑옷, 타고 다닐 말을

bume, darhan hiya seme gebu buhe, tereci
주고, Darhan 히야라는[55] 이름을 주었다. 그 후에

⇦ sure kundulen han be dahaha suifun goloi amban tulen gebungge
수러 쿤둘런 한(汗)에게 항복한 Suifun로(路)의[56] 대인인 Tulen이라는

---

55) 『朝鮮實錄』〈광해 13년(1621) 9월 10일〉에 정충신(鄭忠信)의 보고 가운데 大舍라는 명칭으로 나온다.
56) 현재 수이푼강 유역에 있던 부(部)이다. 수이푼강은 흑룡강성 동남부, 조선 회령 북쪽 지역에 있다. suifun은 '송곳'이라는 뜻이다.

niyalma be, yaran goloi niyalma gamaha manggi, šanggiyan
사람을, Yaran로(路) 사람이 데리고 가버렸다. 그러자

indahūn aniya,
경술년(庚戌年, 1610)

⇦ sure kundulen han i susai juwe se de, omšon biyade, minggan (1:17b)
수러 쿤둘런 한(汗)이 52세 때 11월에,

cooha de, eidu baturu gebungge amban be ejen
Eidu 바투루라는 대인을 수장으로

arafi unggifi, namdulu golo, suifun golo, ningguta golo,
삼아서 군사 1000명을 보내어서, Namdulu로(路), Suifun로(路), 영고탑로(寧古塔路),

nimaca golo, ere duin goloi niyalma be, gemu
Nimaca로(路), 이 네 지역 사람들을 모두

boigon arafi gajime jurafi, boigon be juleri unggihe,
가호를[57] 편성한 후 데리고 출발하였다. 가호를 앞서 보낸 후,

coohai niyalma amasi genefi, yaran golo be jorgon
군사가 되돌아가서, Yaran로(路)를

biyade sucufi gemu gaiha, tumen olji bahafi gajiha.
12월에 급습하여 완전히 빼앗고, 포로 1만 명을 잡아서 데려왔다.

---

57) boigon은 '가호'로 번역하고 있으나 사람과 짐승 등 재산을 포괄하는 개념이다(유소맹 2013:153).

제2권

신해년(辛亥年, 萬曆 39년 1611)부터
계축년(癸丑年, 萬曆 41년 1613)까지

jai debtelin,
šahūn ulgiyan aniya ci
sahahūn ihan aniya de
isinahabi.

tongki fuka sindaha hergen i dangse. (2:1a)
유권점 당안

○ šahūn ulgiyan aniya,
신해년(辛亥年, 1611)

⇦ sure kundulen han i susai ilan se de, juwe biyade,
수러 쿤둘런 한(汗)의 53세 되는 해 2월에

⇦ sure kundulen han, ini gurun i sargan akū niyalma be,
수러 쿤둘런 한(汗)이 자신의 나라의 아내 없는 사람을

← golo golo i gašan gašan de gemu baica seme
"모든 지역의 모든 촌락에서 다 조사하라"고 하여

baicabufi, ududu minggan niyalma de sargan buci
조사하게 하였으나, 수천 명에게 아내를 주려니

hehe isirakū ofi, ku i ulin tucibufi sargan udame
여자가 부족하므로 창고의 재화를 꺼내어서, 여자를 사서

gaisu seme, emu niyalma de orita mocin, gūsita (2:1b)
아내로 맞으라 하며 한 사람마다 모청포(毛靑布) 20필, 30필씩을

mocin buhe.
주었다.

⇦ sure kundulen han de dahaha ningguta goloi sengge, nikari
수러 쿤둘런 한(汗)에게 항복한 영고탑로(寧古塔路)의 Sengge, Nikari라는

gebungge juwe amban de,
두 대인에게

⇦ sure kundulen han dehi uksin buhe bihe, sengge, nikari
수러 쿤둘런 한(汗)이 갑옷 40벌을 주었는데, Sengge, Nikari가

tere dehi uksin be suifun de sindaha bihe,
그 갑옷 40벌을 Suifun에 놓아두었었다.

urgucen muren goloi niyalma, suifun golo be sucufi, tere (2:2a)
Urgucen로(路)와 Muren로(路) 사람이 Suifun로(路)를 습격해서 그

dehi uksin be gamaha manggi,
갑옷 40벌을 가져가자

⇦ sure kundulen han hendume, mini dehi uksin be dehi
수러 쿤둘런 한(汗)이 말하기를 "나의 갑옷 40벌을

← morin de acifi benju seme, hūrha goloi bojiri
말 40마리에 실어서 보내라"고 하며 Hūrha로의 Bojiri라는

gebungge niyalma be takūrame henduci, urgucen muren goloi
사람을 파견하여 말했으나, Urgucen로와 Muren로

niyalma sucufi gamaha dehi uksin be benjihekū, ini
사람은 습격하여 가져간 갑옷 40벌을 보내오지 않았고 그들

golo inu daharakū oho manggi,
지역이 항복도 하지 않자,

⇦ sure kundulen han i ineku susai ilan se de, nadan biyade, (2:2b)
수러 쿤둘런 한(汗)이 53세인 해 7월에

⇦ han i jui abatai taiji, fiongdon jargūci, šongkoro baturu be minggan
한(汗)의 아들 Abatai[1] 타이지, Fiongdon 자르구치, Šongkoro[2] 바투루를

cooha de ejen arafi unggifi, urgucen muren golo be
군사 1000명의 수장으로 삼아 보내어서 Urgucen로와 Muren로를

sucufi gemu gaiha, minggan olji baha.
습격하여 모두 정복하였고 포로 1000명을 노획했다.

○ hūrha gurun i jakūta i niyalma,
Hūrha국의 Jakūta 사람이

⇦ sure kundulen han de dahaha manggi, gūsin uksin buhe,
수러 쿤둘런 한(汗)에게 항복하자 갑옷 30벌을 주었다.

tere buhe uksin be gamafi, sahaliyan gurun de (2:3a)
그 갑옷을 가져가서 Sahaliyan국에

bufi, moo de nerebufi gabtabuha, jai ula i bujantai, imbe
주어 나무에 걸게 하여 쏘게 하였다. 또한 Ula의 Bujantai가 자신을

daha seme benehe boso be alime gaiha manggi,
따르라 하여 보낸 베를 받아 가졌으므로,

ineku tere ulgiyan aniya jorgon biyade,
그해 신해년(辛亥年) 12월에

⇦ han i hojihon hohori efu, eidu baturu, darhan hiya, ere ilan
한(汗)의 사위 Hohori[3] 어푸,[4] Eidu 바투루, Darhan 히야 이 세

---

1) Abatai(아파태 阿巴泰, 1589~1646)는 Nurhaci의 일곱째 아들이다. 『瀋陽日記』〈인조 15년(1637) 5월 18일〉에 押大로 기록되어 있다.

2) Nurhaci의 후금(後金) 개국 5대신의 한 명인 대(大) Fiyanggū 바투루에게 내려진 칭호이다. 『建州聞見錄』에 表應古로 되어 있다.

amban de juwe minggan cooha be afabufi unggifi,
대인에게 군사 2000명을 맡겨 보내어서

hūrha golo be sucufi, jakūta i hoton be ilan
Hūrha로를 습격하여 Jakūta성을 사흘

inenggi kafi, daha seci daharakū ofi, afafi jakūta i (2:3b)
동안 포위하고 항복하라 했지만 항복하지 않으므로 공격하여 Jakūta

hoton be gaiha, minggan niyalma be waha, juwe
성을 정복했다. 1000명을 죽였고,

minggan olji baha, terei šurdeme hūrha golo be
2000명의 포로를 노획했다. 그 주변 Hūrha로를

dahabufi, tulešen, erešen gebungge juwe amban be, jai
항복시켜 Tulešen, Erešen이라는 두 대인과,

sunja tanggū boigon be dalime gajiha.
500가호를 이끌고 돌아왔다.

○ sahaliyan singgeri aniya,
임자년(壬子年, 1612),

⇦ sure kundulen han i susai duin se de, duin biyade, monggo (2:4a)
수러 쿤둘런 한(汗)이 54세 때 4월에 몽골국의

gurun i minggan beile i jui be
Minggan 버일러가 딸을

---

3) Hohori(하화례 何和禮, 1561~1624)는 Donggo부의 수장인 Kece Bayan의 손자로 1588년 Nurhaci에게 귀부했다. Nurhaci의 장녀와 혼인했으므로 Donggo 어푸(donggo efu) 혹은 대어푸(amba efu)라고도 한다. 후금(後金) 개국 5대신 중 한 명이다.

4) efu는 혼인으로 맺어진 같은 항렬의 손위 남자를 지칭한다. 손위 처남, 매형, 손위 동서가 이 범주에 속한다. 한편 부마(駙馬)의 뜻도 있다. 『滿文老檔』, 『滿洲實錄』 등에서는 Nurhaci의 자식들 관점에서 지칭하므로 '어푸'로 번역하기로 한다.

⇦ sure kundulen han de sargan benjihe.
수러 쿤둘런 한(汗)에게 아내로 보내왔다.

○ dain de bahafi jafafi wara beyebe ujihe bujantai,
전쟁에서 포로로 잡아 죽일 몸을 살려준 Bujantai,

ilan jui be buhe ilan jergi hojihon bujantai,
세 아이를 준 세 겹 사위인[5] Bujantai,

nadan jergi gashūha bujantai gūwaliyafi, ujihe
일곱 번 맹세한 Bujantai가 변심해서, 살려준

⇦ ama sure kundulen han i harangga hūrha gurun be juwe jergi (2:4b)
아버지 수러 쿤둘런 한(汗)에게 속한 Hūrha국을 두 번

sucufi gamaha, jai ujihe
습격하여 사람들을 데리고 갔다. 또 살려준

⇦ ama sure kundulen han i yabufi ulha jafan buhe yehe i
아버지 수러 쿤둘런 한(汗)이 정혼하여 가축을 예물로[6] 준 Yehe의

bujai beile i jui be, bujantai durime gaimbi seme
Bujai 버일러의 딸을 Bujantai가 빼앗아 아내로 삼겠다고

gisurehe, jai
말했다. 또

⇦ sure kundulen han i buhe sargan jui onje gege be, bujantai
수러 쿤둘런 한(汗)이 준 딸 Onje 공주를[7] Bujantai가

yordoho seme donjiha manggi, tede korsofi ineku tere
고두리살로 쏘았다고 듣고서,[8] 거기에 분노하여 그해

---

5) Šurgaci의 두 딸, Nurhaci의 딸과 통혼한 사실을 말한다.
6) jafan은 정혼한 남자가 여자에게 빙례(聘禮)를 갖추어주는 예물을 뜻한다.
7) Onje 공주는 Šurgaci의 둘째 딸이다. 여기서 조카딸을 딸이라고 한 것은 여진족의 친족관계에서 직계와 방계를 구분하지 않고 항렬이 같으면 같은 명칭으로 부르기 때문이다.

singgeri aniya uyun biyai orin juwe de, (2:5a)
임자년(壬子年, 1612) 9월 22일에

⇦ han i hecen ci cooha juraka, orin uyun de, ula
한(汗)의 성에서 군사가 출발했다. 29일에 Ula국에

gurun de ilan tumen cooha isinafi, ula birai
군사 3만 명이 도착하여, Ula강(즉 송화강)의

wargi dalin be generede, ula i bujantai beilei cooha, ula
서쪽 강변을 갈 때 Ula의 Bujantai 버일러의 군사가 Ula강

birai dergi ini ergi cikin de okdome jifi
동쪽 강변에 대적하러 와서

iliha, tereci
진을 쳤다. 그리고

⇦ sure kundulen han suwayan sara tukiyefi, laba bileri fulgiyeme
수러 쿤둘런 한(汗)이 황색 일산(日傘)을 올리고, 나팔과 날라리를[9] 불고,

tungken can tūme duleme genefi, ula birai ebergi (2:5b)
북과 징을 치며 지나가서 Ula강의 이 편

cikin de ebufi tehe, coohai niyalma genefi, ula birai
강가에서 말에서 내려서 멈췄다. 군사가 가서 Ula강의

ebergi dalin i ninggun hoton be sucufi gemu gaifi,
이쪽 강변의 여섯 성을 습격하여 모두 정복하고

ula i amba hecen i wargi dukai teisu juwe ba i
Ula의 큰 성의 서쪽 문으로 2리

---

8) 이 내용은 Bujantai가 부인이 된 Onje 공주를 소리 나는 화살(鳴鏑, 즉 鳴箭)로 쏘아서 위협했다는 사건에 대한 것이다. yordombi는 『漢淸文鑑』에는 '고도리 쏘다'로 풀이되어 있다.

9) bileri는 부는 악기의 일종이다. 『漢淸文鑑』에 '랄라리'로 번역되어 있다.

dubede, birai cikin i ginjeo gebungge hoton de ing
끝에 강가의 금주(金州)라는 성에 영(營)을

hadafi iliha, juwan biyai ice inenggi,
설치하고 숙영했다. 10월 초하루에

⇦ sure kundulen han, tu weceme tucifi tehe bihe, ula i
수러 쿤둘런 한(汗)이 둑(纛)에 제사를 지내러 나아가서 앉아 있었다. Ula의

amba hecen i amargi ba, šun dekdere ergici šun (2:6a)
큰 성의 북쪽 지역에, 해 뜨는 방향으로부터 해

tuhere baru,
지는 쪽으로

⇦ abkai šanggiyan lamun siren lasha gocika bihe, ilan dedume
하늘의 희고 푸른 광선이 쭉 뻗어 있었다.[10] 사흘을 머무르며

jeku be manabume gemu tuwa sindame, ing hadafi
곡식을 없애려고 모두 불 지르며 영을 설치하고

bisire de, ula i bujantai beilei cooha, inenggi oci,
있는데, Ula의 Bujantai 버일러의 군사가 낮이 되면

hecen ci tucifi birai cikin de ilimbi, dobori oci,
성에서 나와서 강가에 진을 치고, 밤이 되면

hecen de dosifi dedume bihe, ula i bira be
성에 들어가서 잤다.

⇦ sure kundulen han i juwe jui manggūltai taiji, duici beile (2:6b)
수러 쿤둘런 한(汗)의 두 아들 Manggūltai[11] 타이지와 제4버일러가[12]

---

10) 『朝鮮實錄』〈광해 3년(1611) 9월 30일〉에는 "이 달 28일 밤 4경에 세성(歲星)이 헌원 대성(軒轅大星)을 범하였고, 5경에는 유성(流星)이 오거성(五車星) 아래에서 나와 헌원성 위로 들어갔는데, 모양이 바리때처럼 생겼고 꼬리의 길이가 5, 6자쯤 되고 색깔은 창백했습니다"라고 기록되었다.

11) Manggūltai(망고이태 莽古爾泰, 1587~1632)는 Nurhaci의 다섯째 아들이다. 『朝鮮實錄』에는 亡可退〈광해 13년(1621) 9월 10일〉로 기록되어 있다.

12) 제4버일러는 Hong Taiji(1592~1643)를 가리키며, 후금의 4대 버일러 가운데 네 번째(duici)이기 때문에 제4

bira be doofi afaki seci,
Ula강을 건너서 공격하자고 하자

⇦ sure kundulen han hendume, suwe muke be oilori waidara gese
수러 쿤둘런 한(汗)이 말하기를 "너희는 물의 겉만 뜨는 것처럼

← ume gisurere, fere be heceme gisurecina, amba muwa moo be
말하지 말고, 바닥을 훑어내어 말하라. 크고 굵은 나무를

← uthai bukdame bilaci bijambio, suhe i sacime huwesi giyame
바로 부러뜨려 꺾는다고 꺾이겠느냐. 도끼로 쪼개고 칼로 깎으며

← ajabufi bilaci bijambidere, teherere amba gurun be emu
잘게 해서 꺾어야 꺾일 것이다. 대등한 큰 나라를 한

← mudan de wacihiyaki seci wajimbio, tulergi gurun be
번에 끝내고자 하면 끝나겠는가. 바깥 나라를

← gemu hirhame gaiki, amba gašan i teile bikini, aha (2:7a)
모두 쳐내어서 정복하자. 큰 촌락만 남게 하자. 노복이

← wajici ejen adarame banjimbi, jušen wajici beile adarame
없으면 주인이 어찌 살 것인가. 속민이 없으면 버일러가 어찌

← banjimbi seme hendume ohakū, tere ninggun gašan i
살 것인가"라고 말하며 따르지 않았다. 그리고 그 여섯 촌락의

hoton be, boo be gemu efulefi tuwa sindaha,
성과 집을 모두 파괴하고 불을 질렀다.

duici inenggi cooha aššafi, ula birai ebergi cikin be,
4일째 되는 날 군사를 움직여서 Ula강의 이쪽 강가로

버일러로 불렸다. 청 태조 Nurhaci의 여덟째 아들로 나중에 청 태종이 된다. 『朝鮮實錄』에 洪大時〈광해 13년(1621) 8월 28일〉로 되어 있고, 그 외 『柵中日錄』(5:24b)에는 洪歹是, 『山城日記』(2b)에는 홍타시 등 여러 가지로 기록되어 있다.

amasi bedereme jidere de, fulha i dogon de genefi,
되돌아올 때에 Fulha의 나루터에 가서,

⇦ sure kundulen han i cooha ebergi dalin de iliha manggi, ula i
수러 쿤둘런 한(汗)의 군사가 이쪽 강안에 진을 쳤다. 그러자 Ula의

bujantai han, ini ubahai baturu be weihu de ilibufi, (2:7b)
Bujantai 한(汗)이 자기 휘하의 Ubahai 바투루를 통나무배에 오르게 해서

ula birai mukei dulimba de unggifi hūlame hendume,
Ula강 가운데에 보내어 소리 높여 외치기를,

⇦ ama han i amba beye jili banjifi korsofi jihebi dere,
"아버지 한(汗) 위대한 분이시여 화가 나고 분노하여 오셨겠지만,

⇦ ama han i banjiha jili bederehe dere, emu gisun be hendufi
아버지 한(汗)이 내셨던 화는 누그러지셨을 것입니다. 한마디 말씀을 하고

genere biheo seme hūlame hendufi, tereci ilan mudan
가시겠습니까"라고 소리쳐 말했다. 그로부터 세 차례

elcin takūrame gisurefi, ula i bujantai han, ninggun gucu be
사신을 보내어 말하고, Ula의 Bujantai 한(汗)이 여섯 구추를

gaifi weihu de ilifi, ula birai dulimba de jifi,
데리고 통나무배에 타고 Ula강의 가운데에 와서

weihu i dele (2:8a)
통나무배의 위에서

⇦ sure kundulen han de niyakūrafi hengkilefi hendume, ula gurun
수러 쿤둘런 한(汗)에게 꿇어서 절하고서 말하기를 "Ula는

⇦ ama han sini gurun kai, ula i jeku sini jeku kai,
아버지 한(汗) 당신의 나라입니다. Ula의 곡식은 당신의 곡식입니다.

jeku be tuwa sindara be nakara biheo seme hengkileme
곡식에 불 지르는 것을 멈추어 주시겠습니까"라고 절하며

baiha manggi,
요청했다.

⇦ sure kundulen han, hilteri uksin etufi amba suru morin de
수러 쿤둘런 한(汗)이 미늘 갑옷을 입고 큰 백마에

yalufi, geren cooha ci encu tucifi, juleri ula
올라 여러 군사로부터 홀로 나와서, 앞에 있는 Ula강

birai muke de morin i tulu deri olome (2:8b)
강물에 말의 가슴까지 오도록 들어가

ilifi jilidame
서서 격노하여

⇦ hendume, bujantai simbe dain de bahafi wara beyebe ujifi, ula
말하기를, "Bujantai 너를 전쟁에서 포로로 잡아서 죽일 몸을 살려주어 Ula에

← gurun de unggifi ejen obuha, mini ilan jui be
보내어서 수장이 되게 했고, 나의 세 딸을[13]

← buhe, bujantai si nadan jergi gashūha gisun be,
주었다. Bujantai 너는 일곱 번 맹세한 말을

← abka be den, na be jiramin seme gūwaliyafi,
하늘이 높고, 땅이 두텁다 하여 변심해서

← mini harangga hūrha golo be juwe jergi sucufi
나에게 속한 Hūrha로를 두 번 습격하여

← gajiha si, ujihe ama mini yabufi jafan buhe (2:9a)
약탈해 간 너, 살려준 아버지인 내가 정혼하여 예물을 준

← yehe i sargan jui be, bujantai si durime gaimbi
Yehe의 딸을 빼앗아 가겠다고

13) 친딸 Mukusi와 두 명의 조카딸인 Esitai, Onje를 가리킨다.

← seme gisurehe si, mini juse be encu gurun de
말한 너. 나의 딸들을 다른 나라에

← genefi ejen fujin ofi banjikini seme buhe dere, simbe
가서 수장의 푸진이 되어 살라고 준 것이지, 너에게

← yordokini seme buhe biheo, mini jui ehe weile araci
고두리살로 쏘라고 주었겠는가. 나의 딸이 나쁜 죄를 지으면

← minde alacina, abka ci wasika aisin gioro halangga
나에게 알리라. 하늘에서 내려준 Aisin Gioro 성(姓)을[14] 가진

← niyalma de gala isika kooli be si tucibu,
사람에게 손을 댄 전례를 너는 내세워보라.

← tanggū jalan be sarkū dere, juwan tofohon jalan ci (2:9b)
100대(代)라면 모를 것이나, 10, 15대(代)부터는

← ebsi sarkū bio, mini aisin gioro halangga niyalma de
모를 리가 있겠는가. 나의 Aisin Gioro성을 가진 사람에게

← gala isika kooli bici, bujantai si uru okini,
손을 댄 전례가 있다면 Bujantai 네가 옳은 것이고,

← mini cooha jihengge waka okini, aisin gioro halangga
내가 출병한 것은 잘못인 것이다. Aisin Gioro성을 가진

← niyalma de gala isika kooli akūci, bujantai si ai
사람에게 손을 댄 전례가 없다면, Bujantai 너는 무슨

← jalinde mini jui be yordoho, ere yordoho gebu be
까닭으로 나의 딸을 고두리살로 쏘았는가. 이렇게 고두리살로 쏘았던 오명을,

---

14) hala는 성(姓)으로 번역된다. 동일 hala는 기본적으로 같은 조상을 가지고 있음을 나타낸다. 같은 hala의 조상들이 같은 지역에서 공동생활을 하던 것에 기인하여, 지역적 동일성이나 토템의 동일성이 hala로 나타나기도 한다.

← buceci, tere gebu be unufi gamambio, weihun bade
죽으면 그 이름을 지고 가겠는가. 이승에서

← banjire de, tere ehe gebu be tunggen de tebeliyefi (2:10a)
살 때, 그 오명을 가슴에 안고

← tembio, julgei niyalma hendume, niyalmai gebu bijara anggala,
있겠는가. 옛 사람들이 말하기를 사람의 이름을 꺾기보다는

← giranggi bija seme henduhe bihe, alha futa be saci,
뼈를 꺾으라고 말했다. 알록달록한 끈을 보아도,

← horonggo meihe gese gūnimbi, cilcin muke be saci,
독 있는 뱀처럼 생각한다. 물집의 물을 보아도,

← mederi mukei gese gūnimbi, ere dain cooha be bi
바닷물같이 생각한다. 이 병사는 내가

← buyeme sebjeleme jihengge waka, mini jui be yordoho
원하여 즐겨서 온 것이 아니다. 나의 딸을 고두리살로 쏘았다고

← seme donjifi, ede korsofi mini beye ilifi jihengge
들어서, 이 때문에 분개하여 내가 몸소 일으켜 온 것이다"라고

← ere inu seme henduhe manggi, ula i bujantai han (2:10b)
말을 마치자, Ula의 Bujantai 한(汗)이

hendume, muse ama jui be ehe acakini seme
말하기를 "우리 부자 사이가 나빠지도록

niyalma belembi dere, sini yabuha sargan jui be gaimbi
남이 무고했을 것입니다. 당신께서 정혼한 딸을 취하겠다고

seme gisurehengge inu akū kai, sini yabuha sargan
말한 적도 없습니다. 당신께서 정혼한

jui be bi gaimbi seme gisurehe bici, dele
딸을 제가 취하겠다고 말했다면, 위에

⇦ abka bi, bi mukei dele ilihabi, fejergi mukei ejen muduri
하늘이 있습니다. 나는 물 위에 서 있는데, 아래의 물의 주인

han endembio, ama sini jui be yordohongge inu akū kai
용왕이 모르겠습니까. 아버지, 당신의 아이를 고두리살로 쏜 적도 없습니다"라고

seme gisun be baime arame gisurere de, ula i bujantai (2:11a)
하며 말을 찾아 꾸며 말할 때에 Ula의 Bujantai

han i labtai jargūci hendume,
한(汗) 휘하의 Labtai 자르구치가 말하기를,

⇦ han sini enteke korsoho gisun bici, emu niyalma be takūrame
"한(汗)이시여 이토록 분노의 말씀을 하시니 한 사람을 시켜서

fonjicina seme hendure jakade,
물어보십시오"라고 말하므로

⇦ sure kundulen han hendume, labtai sini gese niyalma minde akūn, sini
수러 쿤둘런 한(汗)이 말하기를, "Labtai 너 같은 사람이 나에게 없겠는가. 네가

← yordohongge be tašan sembio, mini jafan buhe sargan
고두리살로 쏜 것을 거짓이라고 하겠는가. 내가 예물을 준 딸

← jui be durime gaimbi sehengge be tašan sembio,
아이를 빼앗아 취하겠다고 한 것을 거짓이라고 하겠는가.

← tašan oci yargiyalame fonjimbi dere, yargiyan bade, sinde ai (2:11b)
거짓이라면 진실을 찾아 물을 것이나, 진실인 터에 너에게 무슨

← jalinde fonjimbi, ere bira geli juhe jafarakū doro bio,
까닭으로 묻겠는가. 이 강 또한 얼음이 얼지 않을 리가 있겠는가.

← bi geli sinde te emgeri ilinjarakū doro bio,
나 또한 너에게 지금 한 번 멈추어 서지 않을 도리가 있겠는가.

← labtai si mini loho be alime gaime mutereo
Labtai 너는 나의 칼을 받을 수 있겠는가"라고

seme henduhe manggi, bujantai hendume, labtai si ume
말하자, Bujantai가 말하기를, “Labtai 너는 말하지

gisurere seme henduhe, ula i bujantai han i deo karkama
말라”고 말했다. Ula의 Bujantai 한(汗)의 동생 Karkama

beile hendume,
버일러가 말하기를,

⇦ han sini emu dubei gisun be hendufi genecina seme henduhe manggi, (2:12a)
“한(汗)이시여 마지막으로 한말씀을 하고 가십시오”라고 말하자,

⇦ sure kundulen han hendume, mini jui be yordohakū, mini jafan
수러 쿤둘런 한(汗)이 말하기를, “나의 아이에게 고두리살을 쏘지 않았고, 내가 예물을

← buhe yehe i sargan jui be si gaijarakū tondo
준 Yehe의 딸을 네가 취하려고 하지 않은 것이 사실이라고

← seci, bujantai sini juse, sini gašan i ambasai juse be
하자. 만약 Bujantai 너의 자식들과 너의 마을 대인들의 자식들을

← damtun benjihe de, si tondo mujangga, juse be damtun
볼모로 보내면 네가 정직한 것이 사실이고, 자식들을 볼모로

← benjirakūci, bi sinde akdarakū seme hendufi amasi bedereme
보내지 않는다면, 나는 너를 믿지 않겠다”라고 말하고 되돌아

jifi, siden i hada de emu deduhe, jai inenggi
와서, Siden봉(峰)에서 하루 숙영하고, 다음날

girin de emu deduhe, ula gurun i dolo uhereme (2:12b)
Girin에서 하루 숙영했다. Ula국 안에서 모두

sunja deduhe, ningguci inenggi jifi ula birai cikin i
닷새를 숙영하고, 엿새째 날에 와서 Ula강 가의

olhon tung gebungge bade imahū hada de hoton
Olhon Tung 지역의 Imahū봉(峰)에 성을

arafi, minggan cooha be tebufi jihe, ineku tere
쌓고, 1000명의 군사를 주둔시키고 왔다. 같은

aniya jorgon biyade,
해 12월에

⇦ abkai siren ula i ergici,
하늘의 광선이 Ula 쪽으로부터

⇦ sure kundulen han i tehe booi julergi leosei[15] julergi be
수러 쿤둘런 한(汗)이 있는 집의 남쪽 누각 앞쪽을 지나서

hūlan hada i juleri sucuha bihe, tereci bujantai be (2:13a)
Hūlan봉의 남쪽에 내리쬐었었다. 그 후 Bujantai를,

sain ombio seme, emu aniya arame tuwaha, tuwaci
개심(改心)할까 하고, 한 해가 지나도록 지켜보았으나

sain ojorakū, nememe yehe i sargan jui be bujantai
좋아지지 않았다. 게다가 Bujantai가 "Yehe의 딸을

gaimbi, gaifi
아내로 맞겠다. 그리고서

⇦ sure kundulen han i juwe jui be booci tucibufi, den hashan i
수러 쿤둘런 한(汗)의 두 아이를 집에서 내보내어, 높은 담장이 있는

boode horimbi, bujantai ini sahaliyan gebungge sargan jui be,
집에 감금하겠다. 딸 Sahaliyan과

cokinai gebungge haha jui be, gašan i juwan nadan
아들 Cokinai와, 촌락의 열일곱

amban i juse be, yehe de damtun benembi seme (2:13b)
대인의 자식들을 Yehe에 볼모로 보내겠다"라고

---

15) leose는 한어 樓子에서 온 차용어이다.

gisurehe be donjifi, sahahūn ihan aniya aniya biyai
말한 것을 들었다. 계축년(癸丑年, 1613) 정월

juwan jakūn de, ula i damtun benere juse be jurambumbi
18일에 Ula가 볼모로 보낼 자식들을 출발시킨다고

seci, juwan nadan de,
하니 17일에

⇦ sure kundulen han i susai sunja se de, ilan tumen cooha
수러 쿤둘런 한(汗)이 55세일 때에 3만 군사가

genefi, ula i sunjata gebungge hoton be kafi afame
가서, Ula의 Sunjata라는 성을 포위하고 공격하여

gaifi, tereci casi genefi godo gebungge hoton be
빼앗고, 그 후 더 나아가서 Godo라는 성을

geli gaiha, tereci casi genefi omo gebungge hoton be (2:14a)
또 정복했다. 그 후 더 나아가서 Omo라는 성을

gaifi, tere hoton de deduhe, jai inenggi ula i
정복하고 그 성에서 숙영했다. 다음 날 Ula의

bujantai han, ini ilan tumen cooha be gaifi,
Bujantai 한(汗)이 3만 군사를 이끌고

fulha gebungge hoton be duleme okdome jihe manggi,
Fulha라는 성을 지나서 대적하러 오니,

⇦ sure kundulen han i coohai beise ambasa hendume, ula i cooha hoton ci
수러 쿤둘런 한(汗) 군대의 버일러들과 대인들이 말하기를, "Ula의 군사가 성에서

tucifi okdome jihebi, afaki, yabu seci,
나와서 맞서려고 왔다. 공격하자. 가라"고 하니

⇦ sure kundulen han hendume, muwa moo be suhei sacime, huwesi giyame
수러 쿤둘런 한(汗)이 말하기를, "굵은 나무는 도끼로 찍고, 칼로 깎으며

← ajabufi bilaci bijambi dere, iliha gulhun moo be uthai (2:14b)
베어서 꺾어야 꺾어질 것이다. 서 있는 굳건한 나무를 바로

← bukdame bilaci bijambio, emgeri juwenggeri jihede, amba gurun i
접어 꺾는다고 꺾어지겠는가. 한두 번 와서 큰 나라와의 전쟁을

← dain be uthai wacihiyaki seci wajimbio, tulergi gurun be
바로 끝내자 한다고 끝나겠는가. 바깥 나라를

← gemu gaiki, tulergi hoton be gemu efuleki, tulergi
모두 빼앗자. 바깥 성을 모두 파괴하자. 바깥

← jeku be gemu manabuki, tulergi gurun be gemu
곡식을 모두 없애자. 바깥 나라를 모두

← hirhame wacihiyafi amba hecen i teile funcehe manggi, adarame
나누어 멸하고 나서 큰 성만 홀로 남으면 어떻게

← banjimbi, gurun eitereci wajimbi kai seme henduci,
살겠는가. 나라가 모두 끝날 것이다"라고 말하자,

⇦ sure kundulen han i jui guyeng baturu, amin taiji, (2:15a)
수러 쿤둘런 한(汗)의 아들 Guyeng 바투루와 Amin 타이지,

⇦ han i tukiyehe sunja amban, geren coohai beise gemu hendume, bujantai
한(汗)이 등용한 다섯 대인,[16] 여러 군사의 버일러들이 모두 말하기를, "Bujantai의

cooha be hecen ci adarame bahafi tucibure sehe dere,
군사를 성으로부터 어떻게 나오게 할 수 있을까 했었습니다.

ere tala de tucike cooha be sacirakū afarakū
이 들판에 나온 군사를 베지 않고 공격하지

oho manggi, jai booci inu tucirakū, morin inu
않으면, 다시 성에서 나오지 않을 것입니다. 말도

---

16) 후금(後金)의 개국 5대신(Eidu 바투루, Fiyanggū 바투루, Fiongdon 대자르구치, Hohori 어푸, Hūrhan 히야)을 일컫는다.

tarhūburakū, uksin saca, enggemu hadala, beri sirdan, gida
살찌우지 않고, 갑옷과 투구, 안장과 고삐, 활과 화살, 창과

jangkū be inu dasarakū, ere inenggi afarakū ofi,
칼도 정비하지 않을 것입니다. 오늘 공격하지 않아서

bujantai yehe i sargan jui be gaime jabduha manggi, (2:15b)
Bujantai가 Yehe의 딸을 취할 여유를 준 후에

jai dailaha seme afaha seme ainambi, tere gicuke be
다시 정벌한다고 한들 공격한다고 한들 무슨 소용이 있겠습니까. 그 수치를

we tuwambi seme henduhe, tere gisun de,
누가 감당하겠습니까"라고 말했다. 그 말을 듣고

⇦ sure kundulen han hendume, juwe amba dain acafi afara de,
수러 쿤둘런 한(汗)이 말하기를, "두 대군이 만나서 공격할 때

← coohai niyalma juleri gaifi afarakū kai, mini beye
병사가 앞에 나서서 공격하지 않는다. 나 자신과

← mini ujihe juse, mini tukiyehe sunja amban, musei beye
내가 키운 아들들, 내가 등용한 다섯 대인, 우리가 몸소

← juleri gaifi afambikai, afaci, muse ere ujulaha beise
앞장서서 공격할 것이다. 공격하면 우리 버일러들과

← ambasai beye[17] ci sacime dosifi, ula i bujantai han i ilan (2:16a)
대인들이 스스로 베며 들어가서 Ula의 Bujantai 한(汗)의

tumen cooha be gidafi tumen niyalma waha, tereci
군사 3만 명을 격파하고 1만 명을 죽였다. 그리고

17) 대두(擡頭)된 형식과 앞선 내용으로 볼 때 Nurhaci의 말을 인용하고 있는 것이 분명하지만 seme와 같은 인용의 표지를 찾을 수 없어서 인용의 경계를 확인하기 어렵다. 이어지는 내용에 누락된 부분이 있는 것으로 보인다. 『滿洲實錄』(3권, 萬曆 41년(1613) 1월)의 해당 부분을 참고하면 이 책 『滿文老檔』 제74권 15b 제2행부터 제74권 16a 제5행의 ilan tumen까지가 이 위치에 삽입되고, 그 뒤에 제74권 14b 제6행에서 제74권 15a 제7행까지의 내용으로 이어지며, 다시 이 행의 sacime dosifi로 연결된다고 할 수 있다. 구문을 고려하면 뒤의 ci 다음에 해당 내용들이 삽입된다고 보는 것이 더 적절할 수 있다.

funcehe cooha hecen de dosime jabdurahū seme, sonjoho
살아남은 군사가 성에 들어갈 틈을 줄까 염려하여, 선발된

mangga cooha be juleri unggifi hecen de dosifi
정예 군사를 앞서 보내어 성에 들어가서

duka be jafafi,
성문을 장악하고,

⇦ sure kundulen han i beye amala genefi, tere hecen i leose i dele
수러 쿤둘런 한(汗)이 나중에 몸소 가서 그 성의 누각 위에

tafafi tehe, tere ilan tumen dain be gidafi
올라가 앉았다. 그 3만 적병을 격파하여

tumen niyalma waha, nadan minggan uksin gaiha, ula (2:16b)
1만 명을 죽이고 갑옷 7000벌을 빼앗았다. Ula

gurun de ududu jalan halame han seme banjiha
국에서 여러 대를 이어 한(汗)으로 살아온

doro be efulefi, amba hecen be baha, gubci
정권을 무너뜨리고 큰 성을 얻었다. 전체

gurun be gemu bahafi, juwan dedume amba hecen de
국인을 모두 얻고 열흘 동안 머물면서 큰 성에

ing hadafi olji dendehe, tumen boigon arafi gajiha,
영을 설치하고 포로를 나누었다. 1만 호를 편성하여 데리고 왔다.

tere juwe jergi
저 두 번

⇦ abkai siren gocikangge, ula gurun be gajire jugūn biheni.
하늘의 광선이 나타났던 것은 Ula국을 가져올 길이었구나.

제3권

계축년(癸丑年, 萬曆 41년, 1613)부터 갑인년(甲寅年, 萬曆 42년, 1614)까지

ilaci debtelin,
sahahūn ihan aniya ci
niowanggiyan tasha aniya de
isinahabi.

tongki fuka sindaha hergen i dangse. (3:1a)
유권점 당안

○ ineku tere ihan aniya jorgon biyade,
같은 해인 계축년(癸丑年, 1613) 12월에

⇦ sure kundulen han, ini juse tukiyehe geren ambasai baru hendume,
수러 쿤둘런 한(汗)이 그의 자식들과 등용한 여러 대인을 향하여 말하기를,

← gurun i banjire doro de ai akdun seci, hebe
"나라가 운영되는 도리에 무엇이 확고해야 하는가 하면, 결정한 바가

← akdun, fafun šajin cira sain kai, akdun hebe be
확고하고, 법률이 엄격한 것이 좋다. 확고한 결정을

← efulere, araha beki šajin fafun be sula obure
깨뜨리고 정해진 견고한 법률을 느슨하게 만드는

← niyalma, tere doro de baitakū, gurun de hutu kai,
사람은 그 정권에 쓸모가 없으며 나라에 해로운 귀신인 것이다.

← mini beye ci aname hendurengge ere inu, mini (3:1b)
나 자신부터 앞장서서 말하는 것이 바로 이것이다. 내가 한

← gisurehe gisun gemu uru ombio, aika waka gisun
말이 모두 옳은가. 만약에 그른 말이면

← ohode, mimbe dere ume banjire, emu niyalmai gūniha
나의 체면을 고려하지 말라. 한 사람이 생각한 것보다는

← anggala, suweni geren i gūnihangge inu uru bi dere,
너희 여럿이 생각한 것이 더욱 옳을 것이다.

← geren i bahanaha uru babe, juse ambasa suwe hafulame
여럿이 이해한 옳은 바를 아들들 대인들 너희가 간언하여

← hendu seme henduhe.
말하라"고 했다.

○ ineku tere aniya, gurun de jekui alban gaici, (3:2a)
같은 해, 백성에게 공곡을[1] 징수하면

gurun jobombi seme, emu nirui juwan haha duin
백성이 고통을 받는다고, 한 니루[2]당 장정(壯丁) 열 명과 소 네 마리를

ihan be tucibufi, sula bade usin tarime deribuhe,
내게 하여 빈 땅에 밭을 일구기 시작했다.

tereci gurun de jekui alban gaijarakū ofi, gurun
그 이후로 백성에게 공곡을 징수하지 않게 되어, 백성도

inu joborakū oho, jeku inu elgiyen oho, tereci
고통 받지 않고 곡물도 넉넉하게 되었다. 그때부터

---

1) alban은 속민(屬民)으로부터 징수하는 노역, 군역, 곡물 납부 등의 의무와 그 물품 자체를 아우르는 말이다(유소맹 2013:167-168).

2) 니루는 원래 '큰 화살(大箭)'을 뜻하는데, 여진족의 전통 수렵에서 이용되던 10인이 한 니루가 되는 수렵의 기본 단위였으나 후에 군사 조직의 의미로 사용되었다(유소맹 2013:112-118). 순치(順治) 17년(1660)에 니루를 좌령(佐領)이라고 고쳤다. 『朝鮮實錄』에 牛彔 또는 牛鹿으로 나오는데 이는 중국 측의 기록을 옮긴 것이며, 『建州聞見錄』(6:2b)에 柳累로 기록되어 있다.

jekui ku gidaha, terei onggolo jekui ku akū bihe.
곡물 창고를 지었다. 그 이전에는 곡물 창고가 없었다.

○ tere aniya ninggun biyade, duin tanggū cooha be (3:2b)
그해 6월에 Eidu 바투루라는 대인에게 400명의 군사를

eidu baturu gebungge amban de adabufi unggifi, yehe i
딸려 보내어 Yehe에서

nuktere monggo i emu tanggū morin sunja tanggū honin gajiha.
유목하는 몽골의 말 100마리와 양 500마리를 몰고왔다.

⇦ abkai kesi de
하늘의 은혜로

⇦ sure kundulen han amba gurun be isabufi, aisin doro be
수러 쿤둘런 한(汗)이 많은 백성을 모으고, 고귀한 정권을

jafafi banjire de,
잡아서 지낼 때

⇦ sure kundulen han gūnime, juse akūci, mini beye ai gisun, mini (3:3a)
수러 쿤둘런 한(汗)이 생각하기를, "아들들이 없으면 나 혼자가 무슨 말인가, 나

← beye, te juse be doro jafabuki seme gūnifi, ahūngga
스스로 이제 아들들을 집정케 하자"라고 생각하여,

← jui be doro jafabuci, ahūngga jui ajigan ci mujilen
"맏아들을 집정케 하자니 맏아들이 어려서부터 속이

← buya, gurun be ujire amba sain onco mujilen
좁고, 백성을 보살피는 크고 좋고 넓은 마음이

← akū, deo be doro jafabuci, ahūn be sindafi,
없다. 동생을 집정케 하자니 형을 놔두고

← dabali deo be adarame jafabure, ahūngga jui be
순서를 넘어서 동생을 어찌 집정케 하겠는가. 맏아들을

← ama bi tukiyefi amba gurun be ejelebufi, amba
아버지인 내가 등용하여 많은 백성을 다스리게 해서 큰

← doro be jafabuci, ini buya mujilen be waliyafi (3:3b)
정권을 잡게 하면, 자신의 좁은 마음을 버리고

← amba doronggo mujilen be jafambi dere seme, ahūngga jui
크고 올바른 마음을 가질 것이다"라고 하여 맏아들

argatu tumen be doro jafabuha, tuttu doro jafabuha
Argatu Tumen을 집정하게 했다. 그렇게 집정하게 한

ahūngga jui,
맏아들이

⇦ ama han i afabuha amba gurun be necin neigen i dasame, doronggo
아버지 한(汗)이 맡긴 많은 백성을 공평하게 다스리고 올바른

mujilen be jafafi banjirakū,
마음으로 지내지 않고,

⇦ ama han i beyei gese tukiyefi ujire sunja amban be ishunde
아버지 한(汗)이 제 몸같이 등용하여 보살핀 다섯 대인이 서로

ehe acabume jobobure, (3:4a)
사이가 나빠지도록 괴롭히고,

⇦ sure kundulen han i niyaman fahūn i gese gosire duin juse be
수러 쿤둘런 한(汗)의 심장, 간처럼 사랑하는 네 아들들을

jobobume, ahūn mini gisun be mararakū, mini ai ai
괴롭히며, "형인 나의 말을 거절하지 않고 내가 한 모든

gisun be
말을

⇦ han ama de alarakū seci, deote suwe gashū seme dobori
한(汗) 아버지께 아뢰지 않겠다고 동생들 너희가 맹세하라"고 하며 밤에

usiha de gashūbure, jai deote suwende
별에 맹세시키고, 그리고 "동생들 너희에게

⇦ han ama sain ulin sain morin buhebi,
한(汗)인 아버지가 좋은 재물과 좋은 말을 주었다.

⇦ han ama akū oci, suwende buhe ulin morin be icihiyarakū (3:4b)
한(汗)인 아버지가 죽으면 너희에게 준 재물과 말을 처분하지 않을 수

nakambio, jai minde ehe deote, minde ehe ambasa be,
있겠는가. 또 나에게 잘못한 동생들, 나에게 잘못한 대인들을

bi han tehe manggi wambi seme hendume uttu
내가 한(汗)이 된 후에 죽이겠다"라고 말하며 이렇게

jobobuha, ere duin deo sunja amban i tuttu joboro be
괴롭혔다. 이 네 동생과 다섯 대인이 그렇게 고통 받는 것을

⇦ sure kundulen han sarkū bihe, duin deo sunja amban hebdeme,
수러 쿤둘런 한(汗)이 모르고 있었다. 네 동생과 다섯 대인이 의논하기를

musei uttu joboro be
"우리의 이러한 고통을

⇦ han sarkū,
한(汗)은 모른다.

⇦ han de alaci, doro jafaha argatu tumen de gelere, doroi (3:5a)
한(汗)에게 알리자니 집정한 Argatu Tumen이 두렵고, 집정한

ejen seme geleci, musei banjire dube aibide bi,
주인이라며 두려워하자니 우리의 살아갈 길이 어디에 있는가.

⇦ han akū oho manggi, muse be ujirakū kai, musei banjici
한(汗)이 죽고 나면 우리를 살려두지 않을 것이다. 우리의 살아갈 수

ojorakū joboro be
없는 고통을

⇦ han de alafi buceki seme, duin deo sunja amban hebdefi
한(汗)에게 고하고 죽자"라고 네 동생과 다섯 대인이 의논하여

⇦ han de alaha,
한(汗)에게 고했다.

⇦ han hendume, suweni ere gisun be anggai alaci, bi ya be
한(汗)이 말하기를 "너희의 이 말을 입으로만 알리면 내가 무엇을

← ejere, bithe arafi gaji seme henduhe manggi, duin deo (3:5b)
기억하겠는가. 글로 써서 가져오라"고 말하자, 네 동생과

sunja amban ceni joboho be emte bithe arafi
다섯 대인이 자기들이 고통 받은 것을 하나씩 글로 써서

⇦ han de alibuha,
한(汗)에게 바쳤다.

⇦ han tere bithe be gaifi, amba jui de, sini duin deo
한(汗)이 그 글을 받아서 맏아들에게 "너의 네 동생과

← sunja amban simbe ehe seme araha bithe ere inu,
다섯 대인이 너를 나쁘다고 쓴 글이 바로 이것이다.

← ere be si tuwa, amba jui sinde aika uru
이것을 네가 보아라. 맏아들 너에게 무슨 이치에 닿는

← gisun bici, si geli karu bithe arafi giyangna seme
말이 있다면 너 또한 답하는 글을 써서 해명하라"고

henduhe manggi, amba jui minde umai giyangnara gisun (3:6a)
말하니, 맏아들이 "저는 해명할 말이 전혀

akū seme jabuha, tede
없습니다"라고 대답했다. 그 말에

⇦ sure kundulen han hendume, sinde giyangnara gisun akū oci, si

수러 쿤둘런 한(汗)이 말하기를 "너에게 해명할 말이 없다면 네가

← waka kai, ama bi dain cooha de yabume bahanarakū

잘못한 것이다. 아버지인 나는 전쟁터에 다니지 못하게

← ofi, gurun i weile beideme doro jafame muterakū sakdafi,

되고, 나라의 일을 심의하고 집정할 수 없을 만큼 늙어서

← ere doro be sinde guribuhekū kai, ama mini

이 정권을 너에게 넘긴 것이 아니다. 아버지인 나

← beye de mutuha juse be doro jafabuci, gurun

자신에게서 장성한 자식들을 집정케 하면 백성이

← donjici, ama be daburakū, juse gurun ejelehebi, doro (3:6b)

들었을 때 아버지를 배제하고 자식들이 나라를 장악하고 정권을 잡았다고

← jafahabi seci, gurun donjikini seme simbe doro jafabuha kai,

할 것이니, 백성들이 들어도 괜찮도록 너를 집정케 한 것이다.

← doro jafaha gurun i ejen han beile, mujilen be amban

집정한 나라의 주인인 한(汗)과 버일러는 마음을 크고

← onco obufi, gurun be necin neigen ujime banjimbi dere,

넓게 먹고서 백성을 두루 보살피며 살아야 할 것이다.

← ama de banjiha duin deo, ama i tukiyehe sunja

아버지에게서 태어난 네 명의 동생과, 아버지가 등용한 다섯

← amban be uttu ehe acabume jobobuci, simbe adarame

대인을 이렇게 괴롭혀서 사이가 나빠지게 하면 너에게 어찌

← doro jafabure, sini emu eme de banjiha juwe jui be

집정케 하겠는가. 너와 한 어머니에게서 태어난 두 아들에게[3)]

---

3) 이들은 Cuyeng(褚英), Daišan(代善)이다. 이들의 어머니는 Nurhaci의 원비(元妃)인 Tunggiya Hahana Jacing으로 1592년 사망했다. 동복누이는 Hohori의 아내가 된 Donggo Gege(공주)이다.

← doro jafabufi, gurun be amba dulin buhe, ahūta de (3:7a)
집정케 하고, 나라의 태반을 주었다. '형들에게

← ambula buki, deote de akū oci, ahūta de baifi
많이 주자. 동생들에게 없으면 형들에게 청하여

← gamakini, baifi ahūn burakūci, ergeleme jafafi gamakini, ahūta de
받아가게 하자. 청해도 형이 주지 않으면 억지로 받아 가져도 좋다. 형들에게

← komso, deote de ambula buhede, ahūn niyalma, deote de
조금 주고 동생들에게 많이 주었을 때, 형인 사람이 동생들에게

← baici acarakū seme gūnifi, sini neneme mutuha emu
청하면 적절치 않다'라고 생각해서, 먼저 장성한

← eme de banjiha ahūn deo juwe jui de, sunjata
너희 두 동복형제에게 각각

← minggan boo gurun, jakūta tanggū adun, emte tumen yan
5000가호의 백성, 가축 800마리, 은 1만 냥,

← menggun, jakūnjuta[4] ejehe buhe, mini haji sargan de banjiha (3:7b)
칙서(勅書) 80도(道)씩을[5] 주었다. 내가 아끼는 아내에게서 태어난

← geren juse de, gurun ejehe ai jaka be gemu komso
여러 아들에게 백성, 칙서 등 온갖 것을 모두 조금씩

← buhe kai, uttu ambula buhe be elerakū, komso buhe
주었다. 이렇게 많이 준 것에 만족하지 않고, 조금 준

← deote de bisire jaka be geli si gaimbi seme
동생들에게 있는 것들을 또 네가 가지겠다고

← gisurere, sinde ehe sabuha deote ambasa be geli wambi
말하고, 너에게 나쁘게 보인 동생들과 대인들을 또 죽이겠다고

---

4) 규범형은 jakūnjute이다. 원문은 jakūnjuta로 되어 있다.
5) 도(道)는 칙서를 세는 단위이다.

← seme hendure, duin deo sunja amban be ishunde ehe
말하며, 너의 네 동생과 다섯 대인과의 사이가 나빠지게 하고,

← acabure, sini tenteke ehe buya mujilen be ama de
이처럼 너의 나쁘고 좁은 마음을 아버지에게

← ume alara seme, deote be ba bade gashūbure, sinde (3:8a)
알리지 말라며 동생들을 곳곳에서 맹세케 하며, 너에게

← buhe gurun adun ulin ai jaka be komso seme,
준 백성, 가축, 재물 등 온갖 것을 적다고 하는구나.

← si uttu buya mujilen jafaci, sinde salibuha gurun
네가 이렇게 좁은 마음을 먹으니 너에게 거느리게 한 백성,

← adun ai ai jaka be gemu deote de acabufi
가축 등 온갖 것을 모두 동생들에게 맞추어

← gese dende seme henduhe, tuttu hendufi, ula de bolori
똑같이 나누라"고 말했다. 그렇게 말하고 가을에 Ula에

cooha genere de, amba jui mujilen i buya be serefi
출병할 때, 맏아들이 마음이 좁은 것을 알았으므로

inde akdarakū, ini emu eme de banjiha deo guyeng
맏아들을 믿지 않고, 그의 동복동생 Guyeng[6]

baturu beile be hecen tuwakiya seme werihe, jai (3:8b)
바투루 버일러에게 성을 지키라고 남게 했다.

mudan ula de niyengniyeri cooha genere de, amba jui
다음번에 Ula로 봄에 출병할 때, 맏아들을

imbe akdarakū, manggūltai taiji, duici beile juwe deo be
믿지 않고, 두 동생인 Manggūltai 타이지와 제4버일러를

---

6) Guyeng 바투루는 청 태조 Nurhaci의 둘째 아들 Daišan(대선 代善, 1583~1648)이 1607년 Nurhaci에게서 받은 칭호이다(제1권 4b 참고).

werihe, juwe mudan ula de cooha genere de, amba
남게 했다. 두 차례 Ula에 출병할 때에

jui imbe gamahakū boode tebuhe manggi, amba jui
맏아들을 데려가지 않고 집에 있도록 하니, 맏아들이

ini duin gucu i baru hebdeme, mini gurun be
자신의 구추 넷과 의논하기를, "나의 백성을

deote de gese dendehe manggi, bi banjirakū bucembi,
동생들과 똑같이 나눈다면 나는 살지 않고 죽어버리겠다.

suwe mini emgi bucembio seme henduhe, tere duin (3:9a)
너희는 나와 함께 죽겠는가"라고 말했다. 그 네

gucuse jabume, beile si buceci, be inu simbe
구추가 대답하기를, "버일러가 죽으면 우리도

dahame bucembi seme henduhe, tereci
따라서 죽겠습니다"라고 말했다. 그러고 나서

⇦ ama han ula de cooha genehe amala, amba jui,
아버지 한(汗)이 Ula에 출병한 후에 맏아들이

⇦ ama han gese amba gurun de cooha genefi, anabumbio etembio
아버지 한(汗)이 대등한 큰 나라에 출병해서 이길 것인가 질 것인가

seme jobome gūnirakū, cooha genehe
하며 걱정하며 생각하지 않고, 출병한

⇦ han ama be deote be, sunja amban be firume bithe arafi
한(汗) 아버지와 동생들, 그리고 다섯 대인을 저주하는 글을 써서

⇦ abka na de deijifi, jai geli gucusei baru hendume, dain de (3:9b)
하늘과 땅에 불사르고, 다시 또 구추들에게 향하여 말했다. "전장에

genehe musei cooha, ula de gidabucina, gidabuha de,
간 우리 병사가 Ula에게 패하면 좋겠구나. 패하면

⇦ ama be deote be bi hoton de halburakū seme
나는 아버지와 동생들을 성에 들어오지 못하게 할 것이다"라고

gisurehe, uttu ehe gisun be gisurefi, cooha genehe
말했다. 이처럼 나쁜 말을 하니, 출병 간

⇦ han be deote be ambasa be firume bithe araha niyalma
한(汗)과 동생들, 그리고 대인들을 저주하며 글을 썼던 사람이

gūnifi, ere bithe arafi deijihe be atanggi bicibe
생각하기를, "이 글을 써서 불사른 것을 언젠가는

⇦ han donjimbi dere, donjiha manggi, mimbe geren i juleri wambi, mini beile,
한(汗)이 들을 것이다. 들으면 나를 여러 사람 앞에서 죽일 것이다. 나의 버일러

geli ini banjire doro be ekiyeniyehe sehede bucembi (3:10a)
또한 자신의 살아가야 할 도리를 훼손했다고 한다면 죽을 것이라고

seme henduhe bihe, beile ama i onggolo bi neneme
말했었다. 버일러 아버지보다 내가 먼저

buceki seme bithe arafi werifi fasime bucehe, tere be
죽으리라"고 글을 써서 남기고 목매어 죽었다. 그가

bucere jakade, dahame bucembi seme gisurehe ilan niyalma
죽자 따라서 죽겠다고 말했던 세 사람이

golofi hendume, beile be dahame bucembi seme gisurehe
놀라서 말하기를, "버일러를 따라서 죽겠다고 말한 것도

inu mujangga, bithe arafi firume deijihe inu mujangga,
사실이고 글을 써서 저주하며 불사른 것도 사실입니다.

ai ai gisun gisurehe gemu mujangga seme alaha manggi,
이런 저런 말을 한 것도 모두 사실입니다"라고 아뢰었다.

⇦ sure kundulen han, amba jui be waci, amala banjire juse de (3:10b)
수러 쿤둘런 한(汗)이 "맏아들을 죽이면 후에 살아갈 아들들에게

← kooli banjirahū seme wahakū, amba jui argatu tumen be
선례를 만들지나 않을까"라고 하여 죽이지 않고, 맏아들 Argatu Tumen을

ini gūsin duin se de, ihan aniya ilan biyai orin
34세 되는 계축년(癸丑年, 1613) 3월

ninggun i inenggi, den hashan i boode horifi tebuhe.
26일에 높은 담장이 있는 집에 가두어 살게 했다.

⇦ sure kundulen han i deo darhan baturu beile, ahūn be
수러 쿤둘런 한(汗)의 동생 Darhan 바투루 버일러가 형을

ambula gasabumbihe,
크게 상심케 했었다.

⇦ ahūn han jili banjifi wakalaha manggi, alime gaifi ini beyebe
형 한(汗)이 화를 내어서 질책하자 받아들이고 자기 자신을

wakalambihe, tuttu ofi, deo i ehe waka de, ini gurun (3:11a)
책망했었다. 그래서 동생의 나쁜 잘못에 그의 백성과

gucu be gemu
구추를 모두

⇦ ahūn sure kundulen han gaiha bihe, deo beile ini waka be
형 수러 쿤둘런 한(汗)이 빼앗았는데, 그 후 동생 버일러가 자신의 잘못을

ini beye de alime gaijara jakade,
스스로 받아들인 까닭에,

⇦ sure kundulen han gaiha gurun gucu be gemu amasi deo
수러 쿤둘런 한(汗)이 빼앗았던 백성과 구추를 모두 동생

beile de dasame bufi, kemuni fe doroi ujihe,
버일러에게 되돌려주고 그대로 원래의 예법으로 보살펴주었다.

⇦ sure kundulen han i amba jui argatu tumen, mujilen ehe ini
수러 쿤둘런 한(汗)의 맏아들 Argatu Tumen은 마음이 나쁘고 자신의

waka be beye de alime gaijarakū ofi, amala (3:11b)
잘못을 스스로 받아들이지 않기 때문에, 훗날

banjire doro be efulerahū seme gūnifi, den hashan i
살아갈 도리를 훼손하지나 않을까 생각하여 높은 담장이 있는

boode horifi tebuhe.
집에 가두어 살게 한 것이다.

○ tere ula gurun de ududu jalan halame han
저 Ula국에서 여러 세대에 걸쳐 한(汗)이라며

seme banjiha doro be,
살아온 정권을

⇦ sure kundulen han efulehe manggi, bujantai emhun beye burulame tucifi
수러 쿤둘런 한(汗)이 무너뜨린 후, Bujantai는 혼자 몸으로 패주하여 탈출해서

ini geren cooha be wabufi, amba gurun be (3:12a)
자신의 여러 병사를 죽게 하고 많은 백성을

gemu gaibufi, hecen hoton ba na be gemu duribufi,
모두 빼앗기고 궁성과 땅을 모두 약탈당했다.

ilan fujin sargan, jakūn juse be baime dahame
세 푸진과 여덟 아들을 구하러 항복하여

dosikakū, ini gaimbi seme gisurehe yehe i buyanggū beile i
들어오지 않고, 그가 아내로 맞이하겠다고 했던 Yehe의 Buyanggū 버일러의

non be baime yehe de genehe manggi,
여동생을 찾아 Yehe로 갔다.

⇦ sure kundulen han hendume, dain de bahafi wara beyebe ujihe
수러 쿤둘런 한(汗)이 말하기를, "전장에서 잡아서 죽일 몸을 살려준

← bujantai, mini ilan jui be buhe ilan jergi hojihon
Bujantai, 나의 세 아이를 준 세 겹 사위

← bujantai, minde ehe dain oci bi dailaha, dailafi (3:12b)
Bujantai가 나에게 나쁜 적이 되니 내가 정벌했다. 정벌해서

← cooha be gemu waha, gurun be gemu bi baha,
병사를 모두 죽였고 국인을 모두 내가 가졌다.

← tucifi genehe bujantai be minde gaji seme, ilan jergi
탈출해 간 Bujantai를 나에게 데려오라"고 하며 세 차례

niyalma takūraci, yehe i gintaisi, buyanggū, bujantai be buhekū
사람을 보내도 Yehe의 Gintaisi와[7] Buyanggū가[8] Bujantai를 내주지

oho manggi,
않자,

⇦ sure kundulen han uyun biyai ice ninggun de cooha jurambi seme,
수러 쿤둘런 한(汗)이 구월 초엿새에 출병한다며

cooha morin isabu seme hūlaha, ice ilan i dobori,
병사와 말을 모으라고 포고했다. 초사흘 밤에

emu hehe, emu haha korafi, niyalma de serebufi (3:13a)
한 남자와 한 여자가 정을 통하다가 사람에게 들켜서

tere haha golofi ukame genefi, ice ninggun de
그 남자가 놀라 도망가서 초엿새에

cooha jurambi seme alanafi, yehe i niyalma, jang gidangga
출병한다 하고 알리니, 그 말을 들은 Yehe 사람이 Jang로(路)와 Gidangga로(路)

---

7) Gintaisi(금태석 金台石)는 Yehe의 왕 Bujai의 사촌동생인 Narimbulu의 동생이다. 『瀋陽日記』에 金他實로, 『柵中日錄』(5:23a)에는 金台石으로 나온다. 『朝鮮實錄』에 金台時〈광해 11년(1619) 8월 12일〉 또는 金召石〈인조 14년(1636) 9월 3일〉으로 되어 있는데 金召石은 金台石을 잘못 기록한 것이다.

8) Buyanggū(포양고 布揚古)는 Yehe의 왕 Bujai의 아들이다. 『朝鮮實錄』에 夫陽古〈선조 36년(1603) 3월 28일〉로 나오며, 白羊骨〈인조 14년(1636) 9월 3일〉로도 기록되어 있다.

golo be gemu karmafi gamahabi, usu i hoton i ilan
사람을 모두 보호하여 데리고 갔지만, Usu성의

tanggū booi niyalma be mama tucimbi seme gamahakū
300가호 사람은 역병이 생긴다 하여 데리고 가지 않았었다.

bihe, juwan i inenggi, duin tumen cooha genefi kaci,
10일에 4만 병사가 가서 포위하니

jang ni hoton, gidangga i hoton i coohai niyalma be
Jang성, Gidangga성의 병사를

gemu gamahabi, juse hehesi be bahabi, jai usu i (3:13b)
모두 데리고 가버려서 아이들과 여자들만 잡았다. 또 Usu

hoton de genefi kafi hendume, ere hoton i niyalma
성에 가서 포위하고 말하기를, "성 사람들아

suwe dahambi seci daha, daharakūci afambi seci, sini
너희는 항복하려면 항복하라. 항복하지 않고 싸우겠다니, 너희의

ere hoton i anggala, ai hoton be afame gaihakū
이 성뿐만 아니라 어떤 성도 공격하여 빼앗지 못했는가"라고

seme hūlaha manggi, hoton i niyalma hendume, ujimbi seci
외쳤다. 성 사람이 말하기를, "살려준다면

dahaki, suweni ere weji moo eyere mukei gese
항복하겠다. 숲의 나무와 흐르는 물처럼

geren cooha, jorgon biyade sabure nimanggi juhe i gese
이렇게 많은 당신들의 병사, 그리고 12월에 보이는 눈과 얼음 같은

uksin saca de, meni ere hoton i cooha adarame (3:14a)
갑옷과 투구에 이 성의 우리 병사가 어찌

afara seme hendume dahafi, tere hoton i santan, hūsimu
맞설 것인가"라고 말하며 항복했다. 그러고 나서 그 성의 Santan과 Hūsimu라는

gebungge juwe amban juleri jifi,
두 대인이 앞으로 와서

⇦ han de hengkileme acaha manggi,
한(汗)에게 절하며 알현하자,

⇦ han i etuhe ilan tana sindaha šerin hadaha mahala be etubuhe,
한(汗)이 쓰고 있던, 동주(東珠) 세 알이 달리고 금불두(金佛頭)가[9] 박힌 관을 씌우고,

etuku halafi aisin i hūntahan de arki buhe, jang ni
옷을 바꾸고, 황금잔에 소주를 부어주었다. Jang성,

hoton, gidangga i hoton, usu i hoton, yaha i hoton, hersu i
Gidangga성, Usu성, Yaha성, Hersu성,

hoton, hodun i hoton, kabcilai hoton, ogidai hoton, uhereme (3:14b)
Hodun성, Kabcilai성, Ogidai성과, 모두 하여

amba ajigen juwan uyun gašan be gaifi, boo be
크고 작은 열아홉 촌락을 획득하고, 집,

hoton be jeku be gemu tuwa sindame manabuha, ilan
성, 곡식을 모두 불을 질러 파괴하고,

tanggū boigon arafi gajiha,
300가호를 편성하여 데리고 왔다.

⇦ sure kundulen han i cooha, yehe i juwan uyun gašan be efulefi
수러 쿤둘런 한(汗)의 군사가 Yehe의 19개의 촌락을 무너뜨리고

gajiha manggi, yehe i gintaisi, buyanggū, nikan gurun i wan lii
취하자 Yehe의 Gintaisi, Buyanggū가 명나라의

han de habšame, hada i gurun be dailame efulefi
만력제(萬曆帝)에게 호소하기를, "Hada국을 정벌하여 무너뜨리고

---

9) šerin은 모자의 앞부분에 붙인 황금 부처이다. 『漢淸文鑑』에 '투구에 니마 덥흔 쇠'와 '諸王의 관 앏히 부친 金佛'로 뜻풀이가 되어 있다.

gaiha, hoifa gurun be dailame efulefi gaiha, ula (3:15a)
차지했습니다. Hoifa국도 정벌하여 무너뜨리고 차지했습니다.

gurun be dailame efulefi gaiha, te yehe be
Ula국도 정벌하여 무너뜨리고 차지했습니다. 이제 Yehe를

dailame gaime wacihiyambi, meni jušen gurun be dailame
정벌하여 차지하고야 말 것입니다.[10] 우리 여진국을 정벌하고

wacihiyafi suweni nikan gurun be dailambi, nikan be
나면 당신들 명나라를 정벌할 것입니다. 명을

dailafi liyoodung ni hecen be gaifi ini beye tembi,
정벌하여 요동성을 차지하고 그 자신이 거주할 것입니다.

simiyan i ba, keyen i ba be gaifi morin i adun
심양(瀋陽) 지역과 개원(開原) 지역을 차지하고 말 떼를

ilibumbi seme alara jakade, nikan i wan lii han akdafi,
머물게 할 것입니다"라고 고하자 명나라의 만력제가 믿었다.

terei onggolo nikan i wan lii han, emu dobori ilanggeri (3:15b)
그 이전에 명나라의 만력제가, 어느 날 밤에 세 차례

ini beye de emu encu halai sargan jui
자신의 몸에 성(姓)이 다른, 여자처럼

adali banjiha niyalma aktalame yalufi, gida jafafi ini
생긴 사람이 올라앉아 창을 잡고 자신의

beyebe gidalame tolgika bihe sere, jai cimari sara
몸을 찌르는 꿈을 꾸었다 하며 다음날 아침에 두루두루 잘

sara šu niyalma de fonjire jakade, sargan jui
아는 문인(文人)에게 물어보았다. 그러자 그 여자와

10) Hūlun 4부의 멸망 연대는 각각 Hada부 1600년, Hoifa부 1607년, Ula부 1613년, Yehe부 1619년이다.

adali nioi jy manju gurun[11] i
같이 여직(女直) Manju국의

⇦ sure kundulen han, musei nikan gurun i han soorin be durimbi
수러 쿤둘런 한(汗)이 우리 명나라의 황제 자리를 빼앗을 것이라고

seme henduhe biheni, tereci nikan han i dolo jobome (3:16a)
말한 바 있었던 것이다. 그때부터 명 황제가 속으로 걱정하고

bisire de, yehe i gintaisi, buyanggū tere gisun be
있었는데, Yehe의 Gintaisi, Buyanggū가 그러한 말을

alara jakade, tere juwe gisun be acabume gūnifi,
고하자, 그 두 말을 맞추어 생각하여

nikan han, nioi jy manju gurun[12] i
명 황제가 여직 Manju국의

⇦ sure kundulen han i baru hendume, yehe be ume dailara, bi
수러 쿤둘런 한(汗)에게 말하기를 "Yehe를 공격하지 말라. 내가

tafulambi, mini tafulara gisun be gaifi yehe be
충고한다. 내가 충고하는 말을 받아들여서 Yehe를

dailarakū ohode, mini dere banjime nakaha seme gūnire,
공격하지 않으면 나의 체면을 살려 그만두었다고 생각하겠다.

mini gisun be daharakū, yehe be dailaha de, (3:16b)
나의 말을 따르지 않고 Yehe를 공격한다면

jai atanggi bicibe mimbe dailambi seme iletu hendume,
다음에 언제든 나를 공격하게 될 것이다"라고 분명히 말하며

---

11) manju gurun이라는 국명은 청 태종 시기인 1635년(天聰 9년)부터 정식으로 사용되었으나, 『滿文原檔』의 해당 부분(荒字檔 41)에는 manju gurun이 나타나며, nioji가 가필되어 있다. 『滿文原檔』의 nioji는 『滿文老檔』에서는 nioi jy로 표기된다.

12) 『滿文原檔』의 해당 부분(荒字檔 41)에서 nioji manju guruni sure kundulen han i baru hendume 부분은 가필된 부분에 나타난다.

yehe i juwe hoton de, miyoocan poo sindara niyalma,
Yehe의 두 성에 총과 포를 쏘는 사람과

sunjata tanggū cooha be unggifi tuwakiyame tebuhe,
병사 500명씩을 보내어 지키도록 주둔케 하였다.

tere gisun de,
그 말에

⇦ sure kundulen han i hendurengge, mini jušen gurun i dain kai, dade
수러 쿤둘런 한(汗)이 말한 것이다. "우리 여진국 사이의 전쟁이다. 원래

← yehe, hada, ula, hoifa, monggo, sibe, gūwalca, uyun halai
Yehe, Hada, Ula, Hoifa, 몽골, Sibe, Gūwalca 등 아홉 성(姓)의[13]

← gurun acafi, nikan i wan lii han i tehe orin emuci (3:17a)
나라가 연합하여, 명의 만력제 재위 21년

← meihe aniya cooha jihe bihe, tere jihe cooha be
계사년(癸巳年, 1593)에 군사가 왔었다. 그렇게 온 군사를

⇦ abka wakalafi bi etehe, terei amala šanggiyan morin be wafi
하늘이 책망해서 내가 이겼다. 그 후에 백마를 죽여서

← senggi be some, jui bume urun gaime sain banjiki
피를 뿌리며 아들을 주고 며느리를 받아들이며 사이좋게 지내자고

← seme, wan lii han i tehe orin sunjaci coko aniya
하며 만력제 재위 25년 정유년(丁酉年, 1597)에

← dasame gashūme acaha, tere gisun be yehe gūwaliyafi bumbi
다시 맹세하며 화친했다. Yehe가 그 말을 바꾸어서 주겠다고

← sehe sargan jui be burakūbi, jai mini ujihe
한 딸을 아직 주지 않고 있다. 또 내가 살려준

---

13) 여기에 나열된 일곱 부(部)와 Jušeri, Neyen을 합쳐서 9성(姓)이 된다.

← bujantai minde ehe ofi, bi dailafi cooha be bi (3:17b)
Bujantai가 나에게 나쁘게 굴어서 내가 정벌하여 군사를 내가

← gemu waha, gurun be gemu baha, burulame emhun tucifi
모두 죽였고, 국인을 모두 얻었다. 패주하여 홀로 탈출해 간

← genehe bujantai beyebe gaji seci burakū ofi, bi
Bujantai를 데리고 오라 해도 넘겨주지 않으므로 내가

← yehe be dailambi kai, amba gurun i nikan be, bi
Yehe를 정벌하려는 것이다. 대국인 명나라를 내가

← ai weile de dailambi seme hendume bithe arafi,
무슨 일로 공격하겠는가"라고 말하며 글을 썼다.

tere bithe be
그 글을

⇦ sure kundulen han ini beye, fusi duka de beneme genere de, jorgon
수러 쿤둘런 한(汗)이 몸소 무순(撫順) 성문에 보내러 갈 때,

biyai orin sunja i inenggi, cimari erde šun alin ci (3:18a)
12월 25일에 아침 일찍 태양이 산에서

tucifi gūlmahūn i dulimbai erinde, gure i bigan de šun i
나와서 묘시(卯時)의 중간에 Gure 평원에서 태양의

juwe dalbaci duka arame fulgiyan niowanggiyan siren sucufi
양쪽 테에서 문을 만들어 붉고 푸른 광선이 솟아 나와서

niyalmai hanci dahalame bihe,
사람들 가까이 따라오고 있었다.

⇦ sure kundulen han geren be gaifi,
수러 쿤둘런 한(汗)이 여럿을 데리고

⇦ abkai tere siren de hengkilehe, tuttu hengkilehe manggi,
하늘의 그 광선에 절했다. 그렇게 절하자

⇦ abkai tere siren niyalma be dahalarangge ilifi tutaha, tereci genefi
하늘의 그 광선이 사람을 따라가는 것을 멈추고서 뒤에 남았다. 그러고 난 후에 가서

fusi hecen de, orin ninggun i cimari muduri erinde (3:18b)
무순성에 26일 아침 진시(辰時)에

isinaha, fusi hecen i lii iogi, ilan ba i dubede
도착했다. 무순성의 이(李) 유격(遊擊)이 3리(里) 앞으로 나와서

okdofi, morin i dele gala tukiyeme acafi, giyoocan de
맞이하여 말 위에서 팔을 들어 만나고 교장(敎場)에서

ebufi bithe bufi, tereci tere erinde uthai bederehe.
내려 문서를 건네주고 나서 바로 되돌아왔다.

○ jorgon biyade, monggo gurun i jarut ba i jongnon beile,
12월에 몽골국의 Jarut 지역의 Jongnon 버일러가

ini sargan jui be bume sadun jafaki seme,
자신의 딸을 주며 사돈을 맺자고 하며

ini haha jui sangtu taiji be unggihe bihe. (3:19a)
자신의 아들 Sangtu 타이지를 보내왔다.

○ niowanggiyan tasha aniya,
갑인년(甲寅年, 1614)

⇦ sure kundulen han i susai ninggun se de, duin biyade, nikan i
수러 쿤둘런 한(汗)이 56세 되던 해 4월에 명의

wan lii han, ini siyoo beiguwan be holtome amban
만력제가 자기 휘하의 소(蕭) 비어(備禦)를 대신이라고 속이고

arafi, jakūn niyalma kiyoo[14] tukiyefi han i bithede hengkile
여덟 명이 가마를 메고 '황제의 문서에 머리를 조아리라'고

seme, ersun arame gelebume, hacin hacin i ehe gisun,
하며 험악하게 협박하여 갖가지 나쁜 말,

julgei ufaraha jabšaha kooli be feteme hendume bithe (3:19b)
예전의 잃고 얻은 선례를 들추어내어 말하는 글을

arafi gisureci,
써서 말하니,

⇦ sure kundulen han hendume, sini gelebure bithede bi ainu hengkilembi
수러 쿤둘런 한(汗)이 말하기를, "너의 협박하는 글에 내 어찌 머리를 조아리겠는가"라고

seme hendufi, ehe gisun de ehe gisun karulame, sain
말하고 나쁜 말에는 나쁜 말로 답하고 좋은

gisun de sain gisun karulame gisurefi tuwahakū unggihe.
말에는 좋은 말로 답하여 말하고서 보지 않고 보냈다.

○ duin biyai tofohon de, monggo gurun i jarut ba i
4월 15일에 몽골국의 Jarut 지역의

jongnon beile, ini sargan jui be wehe dogon i (3:20a)
Jongnon 버일러가 자신의 딸을 Wehe Dogon이라는[15)]

gebungge bade ini beye benjifi,
지역에 몸소 데리고 와서

⇦ amba genggiyen han i jui guyeng baturu beile de bufi bederehe,
위대한 경기연[16)] 한(汗)의 아들 Guyeng 바투루 버일러에게 주고 돌아갔다.

tereci monggo gurun i jarut ba i neici han i
그리고 몽골국의 Jarut 지역의 Neici 한(汗)의

---

14) kiyoo는 한어 轎의 음차이다.
15) 만주어로 wehe는 돌이라는 뜻이고, dogon은 나루터라는 뜻이다.
16) genggiyen은 '밝다, 맑다'의 뜻이다. 한어 사료(史料)에서는 英明으로 번역한다.

non be, duin biyai orin de, ineku wehe
여동생을 4월 20일에 역시 Wehe

dogon i bade
Dogon으로

⇦ han i jui manggūltai taiji de benjihe.
한(汗)의 아들 Manggūltai 타이지에게 보내왔다.

(3:20b)

○ ninggun biyai juwan de, korcin i manggūs beile i sargan
6월 10일에 Korcin의 Manggūs 버일러의

jui be,
딸을[17)]

⇦ amba genggiyen han i jui duici beile de benjire de, duici
위대한 경기연 한(汗)의 아들 제4버일러에게 보내오자

beile okdome genefi hoifa i hūrki hada i bade acafi,
제4버일러가 맞이하러 가서, Hoifa의 Hūrki봉(峰) 지역에서 만나서

amba sarin sarilame gaiha.
큰 주연을 베풀고 아내로 맞았다.

○ omšon biyade, sunja tanggū cooha be unggifi, jorgon (3:21a)
11월에 병사 500명을 보내어 12월에

biyade sirin be sucuha, tereci genefi yaran gurun be
Sirin을 습격했다. 거기에서 더 가서 Yaran부를

sucufi minggan olji baha, juwe tanggū boigon arafi gajiha.
습격하여 포로 1000명을 얻고 200가호를 편성하여 데리고 왔다.

17) Hong Taiji의 황후인 Borjigid Jeje이다. 슬하에 아들은 없다. 시호는 효단문황후(孝端文皇后)이다.

○ jorgon biyade, monggo gurun i jarut ba i hara babai

12월에 몽골국의 Jarut 지역의 Hara Babai[18)]

beile i jui daicing taiji, ini non be

버일러의 아들 Daicing 타이지가 자신의 여동생을

⇦ han i jui degelei taiji de sargan benjihe bihe.

한(汗)의 아들 Degelei[19)] 타이지에게 아내로 보내왔다.

---

18) 『滿洲實錄』(4권, 萬曆 42년(1614) 12월)에는 eljige beile로 되어 있다.

19) Degelei(1592~1635)는 청 태조 Nurhaci의 열째 아들이다. 『朝鮮實錄』〈광해 13년(1621) 9월 10일〉에 加文乃로 기록되어 있다. 몽골어로 '몸에 꼭 맞는 짧은 웃옷, 조끼'라는 의미이다.

제4권

을묘년(乙卯年, 萬曆 43년 1615)

duici debtelin,
niohon gūlmahūn aniya.

tongki fuka sindaha hergen i dangse. (4:1a)
유권점 당안

○ niohon gūlmahūn aniya,
을묘년(乙卯年, 1615)에

⇦ sure kundulen han i susai nadan se de aniya biyade, monggo
수러 쿤둘런 한(汗)이 57세 때, 정월에 몽골국

gurun i korcin i konggor beile i jui be
Korcin의 Konggor 버일러가 딸을[1]

⇦ han i beyede sargan benjihe, ilan biyade,
한(汗)에게 아내로 보내왔다. 3월에

⇦ han hendume, beisei jusei sargan gaijara yengsi[2] de, uyun ulha
한(汗)이 말하기를, "버일러들의 자식들이 아내를 맞이하는 잔치에는 가축 아홉 마리를

← wakini, ambasai jusei sargan gaijara yengsi de, ninggun ulha
잡고, 대인들의 자식들이 아내를 맞이하는 잔치에는 가축 여섯 마리를

← wakini, terei ilhi ambasai jusei sargan gaijara yengsi de, (4:1b)
잡고, 그 아래의 대인들의 자식들이 아내를 맞이하는 잔치에는

---

1) Nurhaci의 측비(側妃)이며, 후에 수강태비(壽康太妃)로 봉해진다.
2) yengsi는 한어 筵席의 음차형으로 '혼인 잔치'를 의미한다.

← ilan ulha wakini, sargan juse be amai boo ujime joboho,
가축 세 마리를 잡는 것이 좋겠다. 딸들을 아버지의 집에서 키우며 애썼으므로

← ulha wame ume karulara, jui bure de baibi
가축을 잡아서 보답하지 말라. 딸을 줄 때는 그냥

← jekini, sargan bahafi gamara be dahame, haha jui i ama
먹게 하고, 며느리를 얻어서 데리고 가므로 남자의 아버지가

← ulha wakini seme hendure jakade, baban gebungge amban,
가축을 잡는 것이 좋겠다"라고 말하니 Baban이라는 대인이

⇦ han i baru jabume, jui bure, urun gaijara yengsi sarin de,
한(汗)에게 대답하되 "딸을 주고 며느리를 취하는 잔치에

juwe sadun ulha ambula wakini, ulha komso waci,
두 사돈이 가축을 많이 잡게 하는 것이 좋겠습니다. 가축을 조금 잡으면

sarin simen akū seme hendure jakade, (4:2a)
잔치가 흥이 나지 않습니다"라고 말했다.

⇦ sure kundulen han hendume, baban si uttu geren be jekini
수러 쿤둘런 한(汗)이 말하기를, "Baban, 네가 이렇게 여럿을 먹게 하자고

← seme hendurengge sain kai, geren be jekini seci, usin
말하는 것은 좋은 일이다. 여럿을 먹이겠다고 하는데, 밭일하고

← weilere yadara joboro urundere kangkara niyalma de ulebuhebio,
가난하며 고생하고 주리며 목마른 사람에게 먹인 적이 있느냐.

← hecen sahara moo boihon wehe juwere yadara joboro
성 쌓는 나무, 흙, 돌을 나르는 가난하고 고생하는

← niyalma de ulebuhebio, orhoda seke ulhu butara bigarame
사람에게 먹인 적이 있느냐. 인삼을 캐거나 담비, 청설모를 사냥하러

← juwe ilan biya yabure niyalma de ulebuhebio, suwe tenteke
두세 달을 다니는 사람에게 먹인 적이 있느냐. 너희가 그처럼

← yadara joboro niyalma de ulebuhe de, sini hendure (4:2b)
가난하고 고생하는 사람에게 먹였다면 네가 말하는 것이

← mujangga kai, baban sini jekini serengge, muhaliyan be
옳다. Baban, 네가 먹이고자 하는 이는 Muhaliyan이고,

← muhaliyan i jekini serengge baban be kai, suweni jekini
Muhaliyan이 먹이고자 하는 이는 Baban인 것이다. 너희가 먹이고자

← serengge, gese sain niyalma be, gese ebihe niyalma be
하는 것은 똑같이 잘된 사람, 똑같이 배부른 사람을

← jekini sembi, mini gūnirengge, ebihe niyalmai balama waliyame
먹이고자 하는 것이다. 내가 생각하는 것은 배부른 사람이 함부로 낭비하며

← jetere anggala, weileme butame urundere kangkara niyalma be neigen
먹기보다는, 일하고 사냥하며 주리고 목마른 사람에게 골고루

← isime jekini sembi, gese sain niyalmai waliyan gemin i
미치도록 먹이고자 하는 것이다. 똑같이 잘된 사람이 아끼지 않고

← jetere anggala, fejergi alban weileme joboro suilara niyalma be (4:3a)
먹는 것보다는 아래에서 공역을 하며 수고하고 고생하는 사람을

← jekini sembikai, bi uttu gūnime, hecen sahara ulan
먹이고자 하는 것이다. 나는 이렇게 생각하여 성을 쌓고, 해자를

← fetere niyalma de, ihan honin wame efen arafi
파는 사람에게 소와 양을 잡고 떡을 만들어서

← ulebumbi kai, suwe tenteke yadara joboro urundere kangkara niyalma de
먹이려는 것이다. 너희는 그처럼 가난하고 고생하며 주리고 목마른 사람에게

← uleburakū bime, geren be jekini seme holo gisun ainu
먹이지 않으면서 어찌 여럿을 먹이고자 한다며 헛된 말을

← hendumbi seme henduhe.
하는가"라고 말했다.

○ ilan biyai orin jakūn i cimari abka gerenggele tasha (4:3b)
3월 28일 아침에 하늘이 밝기 전 인시(寅時)에

erinde, abkai boco sohon sorofi, niyalmai cira gemu
하늘의 색이 연황색이 되어 사람의 얼굴색이 모두

sohon soroko bihe,
연황색으로 되었다.

⇦ han, yamun de tucifi tehe manggi, jai muduri erinde genggiyen oho.
한(汗)이 아문에 나가서 앉자 진시(辰時)에 다시 맑아졌다.

○ duin biyade, ilan erin i fucihi sa, abkai ioi
4월에 삼세불(三世佛)들과 하늘의 옥황묘(玉皇廟) 등

hūwang miyoo, uhereme nadan amba miyoo arame deribuhe.
모두 일곱 채의 큰 묘(廟)를 짓기 시작했다.

(4:4a)

○ nikan i wan lii han, ninggun biyade, guwangning ni jang
명의 만력제(萬曆帝)가 6월에 광녕(廣寧)의

dzung bing guwan be jase bitume tuwa seme unggihe
장(張) 총병관(總兵官)을 경계를 둘러보라고 보냈었다.

bihe, tere dzung bing guwan amasi bederefi, jai dasame
그 총병관이 되돌아간 후에 또 다시

tungse takūrafi hendume, meni julgei han i jafaha fe
통사(通事)를 보내어 말하기를, "우리의 옛 황제께서 정한 이전

jase ci tulergi be mini ba obumbi, te ice
경계의 바깥쪽을 나의 땅으로 삼겠다. 이제 새

wehei bithe ilibumbi, suweni caiha, fanaha, sancara ere
석비를 세우겠다. 너희의 채하(柴河), 범하(范河), 삼차아(三岔兒) 이

ilan goloi tariha jeku be ume gaijara, suweni (4:4b)
세 지역의 심은 곡식을 거두지 말고, 너희의

jecen be amasi bedere seme, fusi hecen i dung
경계를 뒤로 물리라"고 하며 무순성(撫順城)의

tungse be takūraha manggi,
동(董) 통사를 보내니

⇦ genggiyen han hendume, ududu jalan halame tehe boo, tariha usin be
경기연 한(汗)이 말하기를, "여러 세대를 거치며 살아온 집, 경작한 밭을

← waliya seme gisurerengge, suweni mujilen gūwaliyafi gisurembi kai, bi
버리라고 말하는 것은 그대들의 마음이 변하여 말하는 것이다. 내가

← donjici, julgei mergese gisurembihe, mederi muke debenderakū, han i
듣자하니, 옛날의 지혜로운 사람들은 '바닷물은 넘치지 않으며, 황제의

← mujilen gūwaliyandarakū seme hendumbihe, han i mujilen gūwaliyafi, jasei
마음도 변하지 않는다'라고 말했었다. 황제의 마음이 변하여 경계

← tulergi yehe de dafi, mini jasei jakade tehe niyalmai tehe (4:5a)
밖의 Yehe를 도와서 나의 경계 부근에 살던 사람이 거주하던

← boo, tariha usin be gaiburakū bedere seci, han i
집, 경작하던 밭을 거두지 못하게 하고 물러나라고 하니 황제의

← gisun be maraci etembio, bedereki, taifin doro be buyerakū, ehe
말을 거스를 수 있겠는가. 물러나겠다. 태평의 도리를 원하지 않고 나쁜

← doro be gūnici, mini ajige gurun majige joboci, amba
도리를 생각하면 나의 작은 나라는 조금 고생하겠지만 큰

← gurun ambula jobombi dere, mini ai ambula gurun, bi
나라는 아주 고생할 것이다. 나의 나라가 어찌 큰 나라인가. 내가

← bederebure, sini amba gurun be si adarame bargiyame mutebumbi,
물러나게 하겠다. 그대의 큰 나라를 그대는 어떻게 관리해낼 수 있겠는가.

← dain oci, bi emhun joborakū kai, sini cooha be
전쟁이 나면 나 혼자 고생하지 않는다. 그대의 군사가

← geren seme, sini gurun be amban seme mimbe (4:5b)
많다 하며, 그대의 나라가 크다 하며 나를

← gidašambi kai, amba gurun be ajigen obuci, ajige
업신여기는 것이다. 큰 나라를 작게 만드는 것도, 작은

← gurun be amban obuci, gemu
나라를 크게 만드는 것도, 모두

⇦ abkai ciha kai, sini emu hecen de tumen cooha teci,
하늘의 뜻인 것이다. 그대의 성 하나에 군사 1만 명이 주둔한다면

← sini gurun dosorakū, emu hecen de minggan cooha teci,
그대의 백성이 견디지 못할 것이고, 성 하나에 군사 1000명이 주둔한다면

← hecen i niyalma cooha gemu suwaliyame minde olji ombi
성의 사람과 군사 모두 한꺼번에 나에게 포로가 될 것이다"라고

seme hendure jakade, nikan i dung guwe yun gebungge
말하자, 명의 동국음(董國蔭)이라는

tungse hendume, gisun jaci amban kai seme henduhe. (4:6a)
통사가 "말이 매우 거창하구나"라고 말했다.

○ ninggun biyade,
6월에

⇦ sure kundulen han i beyede bumbi seme jafan gaiha yehe i buyanggū
수러 쿤둘런 한(汗)에게 여동생을[3] 준다고 하여 예물을 받은 Yehe의 Buyanggū

---

3) 이른바 'Yehe 노녀(老女)'로 불리는 Yehe의 Bujai의 딸이다. 『滿洲實錄』(2권, 萬曆 25년(1597))에 yehei buyanggūi non be taidzu sure beile be bure(Yehe의 Buyanggū의 여동생을 태조(太祖) 수러 버일러에게 주겠다)라는 기록이 있다. 즉, 이 말이 있기 18년 전에 한 약속이다. 이 딸의 이름은 밝혀져 있지 않다.

beile i non be, monggo bagadarhan beile i amba
버일러가 그 여동생을 몽골의 Bagadarhan 버일러의

haha jui manggūldai taiji de bumbi seme donjifi,
맏아들 Manggūldai 타이지에게 준다는 말을 듣고서

beise ambasa hendume, yabufi ulha jafan buhe sargan
버일러들과 대인들이 말하기를, "정혼하여 가축과 예물을 준 딸을

jui be, yehe te monggo de buci, tereci koro (4:6b)
Yehe가 이제 몽골에게 준다니, 그보다 더한 원한이

aibi, tere sargan jui be monggo de bure
있겠습니까. 그 딸을 몽골에게 주기

onggolo, muse cooha geneki, bume jabduci, gamame jabdure
전에 우리가 출병을 하는 것이 좋겠습니다. 줄 틈이 있었다 해도 미처 데려가기

onggolo, muse hoton be kafi afame gaifi gajiki,
전에 우리가 성을 포위하고 공격하여 빼앗아 데리고 옵시다.

gūwa buya beise de gisurehe sargan jui, geli
다른 작은 버일러들에게 약속한 딸도

waka kai,
아닙니다.

⇦ han i beyede gisurehe sargan jui be, monggo de bure be donjifi,
한(汗)께 약속한 딸을 몽골에게 준다는 것을 듣고

muse baibi tehei gūwa de adarame gaibufi unggimbi, (4:7a)
우리가 멍하니 앉은 채 어찌 남에게 빼앗겨서 보내겠습니까.

muse cooha geneki seme mitandume marame gisureci,
우리가 출병합시다"라고 일제히 반대하며 말하니

⇦ han hendume, gūwa aika amba weile i jalin de hendume, dain
한(汗)이 말하기를, "혹시 다른 큰일을 이유로 말하면서 전장에

← cooha geneci acambi dere, sargan jui be gūwa de bure
출병한다면 합당할 것이나, 딸을 남에게 준다는

← jalin de cooha geneci acarakū kai, tere sargan jui,
이유에서 출병한다면 합당치 않다. 그 딸은

← baibi banjiha sargan jui waka, gurun be efuleme banjihabi kai,
그냥 태어난 딸이 아니다. 나라를 망하게 하려고 태어난 것이다.

← tere sargan jui turgunde, hada i gurun efujehe, jai
그 딸 때문에 Hada국이 망했고 또

← hoifa gurun efujehe, ula gurun inu tere sargan jui (4:7b)
Hoifa국이 망했고, Ula국도 그 딸

← turgunde efujehe, ere sargan jui, jušen gurun be gemu
때문에 망했다. 이 딸이 여진국을 모두

← oforo acabume dain dekdebume wajifi, ere yehe be te
이간질하여 전쟁을 일으켜 끝냈고, 이제 이 Yehe를

← nikan de latubufi, sargan jui be muse de buburakū,
명에 붙게 하여 딸을 우리에게 주지 않게 하고

← monggo de bubume muse te yehe be efujekini seme amba
몽골에게 주게 하여, '우리가 이제 Yehe를 무너뜨리자' 하여 큰

← dain arabume, ere weile be uttu koro obume,
전쟁을 하게 하도록, 이 일을 이렇게 원한 삼도록

← monggo de burengge kai, ere sargan jui be muse
몽골에게 주는 것이다. 이 딸을 우리가

← gajiha seme, muse de bisirakū, yaya de buhe seme, (4:8a)
데려왔다 해도, 우리에게 있지 않을 것이고, 누구에게 주었다 해도

← ere sargan jui aniya ambula banjirakū, gurun be efuleme
이 딸은 여러 해 살지 않을 것이다. 나라를 다 멸망시켰고,

← wajiha, dain arame akūmbuha, te amasi bederere isika,
전쟁이 일어나도록 온 힘을 쏟았다. 이제 곧 되돌아갈 것이다.

← ere sargan jui be musei hūsun ambula tucifi
이 딸을 우리가 힘을 크게 내어

← kiceme gajiha seme, muse de bisirakū kai, muse gajifi
노력하여 데려왔다고 하여도 우리에게 있지 않을 것이다. 우리가 데려와서

← tere sargan jui hūdun amasi bedereci, muse de elemangga
그 딸이 빨리 되돌아가면 우리에게 도리어

← koro gasacun ombikai seme henduci, beise ambasa dahūn
원한이 된다"라고 말해도 버일러들과 대인들이 거듭

dahūn i cooha geneki seme marame gisurehe manggi, (4:8b)
출병하자고 거역하여 말하니

⇦ han hendume, bi cooha geneki seme mitaci acambi, geren beise
한(汗)이 말하기를, "내가 출병하겠다 해도 반대해야 합당하다. 여러 버일러,

← ambasa suwe mimbe tafulaci acambikai, bi gūwai beye
대인들 너희가 간하여 나를 말려야 합당한 것이다. 내가 제삼자이자

← siden i niyalma ofi nakaki seme tafulaci, suwe ainu
증인이 되어서 그만두자며 말리는데, 너희가 어찌

← uttu weile i ejen bata ofi, mimbe gasabume ainu
이렇게 일의 당사자이자 반대편이 되어 나를 원한을 품게 하며, 어찌

← marambi, mini yabuha sargan be gūwa de gaibuci,
거역하는가. 내가 정혼한 딸을 남에게 빼앗기면,

← bi kororakūn, korombi seme suweni gisun be gaifi, mujakū
내가 원한을 품지 않겠느냐. 원한을 품는다 하여 너희의 말을 받아들여 딱 알맞은

← erinde cooha geneki seci, mini dolo ojorakū be ainara, (4:9a)
시기에 출병하려고 해도 나의 마음이 안 되는 것을 어떻게 하겠느냐.

← sargan jui be gaijara ejen bi kororakū bade,
딸을 취할 당사자인 내가 원한이 없는데

← suwe baibi mujakū korofi ainambi, bi gūwai beye
너희가 부질없이 깊이 원한을 품어서 어찌 하겠느냐. 내가 제삼자가

← ofi tafulara, suwe naka seme, cooha jurambi seme
되어서 말린다. 너희는 그만두라"고 하며 출병한다고

isabume isinjiha morin be gemu amasi bederebuhe,[4] beise
모아서 이르렀던 말을 모두 돌아가게 했다. 버일러들과

ambasa geli hendume, tere sargan jui be
대인들이 또 말하기를, "그 딸을

⇦ han i beyede bumbi seme gisurefi orin aniya oho kai, tuttu orin
한(汗)께 준다고 말하고 20년이나 되었습니다. 그렇게

aniya otolo asaraha sargan jui be, ere nikan i (4:9b)
20년 되도록 감추었던 딸을, 이 명나라의

wan lii han cooha tucifi yehe de tuwakiyame tefi, ere
만력제가 군사를 내어서 Yehe에서 지키도록 주둔하고, 이

yehe i gintaisi, buyanggū, nikan han de ertufi, orin
Yehe의 Gintaisi와 Buyanggū가 명 황제에게 기대어서,

aniya asaraha gūsin ilan se baha sargan jui be
20년 동안 감추었던 33세가 된 딸을

monggo de buci, muse nikan be dailaki dere seme gisureci
몽골에 준다니, 우리가 명나라를 정벌합시다"라고 말하니

---

4) 『滿洲實錄』(4권, 萬曆 43년(1615) 6월)에는 이 문장 뒤에 tere sargan jui be monggo de bufi emu aniya onggolo yala goidahakū bucehe(그 딸을 몽골에게 주고 1년이 못 되어 정말 오래지 않아 죽었다)라는 문장이 삽입되어 있어서 마치 Nurhaci의 예언이 실현된 것처럼 기술했다. 『滿洲實錄』의 기사에는 이처럼 Nurhaci의 비범함을 보여주고자 하는 의도에서 개수한 부분이 종종 발견된다.

⇦ han geli ojorakū hendume, nikan cooha ini jase be tucifi,
한(汗)이 또 안 된다며 말하기를, "명의 병사가 자기의 경계를 나와

← yehe de dafi tuwakiyame tehe be
Yehe를 도와서, 지키기 위해 주둔한 것을

⇦ abka toktome tuwakini, aniya ambula goidakini, yehe, muse oci, encu (4:10a)
하늘이 내려다보고서 판단할 것이다. 세월이 많이 지나도 좋다. Yehe와 우리는 명과는 다른

← gisun i jušen gurun kai, nikan oci, abkai fejergi
말을 하는 여진국이다. 명은 하늘 아래

← gurun de, i gurun be ejen sembi[5)] kai, ejen oci, gubci
나라 중에서 자기 나라를 주인이라고 한다. 주인이면 모든

← gurun de gemu uhereme ejen dere, mini canggi de emhun
나라에서 모두 통틀어 주인일 것이다. 어찌 나 혼자에게만

← ainu ejen, waka uru be duilefi beiderakū, bodofi darakū,
주인인가. 옳고 그름을 따져보아 판단하지 않고, 헤아려 간여하지 않고

← balai uttu hūsun durime,
망령되이 이렇게 힘으로 빼앗으며

⇦ abka de eljere gese
하늘에 항거하는 것처럼

⇦ abkai wakalaha yehe de dafi, cooha tuwakiyame teci tekini, suwe ume (4:10b)
하늘이 책망한 Yehe를 도와 병사가 지키도록 주둔한다면 주둔케 하라. 너희는

← ebšere, muse te nikan be dailaci, musei uru de
서두르지 말라. 우리가 이제 명을 공격해도 우리가 옳으므로

---

5) 이 문장에서 i(3인칭 단수 주격)는 ini(3인칭 단수 속격)가 되어야 할 듯하다. 참고로 『滿洲實錄』(4권, 萬曆 43년(1615) 6월)에는 이 부분이 i ejen sembi(자기가 주인이라고 한다)로 바뀌어 있다.

⇦ abka muse be gosimbi kai,
하늘이 우리를 어여삐 여길 것이다.

⇦ abka gosici, muse ainci bahambi kai, baha seme, tere baha niyalma
하늘이 어여삐 여기니 우리가 아마도 이길 것이다. 이겼다 하여도 그 획득한 사람과

← ulha de ai ulebumbi, muse de jekui ku akū kai,
가축에게 무엇을 먹일 것인가. 우리에게는 곡식 창고가 없다.

← dailafi baha seme, baha niyalma ulha de ulebure
공격하여 얻었다 해도 획득한 사람과 가축을 먹이는 것은 말할 것도 없고,

← anggala, musei fe niyalma hono gemu bucembi kai, erei
우리의 원래 있던 백성조차 모두 죽는다. 이

← šolo de, musei gurun be neneme bargiyaki, ba na be (4:11a)
참에 우리 백성을 먼저 거두어 보살피자. 땅을

← bekileki, jase furdan be jafaki, usin weilefi jekui ku
고수하고, 경계와 관문을 지키자. 밭을 갈고 곡식 창고를

← gidame gaiki seme hendume, tere aniya dain deribuhekū.
지어서 걷자"라고 말하며, 그해에는 전쟁을 시작하지 않았다.

○ uyun biyade, monggo i korcin i minggan beile i duici haha
9월에 몽골 Korcin의 Minggan 버일러의 넷째 아들

jui sanggarjai taiji, gūsin morin benjime hengkileme acame
Sanggarjai 타이지가 말 30마리를 보내면서 절하며 알현하러

jihe, juwan uksin suje boso eletele bufi unggihe.
왔다. 갑옷 열 벌, 비단과 베를 가득히 답례로 주어 보냈다.

(4:11b)

○ juwan biyai ice duin i inenggi, aba genefi muki
10월 초나흘에 몰이사냥 가서 Muki라는

gebungge bade dedufi, jai cimari genere de, ice sunja
곳에 묵고 다음날 아침에 갈 때 초닷새

inenggi gūlmahūn erinde, šun i juwe dalbaci fulgiyan niowanggiyan
묘시(卯時)에 태양의 양측에서 붉은색과 푸른색

siren gocika, šun i teisu šanggiyan lamun siren
빛줄기가 섰다. 태양의 맞은편에 희고 푸른

ilan jurgan i
세 줄기

⇦ abkai siren gocifi, duka arafi niyalma be hanci dahalame bihe,
하늘의 빛줄기가 서서 문을 만들어 사람을 가까이 따라오고 있었다.

gūlmahūn erinde, (4:12a)
묘시(卯時)에

⇦ han, geren be gaifi,
한(汗)이 여럿을 데리고

⇦ abkai siren de hengkilehe, tereci dahalara siren nakaha, tere biyade,
하늘의 빛줄기에 절했다. 그러자 따라오던 빛줄기가 멈추었다. 그 달에

monggo gurun i korcin i minggan beile i amba haha jui
몽골국 Korcin의 Minggan 버일러의 맏아들

ilduci taiji, dehi morin gajime hengkileme acame jihe,
Ilduci 타이지가 말 40마리를 이끌고 와서 절하며 알현해 왔다.

tofohon uksin suje boso ambula bufi unggihe.
갑옷 15벌, 비단과 베를 많이 주어 보냈다.

○ omšon biyade, juwe minggan cooha unggifi, jorgon biyai (4:12b)
11월에 병사 2000명을 보내어 12월

orin de, ehe kuren be sucufi, birai angga ci
20일에 Ehe Kuren을 습격하여, 강어귀에서부터

wesihun, sekiyen ci wasihūn, emu tanggū gūsin ba i
위쪽, 강 상류로부터 아래쪽 130리

dube be hetu aktalame, jakūn gūsai cooha juwe
끝을 가로질러 건너서, 8구사[6] 병사가 두

jugūn i dosifi, gūnaka kuren i niyalma be daha seme
길로 들어가서 Gūnaka Kuren 사람에게 항복하라고

gisureme, tere dobori dedufi, jai cimari daharakū bisire de,
말하면서 그날 밤에 숙영했으나 다음날 아침까지 항복하지 않으므로

jai duin gūsai cooha acanjifi dahambi seci daha,
다시 네 구사의 병사가 합류하여 와서 "항복하려면 항복하라.

daharakūci, be afaki seme gisureci, tere hoton i niyalma (4:13a)
항복하지 않으면 우리가 공격하겠다"라고 말하니 그 성의 사람이

dahara seme hendume, tulergi cooha be isabume hoton de
항복하겠다고 말하면서도 바깥의 병사를 모아 성에

dosimbume, ilan inenggi isabufi jai daharakū ojoro jakade,
들어오게 하여 3일을 모여 있으면서도 여전히 항복하지 않았다.

ninggun gūsai cooha uksin etufi, gūsa dasafi gala
여섯 구사의 병사가 갑옷을 입고 구사를 정비하여 좌우익을

---

6) 8구사(jakūn gūsa)는, 즉 '팔기(八旗)'이다. 양황기(鑲黃旗), 정황기(正黃旗), 정백기(正白旗), 정홍기(正紅旗), 양백기(鑲白旗), 양홍기(鑲紅旗), 정람기(正藍旗), 양람기(鑲藍旗)로 이루어지는데, 이는 각 구사를 대표하는 깃발의 형태와 색상에 따른 명칭이다. 원래 이들 깃발을 표지로 하는 군사 단위를 가리켰으며 이후 청나라의 군사·행정 조직인 팔기(八旗) 제도의 근간이 된다. 8구사의 성립 연대에 대해서는 이견이 있으나 『滿文老檔』의 이 기사를 통해 늦어도 1615년에는 팔기 제도가 정비된 것으로 볼 수 있다. 『滿洲實錄』(4권, 萬曆 43년(1615)) 한문 부분에는 每三百人立一牛彔額真 五牛彔立一甲喇額真 五甲喇立一固山額真 固山額真左右立梅勒額真(300명마다 니루 수장 하나를 세우고, 다섯 니루에 잘란 수장 하나를 세운다. 다섯 잘란에는 구사 수장 하나를 세우고, 구사 수장 좌우에 머이런 수장을 세운다)라고 되어 있다.

jafafi buren burdeme, emu ergici faidafi, ilarsu ulan be
편성하여 고동을 불며 한 방향으로부터 정렬해서 삼중의 해자를

fekume dabame, jase be tatame efulefi, hoton be dosifi,
뛰어넘어 울타리를 당겨 무너뜨리고 성으로 들어가서

hoton i dorgi sunja tanggū cooha be hoton de waha,
성 안 병사 500명을 성에서 죽였다.

nukcime tucike ilan tanggū cooha be, sonjofi tucibuhe (4:13b)
도망쳐 나간 병사 300명을, 선발해낸

moringga mangga cooha amcafi tala de waha, tumen
말 잘 타는 병사가 추격하여 벌판에서 죽였다.

olji baha, sunja tanggū boigon araha, tere ehe
포로 1만을 얻어서 500가호를 편성하였다. 그 Ehe

kuren i niyalma, ini šurdeme gurun de etuhulefi hendume,
Kuren 사람은 자기 주변 나라에 센 척하면서,

manju i cooha mangga baturu sere, tuttu mangga baturu
"Manju 병사는 강한 용사라 하길래 우리가 말했다.

oci, muse sehe, unggifi dain jio seme jasire
'그렇게 강한 용사라면 보내어서 전쟁하러 오라'고 기별하려 했었다"라고

bihe seme gisurehe bihe, manju i cooha yala genefi,
말했었다. Manju 병사가 실제로 가서

afaci, geli etehekū, gurun wajiha, ba untuhun oho, (4:14a)
공격하니 또 이기지 못하고 나라가 망하고 땅은 비게 되었다.

tere gurun i kuren serengge, hoton be, encu halai
그 나라의 말로 Kuren이라는 것은 성(城)이며, 성(姓)이 다른

gurun waka, manju gurun šun dekdere ergi dubede
부족이 아니다. Manju 부족이 태양이 떠오르는 쪽 끝에

dergi mederi amala tehe bihe.
동해 북쪽에 살고 있었다.

⇦ sure kundulen han, daci dain dailara de, aba abalara de
수러 쿤둘런 한(汗)은 원래 전투를 할 때에나, 몰이사냥을 할 때에[7)]

fafun cira, jamaraburakū, jilgan tuciburakū, dain de jamarame
법도가 엄격해서 떠들지 못하게 하고, 소리를 내지 않게 했다. 전쟁에서 떠들며

jilgan tucici, bata serembi, abade jamarame jilgan tucici,
소리를 내면 적이 알아챈다. 사냥할 때 떠들어 소리를 내면

alin urambi, gurgu genembi seme, ai ai bade (4:14b)
산이 울리고 짐승이 가버린다 하여 어디에

yabure de, geren coohai niyalma de gemu doigon i tacibume
가든지 여러 병사에게 모두 미리 가르쳐서

ejebume hendufi, sunja niru be emu baksan arafi,
기억하도록 말했다. 다섯 니루를[8)] 한 무리로 만들어

yabuci, emu babe yabume, ebuci, emu bade ilhi
가도 같은 곳에 가고, 말에서 내려도 한 곳에서 차례

ilhi ebume, afara bade emu babe afame, golmin
차례 내리며 공격할 때도 한 곳을 공격했다. 길고

jiramin uksin etuhe niyalma, gida jangkū jafafi juleri
두터운 갑옷을 입은 사람이 창과 대도를 잡고 앞에서

afame, weihuken sirata uksin etuhe niyalma, beri sirdan
공격하며, 가벼운 그물 갑옷을 입은 사람은 활과 화살을

jafafi amargici gabtame, sonjoho mangga coohai niyalma, morin (4:15a)
잡고 뒤에서 활 쏘며, 선발된 강한 병사는 말을

7) 여진인들이 단체로 사냥을 할 때에 양쪽에 서서 사냥감을 포위하여 몰아가는 전통적인 사냥법을 의미한다.
8) 제17권 각주 1 참고.

yalufi encu tuwame ilifi, eterakū bade aisilame afafi,
타고 따로 지켜보며 있다가, 이기지 못하는 곳을 도와서 공격하여

yaya dain be eteme muteme yabuha, tede aba
모든 전투를 능히 이기며 다녔다. 그때까지 사냥할

abalara de, emu nirui niyalma, emu niru bufi yabumbihe,
때 한 니루당 큰 화살 하나를 주고서 다녔다.

⇦ han hendume, emu nirui niyalma, emu babe yabuci, ememu nirui
한(汗)이 말하기를, "한 니루 사람들이 한 곳에 가면 어떤 니루의

← niyalma, amasi boode isinjitele fere de bahafi yaburakū seme,
사람들은 나중에 집에 도착해 올 때까지 사냥터에[9] 들어갈 수 없으므로

← juwan niru be acabufi emu niru bufi yabume
열 니루를 합쳐서 큰 화살 하나를 주고 다니기

← deribuhe, tereci emu abade, emu nirui niyalma, juwe (4:15b)
시작했다. 그 이후로 한 번 사냥할 때, 한 니루 사람이 두

← ilan jergi fere de bahafi dosime yabuha, tere juwan
세 차례 사냥터에 능히 들어갈 수 있었다. 그 열

← nirui niyalma, emu babe yaburakū, emu juwe niyalma
니루 사람이 같은 곳에 가지 않고 한두 사람이

← bulcame ukame, gūwa nirui emgi fere de yabuha de,
벗어나서 도망하여 다른 니루와 함께 사냥터에 다니면

← tere yabuha niyalma de inu weile, tenteke weile baha
그렇게 간 사람에게도 죄가 있다. 그렇게 죄를 지은

← niyalma be tuwafi, buci bahara niyalma oci, weile gaifi
사람을 보아서, 죗값을 줄 수 있는 사람이라면 받아서

9) fere는 '몰이사냥에서 사냥감을 몰아가서 활로 쏘아 잡을 수 있는 포위열의 중앙부'라는 뜻이다. 큰 기를 꽂아서 표시를 한다. 여기에서는 '사냥터'로 번역한다.

← jafaha niyalma de bumbi, weile buci baharakū niyalma
잡은 사람에게 준다. 죗값을 줄 수 없는 사람이면

← oci, beyebe tantafi weile waliyambi, emu niru buhe (4:16a)
몸을 때려서 죗값을 치른다. 큰 화살 하나를 준

← juwan nirui niyalma de, duin amban sindafi baicambi, ini
열 니루 사람에게 대인 넷을 두어서 조사한다. 자기의

← juwan nirui niyalma be, tere duin amban baicarakū, gūwa
열 니루 사람을 그 대인 넷이 조사하지 않고 다른

← nirui bade yabubuha de, gūwa nirui niyalma be ini
니루 구역에 다니게 하거나, 다른 니루 사람을 자신들의

← juwan nirui bade yabubuha de, tere duin amban ini
열 니루 구역에 다니게 하여 그 대인 넷이

← beye facuhūn yabuci, weile arafi yaluha morin gaifi,
스스로 혼란스럽게 하면, 치죄하여 타던 말을 빼앗아서

← jafaha niyalma de bumbihe, gurgu tucike de, abai dolo
잡은 사람에게 주었다. 짐승이 나왔을 때 포위망 안으로

← dosime ume feksire, yaya niyalmai baru tucici, meni (4:16b)
달려 들어가지 말라. 누구 쪽으로든 향해 나오면

← meni bade ilihai alime gaifi gabta, abaci tucike
각자의 자리에 선 채 대응하여 쏘라. 포위망에서 나간

← manggi, jai amcame arcame feksifi gabta, abade dosime
후에, 또 쫓아 질러 달려가 쏘라. 포위망에 들어가서

← arcame feksici, abai niyalma gemu booci tucifi gurgu be
질러 달려가면, 사냥하고 있는 사람들은 모두 집을 떠나 짐승을

← gabtaki waki seme jihekū, ainu jihebi, ya niyalma
쏘고 죽이자고 온 것이지 왜 와 있겠는가. 누구인들

← waki bahaki serakū, meni meni tušaha babe yaburakū,
죽이고 얻고 싶어 하지 않겠는가. 각자 맡은 바를 행하지 않고

← dosi balai arcame feksici, morin hūdun niyalma dalifi
안으로 마구 질러 달려가거나 말이 빠른 사람이 막아서

← gamaci, morin ehe niyalma, teisulehe babe jergi de yabure (4:17a)
잡아 가면, 말이 느린 사람이나 맡은 곳에서 정해진 대로 행하는

← niyalma, jai ai bahafi gabtara, ai bahafi wara,
사람은 또 어찌 능히 쏘며, 어찌 능히 죽이겠는가.

← tere ubaliyaka gurgui yali be toodame gaisu, tasha
그 쓰러진 짐승의 고기를 보상 받으라. 호랑이가

← deduhe be sabuci, ume acinggiyara, geren de hūlame ala,
엎드린 것을 보게 되면 동요하지 말고 여럿에게 소리쳐 알리라.

← sain bade ucaraci, geren kafi waki, ehe bade bici,
적당한 곳에서 마주치면 여럿이서 둘러싸서 죽이라. 적당하지 않은 곳에 있으면

← waliyafi geneki, tasha aššafi feksire be sabuci, ume ergembure,
포기하고 가라. 호랑이가 움직여 달려가는 것을 보면 쉬지 못하게 하라.

← ucaraha ucarahai sabuha sabuhai bošome gabta, lefu aidagan be
마주치면 마주치는 대로, 보이면 보이는 대로 쫓으며 활을 쏘라. 곰이나 멧돼지는

← neneme gabtaha niyalma wame muteci wajiha, muterakūci, ucaraha (4:17b)
먼저 쏜 사람이 죽일 수 있으면 되었다. 죽일 수 없으면 마주친

← niyalma be aisilame emgi waki seme gisurefi emgi
사람이 '힘을 모아 함께 죽이자'라고 말하고, 함께

← waha de, yali be gese dendeme gaisu, yali bure be
죽였을 때 고기를 똑같이 나누어 가지라. 고기 주는 것을

← hairame, ucaraha niyalma aisilame waki seci ojorakū ofi,
아까워하여, 마주친 사람이 '힘을 모아 죽이자'라고 해도 그리하지 않아서

← tere lefu aidagan be wame muterakū turibuhe de, tere
그 곰이나 멧돼지를 죽이지 못하고 놓쳤을 때는 그

← turibuhe gurgui yali be toodame gaisu, gabtaha feyengge
놓친 짐승의 고기에 대해서 배상 받으라. 화살 맞아 상처 입은

← ambasa gurgu tucifi genere be, yaya niyalma acafi
커다란 짐승이 도망해 가는 것을 어떤 사람이 마주쳐서

← waha de, ejen de alafi, tere gurgui yali be amcafi (4:18a)
죽였을 때 주인에게 알리고, 추격하여 죽인 사람이 그 짐승의 고기를

← waha niyalma gulhun gaisu seme šajilaha.
온전히 가지라"고 하여 법으로 정했다.

⇦ genggiyen han, daci aba cooha de amuran ofi, aba coohai
경기연 한(汗)이 원래 사냥과 전쟁을 좋아하여 사냥과 전쟁의

jurgan be dasahangge, fafun šajin toktobuhangge be ai babe
도리를 정비한 것과 법률을 정한 것은 어떤 바를

hendure, dain aba yabure de, dobori dedure bade,
말하는가. 전쟁이나 사냥을 갈 때는 밤에 묵을 곳에

tuweri oci jase jafafi, juwari oci ulan fetefi,
겨울이면 울타리를 세우고 여름이면 호(壕)를 파서

morin be tere jase ulan i dolo sindafi, tulergi be
말을 그 울타리나 호(壕)의 안에 두고, 밖은

can forime joro[10] alibume kederebume, ukanju ukandarakū, morin (4:18b)
징을 치고 각두전(角頭箭)을 넘겨가며 순찰하게 하여 도망자가 도망하지 못하고, 말이

tucirakū ofi, jai cimari baime suilarakū uthai bahame
나가지 못하게 되어서 다음날 찾으려 애쓰지 않고도 바로

10) 『御製淸文鑑』에서는 '뼈를 화살처럼 만든 것'이라고 풀이했다.

yabuha, jušen gurun be dahabufi taifin banjicibe, olhoba
다닐 수 있었다. 여진국을 따르게 해서 태평하게 살더라도 조심하고

ginggun mujilen be onggorakū, booci tucifi aba abalacibe,
신중한 마음을 잊지 않으며, 집에서 나와 포위열을 펼치더라도

ai ai bade yabuci, uksin saca gida jangkū
어디에 가든지 갑옷, 투구, 창, 대도(大刀),

sirdan dain i agūra be gemu gaifi yabumbihe, dogo,
화살 등 병장기를 모두 가지고 다녔다. 눈멀고

doholon yadara joboro niyalmai yabume joboro, aciha morin
다리 절고 빈곤한 사람이 다니기 힘들고, 짐 싣는 말,

tebuhe ihan i eterakū joboro jalin de, (4:19a)
수레 끄는 소가 힘겨워 고통을 받기 때문에

⇦ sure kundulen han i mujilen jobome, ba ba i weji be sacime
수러 쿤둘런 한(汗)이 마음속으로 걱정하여 곳곳의 숲을 베어

dasafi tala obuha, ba ba i haksan dabagan be
정비해서 평지가 되게 했다. 곳곳의 험한 고개를

sacime dasafi sain obuha, ehe lifara babe ulan
깎고 골라서 다니기 좋게 만들었다. 험하고 질퍽한 곳에 호(壕)를

feteme kiyoo came dasafi olhon obuha, eiten niyalmai
파고 다리를 놓고 정비하여 마른 땅이 되게 하였다. 온갖 사람이

buyehe gūniha jaka be gemu isibuha, amba asihan
원하고 생각한 것을 모두 얻게 하였다. 어른과 아이,

ehe sain niyalma de, gemu necin neigen i donjihakū
형편이 좋고 나쁜 사람을 가리지 않고 모두 공평하게, 들은 적이 없었던

ferguwecuke sain gisun be tacibume selgiyehe, gurun be (4:19b)
진기한 좋은 말을 가르치며 반포했다. 나라의 온 힘을

akūmbume tai tebuhe, jase furdan jafafi coohai niyalma be
쏟아서 대(臺)를 설치했다. 경계 관문을 세워서 병사를

emu ergide, baisin niyalma be emu ergide icihiyame
한 쪽에, 백성을 다른 한 쪽에 정돈하여

tebufi, gurun i weile beidere tondo sain niyalma be
살게 하였다. 백성의 사건을 심의할 올곧고 훌륭한 사람을

sonjofi, jakūn amban be tucibufi, terei sirame dehi
뽑아서 여덟 대인을 내세우고 그에 이어

beidesi be tucibufi, arki anju jeterakū, aisin menggun
심사관 40명을 내세워 소주와 안주를 먹지 않고, 금은을

gaijarakū, sunja inenggi dubede emgeri beise ambasa be
받지 않고, 닷새에 한 번씩 버일러들과 대인들을

yamun de isabufi gisun gisurebume, weile i uru waka be (4:20a)
아문에 모아서 이야기를 하게 하고, 일의 옳고 그름을

tondoi beidebume, an kooli be araha.
올바르게 심의하게 하여 상규(常規)를 만들었다.

⇦ sure kundulen han i isabuha amba gurun be, gemu neigen teksileme
수러 쿤둘런 한(汗)이 모은 많은 백성을 모두 공평하게 정리하여

tolofi, ilan tanggū haha be emu niru arafi,
수를 세어서, 장정 300명을 한 니루로 편성하고

niru de emu ejen sindafi, nirui ejen i fejile
각 니루에 수장 한 사람을 두고 니루 수장 아래에

juwe daise, duin janggin, duin gašan bošokū be
서리[11] 두 명, 장긴[12] 네 명, 촌락 보쇼쿠[13] 네 명을

11) daise는 한어 代子에서 온 말로 조직의 수장을 보좌하거나 대리한다. 여기에서는 '서리(署理)'로 번역한다.
12) janggin은 청초 니루 수장 휘하에 있는 무관직의 하나였다. 한자로는 章京으로 쓴다. 天聰 8년(1634)에 명나

sindafi, ilan tanggū haha be duin janggin ubu
두고, 장정 300명을 네 명의 장긴이 배분하여

sindame dendefi tatan banjibufi, ai ai weile weilecibe, (4:20b)
나누어서 타탄을[14] 편성했다. 무슨 일을 수행하거나

ai yabure genere bade ocibe, duin tatan i niyalma
어디에 다니더라도, 네 타탄 사람들이

idu bodome gese weileme, gese tucibume, gese yabubuha,
당번을 정하여 같이 일하고 같이 나오게 하고 같이 다니게 했다.

coohai uksin saca beri sirdan loho gida jangkū
병사의 갑옷, 투구, 활, 화살, 환도, 창, 대도(大刀),

enggemu hadala ai ai jaka ehe oci, nirui
안장, 굴레 등 무엇이든 나빠지면, 니루의

ejen be wasibumbi, dasaha ai jaka gemu sain
수장을 좌천시키고, 정비한 모든 것이 다 좋아지고

oci, coohai morin tarhūn oci, nirui ejen be
군마가 살찌면, 니루 수장을

geli wesibumbi seme, ai jaka be doigon i šajin (4:21a)
또 승직시킨다고 하며, 모든 일을 미리 법도로

šajilame mujilen bahabume banjibuha, jursu hecen sahafi, hecen i
정하여, 마음에 새기며 살아가게 했다. 두 겹의 성을 쌓고서

라에서 유래한 무관직인 총병관, 부장, 참장, 유격, 비어를 폐지하고 관직명을 만주어로 대체하여 amban janggin, meiren i janggin, jalan i janggin, nirui janggin 등으로 바꾸었다.

13) bošokū는 8구사의 하급 군관으로 문서를 관리하고, 식량 관련 서무를 담당한다. 『漢淸文鑑』에는 '영최(領催)'로 되어 있고, 한자로는 '拔什庫'라고 쓴다.

14) tatan은 사냥이나 전쟁 등의 야외 활동에서 숙박을 함께 하는 단위이며, 임시 숙소 자체를 지칭하기도 한다. 하나의 천막 안에서 생활할 수 있는 사람 3~4인으로 구성된다. 동사 tatambi에는 '머무르다'의 의미도 있다.

duka de akdun niyalma be sonjofi, jakūn amban be
성문에는 믿을 만한 사람을 뽑고, 여덟 대인을

tucibufi, aba cooha de gamarakū hecen tuwakiyabume, gašan i
뽑아서, 사냥과 전쟁에 데려가지 않고 성을 지키게 하여, 촌락의

aika jaka be tuwakiyabuha, gurun de jekui alban jafaci,
모든 것을 지키게 하였다. 나라에 곡식으로 공물을 바치면

gurun jobombi seme, emu nirui juwan haha duin
백성이 고생한다 하여 한 니루당 장정 열 명과 소 네 마리를

ihan be siden de tucibufi, sula bade usin taribufi,
공용으로 내어놓게 해서, 노는 땅에 밭을 갈아

jeku ambula bahafi ku gidafi, tere ku i jeku be (4:21b)
곡식을 많이 거두어서 창고를 지었다. 그 창고의 곡식을

ejeme gaijara, salame bure juwan ninggun amban jakūn
기록하며 받고 나누어주는 대인 16명과

baksi be afabuha, gurun i banjire doro de, uksun
박시[15] 여덟 명을 임명했다. 나라가 운영되는 도리는 종실과

geren etuhun niyalma be enggelceburakū, budun yadalinggū emteli
여러 힘 있는 사람을 분에 넘치게 굴지 못하도록 하고, 우둔하고 허약하고 홀로 된

niyalma be bungnaburakū, eiten doro be akdulame ilibufi,
사람을 억압하지 못하게 한다. 온갖 도리를 굳건하게 세워서

tuheke jaka be baha niyalma tukiyefi ejen de bufi,
떨어진 물건은 주운 사람이 주워서 주인에게 주고

15) baksi는 원대 몽골에서 유래한 직위로 '사부(師傅)'를 의미한다. 명대 몽골에서는 읽고 쓰는 데 능한 자를 '박시'라고 불렀으며, Nurhaci는 거병 이후 글을 읽고 쓸 줄 아는 자가 투항하면 박시의 칭호를 내렸으나 문관만을 의미하지는 않는다.

baha jaka be ilan ubu sindafi, ejen juwe ubu,
주운 물건을 세 몫으로 나누어서 주인이 두 몫,

baha niyalma emu ubu icihiyame gaibume, ehe sain (4:22a)
주운 사람이 한 몫을 나누어 갖게 하며, 형편이 좋은 사람이나 나쁜

niyalma gemu necin neigen taifin jirgame banjiha, kooli
사람이나 모두 공평하고 평안하게 즐기며 지냈다. 전례가

akū kooli be ini mujilen i araha.
없는 법률을 자신의 마음으로 만들었다.

⇦ sure genggiyen han i ilibuha eiten hacin i sain doro be, erdeni
수러 경기연 한(汗)이 정한 온갖 종류의 좋은 도리를 Erdeni

baksi ejeme bitheleme gaiha, erdeni baksi kicebe gingguji
박시가[16] 기억하여 기록하여 두었다. Erdeni 박시의 근면함, 신중함,

ejesu sure be amcaci ojorakū, ere bithe be
기억력, 총명함을 따를 수가 없다. 이 책을

mujilen i fukjin arahangge inu mangga.
충심으로 시작한 것도 대단하다.

(4:22b)

⇦ han, ambasai baru hendume, julge ci jihe fucihi enduri bithede,
한(汗)이 대신들에게 말하기를, "옛날부터 내려온 부처 신의 글에

← tumen hacin i gisun gisurehengge, inu damu mujilen tondo
1만 가지 말을 하였는데 역시 오로지 마음이 올곧고

← onco be dele arame gisurehebi, bi gūnici, inu
넓은 것을 최상으로 여겼다. 내 생각건대 역시

16) Erdeni(액이덕니 額爾德尼, ?~1623)는 몽골어와 한어에 능통하고 몽골문과 한문에 밝은 대표적인 만주족 지식인이다. 구추 출신으로 전례(典例)를 기록하고 문서를 관장했다. 1599년 2월에 G'ag'ai 박시와 함께 몽골문자를 변용하여 만주문자를 만들었다. 『朝鮮實錄』〈광해 13년(1621) 9월 10일〉에 彦加里로 기록되어 있다.

← niyalmai banjire de onco tondo mujilen ci dele, jai umai
사람이 살아갈 때 넓고 올곧은 마음보다 높은 것은 또 전혀

← akū kai, ambasa suweni niyaman hūncihin be duleme, gūwa
없다. 대인들은 너희의 친인척을[17] 벗어나 다른

← mujakū niyalma be adarame tukiyere seme ume gūnire, fulehe be
부적당한 사람을 어찌 등용하느냐고 생각하지 말라. 뿌리를

← ume tuwara, mujilen onco tondo be tuwame tukiyeki dere, (4:23a)
보지 말라. 마음이 넓고 올곧은 것을 보아 등용하겠다.

← giran[18] be ume tuwara, erdemu be tuwame amban
출신을 보지 말라. 재능을 보아 대인으로

← araki dere, doro dasara de, emu bade baitalaci ojoro
삼겠다. 정치를 할 때에 한 자리에만 쓸 수 있는

← niyalma aibide bi, doro de aisilaci ojoro niyalma bici,
사람이 어디에 있겠는가. 정치를 도울 수 있는 사람이라면

← dule tere be tukiyeki dere seme henduhe.
실제로 그를 등용하겠다"라고 말했다.

⇦ han, aba tucifi hūsina šuwa gebungge alin be aba sindafi
한(汗)이 몰이사냥 나가서 Hūsina Šuwa라는 산을 사냥 대형을 취하고

genere de, abka nimarafi teni galaka bihe, orho mooi (4:23b)
갈 때 하늘에서 눈이 내리다가 이제 막 개었다. 풀과 나무에 있는

---

17) niyaman은 혼인으로 맺어진 다른 성을 가진 사람, 즉 '인척'을 뜻하고, hūncihin은 혈연관계로 맺어진 같은 성의 사람들, 즉 '친척'을 뜻한다.

18) giran은 일반적으로 '주검, 시신'을 뜻하나, 『大淸全書』(1683), 『滿漢同文全書』(1690)와 같은 초기 만주어 사전들에서는 '시신'이라는 의미 이외에 '骨襯, 骸'와 같은 의미도 함께 제시하고 있다. giranggi(뼈, 혈족)와 일정 정도 의미를 공유하고 있는 듯하다. 여기에서는 '혈족'이라는 의미로 해석한다.

ungkan i nimanggi de etuku usihimbi seme,
눈꽃의 눈에 옷이 젖겠다 하여

⇦ sure kundulen han ilifi, ini etuhe soboro ilhangga suje i
수러 쿤둘런 한(汗)이 멈춰 서서 자신이 입은 황록색 꽃무늬 비단

etuku be wesihun heteme bisire de,
옷을 위로 걷어올리고 있을 때

⇦ han be hanci dahame yabure buyanggū hiya,
한(汗) 가까이에서 수행하는 Buyanggū 히야와

⇦ han de buda ulebure yakamu hendume, ai akū banjimbi, etuku
한(汗)에게 밥을 지어 올리는 Yakamu가 말하기를, "무엇이 부족하게 사시는가, 옷이

usihici usihikini aina, hetefi ainambi, abalaki yabucina seme
젖으면 젖게 두지, 걷어서 무엇 하나. 사냥하러 가시지요"라고 하며

ceni cisui jendu gisurere be, (4:24a)
그들의 생각대로 나직이 말하는 것을

⇦ han donjifi injeme hendume, minde etuku akū seme heterengge waka kai,
한(汗)이 듣고서 웃으며 말하기를, "나에게 옷이 없어서 걷어올린 것이 아니다.

← nimanggi de usihibufi ai bahambi, ere etuku be nimanggi de
눈에 젖게 해서 무엇을 얻겠는가. 이 옷을 눈에

← usihibure anggala, suwende ice uthai buci eheo, usihibufi ehe
젖게 하는 것 대신 너희에게 새것을 바로 주는 것이 나쁜가. 젖게 하고 나쁘게

← obufi buhe de saiyūn, mini hairandarangge, suweni geren i
만들어주면 좋겠느냐. 내가 아끼는 것은 너희 여럿을

← jalin de kai seme henduhe.
위해서다"라고 말했다.

⇦ genggiyen han, fucihi be juktere hūwašan niyalma be hendurengge, fucihi be (4:24b)
경기연 한(汗)이 부처에게 제사 지내는 화상(和尙)에 대해서 말한 것이다. "부처를

← gūnime sargan gaijarakū, niyalmai jetere jeku be jeterakū, sonjome
생각하며 아내를 얻지 않고, 사람들이 먹는 음식을 먹지 않고, 가려서

← komso jeme banjirengge, tere mujilen be ilibume etehengge
조금씩 먹으며 사는 것, 그런 마음을 능히 세울 수 있었던 까닭은

← aibide bi, tere inu hūturi kai, tere hūturi
어디에 있는가? 그것은 바로 복(福) 때문이다. 그 복이라는

← serengge, fucihi be gūnime, ere beyede beyebe jobobume
것은 부처를 생각하며 이 몸을 스스로 수고롭게 하는 데

← akūmbuci, hūturi isifi amaga jalan de sain bade
온 힘을 쏟으면 복이 와서 후세에 좋은 곳에서

← banjiki seme hūturi baimbi kai, emu beyei teile gūnime
태어나고자 하여 복을 구하는 것이다. 한 몸만을 생각하여

← banjire anggala, beise ambasa suwe tušabuha weile be (4:25a)
사는 것보다 버일러들과 대인들 너희가 담당한 일을

← mutebume, fejergi geren irgen i ehe mujilen be waliyabume,
이루고, 아래의 여러 백성의 나쁜 마음을 버리게 하며

← sain gisun be tacibume selgiyefi, geren i mujilen be
좋은 말을 가르쳐 퍼뜨리고 여럿의 마음을

← gemu genggiyen sain obufi,
모두 밝고 좋게 만들어서,

⇦ dergi han, niyalma de aljaburakū seme, tondo sain mujilen be
위의 한(汗)이 사람에게서 떠나지 않게 하겠다 하며 올곧고 좋은 마음을

← jafafi akūmbuci, ne banjire de inu suweni gebu algin
먹고 온 힘을 쏟으면, 현세에 살 때도 너희의 명성이

← amban ombi, amaga jalan de afabuha weile be gemu
커질 것이다. 내세에서 '맡은 일에 모두

← akūmbuha seci, tere inu gung hūturi kai, mini (4:25b)
온 힘을 쏟았다'라고 하면 그것 역시 공(功)과 복이니라. 내가

← gūnime banjirengge,
생각하며 살아가는 것은 다음과 같다.

⇦ abkai afabuha amba gurun i weile be alimbaharakū amtanggai icihiyaki, tondo be
하늘이 맡긴 큰 나라의 일을 매우 즐겁게 처리하고 올바른 것을

← beideki, hūlha holo be nakabume, ehe facuhūn be ilibume
심의하고자 한다. 도적을 물리치고 포악하고 혼란함을 멈출 수 있게

← eteki, yadara joboro niyalma be gemu ujime akūmbuki, uttu
하고자 한다. 가난하고 고통 받는 사람을 모두 돌보는 데 온 힘을 쏟고 싶다. 이렇게

⇦ abkai mujilen de acabume, yadara joboro niyalma be ujime, gurun be
하늘의 뜻에 맞추어 가난하고 고통 받는 사람을 돌보며 나라를

← elhe taifin obume eteci, tere elemangga
능히 평안하게 할 수 있다면 그것은 오히려

⇦ abka de amba gung, beyede amba hūturi dere seme gūnimbikai (4:26a)
하늘에 큰 공(功)이며, 나 자신에게 큰 복일 것이라고 생각하는 것이다"라고

seme henduhe.
말했다.

○ geren acafi gisurere dari,
여럿이 모여 이야기할 때마다

⇦ han ambasai baru hendurengge,
한(汗)이 대인들에게 말하는 것이다.

⇦ abka sindaci han, han sindaci ambasa kai, han i sindaha

"하늘이 임명하면 한(汗)이고, 한(汗)이 임명하면 대인들이다. 한(汗)이 임명한

← ambasa serengge, suwe afabuha amba gebu be gūnime,

대인들이라면 너희는 맡겨진 큰 이름을 생각하여

← han i amba doro de acara sain niyalma be (4:26b)

한(汗)의 큰 도리에 맞는 좋은 사람을

← saci, ume gidara, han niyalma de ai hacin i

알면 숨기지 말라. 한(汗)인 사람에게 어떤 종류의

← baita akū, sain niyalma ambula oci, teisu teisu

일이 없겠는가. 좋은 사람이 많으면 각자

← baita de afabuki dere, ambasa gurun i doro dasara de

일을 맡게 하겠다. 대인들이 나라의 정치를 하고

← geren cooha be kadalara de, amban komso oci,

여러 병사를 관할하는데, 대인의 수가 적으면

← aibide isinambi, dain de baturu oci, gung buki,

어디로 이르겠는가. 전투에서 영웅은 공(功)을 주자.

← gurun i banjire doro de tusa arara tondo sain

나라가 운영되는 도리에 이익이 되는, 올곧고 좋은

← niyalma oci, ton de dosimbufi doro de aisilabuki, (4:27a)[19)]

사람은 정원(定員)에 넣어서 정치에 도움이 되게 하자.

← julgei banjiha sain kooli sara niyalma oci, sara

옛날에 살아온 좋은 전례(典例)를 아는 사람은 알고 있는

← sain kooli be alabume baitalaki, sarin de baitangga niyalma

좋은 전례를 알리게 하여 쓰자. 연회에 쓸모 있는 사람은

---

19) 27a와 27b는 영인본에서는 순서가 바뀌어 있다. 여기에서는 순서를 바로 잡아 번역한다.

← oci, sarin de afabuki, umai erdemu akū ucun
연회를 맡게 하자. 다른 재주가 없이 노래를

← uculere niyalma oci, geren niyalmai isaha sarin de uculebuki,
부르는 사람은 여러 사람이 모인 연회에서 노래를 부르게 하자.

← tuttu oci, tere inu emu baitangga kai seme,
그러면 그도 하나의 쓸모 있는 사람인 것이다"라고 하며

← sain baitangga niyalma be golo goloi buya gašan de
"좋은 쓸모 있는 사람을 각 지역의 작은 촌락에서

← baicacina seme henduhe. (4:27b)
조사하려무나"라고 말했다.

⇦ sure kundulen han ini juse be tacibume hendume, sain tondo
수러 쿤둘런 한(汗)이 자신의 아들들을 가르쳐 말하기를, "좋고 올곧은

← niyalma be tukiyerakū wesiburakūci, sain tondo niyalma aide
사람을 등용하지 않고 승직시키지 않으면 좋고 올곧은 사람이 어찌

← yendembi, ehe niyalma be wasiburakū warakūci, ehe niyalma
분발하겠는가. 나쁜 사람을 좌천시키지 않고 죽이지 않으면 나쁜 사람이

← aide isembi, bahara be ume nemšere, tondo be
어찌 두려워하겠는가. 얻을 것을 다투지 말고 올곧은 것을

← nemše, ulin be ume gūnire, erdemu be gūni,
다투라. 재물을 생각하지 말고 덕을 생각하라.

← abkai fejile banjire amba gurun i doro de, tondo ci (4:28a)
하늘 아래 운영되는 큰 나라의 정치에서 올곧음과

← erdemu ci dele ai bi, mini dolo daci tondo be
덕보다 높은 것이 무엇이 있으리. 나의 마음은 원래부터 올곧음에

← elerakū banjiha, juse suwembe ejekini seme hendurengge ere inu.
만족하지 않고 살아왔다. 아들들 너희가 기억했으면 하는 것이 바로 이것이니라."

⇦ han geli jusei baru hendume, bi nikan, solho, odzy, monggo
한(汗)이 또 아들들에게 말하기를, "나는 명, 조선, 왜, 몽골 등

← yaya amba gurun i han beisei jalan halame sain
모든 큰 나라의 한(汗)과 버일러들이 대를 이어가며 좋은

← mujilen be jafafi, erdemu be dasafi jabšaha kooli,
마음을 먹고 덕을 닦아서 성공한 전례와,

← ehe mujilen be jafafi, ulin be dele, erdemu be
나쁜 마음을 지녀 재물을 위로 하고 덕을

← fejile seme banjifi ufaraha kooli be, eiten doro (4:28b)
아래로 하며 살아서 실패한 전례 등 온갖 정권과

← yoso be, gemu bi donjihabi kai, tuttu donjicibe
도의를 모두 들어왔다. 그렇게 들었어도

← sacibe, geli sain kooli sain gisun be elerakū, geli
알았어도 또 좋은 전례, 좋은 말에 만족하지 않고, 또

← fonjimbi, geli donjiki sembikai, juse suwe, ama minci
물으려 한다. 또 들으려 한다. 아들들 너희가 아비인 나보다

← fulu donjihabio, ambula sahabio, udu donjiha saha seme,
많이 들었느냐. 많이 알고 있느냐. 아무리 듣고 알고 있다 해도

← sain kooli sain gisun be kiceme donjifi ejeme
좋은 전례, 좋은 말을 부지런히 듣고 기억하여

← gaifi, ehe mujilen be waliyame, sain mujilen i beyebe
두고서 나쁜 마음을 버리고 좋은 마음으로 자신을

← dasame banjicina, (4:29a)
다스리며 살아야 한다.

⇦ abkai kesi de banjime bayan elgiyen oci, ulin be
하늘의 은덕으로 태어나 부유하고 넉넉하더라도 재물을

← ume mamgiyara, elgiyen oci, yadara joboro jušen irgen de
낭비하지 말라. 넉넉하면, 가난하고 고통 받는 여진 백성에게

← neigen salame isibume bu, tuttu mergen sain oci,
공평히 나누어주라. 그렇게 지혜롭고 선량하면,

⇦ abkai afabuha gurun be saikan ujici,
하늘이 맡긴 백성을 잘 보살피면

⇦ abka geli saišambi kai, nikan de hūda yabure ambasa de,
하늘도 칭찬할 것이다. 명나라에 장사하러 다니는 대인들에게

← juse suwe hendu, suje udaci, emu suje be
아들들 너희가 말하라. '비단을 사면 비단 한 필이

← sain seme mujakū hūda ambula ume bure, emu (4:29b)
좋다고 터무니없이 값을 많이 주지 말라.

← suje be sain seme hūda ambula bufi, udu
비단 한 필이 좋다고 값을 많이 주면 몇

← niyalma de isinambi, emu niyalma etumbi kai, geren de isimbio,
사람에게나 돌아가겠는가. 한 사람만 입지, 여럿에게 돌아가겠는가.

← geren de isibure be gūnime, malhūn jaka be ambula
여럿에게 돌아가게 할 것을 생각하여 많이 노력하여 물건을

← kiceme gaisu seme hendu seme henduhe.
싸게 사서 가져오라'고 말하라"고 했다.

⇦ sure kundulen han orin sunja se ci, ehe kuren de eljeme
수러 쿤둘런 한(汗)이 25세부터 Ehe Kuren에 맞서서

dain dailara de cooha uksin komso bihe, mujilen sure (4:30a)
전쟁을 할 때 병사와 갑옷이 조금밖에 없었다. 마음이 총명하고

arga ambula, cooha gaifi yabure faksi ofi, dain i
지략이 많고 군사를 인솔하고 다니는 데 능숙하여

bata i niyalma be mujilen bahaburakū, šolo tuciburakū, ba babe
적병이 알아채지 못하게 하고 틈을 내지 못하게 하여, 곳곳을

afaci eteme muteme yabuha,
공격하니 능히 이기며 다녔다.

⇦ sure kundulen han gabtara mangga, joriha babe ufararakū gabtambihe, afara
수러 쿤둘런 한(汗)은 활쏘기를 잘했다. 겨눈 곳을 실패 없이 쏘아 맞혔다. 공격하는

bade emu sirdan gabtafi, jai sirdan solbire šolo de
곳에 화살 한 발을 쏘고, 또 화살을 먹이는 틈에

emu mujilen bahame, loho jafafi emgeri sacifi, jai
한편으로는 알아채어 환도(環刀)를 잡아서 한 차례 베고, 또

loho i dargiyandara šolo de geli emu mujilen bahame, (4:30b)
환도를 빼어드는 틈에 다른 한편으로는 알아채어,

bata be jabduburakū gabtame sacime tuhebumbihe,
적에게 틈을 주지 않고 쏘며 베며 쓰러뜨렸다.

⇦ abka dame tuttu bihe dere, yaya dain cooha yabure de, juwe
하늘이 도와 그랬을 것이다. 무릇 전쟁에 출병할 때 두

dain i karun tucifi yabure de, inu
진영의 초병이 나가 다닐 때에도

⇦ sure kundulen han i karun i niyalma neneme sabumbihe, juwe karun acafi
수러 쿤둘런 한(汗)의 초병이 먼저 알았다. 두 초병이 맞닥뜨리고

afanuci, inu
서로 공격할 때에도

⇦ sure kundulen han i niyalma etembihe, juwe amba cooha acafi afara de,
수러 쿤둘런 한(汗)의 군사가 이겼다. 두 대군이 맞닥뜨려 공격할 때

dain i niyalmai gabtaha sirdan, saciha loho, tokoho gida be (4:31a)
적병이 쏜 화살, 휘두른 환도, 내지른 창을

⇦ abkai enduri jailabume dalime tuttu oihori dambihe dere,
하늘의 신이 피하게 하고 막으면서 그렇게 가볍게 하며 도와주었으리라.

⇦ sure kundulen han i coohai niyalmai gabtaha sirdan, tokoho gida de
수러 쿤둘런 한(汗)의 병사가 쏜 화살, 내지른 창에

fondo darangge, saciha loho de lasha darangge,
관통된 것, 휘두른 환도에 잘린 것은

⇦ abka dafi enduri tokombihe aise, tutala aniya dain dailame afanuci,
하늘이 돕고 신이 내지른 것 아니겠는가. 그토록 여러 해를 전쟁하면서 서로 공격해도

⇦ sure kundulen han i mujilen de ambula gosime gūnire sain niyalma,
수러 쿤둘런 한(汗)의 마음에 매우 아끼는 좋은 사람이

dain de emke hono bucehekū, nikan ci wesihun, šun
전쟁에서 한 명도 죽지 않았다. 명에서 동쪽으로 해

dekdere baru, mederi dalin de isitala, solho ci amasi, (4:31b)
뜨는 쪽 바닷가에 이르도록, 조선에서 북쪽,

monggo ci julesi, jušen gurun i ba ba i cooha be
몽골에서 남쪽, 여진국의 곳곳의 군사를

tala de acaci, acaha bata be ishun iliburakū gidafi
벌판에서 맞닥뜨리면, 맞닥뜨린 적을 맞서지 못하게 제압하여

wame, hecen ci tucici, tucike bata ba iliburakū gidafi,
죽였다. 성에서 나오면 나온 적이 진을 치지 못하게 제압하고

hecen de hono dosime jabduburakū, hecen hecen be
성에 들어갈 틈도 없게 하며, 각 성을

afaci, emu erin be hono dulemburakū, afaha erinde uthai
공격할 때, 한 시진(時辰)도 넘기지 않으며 공격하면 곧

goidarakū efuleme bahambihe, utala ba ba i hecen be afame
지체 없이 무너뜨려 획득했다. 이토록 곳곳의 성을 공격하며

efulefi etehe seme, utala dain gurun be dailafi, (4:32a)
무너뜨려 이겼다 해도, 이토록 적국을 정벌하여

dahabuha seme emgeri ehe cokto gisun be gisurehekū,
항복시켰다 해도 단 한 번 나쁘고 교만한 말을 하지 않았고,

emgeri den mujilen be jafahakū, elemangga ajige mujilen be
단 한 번 오만한 마음을 먹지 않았고 도리어 겸허한 마음을

jafafi banjiha, ulhirakū mentuhun niyalma, etehe baha seme
지니고 살았다. 깨치지 못하고 미련한 사람이 '이기고 얻었다' 하며

ehe cokto gisun be gisurerahū seme, geren de hūlafi
나쁘고 교만한 말을 할까 염려하여 여럿에게 포고해서

ejebume tacibume hendumbihe,
기억하도록 가르쳐 말해왔다.

⇦ abka gosiha seme emgeri amba mujilen be jafahakū, doro be
하늘이 어여삐 여긴다 하여 한 번도 교만한 마음을 가지지 않았고 도리를

alimbaharakū hairame, ajige mujilen i olhome geleme banjiha, (4:32b)
몹시 아껴 겸허한 마음으로 경외하고 두려워하며 살았다.

⇦ sure kundulen han, ajigan ci yadame jobome banjire fon ci, mujilen
수러 쿤둘런 한(汗)은 어려서부터, 가난하고 고생하면서 살 때부터 마음이

tondo gisun komso, ambula gisurerakū bihe, uksun i niyalmai
올곧고 말수가 적고 많이 말하지 않았는데, 종실 사람이

becunure afanure be tafulara mangga, tafulafi gisun be
서로 다투고 공격하는 것을 말리는 데 능했다. 말렸는데도 말을

daharakū, ini beyede hūsun bi seme etuhulere niyalma be
듣지 않고 자신에게 힘이 있다 하며 힘자랑 하는 사람은

wakalame, weile be ujen arambihe, weile udu waka
꾸짖어서 죄를 무겁게 했다. 죄가 비록 나쁘다고

bicibe, ini beyei waka be alime gaijara gisun
할지라도 자신의 잘못을 받아들이는, 말이

dahasu niyalma be saišame, ujen weile be weihuken (4:33a)
온순한 사람을 기특하게 여겨 무거운 죄를 경감하여

obufi oihori wajimbihe, sain sabuha niyalma be bata
가볍게 처분하였다. 장점을 보인 사람은 적이나

kimun seme gūnirakū gung arafi wesibumbihe, weile araha
원수라도 배제하지 않고 공(功)을 인정하여 등용했다. 죄 지은

niyalma be niyaman hūncihin seme gūnirakū wambihe, tuttu
사람은 친인척이라고 해도 고려하지 않고 죽였다. 그렇게

daci tondo sain ofi, uksun i amjita eshete ahūta
원래 곧고 선하였으므로, 종실의 백부들, 숙부들, 형들,

deote ai weile be, gemu
동생들이 무슨 일이든 모두

⇦ sure kundulen han de anafi wacihiyabumbihe, daci dain dailara de
수러 쿤둘런 한(汗)에게 넘겨 마치게 했다. 원래 전쟁할 때

baha olji ambula ohode, neigen dendembihe, olji komso (4:33b)
얻은 노획물이 많으면 공평히 나누었다. 노획물이 적으면

ohode, tanggū honin be tanggū niyalma jeci isirakū
'양 100마리를 100명이 먹으면 충분하지 않다

sere, emu honin be emu niyalma jeci wajirakū
하고 양 한 마리를 한 사람이 먹어도 다 못 먹는다고

sere, erebe geren dendeci wede isimbi seme, emu
한다. 이를 여럿이 나누면 누구에게 미치겠는가' 하며 '한 명의

akū niyalma de buki seme, emu niyalma de elebume
없는 사람에게 주자' 하고 한 사람에게 충분하게

bumbihe, mujilen tondo beisei juleri ejini[20] emu kemuni
주었다. 마음이 올곧은, 버일러들의 앞에서나 뒤에서나 하나의 기준으로

fafulara kadalara hendure sain niyalma be, emu inenggi
단속하고 관리하며 말하는, 좋은 사람을 하루

tule uthai bayambufi wesibumbihe, daci baiha niyalma de burakū (4:34a)
뒤에 곧 부자가 되게 하여 승직시켰다. 원래 구하는 사람에게는 주지

bihe, baiha baiha de buci, mini ai funcembi,
않았다. '구할 때마다 주면 나에게 무엇이 남겠는가.

bairakū niyalma de umai burakū oci, tere jai aibide
구하지 않는 사람에게 전혀 주지 않으면 그는 또 어디에서

bahambi seme, akū yadara niyalma be, ini mujilen i
얻겠는가' 하여, 없고 가난한 사람을 자신의 마음으로

baicame fonjime bumbihe, buhe jaka be ajigen komso
조사하고 물어보아서 주었다. '준 물건이 작고 적다

bicibe, urgunjeme gaiha niyalma de, jai geli nememe
할지라도 기뻐하며 받는 사람에게는 또 다시 더 많이

bumbi, buhe jaka be elerakū hihalarakū niyalma de, buhe
준다. 준 물건에 만족하지 않고 마음에 들어하지 않는 사람에게는, 준

jaka be hihalarakūci tetendere, buhe seme ai tusa seme (4:34b)
물건을 마음에 들어하지 않으니, 그렇다면 주었다 해도 무슨 소용이 있는가' 하고

20) 사전에 나오지 않는 단어이다. 문맥상 '뒤에서'로 해석한다. 최동권(2007)은『滿文原檔』의 이 단어를 ecine (背地:『大淸全書』에만 나옴)로 전사했다.

hendume amasi gaimbihe.
말하며 돌려받았다.

⇦ sure kundulen han, inenggidari emu inenggi juwe ilan jergi amgambi
수러 쿤둘런 한(汗)이 날마다 하루에 두세 번 잔다고

seme dedumbihe, tere amgara be, sarkū niyalma amgambi
하며 누웠다. 그 잠자는 것을, 모르는 사람은 잠잔다

sembidere, amgarangge waka, ya sain gucu, beye de
라고 생각하겠지만 잠자는 것이 아니다. '어느 좋은 구추가 자신에

teisuleme bayakabi, ya sain gucu, geli hūsun bure
합당하게 부자가 되었는가. 또 어느 좋은 구추는 힘을 많이

ambula bime, boo yadame jobombi ayoo, yaka niyalma (4:35a)
보탰는데도, 집이 가난하여 고생하지는 않을까. 어느 사람이

gaiha sargan de banjici acarakū, halame gaici baharakū
결혼한 아내와 살아도 맞지 않고, 바꾸어 맞이하지도 못하고

suilambi ayoo, yaka niyalma sargan bucefi gaici baharakū
고생하지는 않을까. 어느 사람이 아내가 죽고 맞이하지 못하여

jobombi ayoo, takūrara aha, tarire ihan, yalure morin,
고생하지는 않을까. 부리는 노복, 밭가는 소, 타는 말,

eture etuku, jetere jeku neigen yooni bisire niyalma
입는 옷, 먹는 곡식이 골고루, 모두 있는 사람이

udu bi, yadara joboro niyalma ambula bidere seme
얼마나 있는가. 가난하고 고통 받는 사람이 많을 것이다'라고

gūnime seoleme dedufi, iliha manggi, tere niyalma de
궁리하며 누웠다가 일어나서 '그 사람에게

sargan bu, tere niyalma de aha bu, tere niyalma de (4:35b)
아내를 주어라, 그 사람에게 노복을 주어라, 그 사람에게

morin bu, tere niyalma de ihan bu, tere niyalma de
말을 주어라, 그 사람에게 소를 주어라, 그 사람에게

etuku bu, tere niyalma de jeku bu seme, ini
옷을 주어라, 그 사람에게 곡식을 주어라'고 하며 자신의

mujilen i baicame bumbihe.
마음으로 조사하며 주었다.

⇦ han hendume, niyalma gemu urui sain erdemungge niyalma udu bi,
한(汗)이 말하기를, "모두 항상 좋은 재능이 있는 사람이 얼마나 있겠는가.

← emu niyalmai beye emu jaka be bahanaci, emu jaka be
한 사람의 몸이 하나의 일을 할 줄 알면 다른 일을

← bahanarakū, emu bade sain oci, emu bade ehe, (4:36a)
모르고, 한 곳에서 좋으면 다른 곳에서 나쁘다.

← dain de baturu niyalma, gašan de banjire de baitakū
전장에서 용맹한 사람이 마을에 살 때는 쓸모없고

← moco, gašan de banjire de, sarin de takūrabure baitangga
우둔하다. 마을에 살 때는 연회에 부려 쓸 수 있는

← niyalma, dain de baitakūngge geli bikai seme, niyalmai
사람이 전장에서는 쓸모없는 경우가 또한 있다"라고 하며 사람의

boco be tuwame teisungge weile de afabuha.
특색을 보아 맞는 일을 맡겼다.

제2함

태조황제 천명(天命) 원년(1616) 정월부터 천명(天命) 4년(1619) 12월까지

jai dobton,
taidzu hūwangdi i abkai fulingga i sucungga aniya aniya biyaci, abkai fulingga i duici aniya jorgon biyade isinahabi.

제5권 천명(天命) 원년(1616)~2년(1617)
제6권 천명(天命) 3년(1618) 1월~윤4월
제7권 천명(天命) 3년(1618) 5월~12월
제8권 천명(天命) 4년(1619) 1월~3월
제9권 천명(天命) 4년(1619) 3월~5월
제10권 천명(天命) 4년(1619) 5월~6월
제11권 천명(天命) 4년(1619) 7월
제12권 천명(天命) 4년(1619) 8월
제13권 천명(天命) 4년(1619) 8월~12월

제5권 천명(天命) 원년(1616)부터 2년(1617)까지

sunjaci debtelin,
abkai fulingga i sucungga
aniya ci jai aniya de
isinahabi.

tongki fuka sindaha hergen i dangse. (5:1a)
유권점 당안

○ fulgiyan muduri aniya,
병진년(丙辰年, 1616)에

⇦ sure kundulen han i susai jakūn se de, aniya biyai ice de
수러 쿤둘런 한(汗)이 58세인 해에 정월 초하루

bonio inenggi, gurun i beise ambasa, geren gemu acafi
신일(申日)에 나라의 버일러들과 대인들 여럿이 모두 모여서

gisureme, musei gurun
말하기를 "우리나라가

⇦ han akū banjime joboho ambula ofi,
한(汗) 없이 살며 고난이 크게 되어

⇦ abka musei gurun be jirgabukini seme banjibuhabi dere,
하늘이 우리 백성을 안락하게 지내게 하고자 하여 한(汗)을 태어나게 하였을 것이다.

⇦ abkai banjibuha yadara joboro gurun be gosire mergen ujire faksi (5:1b)
하늘이 낳은, 가난하고 고통 받는 백성을 가엾게 여기는 현자이자 보살피는 장인(匠人)인

⇦ han de, amba gebu hūlaki seme geren hebdeme gisureme toktobufi,
한(汗)을 큰 이름으로 부르자"라고 여럿이 상의하여 말하며 정했다.

jakūn gūsai beise ambasa, geren be gaifi duin
그리고 8구사의 버일러들과 대인들이 여럿을 이끌고

dere duin hošo arame jakūn bade ilifi, jakūn
사면과 사방을 정해 여덟 곳에 서서, 8구사에서

gūsaci jakūn amban bithe jafafi, geren ci tucifi juleri
여덟 대인이 글을 가지고 여럿으로부터 나와서 앞에

niyakūraha manggi, jakūn gūsai beise ambasa, geren be
꿇어앉고, 8구사의 버일러들과 대인들이 여럿을

gaifi amala niyakūraha,
이끌고 뒤에 꿇어앉았다.

⇦ han i ici ergide iliha adun hiya, hashū ergide iliha erdeni (5:2a)
한(汗)의 오른편에 서 있던 Adun 히야와[1] 왼편에 서 있던 Erdeni

baksi, emte ergici okdome genefi, jakūn amban i jafafi
박시가 한 쪽씩으로부터 맞으러 가서 여덟 대인이

niyakūraha bithe be alime gaifi,
꿇어앉아 잡고 있는 글을 받아서

⇦ han i juleri tukiyehe, dere i dele sindafi, erdeni baksi,
한(汗)의 앞에 올렸다. 탁자 위에 놓고 Erdeni 박시가

⇦ han i hashū ergide juleri ilifi,
한(汗)의 왼쪽 앞에 서서

⇦ abka geren gurun be ujikini seme sindaha
"하늘이 여러 나라를 보살피라고 임명하신

---

1) Adun(아돈 阿敦)은 Nurhaci의 종제(從弟)이다. 『朝鮮實錄』〈광해 13년(1621) 9월 10일〉에 阿斗로 기록되어 있다.

⇦ genggiyen han seme gebu hūlaha, niyakūraha beise ambasa geren gemu
경기연 한(汗)"이라고 이름을 외쳤다.[2] 꿇어앉아 있던 버일러들 대인들 여럿이 모두

iliha, tereci tuttu geren ba iliha manggi, (5:2b)
일어섰다. 그러고 나서 그렇게 여럿이 자리에서 일어선 후

⇦ han tehe soorin ci ilifi yamun ci tucifi,
한(汗)이 앉아 있던 보좌로부터 일어서서 아문(衙門)에서 나와서

⇦ abka de ilanggeri hengkilehe, hengkilefi amasi bederefi soorin de
하늘에 세 차례 절했다. 절한 후에 돌아와서 보좌에

tehe manggi, jakūn gūsai beise ambasa ilhi ilhi se
앉은 후 8구사의 버일러들 대인들이 차례차례 "새해를

baha seme
맞았습니다"라고 하며

⇦ han de ilata jergi hengkilehe, tere aniya, suje jodoro subeliyen
한(汗)에게 세 차례씩 절했다. 그해에 비단 짜는 실을

bahara umiyaha ujime deribuhe, boso jodoro kubun tarime
얻을 누에를 기르기 시작하였고 무명을 짤 목화를 심도록

gurun de selgiyehe. (5:3a)
백성에게 포고했다.

○ aniya biyade, hūrha gurun i bojiri de
정월에 Hūrha국의 Bojiri에게

⇦ han hendume, šun dekdere ergi mederi hanciki, meni dailafi gajiha
한(汗)이 말하기를 "해 뜨는 쪽 바닷가 인근의, 우리가 전쟁하여 얻은

---

2) 『滿洲實錄』(4권, 天命 원년(1616) 1월)에는 aniyai gebu be abkai fulingga sehe(연호를 천명(天命)이라고 했다)라는 내용이 추가되어 있다.

← gurun i eden funcehe tutaha gurun, sini gisun be
나라의 남아 있는 백성이 너의 말을

← dahaci, sini gašan de bargiya, sini gisun be daharakūci,
따르면 너의 마을에 거두어 보살피라. 너의 말을 따르지 않으면

← si sucufi olji ara seme henduhe, tere bojiri
습격하여 포로로 만들라"고 말했다. 그 Bojiri라는

gebungge hojihon i emgi seke udame gūsin niyalma unggihe (5:3b)
사위와 함께 담비 털가죽을 사도록 30명을 보냈었다.

bihe, terei amala juwe biyade, hūrha gurun ci dahame
그 후 2월에 Hūrha국으로부터 투항하여

jihe ambasa,
온 대인들이

⇦ han de niyakūrafi habšame, meni tubade tutaha ahūta deote be
한(汗)에게 꿇고서 탄원하기를 "그곳에 남아 있는 우리의 형제들이

bojiri inde daharakū ohode wambikai, be genefi meni
Bojiri에게 항복하지 않으면 죽일 것입니다. 우리가 가서 각자의

meni ahūta deote be gajiki, jiderakūci, ceni ehe de
형제들을 데리고 오겠습니다. 오지 않으면 그들의 잘못으로

bucekini seme baiha manggi,
죽어도 좋습니다"라고 청하자

⇦ han dehi niyalma be unggihe. (5:4a)
한(汗)이 40명을 보냈다.

○ sunja biyade, hibsu i aga agaha, hecemu golo be
5월에 꿀비가 내렸다. Hecemu로(路)를

tucime, juwan jakūn dabagan be abalafi, jaka i golo be
나와서 Juwan Jakūn Dabagan에서 사냥하고 Jaka로(路)를

dosime jidere de, emke emken tob tab seme
들어가려 할 때에 한 방울 한 방울 후두둑하며

agaha manggi, mangga moo i abdaha de aiha i adali
비가 왔다. 그 후 참나무 잎에 유리같이

filtahūn bisire be safi, ileci jancuhūn uthai hibsu,
투명하게 있는 것을 보고 핥아보니 달았다. 즉 꿀이었다.

⇦ han ileme tuwafi, ere sain ningge, beise ambasa gemu ile (5:4b)
한(汗)이 핥아보고 "이것은 좋은 것이다. 버일러들 대신들 모두 핥아보라"고

seme ilebuhe.
하며 핥게 하였다.

○ ninggun biyade, jase jakai nikan gemu tucifi jušen i
6월에 국경 주변의 한인이 모두 나와서 여진

babe nungnembi seme donjifi,
땅을 침범한다는 것을 듣고서

⇦ han hendume, aniyadari jase tucifi, menggun feteme, orhoda gurume,
한(汗)이 말하기를 "해마다 국경을 나와서 은을 파며, 인삼을 캐며

← moo sacime, hūri, megu, sanca baime nungnehe ambula
나무를 베며, 잣, 버섯, 목이를 구하러 침범한 것이 수없이

← oho, enteke facuhūn be nakakini seme wehei bithe (5:5a)
많다. 이러한 어지러움을 중지시키고자 석비를

← ilibume, šanggiyan morin be wame gashūha bihe, tuttu
세우고 백마를 잡아 맹세를 했었다. 그렇게

← gashūha gisun be aifufi, aniyadari jing uttu han i
맹세한 말을 식언하고 해마다 항상 이렇게 황제의

← jase be hūlhame tucici, muse waha seme weile akū kai
경계를 넘어 훔치러 나오면 우리가 죽였다 해도 죄가 없다"라고

seme hendufi, darhan hiya be unggifi, jase tucike
말하고 Darhan 히야를 보내어서 경계를 넘는

nikan be ucaraha ucaraha bade susai funceme wahabi,
한인을 맞닥뜨린 곳마다 50명이 넘게 죽였다.

tereci guwangning de ice du tang jihe seme,
그 후에 광녕(廣寧)에 새 도당(都堂)이 왔다 하여

acame unggihe gangguri, fanggina gebungge juwe niyalma, jai (5:5b)
만나러 보냈던 Gangguri, Fanggina라는 두 사람과 또

uyun niyalma be jafafi sele futa hūwaitafi hendume,
아홉 명을 잡아서 쇠사슬로 묶어두고 말하기를

meni niyalma jase tucici, suwe jafafi benjicina, ainu
"우리 쪽 사람이 경계를 넘으면, 너희가 잡아서 데려와야지, 어찌

waha seme jala takūrame gisureci,
죽였느냐"라고 중개인을 보내어 말하니

⇦ genggiyen han hendume, wehei bithede, han i jase tucike niyalma be
경기연 한(汗)이 말하기를, "석비에 황제의 경계를 넘은 사람을

← safi warakūci, warakū niyalma de sui isikini seme gashūha
알고 죽이지 않으면 죽이지 않은 사람에게 죄업이 미치게 하리라 맹세했었다.

← bihe kai, tere gisun be ainu daburakū, uttu durime
그 말을 어찌 고려하지 않고 이렇게 강압적으로

← gisurembi seci, nikan ojorakū, suweni ujulafi jihe darhan (5:6a)
말하느냐"라고 해도 한인이 듣지 않고, "너희의 우두머리로 왔던 Darhan

hiya be gaji, bi wambi, tuttu akūci, ere
히야를 데려오라. 내가 죽이겠다. 그렇지 않으면 이

weile badarambi seme jing šerime gisurere de,
일이 더 커진다"라고 하며 계속 위협하며 말할 때

⇦ genggiyen han marame jabuci, ojorakū, nikan hendume, ere weile be
경기연 한(汗)이 거절하였으나 소용없었다. 한인이 말하기를 "이 일을

dele donjifi gidaci ojorakū kai, sinde weilengge niyalma
황제가 들어서 숨길 수가 없다. 너에게 죄를 지은 사람이면

ai joboro, tere be meni jasei jakade gajifi niyalma de
무엇을 고민하겠는가. 그를 우리의 경계 부근에 데리고 와서 사람에게

tuwabume wa, ere weile wajiki dere seme gisurehe manggi,
보여주며 죽이라. 이 일이 종료될 것이다"라고 하며 말하자,

⇦ genggiyen han ini takūraha juwan emu niyalma be bahaki seme (5:6b)
경기연 한(汗)이 자신이 보냈던 사람 11명을 얻고자

gūnifi, yehe de hūlhame genefi, bahafi gajifi loo[3] de
생각하여 Yehe에 노략질하러 갔다가 잡아서 끌고와서 옥(獄)에

horiha juwan niyalma be jase de gamafi waha manggi,
감금하고 있던 열 사람을 경계에 데려가서 죽이자

nikan i jafaha juwan emu niyalma be sindafi unggihe.
명나라가 잡았던 열한 사람을 놓아보냈다.

○ hūrha gurun i bojiri de, sahaliyan ulai sahaliyan gurun,
Hūrha국의 Bojiri에게, Sahaliyan강의[4] Sahaliyan국과

---

3) loo는 한어 牢를 음차한 단어이다.
4) sahaliyan ula는 '검은 강'이라는 뜻이다. 오늘의 흑룡강, 즉 아무르강이다.

hūrha gurun gemu hebe acafi gisureme, muse de jihe
Hūrha국이 모두 상의하여 말하기를 "우리에게 온

ere hūdai gūsin niyalma be, ahūta deote be gajime (5:7a)
이 장사꾼 30명과 형제를 데리러

jihe dehi niyalma be gemu wafi, muse ubašafi dainnuki
온 40명을 모두 죽이고 우리가 모반하여 싸우자"라고

seme hebdefi, tere nadanju niyalma be sunja biyade
모의하고 그 70명을 5월에

waha, tere wara de uyun niyalma tucifi waha
죽였다. 그들을 죽일 때 아홉 명이 탈출하여, 죽였다는

medege be ninggun biyai orin jakūn de donjiha,
소식을 6월 28일에 들었다.

⇦ amba genggiyen han tede korofi, cooha unggi seme gisureci, beise
위대한 경기연 한(汗)이 그것에 분개하여 병사를 보내라고 명령하니 버일러들과

ambasa geren gemu tafulame hendume, juwari geli amba
대인들이 여럿 모두 간하여 말하기를 "여름에 또 큰

cooha muke cifahan de adarame yabumbi, juhe jafakini, (5:7b)
군사가 물과 진흙길에 어찌 가겠습니까. 얼음이 어는 것이 좋겠습니다.

tuweri genefi gaiki seme gisureci,
겨울에 가서 취합시다"라고 말하니

⇦ han i hendurengge, ere juwari generakū ohode, bolori jeku be gemu
한(汗)이 말하기를 "이번 여름에 가지 않게 되면 가을에 곡식을 모두

← mujakū bade somime umbumbi, ceni beye gemu gašan
곳곳에 숨겨서 묻어버린다. 그들 스스로 모두 촌락을

← waliyafi, yendahūn takūrara gurun de genembi, musei cooha genefi
버리고 Yendahūn Takūrara국에[5] 갈 것이다. 우리 군사가 갔다가

← jihe amari, tere gurun ini bade jifi, ini
돌아온 후에 그 백성들이 자기 지역에 와서 자신들이

← somiha jeku be gaifi jembi, tuttu ohode, tere
숨겨놓은 곡식을 꺼내어 먹을 것이다. 그렇게 되면 그

← gurun geli emu aniya juwe aniya ombi, ere (5:8a)
나라가 또 1년 2년이 된다. 이번

← juwari cooha genehede, ceni beye jailame jabdurakū, jeku be
여름에 군사가 가면, 그들이 피할 겨를이 없고 곡식을

← somime jabdurakū, ere erinde amba cooha yabuci ojorakū
숨길 겨를이 없다. 이런 시기에 큰 군사가 올 수가 없다고

← seme ce sartafi tehebi, te genehede gemu bahambi,
하며 그들이 안심하고 있다. 지금 가면 모든 것을 얻을 것이다.

← ajige ajige tucici, jeku be gemu muse bahambi, tere
조금씩 조금씩 탈출하더라도 곡식은 모두 우리가 얻을 것이다. 그

← tucike niyalma jai ai jembi, tuttu ohode, tere gurun
탈출해 나간 사람이 또 무엇을 먹겠는가. 그렇게 되면 그 나라가

← efujembi kai seme, emhun marame gisurefi, nadan biyai ice de,
무너질 것이다"라고 홀로 우겨 말하고서 7월 초하루에

← emu nirui ninggute mangga morin be sonjofi, emu minggan (5:8b)
"한 니루당 여섯 마리씩 굳센 말을 골라서 1000마리를

← morin be usin i jeku de sindafi tarhūbu seme hūlaha,
밭의 곡식에 풀어놓아 살찌게 하라"고 포고했다.

ineku nadan biyai ice uyun de,
같은 7월 초아흐레에

---

5) Indahūn Takūrara국, 즉 역사서에 나오는 사견국(使犬國)의 이표기이다. 만주어 문어에서 '개'는 indahūn이다. yendahūn이라는 표기는 『滿文老檔』에서만 나온다.

← weihu sacire emu nirui ilata niyalma be unggi, ninggun
"한 니루당 세 명씩 통나무배를 깎을 사람을 보내라.

← tanggū niyalma, ulgiyan birai sekiyen i weji de genefi, juwe
600명이 Ulgiyan강 상류의 숲에 가서

← tanggū weihu arabu seme hūlaha, nadan biyai juwan uyun de,
통나무배 200척을 만들게 하라"고 포고했다. 7월 19일에

← juwe minggan cooha be, darhan hiya, šongkoro baturu gaifi genefi,
"병사 2000명을 Darhan 히야와 Šongkoro 바투루가 인솔하여 가서

← ulgiyan bira de isinaha manggi, juwe tanggū weihu de (5:9a)
Ulgiyan강에 도착한 후, 통나무배 200척에

← emu minggan duin tanggū cooha be tebufi muke be
1400명의 병사를 태워서 수로로

← gene, ninggun tanggū morin i cooha be olhon be gene seme
가고, 기병 600명은 육로로 가라"고

hendufi unggihe, nadan biyai juwan uyun de cooha
말하여 보냈다. 7월 19일에 군사가

jurafi, jakūci inenggi weihu saciha bade isinafi, darhan
출발하여 8일째에 통나무배 깎은 곳에 도착하여 Darhan

hiya, šongkoro baturu geren cooha be gaifi, weihu de
히야와 Šongkoro 바투루가 여러 군사를 데리고 통나무배에

tefi ula i bira be genehe, morin i cooha be
타고 강의 지류로 갔다. 기병은

olhon be genehe, juwan jakūci inenggi, muke be, olhon be (5:9b)
육로로 갔다. 18일째에 수로와 육로로

genehe cooha acaha, acafi juwe inenggi juwe dobori
간 군사들이 만났다. 만나서 이틀 낮, 이틀 밤을

genefi, jakūn biyai juwan uyun de isinafi, sucufi
가서 8월 19일에 도착해서 습격하여

mokcon gebungge amban i tehe birai amargi dalin i juwan
Mokcon이라는 대인이 거주하는 강의 북쪽 강변에 있는

ninggun gašan be gemu gaiha, bojiri gebungge amban i
16촌락을 모두 취했다. Bojiri라는 대인이

tehe birai julergi dalin i juwan emu gašan be
거주하는 강의 남쪽 강변의 열한 촌락을

gemu gaiha, sahaliyan ulai julergi dalin i sahaliyan gurun i
모두 취했다. Sahaliyan강의 남쪽 강변의 Sahaliyan국의

uyun gašan be gaiha, uhereme gūsin ninggun gašan be (5:10a)
아홉 촌락을 취했다. 모두 합하여 36촌락을

gaifi, amba ula i birai julergi dalin i fodorogon gebungge
취하고 큰 강 지류의 남쪽 강변의 Fodorogon이라는

gašan de coohai ing hadafi tataha, gašan ci
촌락에 군영을 세우고 머물렀다. 촌락에서

burulame tucifi, ula i birai amba tun i burga de
패주하여 도망가서 강 지류의 큰 섬의 버드나무 쪽으로

dosika niyalma be safi, juwe jergi tuwa sindame
들어가는 사람을 발견하여 두 번 불을 질러

gemu gaiha, bojiri beye cooha genere onggolo, boigon
모두 잡았다. Bojiri 자신은 병사가 가기 전에 가호를

gurimbi seme yendahūn takūrara gurun de jaha ganame
옮기겠다 하며 Yendahūn Takūrara국에 나룻배를 가지고

genefi tucike, julge sahaliyan ula, omšon biyai (5:10b)
가서 탈출했다. 이전에 Sahaliyan강은 11월

tofohon de orin de amala juhe jafambihe, sunggari
15일이나 20일 이후에 얼음이 얼었다. Sunggari강은

ula, omšon biyai juwan de tofohon de sunja
11월 10일에나 닷새 후인 15일에

inenggi amala juhe jafambihe,
얼음이 얼었다.

⇦ amba genggiyen han i cooha genehe aniya, juwan biyai icereme
위대한 경기연 한(汗)의 병사가 간 해에는 10월이 시작되면서

juhe jafara jakade,
얼음이 얼었으므로

⇦ han i cooha ice sunja de sahaliyan ula be doome, dergi
한(汗)의 병사가 초닷새에 Sahaliyan강을 건너며 동쪽

wargi be tuwaci, gemu juhe jafahakūbi, genere gašan i (5:11a)
서쪽을 보니 모두 얼음이 얼지 않았다. 가려는 촌락을

teisu kiyoo caha gese hetu lasha juwe ba i
향하여 다리를 놓은 것같이 가로질러 2리(里)

dube juhe jafaha babe doofi cooha sucuci, sahaliyan i
끝까지 얼음이 언 곳을 건너서 군사가 습격하니 Sahaliyan로(路)

goloi juwe gašan i niyalma, boo waliyafi bigan de
두 마을의 사람이 집을 버리고 들로

jailafi guwehe, ula i birai juhe jafara erin unde
피난했다. 강 지류의 얼음 어는 때가 아니라고

seme, akdafi tefi bihe sahaliyan i juwan emu
하며 믿고서 살고 있던 Sahaliyan의 열한

gašan be gemu gaifi amasi dooci, geneme dooha
촌락을 모두 취하고 되돌아서 건너려 하니 가면서 건넌

juhe efujefi, terei wargi jaka geli geneme dooha (5:11b)
얼음이 무너지고 그 서쪽 부근이 또한 가면서 건넜던 것처럼

gese juhe jafahabi, tubabe amasi doofi bedereme jihe,
얼음이 얼어 있었다. 그곳을 되돌아 건너서 돌아왔다.

dooha manggi, juhe sindafi ini jafara erinde jafaha,
건넌 후에 얼음이 녹아서 그 어는 시기에 얼었다.

tereci yendahūn takūrara gurun, nooro gurun, sirahin gurun,
그 후 Yendahūn Takūrara국, Nooro국, Sirahin국

ilan gurun be dahabufi, dehi amban be gajime,
세 나라를 항복시키고 대인 40명을 데리고

omšon biyai ice nadan de
11월 초이레에

⇦ han i hecen de isinjiha, hūrha gurun,
한(汗)의 성에 도달했다. Hūrha국이

⇦ amba genggiyen han de dahafi, sekei alban benjime hengkileme yabumbihe, (5:12a)
위대한 경기연 한(汗)에게 항복하여 담비 털가죽 공물을 보내며 절하러 다녔었다.

tuttu dahafi goro baci alban benjime yabure be,
그렇게 항복해서 먼 곳으로부터 공물을 보내온 것을

⇦ amba genggiyen han saišafi, hūrha gurun i gašan gašan i ejete de
위대한 경기연 한(汗)이 칭찬하여 Hūrha국의 각 마을의 우두머리에게

sargan jui bufi, hojihon obufi tukiyere jakade,
딸을 주고 사위가 되게 하여 등용했으나

mujilen gūwaliyafi,
마음이 변하여

⇦ amba genggiyen han i hūda unggihe niyalma be wafi ubašara jakade,
위대한 경기연 한(汗)이 장사하러 보낸 사람을 죽이고 모반한 까닭에

⇦ amba genggiyen han tede korofi cooha unggihe, unggihe cooha jurafi
위대한 경기연 한(汗)이 그것에 분개하여 병사를 보냈다. 보낸 병사가 출발하여

genehe bojiri gašan be, bojiri šurdeme bisire gūsin (5:12b)
도망간 Bojiri의 촌락과 Bojiri 촌락 주위에 있는

ninggun gašan be gemu gaifi, sahaliyan ula i birai
36촌락을 모두 취하고 Sahaliyan강 지류의

amargi dalin de tefi bisire sahaliyan gurun be
북쪽 하안에 있는 Sahaliyan국을

gaiki seci, birai juhe jafara erin waka, gaijarakū
취하고자 하였으나 강의 얼음이 얼 때가 아니었고, 취하지 않고

amasi bedereci, sahaliyan gurun, bojiri de dafi,
되돌아오자니 Sahaliyan국이 Bojiri와 한편이 되어

⇦ amba genggiyen han i hūdai niyalma be waha bihe, erebe baharakū,
위대한 경기연 한(汗)의 상인을 죽였는데, 이것을 얻지 않고

adarame bederere seme usafi korome bisire de, sahaliyan
어찌 귀환하느냐 하며 낙담하고 원망하고 있을 때에 Sahaliyan

ula an i juhe jafara tofohon orin i inenggi onggolo (5:13a)
강이 평상시에 얼음이 어는 15일이나 20일보다 일찍

juhe jafahangge, inu
얼음이 얼었다. 이것은 곧

⇦ abka sahaliyan gurun be bojiri de dafi,
하늘이, Sahaliyan국이 Bojiri와 한편이 되어

⇦ amba genggiyen han i hūdai niyalma be waha be ambula wakalafi,
위대한 경기연 한(汗)의 상인을 죽인 것을 크게 질책하고,

cooha be amasi bedereme jabdurahū seme, mujakū erinde
병사를 되돌려 물러나 버릴까 염려하여 때 아닌 시기에

kiyoo caha gese hetu lasha juhe jafabuha dere,
다리를 놓은 것처럼 가로지르는 얼음을 얼린 것이리라.

sahaliyan ula kiyoo caha adali dehi morin adaci
Sahaliyan강에 다리를 놓은 것처럼 말 40마리가 나란히 갈 수 있도록

ome hetu lasha juhe jafaha serengge be, emu (5:13b)
가로질러 얼음이 얼었다고 하는 것을

majige tašan seme gūnirakū.
조금도 거짓이라고 생각하지 않는다.

○ jorgon biyade, monggo i minggan beile i jacin haha jui
12월에 몽골의 Minggan 버일러의 둘째 아들

hatan baturu taiji, dehi morin benjime hengkileme
Hatan 바투루 타이지가 말 40마리를 보내고 절하러

jihe bihe, ahūn i gese bufi unggihe.
왔었는데, 형과 똑같이 주어서 보냈다.

○ fulahūn meihe aniya, (5:14a)
정사년(丁巳年, 1617),

⇦ genggiyen han i susai uyun se de, aniya biyade, monggo gurun i
경기연 한(汗)이 59세가 된 정월에, 몽골국의

korcin i minggan beile acame jimbi seme donjifi, aniya
Korcin의 Minggan 버일러가 만나러 온다는 것을 듣고

biyai ice jakūn de,
정월 초여드레에

⇦ han i beye, fujisa, geren deote juse be gaifi hecen ci tucifi,
한(汗) 자신과 푸진들, 여러 동생들, 아들들을 데리고 궁에서 나가서

tanggū ba i dubede juwe dedume okdofi, juwan i inenggi,
100리 앞에서 이틀을 묵으며 맞이하여 10일에

fulgiyan gebungge ala de morin i dele tebeliyeme acaha,
Fulgiyan이라는 언덕에서, 말 위에서 껴안는 예로 맞이했다.[6)]

tere ala de acaha doroi amba sarin sarilaha, (5:14b)
그 언덕에서 알현 예로 큰 연회를 열었다.

juwan emu i cimari, monggo i minggan beile ini gajiha
11일 아침에 몽골의 Minggan 버일러가 그가 이끌고 온

juwan temen, tanggū morin, tanggū ihan, ilan
낙타 10마리, 말 100마리, 소 100마리, 낙타

temen de aciha jafu, juwan ilan sejen katabuha
세 마리에 실어온 융단, 수레 13대 분량의 말린

yali, juwe sejen kūru, nimenggi be
고기, 수레 두 대 분량의 타락떡과 기름을

⇦ han de alibuha, tere inenggi,
한(汗)에게 바쳤다. 그날

⇦ han i hecen de dosika,
한(汗)의 성에 들어왔다.

⇦ amba genggiyen han, monggo i minggan beile be goro baci (5:15a)
위대한 경기연 한(汗)은 몽골의 Minggan 버일러가 먼 곳으로부터

jihe be gūnime kunduleme, inenggidari ajige sarin, emu
왔다는 것을 생각해서 공경하여 날마다 작은 주연을 베풀고, 하루

---

6) 포견례(抱見禮)라는 의례의 일종이다. tebeliyeme acambi에 대해서 『御製增訂清文鑑』에서는 한어로 抱見禮라고 적고 '멀리서부터 온 사람들이 서로 만날 때 윗사람에게는 절하고 다리를 안고, 윗사람은 아랫사람의 등을 두드려준다. 대등한 사람끼리는 서로 안는다'라고 했다.

indeme amba sarin sarilame, gūsin inenggi tebufi, dehi
걸려서 큰 주연을 베풀어서 30일을 머물게 하고

boigon i niyalma, dehi uksin, jai suje boso ai
40가호의 사람, 갑옷 40벌, 그리고 비단, 베 등

jaka be eletele bufi, gūsin ba i dubede emu
갖가지를 충분히 주어서 30리 밖에서 하루

dedume fudehe, tere minggan beile neneme sahaliyan meihe[7)]
묵으며 배웅했다. 그 Minggan 버일러는 이전에 계사년(癸巳年, 1593)에

aniya, yehe, hada, ula, hoifa, monggo, sahalca, sibe,
Yehe, Hada, Ula, Hoifa, 몽골, Sahalca, Sibe의

uyun halai gurun, (5:15b)
아홉 성(姓)의 나라가

⇦ amba genggiyen han de dain jihe fonde, emgi dain jifi
위대한 경기연 한(汗)에게 전쟁을 하러 왔을 때 함께 적으로 와서

gidabufi etuhe fakūri sufi, enggemu akū morin yalufi
격파되어 입고 있던 바지를 벗고 안장 없는 말을 타고

burulame tucike bihe, tere dain de gidabuha orici
패주하여 달아났다. 그 전쟁에서 격파된 지 스무 해째에

aniya, ini sargan jui be
그의 딸을

⇦ amba genggiyen han de benjihe, jui benjihe ningguci aniya, ini
위대한 경기연 한(汗)에게 보냈다. 자식을 보낸 지 6년째이자 그가

burulaha orin sunjaci fulahūn meihe aniya, ini beye
패주한 지 25년째인 정사년(丁巳年)에 그가 몸소

---

7) sahahūn meihe의 오기로 보인다. sahaliyan meihe는 만주의 60갑자를 따르면 임사년이라는 존재하지 않는 해를 나타내기 때문이다.

jihe bihe. (5:16a)
왔던 것이다.

◯ juwan jakūn de, duin tanggū cooha be, dergi
18일에 병사 400명을 동해

mederi jakarame tefi daharakū samsifi bisire gurun be
연안에 살면서 항복하지 않고 흩어져 있는 사람들을

gaisu seme unggihe.
정복하라고 보냈다.

◯ juwe biyade, monggo gurun i kalkai enggeder taiji de
2월에 몽골국의 Kalka의 Enggeder[8] 타이지에게

⇦ amba genggiyen han i deo i jui be sargan buhe, wesihun genehe (5:16b)
위대한 경기연 한(汗)의 동생의 자식을 아내로 주었다. 동으로 간

duin tanggū cooha, juwe biyade mederi dalin i jakarame
병사 400명이 2월에 해안에

samsifi tehe gurun be sucufi gaiha.
흩어져 있는 사람들을 습격하여 정복했다.

◯ ilan biyade, mederi tun de akdafi daharakū bisire
3월에 바다와 섬에 의지하여 항복하지 않고 있는

gurun be, amba jaha arafi mederi onggolo be
사람들을 큰 나룻배를 만들어 바다의 만(灣)을

8) Enggeder는 몽골 Kalka Bayot부의 Darhan 바투루 버일러, 즉 Minggan 버일러의 아들이다. Šurgaci, 즉 Darhan 바투루 버일러의 넷째 딸인 Sundai 공주와 혼인하여 어푸로 불린다.

doofi, tun i gurun be gemu gaiha.
건너서 섬의 사람들을 모두 정복했다.

(5:17a)

○ duin biyai orin duin de morin inenggi, nadan
4월 24일 오일(午日)에,

tanggū bade hibsu aga agaha.
700지역에 꿀비가 내렸다.

○ ninggun biyade, burulame tucifi guwehengge be wacihiyame gaiha,
6월에 패주하며 탈출하여 도망가 있던 사람을 전부 잡았다.

uhereme ilan minggan olji baha, tanggū boigon araha,
모두 해서 포로 3000명을 얻었다. 가호를 100호 편성했다.

tereci cooha bedereme jihe.
그러고 나서 병사가 되돌아왔다.

(5:17b)

○ nadan biyade, monggo i enggeder taiji, ini da
7월에 몽골의 Enggeder 타이지가 자신의

sargan be gūwa de bufi,
본처를 다른 사람에게 주고 난 후에

⇦ han i jui be ini bade gamambi seme genehe.
한(汗)의 딸을 자신의 지역으로 데리고 가겠다고 말하고 갔다.

○ juwan biyai juwan duin de, monggo gurun i korcin i
10월 14일에 몽골국의 Korcin의

minggan beile i sunjaci jui batma taiji, susai gucu be
Minggan 버일러의 다섯째 아들 Batma 타이지가 구추 50명을

dahabufi, susai morin be benjime hengkileme acame jihe (5:18a)
수행하게 해서 말 50마리를 보내며 절하며 알현하러 왔다.

bihe, juwan ninggun de, enggeder taiji gūwa de
16일에 Enggeder 타이지가 다른 사람에게

bumbi seme genehe da sargan be buhekū jihe.
주겠다 하며 갔던 본처를 주지 않고 왔다.

⇦ han i jui duici beile de salibuha ilaka[9] baturu gebungge amban,
한(汗)의 아들 제4버일러에게 거느리게 한 Ilaka 바투루라는 대인이

hūsun tucirakū bime baibi mimbe ujirakū, ujihe
힘을 다하지 않으면서도 단지 "나를 돌보지 않는다. 돌봐준

⇦ han de amasi genembi seme habšara jakade,
한(汗)에게 되돌아가겠다"라고 호소하자

⇦ han, beise ambasai baru hebdeme, daci mini emgi bihe gojime, (5:18b)
한(汗)이 버일러들, 대인들과 상의하기를 "본래 나와 함께 있었을 뿐

← minde hūsun tusa ambula buhekū, mimbe gasabuha jobobuha ambula,
나에게 힘과 이익을 많이 주지 않았다. 나를 상심케 하고 고통을 준 것이 많다.

← tuttu mimbe gasabuha be gūnirakū, imbe amban obufi
그렇게 나를 상심케 한 것을 생각하지 않고 그를 대인으로 삼아

← jui de buhe kai, si umai hūsun tucirakū bime,
아들에게 주었다." "네가 전혀 힘이 다하지 않으면서,

← baibi ujirakū seme habšaci, musei dolo amasi julesi
다만 돌봐주지 않는다고 호소하니, 우리 사이를 오가며

---

9) 만주문자형으로는 ilaka와 ilkan을 구별할 수 없다. 일본 동양문고 만문노당연구회 역주본(태조조 3권 1228쪽)에서는, 강희 · 건륭 태조실록 권6, 천명 4년 2월 을묘삭(乙卯朔) 상유(上諭)에 나타나는 '伊拉喀'를 동일인으로 보아 ilaka로 전사하였고, 여기에서도 이를 따랐다.

← ubašame banjimbio seme ilaka be waha.

배반하면서 살겠는가"라고 하며 Ilaka를 죽였다.

제6권

천명(天命) 3년(1618) 정월부터 윤4월까지

ningguci debtelin,
abkai fulingga i ilaci
aniya aniya biyaci anagan i
duin biyade isinahabi.

tongki fuka sindaha hergen i dangse. (6:1a)
유권점 당안

○ suwayan morin aniya,
무오년(戊午年, 1618)에

⇦ amba genggiyen han i ninju se de, aniya biyai juwan
위대한 경기연 한(汗)이 60살 되던 해, 정월

ninggun de, cimari erde tuhere biyai dulimba be
16일에 아침 일찍이 기우는 달의 가운데를

hafu suwayan genggiyen siren gocika bihe, tere siren
관통해서 밝은 황색 선이 뻗쳐 있었다. 그 선은

onco bosoi defe i gese, golmin biya ci wesihun
넓이는 베의 폭과 같았고 길이는 달보다 위로

juwe darhūwan, fusihūn emu darhūwan funceme bihe, tere
장대 둘, 아래로 장대 하나가 넘는 길이였다. 그해에

aniya araha manggi, (6:1b)
설을 쇤 뒤

⇦ han hendume, beise ambasa suwe te ume sartara, mini dolo
한(汗)이 말하기를 "버일러들과 대인들, 너희는 이제 게으름 피우지 말라. 내가 속으로

← gūnime wajiha, ere aniya bi ainaha seme dain
생각을 마쳤다. 이 해에는 내가 반드시

← nakarakū dailambi seme henduhe, nenehe aniya ubašaha bojiri,
멈추지 않고 전쟁을 할 것이다"라고 말했다. 지난해에 배반한 Bojiri는

abka de tafaci wan akū, na de dosici
하늘에 오르려 해도 사다리가 없고 땅에 들어가려 해도

duka akū ofi, ini emgi dayafi bihe emu
문이 없게 되었다. 그에게 의탁하고 있는 몇몇

udu boigon be gaifi, neneme dahame jihe ilan
가호를 데리고, 먼저 항복해 온 세

gurun i dehi amban i juse sargan boigon gajire tanggū (6:2a)
나라의 대인 40명이 자식들과 아내, 가호 100호를 데리고 오는 것에

boigon de dayafi, bojiri bucere de geleme,
붙어서, Bojiri가 죽는 것을 두려워하고

banjire be buyeme, geleme geleme jimbi seme donjifi,
살기를 원하며 두려워하고 두려워하며 온다는 것을 듣고서,

bojiri be beikuwen de etukini seme,
Bojiri를 추위에 옷 입게 하라고 하며

⇦ amba genggiyen han, ini etuhe sekei tunggen silun i fisa sindame
위대한 경기연 한(汗) 자신이 입었던, 가슴에는 담비 털을, 등에는 스라소니 털을 대어

araha dahū, bojiri goro baci yalufi jihe morin
만든 털옷과, Bojiri가 먼 곳으로부터 타고 온 말이

šadaha dere, yalufi jikini seme, enggemu hadala tohoho
지쳤을 것이므로 타고 오게 하라고 하며 안장과 굴레를 채운

morin be bojiri de beneme, jai geren be (6:2b)
말을 Bojiri에게 보내고, 또 여럿을

yalukini seme emu tanggū morin, emu tanggū sin
타게 하라며 말 100마리와 쌀 100되,

bele, emu tanggū gurgu i yali okdome benehe, bojiri
짐승 100마리의 고기를, 맞이하기 위하여 보냈다. Bojiri는

beye juwe biyai ice jakūn de isinjiha.
2월 초여드레에 왔다.

○ tere hūrha gurun dahafi, sekei alban benjime
그 Hūrha국이 항복하여 담비 털가죽 공물을 보내며

aniyadari hengkileme yabufi, sargan gaifi hojihon ofi
매년 절하러 오고, 아내를 얻고 사위가 된 것이

orin aniya oho manggi, hūda genehe niyalma be (6:3a)
20년이나 되었다. 그 후 장사하러 간 사람을

wame dain ohongge, emu gisun i jušen gurun be,
죽여 적이 된 것은, 같은 말을 쓰는 여진 사람들을

encu golode goro bade tefi bisirakū, gemu emu
다른 지역에, 먼 곳에 있지 않고 모두 한

bade bargiyakini seme,
곳에 거두고자 하여

⇦ abka esi seci ojorakū tere hūrha gurun i niyalma be ehe
하늘이 부득이하게 그 Hūrha국 사람으로 하여금 나쁜

mujilen be jafabufi, hūda genehe ninju niyalma be
마음을 갖게 하여 장사하러 간 60명을

wabuha dere, tere wabuhangge, šun dekdere ergi mederi
죽이게 했을 것이다. 그 죽이게 한 것은 동해

hanciki ba i darici ojoro ba i hūrha gurun be, gemu (6:3b)
근처의 지날 수 있는 지역의 Hūrha국을 모두

wacihiyame dailame dahabukini seme,
전쟁을 하여 완전히 항복시키고자 하여

⇦ abka huwekiyebufi wabuha aise, tere hūda genehe ninju niyalma be
하늘이 북돋워서 죽이게 한 것이 아니겠는가. 그 장사 간 60명을

hūrha gurun warakū bici,
Hūrha국이 죽이지 않았다면

⇦ amba genggiyen han, tere hūrha gurun be ainu dailara bihe,
위대한 경기연 한(汗)이 그 Hūrha국을 어찌 정벌했겠는가.

tuttu dailarakū bici, dergi mederi hanciki hūrha gurun
그렇게 정벌하지 않았다면 동해 인근의 Hūrha국이

ubade ainu jidere bihe.
여기에 어찌 와 있겠는가.

(6:4a)

○ juwe biyade, dahame jihe dergi mederi hanciki yendahūn
2월에, 항복해 온 동해 인근의 Yendahūn

takūrara gurun i niyalma de, sargan, aha, morin, ihan,
Takūrara국의 사람에게 아내, 노비, 말, 소,

etuku, jeku, tere boo taktu, jetere moro, fila,
옷, 식량, 살 집, 누각, 사발, 접시,

anggara, malu, guise, mulan ai jaka be gemu
단지, 술동이, 궤짝, 걸상 등 온갖 것을 모두

jalukiyame buhe.
충분하게 주었다.

⇦ han hendume, nikan gurun de mini korsohongge, nadan amba koro (6:4b)
한(汗)이 말하기를 "명나라에 내가 원한을 품은 것이 일곱 가지 큰 원한이

← bi, buya koro be ya be hendure, nikan be
있다. 작은 원한은 말해 무엇 하겠는가. 명나라를

← dailaki seme beise ambasai emgi hebdeme wajifi, wan
정벌하자"라고 하며 버일러들, 대인들과 함께 상의를 마치고 "사다리를

← arara moo sacire be geren be ulhirahū seme, beisei
만들 나무를 베는 것을 여럿이 알까 염려된다"라고 하며 "버일러들의

← morin horire heren arara moo saci seme hūlafi, nadan
말 가두는 마구간을 만들 나무를 베라"고 포고하고

tanggū niyalma be unggifi moo sacibuha.
700명을 보내어 나무를 베게 했다.

○ ilan biyade, coohai agūra be ici akū ehe (6:5a)
3월에, 다루기 불편하고 좋지 않은 병기를

babe dasa, morin tarhūbu seme hūlaha.
수리하고, 말을 살찌우라고 포고했다.

○ ilan biyai juwan de, wan arara moo be,
3월 10일에 사다리 만들 나무를

nikan i tungse aika baita de jime safi sererahū
명의 통사(通事)가 무슨 일로 와서 보고 알까 염려된다

seme morin horire guwan arabuha.
하며 말 가두는 마구간을 만들게 했다.

○ duin biyade, cooha gaifi yabure beise ambasai baru (6:5b)
4월에 병사를 이끌고 다닐 버일러들과 대인들에게

⇦ han hendume, taifin doro de tondo dele, dain doro de arga
한(汗)이 말하기를 "태평한 도리에는 올곧음이 최상이요, 전쟁의 도리에는 계책과,

← jali, beyebe suilaburakū, cooha be joboburakū, mergen faksi
스스로를 괴롭히지 않고 병사를 괴롭히지 않는 현명하고 교묘한

← mujilen dele, dain i cooha komso, musei cooha geren oci,
마음이 최상이다. 적병이 적고 우리 병사가 많으면

← cooha be sabuburakū nuhaliyan dalda bade somifi, komso tucifi
병사를 보이지 않는 움푹한 은신처에 숨기고, 적은 수가 나가서

← yarkiyame gana, yarkiyame ganara de jici, musei jali de
유인하러 가라. 유인하러 갔는데 온다면 우리의 계략에

← tuhembi serengge tere kai, yarkiyame ganara de jiderakūci, pu
빠졌다는 것이다. 유인하러 갔는데 오지 않으면 보(堡)와

← hecen i goro hanci be dacilame tuwa, pu hecen goro (6:6a)
성의 멀고 가까움을 정탐하여 보아라. 보와 성이 멀면

← oci, dade isitala saci, hanci oci, tere pu de
본진에 이를 때까지 베라. 가까우면 그 보에

← dositala duka be fihebume saci, dain i cooha geren, musei
들어갈 때까지 문에 쇄도하여 베라. 적군이 다수이고 우리의

← emu gūsa, juwe gūsai cooha de acaci, te ci hanci
한 구사나 두 구사 병사와 맞닥뜨리면 그 이상 가까이

← ume latubure, doigon ci bederefi, musei geren cooha be
접근하지 말라. 먼저 돌아와서 우리의 여러 병사를

← baime acanju, geren cooha tere bata bisire baru
찾아서 합류하러 오라. 여러 병사는 그 적이 있는 곳을 향하여

← baime acana, juwe ilan ba i cooha acafi jai

찾아서 합류하러 가라. 두세 곳의 병사가 만나서 다시

← suwele, bigan de acaha cooha de afara gisun ere (6:6b)

수색하라. 들에서 맞닥뜨린 병사와 교전하는 수칙이 바로 이것이다.

← inu, hoton hecen pu šancin oci, bahara bade

성, 보(堡), 산채일 경우에 이길 수 있는 곳이면

← oci, cooha be latubu afabu, baharakū bade oci, te ci

병사를 접근시키고, 공격하게 하라. 이기지 못할 곳이면 더는

← ume latubure, afafi baharakū bedereci, gebu ehe kai, musei

접근하지 말라. 공격하여 이기지 못하고 후퇴하면 이름을 더럽힌다. 우리의

← cooha be suilaburakū dain be eteci, mergen faksi arga

병사를 괴롭히지 않고 전쟁을 이기면 현명하고 교묘한 술책이며

← jali, unenggi coohai ejen serengge tere kai, musei

계책이다. 실로 병사의 우두머리라는 것이 그것이다. 우리의

← cooha be jobobume suilabume, dain be etehe baha seme, tere

병사를 괴롭히며 힘들게 하여, 전쟁을 이기고 얻었다 하더라도 그것이

← ai tusa, dain doro de, ai ai ci museingge be (6:7a)

무슨 소용이 있는가. 전쟁의 도리에 어떤 무엇보다도 우리의 것을

← gūwa de gaiburakū dain be eteci, tere yaya ci dele,

남에게 내어주지 않고 전쟁을 이기면 그것이 무엇보다도 최상이다.

← emu nirui susai uksin, juwan uksin i niyalma be hecen

한 니루당 갑병 50명 중에서 갑병 10명은 성을

← tuwakiyame tebu, dehi uksin i niyalma tucifi yabu, yabure

지키며 주둔하게 하라. 갑병 40명은 나가서 다니라. 다니는

← dehi uksin i niyalma, orin uksin niyalma de juwe wan

갑병 40명 중 20명에게 사다리 두 개를

← arabufi hecen de afabu, boo ci tucike inenggi ci boode
만들게 하여 성을 공격하게 하라. 집에서 나간 날부터 집에

← isinjitele, tu ci ume fakcara, tu ci fakcaha niyalma be
돌아올 때까지 둑(纛)에서 이탈하지 말고, 둑에서 이탈한 사람을

← jafafi dacilame fonji, sunja nirui ejen, nirui ejen, han i (6:7b)
잡아서 심문을 하여 물으라. 다섯 니루 수장과 니루 수장이 한(汗)이

← henduhe fafun i gisun be geren de tacibume alarakūci, sunja
말한 법령을 여럿에게 가르쳐 알리지 않으면 다섯

← nirui ejen de emu morin, nirui ejen de emu
니루 수장에게 말 한 마리, 니루 수장에게

← morin gaisu, sunja nirui ejen, nirui ejen henduci donjirakū
말 한 마리를 받으라. 다섯 니루 수장과 니루 수장이 말하는데 듣지 않고

← fakcafi yabuci, yabuha niyalma be wambi, sunja nirui ejen,
이탈하여 가면 나간 사람을 죽인다. 다섯 니루 수장과

← nirui ejen, yaya niyalma ai ai weile de afabure de,
니루 수장 등 모든 사람은 온갖 일을 맡을 때

← beye muteci, afabure weile be alime gaisu, muterakūci, bi
자신이 할 수 있으면 맡기는 일을 받고, 할 수 없으면 '나는

← muterakū seme afabure weile be ume alime gaijara, si (6:8a)
할 수 없다' 하며 맡기는 일을 받지 말라. 네가

← muterakū bime alime gaici, sini emu beye i jalin de
할 수 없는데도 받으면 네 한 몸에만 관련된 것이

← waka kai, tanggū niyalma be kadalara niyalma oci, tanggū niyalmai
아니다. 사람을 100명을 관할하는 사람이면 사람 100명의

← baita tookambi, minggan niyalma be kadalara niyalma oci, minggan
일이 어긋날 것이며, 사람 1000명을 관할하는 사람이면

← niyalmai baita tookambi kai, tere baita serengge, gemu han i
사람 1000명의 일이 어긋날 것이다. 그 일이라는 것은 모두 한(汗)의

← amba baita kai, hoton hecen de afara de, neneme
큰 일이다. 성을 공격할 때 먼저

← dosika be daburakū, neneme emken juwe dosici, koro bahambi kai,
들어간 것을 고려하지 않는다. 먼저 하나 둘 들어가면 손실이 생긴다.

← neneme dosifi feye baha seme olji burakū, beye (6:8b)
먼저 들어가서 부상 입었다고 노획물을 주지 않고

← bucehe seme gung ararakū, hecen be efuleme nenehe niyalma be
죽었다 하여 공(功)으로 인정하지 않는다. 성을 허물기를 먼저 한 사람을

← neneme dosika de arambi, neneme efuleme wajiha niyalma, gūsai
먼저 들어간 것으로 인정한다. 먼저 허물기를 마친 사람이 구사의

← ejen de alanju, tehereme ba ba i niyalma, gemu efuleme wajiha
수장에게 알리러 오라. 이런 식으로 여러 곳의 병사가 모두 허물기를 마친

← manggi, gūsai ejen buren burdehe manggi, ba ba i niyalma
후에 구사 수장이 고동을 불면 곳곳의 사람

← geren gemu sasa dosi seme bithe wasimbuha.
여럿이 모두 함께 들어가라"고 글을 내렸다.

○ duin biyai juwan ilan i tasha inenggi meihe erinde, (6:9a)
4월 13일 인일(寅日) 사시(巳時)에

jakūn gūsai juwan tumen cooha, nikan be dailame
8구사의 병사 10만 명이 명과 전쟁하러

genere de,
갈 때

⇦ abka de habšame araha bithei gisun, mini
하늘에 고하며 쓴 글이다. "나의

⇦ ama,
아버지,

⇦ mafa, han i jasei orho be bilahakū, boihon sihabuhakū, baibi jasei
할아버지는 황제의 변경의 풀을 꺾지도 않았고, 흙을 흐트러뜨리지도 않았다. 공연히

← tulergi weile de, mini
변경의 바깥일에 나의

⇦ ama, (6:9b)
아버지,

⇦ mafa be nikan waha, tere emu, tuttu wacibe, bi geli sain
할아버지를 명나라가 죽였다. 그것이 하나이다. 그렇게 죽였는데도 나는 또 사이좋게

← banjire be buyeme wehei bithe ilibume, nikan, jušen yaya
살기를 원하여 석비를 세우며 '명, 여진 모두

← han i jase be dabaci, dabaha niyalma be saha niyalma
황제의 경계를 넘으면 넘은 사람을 본 사람이

← waki, safi warakūci, warakū niyalma de sui isikini seme
죽인다. 보고서 죽이지 않으면 죽이지 않은 사람에게 죄업이 미쳐도 좋다'라고

← gashūha bihe, tuttu gashūha gisun be gūwaliyafi, nikan
맹세했다. 그렇게 맹세한 것을 변심하여 명

← cooha jase tucifi, yehe de dafi tuwakiyame tehebi, tere
병사가 경계를 나와서 Yehe를 편들며 지키러 가서 주둔하고 있다. 그것이

← juwe koro, jai niowanggiyaha ci julesi, giyang dalin ci amasi, (6:10a)
두 번째 원한이다. 또 청하(淸河)에서[1] 남쪽, 강안(江岸)에서 북쪽,

---

1) niowanggiyan과 ha(河)의 결합으로 이루어진 단어로 보이며, niowanggiyan은 '푸르다(綠)'는 뜻이다. 『滿洲實錄』(4권, 天命 3년(1618) 4월)에는 cing ho(淸河)로 되어 있다. 『滿文老檔』에서는 제34권부터 cing ho가 나타

← aniyadari nikan hūlhame jase tucifi, jušen i babe durime
매년 명이 몰래 경계를 나와서 여진 땅을 침범하여

← cuwangname nungnere jakade, da gashūha gisun bihe seme,
노략질하고 침해하기 때문에 원래 맹세한 말이 있으므로

← jase tucike niyalma be waha mujangga, tuttu waha manggi, da
경계를 넘은 사람을 죽인 것은 당연하다. 그렇게 죽이자 원래

← gashūha gisun be daburakū ainu waha seme, guwangning de
맹세한 말을 고려하지 않고 왜 죽였는가 하며 광녕(廣寧)에

← hengkileme genehe mini gangguri, fanggina be jafafi sele
절하러 간 나의 Gangguri, Fanggina를 잡아서

← futa hūwaitafi, mimbe albalame mini juwan niyalma be gamafi
쇠사슬에 묶어서 나를 압박하여 나의 사람 10명을 데려가서

← jase de wa seme wabuha, tere ilan koro, jase (6:10b)
경계에서 죽이라 하여 죽게 하였다. 그것이 세 번째 원한이다. 경계를

← tucifi cooha tuwakiyame tefi, mini jafan buhe sargan
나와서 병사가 지키며 주둔하고 내가 예물 준 딸을

← jui be monggo de buhe, tere duin koro, ududu
몽골에 주었다. 이것이 네 번째 원한이다. 여러

← jalan halame han i jase tuwakiyame tehe caiha, fanaha,
세대를 대대로 살며 황제의 경계를 지키며 살아온 채하(柴河), 범하(范河),

← sancara ere ilan goloi jušen i tarifi yangsaha jeku be
삼차아(三岔兒) 이 세 지역의 여진인이 파종하고 김을 맨 곡식을

나는데, 이것은 광녕 지역에 있는 청하(淸河)이다. 이 둘을 구별하기 위하여 niowanggiyaha는 '청하(淸河)'로, cing ho는 Cing Ho로 번역한다.

頭註: fe manju gisun i bithede, albalame serengge, uthai ergeleme sere gisun de adali sehebi. [『舊淸語』(책의 온전한 제목은 『實錄內摘出舊淸語』이다)에 albalame라는 것은 곧 ergeleme(압박하여)라는 말과 같다고 했다.]

← gaibuhakū, nikan cooha tucifi bošoho, tere sunja koro,
거두지 못하게 하고 명 병사가 나와서 쫓아냈다. 그것이 다섯 번째 원한이다.

← jasei tulergi
경계 밖에

⇦ abkai wakalaha yehe i gisun be gaifi, ehe gisun hendume bithe (6:11a)
하늘이 책망한 Yehe의 말을 받아들여 나쁜 말을 하는 글을

← arafi niyalma takūrafi, mimbe hacin hacin i koro arame
쓰고 사람을 시켜 나에게 갖가지 해를 입히고

← girubuha, tere ninggun koro, hada i niyalma yehe de dafi,
수치스럽게 했다. 그것이 여섯 번째 원한이다. Hada의 사람이 Yehe를 도와

← minde juwe jergi cooha jihe bihe, bi karu dailara jakade,
나에게 병사가 두 차례 왔었다. 내가 보복으로 정벌을 하자

⇦ abka hada be minde buhe,
하늘이 Hada를 나에게 주었다.

⇦ abka minde buhe manggi, nikan han, geli hada de dafi, mimbe
하늘이 나에게 준 후 명 황제가 또 Hada를 도와 나를

← albalame ini bade unggi seme unggibufi, mini unggihe
압박하며 그들의 땅에 보내라 하여 보내게 하였고, 내가 보낸

← hada i niyalma be, yehe i niyalma ududu jergi cooha sucufi (6:11b)
Hada의 사람을 Yehe 사람이 몇 차례 병사가 습격하여

← gamaha, abkai fejile yaya gurun i niyalma ishunde dailambi kai,
데리고 갔다. 하늘 아래 모든 나라의 사람이 서로서로를 정복한다.

⇦ abkai wakalaha niyalma anabumbi bucembi,
하늘이 책망한 사람은 패하며 죽는다.

⇦ abkai urulehe niyalma etembi banjimbi kai, dain de waha niyalma be
하늘이 옳다고 하는 사람은 이기며 살아간다. 전쟁에서 죽인 사람을

← weijubure, baha olji be bederebure kooli bio,
살아나게 하고 획득한 포로를 돌려보내게 하는 법이 있느냐.

⇦ abkai sindaha amba gurun i han seci, gubci gurun de gemu
하늘이 내린 대국의 황제라면 모든 나라에 다

← uhereme ejen dere, mini canggi de emhun ainu ejen,
아울러 수장일 것이다. 나에게만 홀로 어찌 수장인가.

← neneme hūlun gemu emu ici ofi, mimbe dailaha, (6:12a)
먼저 Hūlun이 다 한편이 되어 나를 공격했다.

← tuttu dain deribuhe hūlun be
그렇게 전쟁을 시작한 Hūlun을

⇦ abka wakalaha, mimbe
하늘이 책망하고 나를

⇦ abka urulehe, ere nikan han,
하늘이 옳다 했다. 이 명 황제는

⇦ abka de eljere gese
하늘에 항거하는 것처럼

⇦ abkai wakalaha yehe de dafi, waka be uru, uru be waka
하늘이 책망한 Yehe를 도와 그른 것을 옳다 하고, 옳은 것을 그르다

← seme ainu beidembi, tere nadan koro, ere nikan
하며 어찌 심판하는가. 그것이 일곱 번째 원한이다. 이것은 명이

← mimbe gidašaha girubuha ambula ofi, bi dosorakū, ere (6:12b)
나를 업신여겨 수치스럽게 한 것이 크므로 내가 참을 수 없다. 이

← nadan amba koro de dain deribumbi seme bithe arafi,
칠대한(七大恨)으로[2] 전쟁을 시작할 것이다"라고 글을 써서

2) 『朝鮮實錄』〈광해 10년(1618) 5월 29일〉에는 七宗惱恨으로도 언급되었다.

⇦ abka de hengkileme bithe deijihe, hecen ci tucifi genere de,
하늘에 절하고 글을 불살랐다. 성에서 나와서 갈 때에

geren coohai ejete beise ambasai baru
여러 병사의 수장들, 버일러들, 대인들을 향하여

⇦ hendume, bi ere dain be buyeme deribuhengge waka, amba ujungga
말하기를 "나는 이 전쟁을 좋아서 시작한 것이 아니다. 크고 주된

← koro tere nadan koro dere, buya koro be ya be
원한은 그 일곱 원한이다. 작은 원한을 말해 무엇 하겠는가.

← hendure, koro ambula ofi deribuhe, dain de baha olji
원한이 많아서 시작했다. 전쟁에서 얻은 포로의

← niyalmai etuhe etuku be ume sure, hehe be ume ušara, (6:13a)
입은 옷을 벗기지 말라. 여자를 끌고가지 말라.

← eigen sargan be ume faksalara, iselere de buceci bucekini,
부부를 가르지 말라. 저항하다가 죽겠다면 죽게 두라.

← iselerakū niyalma be ume wara seme, geren de hūlame
저항하지 않는 사람은 죽이지 말라"고 여럿에게 포고하여

ejebume hendufi cooha juraka, tucike inenggi, gūsin ba i
기억하도록 말하고 군대가 출발했다. 출병하는 날 30리

dubede genefi, jakūn gūsai cooha meni meni dosire
앞으로 가서 8구사 병사 각자가 들어갈

jurgan be geneme juwe jugūn i fakcaha, tere inenggi,
대열로 가서 두 길로 갈라졌다. 그 날

⇦ han i beye, gure gebungge bade deduhe, jai inenggi juwan duin de
한(汗)이 몸소 Gure라는 지역에서 숙영했다. 다음 날 14일

meihe erinde abka agaha, tere inenggi, juwe jugūn be (6:13b)
사시(巳時)에 비가 내렸다. 그날 두 길을

genehe jakūn gūsai cooha, jurgan jurgan i meni meni
간 8구사 병사가 대열별로 각자

dosire teisu jakūn jurgan i fakcafi genehe,
들어갈 해당 여덟 대열로 나뉘어 갔다.

⇦ han i beye, wahūn omo gebungge bigan de iliha, tere yamji
한(汗)이 몸소 Wahūn Omo라는 들에서 숙영했다. 그날 저녁

⇦ han gisureme, monggo gurun i beile enggeder gebungge hojihon, sahalca gurun i
한(汗)이 말하기를, 몽골국의 버일러인 Enggeder라는 사위와 Sahalca국의

← amban sahaliyan gebungge hojihon i baru, julgei aisin han i
대인인 Sahaliyan이라는 사위를 향하여 옛 금나라 한(汗)이

← banjiha kooli be alafi, jai hendume, julgeci ebsi banjiha
살아온 역사를 이야기하고 또 말하기를, "옛날부터 살아온

← han beisei kooli be tuwaci, beye suilame dailanduha gojime, (6:14a)
한(汗)과 버일러들의 역사를 보면 몸이 고생하며 계속 전쟁했을 뿐

← yaya enteheme akūmbume han tehengge inu akū, te bi
모두 영원히 끝까지 한(汗)으로 있었던 사람은 없다. 이제 내가

← ere dain be deribuhengge, han i soorin be bahaki, enteheme
이 전쟁을 시작한 것은 황제의 보좌를 얻겠다, 영원히

← banjimbi seme deribuhengge waka, ere nikan i wan lii han
살겠다 하여 시작한 것이 아니다. 이 명의 만력제가

← mimbe korsobuha ambula ofi, bi dosorakū dain deribuhe
나에게 원한을 품게 한 것이 많아서 내가 참을 수가 없어서 전쟁을 시작한 것이다"라고

seme hendufi tubade deduhe, tere inenggi tere dobori
말하고 그곳에서 묵었다. 그날 낮 그날 밤

agara galandara bifi, tere dobori dobon dulin de, coohai
비 오고 개고 하다가 그날 밤 한밤중에 병사를

niyalma be uksilebufi jurandara jakade abka galaka, jakūn (6:14b)
갑옷을 착용하게 하여 출발하자 하늘이 개었다. 8구사

gūsai cooha, onco tanggū ba i dube adafi dosifi,
병사가 100리 폭으로 끝을 벌여서 나아가서

tofohon i cimari
15일 아침에

⇦ han i beye, iogi hergen i hafan i tehe fusi hecen be
한(汗)이 몸소, 유격(遊擊) 직위의 관원이 주둔한 무순성(撫順城)을

kame genere de, hecen i tulergi ci jasei dolo jafaha
포위하러 갈 때 성의 바깥으로부터 경계 안에서 잡은

nikan de bithe jafabufi unggihe
한인에게 들려 보낸 글의

⇦ bithei gisun, suweni nikan cooha jase tucifi tehe turgunde, bi
내용이다. "너희 명의 병사들이 경계를 나와 있으므로 내가

← dailambi, fusi hecen i ejen iogi si afaha seme (6:15a)
정벌할 것이다. 무순성의 수장인 유격, 네가 맞선다 해도

← eterakū kai, bi dosika inenggi dosi ambula geneki sembi,
이기지 못할 것이다. 내가 진입한 날에 안으로 많이 가고자 한다.

← si daharakūci, dosi generengge tookambi kai, si afarakū dahaha de,
네가 항복하지 않으면 안으로 가는 것이 지체될 것이다. 네가 싸우지 않고 항복하면

← sini kadalaha cooha, sini amba doro be umai acinggiyarakū,
네가 통솔하는 병사와 너의 큰 권력을 전혀 흔들지 않을 것이다.

← kemuni sini fe doroi ujire, si ai jaka be
여전히 너의 옛 도리대로 돌볼 것이다. 너는 무엇이든

← gemu ambula bahanara sure niyalma kai, sini anggala, mujakū
모두 잘 아는 총명한 사람이다. 너뿐 아니라 출중한

← niyalma be inu bi tukiyefi jui bufi sadun jafafi
사람을 또 내가 등용하여 자식을 주어 사돈을 맺고

← banjimbi, simbe bi sini da banjiha ci geli wesibufi, (6:15b)
살 것이다. 너를 내가 너의 원래 살던 것보다 더 높여서

← mini uju jergi ambasai gese ujirakū doro bio, si
나의 1등 대인들처럼 보살피지 않을 리가 있겠는가. 너는

← ume afara, afaci, coohai niyalmai gabtaha sirdan simbe
싸우지 말라. 싸우면 병사들이 쏜 화살이 너를

← takambio, yasa akū sirdan de goici, bucembi kai, afaci
분별하겠느냐. 눈 없는 화살에 맞으면 죽을 것이다. 싸우면

← hūsun isirakū bade, daharakū afafi buceci, tere ai
힘이 부족할 텐데, 항복하지 않고 싸워서 죽으면 그것이 무슨

← tusa, okdome tucifi dahaci, meni cooha dosindarakū, sini
이득인가. 맞으러 나와서 항복하면 우리의 병사가 진입하지 않겠다. 네가

← kadalaha cooha be si bahafi yooni bargiyambi kai, okdome
통솔하던 병사를 네가 온전히 거두어 보살필 수가 있을 것이다. 맞이하여

← daharakūci, meni cooha dosika manggi, gašan i juse hehe (6:16a)
항복하지 않으면 우리의 병사가 들어가서 마을의 아이와 여자들이

← golofi samsimbi kai, tuttu oci, doro ajigen ombikai, si
놀라서 흩어질 것이다. 그렇게 되면 권력이 작아진다. 너는

← aikabade mini gisun be ume akdarakū ojoro, bi sini
혹시라도 나의 말을 의심하지 말도록 하라. 내가 너의

← ere emu hecen be baharakūci, ere cooha ilimbio,
이 성 하나를 얻지 않으면 이 병사가 멈추겠는가.

← ufaraha manggi, jai aliyaha seme ai tusa, hecen i
잃은 후에 다시 후회한다고 무슨 소용이 있겠는가. 성

← dorgi amba asihan hafasa, coohai niyalma, geren irgen
안에 대소 관리들, 병사, 여러 백성

← suwe hecen nisihai dahaci, juse sargan, niyaman hūncihin
너희 성이 다함께 항복하면 처자식들, 친인척이

← fakcarakū ohode, suwende inu amba urgun kai, dahara (6:16b)
헤어지지 않게 되므로 너희에게도 큰 기쁨일 것이다. 항복할지

← daharakū be suwe inu ambula seolehe de sain kai, emu
항복하지 않을지 너희도 깊이 숙고하는 것이 좋다.

← majige andan i jili de mende akdarakū, ere weile be
한순간의 분노로 우리를 믿지 않고 이 일을

← ume efulere, daha seme bithe buhe manggi, hecen i
그르치지 말라. 항복하라"고 글을 주자, 성의

ejen iogi lii yung fang, amba etuku etufi
수장인 유격 이영방(李永芳)이[3] 조복(朝服)을 입고

dahambi seme, hoton i julergi duka de ilifi gisurembime,
항복하겠다며 성의 정문에 서서 말하면서도

coohai niyalma be afara aika jaka be dagilabufi afabuha,
병사를, 싸울 온갖 병기를 갖추게 하여 싸우게 했다.

cooha hecen de wan sindafi afame, emu erin (6:17a)
병사가 성에 사다리를 놓고 공격하여 한 시진(時辰)도

hono ohakū hecen de tafaka manggi, iogi lii
되지 않아서 성에 오르자 유격 이영방이

3) 이영방(李永芳, ?~1634)은 무순성의 유격(遊擊)으로 1618년에 후금군 Nurhaci에게 항복했다. 명의 변장(邊將)으로서 최초로 항복한 자이다. Nurhaci의 일곱째 아들인 Abatai의 딸을 아내로 맞았다. Sarhū 전투(1621년)에서 큰 공을 세웠고 정묘호란(1627)에 참전했다. 『朝鮮實錄』〈광해 13년(1621) 9월 10일〉에는 조선의 만포첨사 정충신이 1621년에 Nurhaci의 성을 방문했을 때 그를 목격한 사실이 기록되어 있다.

yung fang teni dahame, amba etuku etuhei morin
비로소 항복하여 조복을 입은 채로 말을

yalufi hecen tucike manggi, kubuhe suwayan i gūsai ejen
타고 성을 나왔다. 그 후에 양황기(鑲黃旗)의 우두머리인

adun gajime jifi
Adun이 데리고 와서

⇦ han de acabure de,
한(汗)을 알현할 때

⇦ han morin ci ebubuhekū, ishun gala tukiyeme acaha, tere hecen i
한(汗)이 말에서 내리지 않게 하고 서로 팔을 들어 만났다. 그 성의

niyalma, ini afara de wabuhangge wabuha, hecen baha (6:17b)
사람은 전투 중에 죽임을 당한 자는 죽었지만, 성을 얻은

manggi, ume wara seme gemu ujihe, fusi, dung jeo,
뒤에는 죽이지 말라며 모두 살렸다. 무순, 동주(東州),

magendan ilan hecen, buya pu, tai, tokso uhereme
마근단(瑪根丹) 세 성과 작은 보(堡)와 대(臺), 장원(莊園)[4] 모두 하여

sunja tanggū funceme gaifi, meni meni dosika
500 넘게 취하고 각각 진입한

bade deduhe,
곳에서 숙영했다.

⇦ han i beye, fusi hecen de bederefi deduhe, juwan ninggun de,
한(汗) 자신은 무순성에 돌아와서 묵었다. 16일에

---

4) tokso는 후금 시기에 종친과 대신들에게 나누어준 경작지가 딸린 농가이다. 여기에서는 '장원(莊園)'으로 번역한다. 전문 관리인을 두고 피지배층(주로 한인 농노)이 생산한 잉여노동의 전체나 일부를 차지한다(유소맹 2013:283-284).

fusi hecen i šun tuhere ergi bigan de, jakūn
무순성의 해지는 쪽 들에서

gūsai cooha acafi amasi bederefi, jasei jakai giyaban i (6:18a)
8구사 병사가 모여 되돌아와서 경계 부근의 Giyaban

bigan de cooha ing hadafi, gūsin tumen olji be
들에서 군영을 설치하고 포로 30만 명을

dendeme minggan boigon araha, jai nikan i šandung, sansi,
나누어 1000호를 편성했다. 또 명의 산동(山東), 산서(山西),

ho dung, ho si, su jeo, hangjeo, i jeo jakūn
하동(河東), 하서(河西), 소주(蘇州), 항주(杭州), 이주(易州)의

golo ci hūda jifi, fusi hecen de bihe, juwan
8로(八路)로부터 장사하러 와서 무순성에 있던

ninggun amban be tucibufi, jugūn de jetere menggun
대인 16인을 나오게 하여 길에서 먹을 은자를

ambula bufi, nadan amba koro i gisun i bithe jafabufi
많이 주고 칠대한(七大恨)의 말을 적은 글을 들려서

amasi sindafi unggihe, duin minggan cooha be werifi, (6:18b)
되돌려 놓아보냈다. 병사 4000명을 잔류시켜서

fusi hecen be efulefi jihe, sunja dedume olji
무순성을 무너뜨리고 왔다. 닷새를 숙영하면서 포로를

dendeci wajihakū ofi, boode gamafi wacihiyame dende
나누어도 끝나지 않아서, 본성에 데리고 가서 마저 나누라고

頭註: fe dangse be gingguleme baicaci, jakūn golo sehe bime, damu nadan ba i gebu be tucibume arahabi, da songkoi sarkiyame araha. [『滿文原檔』을 신중하게 조사해도 8로(八路)로 되어 있으나 다만 일곱 지명만 드러내어 썼다. 원래대로 베껴 썼다.]

seme hendufi, orin i inenggi olji jurambufi uggihe, amba
말하고 20일에 포로를 떠나보냈다. 큰

gung ni niyalma de ambula šangnaha, ajige gung ni
공이 있는 사람에게는 크게 상을 주고, 작은 공이 있는

niyalma de majige šangnaha, feye baha niyalma de
사람에게는 작게 상을 주었다. 부상을 당한 사람에게는

feye weihuken ujen be tuwame dacilame fonjifi šangnaha,
상처가 작고 큰 것을 보아 자세히 묻고 상을 주었다.

bucehe uksin i niyalma de ambula šangname buhe, tere (6:19a)
죽은 갑병에게는 크게 상을 주었다. 그

olji gamara de, ninggun tumen cooha be faksalafi unggihe,
포로를 데리고 갈 때에 병사 6만 명을 나누어서 보냈다.

⇦ han i beye, duin tumen cooha be gaifi, fakcafi ing gurime
한(汗) 자신은 병사 4만 명을 데리고 나누어서 영을 옮기며

julesi aššafi jasei jakade deduhe, orin emu de
앞으로 움직여서 경계 부근에서 숙영했다. 21일에

cooha bedereme,
병사가 되돌아오며,

⇦ han i beye, jase ci orin ba i dubede isinjifi, siyeri bigan de
한(汗)이 몸소 경계로부터 20리 앞에 도달해 와서 Siyeri 들에서

coohai ing iliki seme bisire de, karun i niyalma,
군대의 영을 세우고자 하고 있을 때, 초소의 병사가

nikan i cooha be sabufi, amba beile, duici (6:19b)
명의 군사를 발견하고 대버일러,[5]

5) Nurhaci의 둘째 아들 Daišan을 지칭한다.

beile de alanjire jakade, coohai niyalma be gemu
제4버일러에게 알려오자 병사를 모두

uksilebufi okdome genefi, jase i jakade iliha karun i
갑옷을 입혀서 맞으러 가고 경계 부근에 세운 초소의

niyalma be
병사를

⇦ han de alana seme unggihe, karun i niyalma genefi alara jakade,
한(汗)에게 알리러 가라고 보냈다. 초소의 병사가 가서 고하자

⇦ han hendume, tere cooha muse de afanjirakū kai, jušen i jihe
한(汗)이 말하기를 "저 군사는 우리와 싸우러 온 것이 아니다. 왔던 여진의

← cooha be bošome jase tucibuhe seme, ini han de
군사를 쫓아내어 경계를 나가게 하였다고 자신들의 한(汗)에게

← holtome jabuki seme jihebi, musei cooha be aliyarakū dere, (6:20a)
거짓으로 보고하고자 하여 온 것이다. 우리의 군대를 기다리는 것이 아닐 것이다.

← amba beile i cooha, duici beile i cooha be ili seme
대버일러의 군대, 제4버일러의 군대를 멈춰 세우라"고 하며

erdeni baksi be takūraha manggi, juwe beile i cooha,
Erdeni 박시를 보내자 두 버일러의 군대가

nikan i jasai jakade ilifi,
명과의 경계에서 멈추고

⇦ han de amasi hendufi unggime, muse be aliyaci, afaki, aliyarakūci,
한(汗)에게 도로 보고하러 보냈다. "우리를 기다리면 공격하겠습니다. 기다리지 않는다면

i burulaha kai, tuttu aliyarakū burulaci, uncehen de
저들이 달아난 것입니다. 그렇게 기다리지 않고 달아나면 후미에

dosifi saciki, tuttu akū muse ekisaka amasi bedereci,
들어가서 베겠습니다. 그러지 않고 우리가 조용히 뒤로 물러나면

muse be aliyahakū geleme genehe sembikai seme (6:20b)
우리를 '기다리지 않고 두려워하여 갔다'라고 말할 것입니다"라고 하며

takūrara jakade,
사람을 파견해서 보내자

⇦ han, tere gisun be mujangga seme hendufi, geren cooha be gaifi
한(汗)이 그 말을 옳다고 말하고서 여러 병사를 이끌고

geneci, nikan i cooha alin i ninggude ilan bade ing
가니 명의 병사가 산 위 세 곳에 영을

hadafi ulan fetefi poo miyoocan faidafi ilihabi, tuttu
설치하고 호(壕)를 파고 포와 총을 배치하고 주둔하고 있었다. 그렇게

faidame jabdufi alime gaiha bade umai ilihakū, uthai
배치할 여유가 있어서 응전할 준비가 되었으나, 전혀 멈추지 않고, 바로

dosime genere de, neneme wesihun daha abkai edun
들어갈 때에, 먼저 동쪽으로 불어온 하늘의 바람이

coohai hanci isinara jakade, uthai nikan i coohai baru (6:21a)
병사 가까이에 도달할 때에 즉각 명군 쪽으로

edun buraki gidame daha, nikan, poo miyoocan
바람과 티끌이 휘몰아쳤다. 명은 포와 총을

emdubei sindaci tucirakū,
거듭 쏘았으나 발포되지 않았다.

⇦ genggiyen han i cooha gabtame sacime afame dosifi gidafi, guwangning ni
경기연 한(汗)의 병사가 활을 쏘며 베며 공격하며 들어가서 격파하고 광녕(廣寧)의

dzung bing guwan jang ceng yen, liyoodung ni fujiyang
총병관(總兵官) 장승음(張承蔭), 요동(遼東)의 부장(副將)

po ting hiyang, hai jeo i tsanjiyang, jai sunja
파정상(頗廷相), 해주(海州)의 참장(參將)과

iogi, ciyandzung, bedzung, buya hafan susai funceme waha,
유격 다섯 명, 천총(千總), 백총(百總), 소관리 50여 명을 죽였다.

nikan i tumen cooha be dehi bade isitala bošome (6:21b)
명의 병사 1만 명을 40리에 이르도록 쫓으며

wafi, ilan tanggū isime tucifi genehe, tere inenggi,
죽이고, 300명 가까이 탈출하여 갔다. 그날

baha uyun minggan morin, nadan minggan uksin, coohai
얻은 말 9000필, 갑옷 7000벌과, 병기를

agūra be dendeme nikan i jasei dolo deduhe, orin
나누며 명의 경계 안에서 숙영했다.

juwe de, afame feye baha niyalma de dacilame
22일에 싸우다가 부상당한 사람에게 자세히

fonjifi, ambula feye de ambula doroi, komso
물어서 큰 부상에는 큰 예로써, 작은

feye de komso doroi gung arafi šangname buhe,
부상에는 작은 예로써 공을 인정하여 상을 주었다.

tere inenggi, olji icihiyame wajihakū ofi, tere yamji (6:22a)
그 날 포로를 처리하는 것을 마치지 못하고, 그 날 저녁에

ing gurime majige aššafi, jasei tulergi dorgi be
영을 이동하여 조금 움직여서 경계의 안팎을

aktalame dukai ala de iliha, orin ilan de,
걸쳐 Duka 언덕에 세웠다. 23일에

olji icihiyame wajifi, dukai ala ci cooha aššafi
포로의 처리를 마치고 Duka 언덕으로부터 병사를 움직여

siyeri bigan de deduhe, tere yamji šun
Siyeri 들에서 숙영했다. 그 날 저녁에 해가

tuheke manggi,
진 후에

⇦ abkai siren, šun tuhere ergici, šun dekdere baru hetu lasha
하늘의 광선이 서쪽에서 동쪽으로 가로질러

emu ba muwa akū, emu ba narhūn akū, (6:22b)
한 곳도 굵은 데가 없고 한 곳도 가는 곳이 없는

sahaliyan lamun siren gocika, orin sunja de, tokso
검푸른 광선이 나타났다. 25일에 Tokso

dogon de fujisa okdofi tubade deduhe, orin ninggun de,
나루에서 푸진들을 맞이하고 그곳에서 묵었다. 26일에

hecen de dosika, tere cooha genere de, hūlaha
성에 들어갔다. 그 병사가 갈 때 포고한

gisun be jurceme, sakda i šusai nirui aki gebungge
말을 어기고 Sakda의 Šusai 니루의 Aki라는

niyalma, geren cooha ci fakcafi coko wafi šolome
사람이 여러 병사로부터 이탈하여 닭을 잡아서 구워

jetere be, jai duin niyalma safi emgi jetere de,
먹는 것을 또 네 명이 알고 함께 먹을 때,

niowanggiyaha i cooha acafi sunja niyalma waha seme, tere aki be (6:23a)
청하의 병사가 마주쳐서 다섯 명을 죽였다 하여 그 Aki를

wafi, terei yali be faitafi, geren niru niru de
죽여서 그 살을 베어서 여러 니루에

ubu sindame dendefi, geren cooha de tuwabume ejebuhe,
분할하여 나누고 여러 병사에게 보게 하며 기억하게 하였다.

fusi hecen be afara de, wan sindafi julergi
무순성을 공격할 때에 사다리를 놓고 앞

niyalma hecen de afame dosika, ilhi niyalma dosikakū
사람이 성에 공격하며 들어갔는데, 다음 사람이 들어가지 않아서

ofi, neneme dosika niyalma be bucehe seme, ilhi
먼저 들어간 사람이 죽었다 하며 다음 순서인데

bifi dosikakū ilai gebungge niyalma be, šan oforo be
들어가지 않은 Ilai라는 사람을 귀와 코를

faitafi beyebe aha araha, sunja nirui ejen, nirui (6:23b)
베고, 노복으로 만들었다. "다섯 니루 수장과 니루

ejen, yaya niyalma ai ai weile de afabure de,
수장 등 모든 사람은 온갖 일을 맡을 때

beye muteci,
자신이 할 수 있으면

⇦ han i afabure weile be alime gaisu, muterakūci, ume alime gaijara,
한(汗)이 맡긴 일을 받아들이고, 할 수 없으면 받아들이지 말라.

si muterakū bime alime gaici, sini emu beye i
네가 할 수 없는데도 받아들이면 네 한 몸에만

jalin de waka kai, tanggū niyalma be kadalara niyalma
관련된 일이 아니다. 100명을 관할하는 사람이면

oci, tanggū niyalmai baita tookambi, minggan niyalma be
100명의 일이 어긋날 것이며, 1000명을

kadalara niyalma oci, minggan niyalmai baita tookambi kai, (6:24a)
관할하는 사람이면 1000명의 일이 어그러진다.

tere baita serengge, gemu
이 일은 모두

⇦ han i amba baita seme neneme henduhe bihe, sunja niru be
한(汗)의 큰 일이다"라고 먼저 말한 바 있었는데, 다섯 니루를

kadala seme afabuha gartai, kadalame mutehekū seme sunja
관할하라고 맡긴 Gartai는 관할하지 못했다 하여 다섯

niru kadalara be nakabuha, olji faitaha, cangguna ini
니루를 관할하는 것을 파직시키고 노획물을 감했다. Cangguna는 그의

sunja nirui ufaraha babe ufaraha seme tondo be
다섯 니루가 실패한 바를 실패했다고 사실대로

alahakū, holtome aitubume alaha seme, cangguna be sunja
고하지 않고 거짓으로 두둔하며 고했다 하여, Cangguna를 다섯

niru kadalara be nakabuha, olji faitaha, nacibu (6:24b)
니루를 관할하는 것을 그만두게 하고 노획물을 감했다. Nacibu

hiya be urkingge holo seme, sunja nirui ejen i
히야를 허풍쟁이라며 다섯 니루 수장의

doroi šangname bure gebui jaka be buhekū, gemu
예로 상을 주는 명목의 물품을 주지 않고 모두

faitaha, uici gebungge niyalma be, holo dabduri seme
감했다. Uici라는 사람을 거짓말쟁이며 성급하다 하며

olji faitahakū, holo de toktobuha, sunja niru be
노획물을 감하지는 않았지만 거짓말쟁이라고 정했다. 다섯 니루를

kadala seme afabuha asibu gebungge niyalma, ini emu
관할하라 하며 맡긴 Asibu라는 사람은 그의 말

morin be šadaha seme kadalara [原檔殘缺] niruci fakcafi
한 필이 지쳤다 하여 관할하는 □□□ 니루에서 이탈하고

ini nirui tu ci inu fakcafi encu deduhe (6:25a)
그의 니루의 둑(纛)에서 벗어나서 다른 곳에서 잤다고

seme, sunja niru kadalara be nakabuha, ini [原檔殘缺] be
하여 다섯 니루를 관할하는 것을 그만두게 했다. 그의 □□□을

inu nakabuha, olji faitaha, emu niru be kadala
역시 그만두게 하였고 노획물을 감했다. 한 니루를 관할하라고

seme afabuha [原檔殘缺] šusai gebungge niyalma, ini emu
맡긴 □□□ Šusai라는 사람은 그의 한

nirui niyalma be gemu gaifi, dain de baha
니루의 사람을 모두 인솔하고 전쟁에서 얻은

olji jaka de bifi, [原檔殘缺] beise dain sabuha
포로 곁에 있어서 □□□ 버일러들이 적병을 발견했다고

seme julesi okdome geneci, šusai nirui niyalma gemu
하여 앞으로 대적하러 가니 Šusai 니루의 사람이 모두

akū bihe, dain akū seme amasi jidere de (6:25b)
없었다. 적이 없다고 돌아올 때에

acaha, tuttu ofi, šusai be niru kadalara be
맞닥뜨렸다. 그렇게 되어 Šusai를 니루 관할하는 것을

nakabuha, olji faitaha.
그만두게 하였으며 노획물을 감했다.

○ kooli be ejeme bithe araha amban erdeni baksi
역사를 기억하여 글을 쓴 대인인 Erdeni 박시가

hendume, nikan gurun i wan lii han de waka
말하기를, "명나라의 만력제(萬曆帝)에게 잘못이

ambula ofi,
많아서

⇦ abka na wakalafi, tere ilan bade ing hadafi ulan fetefi, (6:26a)
하늘과 땅이 책망하여, 그 세 곳에 영을 설치하고 호(壕)를 파고

poo miyoocan be jergi jergi dasame jabduha tumen
포, 총을 겹겹이 배치할 여유가 있었고 병사 1만 명이

cooha afaci etehekū, gemu gidabufi wabuha dere, abkai
싸웠으나 이기지 못하고 모두 격파되어 죽임을 당한 것이다. 하늘의

edun iliha andande amasi nikan i baru gidame dafi,
바람이 일어난 순간에 뒤로 명군을 향하여 휘몰아쳐서

poo sindara niyalma ini sindaha poo de, i
포 쏘는 사람이 자신이 쏜 포에 자신이

goifi nadan niyalma bucehe, jušen gurun i
맞아 일곱 명이 죽었다. 여진국의

⇦ genggiyen han de uru ambula ofi,
경기연 한(汗)에게 올바른 것이 많아서

⇦ abka na dafi edun aga erin fonde acabufi, nikan i tutala (6:26b)
하늘과 땅이 도와 바람과 비의 시간을 때에 맞게 하여, 명의 저토록 많은

tumen cooha be minggan coohai gese hono gūnihakū,
병사 1만 명을 1000명만큼도 여기지 않고,

isinahai teile uthai dosifi, tere cooha be gidafi,
도달하자마자 곧장 들어가서 그 병사를 격파하여

tumen [原檔殘缺] be waha dere, nikan i tumen coohai
1만 □□□를 죽인 것이다. 명의 병사 1만 명이

sindaha amba poo emu tanggū, ajige poo emu
배치한 큰 포 100문, 작은 포

minggan bihe, emu minggan emu tanggū poo miyoocan de,
1000문이 있었다. 1100문의 포와 총에

damu dubei alban i juwe uksin i niyalma goifi bucehe,
다만 말단의 공역을 하는 두 갑병이 맞아서 죽었다.

emu udu niyalma fulahūn yali goifi dahakū, emu (6:27a)
몇몇 사람은 몸의 드러난 부분을 맞았지만 다치지 않았고 한

niyalmai etuhe mahala goifi yali de isinafi umainahakū,
사람은 쓴 모자를 맞아서 몸에 닿았으나 아무 일도 없었다.

utala minggan funcere poo miyoocan be
이렇게 많은 1000 넘는 포와 총을

⇦ abkai enduri jailabume goihakū dere, selei hitha jursu ilarsu be
하늘의 신이 빗나가게 하여 맞지 않았던 것이다. 쇠로 된 두 겹 세 겹의 미늘을

hafu genere poo miyoocan de, fulgiyan yali niyereme
관통하는 포와 총에 맨살을 드러낸 갑옷 없는

niyalma goifi dahakūngge,
사람이 맞고도 다치지 않은 것은

⇦ abkai enduri dalifi dahakū dere,
하늘의 신이 막아서 다치지 않은 것이다.

⇦ genggiyen han i coohai niyalma i gabtaha sirdan, tokoho gida, saciha (6:27b)
경기연 한(汗)의 병사가 쏜 화살, 찌른 창, 벤

loho be, gemu
칼은 모두

⇦ abkai enduri nememe tokoho aise, ing hadafi iliha alin i
하늘의 신이 먼저 찌른 것이 아니겠는가. 영을 세우고 진을 친 산의

wasihūn de, utala cooha be majige andande sacime
아래에서 이토록 많은 병사를 순식간에 베고

gabtame tuhebuhe,
쏘아 거꾸러뜨렸다.

⇦ abkai aisilaha be adarame bahafi saha seci, fusi be sucume
하늘이 도왔다는 것을 어떻게 알 수 있었는가 하면 무순을 습격하러

genere de, dulire dobori agahangge, uksilere de galandarakū bihe
갈 때에 밤새 비가 왔는데 갑옷을 입을 때 개지 않고 있었다 하면

bici, tere cooha adarame genembihe, fusi hecen be (6:28a)
그 병사가 어떻게 갔겠으며, 무순성을

adarame gaimbihe, tere emu, jai guwangning, liyoodung ni cooha,
어떻게 얻었겠는가. 그것이 하나이다. 광녕, 요동의 병사가

jasei jakade amcame jiderakū bihe bici, jasei dolo
경계 부근으로 추격하러 오지 않고 있었다면 경계 안으로

genembiheo, jasei jakade amcame jihengge, nikan gurun i mujilen be
갔겠는가. 경계 부근으로 추격하여 왔으므로 명나라의 마음을

bilahangge kai, nikan i cooha olji dendenggele jihe bici,
꺾은 것이다. 명의 병사가 포로를 나누기 전에 왔다면

olji geli dulga ukambihe, olji icihiyame wajifi beyebe
포로가 또 반 이상 도망쳤을 것이다. 포로 처리를 마치고 몸을

gemu jabdubufi jihengge,
모두 여유 있게 하고 나서 온 것,

⇦ abkai aisilaha serengge tere kai, fusi hecen ci dahame jihe (6:28b)
하늘이 도왔다 하는 것이 그것이다." 무순성에서 항복해 온

minggan boigon i ama jui, ahūn deo be faksalahakū,
1000호의 부자와 형제를 떼어놓지 않았고

eigen sargan be delhebuhekū, dain de bahafi acahakū
부부를 가르지 않았다. 전장에서 만나지 못한

ahūn deo, ama jui, eigen sargan, niyaman hūncihin,
형제, 부자, 부부, 친인척,

booi aha aika jaka be, gemu boode jifi
집의 노비 등 모든 사람을 모두 본성에 와서

gemu baicafi acabume buhe, terei dele, morin, ihan,
모두 조사하여 만나게 해주었다. 그에 더해서 말, 소,

aha, etuku, jibehun, sishe, jeku, wafi jefu seme
노비, 옷, 이불, 요, 식량, 잡아먹으라 하며

minggan ihan buhe, uji seme emu boode juwete (6:29a)
소 1000마리를 주었다. 기르라고 한 집에

amban mehejen ulgiyan, duite yendahūn, sunjata niongniyaha, sunjata
큰 암퇘지 두 마리씩, 개 네 마리씩, 거위 다섯 마리씩,

niyehe, juwanta coko, tetun agūra ai jaka be
오리 다섯 마리씩, 닭 열 마리씩, 가재도구 등 모든 물건을

gemu yongkiyame jalukiyame yooni bufi, kemuni ini nikan
모두 완비하여 수를 채워 갖추어주었고, 전처럼 자신들 명나라의

gurun i kooli amba ajige hafan ilibufi, ini da
전례(典例)대로 크고 작은 관리를 세우고 자신들의

ejen iogi lii yung fang de bufi kadalabuha,
본래 수장인 유격 이영방에게 주어 관리하게 했다.

⇦ genggiyen han geli ujiki seme cihalafi ujihe be dahame, ere fusi
경기연 한(汗)이 또 살려주겠다 하고 기쁘게 살려주었으므로, "이 무순의

iogi be umesi akūmbume ujiki, i beyebe amtanggai (6:29b)
유격을 매우 극진히 돌보고 싶다. 그 자신이 흡족하게

banjikini seme,
살아가게 하고 싶다"라고 하며

⇦ han, ambasai baru hebdeme gisurefi,
한(汗)이 대인들을 향해 상의하여 말하기를

⇦ han i jui abatai de banjiha amba sargan jui be, anagan i
한(汗)의 아들 Abatai에게서 난 큰 딸을

duin biyai ice jakūn de, fusi iogi de
윤4월 초여드레 날에 무순의 유격에게

bume amba sarin sarilaha, orin juwe de, nadan
주며 큰 연회를 벌였다. 22일에

amba koro i gisun be bithe arafi, nikan han i
칠대한의 말을 글로 써서 명 황제의

lo taigiyan i hūdai juwe niyalma, keyen i emu niyalma, (6:30a)
노(魯) 태감(太監)의 상인 두 사람, 개원의 한 사람,

fusi emu niyalma be nikan han de takūrafi unggihe.
무순의 한 사람을 명 황제에게 파견했다.

제7권

천명(天命) 3년(1618) 5월부터 12월까지

nadaci debtelin,
abkai fulingga i ilaci
aniya sunja biyaci jorgon
biyade isinahabi.

tongki fuka sindaha hergen i dangse. (7:1a)
유권점 당안

○ sunja biyai juwan nadan de cooha juraka, juwan
5월 17일에 병사가 출발했다.

uyun de, fanaha, hūwa boo cung, sancara amba ajigen
19일에 범하(范河), 화표충(花豹衝), 삼차아(三岔兒) 등 크고 작은 성,

uhereme juwan emu hecen be afame gaifi, tere
모두 하여 11성을 공격하여 취하고 그

golo de deduhe, tere dobori beise ambasa, sain cooha be
지역에서 숙영했다. 그날 밤에 버일러들과 대인들이, 정예병을

sonjome gaifi, coohai ing ci goro tucifi, ing be
뽑아 이끌고 병영으로부터 멀리 나가서 각 영별로

tehereme teisu teisu baksan baksan uksilehei tehe,
대오에 맞추어 갑옷을 입은 채로 주둔했다.

orin de, sung šan tun hecen be dahabuha, (7:1b)
20일에 송산돈(松山墩)성을 항복시켰고,

tere šurdeme bihe duin hecen be kafi, daha
그 주변에 있는 네 개의 성을 포위하고, 항복하라고

seci dahahakū ofi, afafi gemu waha, cooha dosifi
해도 항복하지 않아서 공격하여 모두 죽였다. 군대가 들어가서

nikan i jasei dolo ilan dedume bici, nikan cooha
명의 경계 내에서 사흘을 숙영하고 있어도 명 군대가

tucikekū, karun i niyalma sabunjihakū, amba ajige juwan
나오지 않았고, 초병도 살펴보러 오지 않았다. 크고 작은

nadan hecen be gaifi, sancara fu de ilifi olji
성 17개를 취하고 삼차아의 담에서 영을 세우고, 포로를

icihiyara de, abka juwe inenggi emu dobori agaha,
처리할 때에 이틀 낮 하룻밤 동안 비가 왔다.

erdeni baksi hendume, tere abkaka abka, dulire dobori (7:2a)
Erdeni 박시가 "그때의 비온 하늘, 철야하는 밤,

sucure cimari abkaka bici, tere golo aide gaibumbihe,
습격하려는 아침에 비가 왔다면 어찌 그 지역을 얻게 되었겠는가.

⇦ abka aisilaha serengge tere kai, tereci jase tucifi ninggun dedume
하늘이 도왔다 하는 것이 그것이다"라고 말했다. 그 후 경계를 나가서 엿새를 숙영하며

olji icihiyafi, afafi feye baha niyalma de, ambula
포로를 처리하고, 싸워서 부상당한 사람에게 많고

komso be ilgame šangname buhe, feye bahafi beye
적은 것을 분별하여 상을 주었다. 부상당하여 몸을

muterakū niyalma, aika baita bisire, nimere niyalma,
움직일 수 없는 사람, 무슨 일이 있는 사람, 병든 사람,

olji bargiyara karmara niyalma be tucibufi boode unggihe,
포로를 거두어 보호할 사람을 나오게 하여 집에 보냈다.

頭註: sirame aniyai fe dangse de, abkafi sere hergen be kūwarafi, agafi seme halame arahabi. [다음해의 『滿文原檔』에 abkafi라는 글자를 동그라미 치고 agafi라고 바꾸어 써놓았다.]

fanaha, hūwa boo cung, sancara golo de dosifi, ini jeku (7:2b)
범하, 화표충, 삼차아로에 들어가서 그가 곡물을

feteme gaime dosika de, orin jakūn i cimari erde
파내어서 가지기 위하여 들어갔을 때 28일 아침 일찍

talman talmaka bihe, tere talman, cimari gūlmahūn i
안개가 끼었다. 그 안개에 아침 묘시(卯時)

dulimbai erinde,
중간에

⇦ abka fulgiyan niowanggiyan šanggiyan siren, coohai juwe dalbade siren tucifi,
하늘에 붉고 푸르고 흰 광선이, 군대의 양쪽에 광선이 나와서

jai ninggun[1)] muheliyen duka ofi, coohai amala emu
또 여섯 둥근 문을 이루고 군대의 뒤에 한

gencehen, coohai juleri emu gencehen ofi, coohai niyalma be
칼등 모양, 병사의 앞에 한 칼등 모양을 이루어 군대를

dahame tofohon ba i dubede isinafi nakaha, tere amba (7:3a)
따라 15리 끝에 이르러서 사라졌다. 그 큰

goloi juwan nadan hecen i jeku, jai buya gašan i
지역의 성 17개의 양식과 또 작은 마을의

jeku be gemu wacihiyame gaifi gajiha, jai fusi
양식을 모두 완전히 취하여 가지고 왔다. 또 무순로(撫順路)에

golo de dosifi, coohai morin be usin i niowanggiyan
들어가서 군마에게 밭의 푸른

jeku de ulebume, fe umbuha eye i jeku be wacihiyame
곡식을 먹게 하고 이전에 묻었던 움 구덩이의 양식을 완전히

1) 『滿洲實錄』(5권, 天命 3년(1618) 5월)에는 ninggu '위'로 되어 있다.

juwehe, neneme takūraha emu niyalma, jai juwe amban,
운반했다. 먼저 파견했던 한 명, 그리고 대인 두 명,

emu tungse uheri nadan niyalma be, ninggun biyai
통사 한 명 등 모두 하여 일곱 사람을 6월

orin juwe de, guwangning ni du tang takūrafi isinjiha, (7:3b)
22일에 광녕(廣寧)의 도당(都堂)이 파견하여 도착해 왔다.

terei gisun, muse acaki seci, sini dailafi gamaha
그의 말이 "우리가 화친하고자 하면 네가 전쟁하여 데리고 간

emu udu niyalma be benjime, sini niyalma takūra,
몇몇 사람을 돌려보내기 위하여 너의 사람을 파견하라"고 말했다.

tere gisun de
그 말에

⇦ genggiyen han hendume, dailafi baha emu niyalma be ainu bederebumbi,
경기연 한(汗)이 말하기를 "전쟁하여 얻은 한 사람이라도 왜 되돌아가게 하겠는가.

← mimbe uru seci, simbe sucufi gajiha niyalmai dele,
나를 옳다고 한다면 너를 공격하여 우리가 잡아온 사람 외에도

← si menggun aisin suje gecuheri nememe bume aca,
너는 은과 금, 비단, 망룡단을 더해 주며 화친을 청하라.

← mimbe waka seci, bi acarakū, kemuni dailambi seme (7:4a)
나를 옳지 않다고 한다면 나는 화친하지 않고 계속 전쟁을 하겠다"라고

hendufi unggihe.
말하여 보냈다.

○ nadan biyai orin de, niowanggiyaha de cooha genere de,
7월 20일에 청하(淸河)에 군대가 갈 때에

honin erinde abka agaha, dobori galaka, orin juwe de,
미시(未時)에 비가 내렸다가 밤에 개었다. 22일에

niowanggiyaha i hecen be afame gaiha, dorgici tere
청하성(淸河城)을 공격하여 취했다. 나라 안으로부터 그

hecen de jifi tuwakiyame tehe emu iogi, sunja
성에 와서 지키려고 주둔한 유격(遊擊) 한 명과

minggan cooha, ini ba i sunja minggan cooha, akdulame (7:4b)
병사 5000명과, 그 곳에 있던 병사 5000명이 굳건하게

tuwakiyafi, amba ajigen poo miyoocan emu minggan juwe
지키고, 크고 작은 포와 총

tanggū, tuttu dasafi akdulame tuwakiyaha, tumen funcere coohai
1200정을 그렇게 정비해서 굳건하게 지켰다. 1만 명이 넘는 병사는

niyalma gabtara sacire, gida i tokoro, wehe fahara, minggan
활 쏘고 도끼로 찍고, 창으로 찌르고 돌을 던지고,

funcere poo miyoocan sindaci umai tucirakū, hecen be
1000이 넘는 포와 총을 쏘아도 전혀 나오지 않았다. 성을

sacime uribume tuhebufi, hecen de dosifi, tere
찍으며 파괴하며 무너뜨려서 성에 들어가서 그

cooha be gemu waha, waha niyalmai fejile gidabufi
병사를 모두 죽였다. 죽인 사람의 아래에 깔려서

feye akū niyalma inu ambula bucehe, tere hecen be (7:5a)
상처가 없는 사람도 많이 죽었다. 그 성을

gaifi duin dedume olji dendefi, niowanggiyaha i hecen ci
취하고 나흘을 숙영하며 포로를 나누고 청하성으로부터

šun tuhere ergide, liyoodung ni baru dosi genefi,
해 지는 쪽, 즉 요동(遼東)을[2] 향해 명나라 안쪽으로 가서

juwe deduhe manggi, nikan i elcin lii tsanjiyang sunja
이틀을 숙영하자 명의 사신인 이(李) 참장(參將)과 다섯

niyalma isinjiha, tede acara dubengge gisun umai akū
사람이 이르러 왔다. 그에게 화친할 뾰족한 말이 전혀 없어서

ofi amasi unggihekū, jai donjici, tere lii tsanjiyang be,
되돌려보내지 않았다. 다시 들으니 그 이 참장을

cooha yabure jugūn be tuwana seme takūraha bihe,
병사 다니는 길을 보러 가라며 파견한 것이었다.

tereci amasi bederefi, julergi golo de dosifi, i du ciyang, (7:5b)
그 후 물러나서 남로(南路)에 들어가서 일도장(一堵墻)

giyamcan i hoton be efulefi, tere goloi eye i
감장성(鹻場城)을 파괴하고 그 지역의 움 구덩이의

jeku be gemu juwehe, tariha jeku be gemu morin
곡식을 모두 운반했다. 경작한 곡식을 모두 말에게

ulebuhe, ilan minggan olji baha, jasei dolo juwan
먹였다. 포로 3000명을 얻었다. 경계 안에서

ilan deduhe, tereci amasi cooha bederehe, niowanggiyaha be
13일을 숙영한 후에 병사가 돌아왔다. 청하를

sucuha inenggi, nikan i sunja minggan cooha, aiha i
쳐들어간 날 명의 병사 5000명이 애하(靉河)

babe tucifi weji dolo tehe,
지역을 나와서 숲 속에 주둔했다.

⇦ genggiyen han i harangga ice donggo gebungge gašan be sucufi, nadan (7:6a)
경기연 한(汗)의 관할인 Ice Donggo 촌락을 습격해서

---

2) 여기서 '요동'은 '요양(遼陽)'을 가리킨다.

haha hehe juse uhereme tanggū isime wabuha, niowanggiyaha ci
장정 일곱과 여자, 아이들, 모두 하여 100명 가까이 죽임을 당했다. 청하로부터

amasi boode jidere onggolo, darhan hiya de duin
되돌아 본성으로 오기 전에 Darhan 히야에게

minggan cooha be adabufi, fusi goloi jase jakarame
병사 4000명을 붙여서 "무순로(路)의 경계에 연하여 있는

musei jeku hadure be tuwakiya seme unggihe, boode
우리의 곡식을 수확하는 것을 지키라"고 보냈다. 본성에

jihe manggi, amba bisan bisaka, erdeni baksi hendume,
온 후에 큰물이 졌다. Erdeni 박시가 말했다.

cooha juraka inenggi, abkaka abka, boode jihe
"병사가 출발하던 날, 비온 날씨, 본성에 온

manggi, bisaka bisan, dulire dobori sucure cimari abkaka (7:6b)
후에 내린 큰 비, 철야하는 밤, 습격하는 아침에 비가

bihe bici, tere niowanggiyaha i hecen be adarame bahambihe,
왔더라면 그 청하성을 어떻게 얻었겠는가.

⇦ abka aisilaha serengge tere kai, geren beise ambasa,
하늘이 도왔다고 하는 것이 그것이다." 여러 버일러들과 대인들이

⇦ han i baru hendume, wargi goloi jeku hadure be tuwakiyara cooha,
한(汗)을 향하여 말하기를 "서로(西路)의 곡식을 수확하는 것을 지키는 병사가

bedereme boode jikini seme henduhe manggi,
물러나 집에 오고자 한다"라고 말하자

⇦ han hendume, musei cooha gemu bederehe manggi, cooha gemu meni
한(汗)이 말했다. "우리 병사가 모두 물러난 후에 명나라 병사가 '병사가 각

頭註: ere abkaka sere hergen, uthai juleri adali. [이 abkaka라는 말은 곧 앞의 두주와 같다.]

← meni boode bederehe, ini cooha emu bade bio,
각 집에 돌아갔다. 그의 병사가 한 곳에 있느냐.

← ba ba i cooha isara onggolo, muse emu ba be (7:7a)
곳곳의 병사가 모이기 전에 우리가 한 곳을

← gaifi amasi bedereme jabdumbi seme bodofi, musei jecen i
취하고 물러나올 수 있을 것이다'라고 생각하고 우리 경계의

← jeku hadure be nikan cooha tucifi wambikai seme
곡식을 수확하는 것을 명의 병사가 나와서 죽일 것이다"라고

henduci, ojorakū,
말해도 듣지 않았다.

⇦ han, beise ambasai gisun be dahafi, jeku hadure be tuwakiyara
한(汗)이 버일러들과 대인들의 말을 따라서 곡식 수확하는 것을 지키는

cooha be amasi bederebuhe.
병사를 물러나게 했다.

○ jakūn biyai juwan emu de, jecen i jeku be (7:7b)
8월 11일에 경계의 곡식을

hadubume cooha geli wasika, juwan ilan de meihe
수확하게 하려고 병사가 다시 내려갔다. 13일에

inenggi meihe erinde na aššaha, jeku be hadume
사일(巳日) 사시(巳時)에 땅이 진동했다. 곡식 베기를

wacihiyafi tūbuhe, jase ci orin ba i dube ci, goroki
마치고 탈곡하게 했다. 경계에서 20리 떨어진 먼 곳부터

jeku be tū seme, beisei tokso booi jakūn
곡식을 탈곡하라 하며 버일러들의 장원과 집의

tanggū niyalma de, narin, yendei gebungge juwe amban be
800명에게 Narin, Yendei 두 대인을

ejen arafi
수장으로 삼고

⇦ hendume, inenggi oci jeku tū, dobori oci mujakū bade (7:8a)
말하기를 "낮에는 탈곡을 하라. 밤이 되면 곳곳에

← genefi akdun alin de dedu, jai cimari buda erinde,
가서 안전한 산에서 자라. 다음 날 아침 식사 때에

← deduhe alin ci wasifi jeku tū, alin de jailambi seme,
잠 잔 산에서 내려와 탈곡을 하라. 산에 피신한다고 해도

← ineku ineku bade ume jailara, ineku bade jailaha de,
똑같은 장소에 피신하지 말라. 똑같은 장소에 피신하면

← tere jailaha babe tuwafi gidambi, julergi alin de emu
그 피신 장소를 보고 습격할 것이다. 앞산에서

← dobori deduci, amargi alin de emu dobori dedu,
하룻밤 잤다면 뒷산에서 하룻밤을 자라.

← dergi alin de emu dobori deduci, wargi alin de
동쪽 산에서 하룻밤 잤다면 서쪽 산에서

← emu dobori dedu, dain doro de olhoba serebe (7:8b)
하룻밤 자라. 전장에서[3] 신중히 하고 경계하는

← niyalma ci dele ai bi seme tacibume hendufi,
사람보다 높은 것이 무엇이 있는가"라고 가르쳐 말하고,

werihe jakūn tanggū niyalma be gese dendefi, hunehe
모은 800명을 동등하게 나누어 혼하(渾河)강의

---

3) 『滿洲實錄』(5권, 天命 3년(1618))에는 dain doro de가 dain i ba de(전장에서)로 바뀌어 있다.

birai julergi dalin be narin gaifi jeku tūhe,
남쪽 강변을 Narin이 인솔하여 탈곡을 하고

birai amargi dalin be yendei gaifi tūhe, dobori
북쪽 강변을 Yendei가 인솔하여 탈곡했다. 밤에

jailafi deduhekū,
피신하여 자지 않고,

⇦ han i gisun be jurcefi, jeku tūhe je falan de deduhe be,
한(汗)의 말을 어겨 탈곡을 한 탈곡장에서 잔 것을

nikan i karun juwe ilan jergi hūlhame tuwanjifi, uyun (7:9a)
명의 정탐병이 두세 차례 몰래 와서 보고 9월

biyai ice duin de, nikan cooha tucifi, narin i
초나흘에 명의 병사가 나와서 Narin의

jeku tūre duin tanggū niyalma de afanjifi, nadanju
탈곡하는 400명에게 습격해 와서

niyalma be waha, ilan tanggū gūsin niyalma gemu
70명을 죽였다. 330명은 모두

tucike, tere cimari gerendere onggolo, dushun de sucufi,
탈출했다. 그 날 아침이 밝기 전, 미명에 습격하여

šun tucire onggolo nikan cooha amasi bederehe, tere
해 뜨기 전에 명의 병사가 되돌아갔다. 그

nikan cooha jase tucike be, jecen i tai niyalma
명 병사가 경계를 나온 것을 경계의 대(臺)에 있는 사람이

safi pan tūhe, dergi lakiyaha ba sabufi, pan (7:9b)
알고 운판(雲版)을[4] 두드렸다. 동쪽의 매단 장소에 알려 운판을

4) 운판(雲版)은 구름 모양으로 된 금속판이며 신호용으로 사용된다.

tūme ulan ulan i šun alin ci tucifi mukdere onggolo
두드려 차례로 전하여 태양이 산에서 나와서 떠오르기 전에

⇦ han i hecen de isinjiha,
한(汗)의 성에 도달해 왔다.

⇦ han,
한(汗)이

⇦ tangse weceme genehe amari, pan tūre be donjiha, tereci donjihai,
당자(堂子)에 공양하러 간 후에 운판 치는 것을 들었다. 듣는 동안에

⇦ han i hecen de bihe morin i cooha be, amba beile ini
대버일러가 한(汗)의 성에 있던 기병과 자신의

deote be gaifi uthai tere erinde juraka, hanciki
동생들을 인솔하여 그 시각에 즉시 떠났다. 가까운

gašan de bihe morin cooha jurandara onggolo, neneme (7:10a)
촌락에 있던 기병이 막 출발하기 전에 먼저

juraka cooha kemai dogon de isinaha manggi, wargi ci
출발했던 병사가 Kemai 나루에 도달해 가니 서쪽으로부터

emu niyalma jifi, nikan cooha jeku tūre nadanju
한 사람이 와서, 명 병사가 탈곡하는

niyalma be wafi, emu erin hono ohakū uthai
70명을 죽이고 한 시진도 되지 않아 곧

amasi bederehe seme alaha manggi, okdome genere cooha
되돌아갔다고 아뢰니, 대적하러 가는 병사가

tere kemai dogon de ilifi, amba beile,
그 Kemai 나루에서 멈추고, 대버일러가

⇦ ama han de niyalma takūrafi, takūraha niyalma,
아버지 한(汗)에게 사람을 보냈다. 파견 보낸 사람이

⇦ han be amba gašan i bigan de acafi alara jakade, (7:10b)
한(汗)을 Amba Gašan 들판에서 만나서 고하자

⇦ genggiyen han hendume, amba gurun i han i cooha jimbi seci, okdofi
경기연 한(汗)이 말하기를, "대국의 황제의 병사가 온다고 하니 대적하여

← afaki seme juraka bihe, amba gurun i cooha hūlhame
싸우고자 떠났었다. 대국의 병사가 몰래

← tucifi emu erin hono ojorakū amasi bedereci, musei
나와서 한 시진도 되지 않아 되돌아갔다면 우리의

← cooha julesi ai ganambi, amasi bedere seme hendufi
병사가 앞으로 무엇을 취하러 가겠는가. 되돌아 물러오라"고 말해서

amasi bederehe,
되돌아왔다.

⇦ han i neneme henduhe gisun be jurcehe seme, narin be wara
한(汗)의 먼저 이른 말을 어겼다 하여 Narin을 죽일

weile arafi, beyebe wahakū, eigen sargan i beyei teile (7:11a)
죄로 정했으나 몸을 죽이지는 않고 부부의 몸만

tucibufi, booi aika jaka be gemu gaiha, yendei be
나가게 하고 집의 온갖 물건을 모두 빼앗았다. Yendei에게서는

hontoholome gaiha, yegude be karun genefi, cooha jihe be
재산의 절반을 빼앗았다. Yegude는 정탐가서 군사가 온 것을

sahakū seme, yegude i boo be ilan ubu sindafi,
몰랐다 하여 Yegude의 집을 세 몫으로 나누어

juwe ubu be ejen de buhe, emu ubu be
두 몫을 본인에게 주고 한 몫을

šajin i niyalma gaiha,
법관이 몰수했다.

⇦ genggiyen han hendume, nikan gurun de dain ofi, muse ere
경기연 한(汗)이 말하기를, "명나라에서 전쟁을 하는데, 우리가 이쪽

← dorgi bade tefi cooha yabuci, dergi dubei coohai (7:11b)
지방에 주둔하면서 병사가 다니면 동쪽 끝의 병사와

← niyalma morin, ba goro ofi suilambi, nikan i baru
말은 거리가 멀어서 수고스럽다. 명을 향하여

← wasihūn ibefi, jaifiyan i bade hoton arafi teki, nikan i
서쪽으로 전진하고 Jaifiyan 지역에 성을 짓고 주둔하자. 명의

← jasei dolo adun ulebume, jecen i nikan be usin
경계 안에서 가축 떼를 먹이며 경계에 사는 한인이

← weileburakū tefi muse giyahūn maktame aba abalame yabuki,
밭일을 못하도록 주둔하고 우리가 매를 날리며 몰이사냥을 하러 다니자.

← nikan be hecen ci tuciburakū jobobuki, jobobure de dosorakū
한인을 성으로부터 나오지 못하게 괴롭히자. 괴롭힐 때 참지 못하고

← cooha tucici, saciki, cooha tucirakūci, muse jai geli
병사가 나오면 베자. 병사가 나오지 않아도 우리가 또

← emu babe seoleki, musei cooha be jobobume wehe de (7:12a)
한 가지를 생각하자. 우리의 병사를 고생시키며 돌에

← fahabufi, uju hūwajame gala bethe bijame, hoton be
맞아서 머리가 깨지고 팔다리가 부러지면서 성을

← afafi ainambi seme gisurefi hoton i wehe moo isibume
공격해서 무엇 하겠는가"라고 말했다. 그리고 성 쌓을 돌과 나무를 나르고,

boo i moo sacime genefi, hoton i wehe moo alin ci
집 지을 나무를 베러 가고, 성 쌓을 돌과 나무를 산으로부터

isibume wajifi, hoton arara babe dasame wajifi, abka
다 날라서 성 쌓을 장소를 다 정리했다. 그리고 날이

beikuwerehe manggi, hoton arara be nakafi, wargi goloi
추워진 후에는 성 쌓기를 중단하고 서로(西路)의

jasei tulergi jeku be gemu tūme wacihiyafi, uyun
경계 밖 곡식을 모두 탈곡하기를 마치고 9월

biyai orin sunja de, fusi amargi hūi an pu (7:12b)
25일에 무순 북쪽의 회안보로(會安堡路)를

golo be tabcilame dosifi, minggan olji baha, ilan
약탈하러 들어가서[5] 포로 1000명을 얻었다.

tanggū haha be, nikan i jase jaka i dukai hecen i
장정 300명을 명 경계의 Jaka성(城)

jakade waha, emu niyalma de bithe jafabufi unggihe
부근에서 죽이고, 한 사람에게 글을 들려서 보냈다.

⇦ bithei gisun, mini tondo uru be daburakū afambi seci, cooha boljofi
글이다. "나의 바르고 옳음을 고려하지 않고 공격하겠다 하면 병사를 기약하고

← jase tucifi, juwan tofohon dedume hoton hecen efuleme
경계를 나와서 10일이나 15일을 숙영하며 성시(城市)를 파괴하여

← afacina, tuttu akūci, mini tondo uru be uru
정벌하라. 그렇지 않으면 나의 바르고 옳음을

← arame, ulin bume weile wajicina, amba gurun i han i (7:13a)
옳다고 하고 재물을 주며 죄를 끝내라. 대국 황제의

← cooha, buyarame hūlhame usin weilere aha be tanggū
병사가 좀스럽게 훔쳐대며, 밭일하는 노비를 100명

← waci, sini usin weilere aha be bi minggan
죽이면 나는 너의 밭일하는 노비를 1000명

---

5) 만주인들에게 약탈은 재물을 획득하기 위한 쉽고도 명예로운 행위였다.

← waha, sini nikan gurun i usin be hecen i dolo
죽였다. 너의 명나라의 밭을 성 안에서

← weilembio seme bithe arafi, tere bithe gamara niyalmai
경작하겠느냐"라고 글을 써서 그 글을 가지고 가는 사람의

juwe šan be faitafi unggihe, tereci cooha amasi
두 귀를 베고 보냈다. 그 후 병사가 도로

bedereme jidere de, orin uyun i cimari tasha erinde,
물러나 올 때에 29일의 아침 인시(寅時)에

šun dekdere (7:13b)
태양이 뜨는

⇦ abkai julergi hošoi ergide, na ci šanggiyan siren tucifi
하늘의 남쪽 모퉁이 쪽에서 땅으로부터 흰 광선이 나와서

⇦ abka de sucuha bihe, tere siren amba jangkū i adali, dube
하늘로 뻗어 있었다. 그 광선은 큰 대도같이 끝

ergi narhūkan godohon bihe, golmin amba moo ci
쪽이 가늘고 수직으로 서 있었다. 길이는 큰 나무보다

den, muwa hetu emu da sabuha.
높고 가로 폭은 한 발[6] 되어 보였다.

○ juwan biyai juwan emu de gerendere jakade, tere
10월 11일에 밝아올 무렵에 그

šanggiyan siren i šun dekdere ergide, usiha de siren (7:14a)
흰 광선의 동쪽 방향에서, 별에서 광선이

6) da는 '두 팔을 벌린 길이', 즉 '발(庹)'을 뜻한다.

tucike, tere na ci tucike šanggiyan siren, usiha de
나왔다. 그 땅에서 나온 흰 광선은 별에서

siren tucike duici inenggi, juwan duin i cimari ci
광선이 나온 지 넷째 날인 14일 아침부터

jai sabuhakū nakaha, juwan emu de, siren tucike
다시 보이지 않고 사라졌다. 11일에 광선이 나온

usiha, dobori dari nadan usiha i baru gurifi, nadan
별이 밤마다 북두칠성을 향하여 이동해서 북두칠성의

usiha i uncehen i dubei emu usiha i amargi dube be
꼬리 끝의 한 별의 북쪽 끝을

amasi duleke, omšon biyai ice uyun ci jai
북쪽으로 지나갔다. 11월 초아흐레부터 다시

sabuhakū nakaha. (7:14b)
보이지 않고 사라졌다.[7]

○ juwan biyai juwan de, dergi hūrha gurun i nakada
10월 10일에 동쪽 Hūrha국의 Nakada

gebungge amban, ujulafi tanggū boigon dahame jimbi seme,
대인이 이끌고 100호가 항복해 온다고 하여

juwe tanggū niyalma be okdome unggihe, tere tanggū
맞으러 200명을 보냈다. 그

boigon hūrha orin de isinjiha,
100호의 Hūrha인이 20일에 도달했다.

7) 『朝鮮實錄』〈광해 10년(1619)〉에 동일한 혜성을 본 기록이 있다.

⇦ genggiyen han yamun de tucifi, hūrha gurun hengkileme acaha manggi,
경기연 한(汗)이 아문(衙門)에 나왔다. Hūrha 백성이 절하며 알현을 마친 후,

acaha doroi amba sarin sarilaha, tereci amasi ini (7:15a)
알현 예로 큰 연회를 열었다. 그러고 나서 자신의

boode genere niyalma be emu ergide ilibuha, enteheme
집으로 갈 사람을 한 쪽에 세우고, 아주

jihe niyalma be emu ergide ilibufi, ujulame jihe
온 사람을 다른 쪽에 세웠다. 그리고 우두머리가 되어 온

jakūn amban de, takūra seme juwanta juru aha,
여덟 대인에게 부려 쓰라고 노비 열 쌍씩,

yalu seme juwanta morin, tari seme juwanta ihan,
타라고 하며 말 열 마리씩, 경작하라 하며 소 열 마리씩,

yarga hayame gecuheri burime jibca, dahū, sekei mahala,
표범 가죽으로 테를 두르고 망룡단을 댄 긴 가죽옷, 털옷, 담비 털모자,

sohin gūlha, foloho umiyesun, niyengniyeri bolori eture gecuheri
검은 비단신,[8] 문양을 새긴 허리띠, 봄가을에 입는 망룡단 조의(朝衣),

goksi, gecuheri kurume, duin erinde acabume eture etuku, (7:15b)
망룡단 겉옷, 사철에 맞추어 입을 옷

gahari, fakūri, sishe, jibehun ai jaka be gemu
윗옷, 바지, 요, 이불 등 온갖 물건을 모두

jalukiyame buhe, sirame niyalma de, sunjata juru aha,
충분히 주었다. 그다음 지위의 사람에게 노비 다섯 쌍씩,

sunjata morin, sunjata ihan, sunjata jergi etuku buhe,
말 다섯 마리씩, 소 다섯 마리씩, 옷 다섯 벌씩을 주었다.

---

8) sohin gūlha를 『御製淸文鑑』에서는 '신발 바닥끝을 둥글게 들어올려서 만든 것'으로 풀이하는데, 여기서는 『漢淸文鑑』의 대역 '검은 훠'를 따라 '검은 비단신'으로 번역한다.

geli ilhi niyalma de ilata juru aha, ilata
또 다음 지위의 사람에게 노비 세 쌍씩,

morin, ilata ihan, ilata jergi etuku buhe, dubei
말 세 마리씩, 소 세 마리씩, 옷 세 벌씩을 주었다. 말단 지위의

niyalma de emte juru aha, emte morin, emte ihan,
사람에게 노비 한 쌍씩, 말 한 마리씩, 소 한 마리씩,

emte jergi etuku buhe, jihe tanggū boigon i amba (7:16a)
옷 한 벌씩을 주었다. 귀부해 온 100호의 어른과

asihan de gemu aname jalukiyame,
젊은이에게 모두 순서대로 충분히

⇦ han i beye sunja inenggi yamun de tucifi buhe, tere boo,
한(汗)이 몸소 닷새 동안 아문(衙門)에 나가서 주었다. 살 집,

tebure mucen, derhi, anggara, malu, hofin, hūntahan, moro,
앉히는 가마솥, 삿자리, 단지, 술동이, 목긴 병, 술잔, 사발,

fila, saifi, sabka, hunio, fiyoo, oton, niyalmai banjire
접시, 숟가락, 젓가락, 물통, 키, 구유, 살림 사는

boigon de, baitalara aika jaka be, gemu yongkiyame
집에 필요한 여러 물건 등을 모두 완전히

jalukiyame buhe manggi, tuttu buhe be safi, boode
갖추어 주었으므로, 그렇게 준 것을 알고 집으로

amasi genembi sehe niyalma ambula genehekū tehe, tereci (7:16b)
되돌아간다고 했던 많은 사람들이 가지 않고 머물렀다. 그리고

tere nakada gurun i boigon jihe niyalma be benjifi
그 Nakada는 백성의 가호(家戶)로 온 사람을 인솔해오고

amasi genembi seme, jifi genehekū bure ujire be
되돌아간다 하며 와서는 가지 않고, 주고 보살피는 것을

tuwafi, tehe niyalma, amasi genere niyalma de jasime
보고서 머문 사람이 되돌아가는 사람 편에 소식을 전해 보내며

hendume, gurun i buya coohai niyalmai dolo, muse be
말하기를 "나라의 하급 병사의 마음에는 '우리를

dailame wafi olji araki, ulin bahaki seme gūnimbini,
공격하여 죽이고 포로로 삼겠다, 재물을 빼앗겠다'라고 생각하는데

⇦ han i mujilen de gurun be isabufi ujiki, gucu araki seme
한(汗)의 마음에는 '백성을 집결시켜 보살피겠다, 구추로 삼겠다'라고

gūnimbini, uttu ujimbi seme gūnihakū bihe seme, meni (7:17a)
생각하는구나. 이렇게 보살필 것이라고 생각하지 않았었다"라고

meni ahūn deo de hendufi unggihe,
각각의 형제에게 말하여 보냈다.

○ omšon biyai ice ilan de, lii tsanjiyang ni
11월 초사흘에, 이(李) 참장의

booi emu niyalma, emgi jihe emu tungse, nikan
집의 사람 한 명, 함께 온 통사 한 명,

han i booi juwan niyalma be, fusi hecen be
명 황제의 가인(家人) 열 명을 무순성을

gaiha fonde gajiha bihe, tere sunja niyalma be
빼앗을 때에 데리고 왔었다. 그중 다섯 사람을

sindafi unggihe. (7:17b)
놓아 보냈다.

○ orin uyun de, yehe i gintaisi beile, sunja tanggū
29일에 Yehe의 Gintaisi 버일러가

cooha unggifi, hoifa i hoton tuwakiyame tehe
병사 500명을 보내어서 Hoifa성을 지키기 위하여 주둔한

⇦ genggiyen han i susai haha be waha, juwan ninggun gise hehe,
경기연 한(汗)의 장정 50명을 죽이고 기생 16명,

uhereme juse hehe nadanju niyalma gamaha.
모두 하여 아녀자 70명을 데리고 갔다.

○ jorgon biyai ice juwe de, neneme sindafi unggihe (7:18a)
12월 초이틀에 먼저 놓아 보낸

juwe niyalma de, guwangning ni yang du tang ni emu
두 사람에 광녕(廣寧)의 양(楊) 도당의

wang cing sai be nemefi takūrafi isinjiha, beise i
Wang Cing Sai 한 명을 붙여 보내 도달해 왔다. 버일러들의

gisun akū, karun i ejen arbuha gebungge niyalma, ini
명령이 없이, 초소의 수장 Arbuha라는 사람이 그

cisui hūlhame nikan be sucuha seme weile arafi,
마음대로 몰래 한인을 습격했다며 치죄하여

arbuha i boo be juwe ubu sindafi, emu ubu be
Arbuha의 집을 두 몫으로 나누어 한몫을

ejen de buhe, emu ubu be šajin niyalma gaiha.
주인에게 주었고 한몫을 법관이 받았다.

제8권

천명(天命) 4년(1619) 정월부터 3월까지

jakūci debtelin,
abkai fulingga i duici
aniya aniya biyaci ilan
biyade isinahabi.

tongki fuka sindaha hergen i dangse. (8:1a)
유권점 당안

○ sohon honin aniya aniya biyai ice juwe de,
기미년(己未年) 정월 초이틀에

⇦ genggiyen han i cooha, yehe de geneme juraka, ice nadan de
경기연 한(汗)의 군대가 Yehe에 가기 위해 떠났다. 초이레에

sucufi keintei hoton, niyahan i gašan be gidame tabcin
습격해서 Keintei성, Niyahan 촌락을 돌파하며 약탈하고,

feksifi, yehe i amba hoton i šun dekdere ergi
질주하여 Yehe의 큰 성의 해 뜨는 쪽

duka de juwan ba i dubede isinafi, hoton de
성문에서 10리 앞에 도달해서, 성에

dosime genere niyalma morin ihan be gaifi gajiha,
들어가는 사람, 말, 소를 빼앗아서 이끌고 왔다.

hoton ci juwan ba i dubei tulergi gašan i niyalma be, (8:1b)
성에서 10리 끝 바깥 마을 사람과

morin ihan be gemu gaifi, boo be, afiya
말, 소를 모두 빼앗고 집과, 청대콩,

orho be gemu tuwa sindafi, nuktere monggo i morin
풀을 모두 불 질렀고 유목하는 몽골인의 말,

ihan honin be gemu gaifi, keintei hoton de
소, 양을 모두 빼앗고 Keintei성에

ing hadafi, amba ajige gašan orin funceme gaifi
영을 세우고, 크고 작은 촌락 20여 곳을 빼앗고,

amasi bederefi, amba hoton ci ninju ba i dubede
뒤로 돌아와서 큰 성으로부터 60리 끝에서

deduhe, tere sucuha inenggi, yehe i niyalma, keyen i
숙영했다. 습격한 그날에 Yehe 사람이 개원(開原)의

nikan de alanafi, jai inenggi muduri erinde, nikan (8:2a)
한인에게 알리러 가서, 다음 날 진시(辰時)에

cooha, yehe i gašan de isinjifi, nikan cooha, yehe i
명 병사가 Yehe의 촌락에 도착해 와서, 명 병사, Yehe의

juwe hoton i cooha acafi afaki seme gūnici, ohakū,
두 성의 병사가 합류하여 싸우려고 생각하였으나 하지 못했다.

hoton ci tucifi dehi ba i dubeci amasi bederehe,
성에서 나와서 40리 끝에 왔다가 뒤로 되돌아갔다.

orin juwe de, neneme jihe nikan i elcin lii
22일에, 먼저 왔던 명의 사신 이(李)

cing sai be, emu tungse ilan niyalma be amasi takūrame,
Cing Sai를 한 명의 통사와 세 사람을 함께 돌려보내며

⇦ han, liyoodung ni niyalma be wakalame jase tucike cooha be amasi
한(汗)이 요동(遼東) 사람을 책망하며 "경계를 나온 병사를 뒤로

← bederebuci, mimbe uruleme mini nadan koro be sume, (8:2b)
물리게 하고, 나를 옳다 하며 나의 일곱 원한을 풀어주며

← minde wang ni gebu buci, dain nakarakū ainaha, mini
나에게 왕의 명칭을 주면, 전쟁을 끝내지 않고 어찌하겠는가. 나에게

← fe šang, fusi sunja tanggū ejehe, keyen i minggan
주기로 한 옛 상(賞)인 무순(撫順)의 칙서 500도(道), 개원의

← ejehe be, mini coohai niyalma de bu, mini beyede,
칙서 1000도(道)를 나의 병사들에게 달라. 나 자신과

← ujulaha beise ambasa de, uhereme ilan minggan suje,
수장급 버일러들과 대인들에게는 모두 하여 비단 3000필,

← ilan minggan yan menggun, ilan tanggū yan aisin gaji
은 3000냥, 금 300냥을 가져오라"고

seme bithe arafi unggihe.
글을 써서 보냈다.

(8:3a)

◯ orin ninggun de, muhaliyan gebungge amban de emu
26일에 Muhaliyan이라는 대인에게

minggan cooha be adabufi, šun dekdere ergi hūrha
병사 1000명을 맡겨서 해가 뜨는 쪽 Hūrha국의

gurun i funcehe tutahangge be wacihiyame gaisu seme unggihe.
잔류하여 남은 사람을 마저 이끌고 오라며 보냈다.

◯ juwe biyai tofohon de, sarhū i bade hecen sahara
2월 15일에 Sarhū 지역에 성 쌓을

wehe juweme, emu tumen sunja minggan yafahan cooha,
돌을 운반하기 위하여, 1만 5000명의 보병과

tere be tuwakiyara morin cooha duin tanggū genehe. (8:3b)
그들을 지킬 기병 400명이 갔다.

◯ juwe biyai orin duin de, nikan i yang du tang,
2월 24일에 명의 양(楊) 도당(都堂)이

inde acaki seme, sain gisun i takūraha sain
그와 화친하자며 좋은 말로 보냈던 좋은

niyalma be unggihekū, fusi be gaiha fonde, ukame
사람을 보내지 않고 무순을 취했을 때 도망하여

genehe emu jušen be takūrafi unggime bithede arahangge,
간 한 여진인을 파견하여 보내며 글에 쓴 것이다.

meni nikan i cooha gaifi yabure ambasa, hebešere beise,
"우리 명 병사를 인솔해 다닐 대인들, 협의할 버일러들이[1)]

gemu teksileme isinjihabi, mini dehi nadan tumen cooha, (8:4a)
모두 일제히 도착해 왔다. 나의 47만 병사가

ilan biyai tofohon de, biyai genggiyen i ucuri, jakūn
3월 15일에 달이 밝을 즈음에 여덟

jugūn i cooha genembi seme bithe isinjiha.
길로 출병할 것이다"라는 글이 도달해 왔다.

◯ ilan biyai ice inenggi muduri erinde, wargi fusi
3월 초하루 진시(辰時)에 서편 무순

ergi de karun genehe niyalma isinjifi alame, sikse
쪽에 정탐을 간 사람이 도달해 와서 아뢰기를, 어제

orin uyun i yamji, geren dengjan i tuwa sabuha seme
29일 저녁에, 여러 등불을 보았다며

---

1) 여기서 버일러들은 명나라 군사들의 지휘자들을 가리킨다. 당시 만주인들에게 버일러는 신분이 높은 군 지휘자를 통칭할 수 있었던 것으로 보인다. 『滿洲實錄』(5권, 天命 4년(1619) 5월)에는 beise(버일러들) 대신에 hafasa(관원들)로 되어 있다.

teni alanjifi, yamun i beise de alame, ilifi (8:4b)
막 알리러 와서 아문(衙門)의 버일러들에게 알리니, 버일러들이 일어서서

⇦ han de alara onggolo, julergi goloi niyalma alanjime, sikse orin
한(汗)에게 알리기 전에 남로(南路)의 사람이 또 알려와서 어제

uyun i inenggi honin erinde, donggo i jase be niḳan i
29일 미시(未時)에 Donggo의 경계를 명

cooha dosinjiha seme, juwe ba i niyalma sasari alanjiha
병사가 들어왔다며 두 곳의 사람이 함께 알려왔다.

manggi, yamun de bihe jai jergi ambasa donjifi,
그러자 아문(衙門)에 있던 2등(二等) 대인들이 듣고

⇦ han i tatan i beise, uju jergi ambasa gemu dosifi bihe bade
한(汗)의 타탄의 버일러들, 1등(一等) 대인들이 모두 들어오자

⇦ han i jakade alanaha manggi,
한(汗)의 처소에 알리러 가니

⇦ han hendume, ere nikan cooha jihe mujangga ombi, musei cooha (8:5a)
한(汗)이 말하기를 "이 명 병사가 온 것은 확실해졌다. 우리 병사가

← julergi golo de sunja tanggū bi, terei teile julergi
남로(南路)에 500명이 있다. 그들만으로 남로(南路)를

← golo be tuwakiyakini, ergi golo de neneme cooha sabuha
지키게 하자. 그쪽 지역에서 먼저 병사를 보게 한

← manggi, musei cooha be julesi genekini seme uttu gūnifi,
후 우리 병사를 남으로 가게 하고자 그렇게 생각해서

← neneme julergi golo de cooha sabuhabi, wargi fusi golo be
먼저 남로(南路)에서 병사를 보게 한 것이다. 서(西) 무순로(路)로

← amba cooha jimbi, muse neneme tede afaki seme hendufi,
대군이 온다. 우리가 먼저 그곳에서 싸우자"라고 말하고

← cooha be gemu wasihūn jurambu seme henduhe manggi, amba
"병사를 모두 서쪽으로 출발하게 하라"고 말하니

beile, beise ambasa hecen de bihe cooha be (8:5b)
대버일러가 버일러들, 대인들, 성에 있던 병사를

gaifi, tere muduri erinde uthai juraka, jurafi genere de,
이끌고 그 진시(辰時)에 바로 출발했다. 출발하여 갈 때에

niowanggiyaha i jugūn de geli cooha sabumbi seme karun i
청하(淸河) 길에서 또 병사가 보인다 하며 정탐병이

niyalma alanjiha, tereci amba beile hendume, niowanggiyaha i jugūn be
알려왔다. 그러자 대버일러가 말하기를 "청하 길을

cooha jihe seme taka isinjirakū, tere jugūn be
병사가 왔다고 하여도 금방 도달해 오지 않을 것이다. 그 길을

juwe tanggū cooha tuwakiyakini, muse eitereci, neneme wala
병사 200명이 지키게 하라. 우리 군대는 어쨌든 먼저 서쪽으로

yabu seme wasihūn genehe, genefi jaka i furdan be
가라"고 하며 서쪽으로 갔다. 가서 Jaka관(關)을

morin erinde duleke, jaka i furdan be dulefi, coohai (8:6a)
오시(午時)에 통과했다. Jaka관(關)을 통과하고 병사들에게

niyalma be gemu uksile seme uksilebuhe, tereci genefi
모두 갑옷을 입으라 하여 무장시켰다. 그로부터 나아가

hejige gebungge bade emu niyalma acafi alame, nikan
Hejige라는 곳에서 한 사람이 만나서 아뢰기를, "명

cooha, musei wehe juwere yafahan cooha, jaifiyan i girin
병사가, 우리의 돌 운반하는 보병이 Jaifiyan의 Girin

hada de tafaka be sabufi, girin hada be
봉에 오른 것을 보고 Girin봉을

kahabi seme alanjiha, tereci genefi honin erinde jaifiyan de
포위하고 있다"라고 알렸다. 그러고 나서 더 나아가 미시(未時)에 Jaifiyan에

isinaha, isinafi tuwaci, nikan i juwe tumen cooha, jaifiyan i
도달했다. 도달해서 보니 명의 병사 2만이 Jaifiyan

hoton araha ninggude ilifi afambi, yafahan cooha, girin (8:6b)
성을 쌓아 놓은 위에 포진해서 공격하고 우리의 보병은 Girin

hada i amba ninggude ilihabi, nikan cooha jai emu
봉(峰)의 최정상에 진치고 있었다. 명군의 또 한

kuren, sarhū i alin i ninggude ilihabi, neneme yafahan be
부대는 Sarhū산의 꼭대기에 있었다. 먼저 보병을

tuwakiyame genehe duin tanggū morin i coohai niyalma, nikan i
지키러 간 기병 400명이 명의

julergi amba ing ni cooha be dulembufi, amargi
선봉 대영(大營)의 병사를 지나가게 하여 후미로

uncehen de dosifi, sarhū i angga ci sacime jaifiyan i
들어가서 Sarhū의 입구로부터 베어 나가며 Jaifiyan

dogon de isitala wahabi, tereci geren cooha isinaha
나루에 도달할 때까지 죽였다. 그러고 나서 많은 병사가 도달하자

manggi, girin hada i ninggu i yafahan cooha, nikan i (8:7a)
Girin봉 위의 보병이 명군을

cooha be wasihūn gidafi, emu tanggū isirakū waha,
아래로 돌파해서 100명이 조금 안 되게 죽였다.

tereci amba beile, geren beise ambasai baru hendume,
그 후 대버일러가 여러 버일러들, 대인들을 향하여 말하기를

musei yafahan de daci jihe duin tanggū cooha
"우리의 보병과 원래 온 400명의 병사가

acafi ere girin hada de bikai, muse ere
합류하여 이 Girin봉에 있다. 우리는 이

jihe cooha be, emu minggan uksin i niyalma be
와 있던 병사에 갑병 1000명을

dele nonggime unggifi, ninggu ci wasihūn gidakini, gidaha
더하여 보내어서 위에서 아래로 격파하게 하자. 격파한

manggi, ici ergi duin gūsai cooha, dergi cooha de (8:7b)
후에 우익의 네 구사 병사가 위의 병사에게

nememe dosikini, hashū ergi duin gūsai cooha, sarhū i
더하여 들어가게 하고, 좌익의 네 구사 병사는 Sarhū의

ninggude iliha cooha be tuwame bisu seme hendufi,
꼭대기에 진을 친 병사를 주시하고 있으라"고 말하고

emu minggan cooha be girin hada i ninggude unggihe manggi,
병사 1000명을 Girin봉(峰) 정상에 보냈다. 그 후

⇦ genggiyen han i beye isinaha, isinafi,
경기연 한(汗)이 몸소 도달했다. 도달해서

⇦ han hendume, bonio erin oho, šun yamjiha, hashū ergi duin
한(汗)이 말하기를, "신시(申時)가 되었다. 해가 저물었다. 좌익의

← gūsai cooha, neneme sarhū i ninggu de iliha cooha be
네 구사의 병사가 먼저 Sarhū 꼭대기에 머문 적병을

← gida, tere be gidaha manggi, ere jaifiyan i ninggu i cooha (8:8a)
격파하라. 그것을 격파하면 이 Jaifiyan 꼭대기의 병사가

← ini cihai aššambi dere seme hendufi, hashū ergi duin
우왕좌왕할 것이다"라고 말하고 "좌익의

← gūsa de, ici ergi emu gūsai cooha be nemefi
네 구사에 우익 한 구사의 병사를 보태어

← unggihe, ici ergi ilan gūsai cooha be jaifiyan i ninggu i
보냈다. 우익 세 구사의 병사는 Jaifiyan의 꼭대기의

← cooha be tuwakiya, sarhū i cooha be gidaha manggi, ere
병사를 감시하라. Sarhū의 병사를 격파한 후 이

← girin hada i ninggu i cooha wasihūn gidara de, ici
Girin봉 꼭대기의 병사가 아래로 돌파할 때 우익에

← ergi iliha ilan gūsai cooha tede neme seme hendufi
있는 세 구사의 병사가 그에 합류하라"고 말하고

unggihe manggi, tere sunja gūsai cooha genefi, sarhū i (8:8b)
보내자 그 다섯 구사의 병사가 갔다. Sarhū의

alin i ninggude ing hadafi, poo miyoocan be jergi
산 위에서는 영(營)을 세우고 포(砲)와 총(銃)을

jergi dasame jabdufi, iliha bade alin i wesihun afame
겹겹이 준비해 두고 포진하고 있었으나, 산의 위쪽으로 공격하며

umai ilihakū genehei, isinahai teile uthai gabtame sacime
결코 멈추지 않고 나아가며, 도달하자마자 바로 쏘며 베며

dosifi, majige andande gemu wafi, dartai uthai duleme
들어갔다. 순식간에 모두 죽이고 잠깐 사이에 바로 지나가서

genefi bira be doofi tuwaci, sarhū i cooha be gidame,
강을 건너고 보니, Sarhū의 병사를 격파하는 동안

uthai girin hada i ninggu i cooha, jaifiyan i ninggu i cooha be
바로 Girin봉 정상의 병사는 Jaifiyan 꼭대기의 적병을

gidame wasire de, ici ergi juwe gūsai cooha, (8:9a)
격파하며 내려오는데, 우익 두 구사의 병사는

uthai jaifiyan i hada i julergi jaka be eyehe bira be
곧 Jaifiyan봉(峰)의 남쪽 기슭을 흐르는 강을

doome genefi dosici, jaifiyan i oforo de cooha bihebi,
건너서 들어가니 Jaifiyan의 산부리에 적병이 있었다.

poo miyoocan sindame gabtame iliha be majige andande
포와 총을 쏘며 활 쏘며 포진한 것을 순식간에

tuhebufi, tereci bošome gamafi šokin gebungge alin de
쓰러뜨리고 그 후 쫓으며 몰아가서 Šokin이라는 산에

tafambufi, tere amba ninggude isitala, niyalma sabure teile
오르게 하고 그 최정상에 이를 때까지 사람이 보이는 족족

farhūn otolo waha, tere dobori aba sindafi, tere
어두워질 때까지 죽였다. 그날 밤에 포위망을 펼쳐 그

alin be kafi dobori genere be geli waha, (8:9b)
산을 둘러싸고 밤에 탈출하는 것을 또 죽였다.

⇦ han i beye, barda i ala de deduhe, amba beile haksan de
한(汗)이 몸소 Barda 언덕에 숙영했다. 대버일러는 Haksan에

deduhe, cooha gaifi yabure beise ambasa gaifi tomohoi
숙영했다. 병사를 이끌고 다니는 버일러들과 대인들이 Tomoho

bira be bitume tuwakiyame bisire de, nikan i jai emu
강을 따라서 감시하고 있을 때 명의 또 한

ing ni cooha, šanggiyan hada i julergi šokin i hada i
영(營)의 병사가 Šanggiyan봉(峰)의 남쪽에 있는 Šokin봉(峰)의

amargi de ulan fetefi ing hadafi, ing ni
북쪽에 호(壕)를 파고 영(營)을 설치하고 각 영(營)별로

tehereme can alibume tungken tūme bisire de,
징을 전달하며 북을 치고 있을 때,

tere be sabufi, tere dobori amba beile de (8:10a)
그것을 보고 그날 밤에 대버일러에게

alanaha, amba beile, suwe ume serebure, saikan tuwakiya,
알리러 갔다. 대버일러가 "너희는 발각되지 말고, 잘 감시하라.

cimari erde bi genembi seme amasi hendufi unggihe,
내일 일찍이 내가 가겠다"라고 회답하여 보냈다.

tere dobori tuwakiyame bifi, jai cimari gereme, amba
그날 밤에 감시하며 있다가 또 아침이 밝아서

beile isinafi cooha be dasafi geneci, nikan i duin
대버일러가 도착해서 병사를 정비하여 가니 명의

tumen cooha, deduhe baci teni aššafi julesi afame
병사 4만이 숙영한 곳에서부터 이제 막 움직여 진격하러

geneme jurandara de, isinaha manggi, nikan i cooha amasi
출발할 참에, 도착한 것이다. 그러자 명의 병사가 뒤로

bederefi, ineku dobori deduhe ulan de ebufi, duin (8:10b)
물러나 지난밤에 숙영한 호(壕)에서 내려서, 방진(方陣)을

hošo arame iliha, ilifi ing tehereme ilarsu ulan
만들며 진을 쳤다. 진을 치고 각 영별로 세 겹의 호를

fetefi, ulan i tehereme tulergi be morin i cooha emu
파고 각 호의 밖을 기병이 한 겹

jergi jiramin faidafi iliha, terei juleri poo miyoocan
빽빽하게 정렬하고 섰다. 그 앞에 포와 총을

emu jergi dasafi iliha, tere morin i coohai amala,
한 열로 배치하여 포진했다. 그 기병의 뒤,

ulan i tule, ilan jergi amba poo miyoocan be
호의 밖에는 세 겹의 대포와 총을

dasafi sindara niyalma yafahan ebufi tehe, tere ilarsu
배치하고 쏠 사람은 보병으로 말에서 내려서 주둔했고, 그 세 겹의

ulan i dolo, geren cooha gemu morin ci ebufi (8:11a)
호 안에는 여러 병사가 모두 말에서 내려

dasame iliha, jai šun tuhere baru tuwaci, šanggiyan
정렬하여 섰다. 또 해 지는 쪽을 보니 Šanggiyan봉(峰)의

hada i cooha ci ilan ba i dubede, fiyefun gebungge
병사로부터 3리 끝에 Fiyefun이라는

alin i ninggude jai emu tumen sabuha, amba beile
산의 꼭대기에 또 1만 명이 보였다. 대버일러는

amasi ilan jergi
후방으로 세 차례

⇦ han de alame unggihe,
한(汗)에게 아뢰러 보냈다.

⇦ han, wahūmu i bigan de, nikan i amala poo miyoocan sejen
한(汗)은 Wahūmu 들판에서 명 병사의 뒤에 포, 총, 방패차 등

kalka aika jaka be gaifi yabure emu ing ni (8:11b)
온갖 무기를 가지고 다니는 한 영의

emu tumen cooha be sabufi,
1만 병사를 보고

⇦ han i beye, emu minggan isirakū cooha be gaifi afame genefi,
한(汗)이 몸소 1000명도 안 되는 병사를 이끌고 공격하러 갔다.

tere ing ni nikan i emu tumen cooha, ulan
그 영의 명의 1만 병사가 호를

fetefi poo miyoocan jergi sindame dasafi, sejen kalka be
파고 포, 총 등을 배치하고 방패차를

ilibufi alime gaiha manggi, minggan isirakū cooha be
세워서 대적하니 1000명도 안 되는 병사를

dulin be yafahalabufi afame dosire de, nikan cooha poo
반은 걸어가게 해서 공격하여 들어갈 때, 명 병사가 포와

miyoocan be emdubei sindaci tucirakū, bireme genefi sejen (8:12a)
총을 계속 쏘면서도 나오지 않으므로 돌격해 가서

kalka be aname tuhebufi, tere emu tumen cooha be
방패차를 밀어서 넘어뜨리고 그 1만 병사를

gidafi gemu waha, tere wahūmu i cooha be wafi
격파하여 모두 죽였다. 그 Wahūmu의 병사를 죽이고

amasi bedereme jidere de, amba beile i takūraha niyalma,
도로 물러나올 때에, 대버일러가 파견한 사람이

⇦ han de isinafi, amala šanggiyan hada de nikan i emu ing ni
한(汗)에게 도달해 가서 "후방의 Šanggiyan봉(峰)에 명의 한 영의

cooha ulan fetefi ilihabi, tere cooha ainci duin
병사가 호를 파고 진을 치고 있습니다. 그 병사는 아마도

tumen bidere seme alaha manggi,
4만 명쯤 되는 것 같습니다"라고 고했다.

⇦ han, tereci amaga cooha be aliyahakū, fekumbure katarara jifi, inenggi (8:12b)
그러자 한(汗)이 그 후에 올 병사를 기다리지 않고 말을 달려와서

dulin morin erinde isinaha, isinafi tere nikan coohai
한낮 오시(午時)에 도달했다. 도달해 가서 그 명 병사가

iliha be tuwafi,
포진한 것을 보고

⇦ han hendume, musei cooha alin i dergi be gaifi wasihūn dosime
한(汗)이 말하기를 "우리 병사는 산 위를 점령하고 아래로 진격하며

← gida, tuttu dosika de, ere cooha uthai burulambi seme
공격하라. 그렇게 들어가면 이 적병이 곧 패주할 것이다"라고

hendufi, coohai niyalma teni alin i dergi be gaiki
말하니 병사가 막 산 위를 차지하고자

seme wesihun geneme aššara de, nikan i dorgi ulan de
위로 가려고 움직일 때 명의 안쪽 호(壕)에

iliha cooha, tulergi ulan i tule iliha cooha de (8:13a)
있던 병사가 바깥쪽 호(壕)의 바깥에 있던 병사들과

acame jihe manggi,
합류하러 왔다.

⇦ han hendume, ere cooha muse de afanjimbi, musei cooha dergi be
그러자 한(汗)이 말하기를 "이 병사들이 우리에게 공격해 온다. 우리 병사는 산 위를

← gaime wesihun genere be nakafi, morin ci ebufi yafahalafi
차지하기 위하여 위로 가는 것을 멈추고 말에서 내려 걸어가서

← alime gaisu seme hendufi, amba beile genefi, hashū ergi
대응하라"고 했다. 대버일러가 가서 "좌익의

galai juwe gūsai cooha be morin ci ebu seme
두 구사의 병사는 말에서 내리라"고

hendufi, dehi susai niyalma ebuhe bici, amba beile,
말하니, 40, 50명이 내려와 있었다. 대버일러가

nikan cooha be tuwaci, afanjime jidere be sabufi, (8:13b)
명 병사를 살피니 공격하러 오는 것이 보여서,

⇦ han i baru hendume,
한(汗)을 향해 말하기를

⇦ ama, ojorakū, nikan cooha afanjiha, muse dosiki seme hendufi, morin šusihalame
"아버지, 안되겠습니다. 명 병사가 공격해 옵니다. 우리도 나아갑시다"라고 말하고 말을 채찍질하며

jidere coohai ishun dosika, tereci juwe cooha ishun jurceme
오는 병사를 향하여 나아갔다. 그러자 두 군대가 서로 마주쳐

dosifi lalanji ucufi gabtame sacime afahai, nikan cooha gemu
들어가서 혼란스럽게 뒤섞여 활 쏘고 베고 공격하는 동안 명 병사가 모두

tuheme wajiha, tere nikan cooha afame dosika be safi,
쓰러져 죽었다. 그 명 병사가 공격하며 들어오는 것을 알고

jai ninggun gūsai cooha elhei adafi gūsa dasafi jergileme
다시 여섯 구사의 병사가 천천히 벌여서 구사를 정비하여 열을 맞춰

dosikakū, morin hūdun niyalma hūdun doroi, morin lata (8:14a)
들어가지 않고, 말이 빠른 사람은 빠른 대로, 말이 느린

niyalma lata doroi, gurgu arcame feksire gese feksime
사람은 느린 대로 짐승을 가로막으러 뛰는 것처럼 질주하여

genefi, isinaha teile uthai dosika, nikan cooha poo
가서 이르자마자 쳐들어갔다. 명 병사가 포와

miyoocan sindame afaci, umai tuwarakū dosire jakade, alime
총을 쏘며 공격하여도 전혀 보지 않고 쳐들어가기 때문에, 받아쳐도

gaici gabtara sacire de dosorakū ofi, nikan cooha
쏘고 베기 때문에, 견딜 수가 없어서 명 병사는

burulaha, tereci nikan i duin tumen cooha be,
패퇴했다. 그 후 명의 병사 4만을

⇦ genggiyen han i emu tumen isirakū coohai gidafi gamame, šanggiyan hada i
경기연 한(汗)의 1만 명도 채 안 되는 병사가 격파해서 처치하고 Šanggiyan봉(峰)의

bigan be sacime gamafi, bira de fekumbufi, bigan i (8:14b)
들판에서 베며 처치하며 강에 뛰어들게 하고 들의

hali de lifabufi ambula waha, tereci tucike cooha be
웅덩이에 빠지게 하여 많이 죽였다. 거기에서 빠져나온 적병을

bošome gamafi, alin de tafaka cooha be, emu alin be
쫓아가서 처치하고, 산에 오른 적병을, 산 하나를

aba sindame kafi, dulga cooha songko de dosifi
사냥 대형을 펼쳐 포위하고 병사의 절반 정도가 종적을 따라가서

bodome gamafi gemu waha, tereci amasi bederefi, fiyefun i
지형을 고려하며 처치하여 모두 죽였다. 그리고 되돌아와서 Fiyefun

ninggude iliha geli emu ing ni cooha de afame
산정에 진을 친 또 한 영(營)의 적병을 공격하러

genefi, dulga cooha be morin ci ebubufi, ujen uksin
가서 병사의 절반은 말에서 내리게 해서, 무거운 갑옷을

etuhe niyalma de, juleri gida jangkū jafabufi, weihuken (8:15a)
입은 병사에게는 앞에서 창과 대도를 잡게 하고, 가벼운

uksin etuhe niyalma be amargi ci gabtabume, dulga
갑옷을 입은 병사에게는 뒤에서 쏘게 하며,

cooha amala adame morin yaluhai, tere amba alin be
병사의 나머지 절반은 뒤에서 열을 지어 말을 탄 채 그 큰 산을

kame afame alin i wesihun geneci, nikan cooha alin i
에워싸고 공격하며 산 위로 올라갔다. 명의 병사는

ninggude kalka daldafi poo miyoocan sindame afaci, tuwarakū
산꼭대기에서 방패 뒤에 숨어서 포와 총을 쏘며 공격하였으나 아랑곳하지 않고

bireme genefi, kalka be aname tuhebufi, tere emu
돌진해 가서 방패를 밀어 넘어뜨리고

tumen isire cooha be honin erinde wame wacihiyafi,
그 1만 명에 달하는 병사를 미시(未時)에 다 죽이고,

cooha be bargiyafi, bonio erinde gūlbon gebungge bade (8:15b)
병사를 거두어 신시(申時)에 Gūlbon이라는 곳에서

ing hadafi iliha, jai geli booi ergici alanjime,
영(營)을 설치하고 머물렀다. 또 본성 쪽에서 와서 알리기를

julergi donggo i golo be dosika cooha, musei hecen i
"남(南) Donggo로(路)로 들어온 병사가 우리의 성을

baru jimbi, jai hūlan i golo be dosika cooha,
향하여 옵니다. 또 Hūlan로(路)로 들어온 병사

inu hecen i baru jimbi seme alaha manggi,
또한 성을 향하여 옵니다"라고 아뢰니,

⇦ han hendume, te emu minggan cooha be darhan hiya gaifi
한(汗)이 말하기를 "지금 병사 1000명을 Darhan 히야가 인솔하여

← neneme gene, geren cooha be gaifi beise cimari genekini
먼저 가라. 버일러들은 여러 병사를 데리고 내일 가는 것이 좋겠다"

seme hendufi, tere šanggiyan hada i cooha be gidaha (8:16a)
라고 했다. 그러자 그 Šanggiyan봉(峰)의 병사를 격파한

inenggi bonio erin de, emu minggan cooha be darhan
날 신시(申時)에 Darhan 히야가 병사 1000명을

hiya gaifi juleri juraka, tere dobori tubade dedufi,
인솔해서 남으로 떠났다. 그날 밤은 그곳에서 자고

jai cimari erde juwe minggan cooha be amin
다음 날 일찍 Amin 타이지도 병사 2000명을

taiji gaifi geli genehe,
인솔해서 갔다.

⇦ han i beye, amba beile geren cooha be gaifi amala jifi
한(汗)이 몸소 대버일러와 여러 병사를 나중에 인솔하여 와서

jaifiyan de isinjifi, amba cooha gidaha doroi
Jaifiyan에 이르러서 대군을 격파한 예로서

⇦ abka de jakūn ihan wame tu wecembi seme bisire de, (8:16b)
하늘에 소 여덟 마리를 죽이며 둑(纛) 제사를 드리려 하고 있을 때

amba beile hendume, bi juleri orin gucu be
대버일러가 말하기를 "제가 먼저 구추 20명을

gaifi, komso karun i gese medege gaime geneki,
데리고 소수의 정탐병처럼 정보를 얻으러 가겠습니다.

⇦ han, tu weceme wajiha manggi, amala geren cooha be gajime
한(汗)은 둑 제사를 마친 후에 나중에 여러 병사를 데리고

jikini seme fonjire jakade,
오십시오"라고 여쭈니

⇦ han, tere gisun mujangga seme, amba beile be juleri unggihe,
한(汗)이 그 말이 옳다며 대버일러를 먼저 보냈다.

tereci amba beile ini beye juleri juraka, terei
그래서 대버일러 자신이 먼저 출발했다. 그

amala manggūltai beile juraka, duici beile, (8:17a)
후에 Manggūltai 버일러가 출발했다. 제4버일러는

⇦ han i juleri morin yaluhai jifi, amba beile genehe mujanggao, geneci,
한(汗) 앞에 말 탄 채로 와서 "대버일러가 간 것이 정말입니까. 갔다면

age i emgi bi geneki seme hendure jakade,
형과 함께 저도 가겠습니다"라고 말하므로

⇦ han hendume, amba age karun i gese medege gaime genehe, si
한(汗)이 말하기를 "큰형은 정탐병처럼 정보를 얻으러 갔다. 너는

← amala muse emgi yabu seme henduci, duici beile
나중에 우리와 함께 가자"라고 말하니 제4버일러가

hendume, amba age be emhun juleri unggifi, be
말하기를 "큰형을 혼자 앞에 보내고 우리

gemu amala ainu bimbi seme hendufi geli juraka,
모두가 어떻게 뒤에 있겠습니까"라고 말하고 또 출발했다.

amba beile ice ilan inenggi, jaifiyan ci honin (8:17b)
대버일러가 초사흘에 Jaifiyan에서 미시(未時)에

erinde jurafi, amba hecen de coko erinde isinjiha,
떠나서 큰 성에[2] 유시(酉時)에 도달해 왔다.

isinjifi yamun de geneci, geren fujisa, sargan juse
도달하여 아문에 가니 여러 푸진, 딸 등

yamun de isafi bihengge, amba beile be safi
아문에 모여 있던 사람들이 대버일러를 보고

hendume, te geli juwe jurgan i cooha jimbi sere,
말하기를 "이제 또 두 갈래로 병사가 온다고 합니다.

tere be ainambi sehe manggi, amba beile hendume,
그것을 어찌합니까"라고 말하니 대버일러가 말하기를

wargi be jihe juwe goloi cooha be gemu
"서쪽에 온 두 지역의 병사는 모두

waha, ere jidere cooha de musei cooha okdome (8:18a)
죽였다. 이번에 오는 적병은 우리의 병사가 대적하러

genehebi, taka isinjirakū, bi,
가 있다. 당분간은 이르지 않을 것이다. 나는

⇦ ama han be aliyafi gisun gaifi, cooha be okdome genembi
아버지 한(汗)을 기다려 명을 받들어 적병을 대적하러 가겠다"라고

seme hendufi, tere dobori amasi
말하고, 그날 밤에 도로

2) 이때의 '큰 성'은 Hetu Ala성을 가리키며, 나중에 '노성(老城)'으로 지칭된다.

⇦ han be baime genefi, amba gašan i bigan de
한(汗)을 찾으러 가서 Amba Gašan 들판에서

⇦ han be aliyame bisire de,
한(汗)을 기다리고 있을 때

⇦ han, tu weceme wajifi, jaifiyan ci bonio erinde jurafi, tere
한(汗)이 둑 제사를 마치고 Jaifiyan에서 신시(申時)에 떠나서 그날

dobori tasha erinde amba hecen de isinjiha, tereci (8:18b)
밤 인시(寅時)에 큰 성에 도달해 왔다. 그러고 나서

abka gereme alin de šun fosoro jakade, amba
하늘이 밝아지며 산에서 해가 떠오르자

beile ini juwe deo be, bisire cooha be
대버일러가 그의 두 동생과, 있는 병사를

gaifi, julergi donggo i golo de dosika dain be
이끌고 남(南) Donggo로(路)에 들어온 적을

baime genehe, hūlan i golo be dosika dain be tuwame,
찾으러 갔다. Hūlan로(路)를 들어온 적을 지켜보며

⇦ han i beye, duin minggan cooha be gaifi amba hecen de
한(汗)이 몸소 병사 4000명을 데리고 큰 성에

tutaha, amba beile geneci, coohai morin ilan inenggi
남았다. 대버일러가 가는데, 병사의 말이 사흘을

feksime yabufi, duici inenggi genere de, giyaha weji de (8:19a)
달려서 가고, 넷째 날에 갈 때는 Giyaha 숲에서

morin gemu ilinjame genehe, meihe erinde warkasi weji be
말이 모두 쉬면서 갔다. 사시(巳時)에 Warkasi 숲에서

頭註: ere ilinjame genehe sere gisun, fe manju gisun i bithede udu akū bicibe, sirame debtelin i fe dangse be gingguleme baicaci, iliha morin geli aituha sere gisun bi, ainci teyeme genehe sere gisun inu dere. [이 ilinjame

teni tucifi geneci, nikan i sonjoho mangga sain cooha
막 나와서 가는데, 명이 선발한 강하고 좋은 병사

juwe tumen juleri jime, emu tumen isirakū cooha be
2만 명이 먼저 와서 1만 명에 미치지 못하는 병사를

juleri sindafi tabcin feksime jidere be, amba beile i
먼저 놓아 보내어 약탈하며 질주해 오는 것을 대버일러의

cooha sabufi, tere nikan i coohai baru genere de,
병사가 보고 그 명 병사를 향하여 갈 때

nikan cooha, amba beile i cooha be sabufi, abdari
명 병사가 대버일러의 병사를 보고 Abdari

gebungge alin i ninggude tafaka, tereci amba beile ini (8:19b)
라는 산 정상에 올라갔다. 그러고 나서 대버일러가

beye gaifi, nikan cooha i iliha alin i dergi amba
몸소 이끌고 명 병사가 주둔한 산 동쪽의

ninggu be gaifi fusihūn gidaki seme genere de, deo
최정상을 차지하고 아래로 공격하려고 갈 때 동생인

duici beile, ahūn beile i baru hendume, age si,
제4버일러가 형 버일러를 향하여 말하기를 "형님 당신이

amba cooha be gaifi amargi be tuwame amala jio,
대군을 이끌고 뒤를 살피며 뒤에 오십시오.

bi gaifi alin i dele genefi fusihūn gidara seme
내가 이끌고 산 위에 가서 아래로 공격하겠습니다"라고

---

geneheㄹ라는 말은『舊淸語』에 비록 없으나 다음 책(역자주: 제9권 3b 제1행)의 옛 당안(역자주: 이 책, 즉『滿文老檔』을 지칭한다)을 신중하게 조사하니, iliha morin geli aituha(쉰 말이 또 회복했다) 하는 말이 있다. 아마도 '휴식하며 갔다'라는 말일 것이다.]

henduhe manggi, amba beile hendume, tere gisun mujangga,
말하니 대버일러가 말하기를 "그 말이 맞다.

tuttu oci, bi wargi be genere, si ici ergi (8:20a)
그러면 나는 서쪽으로 가겠다. 너는 우익의

galai cooha be gamafi alin i ninggu be gaifi wasihūn
병사를 데려가서 산 위를 점령하고 아래로

gidabu, mini gisun be jurceme, sini beye aikabade
공격하게 하라. 나의 말을 어겨 네가 행여나 몸소

dosirakū, sini beye amala ilifi tuwa seme hendufi
들어가지 말고, 너 자신은 뒤에 서서 보라"고 말하여

unggihe, duici beile, ici ergi galai cooha be
보냈다. 제4버일러가 우익의 병사를

gaifi, alin i ninggu ci wasihūn gidame genere de,
이끌고 산 위에서부터 아래로 공격하러 갈 때

duici beile ini beye hanci sonjoho gūsin isire
제4버일러가 자기 몸 가까이에 선발한 30명에 이르는

cooha be gaifi, geren coohai dorgideri neneme dosifi (8:20b)
병사를 인솔하여 여러 병사 중에서 먼저 들어가서

gabtara sacire de, nikan cooha poo miyoocan be
쏘고 베는데, 명 병사가 포와 총을

ambula sindame jabduhakū, tereci yaya aššarakū afanuhai, ici
많이 쏠 겨를이 없었다. 그러고 나서 모두 동요하지 않고 서로 공격하는 중에

ergi galai cooha dosici geli aššarakū ofi, amba
우익의 병사가 들어가도 여전히 동요하지 않아서

beile ini beye dulimba be dosime genere, hashū
대버일러가 몸소 가운데로 들어가서

ergi galai cooha be alin i wargi be gamame genehe
좌익의 병사를 산의 서쪽으로 이끌고 가니

manggi, tere alin i ninggu i cooha teni aššafi burulaha,
그 산 위의 병사가 비로소 동요해서 달아났다.

tereci burulaha nikan cooha be wame geneci, neneme (8:21a)
그 이후 달아난 명 병사를 죽이러 갔다. 한편 먼저

genehe darhan hiya i cooha, amin beile i cooha, tere
간 Darhan 히야의 병사와 Amin 버일러의 병사가 그 날

cimari nikan coohai tere holo be dosime jidere be
아침에 명 병사가 그 계곡을 들어오는 것을

safi, nikan cooha be julesi amba dulin dulembufi,
보고 앞은 태반을 통과시키고

amargi dubebe meileme dosifi saciki seme, warkasi alin i
뒤로 후미를 자르며 들어가서 베자 하며 Warkasi산의

julergi holo de buksifi, juwe ing ni cooha be
앞 계곡에 매복해 있었다. 그리고 두 영(營)의 적병이

duleke manggi, amargi ci dosifi sacime gajirengge, amba beile i
통과한 후, 뒤로부터 들어와서 베며 이끌어간 병사들과, 대버일러의

cooha julergi ci amasi gidafi gamarangge, warkasi gebungge amba (8:21b)
병사가 앞에서부터 뒤로 격파하며 이끌어간 병사들이, Warkasi라는

bigan de acafi, nikan i sonjoho juwe ing ni
큰 들판에서 합류하여 명이 선발한 두 영(營)의

cooha be gemu waha, tere holo be dosika
적병을 모두 죽였다. 그 계곡을 들어간

頭註: gingguleme baicaci, fe manju gisun i bithede meilembi sere gisun, uthai meitembi sere gisun sehebi. [신중하게 조사하니, 『舊淸語』에 meilembi라는 말은 곧 meitembi(자르다)라는 말이라고 했다.]

coohai ejen amba dzung bing guwan lio ting be
병사의 수장인 대총병관(大總兵官) 유정(劉綎)을

bahafi waha, tereci casi tuwaci, julergi fuca i
잡아서 죽였다. 그 후 건너편을 보니 남쪽의 Fuca

bigan de nikan, solho i yafahan cooha iliha be
들판에 명과 조선(朝鮮)의 보병이 주둔한 것을

geli sabufi, amba beile hendume, musei coohai niyalma
또 보고서 대버일러가 말하기를 "우리 병사는

gemu musi omi, morin de muke mele seme (8:22a)
모두 미숫가루를 마시라. 말에게는 물을 먹이라"고

hendufi, coohai niyalma gemu musi omifi, morin de
말해서 병사가 모두 미숫가루를 마시고 말에게

muke melefi, tereci yafahan cooha de afame geneci,
물을 먹였다. 그리고 보병을 공격하러 가니,

nikan i yafahan cooha gemu gargangga cuse moo de
명의 보병은 모두 가지가 있는 대나무에

gida nišumbufi jafahabi, mooi uksin, mangga ihaci uksin
창을 끼우고 잡고, 나무로 된 갑옷, 딱딱한 우피로 된 갑옷을

etuhebi, solho i yafahan cooha gemu hoošan i olbo[3] etuhebi,
입고 있었다. 조선의 보병은 모두 종이로 된 면갑을 입고 있었다.

tere nikan, solho i juwe tumen yafahan cooha, fuca i
그 명과 조선의 보병 2만 명이 Fuca의

---

3) olbo는 베나 무명으로 만든 짧은 마고자를 의미하기도 하며, 녹각(鹿角)이나 거마책(拒馬柵)을 담당하는 병종(兵種)을 지칭하기도 한다. 『滿洲實錄』(2권, 萬曆 13년(1585))에서 olbo에 해당하는 한자는 '綿甲'이다. 이 책에서는 '면갑' 또는 '면갑병'으로 번역한다.

julergi bigan de poo miyoocan be jergi jergi (8:22b)
남쪽 들판에서 포와 총을 겹겹이

dasafi, poo miyoocan emdubei sindaci tucirakū, dosime
배치하고 연거푸 쏘면서도 나오지는 않아서 들어갈

genere de, nikan coohai hanci isinara jakade, abkai
때 명 병사의 가까이 도달할 바로 그즈음에 하늘에서

edun iliha andande nikan i coohai baru gidame
바람이 일어 바로 명의 병사를 향하여 몰아치며

edun dara jakade, poo miyoocan i sindaha šanggiyan, coohai
바람이 불었기 때문에 포와 총을 쏜 연기, 병사가

niyalmai toron, edun buraki gemu nikan i baru gidafi
날리는 먼지, 바람, 티끌 모두가 명을 향하여 몰아치며

umai ulhirakū farhūn oho, tere šanggiyan buraki
전혀 분간하지 못하도록 깜깜해졌다. 그 연기와 티끌로

farhūn de dosifi, nikan cooha be sacime gabtame wahai (8:23a)
깜깜한 데에 들어가서 명 병사를 베며 쏘며 죽이는데

šanggiyan buraki wajirengge, tere cooha be wame wajirengge
연기와 티끌이 가라앉자, 그 병사를 죽이는 것도 끝이 났다.

gese oho, tere emu bigan de, majige andande
그 한 들판에서 순식간에

tere juwe tumen yafahan cooha be gemu waha,
그 보병 2만 명을 모두 죽였다.

tereci jai tuwaci, fulgiyan meifen i solho hada i
그러고 나서 다시 보니 붉은 산의 비탈의 Solho봉(峰)

頭註: ere fulgiyan meifen sere gisun, fe manju gisun i bithede, udu akū bicibe, gingguleme kimcici, ainci fulgiyan ala i meifehe sere gisun inu dere. [이 fulgiyan meifen이라는 말은『舊淸語』에 비록 없지만 신중하게 살펴보니,

ninggude, solho i cooha emu ing iliha be sabufi,
위에 조선군 한 영(營)이 주둔한 것을 보았다.

tereci geli cooha be dasame dasafi afame genere de,
그러고 나서 다시 병사를 재정비하고 공격하러 갈 때

solho i cooha, ini iliha alin i fejile yafahan (8:23b)
조선군은 그들이 주둔한 산 아래에서 명의 보병을

cooha be majige andande waha be tuwafi, ceni dolo
순식간에 죽이는 것을 보고 그들 내부에서

enteheme gelefi, jai afaha seme ai tusa, muse
크게 두려워하여 "다시 싸운다 한들 무슨 소용이 있는가. 우리가

afaci bucembi, dahaci banjimbi, dahaki, dahaha niyalma be
싸운다면 죽을 것이다. 항복하면 살 것이다. 항복하자. 항복한 사람을

waci, senggi akū buceki seme hebdefi, solho i
죽인다고 해도 피 흘리지 말고 죽자"라고 하며 의논했다. 그리고 조선군이

cooha ceni tukiyeme jafaha tu be gemu fusihūn
그들의 들고 잡았던 둑(纛)을 모두 내려

gidame somifi, niyalma takūrafi, meni solho i ere
가리고 사람을 파견해서 "우리 조선이 이

dain de buyeme jihengge waka, meni solho be (8:24a)
전쟁에 원하여 온 것이 아니다. 우리 조선을

odzy dailafi, meni ba na gemu gaibufi, hecen
왜(倭)가 침략하여 우리의 땅을 모두 빼앗기고

아마도 fulgiyan ala i meifehe(붉은 산의 비탈)이라는 말일 것이다.]

頭註: gingguleme kimcici, enteheme gelefi serengge, uthai umesi gelefi sere gisun, ainaha seme gūwaliyandarakū gūnin be baktambuhabi. [신중하게 살펴보니, enteheme gelefi라는 것은 곧 '매우 두려워하여'라는 말이다. 결코 변하지 않는다는 생각을 포함한다.]

hoton gemu duribuhe bihe, tere jobolon de nikan i
궁성(宮城)을 모두 빼앗겼는데, 그 환란에 명군이

cooha meni solho de daha bihe, terei karu
우리 조선을 도왔었다. 그것의 보답이라 하여

seme jihe, membe gajime jihe, nikan cooha de
왔다. 우리를 이끌고 왔다. 명군에

suwaliyafi yabuha meni solho cooha be, suwe gemu
합류하여 다닌 우리 조선군은 너희가 모두

waha, meni ere ing ni cooha gemu solho i
죽였다. 우리 이 영(營)의 병사는 모두 조선인뿐이고,

canggi bi, nikan i emu iogi hafan, tere be (8:24b)
명의 유격(遊擊) 관리 한 명과 그를

dahaha cooha, meni ere ing de bi, membe
따라온 병사가 우리 이 영(營)에 있다. 우리를

ujici, nikan i iogi hafan be, dahaha cooha be, be
살려주면 명의 유격 관리와 그를 따라온 병사를 우리가

jafafi suwende bure seme, emu niyalma de kiru
잡아서 너희에게 넘기겠다"라고 하며 한 사람에게 기(旗)를[4)]

jafabufi takūraha manggi, amba beile hendume, tuttu dahaci
잡게 하여 보냈다. 그러자 대버일러가 말하기를 "그렇게 항복한다니

dahakinio, dahaburakū warao, waha gebu ci ujihe gebu dele
항복하게 하겠는가. 항복을 받지 않고 죽이겠는가. 죽인 이름보다 살려준 이름이

dere, wara anggala, dahabufi ujiki seme deote ambasai
높을 것이다. 죽이기보다는 항복을 받아서 살리자"라고 하며 동생들과 대인들과

---

4) kiru는 tu(纛, 大旗)에 대비되며 병사들이 등에 꽂는 '작은 수기(手旗)'를 의미한다. 경우에 따라서는 군사 조직을 지칭하기도 한다. 이 책에서는 '기(旗)'로 번역한다.

baru hebdefi dahabure de, hendume, suwe dahaci, coohai (8:25a)
상의하여 항복을 받을 때 말하기를 "너희가 항복한다면 병사의

ejen amba hafan neneme jio, amba hafan jiderakūci, be
수장, 대관이 먼저 오라. 대관이 오지 않는다면 우리가

akdarakū afambi seme henduhe manggi, solho i jihe niyalma
믿지 않고 공격하겠다"라고 말했다. 그러자 왔던 조선인이

amasi genefi, solho hafan de alaha manggi, solho i
되돌아가서 조선 관리에게 아뢴 후 조선의

amba du yuwanšuwai hendume, bi cooha be gaifi
대도원수(大都元帥)가 말하기를 "나는 병사를 인솔하고

ere dobori ubade dedure, mimbe genehede, ere coohai
오늘밤은 여기에서 숙영하겠다. 내가 갔을 때 이 병사들이

niyalma balai facuhūrame ukandarahū, fu yuwanšuwai ere yamji
함부로 난을 일으켜 도망칠까 걱정된다. 부원수(副元帥)가 오늘 저녁에

neneme genefi beile de acafi tubade dedukini, cimari (8:25b)
먼저 가서 버일러를 만나서 거기에서 머무는 게 좋겠다. 내일

bi geren cooha be gaifi dahara seme hendufi,
내가 여러 병사를 인솔하고 항복하겠다"라고 말하고

solho i juwe amba hafan ceni ing de bihe
조선의 두 대관이 그들의 영(營)에 있던

nikan cooha be gemu jafafi, alin i wasihūn fuhešebume
명 병사를 모두 잡아서 산 아래로 굴려서

bure de, nikan i iogi hafan fasime bucehe, tereci
줄 때 명의 유격 관리가 목을 매어 죽었다. 그 후에

solho i fu yuwanšuwai dahame jifi, amba beile de
조선의 부원수가 항복하러 와서 대버일러와

acaha manggi, amba beile acaha doroi sarin sarilaha,
만나니 대버일러가 알현 예로 주연을 베풀었다.

jai cimari ice sunja i inenggi, solho i du (8:26a)
다음날 초닷새 날에 조선의

yuwanšuwai hergen i amba hafan giyang gung liyei, sunja
도원수 직위의 대관 강홍립(姜弘立)이[5]

minggan cooha be gaifi dahame alin ci wasifi, amba
병사 5000명을 이끌고 항복하기 위하여 산에서 내려와서

beile de acaha manggi, acaha doroi sarin sarilafi,
대버일러와 만났다. 알현 예로 주연을 베풀고

amba hecen de
큰 성에서

⇦ han de acabume gama seme unggihe, amba beile, tere
한(汗)을 알현하도록 데리고 가라고 보냈다. 대버일러가 그

holo de dosika sunja tumen cooha be gemu
계곡에 들어간 5만 병사를 모두

wafi, solho i sunja minggan cooha be dahabufi unggihe (8:26b)
죽이고 조선의 5000명의 병사를 항복하게 하여 보내니

manggi, sunja minggan solho dahame jimbi seme donjifi,
조선군 5000명이 항복하러 온다는 것을 듣고서

⇦ han i beye, amba yamun de tucifi tefi, ice ninggun de,
한(汗)이 몸소 대 아문에 나가서 앉아서 초엿새에

sunja minggan solho, juwe amba hafan, geren buya
조선군 5000명과 두 명의 대관과 여러

---

5) 강홍립의 이름을 giyang gung liyei(姜功立)으로 적은 것은 건륭제(乾隆帝)의 이름인 애신각라홍력(愛新覺羅弘曆)의 홍(弘)자를 피휘한 것이다.

hafan be hengkileme acabuha, amba beile cooha gidaha
소관리를 절하며 알현하게 했다. 대버일러는 적병을 격파한

bade ilan dedume olji morin uksin saca bargiyafi,
곳에서 사흘 숙영하며 포로, 말, 갑옷, 투구를 수습하고

ice nadan de amba hecen de isinjiha, ice
초이레에 큰 성에 도달해 왔다.

nadan i dobori, (8:27a)
초이레 밤에

⇦ han i hecen i dorgi irgen i juwe boo tuwa daha manggi,
한(汗)의 성 안에 있는 백성의 두 집에 불이 나자

⇦ han hendume,
한(汗)이 말하기를,

⇦ abka <u>sabdame</u> joboci yebe dere, gašan gemu tuwa daha de
"하늘이 새서 고생하는 것이 나을 것이다. 마을 전체에 불이 나면

← ai funcembi, musei ere hecen i dolo emu boo
무엇이 남겠는가. 우리의 이 성 안에 한 집이

← tuwa daha de, gašan gulhun de gemu latumbi seme
불이 나면 마을 전체에 모두 옮겨갈 것이다"라고 하며

booi elben be gemu kolaha, nikan cooha duin
집의 짚을 모두 걷었다. 명군이 네

jugūn be tucike bihengge, ilan jugūn i cooha be waha (8:27b)
길로 나온 것 중에 세 길의 병사를 죽인

頭註: gingguleme kimcici, ere abka sabdame joboci yebe dere sere gisun, ainci abka sabdame agara oci, hono yebe, tuwa daha de, ai funcembi sere gūnin dere. [신중하게 살펴보니, 이 abka sabdame joboci yebe dere라는 말은 아마도 '하늘이 새어 비가 오면 오히려 낫다. 불이 나면 무엇이 남겠느냐'라는 뜻일 것이다.]

manggi, tere be yang du tang donjifi, niowanggiyaha i
후, 그 소식을 양 도당이 듣고서 청하의

jase be tucifi hūlan i golo be dosire cooha be
경계를 나와 Hūlan로(路)에 들어가는 병사를

amcafi amasi gamaha, tere cooha amasi bederere de,
따라가서 도로 이끌고 갔다. 그 병사가 뒤로 물러날 때

tere hūlan i golo be tuwakiyara karun i orin niyalma,
그 Hūlan로(路)를 지키는 초소의 20명이

nikan coohai bederere be safi, alin i ninggude ilifi,
명 병사가 물러나는 것을 보고 산 위에 서서

amala amba cooha [原檔殘缺數字] mahala be
뒤로 대군 □□□ 모자를

beri de hūwaitafi elkire jakade, nikan cooha ambula (8:28a)
활에 묶어 흔들자 명 병사가 크게

burgime genere de, nikan coohai amargi dubede dosifi,
놀라서 도망가는데, 명 병사의 후미로 들어가

niyalma dehi funceme waha, morin susai funceme gaiha,
병사 40여 명을 죽이고 말 50여 마리를 획득했다.

burgime genere de, morin minggan funceme bucehe, nikan
놀라서 갈 때 말 1000여 마리가 죽었다. 명

han i morin yafahan uhereme orin nadan tumen cooha
황제의 기병, 보병 모두 하여 27만 병사가

duin jugūn i tucikengge, emu jugūn i cooha amasi
네 길로 나왔으나, 한 길의 병사가 뒤로

bederehe, ilan jugūn i cooha be gemu waha, solho
물러났고 세 길의 병사를 모두 죽였다. 조선

hafan de sunja inenggi dubede ajige sarin sarilame, (8:28b)
관리에게 닷새마다 작은 주연을 베풀고

juwan inenggi dubede amba sarin sarilame tebuhe.
열흘마다 큰 주연을 베풀며 머물게 했다.

제9권

천명(天命) 4년(1619) 3월부터 5월까지

uyuci debtelin,
abkai fulingga i duici
aniya ilan biyaci sunja
biyade isinahabi.

tongki fuka sindaha hergen i dangse. (9:1a)
유권점 당안

○ kooli be ejeme bithe araha erdeni baksi hendume,
역사를 기억하여 글을 쓴 Erdeni 박시가 말하기를

nikan gurun i wan lii han, suwayan morin aniya
“명나라의 만력제(萬曆帝)가 무오년(戊午年, 1618)

juwe biyaci cooha isabufi, coohai aika jaka be
2월부터 군사를 모으고 군대의 온갖 장비를

gemu dasame jalukiyafi, honin aniya juwe biyade, orin
모두 정비하여 갖추고서 기미년(己未年, 1619) 2월에

nadan tumen cooha be, dehi nadan tumen seme
27만 군사를 47만이라며

algišafi, duin jugūn i tucifi, jušen gurun i
과장하고 네 길로 나와서 여진국의

⇦ genggiyen han i tehe hecen be efulembi, gurun be gemu wacihiyambi (9:1b)
경기연 한(汗)이 있는 성을 파괴하고, 나라를 모두 멸망시키겠다고

seme cooha tucikengge,
군사를 낸 것은

⇦ abkai gamara ici be tuwarakū, ini gurun be amban, ini
하늘이 이끄는 쪽을 보지 않고 자신의 나라가 크고, 자신의

cooha be geren seme, ambula geren de ertufi,
군사가 많다고 크고 많음에 기대어

⇦ abka de eljere gese cooha tucikebi kai, unenggi tondo be
하늘에 저항하듯이 출병한 것이다. 진실로 올바름을

bodoci, uru ambula niyalma be bungname waki seci,
생각하니 옳음이 많은 사람을 억지로 죽이려고 하니

⇦ abka de eljehe serengge tere kai, nikan i wan lii han de
하늘에 거역했다는 것이 바로 그것이다. 명의 만력제에게

waka ambula akūci, utala orin nadan tumen cooha be (9:2a)
잘못이 크지 않다면 이토록 27만이나 되는 군사를

ilan inenggi andande gemu wabuhangge, tere
사흘 사이에 모두 죽게 한 것은, 그것이 바로

⇦ abka ambula wakalafi tuttu wabuhabi dere, jušen i
하늘이 크게 책망하여 그렇게 죽게 한 것이리라. 여진의

⇦ genggiyen han de uru ambula ofi, tutala cooha be ilan
경기연 한(汗)에게 올바름이 많아서 그토록 많은 군사를 3일 동안

inenggi be teodeme bošome feksime wame yabuci, yaluha
번갈아 쫓으며 질주하며 죽이며 다녀도, 탄

morin šadahakū, cooha be ujulafi gaifi yabure beise
말이 지치지 않고, 군사를 앞서서 통솔하여 다니는 버일러들,

ambasa emke hono ufarahakūngge, tere
대인들 한 명도 죽지 않은 것이

⇦ abka aisilaha serengge tere kai, nikan solho i orin nadan tumen (9:2b)
하늘이 도왔다 하는 것 바로 그것이다. 명과 조선의 27만

cooohai emgi afafi, utala orin tumen cooha be
군사와 싸워서 이토록 많은 20만 군사를

wara de, jušen i
죽일 때, 여진의

⇦ genggiyen han i coohai niyalma juwe tanggū isirakū bucehe, fusi
경기연 한(汗)의 군사는 200명도 죽지 않았다. 무순로(撫順路)를

golo be tucike cooha be okdome genefi, emu tanggū
나온 군사를 대적하러 가서

ninju ba i dubede isinafi, jaifiyan, sarhū i bade iliha
160리 밖에 다다라서 Jaifiyan과 Sarhū 지역에 주둔한

cooha be gidafi, gūsin ba i dubede isitala bošome
군사를 격파하고 30리에 이르도록 쫓아가

wafi, tere dobori tuwakiyame tefi, tucime genere cooha be (9:3a)
죽이고, 그날 밤에 감시하고 있다가 탈출하는 군사를

dobori wafi, jai cimari wahūmu de iliha cooha,
밤에 죽였다. 그리고 다음날에 Wahūmu에 주둔한 군사,

šanggiyan hada de iliha cooha, fiyefun ninggude iliha
Šanggiyan봉(峰)에 주둔한 군사, Fiyefun 정상에 주둔한

cooha be bošome wafi, tereci amasi amba hecen de
군사를 쫓아가 죽였다. 그 후 큰 성에 되돌아

jifi, geli julesi warkasi golo de genere de, giyaha i
와서, 또 남으로 Warkasi로에 갈 때에 Giyaha

weji de šadame ilinjame genehe coohai morin, emu
숲에 군마가 지쳐서 쉬엄쉬엄 갔는데,

tanggū orin ba i dubede genefi, cooha acafi bošome
120리 밖에 가서 군사가 만나서 쫓아가며

wame feksici, šadaha iliha morin geli aitufi nikan (9:3b)
죽이며 질주하니 지쳐서 멈추었던 말이 또 회복하여 명

cooha be wacihiyame waha, solho i funcehe cooha be
군사를 전멸시켰다. 조선의 남은 군사를

dahabufi gajihangge, tere gemu
항복하게 하여 데려왔다. 그 모두가

⇦ abka aisilaha weile kai, ice juwe de, šanggiyan hada ci genehe
하늘이 도운 일인 것이다. 초이틀에 Šanggiyan봉(峰)에서 간

emu minggan cooha, ice ilan de, šanggiyan hada ci
1000명의 군사, 초사흘에 Šanggiyan봉(峰)에서

genehe juwe minggan cooha, juwe inenggi amala tutafi
간 2000명의 군사, 이틀 뒤에 뒤떨어져

meni meni genehe amba beile i cooha, boljoho gese
각각 간 대버일러의 군사가 약속을 한 것처럼

tuttu acaha kooli bio, emu baci boljome gisurefi (9:4a)
그렇게 만났던 선례가 있는가. 한 곳에서 약속하고

fakcaha cooha, hono tuttu acarakū kai, tere gemu
헤어진 군사는 오히려 그렇게 만나지 못하는 것이다. 그것이 모두

⇦ abkai acabume gamaha weile kai,
하늘이 맞추어 이끌어 온 일인 것이다.

⇦ abkai aisilaha be adarame saha seci, neneme inenggi jaifiyan, sarhū i
하늘의 도움을 어떻게 아는가 하면 전날 Jaifiyan과 Sarhū

juwe ing ni cooha be wafi, tere dobori jugūn
두 진영의 적병을 죽이고 그날 밤에 길을

tosome generakū bici, wahūmu i bigan de iliha ing ni
막으러 가지 않았다면, Wahūmu 들판에 세운 영(營)의

cooha, šanggiyan hada, fiyefun i ninggu, tere ilan
군사, Šanggiyan봉(峰), Fiyefun 정상 그 세

ing ni cooha be sarkū bihe bici, julergi donggo i (9:4b)
영의 군사를 모른 채로 있었을 것이다. 남 Donggo로(路)에

golo be dosire cooha, hūlan i golo be dosire
들어온 군사와 Hūlan로(路)에 들어온

cooha be, sucungga inenggi jaifiyan i cooha be okdome
군사에 대해, 첫날에 Jaifiyan의 군사를 대적하러

genere de donjifi genehe wakao, tere cooha be okdome
갈 때, 듣고도 간 것이 아닌가. 그 군사를 대적하러

amasi jihe bici, terei amala jaka i golo be geli
되돌아왔다면 그 뒤에 Jaka로(路)를 또

cooha jimbi seme donjici, geli absi genere seme
군사가 온다고 들으면 또 어디로 갈 것인가 하며

gūnici mangga bihe kai, emu golo be jihe juwe
생각하니 어려웠을 것이다. 한 지역으로 온 두

jugūn i sunja ing ni cooha be, juwe inenggi gemu (9:5a)
길의 다섯 영(營)의 군사를 이틀에 모두

wafi, jai julergi donggo i golo be dosika cooha de
죽이고, 또 남 Donggo로에 들어온 군사를

afanafi geli gemu wahangge, tere
공격하러 가서 또 모두 죽인 것, 그것이

⇦ abka aisilarakūci tuttu kooli bio, ba bade afaci, erin fon de
하늘이 도와주지 않았다면 그런 선례가 있겠는가. 곳곳에서 싸우면, 시시때때에

acabume, <u>aika</u> jaka be icihiyame wajifi beyebe jabduha
맞아서 온갖 일을 마치고 몸을 추스른

manggi, cooha bargiyabufi jai aika baita tucirengge,
후에 군사를 거두게 하고 나서야 또 어느 일이 생기는 것,

tere gemu
그것 모두가

⇦ abka aisilame gamarangge waka oci tuttu ombio, tere gese ambula (9:5b)
하늘이 도우며 이끈 것이 아니면 그렇게 되겠는가. 그처럼 많은

niyalma be geli we saha, tere gese geren
사람일 줄 또 누가 알았겠는가. 그처럼 많은

cooha be geli we tuwaha, niyalma geli tuttu
군사를 또 누가 보았겠는가. 사람이 정말 그렇게

ambula geren binikai, nikan han tuttu ini cooha be,
많았던 것이다. 명 황제가 그렇게 자신의 군사가

waha seme wajirakū, bucehe seme ekiyenderakū seme ertufi
죽여도 죽여도 끝나지 않고 죽어도 죽어도 줄어들지 않을 것이라고 믿어서

jihe cooha be, emu majige andande wahangge, tere be
보내온 군사를 한순간에 죽인 것, 그것은

niyalmai wara de wajirengge waka bihe kai,
사람이 죽여서 된 것이 아닌 것이다.

⇦ abka aisilafi majige andande tuttu wame wajiha dere, nikan gurun i (9:6a)
하늘이 도와서 짧은 순간에 그렇게 죽여버린 것이리라. 명나라의

wan lii han i waka ambula ofi, nikan coohai
만력제의 잘못이 커서 명 군사가

頭註: gingguleme baicaci, fe manju gisun i bithede, aika sere gisun, uthai eiten sere gisun de adali sehebi, ere ainci cooha de genehe amala, boode umai baita akū, cooha mariha manggi, teni baita bisirengge, yargiyan i abka aisilahangge sere gūnin dere. [신중하게 조사하니, 『舊淸語』에 aika라는 말은 곧 eiten(온갖)이라는 말과 같았다. 이것은 생각건대 출병한 후에는 집에 전혀 일이 없다가, 군사가 돌아온 뒤에야 일이 있는 것이, 실제로 하늘이 도운 것이라는 생각일 것이다.]

sindaha tutala minggan tumen poo miyoocan be, gemu
쏜 그렇게 많은 천, 만의 포와 총이 모두

oilori deleri unggihe dere, gabtaha sirdan saciha loho
빛나가게 한 것이리라. 쏜 화살, 휘두른 환도

tokoho gida be, gemu hetu jailabufi oihori
내지른 창을 모두 비껴가게 하여 가볍게

obuha dere,
한 것이리라.

⇦ genggiyen han i coohai niyalmai gabtaha sirdan tokoho gida be,
경기연 한(汗)의 군사가 쏜 화살과 내지른 창은

⇦ abkai enduri dafi aisilame tokohobi dere, saciha loho be, (9:6b)
하늘의 신이 도와서 찔렀던 것이고, 휘두른 환도는

⇦ abkai enduri aisilame ambula kengse lasha dabuhabi dere.
하늘의 신이 도와서 매우 강력하게 베도록 하였던 것이다.

○ nikan be juwe aniya dailara de, jakūn ing ni
명과 2년간 전쟁할 때, 여덟 영의

cooha de afara de, gūsai niyalma be gaifi isinahakū seme,
군사와 싸울 때, 구사의 사람을 인솔하여 오지 않았다고,

⇦ han i uksun i deo dobi beile be, gūsai ejen be nakabuha,
한(汗)의 종실(宗室) 동생 Dobi 버일러를 구사 수장을 그만두게 했다.

gūsai ejen i doroi šangname buhe olji be gemu
구사 수장의 예로 포상하였던 포로를 모두

gaiha, nikan i amba dain jidere be, nenehe inenggi (9:7a)
빼앗았다. 명의 대군이 오는 것을 전날

gūwa karun i niyalma sabuci, tombasi gebungge niyalmai karun
다른 초소의 사람은 발견했지만 Tombasi라는 사람의 초소에서는

sabuhakūbi, jai inenggi nikan i dain be sabufi, musei
발견하지 못했었다. 그다음 날은 명의 적병을 발견하고도 우리

cooha de acame alanjihakū, nikan i coohai amala ilifi
군사에게 알리러 오지 않았고 명 군사의 뒤에 있었다.

bihe, tere nikan cooha be gidafi gamara de,
그 명 군사를 격파하고서 인솔해 갈 때에

tere tombasi karun i niyalma be saha, dain cooha
그 Tombasi 초소의 사람을 보았다. "적병이

jidere be tuwakini, sabuci alanjikini seme sindaha karun kai,
오는 것을 감시하고, 발견하면 알리러 오도록 설치한 초소이다.

medege alanjikini seme sindaha karun alanjirakū, dain i (9:7b)
소식을 알리러 오도록 임무를 준 초병이 알리러 오지 않고 적의

amala ilici, simbe karun sindaha ai tusa seme,
뒤에 있으면 너를 초병으로 임명한들 무슨 소용이 있는가"라고 하며

karun i ejen tombasi gebungge niyalma be waha,
초소장 Tombasi를 죽였다.

⇦ han i uksun deo wangšan, yaya dain ohode, anggai holtome
한(汗)의 종실 동생 Wangšan은 매번 전쟁이 나면 입으로는 거짓말하여

akdabure gojime, beye hūsun tucime afarakū ofi, wangšan de
믿게 할 뿐 몸은 힘써 싸우지 않아서 Wangšan에게

buhe aha jušen be gemu gaiha, amba hecen ci
준 노복을 모두 빼앗았다. 큰 성에서

wasihūn, emu tanggū nadanju ba i dubede jaifiyan, sarhū,
서쪽으로 170리의 끝에 있는 Jaifiyan, Sarhū

wahūmu, šanggiyan hada, fiyefun, sunja ing ni cooha be (9:8a)
Wahūmu, Šanggiyan봉(峰), Fiyefun의 다섯 영의 적병을

wafi, jai amba hecen ci julesi, emu tanggū ba i
죽이고 또 큰 성의 남쪽 100리

dubede donggo i golo be dosika cooha be geli genefi
끝에 있는 Donggo로로 들어온 적병을 또 가서

waha manggi,
죽이니

⇦ genggiyen han injeme hendume, nikan gurun i wan lii han i dehi
경기연 한(汗)이 웃으며 말하기를 "명나라의 만력제의

← nadan tumen cooha de, musei cooha be teisu
47만 군사에 대해 우리 군사가 각각

← teisu okdofi waha seci, yaya gurun donjici, musei
하나씩 대적하여 죽였다 하면 어떤 나라가 들더라도 우리

← cooha be geren sembi, ineku coohai wame yabuha (9:8b)
군사가 많다고 할 것이다. 동일한 수의 군사로 죽이러 갔다

← seci, musei cooha be mangga sembi, yaya gurun
해도 우리 군사가 강하다고 할 것이다. 어떤 나라가

← donjici, ehe akū, eitereci sain sembi seme henduhe,
들더라도 나쁠 것이 없고 어떻든 좋다고 할 것이다"라고 말했다.

tere nikan cooha de dafi jihe solho i sunja
그 명 군사를 도와서 온 조선의

minggan cooha be dahabufi, gajiha duin hafan, emu
5000명의 군사를 항복시키고, 붙잡아 온 관원 네 명과

tungse, uhereme sunja niyalma be sindafi unggime,
통사 한 명, 모두 하여 다섯 사람을 놓아 보내며

⇦ bithede araha gisun, nikan han de ushaha koroho nadan amba
글에 쓴 말이다. 명 황제에게 노하여 원한을 품은 칠대한(七大恨)의

← koro i gisun be gemu bithe arafi, jai buya koro i (9:9a)
말을 모두 글로 적고 다시 작은 원한의

← gisun be geli nonggifi, jai hendume, ere nikan de
말을 또 덧붙이고 다시 말하기를 "이것은 명에게

← mini dain deribuhe turgun be alara, julge aisin
내가 전쟁을 시작한 이유를 알리는 것이다. 옛 금나라의

← han, monggo han, ilan duin gurun be gemu
황제와 몽골 황제는 서너 나라를 모두

← uhe obume dahabufi banjihabi, tuttu banjifi tere inu
통합하여 항복시켜서 지냈다. 그렇게 살아도 그들도

← jalan goidame aniya ambula banjihakūbi, tere be bi gemu
세세연년 오래도록 지속하지 못했다. 그것을 나는 모두

← bahanahabi, ere dain be bi ulhirakū farhūn i arahangge
알고 있다. 이 전쟁을 내가 깨우치지 못해서 무지하게 벌인 것이

← waka, ere nikan mimbe <u>umainaci</u> hokorakū ofi, ere (9:9b)
아니다. 이 명이 나를 전혀 내버려두지 않아서 이

← weile be deribuhe, amba gurun i han be, mini dolo
일을 시작했다. 대국의 황제에게, 내가 속으로

← daci ehe araki seme gūniha bici,
처음부터 나쁜 짓을 저지르려고 생각했다면

頭註: gingguleme baicaci, fe manju gisun i bithede, umainaci hokorakū sere gisun, uthai umai waliyarakū sere gisun de adali sehebi. [신중하게 조사하니, 『舊淸語』에 umainaci hokorakū라는 말은 곧 umai waliyarakū(전혀 내버려두지 않다)라는 말과 같다고 했다.]

⇦ abka endembio,
하늘이 모르겠는가.

⇦ abka mimbe ainu urulere bihe, nikan han i dere ci, mini
하늘이 나를 어찌 옳다고 여겼으며, 명의 황제보다 내

← dere oncoo,
쪽에 관대하겠느냐.

⇦ abka waka be wakalame uru be uruleme, tondo be beidefi
하늘은 잘못을 책망하고 옳은 것을 옳다고 한다. 공정함을 심의해서

← tuttu dere, mimbe (9:10a)
그리하는 것이리라. 나를

⇦ abka urulehe, nikan be
하늘이 옳다 했고 명을

⇦ abka wakalaha, solho suweni cooha be nikan de dafi minde
하늘이 책망했다. 너희 조선 군사는 명을 도와서 나와

← jihe manggi, bi gūnime, solho i cooha buyeme jihengge
싸우러 왔는데, 내 생각건대, 조선의 군사는 원해서 온 것이

← waka, nikan de eterakū, odzy i karu baili seme
아니다. 명에 거스를 수 없어서 왜와의 전쟁에 대한 보은으로

← jihebi dere, julge meni aisin dai ding han de,
온 것이리라. 옛날에 우리 금나라의 대정제(大定帝) 때

← solho jao wei jung gebungge amban, dehi funceme
고려의 조위총(趙位寵)이라는 대신이 40여

← hecen be gaifi ubašame jihe be, meni aisin (9:10b)
성(城)을 이끌고 배반하여 온 것을 우리 금나라의

← dai ding han hendume, nikan i jao hoidzung, jao
대정제가 말하기를, '송(宋)의 조(趙) 휘종(徽宗),[1] 조(趙)

← kindzung han, meni aisin gurun i dailara fonde, solho
흠종(欽宗)이 우리 금나라와 전쟁할 때에 고려의

← han yaya de dahakū, tondo gurun seme alime
왕이 누구도 돕지 않은 공정한 나라이다'라며 받아

← gaihakū bederebuhe sere, tere be gūnifi muse juwe gurun
들이지 않고 물렸다고 한다. 그 일을 생각하니 우리 두 나라가

← daci ehe akū bihe seme, sini cooha gaifi
원래 사이가 나쁘지 않았으므로, 당신의 군사를 이끌고

← jihe amba ajige hafan juwan niyalma be weihun
온 대소 관원 열 명을 산 채로

← jafafi, solho han simbe gūnime asarahabi, te erei (9:11a)
잡아서 조선의 왕 당신을 생각하며 살려두었다. 이제 이 일의

← dube be solho han si sa, abkai fejile ai
끝을 조선의 왕 당신은 알라. 하늘 아래 어떤

← hacin i gurun akū, amba gurun i canggi banjimbio, ajige
종류의 나라인들 없겠느냐. 대국만 살겠는가. 작은

← gurun be gemu akū obumbio, ere amba gurun i
나라를 모두 없애야 하겠느냐. 이 대국인

← nikan han be,
명의 황제도

⇦ abkai emu šajin i banjimbi dere seme gūniha bihe, ere
하늘의 한 가지 법으로 살고 있으리라고 생각하고 있었다. 이

---

1) 북송의 8대 황제이다.

頭註: gingguleme kimcici, ere simbe gūnime asarahabi sere gisun, ainci simbe gūnime ujihebi sere gisun inu dere. [신중하게 살펴보니, 이 simbe gūnime asarahabi라는 말은 아마도 '당신을 생각하며 살렸다'는 말일 것이다.]

← nikan han
명 황제는

⇦ abkai šajin be gūwaliyafi, mujakū murime fudarame gurun be jobobumbi kai, (9:11b)
하늘의 법을 변개하고, 마구 왜곡하며 거슬러서 나라를 고통스럽게 한다.

← tere be solho han sini sarkū ai bi, bi
그것을 조선의 왕 당신이 모를 리가 있겠는가? 내

← donjici, nikan han, solho gurun de, meni gurun de,
들으니 명 황제가 조선국과 우리나라에

← gemu ini juse be unggifi ejen obuki seme
모두 그의 아들들을 보내어 수장이 되게 하겠다고

← hendumbi sere, ere nikan han muse juwe gurun be
말한다 한다. 이 명 황제가 우리 두 나라를

← gidašaha fusihūlaha ambula kai, solho han sini dolo
아주 업신여기고 천히 여기는 것이다. 조선의 왕 당신이 속으로

← muse juwe gurun daci umai ehe akū bihe,
'우리 두 나라는 원래 전혀 사이가 나쁘지 않았다.

← te bicibe, muse juwe gurun emu hebe ofi (9:12a)
이제라도 우리 두 나라가 한편이 되어

← nikan de ushaki sembio, bi emgeri nikan de
명에 분노하여 맞서자'라고 하든지, '나는 이미 명과

← dame wajiha, nikan ci hokorakū sembio, sini gisun be
한편이 되어버렸다. 명으로부터 벗어나지 못한다'라고 하든지, 당신의 말을

← donjiki seme, ilan biyai orin emu de, sunja
듣고 싶다"라고 하며 3월 21일에

solho de juwe jušen be adabufi takūraha.
조선인 다섯 명에 여진인 두 명을 동행하게 하여 파견했다.

○ duin biyai ice ilan de, coohai morin turgalahabi,
4월 초사흘에, 군마가 야위었고

olji morin macuhabi, niowanggiyan orho de morin tarhūbuki, (9:12b)
노획한 말도 초췌해졌으므로 푸른 풀로 말을 살찌우고,

jecen i usin tarikini, jaifiyan de hoton sahafi usin
접경지의 들에 씨를 뿌리고, Jaifiyan에 성을 쌓고 밭을

weilere be tuwakiyara anafu cooha ilikini seme,
경작하는 것을 보살피는 군사를 주둔시키라 하여,

⇦ han i beye wasihūn genefi hoton arara ba jorifi, nikan
한(汗)이 몸소 서쪽으로 가서 성을 세울 자리를 지정하고, 명

cooha be gidafi baha uksin be, ajige buksa
군사를 격파하고 획득한 갑옷을 여기저기에

alin i gese jakūn bade muhaliyaha be tuwafi
작은 산처럼 여덟 곳에 쌓아둔 것을 보고

dendebufi, tereci
나누게 했다. 그 후

⇦ han i beye, usin akū sula babe baime morin ulebume (9:13a)
한(汗)이 몸소 밭이 없는 비어 있는 곳을 찾아서 말을 먹이기 위하여

gamafi, ice jakūn de coohai morin simnefi, emu
이끌고 갔다. 그리고 초여드레에 군마를 골라

minggan tarhūn morin be tucibufi, ice uyun de
살찐 말 1000마리를 뽑았다. 그리고 초아흐레에

tiyei ling ni babe cooha dosifi, tiyei ling ni hecen de
철령(鐵嶺) 땅에 군사가 들어가서 철령성(鐵嶺城) 지역에서

頭註: gingguleme baicaci, fe manju gisun i bithede, simnefi sere gisun, uthai sonjombi sere gisun inu sehebi. [신중하게 조사하니, 『舊淸語』에서 simnefi라는 말은 곧 sonjombi(선택하다)라는 말이라고 했다.]

tofohon bade isitala tabcin feksifi, minggan olji be
15리에 이르도록 약탈하며 말을 몰아서 1000명의 포로를

baha, tere cooha dosika de, nikan i cooha emu
잡았다. 그 군사가 들어갈 때 명 군사는 한

niyalma hono sabuhakū, poo emgeri hono sindahakū.
명도 보이지 않았고 포(砲)도 한 발 쏘지 않았다.

(9:13b)

○ sunja biyai ice sunja de,
5월 초닷새에

⇦ han i beye, muduri erinde yamun de tucifi tehe, yamun i
한(汗)이 몸소 진시(辰時)에 아문(衙門)에 나가서 앉았다. 아문의

juwe dalbade jakūn cacari cafi, jakūn gūsai beise
양 옆에 여덟 채의 천막을 치고 8구사의 버일러들

ambasa jakūn bade tefi, amba beile, amin beile,
대인들이 여덟 곳에 앉고, 대버일러, Amin 버일러,

manggūltai beile, duici beile, solho i juwe amba hafan,
Manggūltai 버일러, 제4버일러, 조선의 두 대관 등

ninggun niyalma be fangkala dere de tebufi amba sarin
여섯 명을 낮은 상에 앉게 하고 큰 주연을

sarilaha, terei onggolo beise, sarin de dere de terakū, (9:14a)
베풀었다. 그 이전에는 버일러들이 주연에서 상에 앉지 않고

na de tembihe.
땅에 앉았었다.

○ orin jakūn de, solho de genehe elcin, solho i
28일에 조선에 갔던 사신과 조선

emu hafan, juwan ilan niyalma isinjiha, terei gajiha
관원 한 명, 모두 하여 13명이 이르러 왔다. 그들이 가지고 온

bithe be tuwaci, ceni solho han i gisun umai
글을 보니 그들 조선 왕의 말은 전혀

akū, nikan de dafi jihe coohai jafabuha amba
없고, 명을 도우러 왔던 군대의 사로잡힌 대소

ajige hafasa be ujihe seme, baniha sere emu (9:14b)
관원을 살려주어서 감사하다는

sain gisun akū, jafaha solho be unggi sere
좋은 말이 하나 없고, 사로잡은 조선인을 보내달라는

emu gisun akū, amala banjire emu akdun gisun akū,
말도 하나 없고 앞으로 사이좋게 지내자는 믿음을 주는 말도 없다.

solho gurun i ping an doo goloi guwan ca ši
조선 평안도(平安道)의 관찰사

hergen i piyoo hūwa, giyan jeo ui mafai bethei fejile
직위의 박화(朴化)가[2] 건주위(建州衛)의 마파의 발 아래에[3]

bithe aliburengge, muse juwe gurun ba na acame
글을 바친 것이다.[4] "우리 두 나라는 땅이 붙어 있어서

tefi, nikan gurun be han, muse juwe gurun
명나라는 황제, 우리 두 나라는

amban seme banjime, juwe tanggū aniya otolo, emu (9:15a)
신하라 하며 지내면서 200년이 되도록

---

2) 실제 이름은 박엽(朴燁)인데, 강희제(康熙帝)의 이름인 애신각라현엽(愛新覺羅玄燁)의 엽(燁) 자를 피휘하여 박화(piyoo hūwa, 朴化)로 적은 것이다.

3) 편지글에 동료를 높여서 부르는 '족하(足下)'를 만주어로 번역한 것일 가능성이 있다.

4) 『朝鮮實錄』〈광해 11년(1619) 4월 21일〉에 동일한 글이 있다.

majige ser seme gasacun ehe akū bihe, te
아주 작은 일 하나라도 원한이나 나쁜 것이 없었다. 이제

wesihun gurun, nikan i emgi kimun kokon ofi dailame,
귀국이 명과 원수 kokon이[5] 되어 전쟁하며

weihun irgen boihon oho, bi hanciki gurun i
살아 있는 백성이 도탄에 빠졌다. 나는 이웃나라의

kesi akū anggala, duin tala de gemu dain kai,
복이 없을 뿐 아니라, 사방이 모두 적이므로

wesihun gurun de inu sain weile waka kai,
귀국(貴國)에게도 좋은 일이 아니다.

nikan, meni gurun, ama jui adali, amai gisun be
명과 우리나라는 부자(父子)와 같은데 아버지의 말을

jui maraci ombio, amba jurgan ofi maraci ohakū, (9:15b)
아들이 거스르면 되는가. 대의여서 거스를 수가 없었다.

tere weile emgeri duleke, te ume gisurere, jang
그 일은 이미 지나간 일이다. 이제 말하지 말라.

ing ging ni duin niyalma be unggihe manggi, giyan
정응정(鄭應井)[6] 등 네 사람을 보내어서 비로소

giyan i weile i jurgan be tede saha, hanciki gurun i
명명백백히 일의 전후 사정을 그제야 알았다. 가까운 나라가

sain banjire doro geli akū doro bio, unggihe
사이좋게 지내는 길이 또한 없을 리가 있겠는가. 보낸

頭註: fe manju gisun i bithe, tongki fuka akū hergen i juwan juwe uju i bithede baicaci, gemu kimun kokon sere gisun akū, te songkoi sarkiyame araha. [『舊清語』와 『無圈點十二字頭』를 조사해도 둘 모두에 kimun kokon이라는 말이 없어서 여기에는 있는 그대로 베껴 썼다.]

5) 『滿洲實錄』(5권, 天命 4년(1619) 5월)에는 kokon이 bata(적)로 바뀌어 있다.

6) 『朝鮮實錄』에는 鄭應井이지만, 『滿洲實錄』(5권, 天命 4년(1619) 5월)에는 張應京으로 표기되어 있다. 정응정은 강홍립의 부하로, Sarhū 전투에 참전했다가 항복을 한 후에 후금에 억류되어 있었다.

bithede henduhengge, mini mujilen daci amba gurun i
글에서, '나의 마음에 원래 대국의

han be ehe gūniha bici,
황제를 나쁘다고 생각했다면

⇦ abka endembio seme henduhebi, tere mujilen dere, dule jalan (9:16a)
하늘이 모르겠는가'라고 말했다. 그런 마음은 본래 세대가

halame enteheme
바뀌어도 영원히

⇦ abkai hūturi isifi banjire niyalma kai, ereci amasi, amba doro be
하늘의 복이 미쳐서 살아갈 사람인 것이다. 이제부터 앞으로 대도에

acabume banjici, nikan buyeme sain gisun goidarakū wasimbi kai,
맞추어 지내면 명이 기뻐하여 좋은 말을 머지않아 내릴 것이다.

muse juwe gurun, meni meni jase babe tuwakiyame,
우리 두 나라가 서로의 경계를 지키며

fe sain be dasafi banjici sain akūn.
옛날의 좋은 일을 되살려 지내면 좋지 않겠는가."

○ šun dekdere ergi hūrha gurun i funcehe tutaha be (9:16b)
해 뜨는 쪽 Hūrha국의 잔류한 사람을

wacihiyame gaisu seme unggihe muhaliyan i emu minggan cooha,
모두 다 데리고 오라고 보낸 Muhaliyan의 군사 1000명이

ninggun biyai ice jakūn de amasi isinjiha, emu
6월 초여드레에 되돌아왔다.

minggan boigon, juwe minggan haha, ninggun minggan anggala
1000호와 장정 2000명, 인구 6000명을

gajime jidere de,
인솔하여 오니,

⇦ han, hecen tucime okdofi, jakūn cacari cafi, juwe tanggū dere
한(汗)이 성을 나가서 맞이했다. 그리고 장막 여덟 채를 치고 상 200개를

dasafi, orin ihan wame amba sarin sarilara de,
차려 소 20마리를 잡아 큰 주연을 베풀 때,

cooha de baha solho i juwe amba hafan, jai (9:17a)
전쟁에서 잡은 조선의 두 대관과 또

geren buya hafan, solho han i takūrafi unggihe hafan,
여러 소관원, 그리고 조선 왕이 파견해 보낸 관리가

cooha be okdoro be tuwaki seme henduhe manggi,
군사를 맞이하는 것을 보고 싶다고 말하니

⇦ han, gamame yabu seme gamaha bihe, tere inenggi cimari erde
한(汗)이 데리고 가라고 하여 데리고 갔다. 그날 아침 일찍

tucifi, solho i hafasa jergi jergi acaha, terei sirame
나가서 조선의 관원들을 차례차례 만났고, 그에 이어

cooha genehe ambasa acaha, terei sirame jihe boigon i
출병했던 대인들을 만났고, 그다음에는 온 가호의

gašan gašan i ambasa jergi jergi acaha, amban asihan
각 촌락 대인들을 차례차례 만났다. 어른과 청년

aha ejen, juse hehesi de aname gemu ebitele (9:17b)
종과 주인, 아녀자들에게 차례차례 모두 배부르도록

ulebume soktotolo omibume sarilafi jihe, gajiha boigon olji be
먹이고, 취하도록 마시게 하며 주연을 베풀고 왔다. 데려온 가호와 포로를

gemu giyan giyan i icihiyafi, jai inenggi hecen de
모두 분명하게 처리하고 다음날 성에

dosimbuha, dahame jihe boigon i uju jergi ambasa de,
들어오게 했다. 투항해 온 가호의 1등급 대인들에게

juwanta juru niyalma, morin juwanta, ihan juwanta, etuku
사람 열 쌍씩, 말 열 마리씩, 소 열 마리씩, 옷

sunjata jergi, mahala, umiyesun, gūlha, enggemu, hadala, jebele,
다섯 벌씩과 모자, 허리띠, 가죽신, 안장, 굴레, 화살통,

beri, sirdan, jai jergi niyalma de sunjata juru
활, 화살을 주었고, 2등급인 사람에게는 사람 다섯 쌍씩,

niyalma, sunjata morin, sunjata ihan, ilata jergi etuku, (9:18a)
말 다섯 마리씩, 소 다섯 마리씩, 옷 세 벌씩과

mahala, umiyesun, gūlha, jebele, beri, sirdan, ilhi ilhi
모자, 허리띠, 가죽신, 화살통, 활, 화살을 차례차례

boigon i niyalmai baitalara jaka be gemu yooni jalukiyame buhe.
가호의 사람이 사용하는 물건을 모두 다 충분히 주었다.

제10권

천명(天命) 4년(1619) 5월부터 6월까지

juwanci debtelin,
abkai fulingga i duici
aniya sunja biyaci ninggun
biyade isinahabi.

tongki fuka sindaha hergen i dangse. (10:1a)
유권점 당안

← ○ olbo be gaifi yabure nirui ejen, sunja nirui
면갑병을 이끌고 다니는 니루 수장, 다섯 니루

← ejen, fulgiyan bayara be gaifi yabure nirui ejen,
수장, 홍(紅) 바야라를[1] 인솔해 가는 니루 수장,

← sunja nirui ejen, meiren i ejen, gūsai ejen, geren i
다섯 니루 수장, 머이런 수장, 구사 수장, 거런 수장,[2]

← ejen, suwe coohai niyalmai hūsun tucime afara be,
너희는 병사가 힘써 싸우는 것과

← hūsun tucifi afarakū be saikan tuwa, goro ilifi
힘써 싸우지 않는 것을 잘 보라. 멀리 서 있다가

← amala yabufi feye baha be ume dabure, hūsun
나중에 가서 부상 입은 자는 고려하지 말라. 힘을

1) bayara는 『滿洲實錄』(4권, 萬曆 46년(1618)) 한문 부분에서 拜雅喇라고 적고, 주석에서는 '정예 내병(精銳 內兵)'이라고 설명했다. 순치(順治) 17년(1660) 이후에 호군(護軍)으로 명칭이 바뀌었다.

2) geren i ejen, 즉 거런 수장은 1619년 개원(開原)을 공격하기 전에 임시로 생긴 관직이다. 거런 수장은 8구사의 좌우 양익의 수장 관원으로 8구사의 관원 중 제1등 서열이다(유소맹 2013:311).

← tucifi hecen efulere mangga weilere faksi, gaifi yabure (10:1b)
내서 성(城)을 파괴하는 데 뛰어난 기술이 있는 사람, 인솔하여 다니는

← jurgan sain, tenteke niyalma be wesihun beise de
의롭고 훌륭한 자, 그러한 사람을 상부의 버일러들에게

← ala, wangšan, mangsaka, narin i gese hebe banjifi ishunde
고하라. Wangšan, Mangsaka, Narin처럼 공모해서 서로

← holtome ume tukiyere, cangguna i gese afahakū niyalma be
거짓으로 추천하지 말라. Cangguna처럼 싸우지 않았던 사람을

← afaha seme ume holtoro, kadala seme afabuha niyalma
싸웠다고 거짓말하지 말라. 관할하라고 임명된 사람이

← tondo be alarakū, suweni niyamangga niyalma be, suwende
진실을 아뢰지 않고 너희의 인척인 사람을, 너희에게

← encu bade sain sabuha niyalma be, cangguna i gese
다른 곳에서 잘 보인 사람을 Cangguna처럼

← ume holtoro, ajige weile be holtoci, weile arambi, (10:2a)
속이지 말라. 작은 일을 속여도 치죄할 것이고,

← beyebe wasibumbi, amba weile be holtoci, beyebe wambi kai,
직급을 강등시킬 것이다. 큰일을 속이면 죽일 것이다.

← han i afabuha niyalma suwe tondo be alarakūci, suweni
한(汗)이 임명한 사람인 너희가 바른 것을 알리지 않는다면, 너희의

← fejile hūsun tucifi beyebe jobobure niyalma de ai
아래에서 힘을 쓰고 몸을 수고스럽게 한 사람에게 무슨

← amtan, hošoi beile, geren i ejen, gūsai ejen, suwe
낙이 있겠는가. 호쇼 버일러,3) 거런 수장, 구사 수장, 너희는

3) 호쇼 버일러는 버일러들 중에서도 8구사를 소유한 Nurhaci의 아들 또는 조카를 지칭한다. 이들은 8구사를 분담 통치하였고 국정에 참여했으며 한(汗)의 주요 보좌관이자 최고위 군정 수장이었다. gūsai ejen(구사 수

← yaya niyalmai bata be warakū, amala tutafi ulin
누구든 적을 죽이지 않고 뒤에 뒤떨어져서 재물을

← hešurere be saha de, han i buhe duin jofohonggo
모으는 것을 알았을 때 한(汗)이 준 네 모서리의

← suhe i saci, doroi niru i gabta, <u>julergi</u> dain i anggala, (10:2b)
도끼로 찍고, 규율 화살로 쏘라. 앞의 전장(戰場)뿐만 아니라

← amargi be saikan kadala.
후방도 잘 통솔하라.

○ elcin jihe solho hafan hendume, bi elcin jifi
사신으로 온 조선 관리가 말하기를 "내가 사신으로 와서

goidame bici acarakū, aika gisun gisureci, bi bedereki
오래 있는 것이 마땅하지 않다. 무슨 말이든 하면 내가 돌아가겠다" 하고

seme fonjibuha manggi,
여쭙게 하니,

⇦ genggiyen han hendume, nikan i wan lii han, meni sunja goloi
경기연 한(汗)이 말하기를 "명의 만력제(萬曆帝)가 우리의 다섯 지역의

← tehe boo be efuleme, tariha usin i jeku be (10:3a)
살던 집을 파괴하고, 경작하던 밭의 곡식을

← gaibuhakū bošoho bihe, tere babe mini beye dacilame
거두지 못하게 쫓아냈다. 그곳을 내가 몸소 조사해

장)과는 다른 개념이다. hošo는 본래 '모서리, 모퉁이'를 의미한다.

頭註: gingguleme kimcici, ere julergi dain i anggala, amargi be saikan kadala sere gisun, ainci julergi dain bi sere anggala, uthai dain akū okini, inu saikan kadalaci acambi sere gūnin dere. [신중하게 살펴보니, 이 julergi dain i anggala, amargi be saikan kadala라는 말은 아마도 '앞에 전투가 있을 때뿐만 아니라 곧 전투가 없을 때에도 역시 잘 통제하는 것이 마땅하다'라는 뜻일 것이다.]

← tuwame genembi, tuttu tuwanafi jihe manggi, simbe unggire
보러 갈 것이다. 그렇게 보러 가서 돌아온 후에 너를 보낼 것이다"라고

seme hendufi, juwan de, hecen be gaime geneme,
말하고 10일에 성을 취하러 가려고

duin tumen cooha juraka, tucike ilaci inenggi, abka
4만 병사가 떠났다. 나간 후 사흘째에 비가

agafi bira bisaka manggi,
오고 강이 넘치자

← amasi bederereo, julesi genereo, julesi geneci, erin ehe,
"뒤로 물러날 것인가, 앞으로 갈 것인가. 앞으로 가자니 때가 나쁘다.

← bira bisakabi, na soktohobi, lifame muke dogon be (10:3b)
강이 넘쳤고, 땅이 질척해졌다. 진창에 빠져 나루를

← dooci ojorakū oho manggi, adarame yabumbi seme gisurefi,
건널 수 없게 되었으니 어떻게 갈 것인가"라고 말하고

← muke gocikini, na sengsekini, juwe inenggi indeki, ukanju
"물이 빠져나가고 땅이 마르게 하자. 이틀을 쉬자. 도망자가

← genefi musei cooha juraka be alanafi nikan sererahū,
가서 우리가 출병한 것을 알려서 명이 알게 될까 걱정되니

← erei sidende, fusi golo be simiyan i baru tabcin
그 사이에 무순로(撫順路)를 심양(瀋陽) 쪽으로 약탈하러

← unggi, simiyan i baru tabcin genehe de, nikan, simiyan i
보내라. 심양을 향하여 약탈하러 갔을 때 명으로 하여금 심양 지역을

← babe sucumbi seme gūnikini seme hendufi, emu tanggū
습격한다고 생각하게 하자"라고 말하고 100명을

niyalma be tucibufi, simiyan i babe tabcin feksibufi, niyalma (10:4a)
내어 심양 지역을 말을 달려서 약탈하게 하고

gūsin funceme wafi, orin funceme weihun gajiha, keyen i
30여 명을 죽이고 20여 명을 사로잡았다. 개원을

baru birai muke dooci ombio seme jugūn tuwanaha
향하여 강물을 건널 수 있을까 하며 길을 보러 갔던

niyalma jifi, amala keyen i ergide abka agahakūbi, birai
사람이 와서 "북쪽 개원 방향에는 비가 내리지 않았고

muke nonggihakūbi, na lifarakū seme alanjiha manggi, tereci
강물이 불어나지 않았으며 땅도 질지 않다"라고 알려왔으므로 그 후

cooha genefi jase dosika manggi, šanggiyan fu i niyalma
병사가 가서 경계를 넘어 들어가니 Šanggiyan Fu의[4] 병사가

poo juwe jergi sindaha, tereci ulan ulan i poo
포를 두 번 쏘았다. 그 뒤에 차례차례로 포를

sindara tuwa tefembuhe, keyen i hecen de juwan ninggun i (10:4b)
쏘는 불을 붙였다. 개원성에 16일

cimari isinaci, nikan cooha hecen i ninggude seriken ilihabi,
아침에 도달하여 가니 명 병사는 성 위에는 드문드문 서 있고,

duin duka de cooha tucifi hecen i tule ilihabi,
네 문에 병사가 나와서 성의 바깥에 진을 치고 있었다.

hecen i julergi ci šun dekdere ergi dere be
성의 남쪽으로부터 해 뜨는 쪽 방면을

kame genefi, morin ci ebufi kalka hūwaitafi hecen de
포위하러 가서 말에서 내려서 방패를 묶어 성에

sindafi, hecen be sacime efulere de, šun dekdere ergi
설치하고 성을 찍으며 파괴할 때 동쪽에 있는

4) Šanggiyan Fu는 Šanggiyan Pu의 이표기로 볼 수 있으며 한자로 쓰면 상양보(尙陽堡)이다. 한자 음대로 šang yang pu로도 표기된다. 정안보(靖安堡, 靜安堡)를 고쳐서 부르는 이름이다.

dukai tule, ilifi afara cooha be bošome gamahai,
문 밖에서 진을 치고 공격하는 적병을 쫓으며 몰아가면서

hecen i duka be dositala gamafi, nikan cooha duka be (10:5a)
성문에 들어갈 때까지 몰아갔다. 그리고 명 병사가 성문을

dasimbi, jušen i cooha duka be neime durinuhei, tere
닫으려 하고 여진 병사가 성문을 열어 장악하려 하면서 그

temšeme durinure šolo de, dukai julergi be sacime efulere
다투며 장악하려는 참에 성문의 남쪽을 찍으며 부수는

coohai niyalma, sacime efulere be nakafi, coohai amargi
병사가 찍고 부수기를 멈추고

dubei niyalmai isinjire onggolo, hecen be uthai wan
후미의 병사가 이르기도 전에 사다리를

sindahakū dabame dosika, keyen i hecen i jai ilan
놓지 않고 바로 성을 넘어 들어갔다. 개원성의 또 세

dukai tule iliha cooha, hecen i dorgi be gaibufi
문의 밖에 진 치고 있던 병사가 성의 내부를 빼앗기고

tulesi tucime <u>nukcike</u> manggi, hecen i duka be tuwakiya (10:5b)
바깥쪽으로 나가 도망하자 성문을 지키라는

seme afabuha fulgiyan bayarai cooha, tere nukcire nikan i
임무를 맡은 홍(紅) 바야라 병사가 그 도망치는 명

cooha be okdofi, hecen i ulan be tucibuhekū gemu
병사를 맞아서 성의 해자를 벗어나지 못하게 하고 모두

waha, tere hecen i ejen pan dooli, neneme šanggiyan
죽였다. 그 성의 수장 반(潘) 도리(道吏)는 먼저 Šanggiyan봉(峰)에서

頭註: gingguleme baicaci, fe manju gisun i bithede, nukcike sere gisun, uthai ukaka sere gisun inu sehebi. [신중히 조사하니, 『舊淸語』에 nukcike라는 말은 곧 ukaka(도망했다)라는 말이라고 했다.]

hada de wabufi, taka tehe jeng dooli, hecen de
죽임당했고 임시로 있던 정(鄭) 도리(道吏)는 성에

tefi alihakū burulame tucike, tere hecen de alime
머물다가 대항하지 않고 패하여 달아났다. 그 성에서

gaiha ma dzung bing guwan, fujiyang, gūwa buya hafan be
대항한 마(馬) 총병관(總兵官), 부장(副將), 그 외 소관리를

gemu waha, morin ci ebuhe nikan cooha gemu (10:6a)
모두 죽였다. 말에서 내린 명 병사는 모두

šušu usin de dosika bihe, hecen šurdeme usin de
수수밭에 들어가 있었다. 성 주위의 밭에

dosika nikan i cooha be safi, geren cooha usin be
들어간 명 병사를 보고 여러 병사가 밭에서

aba sindame adafi gemu waha, hecen be bahafi,
사냥 대열로 벌여서 모두 죽였다. 성을 획득하고

⇦ han i beye, hecen i julergi dukai leosei dele tafafi tehe,
한(汗)이 몸소 성의 남문 누각 위에 올라서 앉았다.

hecen i tulergi cooha be wame wajifi, coohai niyalma
성 밖의 병사를 모두 죽인 후

hecen de dosiki seme bargiyara de, tiyei ling ni
성에 들어가려고 병사를 모을 때

hecen i ilan minggan cooha, keyen i hecen be afame (10:6b)
철령성(鐵嶺城)의 병사 3000명이 개원성을 아직 공격하여

bahara unde dere seme, jidere toron be sabufi,
얻지 못하였을 것이라며 오는 먼지를 보고

amba beile gaifi okdome genere de, tere toron be
대버일러가 인솔하여 대적하러 가니 그 먼지를

nikan cooha geli sabufi amasi burulame genehe, burulame
명 병사가 또 보고서 되돌아 달아났다.

genere be, amba beile i geren cooha amaga akū, orin
달아나는 것을, 대버일러의 여러 병사가 뒤처지지 않고 20명에

isire niyalma nikan i ilan minggan coohai amargi
달하는 병사가 명 병사 3000명의

dube be amcanafi, dehi funceme sacime tuhebufi, juwan
후미를 따라잡아서 40여 명을 베어 넘어뜨리고 10여 명을

funceme niyalma be wafi amasi bederefi, keyen i hecen i (10:7a)
죽이고 되돌아와서 개원성

ninggureme coohai ing hadafi iliha, olji ulin aisin
위에 병영을 설치하고 주둔했다. 포로, 재물, 금,

menggun, ihan morin eihen losa be, hecen i dolo
은, 소, 말, 나귀, 노새를 성 안에서

meni meni tatan i teisu isibuha, komso isibuha
각각의 타탄별로 내놓게 했다. 조금 내놓은

niru de olji burakū seme hūlafi, ilan dedume
니루에는 포로를 주지 않는다고 포고하고 사흘을 묵으며

olji ulin isibuci wajihakū, coohai morin de gemu
포로와 재물을 내놓게 하였으나 끝나지 않았다. 군마에 모두

acici wajihakū ofi, tere hecen de baha morin
실을 수 없어서 그 성에서 획득한 말과

eihen losa de gemu acifi, ihan sejen de (10:7b)
나귀, 노새, 소 수레에 모두 실어도

頭註: gingguleme kimcici, ere amaga akū sere gisun, ainci uthai amala tutahakū sere gisun dere. [신중하게 살펴보니, 이 amaga akū라는 말은 아마도 곧 '뒤처지지 않았다'라는 말일 것이다.]

tebuci wajihakū geli funcehe, tere keyen i hecen be
다 싣지 못하고 여전히 남았다. 그 개원성을

gaifi emu deduhe manggi, juse hehe gaibuha nadan
획득하고 하루 묵은 후 아이들과 여자를 빼앗긴 일곱

monggo ubašame dosinjiha, ilaci inenggi cimarilame, sunja monggo
몽골인이 배반하여 들어왔다. 셋째 날 아침 일찍 다섯 몽골인이

dosinjiha, inenggi dulin de, abutu gebungge amban juwe
들어왔다. 한낮에는 Abutu라는 대인이

tanggū monggo cooha be gaifi dosika, dosiki seme
몽골 병사 200명을 인솔하고 들어왔다. 들어가고자

cihalafi nikan i coohai beise i baru hendume, meni juse
핑계대어 명군(明軍)의 버일러들에게 말하기를, "우리 아이들과

sargan be gaibufi, emu dube de dosifi afarakū (10:8a)
아내를 빼앗기고 한 끝에라도 들어가서 싸우지 않고

uthai uttu unggihe doro bio seme henduhe manggi,
바로 이렇게 보내는 법이 있는가"라고 말하자

nikan i coohai beise hendume, suwe jabduci emu
명군(明軍)의 버일러들이 말하기를 "너희가 할 수 있으면 한

dubede dosime tuwa, balai dosire dain waka seme
끝에 들어가 보라. 함부로 들어갈 적이 아니다"라고

hendufi, arki nure omibufi fudefi unggihe, abutu afambi
말한 후, 술을 먹이고 보내주었다. Abutu가 공격하겠다고

seme holtome jifi afahakū dahaha, ilan dedume olji
속이고 와서 공격하지 않고 항복했다. 사흘을 묵으며 노획물을

icihiyame bici, nikan i cooha jasei dubede sabunjihakū,
처리하고 있어도 명 병사가 경계의 끝으로 살피러 오지 않았다.

ududu jalan halame banjiha keyen i hecen be efulehe, (10:8b)
수세대에 걸쳐 살아온 개원성을 무너뜨렸다.

efulefi jidere de, boo yamun be, leose tai be
무너뜨리고 올 때, 집과 아문과 누각과 대를

gemu tuwa sindaha, nikan i jase be tucifi, juwe
모두 불을 놓았다. 명의 경계를 나와서 이틀을

dedume olji dendefi, gung ni amba ajigen be
묵으며 노획물을 나누고 공의 크고 작음을

tuwame šangnaha,
보아 상을 주었다.

⇦ han hendume, amba hecen be efulefi, ulin ulha aisin menggun,
한(汗)이 말하기를 "큰 성을 파괴하고 재물, 가축, 금은,

← suje gecuheri mocin samsu ai jaka be, gemu
비단, 망룡단, 모청포, 온갖 물건을 모두

← eletele baha kai, uttu baha de, gemu geren i (10:9a)
만족스럽게 얻었다. 이렇게 얻을 때 모두 여럿이

← dendeme gaiha ubui teile tondoi bahabio, geren de
나누어 가질 몫만큼만 공정하게 받았는가. 여럿에게

← sabuburakū somime gidame gaihabi ayoo, muse be
보이지 않게 감추고 숨겨 가진 것은 아닌가 걱정이다. 우리를

← tondo seme
바르다며

⇦ abka saišafi, genehe genehe bade
하늘이 칭찬하여 가는 곳마다

⇦ abka aisilame dafi etembi bahambi kai, tondo seme
하늘이 돕고 구원하여 이기고 획득하는 것이다. 바르다며

⇦ abkai saišara bade, musei coohai beise ambasa ci fusihūn,
하늘이 칭찬하는 것이므로 우리 군의 버일러들과 대인들 이하

← buya kutule yafahan niyalma ci wesihun, tondo mujilen i (10:9b)
말단 말구종과 보병 이상은 바른 마음으로

← geren gemu emu adali ubui gaiki ubui bahaki
여럿이 모두 똑같이 제 몫대로 가지게 하고 제 몫대로 얻게 해야 할 것이다.

← dere, juwe gūsa ishunde amban amban i tatan be
두 구사가 서로서로 어른이 어른의 타탄을

← suwele, asihan asihan i tatan be teisu teisu suwele
수색하고, 젊은이가 젊은이의 타탄을 각각 수색하라"고

seme henduhe manggi, teisu teisu suwelefi,
말하고 나서 각각 수색해서

⇦ han i uksun i deo gūwalca, jui tanggūdai juwe beile, uju
한(汗)의 종실 동생 Gūwalca, 아들인 Tanggūdai[5] 두 버일러,

jergi geren i ejen fiongdon jargūci, jai jergi gūsai
1등 거런 수장 Fiongdon 자르구치, 2등 구사

ejen borjin hiya, meiren i ejen siraba hiya, sunja (10:10a)
수장 Borjin 히야,[6] 머이런 수장 Siraba 히야,

nirui ejen tulkun, aisin menggun, suje gecuheri, moo
다섯 니루 수장 Tulkun 등이 금은, 비단, 망룡단, 모우(牦牛)의

ihan i weihe, mocin samsu, seke furdehe gidafi
뿔, 모청포, 담비 털가죽을 감추고

5) Nurhaci의 넷째 아들이다.

6) Borjin(박이진 博爾晉)은 『朝鮮實錄』〈광해 13년(1621) 9월 10일〉에는 甫乙之舍 또는 甫乙之下로, 〈인조 5년(1627) 3월 3일〉에는 薄二計로 표기되어 있다.

gamame somiha be bahafi alaha manggi,
가지려고 숨긴 것을 알고 아뢰었다.

⇦ han hendume, suwembe cooha gaifi yabumbi, geren be kadalame suilambi
그러자 한(汗)이 말하기를 "너희가 병사를 이끌고 다니고, 여럿을 관할하여 수고한다고

← seme, amban i gebu de coohalaha dari ambula šangname
하며 대인의 이름에 맞춰 출정할 때마다 크게 상을

← bumbi kai, tuttu geren i juleri hūlame bure šangnara be
주는 것이다. 그렇게 여럿의 앞에 포고하며 상 주는 것에

← elerakū, suwe uttu hūlhame gaici tetendere, ere ambasai (10:10b)
만족하지 않고 너희가 이렇게 훔쳐서 가지니 그렇다면, 이 대인들이

← hūlhaha ulin, beyei bahara olji ulin, geren i juleri
훔친 재물, 자신이 얻은 포로와 재물, 여럿의 앞에

← amban seme hūlame šangname buhe gebu i jaka be,
대인이라며 포고하여 상을 준 명목의 물건을

← gemu tondo ambasa gaisu seme, ulin gidahakū tondo
모두 올바른 대인들이 가지라"고 하며 재물을 숨기지 않았던 올바른

ambasa de, tere tondo ambasa be dahaha buya
대인들과 그 올바른 대인들을 따랐던 하급 관리들을

niyalma be acafi, amban de ambula goibume, geren
모아서 대인에게는 크게 나누어주고 여러

buya de buya i teisu komso goibume buhe, tuttu
하급 관리들에게는 적은 몫대로 적게 나누어주었다. 그렇게

buhe manggi, bahara ambasa hendume, ere utala ulin be (10:11a)
주고 나니, 얻을 대인들이 말하기를 "이렇게 많은 재물을

meni canggi gaici ambula kai, sain ulin be
우리만 가지기에는 많습니다. 좋은 재물은

beise sonjome gaikini, tondo seme buci, beise i funcehe
버일러들이 골라서 가지게 하십시오. 올바른 버일러들에게 주고 나면

ulin be, be gaiki seme henduci,
버일러들의 남은 재물을 우리가 가지겠습니다"라고 말했다.

⇦ han hendume, hūlhaha ulin be beise gaiha de, hūlhaha niyalma
그러자 한(汗)이 말하기를, "훔친 물건을 버일러들이 가지면 훔친 사람이

← kororakū, beise i gaihangge ai koro sembi, hūlhaha niyalmai
한스럽지 않다. 버일러들이 가진 것이 무슨 원한이라 하겠는가. 훔친 사람의

← ulin be, hūlhahakū tondo gese ambasa de buhe de,
재물을 훔치지 않은 동급의 올바른 대인들에게 주어서

← hūlhaha niyalma girukini korokini seme hendume umai gaihakū, (10:11b)
훔친 사람을 부끄럽게 하고 후회하게 하자"라고 말하며 전혀 거두지 않고

gemu bufi tondoi canggi acafi dendeme gaiha, buya
모두 주어서, 올바른 자들만 모여서 나누어 가졌다.

niyalma amba jaka be hūlhaha niyalma be, šan
소인들의 경우, 큰 물건을 훔친 사람은 귀와

oforo tokoho, ilhi jaka be hūlhaha niyalma be,
코를 찔렀다. 그다음으로 큰 물건을 훔친 사람은

juwan yoro yordoho, buya jaka be hūlhaha niyalma be,
고두리살[7] 열 발을 쏘았다. 작은 물건을 훔친 사람은

dere be juwanggeri šasihalaha, cooha bederefi amba hecen de
빰을 열 번 쳤다. 회군해서 큰 성에

genehekū, jaifiyan i bade hecen sahafi boo arafi
가지 않고 Jaifiyan 지방에 성을 쌓고 집을 지어

7) yoro, 즉 고두리살은 명적(鳴鏑), 향전(響箭)이라고도 하는데 뼈로 화살촉을 만든 화살이다. 이것을 맞으면 죽지는 않지만 고통은 매우 컸다.

tembi seme, (10:12a)
살겠다 하며

⇦ han i beye, coohai beise ambasa be, geren cooha be gemu
한(汗)이 몸소 "군(軍)의 버일러들과 대인들, 여러 병사는 모두

← jaifiyan de yabu, coohai morin be gemu hunehe
Jaifiyan에 가라. 군마를 모두 혼하(渾河)

← bira be doorakū, jecen de ulebu seme henduhe
강을 건너지 말고 경계에서 먹이라"고 말했다.

manggi, geren beise ambasa acafi hebdefi,
그러자 여러 버일러들과 대인들이 모여 상의하고

⇦ han i baru hendume, musei beye boode geneki, coohai morin be
한(汗)에게 말하기를, "우리는 집에 가고 싶습니다. 군마를

boode gamafi sebderi arafi serguwen bade ilibufi,
집에 이끌고 가서 그늘을 만들고 시원한 곳에서 쉬게 하고

muke de obome sain orho be hadume ulebuci, (10:12b)
물에 씻고 좋은 풀을 베어 먹이면

hūdun tarhūmbi kai, jai coohai niyalma meni meni boode
빨리 살이 찔 것입니다. 또 병사가 각각의 집에

bederefi coohai agūra be dasakini seme henduci,
돌아가서 병장기를 정비하게 하시지요"라고 말하니

⇦ han hendume, suwe ulhirakū, ere juwari ninggun biyai halhūn de,
한(汗)이 말하기를 "너희는 이해하지 못하는구나. 이 여름 6월 더위에

← muse coohalame yabume orin inenggi isika, ereci te
우리가 출병하여 다닌 것이 20일에 달한다. 여기에서 지금

← musei beye boode geneci, juwe ilan dobori dedufi
우리가 집에 가려면 두세 밤을 자고서야

← boode isinambi, musei hecen ci casi, dubei gašan de
집에 이른다. 우리의 성으로부터 저편 끝의 촌락에

← geli ilan duin dedufi isinambi, ere halhūn de (10:13a)
또 사나흘 자고 다다른다. 이 더위에

← tuttu goro bade gamafi, morin jai atanggi tarhūmbi,
그렇게 먼 곳으로 이끌고 가서 말이 또 언제 살이 찌겠는가.

← musei beye jaifiyan de biki, coohai morin be
우리가 Jaifiyan에 있자. 군마를

← gemu ubade ulebuki, morin be hūdun tarhūbufi, jakūn
모두 여기에서 먹이자. 말을 빨리 살찌게 하고 8월에

← biyade geli coohalaki seme hendume, jaifiyan i bade ebumbi
다시 출병하자"라고 말하고 Jaifiyan 지역에 머물겠다고

seme gisurefi toktoho manggi, fujisa be ganafi gajiha,
말하며 정하고 나서 푸진들을 가서 데리고 왔다.

⇦ han de geren fujisa hengkileme acaha, acaha doroi amba
한(汗)에게 여러 푸진이 절하며 알현했다. 알현 예로 큰

sarin sarilaha, (10:13b)
주연을 베풀었다.

⇦ han, ini tere boo taktu neneme arame wajiha bihe,
한(汗)이 자신이 묵을 집과 누각을 먼저 짓기를 마쳤으나

hūwa jafara unde bihe, jai gūwa beise ambasai
터는 아직 다 잡지 못했다. 또 다른 버일러들과 대인들의

boo, geren buya coohai niyalmai boo, tere biyade
집과 여러 하급 병사의 집은 그 달에

gemu araha, coohai morin be gemu tubade ulebuhe.
모두 지었다. 군마를 모두 거기에서 먹였다.

← wargici morin de ulin acifi boode gamaci, morin
"서쪽에서부터 말에 재물을 싣고 집에 데리고 가거나, 말

← yalufi boode han i doron akū geneci, jaka i
타고 집에 한(汗)의 관인이 없이 가면

← furdan i duka jafaha ejen jafa, jafafi duilefi (10:14a)
관문 지키는 수장이 잡으라. 잡아서 심문하고

← weile ara seme bithe arafi wasimbuha, tere gisun be
치죄하라"고 글을 써서 내렸다. 그 말을

jurceme, sunja nirui ejen anggū, sirana gebungge juwe
어기며 다섯 니루 수장인 Anggū와 Sirana라는 두

amban, ilata morin de ulin acifi jaka i
대인이 세 마리씩의 말에 재물을 싣고 Jaka

furdan i duka be dosime gamara be, furdan i dukai
관문을 들어가는 것을 관문의

ejen sihan jafame gaifi, geren de alara jakade,
수장인 Sihan이 잡아서 여럿에게 알리자

geren duilefi,
모두가 심문하여

⇦ han i šajin fafun be suwe ainu jurcehe seme weile (10:14b)
"한(汗)의 법률을 너희가 어찌 어겼는가"라고 하며 치죄하여

arafi, ulin aciha morin, ulin be gemu gaifi,
재물을 실은 말과 재물을 모두 빼앗고

jai tofohoto yan i weile araha, jai terei gese
또 15냥씩으로 죗값을 정했다. 또 그처럼

buya niyalma ajige ajige ulin acifi dosire be
하급 관리가 소소한 재물을 싣고 들어오는 것을

jafafi, aciha ulin i teile gaiha, tere dain de
잡아서 실은 재물만 빼앗았다. 그 전쟁에서

aisin menggun suje gecuheri be, jaka ambula baha,
금과 은, 비단, 망룡단 등 물건을 많이 획득했다.

gūwa jaka be gemu geren cooha neigen baha,
다른 물건은 모두 여러 병사가 공평히 얻었으나,

aisin menggun be tulergi niyalma bahakū, gemu jakūn (10:15a)
금과 은은 바깥사람은 얻지 않고 모두 팔가의

booi beise baha, tulergi bahakū ambasa de šangnaki
버일러들이 얻었다. 바깥의 얻지 않은 대인들에게 상을 주자며

seme, uju jergi geren i ejen ambasa de, juwete
1등 거런 수장인 대인들에게는 200냥씩의

tanggū yan menggun, sunjata yan aisin, jai jergi
은과 다섯 냥씩의 금을, 2등

gūsai ejen ambasa de, emte tanggū yan menggun,
구사 수장인 대인들에게는 100냥씩의 은과

juwete yan aisin, ilaci jergi ambasa de, gūsita
두 냥씩의 금을, 3등 대인들에게는 30냥씩의

yan menggun, duici jergi ambasa de, tofohoto yan
은을, 4등 대인들에게는 15냥씩의

menggun, sunjaci jergi ambasa de, juwanta yan menggun, (10:15b)
은을, 5등 대인들에게는 열 냥씩의 은을,

頭註: fe dangse be gingguleme baicaci, aisin menggun suje gecuheri be jaka ambula baha seme arahabi, da songkoi sarkiyaha. [『滿文原檔』을 신중히 조사하니, aisin menggun suje gecuheri be jaka ambula baha라고 쓰여 있었다. 원래대로 베껴 썼다.]

ningguci jergi ambasa de, sunjata yan menggun, nadaci
6등 대인들에게는 다섯 냥씩의 은을, 7등

jergi nirui ejete de, ilata yan menggun, jakūci
니루 수장들에게는 석 냥씩의 은을, 8등의

jergi sonjoho bayarai coohai kirui ejete de, nirui
선발한 바야라 병사의 기(旗)의 수장들과[8] 니루의

janggisa de, juwete yan menggun šangnaha.
장긴들에게는 두 냥씩의 은을 상으로 주었다.

○ keyen i hecen be gaifi amasi boode jime niowanggiyan
개원성을 획득하고 되돌아 집에 오며, Niowanggiyan

dabagan gebungge baci, menggetu gebungge niyalma be amasi (10:16a)
고개라는 곳에서 Menggetu라는 사람을 북쪽

sunja tatan i kalka i monggo i beise de takūrame unggihe
Kalka 5부의[9] 몽골의 버일러들에게 파견하며 보낸

⇦ bithei gisun, julgei niyalma jakūnju tumen nikan, dehi tumen
글이다. "옛날 사람들이 한인 80만 명, 몽골인 40만 명,

← monggo, mukei ilan tumen jušen seme mafari gisurere be
물의 여진인 3만 명이라고 노인들이 말하는 것을

← donjiha bihe, jakūnju tumen nikan, ini gurun be
들었었다. 한인 80만 명이 자기 나라를

8) bayarai kirui ejen은 순치(順治) 17년(1660)에 호군통령(護軍統領)으로 명칭이 바뀐다.

9) 몽골의 Dayan Khan(1480~1517)은 다섯째 아들인 Alchu Bolod와 열한째 아들인 Geresenje에게 봉분지를 넘겼는데, 전자가 대흥안령 동쪽으로 이주했으며 Alchu Bolod의 다섯 손자에게 영지를 나누어주었는데 이것이 칼카 5부의 기원이 된다. 내(內)칼카 5부로 불리기도 한다. tatan은 몽골어로는 otog이다. 각각 Jarud(Jarut), Baarin(Barin), Bayaud(Bayot), Onggirad, Öjiyed의 다섯으로 이루어진다(Atwood 2004:280ff.).

← elerakū komso seme, mini gurun be ajigen seme
만족해하지 않고 적다고 하고 나의 나라를 작다고

← gidašame, wara be wara, gaijara be gaijara bifi,
업신여기며 죽일 것을 죽이고, 빼앗을 것을 빼앗았다. 그리고

← te geli yehe i gintaisi, buyanggū be minci faksalame (10:16b)
이제 또 Yehe의 Gintaisi, Buyanggū를 나에게서 떼어내어

← gaijara jakade, ehe oci meni dolo, sain oci
빼앗으려고 하는데, 나빠도 우리 안의 일이고, 좋아도

← meni dolo, meni gurun i dolo ehe ofi dailandure de,
우리 안의 일이다. 우리나라의 안에서 사이가 나빠 전쟁하는데,

← nikan si yehe de dafi, yehe i niyalma be
명, 너는 어찌 하여 Yehe에 붙어 Yehe 사람을

← minci faksalame ainu gaimbi seme, bi
나에게서 갈라내어 빼앗으려 하느냐며 나는

⇦ abka na de baifi, nikan gurun be dailaha, dailaci,
하늘과 땅에 빌고 명을 정벌했다. 정벌하니

⇦ abka na mimbe urušefi gosimbi, te bi julergi ci dailambi,
하늘과 땅이 나를 옳다고 여겨서 사랑한다. 이제 내가 남쪽으로부터 정벌하려 한다.

← mini dailara de, kalka i monggo i beise suwe geli (10:17a)
내가 정벌할 때 Kalka 몽골의 버일러들, 너희가 또

← aikabade dailambio, suwe dailaci, suweni monggo i cooha, meni
전쟁할 것인가. 너희가 전쟁하면 너희 몽골 병사와 우리의

← cooha, nikan i jasei dolo ucaraha de ainambi, ucarafi
병사가 명의 경계 안에서 만나면 어찌하겠는가. 만나서

← yaka ehe mujilengge niyalma, bahara de dosifi niyalma
누구든 나쁜 마음을 가진 사람이 얻을 것을 탐내어 사람을

← wara, yaluha morin be gaiha de, tere be geli
죽이고, 탄 말을 빼앗으면 그것을 또

← ainambi, nikan, solho juwe gurun gisun encu gojime,
어찌하겠는가. 명과 조선 두 나라는 말이 다를 뿐,

← etuhe etuku banjire doro emu adali kai, monggo,
옷 입고 사는 도리는 한 가지다. 몽골과

← jušen muse juwe gurun, gisun encu gojime, etuhe (10:17b)
여진, 우리 두 나라가 말이 다를 뿐, 입은

← etuku banjire doro gemu emu adali kai, muse
옷 사는 도리는 모두 한 가지다. 우리

← juwe gurun i cooha, nikan i jasei dolo ucarafi
두 나라의 병사가 명의 경계 내에서 마주쳐서

← niyalma wara yaluha morin be gaici, musei gebu
사람을 죽이고 탄 말을 빼앗으면 우리의 명성이

← ehe wakao seci, terei jalin de suwe emu akdun
나쁘지 않을까 하니, 그것에 대해 너희가 한마디 굳은

← gashūre gisun be gisureki sembio, suweni gisun be
맹세를 하겠는가. 너희의 말을

← donjiki seme bithe unggihe.
듣고 싶다"라고 글을 보냈다.

제11권 천명(天命) 4년(1619) 7월

juwan emuci debtelin,
abkai fulingga i duici
aniya nadan biya.

tongki fuka sindaha hergen i dangse. (11:1a)
유권점 당안

○ nadan biyai ice jakūn de wasimbuha,
7월 초여드레에 내린 글이다.

⇦ abkai fulinggai banjiha
하늘의 큰 복으로 태어난

⇦ genggiyen han hendume,
경기연 한(汗)이 말하기를

⇦ abka, muse be gosifi emu doro buhebi kai,
"하늘이 우리를 사랑하여 한 정권을 주었노라.

⇦ abkai emgeri buhe doro be aljaburahū seme, gurun i ejen
하늘이 한 번 준 정권을 놓칠까 하여 백성의 주인인

← han olhome geleme, doro be akdun jafafi banjimbi,
한(汗)이 저어하고 두려워하며 정권을 굳게 지키며 살아간다.

← han i sindaha ambasa, geren i ejen ci fusihūn, nirui (11:1b)
한(汗)이 임명한 대인들과 거런 수장 이하, 니루

← janggin ci wesihun, suwe meni meni afaha jurgan be
장긴 이상인 너희는 각각 맡은 의무를

← olhome gingguleme, šajin fafun be akdun jafafi etenggileme
저어하고 공경하며 법률을 굳게 지키고 위엄 있게

← kadalacina, ere mudan i cooha de, keyen i morin be
관할하라. 이번에 출병한 군사 중에서, 개원(開原)의 말을

← gemu hūlhame yalucafi, ememu niyalma andala jugūn de
모두 훔쳐 일제히 타고, 어떤 사람은 도중에

← sula bošohobi, ememu niyalma boode isinjifi bošohobi, gūwa
한가히 몰고왔고 어떤 사람들은 집에까지 갔다가 몰고왔다. 다른

← gurun i šajin fafun genggiyen akdun akū ofi,
나라는 법률이 분명하지 않고 견고하지 않아서

⇦ abka wakalafi, gurun i niyalmai mujilen be gemu facuhūn obuhabi kai, (11:2a)
하늘이 책망하고 나라의 백성의 마음을 모두 어지럽게 만들었도다.

⇦ abka, muse be gosiha bade, kadala seme tušabuha niyalma
하늘이 우리를 사랑하여, 관할하라고 책임을 맡은 사람이

← ainu kimcime baicame kadalarakū, mini juleri ohode, gemu
왜 노력하고 조사하며 관할하지 않는가. 내 앞에서는 모두

← meni meni beyebe janggingga fafungga mergen baturu arambi,
각각 자신이 장긴이 된 자, 법 판결하는 자, 현자, 영웅인 척 행세하고,

← enggici ohode, han sarkū seme hutu i mujilen jafaci,
뒤에서는 한(汗)이 모른다 하여 망령된 마음을 먹지 말라.

⇦ abkai sindaha han serengge, oihori waka kai, han i enggici
하늘이 내린 한(汗)이라는 존재는 가볍지 않은 것이다. 한(汗)의 뒤라고

頭註: gingguleme kimcici, ere jangginga fafungga sere gisun, ainci janggin oho niyalma, fafun jafaha niyalma sere gisun inu dere. [신중하게 살펴보니, 이 janggingga fafungga라는 말은 아마도 '장긴이 된 사람, 법 판결하는 사람'이라는 말일 것이다.]

← seme hutu i mujilen jafaha niyalma, tere inu uthai
하여 망령된 마음을 먹은 사람은 그야말로 곧

← hutu ome toktombi kai, tondo mujilen jafafi gurun be (11:2b)
망령되었다고 판단할 것이다. 공정한 마음을 가지고 백성을

← ejebume ulhibume tacibume kadalacina, udu mucen hacuhan aciha
상기시키고 깨우치며 가르치고 통솔하라. 가마솥과 작은 솥을 짊어진

← niyalma, moo ganara niyalma seme, ambula tacibume henduci,
사람이나 나무를 하러 가는 사람이라도 많이 가르쳐 말하면

← inu ulhimbi kai, mini ere gisun be geren suwe
곧 깨닫는다. 나의 이 말을 너희 여럿이

← duileme tuwa, uru oci, suwe adarame akdulambi, akdulara
따져보라. 내 말이 옳으면 너희가 어떻게 약속하겠는가. 다짐의

← gisun be ala, ere bithe be, geren i ejen ci
말을 아뢰라. 이 글을 거런 수장에서

← janggin de isitala, tatan tatan i ejete de gemu
장긴에 이르도록, 각 타탄의 수장들에게 모두

← sala, mini gisun waka oci, suwe tafula, akdulara (11:3a)
알리라. 내 말이 그르다면 너희가 간하여 말리라. 다짐의

← gisun be, geren gemu emu adali uhe ume
말을 모두 함께 똑같이 쓰지

← arara, geren i ejen oci, meni meni gūniha babe
말라. 거런 수장이라면 각각 생각한 바를

← akdularangge ere inu seme, meni meni bithe ara,
다짐하는 것이 바로 이것이라고 하며 각자의 글을 쓰라.

← gūsai ejete, inu mini akdularangge ere inu seme,
구사 수장도 “내가 다짐하는 것이 바로 이것이다”라고

← meni meni gūniha babe bithe ara, jai meiren i
각자가 생각한 바를 글로 쓰라. 그리고 머이런 수장,

← ejen, sunja nirui ejen, nirui ejen, janggin, gašan
다섯 니루 수장, 니루 수장, 장긴, 촌락

← bošokū, inu meni meni akdulara gisun be, meni (11:3b)
보쇼쿠도 각각 다짐의 말을 각

← meni emte bithe ara, geren i ejen ci
각 하나씩 글로 쓰라. 거런 수장

← fusihūn, gašan bošokū ci wesihun, akdulaha gisun be
이하, 촌락 보쇼쿠 이상은 다짐의 말을

← gemu han de wesimbu, han tuwafi dangse de
모두 한(汗)에게 올리라. 한(汗)이 보고 당안에

← arame gaifi, amaga inenggi suwe gūwaliyafi weile araci,
써두었다가 훗날 너희가 변심하여 죄를 지으면

← suweni akdulaha gisun be tuwame beideki.
너희의 다짐한 말을 보면서 심문하겠다."

⇦ han i bithe, ice jakūn de wasimbuha, orin de meni (11:4a)
한(汗)의 글을 초여드레에 내렸다. "20일까지 각자가

← meni akdulaha gisun be han de wesimbu, cooha
다짐한 말을 한(汗)에게 올리라." 군사를

kadalame gaifi yabure uju jergi ambasa ci fusihūn,
통솔해서 다니는 1급 대신들 이하

sunja nirui ejen ci wesihun, akdulaha gisun,
다섯 니루 수장 이상이 다짐한 말이다.

⇦ han i wasimbuha ai ai fafun i gisun be ejefi kiceme
"한(汗)이 내리신 모든 규율의 말씀을 기억하여 부지런히

henduki, beise ambasai gisun be ejerakū onggofi,
말하겠습니다. 버일러들과 대신들의 말씀을 기억하지 않고 잊어버리고,

afabuha nirui ehe sain geren niyalma be
맡겨주신 니루의 좋고 나쁜 여러 사람을

kimcime baicarakū oci, beise ambasa de waka (11:4b)
자세하게 조사하지 않는다면 버일러들과 대신들에게 잘못이

sabufi wasibukini, janggin, gašan bošokū i akdulara gisun,
알려져서 직급이 낮아져도 좋습니다." 다음은 장긴과 촌락 보쇼쿠가 다짐하는 말이다.

beise ambasai fafun i ai ai gisun be,
"버일러들과 대신들의 모든 규율의 말씀을

nirui ejen de wasimbumbi, nirui ejen i wasimbuha
니루 수장에게서 하달 받습니다. 니루 수장이 내린

gisun be onggorakū, isinju sehe inenggi erin be
말을 잊지 않고 보내오라고 말한 일시를

jurcerakū isibuki, bure takūrara weilere bade, meni
어기지 않고 도달하게 하겠습니다. 파견하여 일할 곳에는 우리

niyamangga niyalma be, meni beye ci aname neneme
인척인 사람을 우리 자신부터 권하여 먼저

tucibufi buki, neneme weilebuki, neneme takūraki, ere (11:5a)
내보내겠습니다. 먼저 일하게 하겠습니다. 먼저 파견하겠습니다. 이

gisun be holtome hendufi jurceci, nirui ejen de
말을 거짓으로 하여 어긴다면 니루 수장에게

waka sabufi, beise ambasa de alafi wakini,
잘못이 알려져서 버일러들과 대인들에게 아뢰어 죽어도 좋습니다.

⇦ han be tondo seme
한(汗)께서 올바르시다고

⇦ abka saišafi gosimbi, muse gemu
하늘이 가상히 여기고 사랑합니다. 우리 모두

⇦ han be alhūdame tondo banjiki, dain de afaci, tondoi
한(汗)을 본받아 올바르게 살겠습니다. 전쟁에서는 충성스럽게

afaki, saha babe tondoi alaki, baha olji be
싸우겠습니다. 본 바를 그대로 아뢰겠습니다. 사로잡은 포로를

gemu geren de acabume beneki, geren gemu (11:5b)
모두 여럿에게 모아서 보내겠습니다. 여럿이 모두

bahaci gese, baharakūci gese tondoi gaiki, ere
획득해도 똑같이 획득하지 않아도 똑같이, 공평하게 가지겠습니다. 이

gisun be jurceci, emu ajige jaka be encu
말을 어기고 작은 것 하나라도 따로

somime gidame gaici,
은닉해서 가지면,

⇦ abka wakalafi sui isifi bucekini seme geren gemu gashūha.
하늘이 책망하여 죄업이 미쳐 죽어도 좋습니다"라고 모든 이가 맹세했다.[1)]

○ nadan biyade, keyen i hecen de juse hehesi
7월에 개원성에, 아녀자들을

gaibuha ciyandzung ni hergen i duin hafan, wang i (11:6a)
빼앗긴 천총(千總) 직위의 왕일병(王一屛),

---

1) 『滿文老檔』의 제75권부터 제78권까지에는 연대가 불확실한 여러 직위의 사람들이 쓴 맹세의 글이 있는데 Nurhaci가 써서 제출하라고 요구한 것과 관련이 있는 것으로 보인다.

ping, dai ji bin, gin ioi ho, be
대집빈(戴集賓), 김옥화(金玉和),

ki ce gebungge duin ciyandzung, dai i wei
백기책(白奇策)이라는 네 명의 천총과 대일위(戴一位)라는

gebungge emu šeo pu, orin funcere niyalma be
수보(守堡) 한 명이 20여 명을

gaifi ukame jihe, tunggiya i niyalma, juwe mukūn
데리고 도망해 왔다. Tunggiya의 두 무쿤[2)]

orin isime ukame jihe, nadan jakūn mukūn nikan ci
20명에 달하는 사람이 도망해 왔다. 일곱 여덟 무쿤이 명(明)에서

ukame jihe manggi,
도망해 오자

⇦ han hendume, nikan gurun i niyalma, gūwa gurun de ukandara (11:6b)
한(汗)이 말하기를 "명나라 사람이 다른 나라에 도망가고

← ubašara kooli akū bihe,
배반하는 선례가 없었는데,

⇦ abka muse be gosire arbun be dahafi, musei gurun
하늘이 우리를 사랑하는 정황을 따라서, 우리나라가

← irgen be ujire be donjifi, uttu muse be
백성을 보살피는 것을 듣고서, 이렇게 우리에게

← baime jimbi kai, jihe niyalma be muse saikan
귀부(歸附)해 오는 것이다. 도망 온 사람을 우리가 잘

← uji seme hendufi, keyen i hecen de dahame
보살피라"고 말하고, 개원성에 항복하여

---

2) mukūn은 동일 hala 내에서 분화된 지파로 『팔기만주씨족통보(八旗滿洲氏族通譜)』에는 '씨(氏)'로 번역되어 있다.

jihe šeobei hergen abutu baturu de, niyalma
온 수비(守備) 직위의 Abutu 바투루에게 사람

tanggū, morin ihan tanggū, honin tanggū, temen (11:7a)
100명, 말과 소 100마리, 양 100마리, 낙타

sunja, menggun tanggū yan, suje orin, mocin
다섯 마리, 은 100냥, 비단 20필, 모청포 등

samsu ambula buhe, ciyandzung ni hergen i ninggun
많이 주었다. 천총직의 관원 여섯 명에게

hafan de, niyalma susaita, morin ihan susaita,
사람 50명씩, 말과 소 50마리씩,

honin susaita, temen juwete, menggun susaita yan,
양 50마리씩, 낙타 두 마리씩, 은 50냥씩,

suje juwanta, mocin samsu, šeo pu, bedzung ni hergen i
비단 열 필씩, 모청포를 주었다. 수보, 백총(百總) 직위의

niyalma de, niyalma dehite, morin ihan dehite,
사람에게는 사람 40명씩, 말과 소 40마리씩,

honin dehite, temen emte, menggun dehite yan, (11:7b)
양 40마리씩, 낙타 한 마리씩, 은 40냥씩

suje jakūta, mocin samsu, jai dahaha gucuse be,
비단 여덟 필씩, 모청포를 주었다. 또 함께 항복해 온 구추들에게는

gemu teisu be tuwame sargan, takūrara niyalma,
모두 직분을 보아서 아내, 부리는 사람,

tarire ihan, yalure morin, eture etuku, jetere
밭 가는 소, 타는 말, 입을 옷, 먹을

jeku ai jaka be gemu jalukiyame buhe.
곡식 등 온갖 물건을 모두 충분히 주었다.

○ orin sunja de, tiyei ling ni hecen be gaime
25일에 철령성(鐵嶺城)을 취하러

genere de, hecen i tulergi buya pu i coohai (11:8a)
갈 때, 성 밖 작은 보(堡)의 적병들이

niyalma, dulga hecen de dosime jabduha, dulga
절반 정도는 성에 들어갈 수 있었으나, 나머지

coohai niyalma dosime jabduhakū kabufi, tulergi ci
군사는 들어갈 틈이 없이 포위되어서 밖으로부터

faitabufi burulaha, hecen i amargi fajiran be afame
끊겨서 패주했다. 성의 북쪽 성벽을 공격할 때,

wan sindafi kalka gamafi afaci, hecen i dorgi
사다리를 놓고 방패를 가지고 공격하니, 성 안에 있던

coohai niyalma afame, poo miyoocan sindame wehe
적병은 싸우기를, 포, 총을 쏘고 돌을

fahame gabtame afaci tucirakū, wan sindafi hecen i
던지며 활을 쏘고 싸우면서도 나오지는 않았다. 사다리를 놓고

keremu be efulefi uthai dabaha, tere hecen be (11:8b)
성가퀴를 파괴하고 바로 넘어갔다. 그 성을

bahafi,
획득하고

⇦ genggiyen han i beye, hecen i šun dekdere julergi alin i
경기연 한(汗)이 몸소 성의 동남쪽 산

ninggude tehe, coohai niyalma hecen i ninggu be
위에 주둔했다. 병사가 성 위를

tehereme meni meni teisu teisu tatan ilifi,
균등하게 나누어 각자의 숙영소를 세우고

hecen i tulergi dorgi bata be gemu baime wame
성의 외부와 내부의 적을 모두 찾아서 다 죽이고,

wacihiyafi, olji be gemu bargiyame isabufi wajiha
포로를 모두 수습하여 모이게 했다.

manggi, jai (11:9a)
그 후에 다시

⇦ han i beye hecen de dosifi, dooli tatara amba yamun de
한(汗)이 몸소 성(城)에 들어와서 도리(道吏)가 묵는 대 아문(大衙門)에

ebuhe, tere dobori, coohai niyalma hecen i ninggude
머물렀다. 그날 밤에 군사가 성 위에서

uksilefi, idu jafafi dulin amgame, dulin getuhun
갑옷을 입고 순번을 짜서 절반은 잠을 자고, 나머지는 깨어서

can alibume kederehe, jai cimari erde, hecen i
징을 전달하며 순라를 돌았다. 다음날 아침 일찍 성문

duka jakade morin ulebumbi seme, kutule, yafahan
근처에서 말을 먹이겠다 하며 말구종 보병,

niyalma morin kutulefi genere niyalma be, monggo i
즉 말을 끌고 걸어가는 사람들을 몽골의

jaisai beile i cooha, bak, bayartu, sebun i cooha (11:9b)
Jaisai[3] 버일러의 병사와 Bak, Bayartu, Sebun의 병사

uhereme emu tumen funcere cooha, dobori jifi
모두 하여 1만여 병사가 밤에 와서

šušu i dolo ilifi geremburne bifi, hecen i duka be
수수밭 속에서 날이 밝도록 머물러 있다가,

3) Jaisai는 칼카 5부(권 10의 각주 9 참고) 중에서 가장 세력이 큰 Konggirad(또는 Onggirad)부의 수령이다.

morin tuwakiyame tucire niyalma be sacime gabtame
말을 보살피러 성문에서 나오는 사람을 칼로 베고 활을 쏘아

wara be safi, hecen i dorgi cooha tucifi
죽이는 것을 보고 성 안의 병사가 나가서

tuwaci, nikan cooha waka, monggo i cooha be takafi,
살펴보니 명의 군사가 아니라 몽골의 군사임을 알아차렸다.

uthai afaci,
"한(汗)의 명이 없는데,

⇦ han i gisun akū, adarame afara, afarakūci, musei niyalma be (11:10a)
바로 공격할 수도 없고, 우리의 사람을 죽였는데

wahabi seme dahame yabure de,
공격하지 않을 수도 없다"라고 하며 따라서 갈 때

⇦ han i beye tucifi, ere cooha be ainu sacirakū, hasa
한(汗)이 몸소 나와서 "이 군사를 어찌 베지 않는가. 어서

← saci seme henduci, amba beile hendume, amala aika
베라"고 말하니 대버일러가 말하기를 "나중에 혹시

seme aliyara ayoo seme henduci,
후회할지도 모릅니다"라고 말했다. 그러자

⇦ han hendume, aiseme aliyambi, ere cooha jaisai cooha sere,
한(汗)이 말하기를, "어찌 후회하겠는가. 이 군사는 Jaisai의 군사라고 한다.

← musei yabuha yehe i gintaisi beile i sargan jui be,
우리가 정혼한 Yehe의 Gintaisi 버일러의 딸을

← ere jaisai durime gaiha, tere emu, jai musei (11:10b)
이 Jaisai가 빼앗았다.[4] 그것이 하나이다. 또 우리의

---

4) 『滿洲實錄』(2권, 萬曆 25년(1597))에 Gintaisi 버일러의 딸을 Nurhaci의 둘째 아들 Daišan에게 주기로 약속했는데 이를 어기고 Jaisai 버일러에게 주었다고 되어 있다.

← ujalu gebungge gašan be sucuha, tere juwe, jai
Ujalu라는 촌락을 습격했다. 그것이 둘이다. 또

← musei takūraha hoto gebungge niyalma be, umai weile
우리가 보낸 Hoto라는 사람이 전혀 죄가

← akū de baibi jafafi sele futa hūwaitafi, tere
없는데도 무단히 잡아서 쇠사슬로 묶었고, 그

← elcin ukame tucifi jidere be, jugūn de nikan
사신이 도망하여 탈출하여 오는 것을 도중에 한인이

← waha, tere ilan, terei amala, muse, nikan de
죽였다. 그것이 셋이다. 그 후에 우리가 참지 못하고

← dosorakū dain ojoro jakade, nikan i emgi emu
명과 전쟁을 할 때 명과

← hebe ofi muse be dailara, šang ambula nonggime (11:11a)
한편이 되어 우리를 '정벌하겠다. 상을 많이 보태어

← gaji seme gisurefi,
가지고 오라'고 말하고

⇦ abka na de gashūhabi, tere duin, jai geli nikan i
하늘과 땅에 맹세했다. 그것이 넷이다. 또한 명의

← tungse de, minde šang ambula bufi, bi manju be
통사(通事)에게 '나에게 상을 많이 주었는데 내가 Manju를

← dailarakūci, ere
정벌하지 않으면 이것을

⇦ abka sakini seme, weihun šanggiyan ihan i darama be lasha
하늘이 알 것이다'라고 하며 살아 있는 흰소의 허리를 절단하고

← sacifi, morin i ninggu ci ini galai tere ihan i
말 위에서 자신의 손으로 그 소의

← senggi be (11:11b)
피를

⇦ abka de soha, tere sunja, te geli musei niyalma be
하늘에 뿌렸다. 그것이 다섯이다. 이제 또 우리의 사람들을

← i neneme wahabi, tere ninggun, ede musei amala
그가 먼저 죽였다. 그것이 여섯이다. 이러한데 우리가 나중에

← aliyara aibi, musei coohai niyalma hasa dosifi saci
후회할 것이 무엇이 있느냐. 우리의 군사들아, 즉시 들어가서 베라"고

seme henduhe manggi, tereci amba beile gaifi
말했다. 그러자 대버일러가 인솔하여,

sacime dosifi wame genehei, liyoha bira be doome
베며 들어가서 죽이며 다니고, 요하(遼河)강을 건너면서

sacime bošofi, liyoha bira de ambula waha, monggo
베며 쫓아가서 요하강에서 많이 죽였다. 몽골의

jaisai beile i beye, jaisai de banjiha setkil, (11:12a)
Jaisai 버일러 자신, Jaisai에게서 태어난 두 아들인 Setkil과

kesiktu juwe jui, jarut gurun i bak, sebun i
Kesiktu, Jarut국의 Bak과 Sebun

ahūn deo, korcin i minggan beile i jui sanggarjai,
형제, Korcin의 Minggan 버일러의 아들 Sanggarjai 등

uhereme ninggun beile, jaisai beile i beyei gese[5)]
모두 하여 여섯 버일러, 그리고 Jaisai 버일러의 몸과도 같은

amban daigal tabunang, jai juwan funcere amban,
대인 Daigal 타부낭,[6)] 또 10여 명의 대인 등

5) 『滿洲實錄』(6권, 天命 4년(1619) 7월)에는 beyei gese(몸과도 같은) 대신에 meye(매부 妹夫)라고 되어 있다.
6) 몽골의 귀족 중에서 황제의 집안이었던 Borjigin 씨와 결혼한 사위를 높여서 일컫는 말이다.

uhereme emu tanggū susai niyalma be weihun
모두 하여 150명을 사로잡았다.

jafaha, tere monggo i cooha be gidafi, jaisai be
그 몽골군을 격파하고 Jaisai를

jafafi, amasi hecen i baru bedereme jici, nikan i (11:12b)
잡아서 성을 향하여 되돌아오다가, 명

cooha ilan jurgan i jidere toron be sabufi,
군사가 세 줄로 오면서 일으키는 먼지를 발견하고

hecen be dulefi coohai ergide okdome genefi
성을 지나쳐 적군 쪽으로 대적하러 가서

aliyaci, nikan i cooha hanci jihekū amasi bederehe,
기다리니, 명 군사가 가까이 오지 않고 되돌아갔다.

monggo i jaisai be jafaha inenggi,
몽골의 Jaisai를 잡은 날,

⇦ genggiyen han de acabuhakū, tiyei ling ni hecen i duin
경기연 한(汗)을 알현시키지 않고 철령성의 네

jugūn i arbun i dulimbai leose de tafambufi tebuhe,[7)]
길 모양의 가운데 누각에 올라가게 하여 머물게 하였다.

jai inenggi, ihan honin wafi amba sarin (11:13a)
다음 날 소와 양을 잡고 큰 주연을

sarilame, tungken tūme laba bileri fulgiyeme buren
베풀고 북을 치며 나팔과 날라리를 불고 고동을

---

7) 『滿洲實錄』(6권, 天命 4년(1619) 7월)에는 이 문장 다음에 여러 대신이 han i enduringge tolginde acabume jaisai be bahafi jafaha(한(汗))의 영험한 꿈에 맞추어 Jaisai를 능히 잡았다)라고 하며 신기해하는 내용이 삽입되어 있다. 이 꿈의 구체적 내용은『滿洲實錄』(5권, 天命 4년(1619) 6월)에 기록되어 있다. 이로 볼 때『滿洲實錄』은 Nurhaci를 신성시하려는 의도가 있음을 알 수 있다.

burdeme,
불면서

⇦ han de hengkileme acabuha, acabume hengkilefi, jaisai beile i uhuci
한(汗)에게 절하며 알현하게 했다. 그렇게 한 후에 Jaisai 버일러 휘하의 Uhuci

hiya mendu[8)] fonjime,
히야가 안부를 묻기를

⇦ genggiyen han, geren beise gemu saiyūn seme fonjiha,
"경기연 한(汗)과 여러 버일러 모두 평안하십니까"라고 물었다.

⇦ han i ici ergi ashan ci duici beile jabume, meni
한(汗)의 오른편에서 제4버일러가 대답하기를 "우리의

kutule yafahan emu juwan jusei uju hūwajaha, (11:13b)
말구종 보병 아이들 한 열 명의 머리가 깨졌지만

jai gemu sain, suweni yaluha morin tohoho
다 괜찮습니다. 당신들이 탄 말과 채운

enggemu gemu saiyūn seme fonjici, monggo girufi
안장은 모두 괜찮습니까"라고 물으니 몽골인이 민망하여

yaya jabuhakū, tiyei ling ni hecen be afame
전혀 대답하지 못했다. 철령성을 공격하여

gaifi, tere hecen de ilan dedume olji
획득하고 그 성에 사흘을 숙영하며 노획물을

icihiyafi cooha bederehe, cooha bederehe inenggi, jaisai
처리하고 군사가 되돌아왔다. 군사가 돌아온 날에 Jaisai

beile i gucu boroci gebungge amban de, sini
버일러의 구추인 Boroci라는 대인에게 "너의

---

8) mendu는 몽골어로 '건강'이라는 뜻이다.

monggo i cooha, meni niyalma be takafi, neneme (11:14a)
몽골 군사가 우리 군사인 줄 알면서도 먼저

tanggū niyalma be waha, minggan morin be
100명을 죽였고 1000마리의 말을

gaiha, tereci meni cooha, suweni monggo i cooha be
빼앗았다. 그리하여 우리의 병사가 너희 몽골 병사를

gidafi niyalma ambula waha, sini jaisai beile i
격파하여 사람을 많이 죽였다. 너의 Jaisai 버일러

beye, uhereme ninggun beile, emu tanggū funceme
본인과 모두 하여 여섯 버일러, 100여

niyalma be weihun jafaha, medege be alame gene
명을 사로잡았다는 소식을 알리러 가라"고

seme juwan niyalma be sindafi unggihe, boode
하며 열 명을 석방하여 보냈다. 큰 성에

isinjire inenggi, fulgiyan ala de fujisa okdofi, (11:14b)
이르러 오는 날에 Fulgiyan 언덕에서 푸진들이 맞이하고

⇦ han de hengkileme acaha, jai fujisa de, amba beile
한(汗)에게 절하며 알현했다. 또 푸진들에게 대버일러가

gaifi geren beise hengkileme acaha, terei amala,
이끌어 온 여러 버일러가 절하며 알현했다. 그 뒤에

jaisai beile i emgi jafabuha monggo i beise, fujisa de
Jaisai 버일러와 함께 잡힌 몽골의 버일러들이 푸진들에게

hengkileme acaha, tuttu acame wajiha manggi, amba
절하며 알현했다. 그렇게 알현한 후에 큰

sarin sarilaha.
주연을 베풀었다.

○ monggo gurun i sunja tatan i kalka de, coohai geren, ulha i (11:15a)
몽골국의 Kalka 5부에서 여러 군사, 많은 가축,

ambula, gurun i bayan jaisai de bihe tuttu
부유한 백성이 Jaisai에게 있었다. 그렇게

etuhun seme, yaya gurun be umai yohindarakū,
세다고 하여 모든 나라를 완전히 멸시하고

gidašame durime gaiha waha ambula ofi, yaya
업신여기며 빼앗아 취하고 죽인 것이 많아서 모든

gurun i niyalma gemu jaisai be hutu i gese
나라의 사람이 모두 Jaisai를 악귀처럼

ibiyame tuwambihe, jaisai inu ini beyebe niyalma
증오하며 보아왔다. Jaisai도 자기 자신을 사람이라고

seme gūnirakū bihe, abkai hanciki be deyeme
생각하지 않았다. 하늘 가까이를 날아

yabure ambasa gasha i adali, gurgu i dolo doksin (11:15b)
다니는 커다란 새처럼, 짐승 중에 흉포한

tasha i adali gūnime banjiha jaisai be
호랑이처럼 생각하며 살아온 Jaisai를

⇦ abka wakalafi, juwe tumen adun i dolo sonjofi yaluha sain
하늘이 책망하여 2만 필 말떼 가운데 골라서 탄 좋은

morin i bethe be
말의 발을

⇦ abka huthufi feksibuhekū, alin bigan de banjiha eshun tasha i
하늘이 동여매어 달리지 못하게 하였다. 산과 들에서 살던 야생의 호랑이처럼

gese beyebe iseleci ohakū, šušu usin i dolo
저항하려고 해도 할 수 없었다. 수수밭 가운데

morin ci ebufi, juwe morin i hadala i cilburi
말에서 내려 말 두 마리의 고삐를

jafafi tehe be, (11:16a)
잡고 앉아 있는 것을

⇦ genggiyen han i coohai dubei juwe uksin i niyalma jafaha,
경기연 한(汗) 군의 말단의 두 갑병이 잡았다.

⇦ genggiyen han hendume, jaisai beyebe emgeri muse ujime wajiha,
경기연 한(汗)이 말하기를, "Jaisai 자신을 우리가 한 번 살려주었으나

← jaisai cooha gemu muse de wabuha, erei gurun
Jaisai의 군사는 모두 우리에게 죽임을 당했다. 그의 백성,

← adun ulha be, gūwa beise olji obume gamame
가축 떼를 다른 버일러들이 노획하여 이끌어 가

← wajirahū, weihun jafaha emu tanggū dehi niyalma be
버릴까 걱정된다. 사로잡은 140명을

← sindafi unggiki, eigen akū hehe, ama akū juse,
석방하여 보내라. 지아비 없는 여인, 아버지 없는 자식,

← gurun i ulha be tuwame bargiyakini seme, tere emu (11:16b)
백성의 가축을 지켜보며 보살피게 하라"고 하며 그

tanggū dehi niyalma be geli sindafi unggihe,
140명을 또 석방하여 보냈다.

tiyei ling hecen be gaiha dain de, hecen gaiha
철령성을 취한 전쟁에서 성을 취한

jai cimari, coohai morin be ulebume gama seme
다음날 아침에 군마를 먹이러 이끌고 가라고

hūlara onggolo, geren hebe akū tucike niyalma de
명령을 하기 전에 상의 없이 나간 여러 사람을

weile araha, cooha bedereme hecen tucire de,
치죄했다. 군사가 물러나 성을 나갈 때,

geren coohai tucime wajire onggolo, emu gūsai
여러 병사가 다 나가기 전에 한 구사의

coohai meiren i ejen buha gebungge amban i tataha (11:17a)
군사의 머이런 수장 Buha라는 대인이 묵었던

boo i tuwa be mukiyebuhekū tucifi, boo tuwa daha
집의 불을 끄지 않고 나가서 집에 불이 났다

seme buha de weile arafi, meiren i ejen
하여 Buha를 치죄하여 머이런 수장이라고

seme šangnaha jaka be gemu gaiha, cooha
상으로 준 물건을 모두 빼앗았다. 군사가

bederere de, emu gūsai coohai meiren i ejen
돌아올 때 한 구사의 군사의 머이런 수장

cergei gebungge amban i tatan i unggadai gebungge niyalma,
Cergei라는 대인의 타탄 소속의 Unggadai라는 사람이

nimembi seme geren coohai tatara ing de
아프다고 하며 여러 병사가 자는 영에서

tatahakū, encu fakcafi dobori deduhe seme, cergei de (11:17b)
자지 않고 따로 떨어져서 밤에 잤다고 하여 Cergei에게

weile arafi, meiren i ejen seme šangnaha jaka be
치죄하여 머이런 수장이라고 상으로 준 물건을

gemu gaiha, tiyei ling hecen be baha inenggi,
모두 빼앗았다. 철령성을 획득한 날에

fiongdon jargūci be, hecen gaiha medege be alana
Fiongdon 자르구치를 성을 획득한 소식을 알리러 가라며

seme boode unggihe bihe, tere amban amasi
본성(本城)에 보냈었다. 그 대인이 도로

bedereme jidere jugūn de, baha olji ihan
돌아오는 도중에, 획득한 포로, 소,

eihen be, ini emgi bederehe coohai niyalma de,
나귀를 그와 함께 돌아온 병사와

karun i niyalma de, gašan de tehe ambasa de, (11:18a)
초소의 사람과 촌락에 사는 대인들에게

ini mujilen i enculeme salame buhe be donjifi,
그의 마음대로 나누어주었다는 것을 듣고

šajin i niyalma gisurefi,
법관이 말하기를

⇦ han i beye dabala, beyede banjiha doro jafaha beise, inu
"한(汗)만 할 수 있다. 한에게서 태어나서 정권을 잡은 버일러들도

geren i siden i olji ulin be gūwa de enculeme
모두의 공적인 포로와 재물을 다른 이에게 독단적으로

burakū kai, simbe amban obure jakade, sini
주지 않는다. 너를 대인으로 삼은 까닭에 너의

mujilen den ofi, geren i olji ulin be
마음이 오만해져서 모두의 포로와 재물을

si enculeme salame buci, simbe amban nakabumbi, (11:18b)
네가 독단적으로 나누어주니 너를 대인을 그만두게 한다.

ula i hecen be gaiha dain ci ebsi, dain
Ula성을 획득한 전쟁에서부터 전쟁마다

dain de amban seme šangname buhe jaka be
대인이라고 상으로 준 물건을

gemu gaimbi seme beidehe bihe, tere gisun be
모두 빼앗는다"라고 심판해 놓았었다. 그 말을

beise ambasa gemu uru seme,
버일러들과 대인들이 모두 옳다고 하며

⇦ han de alanaha manggi,
한(汗)에게 가서 고하니

⇦ han donjifi hendume, akū de baha sele, aisin i anggala
한(汗)이 듣고 말하기를, "없을 때 얻은 철은 금보다

← dele sere, mini gucu akū fonde bahafi amban (11:19a)
귀하다고 한다. 나에게 구추가 없을 적에 얻어서 대인으로

← seme tukiyehe gucu be, te adarame amasi bederebure,
등용한 구추를 이제 어떻게 도로 물러나게 하겠는가.

← amban be ume nakabure, weile gaisu, i, han i
대인직을 파하지 말고 죗값을 받으라. 그가 한(汗)이

← buhe amba gebu be gūnirakū, buya niyalmai emgi
준 큰 이름을 생각하지 않고 소인과

← guculefi, geren i ulin be, guculehe buya niyalma de
구추를 맺어 여럿의 재물을 구추가 된 소인에게

← buci, i olbo etufi juleri afara, olbo i cooha be
주면, 그가 면갑을 입고 앞에서 공격하며, 면갑병을

← gaifi juleri [原檔殘缺] dain ci šangnaha buhe be
인솔하여, 앞에서 □□□ 전쟁 이래에 상으로 준 것을

← gemu amasi gaici, tede jai udu funcembi, mini (11:19b)
모두 도로 빼앗으면 거기에서 또 얼마나 남겠는가. 나의

← ajige sargan jui omolo geli songgombi, tiyei ling ni
어린 딸과 손자가 또 운다.[9] 철령의

← dain de baha geren i siden i ulin be, i
전투에서 얻은 모두의 공적인 재물을 그가

← gūwa de buci, tiyei ling ni dain de inde
남에게 주었으니, 철령의 전투에서 그에게

← amban seme šangname buhe jaka be amasi gaifi,
대인이라고 상을 준 물건을 도로 빼앗고

← gese amban, fejergi šajin i niyalma suwe dendeme gaisu
동급 대인과 하급의 법관 너희가 나누어 가지라"고

seme hendufi, fiongdon de buhe jaka be amasi
말하고 Fiongdon에게 준 물건을 도로

gaifi, šajin i ambasa de buhe. (11:20a)
빼앗아서 법관 대인들에게 주었다.

9) Fiongdon은 Nurhaci의 손자사위이다. Nurhaci의 장남 Cuyeng의 딸과 혼인했으므로 Nurhaci가 이렇게 말한 것이다.

제12권

천명(天命) 4년(1619) 8월

juwan juweci debtelin,
abkai fulingga i duici
aniya jakūn biya.

tongki fuka sindaha hergen i dangse. (12:1a)
유권점 당안

○ jakūn biyai juwan uyun de, yehe be gaime
8월 19일에 Yehe를 취하러

cooha juraka, orin emu i dobori dulire de, abka
군사가 떠났다. 21일에 밤을 지낼 때, 하늘은

tulhušefi juwe ilan jergi seberšeme majige agafi,
흐리고 두세 번 간간이 약간의 비가 왔고

ihan erinde galaka, tere dobori, yehe i
축시(丑時)에 개었다. 그 밤에 Yehe의

karun i niyalma, dergi hoton de dobon dulin de
초병이 "동성(東城)으로 한밤중에

dain jimbi seme alanafi, orin juwe i cimari
적이 온다"라고 알리러 가서 22일 아침에

isinaci, dergi hoton i niyalma buren burdefi, tulergi (12:1b)
이르자 동성의 병사가 고동을 불고 외성을

jase hecen be waliyafi, juse hehesi be
버리고 아이들과 여자들을

dorgi alin i hecen de bargiyafi, coohai niyalma

산의 내성에 거두어 보살피고 군사는

hecen i dukai tule, buren burdeme kaicame sureme

성문 밖에서 고동을 불며 소리를 지르며

okdofi ilihabi, dergi hoton be kara cooha

대적해서 진을 치고 있었다. 동성을 포위하는 군사를

tuwara duin beile, tere hoton de tutaha,

감시할 네 버일러가 그 성에 남았다.

wargi hoton de afara cooha, šun tucime

서성(西城)에서 싸울 병사가 해가 뜰 무렵에

isinaci, wargi hoton i niyalma dain jimbi seme (12:2a)

다다르자 서성의 병사가 적이 온다 하며

dobon dulin de donjifi, buren burdefi, tulergi

한밤중에 듣고서 고동을 불며 바깥

amba hoton i coohai niyalma, juse hehesi be

큰 성의 군사가 아이들과 여자들을

gemu dorgi alin i hoton de bargiyame dosimbufi,

모두 산의 내성에 거두어 들어가게 하고

coohai niyalma hoton i dukai tule buren burdeme

군사는 성문 밖에서 고동을 불며

kaicame sureme ilihabi, jakūn gūsai cooha akūmbume

함성을 지르며 진을 치고 있었다. 8구사의 군대는 완벽히

kafi, tulergi jase hoton be, meni meni

포위하고 외성을 각각

dosire teisu efulefi, kalka wan be amba (12:2b)

들어가는 방향에서 파괴하고, 방패와 사다리를 큰

hoton i efulehe babe dosimbufi, amba hoton i dolo
성이 허물어진 곳에 들어가게 했다. 큰 성의 안에서

kalka wan be arame hūwaitame wajifi, coohai
방패와 사다리를 만들어 묶기를 마치고 "군사가

niyalma hoton efuleme kalka wan hūwaitame joboho,
성을 허물며 방패와 사다리를 묶느라 수고했다.

beyebe ergembume musi omi seme coohai ing
몸을 쉬면서 미숫가루를 마시라"고 모든 군영에

tehereme hūlafi, coohai niyalma gemu musi omifi
명령하고, "병사가 모두 미숫가루를 마시고

beye ergembi, kalka gamara onggolo, hoton i niyalma be
몸을 쉬고 있다. 방패를 가지고 가기 전에 성의 사람은

dahacina seme hūlame gisureci, hoton i niyalma afaki, (12:3a)
항복하라"고 소리쳐 말하니 성의 사람이 "싸우자.

gese haha kai, mende gala bikai, afafi gese
똑같은 사내이다. 우리에게 팔이 있다. 싸우고 같이

bucembi dere seme hendume daharakū oho manggi,
죽으리라"고 말하며 항복하지 않자

kalka be jergileme dasame faidafi ibeme, hoton i
방패를 나란히 정렬하고 열을 맞춰 전진해서 성

dade gamara de, hoton i dorgi coohai niyalma,
밑에 가져갈 때, 성 안에서 군사가

hoton i ninggu i matun de ilifi gabtaha,
성 위의 널판 위에 서서 활을 쏘았다.

⇦ genggiyen han i coohai niyalma, ujen uksin i oilo olbo,
경기연 한(汗)의 군사는, 무거운 갑옷 위에 면갑을 입고

saca i oilo amba jiramin kubun i mahala etuhe (12:3b)
투구 위에 두터운 솜 모자를 쓴

niyalma, juleri kalka be gamafi hoton araha
사람이 앞에서 방패를 가지고 성 쌓은

alin i dade ilibufi, weihuken foholon uksin etuhe
산 밑에 서게 하고, 가볍고 짧은 갑옷을 입은

gabtara mangga be sonjofi tucibuhe coohai niyalma,
활 잘 쏘는 사람을 선별하여 뽑은 군사가

amala genefi gabtaha manggi, hoton i matun i ninggude
뒤에 가서 활을 쏘니 성의 널판 위에서

beye iletu tucifi gabtara niyalma, gemu matun ci
몸을 내밀고 활 쏘는 사람이 모두 널판에서

ebufi, matun i dolo keremu i dalda de iliha,
내려서 널판의 안 성가퀴의 은신처에 섰다.

tereci kalka be alin i wesihun ibeme gamara de, (12:4a)
그리고 방패를 산 위로 전진하며 가져갈 때,

hoton i dorgi coohai niyalma, gabtara, ambasa wehe
성 안 군사가 활을 쏘고 큰 돌을

fahame, ambasa fungkū moo fuhešebure, kalka de
던지며 큰 나무토막을 굴리고, 방패에

tuwa maktara, afaci, umai ilihakū, hoton i dade
불을 던지는 등 싸워도 전혀 멈추지 않고 성 밑에

kalka gamafi sindafi, nikan i jon wehe i sahaha
방패를 가져와 배치하고 명의 벽돌로 쌓은

hoton be, suhe i sacime efulere de,
성을 도끼로 찍으며 허물 때,

⇦ han i beye, yehe i wargi hoton i julergi ala de tefi
한(汗)이 몸소 Yehe의 서성의 남쪽 언덕에 앉아서

tuwaci, hoton i julergi dere, šun tuhere ergi (12:4b)
보니 성의 남쪽, 서쪽에서

dere de afara duin gūsai coohai niyalma,
공격하는 네 구사의 군사가

hoton de kalka be hanci ibeme gamarangge
방패를 성에 가까이 전진해 가는 것이

goidambi,
더뎠다.

← hoton i dade hanci gamaha kalka de, dorgi niyalma, wehe,
"성 밑에 가까이 가지고 간 방패에, 성 안의 사람이 돌과

← fungkū moo, fulmiyen orho de tuwa dabufi maktaci, musei
나무토막과 짚단에 불을 붙여 던지면 우리

← coohai niyalma tuwa de muke maktame mukiyebu, tuttu
병사는 불에 물을 부으며 끄라. 그렇지

← akūci, kalka be dulemburahū, fusihūn tuhebu seme takūrafi, jai (12:5a)
않으면 방패를 불태울까 염려된다. 아래로 내리라"고 하며 보내고 또

← hoton i tehereme afarangge, wei gūsa nenehebi, wei gūsa
"성을 각각 공격하는 것이 누구의 구사가 먼저이며 누구의 구사가

← tutahabi seme,
뒤처졌는가"라고 하며

⇦ ini hanciki hiyasa be, takūrsi be šurdeme siran siran i
자기 가까이의 시위(侍衛)들과 전령들을 돌려가며 계속하여

tuwame unggihe, tuwame genehe genehe niyalma jifi,
보러 보냈다. 보러 갔던 사람들마다 와서

amargi dere i duin gūsai niyalma efuleme nenehebi
북쪽의 네 구사의 사람이 먼저 허물기 시작했다며

seme alanjiha, tuttu alanjiha manggi,
아뢰었다. 그렇게 와서 아뢰니

⇦ han geli takūrame, amargi dere i niyalma efuleme nenehe seme (12:5b)
한(汗)이 또 보내며 "북쪽의 사람은 먼저 허물었다고

← han de alanarakū, suwe neneme ume dosire, neneme dosika de
한(汗)에게 고하러 오지 않고서는 너희가 먼저 들어가지 말라. 먼저 들어가면

← weile, efuleme gemu baha manggi, ba ba i niyalma
죄를 짓는 것이다. 모두가 허문 후에 곳곳의 사람들

← geren gemu sasa dosi, tuttu sasa dosirakū, emu
여럿이 모두 함께 들어가라. 그렇게 함께 들어가지 않고

← juwe ba i niyalma efuleme baha seme dosici, dorgi
한두 곳의 사람이 허물었다고 해서 들어가면 안의

← bata de koro bahambi seme, geli hoton šurdeme
적에게 피해를 입을 것이다"라고 다시 성을 둘러서

afara coohai niyalma de hūlabuha, tereci
싸우는 군사에게 알리게 했다. 그리고

amargi dere i niyalma hoton efuleme bahabi seme (12:6a)
북편의 군사가 성을 허물기를 마무리했다고

⇦ han de alanaha manggi,
한(汗)에게 알리러 오자

← udu niyalma adafi tafaci ombi seme fonjiha, orin gūsin
"몇 사람이 나란히 벌여서 올라갈 수 있겠는가"라고 물었다. "20, 30

niyalma adafi tafaci ombi seme alaha manggi,
명이 나란히 벌여서 올라갈 수 있습니다"라고 말하니

← tuttu oci dosinu seme hendufi unggihe,
"그러면 일제히 들어가라"고 말하여 보냈다.

⇦ han i tere gisun be donjifi, efulehe ba i niyalma dosika,
한(汗)의 그 말을 듣고 허물어뜨린 곳에 있던 사람이 들어갔다.

amargi dere be dain dosire jakade, hoton i
북쪽을 군대가 들어갈 때 성

dorgi coohai niyalma, hoton i dolo emu jergi (12:6b)
안의 적병이 성의 내부에서 한 번

sacirame afafi, burulame boo booi hūwa de, boo
마구 베며 공격하고는 패주하여 집집의 마당으로, 집집으로

boode dosika, tereci boode dosika coohai niyalma be
들어갔다. 그 후 집에 들어간 적병을

kafi waki seme afara de,
에워싸고 죽이려고 공격하려는데,

⇦ han neneme kiru jafabufi, ume wara seme takūraha, jai
한(汗)이 먼저 기(旗)를 들려서 파견하여 죽이지 말라고 했다. 또

⇦ han i suwayan sara jafabufi,
한(汗)의 황색 일산(日傘)을 들려서

← coohai amban asihan yaya niyalma be ume wara seme geli takūraha,
"적병의 성인과 젊은이 등 모든 사람을 죽이지 말라"고 하며 또 파견했다.

⇦ han, tuttu takūraha manggi, niru sirdan i dube de bucehengge (12:7a)
한(汗)이 그렇게 보낸 뒤에 화살촉에 죽은 자는

bucehe, boode hūwa de dosika niyalma be gemu
죽었으나 집이나 마당에 들어간 사람은 모두

ujimbi seme hūlafi, jai afahakū gemu dahaha,
살려주겠다고 포고해서 다시 싸우지 않고 모두 항복했다.

hoton i ejen gintaisi beile, ini tehe den tai
성의 수장인 Gintaisi 버일러가 그가 거주하던 높은 대(臺)의

boode, ini sargan buya juse be gaifi tafafi
집에 자신의 아내와 나이 어린 자식들을 데리고 올라

bihe manggi, coohai niyalma tere booi fejile
있으니 우리 군사가 그 집의 아래에

ilifi, si dahambi seci ebu, daharakū seci
서서 "네가 항복하려면 내려오라. 항복하지 않으면

afambi seme henduhe manggi, gintaisi hendume, tulergi (12:7b)
공격하겠다"라고 말했다. 그러자 Gintaisi가 말하기를 "밖으로

juwe jergi akdulame araha hoton de afaci,
이중으로 견고하게 지은 성에서 싸웠지만

hūsun isikakū gaibufi, ere tai dele afafi bi
힘이 모자라서 빼앗겼다. 이 대(臺) 위에서 싸워서 내가

etembio, mini non de banjiha sini
이기겠는가. 나의 여동생에게서 태어난 너의

⇦ han i jui duici beile be, mini yasa de sabuha de,
한(汗)의 아들 제4버일러를 나의 눈으로 보면,

tere jui cira be tuwaha de, bi ebure
그 아이의 얼굴을 보면 나는 내려가겠다"라고

seme henduhe manggi, tere tai fejile iliha
말하니, 그 대 아래에 서 있던

coohai ejete, beise ambasa hendume, duici beile (12:8a)
병사의 수장들과 버일러들, 대인들이 말하기를 "제4버일러는

ere hoton de jihekūbi, dergi hoton be
이 성에 오지 않았다. 동성(東城)을

meni duin beile i sonjoho bayarai cooha kafi
우리의 네 버일러가 선발한 바야라가 포위하고

ilihabi,
있다.

⇦ han i beye, ere hoton be afambi seme jihebi, sini
한(汗)이 몸소 이 성을 공격하려고 왔다. 너의

jui be acaha seme encu ai gisun,
아이를 만난다 한들 달리 무슨 말을 하겠는가.

dahambi seci ebu, daharakūci, be afambi seme
항복하려면 내려오라. 항복하지 않으면 우리가 공격하겠다"라고

henduhe manggi, hoton i ejen hendume, bi ere (12:8b)
말했다. 그러자 성의 수장이 말하기를 "내가 이

tai de ilifi bata udu bahambi seme,
대에 서서 적을 몇이나 잡겠다고

suweni emgi afambi, bi afarakū kai, mini
너희와 싸우겠는가. 나는 싸우지 않겠다. 나의

non i jui duici beile emu gisun be
여동생의 아들 제4버일러의 한마디 말을

donjifi ebuki dere seme henduhe manggi, tere
듣고 내려갈 것이다"라고 말하니 그

gisun be
말을

⇦ han de alanaha,
한(汗)에게 가서 아뢰었다.

⇦ han hendume, tuttu oci, duici beile be dergi hoton de (12:9a)
한(汗)이 말하기를 "그러면 제4버일러를 동성(東成)에

← ganafi acame gene se, ebuci ebukini, eburakūci afa
데리러 가서 만나러 가라고 하라. 내려오면 내려오게 두고, 내려오지 않으면 공격하라"

seme henduhe, duici beile be ganafi jihe manggi,
하고 말했다. 제4버일러를 데리러 갔다 온 후

⇦ han hendume, sini nakcu, sini gisun be donjifi simbe jio
한(汗)이 말하기를 "너의 외삼촌이 너의 말을 듣고자 너를 오라고

← sembi sere, si gene, ebuci ebukini, eburakūci, musei
한다 하니 네가 가라. 내려오면 내려오게 하고 내려오지 않으면 우리

← coohai niyalma tere tai be sacime tuhebukini seme
군사가 그 대를 찍어서 떨어뜨리게 하겠다"라고

hendufi unggihe, duici beile genehe manggi, nakcu hendume,
말하여 보냈다. 제4버일러가 가자 외삼촌이 말하기를

mini jui duici beile be bi takarakū, inu (12:9b)
"나의 아이인 제4버일러를 내가 몰라보겠다. 진짜인지

waka be bi ainambahafi sara seme henduhe manggi,
아닌지를 내가 어찌 능히 알겠는가"라고 말하자,

suwende acaki seme takūrafi unggihe sini jui
"당신들과 화친하고자 하여 시켜 보낸 당신의 아들

delger taiji be huhun ulebuhe mama be
Delger 타이지가 젖을 먹였던 유모를

ganafi takame tuwabu seme hendufi, tere mama
데리고 와서 알아보겠는지 보게 하십시오"라고 말하니 그 유모가

jifi takame tuwafi inu seme alanaha manggi,
와서 알아보고 맞다 하고 가서 알리니

hoton i ejen gintaisi hendume, mini jui duici
성의 수장 Gintaisi가 말하기를 "나의 아들 제4버일러가

beile mujangga oci, sini ujire emu sain (12:10a)
틀림없다면 네가 살려주겠다는 한마디 좋은

gisun be donjifi, nakcu bi ebure, ujirakū
말을 듣고 외삼촌인 내가 내려갈 것이다. 살리지 않고

wambi seci, bi ebufi ainambi, mini tehe
죽이겠다고 하면 내가 내려간들 무슨 소용이 있나. 내가 살던

boode buceki seme henduhe manggi, duici beile
집에서 죽겠다"라고 말했다. 그러자 제4버일러가

hendume, sini utala aniya beye jobome gurun
말하기를 "당신이 이토록 오랜 세월 몸소 고생하며 또 백성이

suilame akdulame araha tulergi hoton, abkai hoton
수고하며 견고하게 지은 외성과 천성(天城)을

arakini seme banjibuha alin i hoton, juwe jergi
짓고자 하여 만든 산성, 이 이중의

hoton be gaibufi, si ere tai de tefi (12:10b)
성을 빼앗기고 당신이 이 대에 앉아서

ainaki sembi, si jaldame bata gaiki seci,
어떻게 하겠다는 것입니까. 당신이 꾀를 내어 복수하고자 해도

sini gūniha de acabume, we sain niyalma afambi,
어떤 좋은 사람이 당신의 생각에 맞추어 싸우겠습니까.

si mimbe emu ujire gisun be henduhe de, bi
당신이 어찌 제가 '한마디 살려주겠다는 말을 하면 내가

ebure seme ainu hendumbi, simbe afaci baharakū
내려가겠다'라고 말합니까. 당신을 공격할 수 없어서

seme bi akdun gisun be hendumbio, si mini
제가 약속의 말을 하겠습니까. 당신이 제가

jihe de ebuci, bi
와서 내려온다면 제가

⇦ ama han de gamafi acabure, waci buce, ujici banji, (12:11a)
아버지 한(汗)에게 모시고 가서 만나게 하겠습니다. 죽이면 죽으십시오. 살리면 사십시오.

niyaman hūncihin be dailame wacihiyambio, wafi yali be
친인척을 전쟁하여 끝내겠습니까. 죽여서 살을

jembio, senggi be omimbio, acaki seme orin
먹겠습니까. 피를 마시겠습니까. 화친하고자 하여 20,

gūsin mudan takūraci, membe sini baru afaci
30차례 보내니 우리를 당신과 싸워도

eterakū acaki sere adali, takūraha niyalma be
이기지 못해서 화친하고자 하는 것처럼, 보낸 사람을

wara be wara, tebure be teburelafi sinde te
죽일 대로 죽이고, 억류할 대로 억류하니 당신에게는 이제

bucere jobolon isika kai, sini enteke ehe be
죽을 화가 미쳤습니다. 당신의 이러한 악함을

gūnici, (12:11b)
생각하면

⇦ ama han wakini, sini ehe be gūnirakū, jui mimbe
아버지 한(汗)이 죽일 것입니다. 당신의 악함을 생각하지 않고 아들인 저를

gūnici, simbe ujikini seme juwan jergi gisureci,
생각하면 당신을 살릴 것입니다"라고 열 번을 말하였으나

ojorakū, ineku ineku gisun be gisurehe manggi,
듣지 않았다. 연거푸 같은 말을 한 후

duici beile hendume, si mimbe jihe de ebure
제4버일러가 말하기를 "당신이 제가 오면 내려온다고

sembi seme hendure jakade, sini gisun de, bi
말한다고 하기 때문에 당신의 말에 제가

jihe, si ebuci, hūdun ebu, bi gamafi
왔습니다. 당신이 내려오려면 얼른 내려오십시오. 제가 모시고 가서

⇦ han de acabure, si eburakūci, bi geneki seme henduhe, (12:12a)
한(汗)을 알현시키겠습니다. 당신이 내려오지 않으면 저는 가겠습니다"라고 말했다.

gintaisi beile hendume, si taka ume genere,
Gintaisi 버일러가 말하기를 "너는 아직 가지 말라.

mini beye gese amban artasi neneme genefi, sini
나의 몸과 같은 대인 Artasi가 먼저 가서 너의

⇦ ama han de acakini,
아버지 한(汗)을 알현하게 하겠다.

⇦ han i cira be tuwafi,
한(汗)의 심기를 살피고

⇦ han i gisun be donjifi jihede, bi ebure seme hendufi,
한(汗)의 말을 듣고 오면 내가 내려가겠다"라고 말하고

artasi be acabume unggihe,
Artasi를 알현하도록 보냈다.

⇦ han, artasi baru jilidame, mini efute be, artasi si (12:12b)
한(汗)이 Artasi에게 화를 내며 "나의 처남들을 Artasi 네가

← huwekiyebufi, nikan i dehi tumen cooha be ilibuhangge,
부추겨서 명의 40만 군사를 일으키게 한 것이

← si waka we, sini enteke ehe be gūniha de,
네가 아니고 누구이냐. 너의 이러한 악행을 생각한다면

← simbe wara ba bihe, sini ehe be bi ai
너를 죽일 터이지만 너의 악행을 내가 어찌

← gūnire, sini beile be gana, simbe wara be nakaha,
생각하겠는가. 너의 버일러를 데리러 가라. 너를 죽이지 않고

← weile wajiki seme hendufi, juwenggeri[1] yordofi unggihe,
벌을 끝내겠다"라고 말하고 두 차례 고두리살로 쏜 후에 보냈다.

tereci artasi ini beile booi duka de
그리고 Artasi가 자신의 버일러의 집 문에서

morin ci ebufi, ini jui de hendume, si (12:13a)
말에서 내려 자기 아들에게 말하기를 "너는

genefi beile i gala be jafafi ebubume gana
가서 버일러의 손을 잡고 내려오도록 모시러 가라"고

seme hendufi unggihe, tereci ini ejen i jakade
말하고 보냈다. 그러고 나서 아들이 자기 수장이 있는 곳에

genefi, jai dasame geli hendume, meni delger
갔고, Artasi가 또 다시 말하기를 "우리의 Delger

taiji, ini boode feye bahafi bi sere,
타이지가 상처를 입고, 자신의 집에 있다고 합니다.

tere be ganafi gajime jio, jui de
그를 가서 데리고 오십시오. 아들과

acaha de, beile ebure sembi seme henduhe
만나면 버일러가 내려오겠다 합니다"라고 말하니

manggi, duici beile, delger taiji be ganafi (12:13b)
제4버일러가 Delger 타이지를 데리러 가서

---

1) 『滿洲實錄』(6권, 天命 4년(1619) 8월)에는 juwanggeri(10차례)로 되어 있다.

gajifi tuwabuha, delger taiji ini ama i baru
데리고 와서 보여주었다. Delger 타이지는 자기 아버지에게

hendume, muse afaci hūsun isikakū, te ere tai
말하기를 "우리는 싸웠으나 힘이 부족했습니다. 이제 이 대(臺)

dele bifi ainambi, ebu, waci buceki, ujici
위에 계셔서 무엇하겠습니까. 내려오십시오. 죽이면 죽고 살리면

banjiki seme duin sunja jergi henduci, ama
삽시다"라고 네다섯 번 말해도 아버지가

ebuhekū manggi, duici beile amasi bedereme genehe,
내려오지 않자 제4버일러가 되돌아갔다.

delger taiji be amasi gamafi wambi seme
Delger 타이지를 도로 데려가서 죽이겠다고

jafaha, delger hendume, gūsin ninggun se baha, (12:14a)
잡으니 Delger가 말하기를 "36살 먹었는데

ere inenggi bucembi nikai, mimbe ume huthure,
이 날에 죽는구나. 나를 묶지 말고

uthai sacime wa seme henduhe, delger be
바로 베어서 죽이라"고 말하니 Delger를

ini tehe boode werifi, duici beile tere
자신이 살던 집에 두고, 제4버일러가 그

gisun be gemu
말을 모두

⇦ han de alaha,
한(汗)에게 아뢰었다.

⇦ han hendume, jui, ama be ebu seme henduci ohakū, ama
한(汗)이 말하기를 "아들이 아버지를 내려오라고 해도 듣지 않았으니 아버지가

← ehe dere, ehe ama be wakini, ama ci jui hokoci (12:14b)
나쁘다. 나쁜 아버지를 죽이라. 아버지로부터 아들이 갈라섰다니,

← tetendere, hokoho jui be ume wara seme henduhe
그렇다면 갈라선 아들을 죽이지 말라"고 말하니

manggi, delger be, duici beile ganafi gajime jifi,
Delger를 제4버일러가 가서 데리고 와서

⇦ han de hengkileme acabuha manggi,
한(汗)에게 절하며 알현하게 하자

⇦ han, delger be tuwafi gosime,
한(汗)이 Delger를 보고 어여삐 여겨

⇦ ini jeke buda be, duici beile de bufi,
자신이 먹던 밥을 제4버일러에게 주고

← sini ahūn delger be gaifi emgi jefu, sini
"너의 형 Delger를 데리고 가서 함께 먹으라. 너의

← ahūn be si ambula gosime uji seme hendufi buhe, (12:15a)
형을 네가 매우 아끼며 보살피라"고 말하고 주었다.

gintaisi beile i eburakū be safi, fujin, buya juse be
Gintaisi 버일러가 내려오지 않을 것을 알고, 푸진이 어린 아들들을

gaifi sujume tai booci ebuhe, terei amala gintaisi
데리고 달려서 대(臺)의 집에서 내려왔다. 그 후에 Gintaisi

beile ini gala de beri jafafi, ini emgi
버일러 자신은 손에 활을 잡고, 그와 함께

bihe gucuse uksin saca be dasame etuhe manggi,
있던 구추들은 갑옷과 투구를 정비하여 입자

⇦ han i coohai niyalma dasame olbo etubufi, suhe sacikū
한(汗)이 군사를 정비하여 면갑을 입게 하고 도끼와 곡괭이를

jafafi tai be sacime efulere de, ini tehe
잡고 대(臺)를 찍으며 허무는데, 자신이 살던

tai boo be, i tuwa sindaha, tuttu (12:15b)
대(臺)의 집에 그가 불을 놓았다. 그렇게

tuwa sindaha manggi, ini beyebe bucehe dere
불을 놓으니 그가 죽었을 것이라고 하며

seme, efulere coohai niyalma be amasi bederebuhe,
허무는 군사를 뒤로 물러나게 했다.

ini tuwa sindaha boo tuwa dame wajiha
그가 불을 놓은 집이 다 불타고

manggi, ini beye tuwa de fucihiyalabufi amala
자신의 몸에 화상을 입고 나서야

ebuhe, tuttu ini beyebe eden arame, efulehe
내려왔다. 그렇게 자신의 몸을 불구로 만드니 망가진

niyalma be ujihe seme ai baita seme,
사람을 살린들 무슨 소용이냐며

gintaisi beile be futa i tatame waha, wargi (12:16a)
Gintaisi 버일러를 밧줄로 목을 졸라 죽였다. 서성(西城)을

hoton be efulefi cooha dosika be, dergi
허물고 군사가 들어간 것을 동성(東城)의

hoton i niyalma safi, buyanggū, burhanggū ahūn deo
군사가 보고 Buyanggū, Burhanggū 형제가

ceni cisui niyaman bijafi, te, be afaha
그들 스스로 좌절하여 "이제 우리가 싸운들

seme ainara, dahaki seme niyalma takūraha, amba
무엇하겠는가. 항복하자"라고 하며 사람을 보냈다. 대버일러가

beile hendume, daci daha seci, suwe dahahakū, be
말하기를 "처음에 항복하라고 했으나 너희는 항복하지 않았다. 우리가

jifi geli suwembe sindafi genembio, emke be mini
와서 또 너희를 놓아주고 가겠는가. 한 명은 나의

efu, emke be mini meye seme, suwembe gosime (12:16b)
손위 처남, 한 명은 나의 손아래 처남이라고 너희를 사랑하고

hairame banjikini seme, bi daha sembi dere, afaci,
아끼며 지내기를 바라며 내가 항복하라고 말하는 것이다. 싸우면

suweni beye, meni coohai dubei alban i niyalma de
너희 몸이 우리의 공역하는 말단 병사에게

bucembi kai, dahaci, suweni beye banjimbi kai, suwe unenggi
죽을 것이다. 항복하면 너희는 살 것이다. 너희가 정말로

dahambi seci, sini ahūn deo i beye jici,
항복하겠다고 해도 너희 형제가 직접 오려면

haha niyalma ofi gelembi dere, neneme sini
남자여서 두려울 것이니, 먼저 너의

eniye mini emhe be jio se, hehe niyalma be
어머니이자 나의 장모를 오라고 하라. 여자를

bi wambio seme hendure jakade, jai geli (12:17a)
내가 죽이겠는가"라고 말하니 또 다시

takūrame, be dahara, si emu akdun gisun be
사람을 보내어 "우리는 항복하겠다. 네가 한마디 보증하는 말을

hendume gashūfi, mimbe mini hoton mini gašan de
말하여 맹세하고 나를 나의 성과 나의 촌락에서

tebufi gene seme henduhe manggi, amba beile
살게 하고 가라"고 말하니 대버일러가

jili banjifi hendume, suweni ere gisun be jai
화가 나서 말하기를 "너희는 이런 말을 다시는

ume gisurere, emu hoton be gaifi, simbe
하지 말라. 성 하나를 취하고서 너를

afaci baharakū seme, sini hoton de simbe
공격할 수 없다고 너의 성에 너를

tebufi genembio, si hasa daha, daharakūci, wargi (12:17b)
살게 하고 가겠는가. 너는 속히 항복하라. 항복하지 않아도 서성(西城)을

hoton be gaiha,
빼앗았고,

⇦ han jifi geli afame gaimbi kai, afaci suwe bucembi kai
한(汗)이 와서 또 공격하여 빼앗을 것이다. 공격하면 너희는 죽을 것이다"라고

seme henduhe manggi, dergi hoton i buyanggū, burhanggū
말했다. 그러자 동성(東城)의 Buyanggū, Burhanggū

juwe beile, ini eme be unggihe, fujin
두 버일러가 자신들의 어머니를 보냈다. 푸진

emhe de amba beile tebeliyeme acaha, emhe
장모를 대버일러가 안으며 맞았다. 장모

fujin hendume, simbe emu akdun gisun be
푸진이 말하기를 "자네가 한마디 보증하는 말을

gisurerakūci, mini juwe juse akdarakū gelembi kai (12:18a)
말하지 않으면, 내 두 아들은 믿지 않고 두려워할 것이다"라고

seme henduhe manggi, amba beile, arki de
말하니 대버일러가 술을

huwesi kūthūme, simbe dahabufi jai waci, minde
칼로 저으며 "너를 항복시키고 또 죽이면 내가

ehe dere, mimbe uttu gisurebufi ere arki be
나쁜 것이다. 나를 이렇게 말하게 하고 이 술을

omifi jai daharakūci, suwende ehe dere, simbe
마시고도 항복하지 않으면 너희가 나쁜 것이니, 너를

afafi te uthai wambi seme hendufi, tere
공격해서 곧바로 죽이겠다"라고 말하고 그

arki be omiha, tere arki be yehe i buyanggū,
술을 마셨다. 그 술을 Yehe의 Buyanggū와

burhanggū juwe beile geli omiha, tereci ahūn (12:18b)
Burhanggū 두 버일러가 또한 마셨다. 그러고 나서 형제가

deo hoton i duka be tucifi, amba beile de
성문을 나와서 대버일러에게

acame jifi, jai
만나러 와서 다시

⇦ han de acame yabu seci, umai seme jaburakū, iliha baci
한(汗)을 알현하러 가라고 해도 전혀 대답하지 않고 선 자리에서

aššarakū ofi, amba beile ini efu buyanggū
움직이지 않아서 대버일러가 그의 손위 처남 Buyanggū

beile i hadala i cilburi be kutuleme jafafi, yabu,
버일러의 말고삐를 잡고 이끌며 "가라.

haha waka, heheo, emgeri gisureme wajifi, jai geli
사나이가 아니고 계집인가. 한 번 말하고 나서 어찌 또 다시

baibi aiseme uttu ilihabi seme gamame genefi, (12:19a)
부질없이 이렇게 서 있는가"라고 하고 데리고 가서

⇦ han de acara de, buyanggū beile juwe bethe tondokon
한(汗)을 알현하는데 Buyanggū 버일러가 두 다리를 바르게

niyakūrahakū, emu bethe niyakūrafi, mahala gaifi hengkilehekū
꿇지 않고 한 발을 꿇고서, 모자를 들고서 절하지 않은 채

iliha,
일어났다.

⇦ han i galai aisin i hūntahan de arki buci, tondokon
한(汗)이 손수 금잔에 술을 주어도 바르게

niyakūrahakū, emu bethe hetu niyakūrafi, arki be
꿇지 않고 한 다리를 비스듬히 꿇고서, 술을

omihakū heni angga isifi hengkilehekū iliha,
마시지 않고 약간 입에 대고 절하지 않고서 일어났다.

⇦ han, amba beile be, age[2)] sini efu be gamame ini (12:19b)
한(汗)이 대버일러에게 "아거, 너의 손위 처남을 데리고 그의

← hoton de gene seme unggifi, tere inenggi tere
성에 가라" 하여 보내고 그날 낮밤을

dobori seolefi,
숙고하여

⇦ han i dolo gūnime, nenehe sini ambula ehe be bi
한(汗)이 속으로 생각하기를 "이전의 너의 큰 잘못을 내가

← gūnirakū ujiki seci, wara beye be ujihe seme
생각하지 않고 살리고자 했지만 죽일 몸을 살려주어도

← emu majige urgunjerakū, uttu kemuni dain bata ofi,
조금도 기뻐하지 않고, 이렇게 여전히 원수가 되어서

← niyakūn hengkin be hono seolere niyalma be adarame
꿇어앉고 절하는 것조차 망설이는 사람을 어찌

---

2) age는 원래 '형'이라는 뜻이나 한(汗)의 자손들 중에서 남자를 대접하여 부르는 명칭으로도 쓰인다. 명칭으로 쓰일 때는 '아거'로 번역한다.

← ujimbi seme baha, jai cimari, ahūn buyanggū (12:20a)
살리겠는가"라고 깨달았다. 다음날 형 Buyanggū

beile be futa i tatame waha, ceni ehe
버일러를 밧줄로 목 졸라 죽였다. 그들의 악하고

waka be gūniha seme ainara, jui amba
그릇됨을 생각하면 무엇하겠는가 하고 아들인 대버일러를

beile be gūnime, deo burhanggū beile be
생각하여 동생 Burhanggū 버일러는

ujifi, ini efu amba beile de buhe,
살려서 그의 매형인 대버일러에게 주었다.

yehe i beise de acafi, sain doro be
Yehe의 버일러들과 화친하여 좋은 도리를

jafafi jui bume urun gaime, dabkūri niyaman
지키고 아들을 주고 며느리를 받아들여 겹으로 친인척이

hūncihin ofi, dasame akdulame gashūfi banjiki seme, (12:20b)
되어 다시 굳건히 맹세하고 지내자고 하며

hehe haha be halame takūrahangge, orin mudan
여자와 남자를 번갈아 보낸 것이 스무 차례가

funcehe, tuttu sain banjiki seme takūraha niyalma be,
넘었다. 그렇게 좋게 지내자고 하며 보낸 사람을

wara be waha, jafafi tebure be tebuhe,
죽일 대로 죽였고, 잡아서 억류할 대로 억류했다.

ceni gurun be dailaci eterakū adali, afaci
그들의 나라를 정벌하여 얻지 못할 것처럼, 공격할

muterakū acaki seme takūrara adali gūnime, orin
수 없어서 화친하자고 사람을 보낸 것처럼 생각하며 20,

gūsin mudan takūraci acahakū, jafan gaiha sargan
30차례 사람을 보내어도 화친하지 않았다. 예물을 받은 딸들을

juse be gemu monggo de buhe be (12:21a)
모두 몽골에 준 것을

gūniha de, nikan han de cooha baiha be,
생각하면, 명의 황제에게 군사를 청한 것을,

monggo i cahar han de jui bume niyaman
몽골의 차하르 한(汗)에게 자식을 주어 인척을

jafaha be gūniha de, yehe i beise amban
맺은 것을 생각하면, Yehe의 버일러들은 어른이든

ajigen seme emke be hono ujirengge waka bihe kai,
아이든 한 명도 살릴 것이 아니었다.

⇦ han i mujilen umai daljakū onco ofi, yehe i beise i nenehe
한(汗)의 마음이 한없이 관대하여 Yehe의 버일러들의 이전의

ehe be gūnihakū, beise ambasa be gemu ujihe,
악행을 생각하지 않고 버일러들과 대인들을 모두 살려주었다.

yehe i juwe hoton i amban ajigen beise be (12:21b)
Yehe의 두 성의 크고 작은 버일러들을

gemu ujifi, yehe gurun i ehe sain niyalma be,
모두 살리고, Yehe국의 형편이 나쁘든 좋든

gemu yooni boigon be acinggiyahakū, ama jui
모든 사람을, 온전히 가호를 건드리지 않고 아버지와 아들,

ahūn deo be faksalahakū, niyaman hūncihin be
형과 동생을 떼어놓지 않고 친인척을

頭註: gingguleme kimcici, ere umai daljakū onco sere gisun, ainci umai jecen dalin akū onco sere gūnin dere. [신중하게 살펴보니, 이 umai daljakū onco라는 말은 아마도 '전혀 경계와 한계가 없이 넓다'라는 뜻일 것이다.]

delhebuhekū, gulhun yooni gajiha, hehe niyalmai etuhe
헤어지게 하지 않고 전체를 고스란히 데려왔다. 여자가 입은

etuku i ulhun jafahakū, haha niyalmai jafaha beri
옷의 옷깃도 잡지 않고 남자가 잡은 활과

sirdan be gaihakū, meni meni booi ulin
화살을 빼앗지 않고 각각의 집의 재물과

tetun ai jaka be, gemu meni meni ejen (12:22a)
가재도구 등 온갖 물건을 모두 각자의 주인이

tomsome bargiyafi gaiha, yehe i beise, duin jalan
수습하여 거두어 가졌다. Yehe의 버일러들이 네 세대 동안

halame gurun de han seme banjiha doro be,
대를 이으며 백성에게 한(汗)이라며 살아온 정권은,

gintaisi beile i ama jui, buyanggū beile i ahūn
Gintaisi 버일러 부자, Buyanggū 버일러 형제가

deo, mujakū encu gisun i nikan han, monggo
전혀 다른 언어를 가진 명 황제와 몽골

han de akdafi yabuhai, enculeme banjiha doro efujehe.
한(汗)을 믿고 다니는 바람에 독자적으로 살아온 정권이 무너졌다.

제13권 천명(天命) 4년(1619) 8월부터 12월까지

juwan ilaci debtelin,
abkai fulingga i duici
aniya jakūn biyaci jorgon
biyade isinahabi.

tongki fuka sindaha hergen i dangse. (13:1a)
유권점 당안

○ yehe i gurun be efulehe de, ilan tanggū adun be
Yehe국을 무너뜨렸을 때, 300마리 가축 떼를

gamame korcin de genere be, korcin i minggan
이끌고 Korcin에 가는 것을 Korcin의 Minggan

beile i ilan juse ucarafi, ceni ilan nofi
버일러의 세 아들이 마주쳐서 그들 세 사람이

dendeme gaihabi, tere be donjifi muse dain waka kai,
빼앗아 나누어 가졌다. 그것을 듣고 "우리는 적이 아니다.

mini efulehe gurun i adun be si ainu
내가 무너뜨린 나라의 가축 떼를 네가 어찌

gaimbi, bederebume gaji seme juwe mudan elcin
빼앗는가. 도로 가지고 오라"고 하며 두 차례 사신을

takūraci buhekū, ilaci mudan de emu tanggū (13:1b)
보냈으나 주지 않았다. 세 번째에야 160마리의

ninju adun be buhe, jai emu tanggū dehi
가축 떼를 돌려주었는데, 여전히 140마리의

adun be buhekū, nikan gurun ci wesihun, šun
가축 떼는 주지 않았다. 명나라에서 동쪽으로 해

dekdere ergi mederi muke de isitala, solho
뜨는 쪽의 바닷물에 이르기까지, 조선(朝鮮)에서

gurun ci amasi, monggo gurun ci julesi, jušen
북쪽으로, 몽골에서 남쪽으로 여진

gisun i gurun be dailame dahabume tere aniya wajiha.
말을 쓰는 나라를 정벌하고 항복시키기를 그해에 마쳤다.

○ monggo de unggihe (13:2a)
몽골에 보낸

⇦ bithei gisun, šun dekdere baru yehe i bade isitala, suweni
글이다. "해 뜨는 쪽으로 Yehe 지역까지, 너희

← monggo ume dosire, suwe dosifi mini efuleme
몽골은 들어가지 말라. 너희가 들어가서 내가 무너뜨려

← gaiha ba i jeku be gamaci, mimbe jeku akū
정복한 지역의 곡식을 가져가면, 나를 곡식 없이

← jobokini seme gūnime gamaha seme gūnimbi, bi tere
고통스럽게 하려고 생각하여 가져갔다고 여길 것이다. 그

← usin jekui ejen de, bi ai ulebume ujimbi,
밭 곡식의 주인에게 내가 무엇을 먹여 살리겠느냐.

← niyengniyeri otolo, ere efulehe ba i jeku be juweme
봄이 올 때까지 이 멸망시킨 곳의 곡식을 운반하여

← jembi kai, jai yaka sain mujilengge beise, niyaman hūncihin (13:2b)
먹을 것이다. 또 누군가 좋은 마음을 가진 버일러들이 친인척이라고

← seme gūnici, nikan be emgi coohalaki seci, suweni
생각해서, 명을 함께 정벌하고자 하더라도 너희의

← morin i tarhūn be amcame, suweni coohai niyalmai
말이 살찌게 한 뒤에 너희의 군사가

← jetere ulha be dalime gajime jio, meni emu
먹을 가축을 몰아가지고 오라. 우리는 한

← niyalmai jetere jeku be juwan niyalma jembi, emu
사람이 먹을 곡식을 열 사람이 먹고 있다. 한 마리의

← morin de ulebure liyoo be juwan morin de
말에게 먹일 꼴을 열 마리의 말에게

← ulebumbi, meni niyalma morin i jeterengge akū de,
먹이고 있다. 우리의 사람과 말이 먹을 것이 없는데

← suweni jihe coohai niyalma morin de ai ulebure, (13:3a)
너희의 온 군사와 말에게 무엇을 먹일 것인가.

← emu aniya usin tarifi, tariha jeku be tamaha
한 해 동안 밭을 경작하고서 경작한 곡식을 수확하고

← manggi, jai suwembe solime ganafi gajimbi dere.
나면, 다시 너희를 청하러 가서 데려올 것이다."

○ yehe de cooha genehe amala, monggo gurun i sunja tatan i
Yehe에 출병한 후에 몽골국의

kalka i geren beise i elcin enggeder efu isinjifi
Kalka 5부의 여러 버일러의 사신과 Enggeder 어푸가 와서

boode bihe, yehe i gurun be gemu bahafi
성에 있었다. Yehe국을 모두 얻어

gajime jimbi seme donjifi, enggeder efu geren (13:3b)
획득하고 온다는 것을 듣고서 Enggeder 어푸가 여러

beise i elcin be gaifi,
버일러의 사신을 데리고

⇦ han be okdome amba hoton gebungge bade acaha, acafi
한(汗)을 맞으러 가서 Amba Hoton이라는 곳에서 알현했다. 알현하고

emu dobori dedufi, jai inenggi jime jaifiyan i
하룻밤을 묵고 다음날 떠나 Jaifiyan

hecen de isinjiha inenggi,
성에 다다른 날,

⇦ han i geren fujisa, jaifiyan i birai julergi ala de okdofi
한(汗)의 여러 푸진이 Jaifiyan강의 남쪽 언덕에서 맞아

⇦ han de hengkileme acaha, amba beile, geren beise be
한(汗)에게 절하며 알현했다. 대버일러도 여러 버일러를

gaifi fujisa de hengkileme acaha, terei amala (13:4a)
이끌고 푸진들에게 절하며 알현했다. 그 후에

yehe i dergi hoton i burhanggū beile, wargi hoton i
Yehe 동성(東城)의 Burhanggū 버일러와 서성(西城)의

delger beile ujulafi geren buya beise ambasa be
Delger 버일러가 앞장서서 여러 소 버일러들과 대인들을

gaifi,
인솔하고

⇦ han i fujisa de hengkileme acaha, tubade acaha doroi amba
한(汗)의 푸진들에게 절하며 알현했다. 그곳에서 알현 예로 큰

sarin sarilaha.
주연을 베풀었다.

○ monggo gurun i kalka i sunja tatan i geren beise i (13:4b)
몽골 Kalka 5부의 여러 버일러의

elcin jifi gisureme, ere jaisai beile be, ini
사신이 와서 말하기를, "이 Jaisai 버일러를, 그

beye i waka be gūniha bici,
자신의 잘못을 생각했다면

⇦ han wambihe dere, meni kalka i sunja tatan i beise be
한(汗)이 죽였을 것입니다. 우리 Kalka 5부의 버일러들을

gūnime wahakū ujihengge, ere aibide bi, nikan
생각하여 죽이지 않고 살린 것, 이런 일이 어디에 있겠습니까. 명이

baha bici, ere jaisai beyebe wafi uju be
잡았다면 이 Jaisai의 몸을 죽여서 머리를

gamambihe kai, erei beye ergen bisirengge, tere dule
가져갔을 것입니다. 이 사람의 몸에 숨이 붙어 있는 것, 그것으로 실로

joo dere, erei jalin de, be aiseme gisurere, (13:5a)
족합니다. 이것에 대해서 우리가 무슨 말을 하겠습니까.

⇦ han i ciha dere seme gisurehe manggi, tere gisun i karu
한(汗)의 뜻일 것입니다"라고 말했다. 그러자 그 말의 회답으로

uyun biyai ice sunja de, kalka i sunja tatan i
9월 초닷새에 Kalka 5부의

geren beise i elcin de unggihe
여러 버일러의 사신에게 보낸

⇦ bithei gisun, bi alin i holo hada i dalda de tefi
글이다. "나는 산골짜기와 봉우리의 후미진 곳에 정착해서

← banjime, jakūnju tumen nikan, dehi tumen monggo amba
살며, 80만 명나라와 40만 몽골 대국에게

← gurun de, bi emu ajige hitahūn i gese weile be
나는 작은 손톱 하나만큼의 죄도

← arahakū bihe, suweni ere jaisai, neneme yehe de (13:5b)
짓지 않았었다. 너희의 이 Jaisai는, 이전에 Yehe에

← mini jui yabufi jafan buhe yehe i gintaisi beile i
나의 자식과 정혼하여 예물을 준 Yehe의 Gintaisi 버일러의

← sargan jui be durime gaiha, tere emu, mini
딸을 빼앗아 취했다. 그것이 하나이다. 나의

← ujalu gebungge gašan be sucufi gamaha, tere juwe,
Ujalu라는 촌락을 습격하고 약탈했다. 그것이 둘이다.

← mini takūraha hoto gebungge elcin be, umai weile
내가 파견한 Hoto라는 사신을 전혀 죄가

← akū de baibi waha, tere ilan, jai nikan i
없는데도 공연히 죽였다. 그것이 셋이다. 또 명과

← emgi acafi emu hebe ofi, minde šang ambula
함께 만나서 모의하여 '나에게 상을 많이

← nonggime gaji, sini batangga gurun be bi dailara seme (13:6a)
더하여 가져오라. 너의 적국을 내가 정벌하겠다'라고

⇦ abka de neneme emu jergi gashūhabi, jai geli nikan i
하늘에 먼저 한 차례 맹세했었고, 또 명나라의

← tungse i juleri, minde suweni nikan šang ambula bufi,
통사(通事) 앞에서 '나에게 너희 명이 상을 많이 주고 나서

← bi suwende dafi manju be dailarakūci,
내가 너희를 도와 Manju를 정벌하지 않으면

⇦ abka sakini seme hendume, weihun šanggiyan ihan i dara be
하늘이 알 것이다'라고 말하며 살아 있는 흰소의 허리를

← lasha sacifi, morin i dergici ini galai tere
잘라 베어서 말 위에서 자신의 손으로 그

← ihan i senggi be
소의 피를

⇦ abka de sohabi, tere duin, nikan, solho, gisun encu (13:6b)
하늘에 뿌렸다. 그것이 넷이다. 명과 조선은 말이 다를

← gojime, ujui funiyehe etukui ulhi emu adali be
뿐 머리털과 옷소매가 같으므로

← dahame, tere juwe gurun, emu gurun i ton kai,
그 두 나라는 한 나라인 셈이다.

← monggo, muse juwe gurun, ineku gisun encu gojime,
몽골과 우리 두 나라는 마찬가지로 말이 다를 뿐

← etuku etuhengge, ai ai banjire jurgan gemu emu
옷 입는 것, 이런저런 살아가는 도리가 모두 한

← gurun i adali kai, musei emu adali gurun be
나라와 같다. 우리의 하나 같은 나라를

← waki, giranggi be nikan de buki, nikan i aisin
'죽이겠다, 뼈를 명에 주겠다, 명의 금과

← menggun be gaiki seme, ere jaisai mujakū encu (13:7a)
은을 얻겠다'라고 이 Jaisai가 아주 다른

← jurgan i banjire nikan gurun i emgi akdulame gashūha seme
도리로 살아가는 명나라와 함께 굳게 맹세했다는 것을

← donjifi, bi ainambahafi karu gaijara seme gūnime bihe,
듣고서, 나는 '어떻게 보복할 수 있을까'라고 생각해왔다.

← bi cilin i hecen be bahafi, jai cimari coohai
내가 철령성을 얻고 나서 또 다음날 군사가

← niyalma tucire onggolo, neneme nemšeme morin ulebume tucike
나오기 전에, 앞다투어 말을 먹이러 나온

← niyalma be, jaisai cooha jifi, mini tanggū niyalma be
사람을, Jaisai의 군사가 와서, 나의 사람 100명을

← wafi minggan morin be gaihabi, jaisai, mimbe neneme
죽이고, 말 1000마리를 빼앗았다. Jaisai가 나를 먼저

← jalan jalan i korobure, geli cilin de jifi, mini (13:7b)
사사건건 원한을 품게 했다. 또 철령에 와서 나의

← jušen be etuku mahala uju beye be takame
여진인을 옷이며, 모자며, 머리며 몸을 분별하여

← sambime waha manggi, bi cooha tucifi karulara jakade,
알면서도 죽였으므로, 내가 군사를 내어 보복하자

⇦ abka, jaisai be minde buhe, mimbe jalan jalan i korsobuha
하늘이 Jaisai를 나에게 주었다. 나를 사사건건 원한을 품게 한

← jaisai be bahafi waki seme gūnifi, kalka i joriktu
Jaisai를 잡아서 죽이자고 생각했지만, Kalka의 Joriktu

← beile ebugedei, hūwang taiji suwembe gūnime jaisai be
버일러와 Ebugedei Hūwang 타이지[1] 너희를 생각하여 Jaisai를

← mini asarahangge ere inu, ere weile i dube be
내가 목숨을 보전한 것이 맞다. 이 일의 전말을

← sunja tatan i kalka i beise suwe sa, jai suwe (13:8a)
Kalka 5부의 버일러들인 너희가 알라. 그리고 너희가

← nikan be dailaci, amba gurun i nikan wajihabio, encu
명을 공격해서 대국인 명이 망했는가. 다른

---

1) Ebugedei Hūwang 타이지는 한 사람을 지칭하는 것이나, 원문에 ebugedei, hūwang taiji로 나타나 있다.

← babe dailarakū, baibi mini muhaliyaha uksin, isabuha jeku,
곳을 쳐들어가지 않고 공연히 내가 쌓아놓은 갑옷, 모아놓은 곡식 등

← mini eiten be ainu nungnembi, weile be same
나의 온갖 것을 어찌 침해하는가. 죄인 줄 알면서도

← ainu arambi seme hendume bithe arafi unggihe, jarut
어찌 범하는가"라고 말하며 글을 써서 보냈다. Jarut

gurun i irgen, yehe de jifi jeku gamara,
국의 백성이 Yehe에 와서 곡식을 가져가는 것,

tutaha niyalma be wara be wara, gamara be gamara,
남아 있는 사람을 죽일 대로 죽이고 끌고갈 대로 끌고 가는 것,

tuttu yabure be donjifi, manggūltai beile, yoto (13:8b)
그렇게 행하는 것을 듣고 Manggūltai 버일러와 Yoto

beile, darhan hiya de juwe minggan cooha adabufi,
버일러, Darhan 히야에게 군사 2000명을 맡겨서

yehe i tutaha funcehe be wacihiyame gana seme
Yehe의 뒤떨어져 남은 이를 마저 데리러 가라며

unggihe, jarut gurun i jongnon, sanggarjai juwe beile i
보냈다. Jarut국의 Jongnon, Sanggarjai 두 버일러의

irgen geli yehe i bade jifi, niyalma wara
백성이 또 Yehe 지역에 와서 사람을 죽이고

jeku gamara be safi, bošofi, emu tanggū
곡식을 가져가는 것을 알고 쫓아가서 사람 130명,

gūsin niyalma, dehi nadan morin, ilan tanggū
말 47마리, 소 350마리,

susai ihan, emu temen gaiha, emu tanggū (13:9a)
낙타 한 마리를 빼앗았다. 100명은

niyalma be tantafi sindafi unggihe, gūsin niyalma be
때리고 난 후에 놓아 보내고 30명은

jafafi gajifi sele futa hūwaitafi asaraha.
잡아서 데려와서 쇠사슬로 묶어서 억류했다.

○ juwan biyai orin juwe de, kalka i joriktu hūng
10월 22일에 Kalka의 Joriktu Hūng

baturu beile, ujulafi geren beise i unggihe bithe,
바투루 버일러를 위시하여 여러 버일러가 보낸 글이다.

⇦ kundulen genggiyen han, sinde ududu jergi weile arahangge,
"쿤둘런 경기연 한(汗)이시여. 당신에게 여러 차례 죄를 지은 것은

jaisai waka mujangga, tere be (13:9b)
Jaisai의 잘못인 것이 사실입니다. 그것을

⇦ han si sa, daci batangga nikan gurun be emu
한(汗) 당신이 아십시오. 원래 적인 명나라를 같이

hebei dailaki sere gisun uru kai, šanaha de
한뜻으로 정벌하자고 하는 말은 옳습니다. 산해관(山海關)에

isitala, dailaki, ere gisun de isiburakū niyalma be
이르기까지 정벌합시다. 이 말에 답하지 않는 사람은

⇦ fucihi abka sakini, jai aikabade nikan de acaci, muse
부처님과 하늘이 알 것입니다. 또 만약에 명과 화친하려면 우리가

gisurefi emu hebei acaki, nikan sinde ulin
합의하고서 한뜻으로 화친합시다. 명이 당신에게 재물을

ambula bume, mende komso oci, suwe ume
많이 주면서 우리에게 적게 주면 당신들이 받지

gaijara, mende ambula bume, suwende komso buci, be (13:10a)
마십시오. 우리에게 많이 주고 당신들에게 적게 주면 우리도

gaijarakū ojoro, ere gisun de isibuci, goroki
받지 않을 것입니다. 이 말을 지키고, 먼 곳과

hanciki niyalma donjici, musei gebu de sain kai
가까운 곳의 사람이 들으면 우리의 명예에 좋을 것입니다"라고

seme bithe arafi gajime jidere de, tere
글을 써서 가지고 왔다. 그때, 그

elcin i emgi, monggo i cahar i han i hanggal
사신과 함께 몽골 Cahar 한(汗)의 Hanggal

baihū gebungge amban elcin jimbi seme donjifi,
Baihū라는 대신이 사신으로 온다는 것을 듣고

juwe ba i elcin de, juwe ihan, juwe malu
두 곳의 사신에게 소 두 마리, 술 두 동이를

arki unggifi okdofi gajiha, cahar i elcin i gajiha (13:10b)
보내어 맞이하고 데려왔다. Cahar 사신이 가지고 온

bithei gisun, dehi tumen monggo gurun i ejen
글이다. "40만 몽골국의 주인

baturu cinggis han i hese, mukei ilan tumen
바투루 Cinggis 한(汗)의[2] 교지이다. 물의

jušen i ejen
여진 3만의 주인

2) 바투루 Cinggis 한(汗)은 Ligdan Khan(1588~1634)(『滿洲實錄』과 중국 사서에는 Lindan(林丹) 한(汗)으로 나온다)의 자칭이다. 북원(北元)의 마지막 한(汗)이다. (그의 이름은 티베트자로 쓰면 legs-ldan인데 s와 l은 발음되지 않고 g는 d 앞에서 n으로 바뀌는 현상이 있으므로 Ligdan 또는 Lindan이 모두 가능하다.)

⇦ kundulen genggiyen han, jilgan akū sain i tehebio seme fonjime
쿤둘런 겅기연 한(汗)이여. 변고 없이 잘 있는지 문안하여

unggihe, nikan gurun, muse juwe gurun de gemu
보낸다. 명나라는 우리 두 나라에 모두

bata kimun bihe, morin aniya ci honin
원수이다. 무오년(戊午年, 1618)에서 기미년(己未年, 1619)에

aniya de isitala, nikan gurun be sini (13:11a)
이르도록 명나라를 당신이

jobobuha be bi donjiha, ere honin aniya juwari,
괴롭힌 것을 나는 들었다. 이 기미년 여름에

mini beye genefi gisurefi, guwangning ni hecen be
내가 몸소 가서 말해서 광녕성(廣寧城)을

dahabufi alban gaiha, te si guwangning ni hoton de
항복시켜 공물을 취했다. 이제 당신이 광녕성에

cooha genehe de, bi simbe tookabumbi, muse juwe
출병한다면 나는 당신을 저지하겠다. 우리 두 사람은

nofi dain akū bihe, mini dahabuha gurun be
전쟁이 없었는데, 내가 항복시킨 나라를

sinde gaibuha de, mini gebu ai ombi, mini
당신에게 빼앗긴다면 나의 명성이 무엇이 되겠는가. 나의

ere gisun be gaijarakūci, sini muse juwe nofi (13:11b)
이 말을 받아들이지 않으면 당신과 우리 두 사람의

waka uru be
옳고 그름을

⇦ abka sambi dere, erei onggolo musei elcin yabure de, sini
하늘이 알 것이다. 전에 우리의 사신이 왕래할 때 당신의

elcin mimbe yohikakū seme ehe arame alanafi
사신이 내가 업신여긴다고 나쁘게 지어 고해서

elcin yaburengge nakaha bihe, mini ere gisun
사신이 왕래하는 것을 중지했었다. 나의 이 말이

uru seci, sini neneme unggihe elcin be unggi,
옳다면 당신이 이전에 보냈던 사신을 보내라."

tere bithe be tuwafi, beise ambasa jili banjifi,
그 글을 보고서 버일러들과 대신들이 화가 나서

dulga beise ambasa oci, jihe elcin be waki (13:12a)
반수의 버일러들과 대신들은 "온 사신을 죽이자"라고

sembi, dulga beise ambasa oci, wafi ainambi, šan
하고, 나머지 반수의 버일러들과 대신들이 "죽여서 무엇 하겠는가. 귀와

oforo be faitafi unggiki sembi,
코를 잘라서 보내자"라고 하니

⇦ han hendume, suweni jili banjire inu mujangga, bi inu
한(汗)이 말하기를 "너희가 화를 내는 것은 당연하다. 나도

← jili banjihabi, jihe elcin ainara, ehe gisun hendufi
화가 났다. 온 사신이 어쩌겠는가. 나쁜 말을 하여

← unggihe ejen ehe dere, ere elcin be taka
보낸 주인이 나쁜 것이다. 이 사신을 한동안

← ume unggire, goidame gaifi tefi unggire fonde, ini
보내지 말라. 오랫동안 잡아두고, 보낼 때 그의

← ehe gisun de, muse ehe gisun karu hendufi (13:12b)
나쁜 말에 우리도 나쁜 말로 보복하여

頭註: gingguleme baicaci, fe manju gisun i bithede, yohikakū sere gisun, uthai yohindarakū sere gisun inu sehebi.
[신중하게 조사하니, 『舊淸語』에 yohikakū라는 말은 곧 yohindarakū(업신여긴다)라는 말이라고 했다.]

← unggiki seme hendufi tebuhe.
보내자"라고 하며 말하고서 억류했다.

○ kalka i sunja tatan i beise i emgi juwe gurun
Kalka 5부의 버일러들과 함께 두 나라가

doro jafafi, emu hebei banjiki seme gashūre
도리를 지키고 한뜻으로 지내자고 맹세하는

bithe arafi, omšon biyai ice ineggi, eksingge,
글을 써서 11월 초하루에 Eksingge,

cūhur, yahican, kūrcan, hife, sunja amban de unggihe
Cūhur, Yahican, Kūrcan, Hife 등 다섯 대인을 통해 보낸

bithei gisun, sunja tatan i kalka i beise, (13:13a)
글이다. "Kalka 5부의 버일러들과

⇦ kundulen genggiyen han i juwan tatan[3] i beise, meni juwe
쿤둘런 경기연 한(汗)의 10부의 버일러들, 우리 두

gurun be
나라를

⇦ abka na gosifi, doro jafafi emu hebei banjikini seme
하늘과 땅이 사랑해서 도리를 지키고 한뜻으로 지내라고 하며

acabuha be dahame, meni juwe gurun
화친하게 했으므로 우리 두 나라가

⇦ abka na de gashūmbi,
하늘과 땅에 맹세할 것이다.

---

3) 『滿洲實錄』(6권, 天命 4년(1619) 11월)에는 tatan이 gūsa로 기록되어 있다.

⇦ kundulen genggiyen han i juwan tatan i doro jafaha beise,
쿤둘런 경기연 한(汗)의 10부의 집정 버일러들과

kalka i sunja tatan i doro jafaha beise, juwe (13:13b)
Kalka 5부의 집정 버일러들은 두

gurun i amba doro jafame, sohon honin aniya
나라의 큰 정권을 잡으며, 기미년

jorgon biyade,
12월에

⇦ abka de šanggiyan morin wafi, na de sahaliyan ihan
하늘에는 흰말을 죽이고, 땅에는 검은 소를

wafi, emu moro de arki, emu moro de
죽여서, 한 사발에 소주, 한 사발에

yali, emu moro de boihon, emu moro de
고기, 한 사발에 흙, 한 사발에

senggi, emu moro de šanggiyan giranggi be
피, 한 사발에 흰뼈를

sindafi, unenggi akdun gisun be gisureme, (13:14a)
담아서, 진실하고 굳건한 말로써

⇦ abka na de gashūki, daci kimungge nikan gurun be
하늘과 땅에 맹세하자. 원래부터 원수인 명나라를

meni juwe gurun emu hebei dailambi, yaya
우리 두 나라가 한뜻으로 정벌할 것이다. 어떤

fonde nikan gurun de acambihede gisurendufi emu
경우에도 명나라와 화친할 때는 함께 상의하여

hebei acambi, uttu
합의한 후에 화친할 것이다. 이렇게

⇦ abka na de gashūha gisun be efuleme, sunja tatan i
하늘과 땅에 맹세한 언약을 깨고 Kalka

kalka de hebe akū,
5부와 상의 없이

⇦ kundulen genggiyen han, nikan gurun de neneme acaci, nikan (13:14b)
쿤둘런 겅기연 한(汗)이 명나라와 먼저 화친하거나, 명나라가

gurun, meni juwe gurun i hebe be efuleki seme,
우리 두 나라의 합의를 깨고자 하여

meni doro jafaha juwan beise de dorgideri
우리의 집정 버일러 열 명에게

šusihiyeme niyalma takūraci, tere gisun be sunja
이간질하기 위하여 사람을 보내거나 했을 때, 그 말을 Kalka 5부에

tatan i kalka de alarakūci,
알리지 않으면

⇦ abka na wakalafi, meni juwan tatan i doro jafaha
하늘과 땅이 질책하여 우리 10부의 집정

beise, se jalgan foholon ofi, ere senggi gese
버일러들이 수명이 짧아지고, 이 피와 같은

senggi tucime, ere boihon i gese boihon de (13:15a)
피가 나고 이 흙과 같은 흙에

gidabume, ere giranggi gese giranggi šarame bucekini,
묻히며 이 뼈와 같이 백골이 되어 죽어도 좋다.

sunja tatan i kalka de, nikan gurun acaki seme
Kalka 5부에 명나라가 화친하자고

dorgideri šusihiyeme niyalma takūraci, tere gisun be
이간질하기 위하여 사람을 보냈는데도, 그 말을

mende tucibume alarakūci, kalka i doro jafaha dureng
우리에게 알리지 않으면 Kalka의 정권을 잡은 Dureng

hūng baturu, ooba daicing, esen taiji, babai
Hūng 바투루, Ooba Daicing, Esen 타이지, Babai

taiji, asot jin manggūldai, ebugedei hūwang taiji,
타이지, Asot의 Manggūldai, Ebugedei Hūwang 타이지,

ubasi taiji dureng, gurbusi, dai darhan, manggūldai (13:15b)
Ubasi 타이지 Dureng, Gurbusi, Dai Darhan, Manggūldai

daicing, bidengtu, yeldeng, cūhur, darhan baturu, enggeder,
Daicing, Bidengtu, Yeldeng, Cūhur, Darhan 바투루, Enggeder,

sanggarjai, butaci dureng, sanggarjai, bayartu, dorji, neici
Sanggarjai, Butaci Dureng, Sanggarjai, Bayartu, Dorji, Neici

han,[4] uijeng, ūljeitu, burgatu, edeng, eljige, sunja
한(汗), Uijeng, Ūljeitu, Burgatu, Edeng, Eljige 등

tatan i kalka i doro jafaha beise, se jalgan
Kalka 5부의 집정 버일러들이 수명이

foholon ofi, ere senggi gese senggi tucime,
짧아지고 이 피와 같은 피가 나며

ere boihon i gese boihon de gidabume, ere
이 흙과 같은 흙에 묻히며 이

giranggi gese giranggi šarame bucekini, meni juwe gurun, (13:16a)
뼈와 같이 백골이 되어 죽어도 좋다. 우리 두 나라가

---

4) 『滿洲實錄』(6권, 天命 4년(1619) 11월)에는 han이 삭제된 채 neici로만 되어 있다. 『滿洲實錄』에서 han을 삭제한 것은 Kalka 5부에서 유일하게 한(汗)의 지위를 지닌 Jarut부의 Neici 한(汗)의 지위를 깎아내리려는 의도를 보여준다. 이하의 『滿文老檔』 기록에서는 neici han, neici beile가 혼용된다.

⇦ akba na de gashūha gisun de isibume banjici,
하늘과 땅에 맹세한 말을 지키며 살면

⇦ abka na gosifi, ere arki be omime, yali be jeme,
하늘과 땅이 사랑해서 이 술을 마시고, 고기를 먹으며

meni juwe gurun i doro jafaha beise, se
우리 두 나라의 집정 버일러들이 수명이

jalgan golmin, juse omosi tanggū jalan tumen
길어지고, 자손 100대(代) 1만

aniya de isitala, juwe gurun emu gurun i gese
년에 이르도록 두 나라가 한 나라같이

elhe taifin i banjire be buyeme,
태평하게 살기를 원하여

⇦ abka na i salgabuhangge dere seme gūnifi, (13:16b)
하늘과 땅이 정해준 것이라고 생각하고

⇦ kundulen genggiyen han, sunja tatan i beise, meni juwe gurun
쿤둘런 경기연 한(汗)과 5부의 버일러들, 우리 두 나라가

emu hebe ombi seme
한뜻이 되겠다며

⇦ abka na de hengkileme niyakūrame gashūmbi, tere sunja tatan i
하늘과 땅에 절하고 꿇어앉아 맹세한다." 그 Kalka 5부의

kalka i elcin jidere de, jarut ba i gūsin beile,
사신이 올 때 Jarut 지역의 30명의 버일러가

jaisai emgi jafabuha bak, sebun juwe beile
Jaisai와 함께 잡힌 Bak과 Sebun 두 버일러의

jalin de, gūsin morin ilan temen benjihe,
몸값으로 말 30마리, 낙타 세 마리를 보내왔다.

⇦ genggiyen han hendume, bi ulin ulha be baitalarakū, bucetele (13:17a)
경기연 한(汗)이 말하기를 "나는 재물이나 가축을 필요로 하지 않는다. 죽을 때까지

← unenggi manatala silemin be baitalame gūnimbi, suweni akdun
진실하고 닳아 없어질 때까지 질긴 것이 필요하다고 생각한다. 너희가 신실한

← mujilen be saha manggi, ulin ulha be gaijarakū
마음을 알게 되면 재물과 가축을 받지 않고

← baibi unggimbi, unenggi akdun serengge ai seci, suweni
그냥 보내겠다. 진실로 신실함이라는 것이 무엇인가. 너희

← jarut beise, nikan gurun be dailara be tuwafi
Jarut 버일러들이 명나라를 정벌하는 것을 보고

← akdun be sambi dere, suweni monggo i beise, encu
신실함을 판단할 것이다. 너희 몽골의 버일러들이 다른

← gisun i mujakū nikan gurun de emu hebe ofi,
말을 하는 상관없는 명나라와 모의하여

← mimbe dailaki seme (13:17b)
나를 정벌하겠다며

⇦ abka na de gashūha be,
하늘과 땅에 맹세한 것을

⇦ abka na wakalafi, suweni monggo i beise be minde jafabuha,
하늘과 땅이 질책하여서 너희 몽골의 버일러들을 나에게 잡히게 했다.

⇦ abkai bufi jafabuha beise be, bi suweni akdun be
하늘이 주어서 잡게 한 버일러들을, 나는 너희의 신실함을

← sabure onggolo sindafi unggirakū, jafabuha bak, sebun be
알기 전에는 놓아 보내지 않을 것이다. 잡힌 Bak과 Sebun을

← teme goidambi seme gosici, bak, sebun i emte juse
오래 가두었다고 애석해 하니 Bak과 Sebun의 자식 한 명씩이

← jifi funde tehede, bak, sebun ci emke neneme
와서 대신 산다면 Bak과 Sebun 중에서 한 명을 먼저

← genekini, genehe niyalma amasi jihe manggi, jai geli (13:18a)
가도록 하겠다. 간 사람이 되돌아온 후에 또 다시

← emke genekini, jurceme yabubure seme hendufi unggihe, monggo i
한 명을 가게 하겠다. 번갈아 오가게 하겠다"라고 말하여 보냈다. 몽골의

sunja tatan i kalka i beise be gashūbume genere de,
Kalka 5부의 버일러들을 맹세하게 하러 갈 때

jaisai beile i emgi jafabuha jaisai jui kesiktu be
Jaisai 버일러와 함께 잡힌 Jaisai의 아들 Kesiktu를

unggihe, tere kesiktu de seke i doko seke i hayaha
보냈다. 그 Kesiktu에게 담비 털가죽으로 안감을 하고 담비 털로 테를 두르고

alha cekemu buriha jibca, silun i dahū, mahala,
색색 비단으로 겉을 댄 가죽옷, 스라소니 털옷, 모자,

umiyesun, gūlha, gahari, fakūri yooni halame etubufi,
허리띠, 가죽신, 윗옷, 바지 등 전부를 갈아입혀서

morin de enggemu hadala tohofi yalubufi unggire de, (13:18b)
말에 안장과 굴레를 메워 태워 보낼 때,

⇦ genggiyen han hendume, muse juwe gurun emu hebei nikan
경기연 한(汗)이 말하기를 "우리 두 나라가 한뜻으로 명나라를

← gurun be dailame, guwangning ni babe baha manggi,
쳐서 광녕(廣寧) 지역을 얻은 후에

← jaisai beye be tere fonde bi seolere, guwangning ni
Jaisai의 몸에 대해서 그때 내가 숙고하겠다. 광녕(廣寧)

← babe bahara onggolo, jaisai juwe jui jurceme, emu
지역을 얻기 전에는, Jaisai의 두 아들이 교대로 한

← jui tubade bisire boo adun ulha gurun be
아들은 그곳에 있는 집, 가축 떼, 나라를

← tuwame geneci, emu jui ubade bisire ama be
지키러 가면, 다른 한 아들은 여기에 있는 아버지를

← tuwame bikini, juwe jui emke geneme emke jime (13:19a)
모시고 있게 하겠다. 두 아들이 한 명이 가고 한 명이 오며

← amasi julesi yabukini, emu jui generakūci, tubade bisire
번갈아 다니게 하겠다. 한 아들이 가지 않으면 그곳에 있는

← gurun be, ahūn deo niyalma gidašame gaime wajirahū
백성을 형제라는 사람들이 업신여기고 빼앗아버릴까 염려된다"라고

seme hendufi unggihe, tere elcin genere de,
말하여 보냈다. 그 사신이 갈 때

jarut beise i takūraha sunja niyalma be unggihekū
Jarut 버일러들이 파견한 다섯 명은 보내지 않고

gaifi tebuhe, tede arafi unggihe
잡아서 머물게 했다. 거기에 써서 보낸

⇦ bithei gisun, jongnon, sanggarjai suweni gurun, mini yehe i
글이다. "Jongnon과 Sanggarjai 너희 백성이 나의 Yehe

← bade jifi, jeku juwere yehe de bihe niyalma be, (13:19b)
지역에 와서 곡식을 운반하는 Yehe에 있던 사람을

← dulga niyalma be wahabi, dulga niyalma gamara be
반은 죽이고 반은 끌고가는 것을

← meni coohai niyalma safi, emu tanggū gūsin niyalma be
우리의 군사가 알고 130명을

← jafaha bihe, bi, emu tanggū niyalma be sindafi
잡았는데, 내가 100명을 놓아

← unggihe, doro jafafi sain banjiki seme duin jergi
보냈다. 도리를 지키고 사이좋게 지내자고 네 번이나

← bithe, niyalma takūraci, ojorakū, suweni monggo geli uttu
글과 사람을 보냈으나 소용없이 너희 몽골은 또 이렇게

← doro be efuleme mimbe fusihūlame, keyen i hoton de
도리를 저버리고 나를 업신여기며 개원성(開原城)에

← muhaliyafi sindaha uksin, aika jaka be gemu gamahabi, (13:20a)
쌓아둔 갑옷 등 온갖 물건을 다 가져갔다.

← terei jalin de bi umai seme henduhekū, mini
그것 때문에 내가 뭐라고 하지는 않았었다. 내가

← beye jobome, mini coohai niyalma buceme afafi efuleme
몸소 고생하며 내 군사가 죽어가며 공격하여 무너뜨려

← gaiha keyen, cilin, yehe i ba i jeku, niyalma, morin,
획득한 개원(開原), 철령(鐵嶺), Yehe 지역의 곡식과 사람, 말,

← ihan, aika jaka be, gemu suweni monggo ai
소 등 온갖 것을 모두 너희 몽골이 무슨

← jalin de gamambi, mini hoton efulere de, suweni
이유로 빼앗아 가는가. 내가 성을 무너뜨릴 때 너희

← monggo mini emgi efulehe biheo, tere usin be
몽골이 나와 함께 무너뜨렸는가. 그 밭을

← suweni monggo emgi acan weilehe biheo, suweni (13:20b)
너희 몽골이 함께 힘을 합쳐 경작했는가. 너희

← monggo gurun, ulha be ujime, yali be jeme,
몽골국은 가축을 키우고, 고기를 먹고,

← sukū be etume banjimbi kai, meni gurun, usin tarime
가죽옷을 입으며 지낸다. 우리나라는 밭을 경작하고

← jeku be jeme banjimbi kai, muse juwe, emu gurun
곡식을 먹으면서 지낸다. 우리 둘은 하나의 나라도

← geli waka, encu gisun i gurun kai, suweni monggo
아니며 말도 다른 나라이다. 너희 몽골국이

← gurun uttu doro be efuleme, weile arame yabure be,
이렇게 도리를 저버리고 죄를 짓고 행하는 것을

← beise suwe sambio, saci, sambi seme gisun hendufi
버일러들 너희는 아는가. 알면 안다고 말을 하여

← unggi, beise sarkū oci, sain doro be efuleme (13:21a)
보내라. 버일러들이 모른다면 좋은 도리를 저버리며

← yabure niyalma be adarame weile arambi, beise suwe sa,
행하는 사람을 어찌 치죄하겠는가. 버일러들 너희는 알라.

← bi duin jergi doro jafafi sain banjiki seme
내가 네 차례나 도리를 지키고 사이좋게 지내자 하여

← bithe unggime niyalma takūraci, ojorakū, suweni monggo gurun
글을 보내고 사람을 보냈으나 소용없었다. 너희 몽골국이

← gisurehe sain doro be efuleme ainu uttu yabumbi,
말했던 좋은 도리를 저버리고 어찌 이렇게 행하는가.

← sain doro adarame ehe, ehe doro adarame sain,
좋은 도리가 어떻게 나쁘며 나쁜 도리가 어떻게 좋겠는가.

← suweni juwe beile i gurun i gamaha jeku minggan hule[5)]
너희 두 버일러의 사람들이 빼앗아간 곡식은 1000섬이다.

← gamahabi, minggan hule jeku be gemu bederebume ineku (13:21b)
1000섬의 곡식을 모두 되돌려 원래대로

---

5) hule는 작은 열 말들이 단위이다.

← minde benju, gamaha jeku be jeme wajiha bici,
나에게 보내오라. 빼앗아간 곡식을 먹어버렸다면

← minggan hule jeku i jalin de, minggan honin, tanggū
1000섬의 곡식 대신에 양 1000마리, 소 100마리를

← ihan benju, tuttu benjihe de, mini neneme unggihe tanggū
보내오라. 그렇게 보내오면 내가 먼저 보낸 100명 외에

← niyalmai eden gūsin niyalma be unggire, jai yehe ci
남아 있는 30명을 보내겠다. 또 Yehe로부터

← burulame genehe niyalma, morin, ihan gemu bederebu, yehe ci
도망해 간 사람과 말, 소를 모두 돌려보내라. Yehe로부터

← suweni gamaha niyalma, morin, ihan be gemu baicafi
너희가 끌고갔던 사람, 말, 소를 모두 조사해서

← unggi, suweni waha niyalmai beyebe[1] ūren ilibume, jarut ba i (13:22a)
보내라. 너희가 죽인 사람의 몸을 신위(神位)로 세우고, Jarut 지역의

← beise suwe mende jihe niyalma, morin, ihan, meni
버일러들 너희들이 '우리에게 온 사람, 말, 소와 우리가

← gajiha niyalma, morin, ihan be gemu bedereme buhe,
데려온 사람, 말, 소를 모두 돌려주었다.

← waha niyalmai beyebe[2] ilibume wajiha, emu niyalma, emu
죽인 사람의 몸을 신위로 세우기를 마쳤다. 사람 한 명, 말 한 마리,

← morin, emu ihan be somime gidafi burakūci,
소 한 마리라도 감추고 숨겨서 주지 않는다면

頭註1: gingguleme kimcici, waha niyalmai beyebe ūren ilibume sere gisun, ainci waha niyalmai giran emgeri baharakū oho be dahame, esei beyebe ūren ilibufi benju sere gūnin dere. [신중하게 살펴보니, waha niyalmai beyebe ūren ilibume라는 말은 아마도 죽인 사람의 시신은 이미 찾지 못하게 되었으므로 이들의 몸을 신위(神位)를 세워서 보내라는 뜻일 것이다.]

頭註2: gingguleme tuwaci, fe dangse de ūren sere hergen akū bicibe, ainci inu ūren ilibumbi sere gisun dere. [신중히 보니, 『滿文原檔』에 ūren이라는 글자가 없지만, 아마도 역시 '신위를 세우다'라는 말일 것이다.]

⇦ abka na sakini seme beise i beye gashūha de, suwende akdafi
하늘과 땅이 알 것이다'라고 버일러들이 몸소 맹세하면, 너희를 믿고

← fe kooli niyaman hūncihin seme yabumbi dere, suweni
옛 관례대로 친인척이라고 왕래할 것이다. 너희가

← gamaha niyalma, morin, ihan be baicafi burakū, waha (13:22b)
데려간 사람, 말, 소를 조사해서 주지 않고, 죽인

← niyalmai beyebe[1] ilibume burakūci, gisurehe gisun de isiburakū
사람의 몸을 신위로 세워주지 않는다면, 언약한 말을 지키지 않는데

← bade, adarame akdafi suwende elcin yabure seme bithe
어떻게 믿고 너희에게 사신이 다니겠는가"라고 글을

unggihe, sunja tatan i kalka i beise, meni meni
보냈다. Kalka 5부의 버일러들이 각자의

bade tefi bihengge, gemu emu bade acafi juwan
지역에 살고 있는 사람이 모두 한 장소에서 만나서 열흘

dedume hebdeme gisurefi, yehe ci burulame jihe niyalma,
머물며 상의하여 말하기를 "Yehe에서 도망해 온 사람,

morin, ihan be gemu bedereme buki, juwe gurun
말, 소를 모두 되돌려주자. 두 나라가

emu gurun i gese banjiki seme hebdefi, jorgon (13:23a)
한 나라처럼 지내자"라고 상의하여 12월

biyai orin ilan i inenggi, gakca modo[2] [6)] sere
23일에 Gakca Modo라는

頭註1: gingguleme tuwaci, fe dangse de ūren sere hergen akū bicibe, ainci inu ūren ilibufi mende benjirakūci, suwembe akdarakū sere gūnin dere. [신중하게 보니, 『滿文原檔』에 ūren이라는 글자가 없지만, 아마도 역시 '신위(神位)를 세워서 우리에게 보내지 않으면, 너희를 믿지 않겠다'라고 하는 뜻일 것이다.]

頭註2: gingguleme baicaci, gakca modo sere emhun mooi ganggan i seterhei serengge, emu ba i gebu. [신중히 조사하니, 'gakca modo sere emhun mooi ganggan i seterhei'라는 것은 한 지역의 이름이다.]

6) gakca modo는 몽골어로 '한 그루 나무'라는 의미이다.

emhun mooi ganggan[7] i seterhei gebungge bade,
나무가 한 그루 있는 Ganggan의 Seterhei라는 곳에서

⇦ genggiyen han i unggihe bithei emu gisun be jurcehekū, eksingge,
경기연 한(汗)이 보낸 글의 한 마디도 어기지 않고 Eksingge,

cūhur, yahican, hife, kūrcan de ceni galai
Cūhur, Yahican, Hife, Kūrcan에게 자신들의 손으로

bithe arafi,
글을 써서

⇦ abka na de šanggiyan morin sahaliyan ihan wafi, bithe
하늘과 땅에 흰말과 검은 소를 죽이고 글을

deijime gashūha, tere gashūre de, jarut ba i (13:23b)
불사르며 맹세했다. 그렇게 맹세할 때 Jarut의

jongnon beile, ba goro ofi genehekū bihe,
Jongnon 버일러는 장소가 멀다 하여 가지 않고 있었다.

tere gashūre sidende, monggo gurun jeku akū
그렇게 맹세하는 사이에도 몽골 사람이 곡식이 없어서

ofi, emdubei keyen, cilin i jeku be gajime
빈번히 개원과 철령의 곡식을 빼앗으러

jifi, gamara niyalma gamaha, nambuha niyalmai beyebe
와서 가져간 사람은 가져갔고, 붙잡힌 사람은 몸을

jafafi ulha be gaihangge, nadan jakūn jergi emu
잡아두고 가축을 빼앗은 것이 일곱 여덟 차례로,

minggan funceme ihan gaiha.
소 1000여 마리를 빼앗았다.

---

7) ganggan은 몽골어로 '굳건한'이라는 의미이다.

(13:24a)

○ jorgon biyade, jarut gurun i sebun i jui angga
12월에 Jarut국의 Sebun의 아들 Angga

taiji jihe.
타이지가 왔다.

제3함

태조황제 천명(天命) 5년(1620) 정월부터 천명(天命) 6년(1621) 5월까지

ilaci dobton,
taidzu hūwangdi i abkai fulingga i sunjaci
aniya aniya biyaci, abkai fulingga i
ningguci aniya sunja biyade isinahabi.

제14권 천명(天命) 5년(1620) 1월~3월
제15권 천명(天命) 5년(1620) 4월~6월
제16권 천명(天命) 5년(1620) 7월~9월
제17권 천명(天命) 5년(1620) 9월~6년(1621) 윤2월
제18권 천명(天命) 6년(1621) 윤2월~3월
제19권 천명(天命) 6년(1621) 3월
제20권 천명(天命) 6년(1621) 3월~4월
제21권 천명(天命) 6년(1621) 4월~5월
제22권 천명(天命) 6년(1621) 5월

제14권

천명(天命) 5년(1620) 정월부터 3월까지

juwan duici debtelin,
abkai fulingga i sunjaci
aniya aniya biyaci ilan
biyade isinahabi.

tongki fuka sindaha hergen i dangse. (14:1a)
유권점 당안

○ šanggiyan bonio aniya, aniya biyai ice ilan de,
경신년(庚申年, 1620) 정월 초사흘에

sunja tatan i kalka i beise be gashūbume genehe
Kalka 5부의 버일러들을 맹세하게 하러 갔던

elcin isinjiha, isinjiha jai cimari, monggo i butaci
사신이 도착했다. 돌아온 다음날 아침에 몽골의 Butaci

beile i emu niyalma ukame jihe be okdome
버일러 휘하에서 도망온 한 사람과 마주쳐

jafafi, enggeder taiji, ui jaisang, bayangga geren
잡아 Enggeder 타이지와 Ui Jaisang, Bayangga 등 여러

elcin de buhe.
사신에게 넘겼다.

(14:1b)

○ tere biyade, jarut ba i jocit keoken i elcin
그달에 Jarut 지역의 Jocit Keoken의 사신이

jifi hendume, bi baicaci, meni gurun i niyalma
와서 말하기를 "제가 조사해 보니 우리나라의 사람이

juwan sejen de tebufi, yehe i jeku be gajihabi,
열 대의 수레에 Yehe의 곡식을 실어서 가지고 왔었습니다.

terei jalin de juwan sejen tohoho ihan be
그 때문에 열 대의 수레를 메운 소를

benjihe, erei amala bi geli baicara, jai jeku
보냈습니다. 이후에 제가 또 조사하겠습니다. 또 곡식을

gajiha niyalma tucici, geli erei adali sejen
가지고 온 사람이 나오면 또 이같이 수레를

tolome ihan benjire, jai yehe ci burulame genehe (14:2a)
세어 소를 보내겠습니다. 또 Yehe에서 도망해 간

juwan niyalma bi, tere be halhūn oho manggi
사람이 열 명 있습니다. 그들을 따뜻해진 후에

gama, te ere beikuwen de unggici, gemu
데리고 가십시오. 지금 이 추위에 보내면 모두

geceme bucembi, erei dabala, bifi burakū seme
얼어 죽을 것입니다. 이것뿐입니다. 있는데 주지 않는다 하며

mimbe akdarakūci, bi gashūre seme henduhe manggi,
저를 믿지 못하겠다면 제가 맹세할 것입니다"라고 말했다. 그러자

terei gisun be kalka i hūng baturu beile i
그의 말을 Kalka의 Hūng 바투루 버일러의

elcin ui jaisang, barin i ebugedei beile i bayangga i
사신인 Ui Jaisang과 Barin의 Ebugedei 버일러 휘하의 Bayangga의

juleri gisurefi, gajiha juwan ihan be gaiha, (14:2b)
앞에서 말하고, 가지고 온 열 마리의 소를 받고

tebuhe loosa hiya be sindafi unggihe, neici
억류해 둔 Loosa 히야를 석방해서 보냈다. Neici

han i elcin jifi geli hendume, meni beile
한(汗)의 사신이 와서 또 말하기를 "우리의 버일러가

gashūme genehe bade geren i juleri [原檔殘缺] niyalma,
맹세하러 갔던 곳에서 여럿의 앞 □□□ '사람이

juwe tanggū susai niyalma ukame jifi, bi
250명이 도망해 와서 제가

tere be gemu asarahabi, halhūn oho manggi, gemu
그들을 모두 가두어 두었습니다. 따뜻해진 후 모두

gama seme suweni elcin de henduhe sere, tere be
데리고 가십시오'라고 당신들의 사신에게 말했다고 합니다. 그것을

somimbi seme akdarakūci, be gashūre seme henduhe (14:3a)
숨긴다 하며 믿지 못하겠다면 우리가 맹세할 것입니다"라고 말하자

manggi, tere elcin i gisun be ineku ui jaisang,
그 사신의 말을 마찬가지로 Ui Jaisang,

bayangga geren de donjibume gisurefi, gaifi tebuhe
Bayangga 등 여럿에게 들려주며 말하고서, 데려와 억류했던

cahar ubasi, haise gebungge juwe niyalma be
Cahar의 Ubasi, Haise라는 두 사람을

sindafi unggihe.
석방하여 보냈다.

○ tere biyade, wajima gebungge karun i ejen, karun
그달에 Wajima라는 초소의 수장이 정탐하러

genehe bade, yaluha morin i enggemu be gemu (14:3b)
간 곳에서 타고 간 말의 안장을 모두

gaifi sula sindaha be,
벗겨서 자유롭게 둔 것을

⇦ han i beye safi hendume, simbe karun bi seme, geren
한(汗)이 몸소 알고 말하기를 "네가 초소에 있다고 여러

← gurun gemu suweni karun de akdahabi kai, karun i
백성이 모두 너희의 초소를 믿고 있다. 초소의

← morin be si gemu sindafi sula bici, dain be
말을 네가 모두 풀어서 놀게 하면, 적을

← saha manggi, sindaha morin be si adarame bahambi,
보았을 때 풀어둔 말을 너는 어떻게 잡겠는가.

← dain i dosire be si bahafi sarkūci, dain de
적이 들어오는 것을 네가 능히 알지 못하면 적에게

← sini beye gaibumbi kai, sini beye dain de gaibuci, (14:4a)
너의 몸이 잡힐 것이고, 너의 몸이 적에게 잡히면

← geren gurun ainambahafi sambi seme, karun i ejen wajima
여러 백성이 어떻게 능히 알겠는가"라고 하며 초소의 수장 Wajima라는

gebungge niyalma be waha, arbuha, samha, tuba,
사람을 죽였다. Arbuha, Samha, Tuba,

jerde duin karun i niyalma acafi, ceni cisui
Jerde 등 초병 네 명이 모여서 그들 마음대로

hūlhame nikan be sucufi, morin eihen be
도적질하며 한인을 습격해서 말과 나귀를

gaifi, baha nikan i etuku sume gaifi jidere de,
빼앗고, 잡은 한인의 옷을 벗겨 빼앗아오는데,

nikan i cooha emu tanggū isime juwe tu
명의 100명에 달하는 병사가 두 개의 둑(纛)을

jafafi amcanjifi, tere cooha de karun i ejen (14:4b)
들고 추격해 왔다. 그 병사를 향해 초소의 수장인

jerde ujulafi amasi dosifi, nikan i cooha aššarakū
Jerde가 앞장서서 뒤돌아 진격하니 명의 병사가 동요하지 않고

ilihai alime gaiha manggi, dosime genere orin
선 채로 맞섰다. 그러자 진격하는 20여

funceme karun i niyalma, gemu gabtame dosire jakade,
초병이 모두 활을 쏘며 돌격하니

nikan i tanggū isire cooha aššafi burulaha manggi,
명의 100명에 달하는 병사가 동요하여 달아나므로

sacime dosifi sunja niyalma wafi, amasi bedereme
베며 진격하여 다섯 명을 죽이고 되돌아

jifi, tere gisun be beise de alahakū, baha
왔다. 그 말을 버일러들에게 알리지 않고 획득한

etuku be ceni canggi dendefi, baha morin (14:5a)
옷을 자기들끼리만 나누고, 획득한 말과

eihen be wafi jekebi, tere be gūwa niyalma
나귀를 잡아서 먹었다. 그 일을 다른 사람이

gercilehe manggi,
고발하니

⇦ han donjifi hendume, nikan i tanggū niyalma be waha seme,
한(汗)이 듣고 말하기를 "명군 100명을 죽였다고 해도

← mini emu juwe niyalma be gaibuci, mini dolo
나의 한두 사람을 잃으면 내 마음 속에서는

← koro kai, mini gebu be girubume gisun akū
원한이 된다. 나의 이름을 부끄럽게 하며 허락 없이

← genehe emu, hūlhame jekengge ere juwe weile be,
간 것이 그 하나, 몰래 먹어치운 것이 둘이다. 이 두 가지 죄를

← geren šajin i niyalma duile seme duilebufi, ujulafi genehe (14:5b)
여러 법관이 심리하라"고 하며 심리하게 하고, 앞장서서 간

arbuha gebungge karun i ejen be wara weile
Arbuha라는 초소의 수장을 죽일 죄를

maktafi, gung fonjifi wara be nakafi, emu tanggū
내렸으나, 공을 물어서 죽이지는 않고 150대의

susai šusiha šusihalaha, samha, tuba gebungge juwe
채찍을 때렸다. Samha, Tuba라는 두

karun i ejen be, emte tanggū šusiha šusihalafi
초소의 수장은 각각 100대의 채찍을 때리고

wasibufi halaha, jerde be, nikan cooha be
강등하여 교체했다. Jerde는 명 병사를

amasi gidafi, niyalma waha gung de weile
뒤돌아 공격하여 병사를 죽인 공으로 죄가

akū obuha, buya karun i niyalma be gung (14:6a)
없는 것으로 했다. 초소의 하급 병사는 공을

fonjifi, emu gung de juwan šusiha waliyaha,
물어서 한 건의 공에 채찍 열 대를 면제했고

juwe gung de orin šusiha waliyaha, gung akū
두 건의 공에 채찍 20대를 면제했고 공이 없는

niyalma be jakūnju šusiha šusihalaha.
자는 채찍 80대를 때렸다.

○ aniya biyai juwan nadan de, cahar han i unggihe
정월 17일에 Cahar 한(汗)이 보냈던

bithei karu unggihe
글의 회신으로 보낸

⇦ bithei gisun, cahar i han sini unggihe bithe de, (14:6b)
글이다. "Cahar의 한(汗) 당신이 보낸 글에

← dehi tumen monggo i ejen baturu cinggis han,
'40만 몽골의 주인 바투루 Cinggis 한(汗)이

← mukei ilan tumen jušen i ejen kundulen genggiyen
물의 여진 3만 명의 주인 쿤둘런 겅기연

← han de bithe unggihe seme arahabi, sini dehi
한(汗)에게 글을 보냈다'라고 썼다. 당신이 40만

← tumen monggo i geren be minde ainu coktolombi,
몽골 대군이라고 어찌 나에게 자랑하는가.

← bi donjici, daidu hecen be gaibure de, dehi
내가 들으니 대도(大都)를 빼앗길 때 40만

← tumen monggo be gemu nikan de gaibufi, damu
몽골인을 모두 명에게 잃고 다만

← ninggun tumen burulame tucike seme donjiha, tere ninggun (14:7a)
6만 명이[1] 도주하여 나온 것으로 들었다. 그 6만

← tumen monggo gemu sinde akū kai, ordos emu
몽골인도 모두 당신에게 있는 것이 아니지 않은가. Ordos

← tumen, juwan juwe tumet emu tumen, asot yungsiyebu
만 명, 열 두 Tumet 1만 명, Asot Yungsiyebu

1) 이른바 6개의 만호(萬戶, tümen)를 의미한다.

← emu tumen, tere ici ergi ilan tumen gurun
1만 명, 그 우익의 3만 백성은

← sinde dalji akū, ini cisui enculeme yabure
당신과 관계가 없고 그들 뜻대로 독자적으로 행동하는

← gurun kai, hashū ergi ilan tumen gurun gemu
백성이다. 좌익의 3만 백성은 모두

← sinde bio, ilan tumen gurun akū bime, dehi
당신에게 있는가. 3만 백성도 없으면서 40만이라며

← tumen seme julgei fe gisun i coktolome, mini gurun be (14:7b)
옛말로 자랑하며 나의 백성을

← komso, damu ilan tumen seme fusihūlara be,
적다며 다만 3만 명이라고 업신여기는 것을

⇦ abka na sarkū bio, sini gurun i gese dehi tumen
하늘과 땅이 모르고 있겠는가. 당신의 백성처럼 40만

← geren akū, sini beye gese baturu akū, mini
무리가 아니며, 당신처럼 영웅도 아니지만 나의

← gurun be komso seme, mini beye be oliha seme,
백성이 적고 나를 겁쟁이라고 하여도

⇦ abka na gosifi, hada i gurun, hoifa i gurun, ula i
하늘과 땅이 어여삐 여겨서 Hada국, Hoifa국, Ula국,

← gurun, yehe i gurun, fusi, niowanggiyaha, keyen, cilin
Yehe국, 무순(撫順), 청하(淸河), 개원(開原), 철령(鐵嶺)의

← jakūn amba ba be (14:8a)
여덟 큰 지역을

⇦ abka na minde buhe kai, si geli hendume, mini
하늘과 땅이 나에게 준 것이다. 당신은 또 말하기를 '내가

← alban gaijara guwangning ni babe si ume dailara,
공물을 걷는 광녕(廣寧) 땅을 너는 공격하지 말라.

← si aikabade dailaha de, bi simbe tookabumbi sehebi,
만약에 네가 공격하면, 나는 너를 저지할 것이다'라고 했었다.

← si muse juwe nofi ehe bici, sini uttu
당신과 우리 두 사람이 사이가 나쁘다면 당신이 그렇게

← hendurenge mujangga kai, muse juwe nofi de umai
말하는 것이 옳을 것이다. 우리 두 사람이 전혀

← ehe akū bime, encu halangga nikan gurun i guwangning ni
사이가 나쁘지 않은데도 다른 혈통인 명나라 광녕성

← hecen i jalin de, (14:8b)
때문에

⇦ abka na i gosiha han niyalma be fusihūlame, uttu ehe
하늘과 땅이 어여삐 여기는 한(汗)인 사람을 업신여기며 어찌 이렇게 나쁘고

← kecun gisun be si ainu gisurembi,
모진 말을 당신이 말하는가.

⇦ abka de eljere gese fudarame ainu banjimbi, mini unenggi
하늘에 거역하는 것처럼 거스르며 어찌 사는가. 내가 진실하고

← tondo mujilen be jafafi banjire be,
곧은 마음을 가지고 사는 것을

⇦ abka na mimbe saišafi, kesi hūturi baturu hūsun be
하늘과 땅이 나를 칭찬하여 은혜와 복과 용기와 힘을

← minde buhe be suwe donjihakūbio, si mimbe adarame
나에게 준 것을 당신들은 듣지 않았는가. 어찌하여 당신은 나를

頭註: gingguleme baicaci, fe manju gisun i bithede, kecun gisun serengge, uthai nimecuke gisun inu sehebi. [신중하게 조사하니, 『舊淸語』에 kecun이라는 말은 곧 nimecuke(악독한)이라는 말이라 했다.]

← tookabumbi, sini beye guwangning de genefi majige baha (14:9a)
저지하는가. 당신이 몸소 광녕에 가서 조금 획득한

← ulin be, si hoton hecen be ambula efuleme
재물을, 당신이 성시(城市)를 크게 파괴하고

← dailame yabure de geleme buhe seme gūnimbio, sinde
정복하러 가는 것을 두려워해서 주었다고 생각하는가. 당신에게

← niyaman hūncihin seme gosime hairame buhe seme
친인척이라고 사랑하고 아껴서 주었다고

← gūnimbio, sinde gosime hairame buci, tere majige
생각하는가. 당신에게 사랑하고 아껴서 주었다면 그 작은

← ulin be si ainu gaimbi, sini gaibuha daidu
재물을 당신은 왜 받는가. 당신이 빼앗겼던 대도(大都)

← hoton gūsin tumen monggo i gurun be gaiha bici,
성의 30만 몽골 백성을 받았더라면

← sini ere gisun hendurengge mujangga kai, nikan gurun be (14:9b)
당신이 이렇게 말하는 것이 사실일 것이다. 명나라를

← mini dailara onggolo, baturu cinggis han si, emgeri
내가 정벌하러 가기 전에, 바투루 Cinggis 한(汗) 당신이 한 차례

← cooha genefi uksin saca acihai temen ai jaka be
출병하여 갑옷과 투구, 짐 실은 낙타 등 온갖 물건을

← gemu waliyafi, untuhun beyei teile tucike, terei amala,
다 버리고 맨몸으로 혼자 달아났다. 그 후에는

← emgeri cooha dosifi gegen daicing beile i hiya be
한 차례 군사가 들어가서 Gegen Daicing 버일러의 시위(侍衛)를

← muke de wabuha, juwan funceme niyalma be gaibufi
물에서 죽게 하고 10여 명을 빼앗기고

← untuhun bederehe, sini beye juwe jergi nikan de
맨몸으로 퇴각했다. 당신이 몸소 두 차례 명나라에

← cooha genefi, si ai amba olji baha, ai (14:10a)
출병하여 당신이 얼마나 많은 포로를 얻었으며 얼마나

← gebungge amba hoton hecen be efulehe, ya ba i
이름 있는 큰 성시를 파괴했으며 어느 지역의

← amba cooha be gidaha, nikan gurun sinde atanggi
대군을 물리쳤는가. 명나라가 당신에게 언제

← ere gese amba šang bumbihe, mini dailame yabure de,
이 같은 큰 상을 주었는가. 내가 전쟁을 하러 가면

← haha wabufi hehe funcefi yabure nikan de, mini
남자가 죽임당하고 여자만 남게 되는 명을 내가

← hūsun i gelebure de, nikan simbe jaldame buhe
힘으로 두려워하게 하니까 명이 당신을 꾀기 위해서 준

← ulin wakao, nikan, solho juwe gurun, gisun encu
재물이 아닌가. 명(明)과 조선(朝鮮) 두 나라는 말이 다를

← gojime, etuhe etuku ujui funiyehe emu adali ofi, (14:10b)
뿐, 옷 입는 것과 머리 모양이 한 가지이므로

← tere juwe gurun emu gurun i gese banjimbi kai, muse
그 두 나라는 하나의 나라처럼 지내는 것이다. 우리

← juwe gurun gisun encu gojime, etuhe etuku ujui
두 나라도 말이 다를 뿐 옷 입는 것과 머리

← funiyehe emu adali kai, si unenggi ulhire niyalma
모양은 한 가지이다. 당신이 진실로 깨우친 사람이었다면

← bihe bici, mini julgei kimungge nikan gurun be
'나의 오랜 원수인 명나라를

← han ahūn i dailara de,
한(汗) 형님이 정벌할 때

⇦ abka na gosifi hoton hecen be ambula efuleme, amba
하늘과 땅이 어여삐 여겨 성을 크게 파괴하며 큰

← dain be gidame yabumbi sere, (14:11a)
전투를 승리하며 나갈 것이다'라고,

⇦ abka na i gosiha han ahūn de emu hebe ofi,
'하늘과 땅이 어여삐 여긴 한(汗) 형님과 합심하여

← muse de kimungge nikan gurun be dailaki seme
우리의 원수인 명나라를 정벌하겠습니다'라고 하며

← unggihe bici sain bihe kai,
보냈다면 좋았을 것이다.

⇦ abka na de kesi hūturi baime amba gebu doro be
하늘과 땅에 은혜와 복을 구하며 큰 명성과 도리를

← gūnirakū, damu bahara de dosifi, niyalma de baibi bume
생각하지 않고, 다만 얻는 것에만 빠져서, 사람들에게 그저 주면

← wajire ulin i jalin de, umai ehe akū banjire
끝일 재물 때문에, 전혀 사이 나쁘지 않게 지내고 있는,

← encu gisungge gurun i han niyalma be, si fusihūlame (14:11b)
다른 말을 하는 나라의 한(汗)인 사람을 당신이 업신여기며

← koro isibume banjire be,
해를 끼치며 사는 것을

⇦ abka na sarkū bio.
하늘과 땅이 모르고 있겠는가."

○ kalka i sunja tatan i beise i gashūre de, jongnon
Kalka 5부의 버일러들이 맹세할 때, Jongnon

beile bahafi isinjihakū ofi gashūhakū bihe, dasame
버일러가 도착하지 못하여서 맹세하지 못했었다. 다시

elcin genefi, juwe biyai orin uyun i inenggi,
사신이 가서, 2월 29일에

⇦ abka de šanggiyan morin wafi, na de sahaliyan ihan be (14:12a)
하늘에 흰말을 죽이고, 땅에 검은 소를

wafi, geren beise i gashūha kooli gashūbuha.
죽여서 여러 버일러가 맹세한 전례대로 맹세하게 했다.

○ bayot ba i sonin taiji, emu niyalma ihan
Bayot 지역의 Sonin 타이지가, 소를

yalufi ukame jihe be okdome jafafi, enggeder
타고 도망해 온 사람과 마주쳐 잡아서 Enggeder

efu de buhe.
어푸에게 주었다.

○ jarut ba i jaisang keoken i emu niyalma, morin (14:12b)
Jarut 지역의 Jaisang Keoken 휘하에서 말을

yalufi ukame jihe be okdome jafafi, bak
타고 도망해 온 사람과 마주쳐 잡아서 Bak

beile i beyede buhe, ere juwe ukanju be,
버일러에게 주었다. 이 두 도망자는

gemu gashūha amala jifi akdun gisun be aifurahū
모두 맹세한 후에 왔기 때문에 약속의 말을 어길까 염려된다고 하여

seme buhe.
준 것이다.

○ juwe biyade, jaisai jui setkil taiji be tucibufi
2월에 Jaisai의 아들 Setkil 타이지를

unggire de, gecuheri goksi, gahari, fakūri, gūlha, mahala, (14:13a)
내보낼 때 망룡단 조의(朝衣), 윗옷, 바지, 가죽신, 모자,

umiyesun yooni etubufi,
허리띠 등 일체를 갖추어 입히고

⇦ han i enggemu hadala tohoho morin yalubufi unggihe.
한(汗)의 안장과 굴레를 메운 말에 태워서 보냈다.

○ ilan biyai ice de, sebun beile be tucibufi
3월 초하루에 Sebun 버일러를

unggire de, sebun beile i gashūha bithei gisun,
내보낼 때 Sebun 버일러가 맹세한 글이다.

bak, sebun meni ahūn deo,
"Bak과 Sebun 우리 형제는

⇦ han de daci ehe akū bihe, weilengge jaisai emgi jifi, (14:13b)
한(汗)에게 원래 악의가 없었습니다. 잘못을 저지른 Jaisai와 함께 왔다가

⇦ han i gala de jafabuha,
한(汗)의 손에 잡혔습니다.

⇦ han ama, jui arafi gosime, kesi ulebume etuku etubume
한(汗) 아버지가 아들로 삼고 아껴 어식(御食)을 먹이고, 옷을 입히며

ujifi, sebun mimbe tucibufi unggimbi, ere uttu ujihe
보살펴서 Sebun 저를 내보내십니다. 이처럼 보살펴주신

⇦ han ama de baili isiburakū, ula i bujantai gese ehe
한(汗) 아버지에게 은혜를 갚지 않고 Ula의 Bujantai처럼 악을

gūnime yabuci,
생각하고 행하면

⇦ dergi abka fejergi na safi, sui isifi se jalgan
위의 하늘과 아래의 땅이 알고 죄업이 미쳐 목숨이

foholon ofi bucekini, ujihe (14:14a)
짧아져서 죽게 하소서. 보살펴주신

⇦ han ama de umai lakcarakū baili tusa isibume yabuci,
한(汗) 아버지에게 부단히 은혜 갚기를 행하면

⇦ abka na saišafi, se jalgan golmin, juse omosi jalan
하늘과 땅이 칭찬하여 목숨이 길어지고 자손이 대를

halame sain banjikini seme bithe arafi,
이어 잘살게 하소서"라고 글로 써서,

⇦ abka de deijihe, sebun de gecuheri goksi, silun i dahū,
하늘에 불살랐다. Sebun에게 망룡단 조의, 스라소니 털옷,

gahari, fakūri, foloho toohan umiyesun, gūlha, mahala,
윗옷, 바지, 장식을 새긴 떳돈이[2] 달린 허리띠, 가죽신, 모자를 주고,

morin de foloho enggemu hadala tohohoi fudefi unggihe.
말에 장식을 새긴 안장과 굴레를 메워서 배웅했다.

(14:14b)

○ ice sunja de hūlame,
초닷새에 포고하기를,

2) 조복(朝服)의 띠에 붙이던 납작한 장식이다. 품계에 따라 서각(犀角), 금, 은을 썼다.

← fe ala i hoton de ilan minggan uksin i cooha tebu,
"Fe Ala성에[3] 갑병 3000명을 주둔시키라.

← niolmun, ice donggo, hūlan, ere ilan jugūn de
Niolmun, Ice Donggo, Hūlan 이 세 길에

← emu minggan uksin i cooha tebu, jai juwe tumen
갑병 1000명을 주둔시키라. 또

← uksin i cooha, ice jakūn de jaifiyan i hoton de
갑병 2만 명은 초여드레에 Jaifiyan성에

← isinju seme hūlaha.
오라"고 포고했다.

(14:15a)

○ ice jakūn de bonio erinde, hashū ergi
초여드레 신시(申時)에 좌익

dzung bing guwan hergen i uju jergi amban fiongdon
총병관(總兵官) 직위의[4] 일등 대신 Fiongdon이

bucehe, fiongdon,
죽었다. Fiongdon은

⇦ genggiyen han de abkai fulinggai hesebufi banjiha amban biheni,
경기연 한(汗)에게 천명으로 정해져서 태어난 대신이었던가.

terei bucere inenggi,
그가 죽던 날에

---

3) Fe Ala성은 1587년에 Suksuhu강의 지류인 Šoriangga강의 인근에 축조했으며 세 겹으로 쌓은 목조 성이고 1603년 Hetu Ala로 옮기기 전까지 건주여진의 본거지였다. 신충일(申忠一)의 『建州紀程圖記』(1596년)에는 당시 Fe Ala의 구조와 가옥 배치 등이 묘사되어 있다(본서 권두의 그림 3 참고). fe는 '옛', ala는 '언덕'이라는 의미이다.

4) 총병관은 8구사 병사를 관할하는 최고위직 무관을 지칭한다. 『滿洲實錄』(6권, 天命 5년(1620) 3월)의 한문 부분은 다음과 같다. 帝論功序爵列總兵之品為三等副衆遊亦如之(황제가 논공을 하고 작위를 매겼다. 총병관을 세 등급으로 나누고, 부장(副將), 참장(參將), 유격(遊擊)도 각각 세 등급으로 했다). 1620년에 무관제가 설립되어 거런 수장과 구사 수장은 총병관을, 머이런 수장은 부장을, 잘란 수장은 참장이나 유격을, 니루 수장은 비어의 직위를 받았다.

⇦ abka tungken tūre gese akjan talkiyan aga bono bonome
하늘이 북을 치는 것처럼 우레, 번개, 비, 우박이 내리다가

wajifi goidahakū bucehe, (14:15b)
그치자 오래지 않아 죽었는데

⇦ abkai enduri okdofi gamaha dere,
하늘의 신이 맞이해서 데려간 것이리라.

⇦ genggiyen han, yaya niyaman hūncihin i bucehe jobolon de
경기연 한(汗)이 모든 친인척의 상사(喪事)에

generakū seme,
가지 않겠다고

⇦ weceku de gashūha bihe, tere amban i bucehe de,
신주(神主)에게 맹세했었다. 그 대신이 죽었을 때

⇦ ini beye geneki sere be, geren beise, fujisa tafulame,
그가 몸소 가겠다고 하는 것을 여러 버일러들과 푸진들이 간하여 말리기를

⇦ si, enteke jobolon de yaburakū seme gashūha bihe kai,
"당신께서는 이러한 상사에 가지 않겠다고 맹세했었습니다.

geneci sorombi ayoo seme tafulara jakade, (14:16a)
가게 되면 불길할까 걱정됩니다"라고 간하여 말리므로

⇦ han hendume, bi sambi, mini beyei gese emgi banjiha
한(汗)이 말하기를 "나도 안다. 나의 분신처럼 함께 산

← ambasa, emke juwe efujeme deribuhe de, bi goidarakū kai
대신들이 하나 둘 쓰러져가니 나도 멀지 않았다"라고

seme marame genefi, den jilgan i hūlame sureme
우기며 가서 큰 소리로 부르짖으며 목놓아

songgofi, dobori dulin de boode jihe.
슬피 울고 밤중에 집에 왔다.

○ juwan de,
10일에

⇦ han, jakūn gūsai cooha be gaifi, nikan i fe jase (14:16b)
한(汗)이 8구사의 군사를 이끌고 명의 옛 경계

jaka be bitume, šanggiyan hada, jakdan, deli
부근을 따라 Šanggiyan봉(峰), Jakdan, Deli

wehe, undehen, duin bade duin hoton be
Wehe, Undehen의 네 지역에 네 개의 성을

sahame, ninggun inenggi dolo wajiha.
쌓기를 엿새 안에 마쳤다.

⇦ han i hūwa i dolo beyei hanci sula takūrara kintai gebungge
한(汗)의 궁정(宮庭) 내부에서 몸 가까이 직위 없이 부리는 Kintai라는

emu hehe, naja gebungge emu hehe becunume,
한 여인과 Naja라는 한 여인이 서로 싸우며,

naja, kintai be hayan, nongku de latuha seme (14:17a)
Naja가 Kintai를 "음탕한 것, Nongku와 사통했다"라고

toore jakade, kintai, naja i baru hendume, bi
욕하자, Kintai가 Naja에게 말하기를 "내가

nongku i emgi aibide latuha, latufi ai buhe, si
Nongku와 함께 어디에서 사통했겠나. 사통해서 무엇을 주었나. 너야말로

mene dahai baksi de latufi, juwe amba
사실 Dahai 박시와[5] 사통해서 두 필의 큰

頭註: gingguleme baicaci, manju gisun i buleku bithede, mene serengge, uthai yala sere gisun inu sehebi. [신중하게 조사하니, 『御製淸文鑑』에 mene라는 것은 곧 yala(사실)이라는 말이라 했다.]

5) Dahai 박시는 1632년에 무권점 만주자를 개량하여 유권점 만주자를 만들었다. 또 『三國志』(ilan gurun i bithe)를 일부 번역했다.

lamun samsu buhe dere seme henduhe gisun be,
남삼승을 준 것 아니겠느냐"라고 한 말을

⇦ han i buya sargan tainca donjifi,
한(汗)의 작은 부인 Tainca가[6] 듣고

⇦ han de ilan biyai orin sunja de alaha, tere
한(汗)에게 3월 25일에 아뢰었다. 그

gisun be donjifi, (14:17b)
말을 듣고

⇦ han dacilame geren de duileci, fujin de naja fonjifi,
한(汗)이 자세히 물으며 여럿에게 심리하니, 푸진에게 Naja가 물어보고

juwe lamun samsu be dahai de buhe mujangga,
남삼승 두 필을 Dahai에게 주었던 것이 사실이었다.

⇦ han, fujin i baru hendume, sini bure be hairandarangge
한(汗)이 푸진에게 말하기를 "네가 주는 것을 아까워하는 것이

← waka, daci šajilame gisurehengge, yaya fujisa, han de
아니다. 원래 금하여 말한 것은, '어떤 푸진이든 한(汗)에게

← donjiburakū emu da boso, emu farsi suje be
알리지 않고 한 발의 베, 한 조각의 비단이라도

← hehe niyalma de buhede, eigen be eiterere okto
여자에게 줬다면 남편을 속이는 약을

← udaha seme belembi, haha niyalma de buhede, mujilen (14:18a)
샀다고 남이 무고(誣告)할 것이다. 남자에게 줬다면 마음이

---

6) buya sargan은 '첩'에 해당한다. 이 사건을 고해 바친 이후에 지위가 높아져서 소푸진이라고 칭했다. Nurhaci가 죽은 후 Abahai 황후와 함께 순장당했다. 『滿洲實錄』(8권, 天命 11년(1626) 8월)에는 같은 인물이 deinje로 표기되어 있는데, 무권점자로는 이 두 인명은 동일하게 표기된다.

← emu oho seme belembi, tuttu beleme gisureci, belehe
하나 되었다고 무고할 것이다. 그렇게 무고하여 말하면 무고한

← niyalmai gisun uru ombi, aika jaka be yaya
사람의 말이 진실이 된다. 무슨 물건이든 어떤

← niyalma de ume bure seme šajilaha bihe kai,
사람에게든 주지 말라'고 하여 금지했었다.

← tuttu šajilaha šajin be si efuleme dahai de
그렇게 금지한 금령을 너는 어기고 Dahai에게

← juwe lamun samsu buci, sinde ai tondo mujilen bi
남삼승 두 필을 주었으니 너에게 무슨 충직한 마음이 있는가"라고

seme hendufi, dahai, naja be gemu wara
말하고 Dahai와 Naja를 모두 죽일

weile de tuhebuhe, (14:18b)
죄로 정했다.

⇦ han seoleme gūnifi, hehe haha be gemu wara weile
한(汗)이 깊이 생각하여 '남녀가 모두 죽일 죄인 것이

← mujangga, haha be wahade, jai terei gese nikan
맞으나, 남자를 죽이면 또 그와 같이 한문을

← bithe bahanara, nikan gisun be ulhire sara
이해하고 한어를 깨우쳐 아는

← niyalma akū seme gūnifi, naja be waha, dahai be
사람이 없다'라고 생각해서, Naja만 죽이고 Dahai를

sele futa hūwaitafi, fungkū moo de hadafi asaraha.
쇠사슬로 묶고 나무 기둥에 못 박고 감금했다.

○ tainca, geli (14:19a)
Tainca가 또 다시

⇦ han de alame, tere anggala, geli amba gisun bi
한(汗)에게 알리기를 "그뿐만 아니라 또 중대한 말이 있습니다"라고

sehe manggi, ai gisun seci, amba fujin,
하므로 무슨 말인가 하니 "대푸진이[7]

amba beile de juwe jergi buda dagilafi
대버일러에게 두 차례 음식을 준비하여

benehe, amba beile alime gaifi jeke, duici
보냈고, 대버일러가 받아서 먹었습니다.

beile de emu jergi buda benehe bihe,
제4버일러에게도 한 차례 음식을 보냈었는데

duici beile benehe buda be alime gaifi
제4버일러는 보낸 음식을 받아서

jekekū, tere anggala, amba fujin, amba beile i (14:19b)
먹지 않았습니다. 게다가 대푸진이 대버일러의

boode, emu inenggi juwe ilan jergi niyalma
집에 하루에 두세 차례 사람을

takūrambi, emu hebe ofi tuttu yabumbi dere,
보냅니다. 아마도 한통속이 되어 그렇게 다닐 것입니다.

fujin i beye, juwe ilan dobori hūwa ci tucike
푸진도 몸소 두세 밤 궁정에서 나갔었습니다"라고

bihe seme alaha manggi, tere gisun be
아뢰니 그 말을

---

7) Abahai(아파해 阿巴亥, 1590~1626)를 지칭한다. 대푸진은 대비(大妃)이다. Ula의 버일러인 Mantai의 딸이며 Bujantai의 질녀이다. Nurhaci 사후에 순장(殉葬)된다.

⇦ han donjifi, amba beile, duici beile de, darhan hiya,
한(汗)이 듣고 대버일러와 제4버일러에게 Darhan 히야,

erdeni baksi, yasun, munggatu, duin amban be
Erdeni 박시, Yasun, Munggatu 등 네 명의 대신을

takūrame fonjiha, fonjici, duici beile de benehe (14:20a)
보내어 물었다. 제4버일러는 보내온

buda be jekekū mujangga, amba beile de
음식을 먹지 않은 것이 사실이며, 대버일러는

juwe jergi benehe buda be alime gaifi
두 차례 보내온 음식을 받아서

jeke mujangga, jai alaha ai ai gisun gemu
먹은 것이 사실이었다. 또 아뢴 여러 가지 말이 모두

mujangga oho manggi,
사실이었으므로

⇦ han tede hendume, mini beye akū oho manggi, mini
한(汗)이 거기서 말하기를 "'내가 죽고 난 다음에 나의

← buya juse be, amba fujin be, amba age
어린 자식들과 대푸진을 대아거가[8)]

← gosime ujikini seme henduhe bihe, tere gisun de, (14:20b)
아끼며 보살피기를 바란다'라고 말한 적이 있었다.[9)] 그 말에

← amba fujin i mujilen, amba beile i baru gūnime
대푸진의 마음이 대버일러를 생각하게

---

8) amba age는 대버일러, 즉 Nurhaci의 둘째 아들인 Daišan을 지칭한다.

9) 이것은 아버지가 죽으면 그 부인(첩)을 자식이 아내로 취하고, 형이 죽으면 그 부인을 동생이 아내로 취하는 여진인의 전통적 관습에 의한 것이다. 참고로 Abahai는 Nurhaci보다는 31살 적었고, 대버일러보다는 일곱 살 적었다.

← ofi, umai baita akū bime, baibi emu inenggi
되어 전혀 일이 없어도 공연히 하루에

← juwe ilan jergi takūrame tuttu yabuhabi kai
두세 차례 사람을 보내며 그렇게 왕래했던 것이다"라고

seme henduhe,
말했다.

⇦ han i boode beise ambasa sarilame isacibe, hebei gisun
한(汗)의 집에 버일러들과 대신들이 연회를 하기 위해서 모이거나, 상의하고

hebdeme isacibe, amba fujin, aisin tana i beyebe
의논하기 위하여 모여도, 대푸진이 금과 동주(東珠)로 몸을

dasafi, amba beile be tuwame arbušara be, (14:21a)
치장하고 대버일러를 보면서 행동하는 것을

geren beise ambasa serefi gemu wakalame
여러 버일러들과 대신들이 눈치채고 모두 나무라며

⇦ han de alaci, amba beile, amba fujin de geleme
한(汗)에게 아뢰려 했으나, 대버일러와 대푸진을 겁내어

alahakū bihe ni,
아뢰지 않았던 것이다.

⇦ han, tenteke gisun be donjifi, jui amba beile be
한(汗)이 그와 같은 말을 듣고도 아들 대버일러를

ehe gūnihakū, amba fujin be suje, gecuheri,
나쁘게 생각하지 않았다. 대푸진은 비단, 망룡단,

aisin, menggun, ulin be hūlhame somiha ambula seme
금, 은 등 재물을 몰래 숨긴 것이 많다며

⇦ hendume, weile de tuhebufi, ulin somiha tetun be doolame (14:21b)
한(汗)이 말하기를 "정죄(定罪)하여 재물을 숨긴 통을 뒤집어

← tuwambi seme, jaifiyan i hada i ninggu i boode genefi,
보겠다"라고 하여 Jaifiyan봉(峰) 위에 있는 집에 가서

tetun be doolame tuwara de, fujin,
통을 쏟아보려고 하니, 푸진이

⇦ han de tuwabure jaka be tuwabumbi, tuwafi ambula ohode,
"한(汗)에게 보일 물건은 보일 것이다. 보아서 많으면

⇦ han be geli ambula wakalambi seme geleme, ba bade
한(汗)은 또 크게 책망할 것이다"라고 하며 두려워하여 곳곳에

somime boo boode beneme, darhan hiya i alin i
숨기고 집집에 보내면서 Darhan 히야가 사는 산

ninggu i boode ilan wadan de uhuhe ulin be benefi,
위의 집에 세 보자기에 싼 재물을 보냈다.

⇦ han i boode bederehe amari, fujin, darhan hiya i alin i (14:22a)
한(汗)이 집에 돌아간 후, 푸진이 Darhan 히야가 사는 산

ninggu i boode benehe ulin be gana seme
위의 집에 보낸 재물을 가지러 가라고 하여

takūraha niyalma, tabarafi alin i ninggu i boode ganahakū,
보낸 사람이, 잘못하여 산 위의 집에 가지러 가지 않고

beyei tehe wargi boode ganara jakade, darhan
Darhan 히야가 사는 아래쪽 집에 가지러 갔으므로, Darhan

hiya takūraha niyalmai emgi,
히야가 심부름한 사람과 함께

⇦ han i jakade jifi hendume, mini beye same geli
한(汗)의 처소에 와서 말하기를 "제 자신이 알면서 또

fujin i somire ulin be, geli bi alime
푸진이 숨기려는 재물을 또 제가

gaiha doro bio seme henduhe manggi, fujin i (14:22b)
받았을 리가 있습니까"라고 말하니, 푸진이

somime benehe ulin be hūlhame takūrafi gajire be
숨기려고 보냈던 재물을 몰래 사람을 시켜서 가져오는 것을

⇦ han sahakū bihe, takūraha niyalmai tašarame darhan hiya i
한(汗)이 알지 못하고 있다가, 심부름하는 사람이 실수하여 Darhan 히야

beyede genehe be safi,
본인에게 간 것을 알고

← alin i ninggu i boode tuwana seme unggire jakade, benehe mujangga
"산 위의 집에 보러가라"고 하며 보내니 물건을 보냈던 것이 사실이었으므로

ofi, alime gaiha aha hehe be waha, tereci
받아둔 노복과 여자를 죽였다. 그러고 나서

geli baicara jakade, monggo fujin alame, ajige
다시 조사하니 몽골 푸진이 아뢰기를 "Ajige

age i boode juwe guise de ilan tanggū (14:23a)
아거의[10] 집에 두 궤짝에 300필의

suje somihabi, amba fujin i dolo ambula jobombi,
비단을 숨기고 있습니다. 대푸진이 속으로 크게 걱정합니다.

tuwa de deijirahū, muke de maktarahū, hairakan suje
'불에 탈세라, 물에 던질세라 아까운 비단'"이라고

seme hendure jakade, tere gisun be donjifi,
말하므로 그 말을 듣고

ajige age i boode tuwanara jakade, ilan tanggū
Ajige 아거의 집에 보러 가서 300필의

10) Ajige age는 Nurhaci의 열두째 아들이며 Abahai가 낳은 첫째 아들이다. 둘째 아들은 Dorgon, 셋째 아들은 Dodo이다.

suje be bahafi gajiha, amba fujin i eme i
비단을 입수해서 가지고 왔다. 대푸진의 모친의

boode tuwanara jakade, hokton buriha amba hiyase de
집에 보러 가서 수피(樹皮)를 댄 큰 갑(匣)에

sindaha menggun bahafi gajiha, amba fujin geli (14:23b)
넣어둔 은을 가지고 왔다. 대푸진이 또

alame, monggo fujin de emu oholiyo tana bi
아뢰기를 "몽골 푸진에게 한 홉의 동주(東珠)가 있습니다"라고

seme alara jakade, monggo fujin de takūrame
고하자 몽골 푸진에게 사람을 보내어

fonjire jakade, monggo fujin hendume, amba fujin
물어보니 몽골 푸진이 말하기를 "대푸진이

asara seme bufi genehe seme alaha, jai donjici,
숨기라고 하며 주고 갔습니다"라고 아뢰었다. 또 들으니

dzung bing guwan hergen i baduri juwe sargan be
"총병관직의 Baduri의 두 아내에게

cuba arafi etu seme, emu gulhun narhūn
조복(朝服)을 만들어 입으라고 하며 온전한 한 필의 곱고

genggiyen cekemu be amba fujin buhe, tsanjiyang (14:24a)
무늬 없는 왜단(倭緞)을 대푸진이 주었고, 참장

hergen i munggatu i sargan de, emu suje i cuba
직의 Munggatu의 아내에게 비단 조복 한 벌을

buhe, jai gašan i niyalma de,
주었습니다. 또 마을 사람에게

⇦ han de sabuburakū, amba fujin, ulin be hūlhame
한(汗)께 보이지 않고, 대푸진이 재물을 몰래

ambula buhe seme alaha manggi,
많이 주었습니다"라고 알리니

⇦ han, ambula jili banjifi, gašan i niyalma de gemu
한(汗)이 크게 화를 내고 마을 사람들 모두에게

← hūlame, amba fujin i buhe aika jaka be gemu
명령하여 "대푸진이 준 온갖 물건을 모두

← amasi benju seme hendufi, jai amba fujin i ehe be (14:24b)
도로 가져오라"고 말하고, 또 대푸진의 악행을

← geren de alame, ere fujin koimali jalingga hūlhatu
모두에게 알리며 "이 푸진은 간계를 부리고, 도적질하며

← holo, niyalma de bisire ehe mujilen, gemu ede
거짓말쟁이이다. 사람에게 있는 악한 마음이 모두 이 여자에게

← yooni jalu bi, mini aisin tana be sini
온통 가득 차 있다. 나의 금과 동주(東珠)를 너의

← uju beye eterakū dasafi, niyalmai tuwahakū sain
머리와 몸이 버거울 만큼 치장하고, 사람이 본 적도 없는 좋은

← suje be etubume ujihe, han eigen be gosirakū,
비단을 입히며 보살폈다. 지아비인 한(汗)을 사랑하지 않고

← mini yasa be nicubume, mimbe sindafi mini dabali
나의 눈을 가리고 나를 두고 나 외에

← gūwa be tuwame yabuci, erebe warakūci ombio, erei (14:25a)
다른 사람을 보러 다니니, 이것을 죽이지 않을 수 있겠는가. 이 여자의

← ehe be gūnime waci, mini niyaman i gese ilan
악행을 생각하며 죽이자니, 나의 심장과 같은

← haha jui, emu sargan jui be adarame
아들 셋과 딸 하나를 어찌

← songgobure, warakūci, ere fujin i mimbe eiterehe weile
울게 할 것이며, 죽이지 않자니, 이 푸진이 나를 속인 죄가

← ambula seme gasafi, jai hendume, amba fujin be
크다"라고 원망했다. 또 말하기를 "대푸진을

← waha seme ainara, ini buya juse nimeku bahaci
죽인들 무엇 할 것인가. 그의 어린 아들이 병이 나면

← tuwakiyame eršekini, ere fujin de bi banjirakū, hokoho,
보살피며 돌보게 하라. 이 푸진과 나는 살지 않겠다. 인연을 끊었다.

← ere fujin i buhe be, te yaya niyalma ume (14:25b)
이 푸진이 준 것을 이제 누구든지

← gaijara, gisun be yaya niyalma ume donjire, ere
받지 말라. 푸진의 말을 누구도 듣지 말라. 이

← gisun be jurceme, haha hehe yaya niyalma amba
말을 어기고 남녀 누구든 대푸진의

← fujin i gisun be alime gaifi donjiha de, buhe
말을 받아들여 듣거나, 준

← ulin be gaiha de, tere niyalma be wambi
재물을 받으면 그 사람을 죽이겠다"라고

seme henduhe, tereci amba fujin ci hokome, fujin i
말했다. 그러고 나서 대푸진과 절연하고 푸진의

tetun be dasame tucibume tuwafi, hūlhame arafi
통을 다시 내게 하여 보니 몰래 만들어

somime asaraha etuku, aika jaka umai daljakū (14:26a)
숨겨 감춘 옷 등 온갖 물건이 터무니없이

ambula ofi, yehe i nanakon fujin, uyunju abagai
많아서 Yehe의 Nanakon 푸진, Uyunju Abagai

fujin be gamafi, tere somime asaraha jaka be
푸진을 데리고 와서 그 숨겨 감춘 물건을

tuwabufi, amba fujin i araha weile be alafi,
보게 하여, 대푸진이 지은 죄를 알리고,

amba fujin i araha gecuheri jibehun juwe, alha i
대푸진이 만든 망룡단 이불 두 채, 색색의

sishe juwe be, yehe i juwe fujin de
요 두 채를 Yehe의 두 푸진에게

emte juru buhe, asaraha etuku be ini
한 쌍씩 주었다. 숨겼던 옷 중에서 그녀가

etungge bufi, gūwa etuku be gemu gaifi, (14:26b)
입은 것만 주고, 다른 옷은 모두 빼앗아서

sargan jui de buhe, tainca gebungge ajige
딸에게 주었다. Tainca라는

fujin be gisun alaha turgunde wesibufi iletu
작은 부인을 말을 아뢰었다는 이유로 품급을 올려서, 공식적으로

adame tere, jetere jeku be gese dere
나란히 앉고, 먹는 음식을 같은 상(床)에

dasafi tukiyeme oho.
차려서 올리게 했다.

○ jaifiyan ci sarhū i bade guriki seme gisurefi, ba
Jaifiyan에서 Sarhū 지역으로 옮기고자 논의하고 장소를

tuwafi, beise i boo tere babe, (14:27a)
보아 버일러들의 집 지을 장소를

⇦ han gemu jorifi buhe, bufi meni meni boo tere babe
한(汗)이 모두 지정해주었다. 주어서 각자의 집 지을 장소를

dasame wajiha manggi, amba beile ini dasaha baci,
다 정비하고 나자 대버일러가 자신이 정비한 장소보다

ini amba haha jui yoto i tere babe sain
자신의 맏아들 Yoto가 살 곳이 좋다고

seme gūnifi, ini tembi seme dasaha babe,
생각하고 자신이 살려고 정비한 장소를,

⇦ han i dasaha baci onco sain,
"한(汗)이 정비한 장소보다 넓고 좋으니,

⇦ han be tekini seme fonjibuha manggi,
한(汗)이 살면 좋겠다"라고 여쭙게 하자

⇦ han tuwafi, (14:27b)
한(汗)이 보니

⇦ ini tembi sehe baci jaci onco mujangga,
자신이 살려고 했던 곳보다 몹시 넓은 것이 사실이었다.

← mini tembi seme dasaha bade, amba beile tekini,
"내가 살려고 정비한 곳에 대버일러를 살게 하고

← amba beile i dasaha bade, bi tere seme henduhe
대버일러가 정비한 곳에 내가 살겠다"라고 말했다. 그러자

manggi, amba beile,
대버일러가

⇦ han i dasaha babe isheliyen, boo be yangselame araci
"한(汗)이 정비한 곳이 좁으니 집을 빛나게 지어도

banjirakū, mini dasaha bade
살지 않겠다. 내가 정비한 곳에

⇦ han teci, minde gūwa i dasaha sain onco babe (14:28a)
한(汗)이 살 것이면 나에게 다른 사람이 정비한 좋고 넓은 곳을

bucina seme henduhe manggi, geren beise hendume,
다오"라고 말하니 여러 버일러들이 말하기를

si wei dasaha bade teki seme gūnihabi,
"너는 누가 정비한 곳에 살고 싶은지를 생각해두었을 것이니

sini gūniha babe gebuleme henduhe de,
네가 생각한 곳을 지정하여 말하면

⇦ han de, be fonjire seme henduhe, amba beile, geren
한(汗)께 우리가 여쭙겠다"라고 말했다. 대버일러가 "여러

beise suweni sarkū aibi, suweni mujilen i tuwafi
버일러들 너희가 모를 리가 있겠는가. 너희의 생각으로 보고

sain babe jorime fonjicina seme henduci, geren beise,
좋은 곳을 지정하여 여쭈려무나"라고 말하니, 여러 버일러가

⇦ ejen i gebulerakū bade hetu niyalma tere babe buki seme (14:28b)
"주인이 지정하지 않는 터에 관계없는 사람이 그곳을 주자고 하며

fonjici acambio seme fonjihakū, amba beile, ini
여쭈면 합당하겠는가"라고 하며 여쭙지 않았다. 대버일러가 그의

jui yoto i dasaha babe dasame dasafi teki seme
아들 Yoto가 정비한 곳을 다시 정비하여 살겠다 하고

henduhe manggi, geren beise ambasa de hebdehekū,
말하니, 여러 버일러들과 대신들에게 상의하지 않고

manggūltai beile,
Manggūltai 버일러가

⇦ han i baru amba age i boo arara babe geren i
한(汗)에게 "큰형의 집 지을 곳을 여럿에게

weilekini, alban i emu minggan niyalma be bufi
일을 시키고자 하니 공역인 1000명을 주어

dasabuki seme hendure jakade, manggūltai beile i gisun de, (14:29a)
정비하게 하십시오"라고 말하므로, Manggūltai 버일러의 말에

⇦ han, bufi weilebucina seme henduhe, alban i minggan haha be
한(汗)이 "주어서 일하게 하라"고 말했다. 공역인 1000명의 장정을

gaifi, na be sacime wehe be efuleme weilefi,
데리고 땅을 고르고 돌을 깨며 일하고 나서,

jai geli tere babe sain,
또 다시 그 땅을 좋다고

⇦ han be tekini seme fonjibuha manggi,
한(汗)이 살라고 여쭙게 하자

⇦ han tuwanafi,
한(汗)이 보러 가서

← mini neneme tembi seme dasaha bade, amba beile tekini, jai
"내가 전에 살려고 정비한 땅에 대버일러가 살게 하라. 그다음

← tembi sehe bade, musei beise i beye isafi sarilara amba (14:29b)
살려고 했던 땅에 우리 버일러들이 모여 주연을 벌일 큰

← yamun araki, amala dasaha bade mini beye teki
아문(衙門)을 지으라. 나중에 정비한 땅에 나 자신이 살겠다"라고

seme henduhe manggi, geren beise ambasa hendume,
말하니 여러 버일러들과 대신들이 말하기를,

⇦ han i beye teci, jai majige dasaki seme, jai emu
"한(汗)께서 몸소 사신다니 다시 조금 정비하자"라고 하여 다시

minggan niyalma bufi dasabuha, tere babe dasame wajifi,
사람 1000명을 주어 정비하게 했다. 그 땅을 정비하기를 마치고

⇦ han i tere ilan boo arara babe futalame wajiha manggi,
한(汗)이 살 세 집 지을 곳을 측량하기를 마치자

amba beile,
대버일러가

⇦ han i neneme tembi seme dasaha bade terakū, ba (14:30a)
"한(汗)이 이전에 살려고 정비한 땅에 살지 않겠다. 장소가

hafirahūn, gūwa bade teki seme, amin beile be
좁으니 다른 곳에 살고 싶다"라고 하며 Amin 버일러에게

fonjibure jakade,
여쭙게 한 까닭에

⇦ han, tere babe hafirahūn ajigen seci, mini dasaha
한(汗)이 "그 땅을 좁고 작다고 하면 내가 정비한

← bade bi tere, sini dasaha babe dele sain
곳에 내가 살겠다. 네가 정비한 곳이 더 좋다고

← seme, tuttu tere dele sain bade sini buya
하면, 그렇게 더 좋은 그 땅에 너의 어린

← juse be gaifi, yangselame arafi tekini seme hendufi,
자식들을 데리고 잘 꾸며서 짓고 살라"고 말하고

⇦ han i neneme tembi sehe bade, (14:30b)
한(汗)이 먼저 살겠다고 했던 곳에

⇦ han i boo araha, ilan jergi dasaha babe amba
한(汗)의 집을 지었고 세 차례 정비한 곳을 대버일러에게

beile de buhe.
주었다.

제15권

천명(天命) 5년(1620) 4월부터 6월까지

tofohoci debtelin,
abkai fulingga i sunjaci
aniya duin biyaci ninggun
biyade isinahabi.

---

tongki fuka sindaha hergen i dangse. (15:1a)
유권점 당안

○ duin biyai juwan nadan de, sunja tatan i kalka i
4월 17일에 Kalka 5부의

beise de unggihe
버일러들에게 보낸

⇦ bithei gisun, liyoodung ni ba i bithe coohai geren hafasa,
글이다. "요동(遼東) 지역의 문무의 여러 관리가

← mini emgi gashūre jalin de geren hebdefi, han de
나와 맹세하기 위하여 여럿이 상의하여 명(明) 황제에게

← bithe wesimbufi,
글을 올려서

⇦ abka de šanggiyan morin be wafi senggi some, jasei
하늘에 흰말을 죽여서 피를 뿌리며, 경계

← ninggude wehe i bithe ilibume, han i jase be, nikan (15:1b)
위에 석비를 세우고, '명 황제의 경계를 한인이든

← jušen yaya ume dabame yabure seme hendume, han i
여진인이든 누구도 넘어다니지 말라'고 말하며, 명 황제의

← jasei jalin de gashūha kai, tuttu gashūfi, suwe
경계에 대해서 맹세한 것이다. 그렇게 맹세하고서 너희는

← abka be kiyangdulame, gashūha gisun be aifufi jase be
하늘에 억지를 부려, 맹세한 말을 식언하고 경계를

← dabame, suweni nikan cooha jase tucifi, mimbe nadan
넘어 너희 명 군사가 경계를 나와 나를 칠대한(七大恨)을

← amba koro korobufi, te geli lio be wen i
품게 했다. 이제 또 유백온(劉伯溫)의[1]

← gisun de latunahabi, tere lio be wen serengge, duleke
말에 집착하고 있다. 그 유백온이라는 자는 지나간

← julgei niyalma kai, ganio joriha gese lio be wen i (15:2a)
옛사람이다. 불길한 것을 가리킨 것 같은 유백온의

← gisun, ehe sain ocibe, emgeri jorime wajiha kai,
말은 나쁘든 좋든 한 차례 가리켜 보이고 만 것이었다.

← suwe te neneme abka be kiyangdulaha be aliyame,
너희가 이제 이전에 하늘에 억지를 부린 것을 후회하며,

← dekdehe dain be nakabume, han i doro dasame taifin
일으킨 전쟁을 그치게 하며, 황제의 도리로 다스려 태평하게

← ojoro sain gisun be gisurerakū, baibi julgei gisun be
될 좋은 말을 하지 않고 공연히 옛말을

← gūwaliyambume bithe araha seme we akdara, suweni gurun
바꾸어서 글을 썼다 한들 누가 믿겠는가. 너희의 나라가

← hūturi baime
복을 구하며

1) 유기(劉基, 1311~1375)는 한족이고 자(字)는 백온(伯溫)이다. 명나라 초기의 개국 공신이다. 문무 지략에 뛰어나서 제갈량에 비견된 인물이다.

⇦ abkai šajin i onco tondo mujilen be jafafi banjire de, (15:2b)
하늘 법도의 넓고 바른 마음을 가지고 살았기에

⇦ abka saišafi suwembe amba gurun obuhabi dere, suweni onco tondo
하늘이 칭찬하며 너희를 대국이 되게 한 것일 것이다. 너희가 넓고 바른

← hūturi baime banjire mujilen be waliyafi, hūsun be,
복을 구하며 사는 마음을 버리고 힘과

← geren be dele arafi, hutu i mujilen be
다수를 위에 두며 악한 마음을

← jafara jakade,
가졌기 때문에

⇦ abka suwembe neneme tukiyefi amba araha be wakalafi,
하늘이 너희를 이전에 흥기시키고 크게 만든 것을 질책하고

⇦ abka ajigen arafi jobobuci, niyalmai beyebe niyalma salihabio, bi
하늘이 작게 만들어 고통을 주니, 사람의 일이지만 사람이 관장한 것이겠는가. 내가

← daci nikan gurun de ehe, dain araki seme, (15:3a)
원래 명나라에 악의가 있어서 전쟁을 해야겠다고

← dolo encu gūnire, oilo anggai holtome sain gisun
속으로는 달리 생각하면서 겉으로 입으로 속이며 좋은 말을

← gisurehe bici,
했다면

⇦ abka mimbe ainu gosire bihe, mini
하늘이 나를 어찌 사랑하겠는가. 나의

⇦ ama,
아버지,

⇦ mafa, umai weile akū banjire de, nikan jasei tulergi
할아버지는 전혀 죄가 없이 사는데 명이 경계 밖의

← weile de dafi baibi waha,
일에 간섭하여 공연히 죽였다.

⇦ ama, (15:3b)
아버지,

⇦ mafa be wacibe, bi ehe gūnihakū,
할아버지를 죽여도 나는 나쁘게 생각하지 않았다.

⇦ ama,
아버지,

⇦ mafa i weile be gidame,
할아버지의 일을 덮고

⇦ abka de šanggiyan morin wafi senggi some, jasei ninggude
하늘에 흰말을 죽여서 피를 뿌리며 경계 위에

← wehe i bithe ilibume gashūha kai, tuttu gashūfi, tondo
석비를 세우며 맹세했다. 그렇게 맹세해도 바르게

← banjire niyalma be geli waki seme, jasei tule
사는 사람을 또 죽이려고 경계 밖으로

← nikan cooha tucifi, mimbe nadan amba koro korobuha (15:4a)
명 군사가 나와서 나를 칠대한을 품게 하니

← manggi, bi gūnime, ere nikan gurun mini ainaha
내가 생각하기를 '이 명나라를 내가 어떻게 해도

← seme hokorakū nikai seme, mini beye te olhome
벗어날 수가 없구나'라고 하여 내가 몸소 이제 조심스럽게

⇦ abka de mini nadan koro be bithe arafi deijime
하늘에 나의 칠대한을 글로 써서 불사르며

← habšafi, deribuhe dain ere inu, bi jetere eturengge
고발하고 시작한 전쟁이 이것이다. 내가 먹을 것, 입을 것을

← baharakū de bahaki seme deribuhe dain waka,
얻지 못하여 얻자고 시작한 전쟁이 아니다.

⇦ abkai salgabufi mini baci tucire ulin, ilan hacin i seke,
하늘이 부여해주어서 나의 땅에서 나는 재물로는, 세 종류의 담비 털가죽,

← sahaliyan šanggiyan fulgiyan ilan hacin i dobihi, silun, yarga, (15:4b)
검은색, 흰색, 붉은색 세 종류의 여우 가죽, 스라소니, 표범,

← lekerhi, tasha, hailun, ulhu, solohi, elbihe, buhi, gihi,
해달, 호랑이, 수달, 청설모, 족제비, 너구리, 사슴, 노루 등과

← tenteke furdehe bi, kubun, yohan, boso, jodon, dabsun,
같은 동물의 가죽이 있고, 솜, 풀솜, 베, 갈포(葛布), 소금,

← jai aisin, menggun, sele gemu na ci tucimbi,
그리고 금, 은, 철 등이 모두 땅에서 난다.

← tere gemu bi, eture jeterengge gemu bahabi, niyalma
이런 것들이 다 있어서 입을 것과 먹을 것을 모두 얻는다. 사람이

← beikuwen de geceme bucembi dere, halhūn de wenjeme
추위에는 얼어서 죽겠지만 더위에는 뜨거워서

← bucerakū kai, beikuwen de eture furdehe bici tetendere,
죽지는 않는다. 추위에 입을 가죽이 있으니 그렇다면,

← mini ere dain deribuhengge, weri ulin be bahaki, (15:5a)
내가 이 전쟁을 시작한 것은 남의 재물을 얻자고,

← weri bade teki seme deribuhe dain waka,
남의 땅에 살자고 시작한 전쟁이 아닌 것이다.

⇦ abka de akdulame gashūfi, eitereme tondo banjici ojorakū ofi,
하늘에 굳게 맹세하고서 아무리 바르게 살아도 안 되어서,

← mini beye te olhome deribuhe dain, te bicibe, dain
내 몸소 이제 저어하며 시작한 전쟁이다. 이제라도 전쟁을

← nakafi sain doro be jafafi banjiki seme gisureci,
그치고 좋은 도리를 지키며 살자고 말한다면

← bi inu umai serakū, suwe kalka i beise de
나도 아무 말하지 않겠다. 너희는 Kalka의 버일러들에게

← šang nonggime bure, han i suwayan bithe wasire be
'상을 더해서 주겠다. 황제의 칙서가 내려오는 것을

← aliya seme holtome gisureme, jase niohume jabdufi jai (15:5b)
기다리라'고 속여 말하고 그 틈을 타서 경계에 담을 쌓고는 또

← šang nonggimbi sehe gisun be nakafi, šang nonggime
상을 더하겠다는 말을 파하고 상을 더하여

← buhekū, kalka i beise tede ushafi, minde emu hebe
주지 않았다. Kalka의 버일러들이 그것에 화가 나서 나와 협의하여

← ofi nikan be dailambi seme,
'명나라를 정벌하겠다'라고

⇦ abka na de akdulame gashūhabi, dain be nakafi sain
하늘과 땅에 확고히 맹세했다. 전쟁을 그만두고 좋은

← doro jafafi sain banjiki seci, suweni neneme bumbi seme
도리를 지키며 사이좋게 살고자 한다면, 너희가 먼저 준다고

← holtome gisurefi šang buhekū be, nikan suweni beyebe
속여 말하고 상 주지 않은 것에 대해서 명 너희 자신을

← suwe wakalame, mini emgi emu hebe oho kalka i (15:6a)
너희가 질책하며, 나와 한뜻이 된 Kalka의

← beise de, ini fe šang ni dele nonggime bu,
버일러들에게 그들의 옛 상에 더하여 주라.

← jai mini nadan koro i jalin de, liyoodung ni babe
또 나의 칠대한을 보상하기 위하여 요동(遼東) 땅을

← anggai icihiyame waliya, liyoha bira be jase obufi,
협의하여 포기하라. 요하(遼河)강을 경계로 하여

← muse ilan gurun sain banjiki, liyoodung be, hairan ci
우리 세 나라가 사이좋게 살자. 요동을 Hairan에서

← tai dzy ho bira be jase obufi,
태자하(太子河)까지를 경계로 삼고

⇦ abka na de dasame akdulame gashūfi sain banjiki seci,
하늘과 땅에 다시 굳게 맹세하고 사이좋게 살고자 한다면,

← liyoha ci ebsi, liyoodung ni ba i jalin de, mini (15:6b)
요하에서부터 이쪽, 요동 땅에 대하여 나의

← nadan koro i jalin de adarame bumbi, suweni bure
칠대한을 보상하기 위하여 어떻게 줄 것인가. 너희가 하는

← gisun be bi donjire, meni meni gurun ofi,
말을 내가 듣겠다. 각각의 나라가 되어서

← hūda hūdašame banjici tetendere, mini ere gisun be
장사를 하며 살겠다면, 그렇다면 나의 이 말이

← inu seci, hūdun gisure, cihakū oci bisu, jai
옳다고 하면 빨리 말하라. 마음에 들지 않는다면 그냥 있고,

← dain be yaya ume nakara,
전쟁도 일체 그치지 말라.

⇦ abka simbe uruleci, si mimbe mini šanggiyan alin de isibu,
하늘이 너를 옳다고 하면 너는 나를 나의 백두산(白頭山)에[2] 보내라.

頭註: gingguleme kimcici, ainci liyoodung ni bai jalin de hebdeme gisureme icihiyame toktobufi wacihiya sere gūnin dere. [신중하게 살펴보니, 아마도 요동 땅에 대하여 상의하고 처리하여 정해서 끝내라고 하는 뜻일 것이다.]

2) 『滿洲實錄』에서도 백두산을 šanggiyan alin으로 기록하기도 한다.

⇦ abka mimbe uruleci, bi simbe nan ging de isibure, bi yaya (15:7a)
하늘이 나를 옳다고 하면 나는 너를 남경(南京)에 보낼 것이다. 나는 어떤

← gurun de hitahūn i gese weile ararakū,
나라에도 손톱만큼의 죄도 짓지 않는다.

⇦ abkai gamara arbun be tuwarakū, fudarame weile araha niyalmai
하늘이 이끄는 형세를 보지 않으면서, 거스르며 죄를 지은 사람이

← jabšaha be geli sahao, sain de sain karu,
성공한 것을 또 보았는가. 선(善)에는 좋은 보답이,

← ehe de ehe karu, urunakū isimbi kai, gūwa goidara be
악(惡)에는 나쁜 응보가 반드시 미치는 것이다. 어떤 이는 더디다고

← hendumbi dere, atanggi bicibe isimbi kai, yehe i bujai,
말할 것이나 언젠가는 미칠 것이다. Yehe의 Bujai와

← narimbulu i ama cinggiyanu, yangginu be, nikan gurun i wan lii
Narimbulu의 아버지인 Cinggiyanu와 Yangginu를 명나라의 만력제(萬曆帝)가

← han, keyen i hecen de, ulin ambula bumbi seme (15:7b)
개원성(開原城)에 재물을 많이 주겠다고

← jaldame gamafi waha, yehe i bujai, narimbulu, ama be
꾀어 데리고 가서 죽였다. Yehe의 Bujai와 Narimbulu가 아버지를

← waha batangga nikan gurun be dailarakū,
죽인 원수인 명나라를 치지 않고,

⇦ abkai jorime banjibuha niyalma be, umai weile akū de
하늘이 정하여 태어나게 한 사람을 전혀 죄가 없는데도

← baibi waki seme, yehe i bujai, narimbulu, hada i menggebulu,
공연히 죽이고자 하며, Yehe의 Bujai와 Narimbulu, Hada의 Menggebulu,

← ula i bujantai, hoifa i baindari, monggo i unggadai, manggūs,
Ula의 Bujantai, Hoifa의 Baindari, 몽골의 Unggadai와 Manggūs,

← minggan, konggor, uyun halai gurun acafi cooha jihe be
Minggan, Konggor 등 아홉 성(姓)의 나라가 모여 출병한 것을

⇦ abka wakalafi, yehe i bujai wabuha, ula i bujantai weihun jafabuha, (15:8a)
하늘이 질책해서 Yehe의 Bujai가 죽임을 당했고, Ula의 Bujantai가 산 채로 잡혔으며

← monggo i minggan beile etuhe fakūri waliyafi, enggemu akū
몽골의 Minggan 버일러는 입은 바지를 버리고 안장이 없는

← morin yalufi, arkan tucifi genehe,
말을 타고 겨우 빠져나갔다.

⇦ abkai jorime banjibuha niyalma be, umai weile akū de
하늘이 정하여 태어나게 한 사람을 아무런 죄가 없는데도

← baibi waki seme cooha jifi wabuha, jafabuha, jobohongge
공연히 죽이고자 하여 군대가 와서 죽임을 당하고 잡히고 고통 받은 것이

← tere inu, nikan, jasei tulergi
그것이다. 명나라가, 경계 밖의

⇦ abkai wakalaha yehe de dafi, mini nikan gurun amban,
하늘이 질책한 Yehe를 도와, '나 명나라는 크고

← mini cooha geren seme ertufi bi sere seme (15:8b)
나의 병사도 다수이다'라고 하며 세를 믿고서 나를 파리알이라고 하며

← akdabuha be
기대게 한 것을

⇦ abka wakalafi, nikan i dehi tumen cooha be
하늘이 질책하여 명의 군사 40만을

⇦ abka gemu waha kai, coohai ejen yuwanšuwai, du fung ši, ici
하늘이 모두 죽인 것이다. 군사의 수장, 원수인 두풍자(杜瘋子),[3] 우군

---

3) '瘋子'는 '미치광이'라는 의미이며, 성격이 급하고 지모가 없는 두송(杜松)을 비하하여 부른 이름이다. 『滿文原檔』에는 dufungse로 표기되어 있다.

← ergi dzung bing guwan lio ting, bithe coohai amba
총병관(總兵官) 유정(劉綎), 문무 대관

← hafan juwan funceme, buya hafan minggan isime waha,
10여 명과 소관리를 1000명에 달하도록 죽였다.

← nikan i fusi, niowanggiyaha, keyen, cilin i hecen be efulehe,
명나라의 무순(撫順), 청하(淸河), 개원, 철령(鐵嶺)의 성을 무너뜨렸다.

← buya hoton be ya be hendure, (15:9a)
작은 성은 말하여 무엇 하겠는가.

⇦ abka na i sidende ai hacin i gurun akū,
하늘과 땅 사이에 어떤 나라가 없겠는가.

⇦ abka na i salgabufi banjiha hacin hacin i gurun de, gemu
하늘과 땅이 부여하여 생긴 갖가지 나라에, 모두

← nikan gurun bume etume jeme banjimbio, hacin hacin i
명나라가 주어 입으며 먹으며 사는가. 갖가지

← gurun i eture jeterengge, gemu meni meni giyan i fulinggai
나라가 입는 것과 먹는 것은 모두 각각의 이치와 천복으로

← salgabufi etume jeme banjimbi kai, ere dain be we
부여한 대로 입고 먹으며 사는 것이다. 이 전쟁을 누가

← buyehebi, ere nikan i alimbaharakū gidašara korsobure de akafi
원했는가. 이 명이 참을 수 없게 업신여기고 원한을 품게 하므로 마음이 상해서

← dosorakū dain deribuhe dere, solho, monggo, ba ba i gurun i (15:9b)
참지 못하고 전쟁을 시작했던 것이다. 조선(朝鮮), 몽골 등 곳곳의 나라의

← han gūnifi, dain be nakabuki, waka uru be dacilafi,
한(汗)이 생각하여 '전쟁을 끝내자. 옳고 그름을 따져서

← waka be henduki, uru niyalma be jombuki seci,
잘못을 말하자. 옳은 사람을 분명히 가리자'라고 한다면

← suweni gisun be bi donjire, waka uru be
너희의 말을 내가 듣겠다. 옳고 그름을

← dacilarakū, amba gurun i dere be tuwame dambi seci,
따지지 않고 큰 나라의 체면을 보아 편을 든다면

← suweni dara be ainara,
너희가 편드는 것을 어찌하겠는가.

⇦ abkai ciha dere, solho han, si emu encu gurun
하늘의 뜻이리라. 조선의 왕, 너는 별개의 나라가

← wakao, nikan i waka uru be dacilame fonjifi, nikan (15:10a)
아닌가. 명의 옳고 그름을 따져 묻고 나서, 명이

← uru oci dacina, waka bade ainu dambi,
옳으면 편을 들어도 좋다. 그른 데에 어찌 편을 드는가.

⇦ abkai wakalaha nikan de dafi cooha jihe solho be
하늘이 책망한 명을 도와 출병한 조선을

⇦ abka wakalafi, ilan tumen solho cooha be
하늘이 책망하여, 조선군 3만을

⇦ abka waha, coohai ejen du yuwanšuwai giyang gung liyei, fu
하늘이 죽였고, 군대의 수장인 도원수(都元帥) 강홍립(姜弘立)과

← yuwanšuwai be, jai orin funceme buya hafasa be
부원수(副元帥), 그리고 20여 명의 소관리를

← gemu weihun jafaha, dain gurun i uju be sefereme
모두 생포했다. 적국의 수장과 손을 잡고

← banjiha monggo gurun coohai amba ejen jaisai, (15:10b)
지낸 몽골국 군사의 대(大) 수장 Jaisai는,

⇦ abkai wakalaha nikan de, bi cooha dara, minde šang
하늘이 책망한 명나라에 '내가 군사를 원조하겠다. 나에게 상을

← ambula gaji seme ududu jergi
크게 가지고 오라'고 몇 차례

⇦ abka de gashūha be
하늘에 맹세한 것을

⇦ abka wakalafi, jaisai tumen cooha be gaifi, uksin saca
하늘이 책망하여, Jaisai가 군사 1만을 이끌고 갑옷과 투구를

← etufi minde afanjifi, afaci,
입고 나에게 싸우러 와서 싸우니,

⇦ abka gosime mini coohai niyalma feye hono bahakū, jaisai
하늘이 사랑하여 나의 군사를 상처 하나 내지 않고, Jaisai의

← tumen cooha be gemu waha, jaisai ini beyebe (15:11a)
1만 군사를 모두 죽였다. Jaisai는 자기 자신을

← alin de banjiha horonggo alha tasha gese, deyeme
산에 사는 위엄 있는 흰 반점 호랑이처럼, 날아

← yabure doksin gasha i gese gūnime yabuha, jaisai beyebe
다니는 맹금(猛禽)처럼 생각하며 행동했으나, Jaisai의 몸을

← gidame jafaha, jaisai ilan jui, juwe deo, ilan
진압하여 잡았고, Jaisai의 아들 셋, 동생 둘,

← hojihon, coohai ejen, ujulaha beise, ambasa orin funceme,
사위 셋, 군대의 수장, 우두머리 버일러들, 대인들 20여 명,

← juwe tanggū coohai niyalma be gemu weihun jafaha,
군사 200명을 모두 산 채로 잡았다.

⇦ abkai wakalaha nikan de akdafi bihe yehe gurun be
하늘이 책망한 명에 기대어 있던 Yehe를

⇦ abka wakalafi, bi muduri erinde afaha, meihe erin i onggolo (15:11b)
하늘이 책망하여 내가 진시(辰時)에 공격하여 사시(巳時)가 되기 전에

← gaiha, julge dailiyoo gurun i han, nikan gurun i jao
정벌했다. 옛 대요국(大遼國)의 황제가 송나라의 조(趙)

← hoidzung han be dahabufi, monggo, solho, yaya gurun be
휘종(徽宗) 황제에게 항복을 받고, 몽골, 고려 등 모든 나라에게

← gemu dahabufi, nioi jy gurun i ba i ula i bira de
모두 항복을 받고서, 여진국 땅의 Ula강에서

← nimaha hūrhadafi, ajin nimaha i jalin de sarin sarilara de,
그물로 물고기를 잡으니 철갑상어가 잡혀서 주연을 베풀었다.

← nioi jy gurun i ambasa be gemu maksibufi, agūda
여진국의 대인들을 모두 춤추게 했는데, Agūda라는

← gebungge amban be maksi sefi, maksirakū ojoro jakade,
대인을 춤추라고 했으나 춤추지 않자

← dailiyoo tiyan dzo han, ini siyoo fung siyan gebungge (15:12a)
대요국의 천조(天祚) 황제가 자신의 소봉선(蕭奉先)이라는

← amban i baru hendume, ere agūda, maksi seci maksirakū
대신에게 말하기를 '이 Agūda가 춤추라 해도 춤추지 않으니,

← oci, jai mini gisun be dahambio, ere be aika
또 나의 말을 따르겠는가. 이 자를 무슨

← weile tucibufi waki seme hendure jakade, siyoo fung siyan
죄든 내세워 죽이라'고 말했다. 그러자 소봉선이

← tafulame hendume, ere muwašame banjire gurun kai, erei
말리면서 말하기를 '이 자는 거칠게 사는 백성입니다. 이 자의

← dolo aikabade ehe mujilen akū tondo ohode, untuhuri
속에 만약 나쁜 마음이 없이 바르다면 공연한 일을

← ojorahū dere, jai umai weile akū, damu maksihakū
하는 것일까 우려됩니다. 그리고 아무 죄도 없이 다만 춤추지 않았다는

← jalin de adarame wara seme hendure jakade, agūda be, (15:12b)
이유로 어찌 죽이겠습니까'라고 말하므로 황제가 Agūda를

← han wara be nakaha sere, tere gisun be agūda
죽이지 않았다고 한다. 그 말을 Agūda가

← donjifi, dailiyoo de olhome, hoton hecen arafi, ba
듣고 대요국을 두려워하여 성을 쌓고 곳곳을

← na be bekilefi dain ojoro jakade,
굳게 지켜서 전쟁이 일어나자

⇦ abka, agūda be urušefi, dailiyoo gurun be gemu dahabufi,
하늘이 Agūda를 옳게 여겨 대요국을 모두 항복하게 했다. 그리고

← dailiyoo i tiyan dzo han be weihun jafafi, emu
대요국의 천조 황제를 산 채로 잡아서 한

← hošo de unggifi, han be wasibufi hai bin wang
변방에 보내어서 황제를 폐하고 해빈왕(海濱王)이라는

← sere wang obuha, aisin gurun i agūda han, dailiyoo be (15:13a)
왕이 되게 했다. 금나라의 Agūda 황제가 대요국을

← dailame wacihiyafi, dailiyoo i jang giyo gebungge amban, tubai
정벌하기를 마친 후에 대요국의 장각(張覺)이라는 대신이 그곳의

← bing jeo hecen be gaifi, nikan de ubašafi,
평주성(平州城)을 이끌고 송(宋)으로 이반했는데

← aisin han amasi gaji seci, nikan burakū ofi,
금나라 황제가 되돌려달라고 해도 송이 주지 않았다.

← tereci aisin han, nikan gurun be dailafi, nikan i
그러자 금나라 황제가 송을 정벌하여 송의

← jao hoidzung, jao kindzung, ama, jui juwe han be,
조 휘종, 조 흠종(欽宗), 부자지간인 두 황제를

← biyan ging ni hecen ci jafafi, šanggiyan alin i šun
변경성(汴京城)에서 잡아서 백두산의 해

← dekdere ergide sunja gurun i hecen de unggifi, aisin (15:13b)
뜨는 쪽에 있는 오국성(五國城)에 보내어서 금의

← han, jao hoidzung han be wasibufi farhūn gung,
황제가 조 휘종 황제를 폐위하여 혼공(昏公),[4]

← jao kindzung han be wasibufi farhūn heo sere
조 흠종을 폐위하여 혼후(昏侯)라는[5]

← hergen buhe sere,
직위를 주었다 한다.

⇦ abkai wakalaha gurun de dafi,
하늘이 책망한 나라를 도와서,

⇦ abkai jorime banjibuha niyalma be waki seme dailafi ufaraha
하늘이 정해서 태어나게 한 사람을 죽이고자 하여 전쟁을 했지만 실패한

← kooli tere inu, jai tai hoo han i ningguci
전례가 그것이다. 또 태화제(泰和帝)[6] 재위 6년[7]

← aniya sunja biyade, monggo gurun i ejen temujin, (15:14a)
5월에 '몽골국의 수장 Temujin이

← ging jeo hoton de hengkileme alban benjire be alime
정주성(靜州城)에 절하기 위하여 공물을 가지고 오는 것을

← gaisu seme, aisin tai hoo han, ini eshen yungji
받으라'고 하여 금의 태화제가 그의 숙부 영제(永濟)라는[8]

---

4) 혼덕공(昏德公)이다.
5) 중혼후(重昏侯)이다.
6) 금 장종(章宗)이며 재위 기간은 1201년부터 1208년까지이다.
7) 1206년.
8) 원래 이름은 윤제(允濟)였으나 황제로 즉위하고 나서 영제로 고쳤다.

← gebungge wang be unggihe sere, yungji genefi, ging jeo
왕을 보냈다고 한다. 영제가 가서 정주성에

← hecen de isinafi, monggo gurun i alban benjihe temujin be
이르러서, 몽골국의 공물을 가지고 온 Temujin을

← tuwaci, jergi niyalma ci encu hacin i banjiha be
보니 평범한 사람과 다르게 생긴 것을

← takafi, temujin be ini bade amasi bederehe amala,
알고 Temujin에 대해, 자신의 땅에 되돌아간 후에,

← yungji, aisin han de hendume, ere temujin, muse de (15:14b)
영제가 금나라 황제에게 말하기를 '이 Temujin은 우리에게

← enteheme alban bure niyalma waka, yamka fonde, musei
언제까지나 공물을 줄 사람이 아닙니다. 어느 때엔가 우리의

← doro be ehe obure niyalma kai, ere be jasei
정권을 나쁘게 할 사람입니다. 그를 경계를

← turgunde aika weile tucibufi waki seme hendure jakade,
구실로 어떤 죄든 내세워 죽입시다'라고 말했다. 그러자

← aisin tai hoo han hendume, hengkileme alban benjime
금의 태화제가 대답하기를, '절하며 공물을 가지고 와서

← dahame yabure niyalma be waci, jai duin hošoi
복종하러 오는 사람을 죽이면 또 사방(四方)

← gurun i niyalma, muse de adarame dahame yabumbi seme
나라의 사람들이 우리에게 어찌 복종하러 오겠는가'라고 하며

← hendume, gisun gaihakū sere, tere gisun be temujin (15:15a)
말을 받아들이지 않았다 한다. 그 말을 Temujin이

← donjifi, ini beye yabure be nakafi, ambasa be yabubuha
듣고 나서 그가 몸소 다니는 것을 그만두고 대인들을 다니게 했다고

← sere, aisin tai hoo han bucehe manggi, temujin be
한다. 금 태화제가 죽은 후 Temujin을

← waki sehe yungji be han tebuhe manggi, temujin
죽이자고 한 영제를 황제가 되게 한 후, Temujin이

← donjifi, aisin gurun i elcin de fonjime, han i beye
듣고 금나라의 사신에게 묻기를 '황제가

← akū oci, sirame we be han tebuhe seme
죽고 나서 뒤이어 누구를 황제로 옹립했는가'라고

← fonjiha manggi, elcin alame, han i eshen dai ding
물었더니 사신이 말하기를 '황제의 숙부인, 대정제(大定帝)의

← han i nadaci jui yungji be han tebuhe seme (15:15b)
일곱째 아들 영제를 황제로 옹립했다'라고

← alara jakade, temujin hendume, suweni dulimbai aisin gurun be
알리자 Temujin이 말하기를 '너희 중앙의 금나라를

⇦ abkai adali banjimbi seme gūniha bihe kai, yungji be han
하늘처럼 산다고 생각해 왔다. 그러나 영제를 황제로

← tebuci, suwe inu niyalma nikai seme julesi cifeleme
옹립하다니 너희도 사람이구나'라고 남쪽으로 침을 뱉으며

← hendufi, tereci yabuhakū, ehe gūnifi dailara jakade,
말하고는 그 뒤로 왕래하지 않았다. 나쁘다고 생각하여 전쟁을 하니

⇦ abka, temujin be saišafi, aisin han i doro be monggo
하늘이 Temujin을 칭찬하여 금나라 황제의 정권을 몽골의

← cinggis han de gaibuha sere, cinggis han i amala,
Cinggis 한(汗)에게 갖게 했다고 한다. Cinggis 한(汗) 이후에

← hūbilai secen han i arafi tehe daidu hecen be, (15:16a)
Hūbilai Secen 한(汗)이 건설해서 살던 대도(大都)를

← tohon temur han i fonde, nikan i hūng u han
Tohon Temur 한(汗) 시절에 명의 홍무제(洪武帝)가

← durifi tehe sere, mini donjiha julgei gisun tere
빼앗아서 살았다고 한다. 내가 들은 옛말이 바로 이것이다.

← inu, ere liyoodung ni ba be anggai icihiyame
이 요동 지역을 협의하여

← gisurefi waliya seci, [原檔殘缺] aikabade maraci, sini
말하고 포기하라 하니 □□□ 만약에 거절해도

← emhun i ba waka kai, julgei jalan jalan i banjiha
너 혼자만의 땅이 아니다. 옛날에 대대로 살아온

← kooli be tuwaci,
선례를 보아도,

⇦ abkai wasibure fon isika manggi, enduri gese mergen gurun, (15:16b)
하늘이 쇠하게 할 때가 되면, 신처럼 지혜로운 나라가

← mergen be waliyabufi mentuhun ofi liyeliyefi, tondo sain
지혜를 잃고 우둔해지고 혼미해져서, 충직하고 훌륭한

← niyalmai gisun be gaijarakū, ehe holo niyalmai belere
사람의 말을 받아들이지 않고, 나쁘고 거짓말하는 사람의 무고하는

← gisun be gaimbi, tondo sain jurgan be yaburakū,
말을 받아들인다. 충직하고 훌륭한 뜻을 행하지 않고

← ehe jurgan be yabume gurun be efulembi,
나쁜 뜻을 행하여 나라를 멸망시킨다.

⇦ abkai dekjibure erin isika manggi,
하늘이 흥하게 하는 때가 이르면

⇦ abka dekjibume mentuhun niyalma mergen ombi, ehe niyalma sain
하늘이 흥하게 하여 우둔한 사람이 지혜롭게 되며 나쁜 사람이 훌륭하게

← ombi, tere gurun i banjire jurgan gemu jabšabufi, gisurere (15:17a)
된다. 그 나라가 살아가는 뜻이 모두 이루어지고, 말하는

← gisun gemu tondo uru be gisurembi, bi, nikan
말은 모두 바르고 옳은 것을 말한다. 나는 명

← sini baru forofi gisurerakū seme gūniha bihe, kalka i
너를 향해서 아무 말 하지 않으려고 생각했었으나, Kalka의

← dureng hūng baturu, ebugedei hūwang taiji i dolo, gebu
Dureng Hūng 바투루와 Ebugedei Hūwang 타이지는 마음속으로 명예와

← doro be gūnime, mini emgi emu hebe ofi,
도리를 생각하여, 나와 함께 한뜻이 되어

← nikan be dailaki sembi dere, buya beise, amba gurun i
명을 정벌하겠다고 말하는 것이리라. 소 버일러들은, 큰 나라

← niyalmai dolo, nikan de acaki seme gūnimbi ayoo
사람이 마음속으로 명과 화해하고자 생각하는 것은 아닐까

← seme gūnifi, dureng hūng baturu, ebugedei hūwang taiji (15:17b)
하고 생각하니, Dureng Hūng 바투루와 Ebugedei Hūwang 타이지의

← dere be gūnime hendure gisun ere inu.
체면을 생각하며 말하는 것이 바로 이것이다."

○ sunja biyai ice de, tabcin dosifi karun be
5월 초하루에 노략질하러 들어가서 초소를

gidafi, emu tanggū isirakū olji baha, juwan
공격하여 100명에 못 미치는 포로를 잡았다. 18일에

jakūn de, tabcin dosifi olji ilan tanggū
노략질하러 들어가서 300명에 달하는 포로를

isime baha.
잡았다.

(15:18a)

○ ninggun biyai ice duin de,
6월 초나흘에

⇦ han hendume, gurun i niyalma aika gisun be, han i beyede
한(汗)이 말하기를 "나라의 사람은 무슨 말이든 한(汗)에게 직접

← alaki habšaki sere niyalma bici, han i beyede ume
아뢰거나 고발하려는 사람이 있으면, 한(汗)에게 직접

← habšara, gūniha gisun be bithe arafi, dukai tule
고발하지 말라. 생각한 말을 글을 써서 문 밖에

← ilibuha juwe moo de lakiyanju, tere bithe be
세워둔 두 나무에 와서 걸으라. 그 글을

← tuwame beidere seme hendufi, dukai tule juwe
보고 판결하겠다"라고 말하고 문 밖에

moo ilibuha. (15:18b)
나무 둘을 세웠다.

○ juwan juwe de, jeku gaime yafahan cooha be
12일에, 곡식을 빼앗으러 보병을

gamame, fusi golo be cooha dosifi, simiyan i
데리고 무순로(路)에 군사가 들어가서 심양성(瀋陽城)에서

hecen de juwan ba i dubede isitala feksifi,
10리 끝에 이르도록 질주하여서

nikan cooha be tanggū isime waha, duin
100명에 달하는 명 병사를 죽이고 4000명의

minggan olji baha, eye i jeku be feteme
포로를 잡았다. 움 구덩이에 넣어둔 곡물을 파

tucibufi gajiha, jarut ba i daya taiji de (15:19a)
내어서 가지고 왔다. Jarut 지역의 Daya 타이지에게

elcin genehe hulei, gajire jakūn morin, dehi
사신으로 갔던 Hulei가 가져오는 말 여덟 마리, 소 44마리,

duin ihan, emu tanggū honin be, jarut i
양 100마리를 Jarut의

jongnon angga, jocit keoken, tere ilan beile i
Jongnon, Angga, Jocit Keoken 등 세 버일러의

cooha jugūn tosofi, yaluha morin, etuhe etuku,
군사가 길을 막고서 탄 말, 입은 옷,

ashaha jebele beri be, ninggun biyai ice
차고 있던 화살통과 활을, 6월 초나흘에

duin de gemu gaiha.
모두 빼앗았다.

(15:19b)

○ ice jakūn de, monggo i sunja tatan i kalka de
초여드레에 몽골의 Kalka 5부에

genehe elcin isinjiha,
갔던 사신이 돌아왔다.

⇦ han de alame, kalka i monggo i beise, gemu gisun
한(汗)에게 고하기를 "Kalka 몽골의 버일러들은 모두 말을

gūwaliyakabi, ooba daicing de juwe jergi acaki seci,
바꾸었습니다. Ooba Daicing에게 두 차례 만나자 해도

acabuhakū, geren beise i elcin jihekū, damu juwe
만나지 못했으며, 여러 버일러들의 사신이 오지 않았고 다만 두

beile i elcin jihe, dureng hūng baturu beile
버일러의 사신만 왔습니다. Dureng Hūng 바투루 버일러가

hendume, mini juse omosi mujilen gemu gūwaliyakabi, (15:20a)
말하기를 '나의 자식들과 손자들의 마음이 모두 변했으니

bi ainaha seme
내가 어찌하겠는가'라고 하며

⇦ han de ehe ojorakū, mini juse omosi be, bi
'한(汗)에게 나쁜 마음은 없다. 나의 자식들과 손자들은 내가

henduci eterakū seme hendumbi seme alanjiha, tere
말해도 이길 수가 없다'라고 말합니다"라고 와서 아뢰었다. 그

gisun de, juwan uyun de, dureng hūng baturu
말을 듣고, 19일에 Dureng Hūng 바투루

beile, ebugedei hūwang taiji, darhan baturu de unggihe
버일러와 Ebugedei Hūwang 타이지, Darhan 바투루에게 보낸

⇦ bithei gisun, sunja tatan i beise, muse juwe gurun emu
글이다. "'Kalka 5부의 버일러들이여, 우리 두 나라가 한

← gurun, juwe boo emu boo ofi banjiki, nikan (15:20b)
나라가 되고, 두 집이 한 집이 되어 살자. 명

← gurun be emu hebei dailaki, aikabade acaci, gisurefi
나라를 한뜻으로 정복하자. 만약에 화친하려면 약속하여

← emu hebei acaki, tanggū jalan tumen aniya de
협의하여 화친하자. 100대 1만 년에

← isitala sain banjiki seme,
이르도록 사이좋게 살자며

⇦ abka de šanggiyan morin, na de sahaliyan ihan wafi,
하늘에 흰말을, 땅에 검은 소를 죽여서

← senggi some gashūfi, emu biya emu aniya ojoro
피를 뿌리며 맹세해놓고, 한 해도, 한 달도 되기도

← onggolo, suweni bagadarhan beile,
전에 너희의 Bagadarhan 버일러가[9)]

⇦ abka na de gashūha gisun be efuleme, nikan gurun i (15:21a)
하늘과 땅에 맹세한 말을 저버리고 명나라가

← šusihiyehe gisun be gaifi, jafabuha jaisai be gūnirakū,
사주한 말을 따라서, 잡힌 Jaisai를 생각하지 않고

← ini ergen de gelerakū, ini beyei jafaha doro be
자신의 목숨을 아까워하지 않고, 자신이 몸소 잡은 도리를

← i efuleme, ehe arame yabure be, suweni sunja
자신이 저버리고, 악행을 행하는 것을 너희 5부의

← tatan i beise be ai sambi seme, bi bithe
버일러들이 어떻게 보는가'라고 내가 글을

← arafi, eksingge, hife gebungge juwe amban be takūraha
써서 Eksingge와 Hife라는 두 대신을 파견했다.

← bihe, sunja tatan i beise, waka bagadarhan be wakalarakū,
5부의 버일러들은, 잘못한 Bagadarhan을 책망하지 않고,

⇦ abka na de gashūha gisun be gūnirakū, nikan gurun i (15:21b)
하늘과 땅에 맹세한 말을 생각하지 않고, 명나라가

← šusihiyehe gisun de dosifi, elcin yaburakū oki seme
사주하는 말에 빠져서 사신을 왕래하지 않겠다고

---

9) Bagadarhan 버일러는 Manggūldai 타이지의 아버지이다.

← gisurefi, meni genehe yakcan, hife gebungge juwe elcin be
생각하여, 우리가 보낸 Yakcan, Hife라는 두 사신을

← beise de acabuhakūbi, geren beise i elcin inu jihekū
버일러들과 만나게 하지 않았다. 여러 버일러들의 사신도 역시 오지 않고

← lakcahabi, suweni elcin yaburakū lakcaha de, bi banjici
끊어졌다. 너희의 사신이 왕래하지 않고 끊어지면 내가 살지

← ojorakūn, suweni neneme unggihe bithede, nikan be šanaha i
못할 것인가. 너희가 먼저 보낸 글에서, 명을 산해관(山海關)의

← duka de isitala dailaki seme bithe araha bihe,
문에 이르도록 정벌하자고 글을 썼었다.

← bi hono guwangning ni hecen be baha manggi, (15:22a)
나는 게다가 광녕성(廣寧城)을 획득한 후

← jaisai be tucibufi unggire seme gisurehe bihe, gisurehe
Jaisai를 내보내겠다고 말했었다. 약속한

← gisun de isibume yabuci, jaisai be tucibumbi dere,
말을 지켜 행하면 Jaisai를 내보낼 것이나,

← gisurehe gisun be efuleme yabuci, suwende adarame akdafi
약속한 말을 저버리며 행동하면 너희를 어떻게 믿고서

← jaisai be tucibufi unggimbi, jai dureng hūng baturu
Jaisai를 내보내겠는가. 또 Dureng Hūng 바투루

← beile hendume, meni sunja tatan i amban asihan beise,
버일러가 말하기를 '우리 5부의 대인과 젊은 버일러들,

← geren taiji sa, gemu mimbe jabcambi, mini juse
여러 타이지들이 모두 나를 책망합니다. 나의 자식들과

← omosi mujilen gemu gūwaliyakabi, bi henduci eterakū, (15:22b)
손자들은 마음이 모두 변했습니다. 내가 말해도 이길 수 없습니다.

← mini beye, han i baru ehe gūnirakū seme
나 자신은 한(汗)을 향하여 나쁘게 생각하지 않습니다'라고

← henduhebi, bi dureng hūng baturu sinde akdafi
말했다. 나는 'Dureng Hūng 바투루 너를 믿고

← doro jafaha bihe, sini beye deote juse be
도리를 지켰는데, 너 자신의 동생들, 자식들을

← eterakū bade, te bi wede akdafi elcin
이기지 못하면 이제 내가 누구를 믿고 사신을

← yabure seme gūnifi, bi elcin unggihekū, jafaha
보낼까'라고 생각하여 내가 사신을 보내지 않았다. 잡은

← doro be efuleci, we webe gelebumbi, beise de
도리를 저버리면 누가 누구를 두렵게 하겠는가. 버일러들에게

← ushaha jušen, eigen de acarakū hehe, ukame yabure be (15:23a)
분노한 속민과 남편과 화합하지 못하는 여인이, 도망해 간다고

← hendumbi dere, jarut i uijeng beile de elcin genehe
말할 것이다. Jarut의 Uijeng 버일러에게 사신으로 갔던

← niyalmai yaluha nadan morin, udame gaiha juwan jakūn
사람이 탄 말 일곱 마리와 사서 이끌고 간 소 18마리,

← ihan, uyun honin be, gemu uijeng beile i booi
양 아홉 마리를 모두 Uijeng 버일러의 집

← jakade hūlhabuhabi, udaha ulha be iletuleme fusihūlame gaijara
근처에서 도둑맞았다. 돈 주고 산 가축도 공공연하게 우습게 알고 빼앗는

← bade, elcin seme hūdašame adarame akdafi yabumbi,
터에 사신이라고 어찌 믿고 장사하러 가겠는가.

⇦ abka na de gashūha gisun be goidahakū efuleme, jocit
하늘과 땅에 맹세한 말을 얼마 지나지 않아 저버리고 Jocit

← keoken i gurun, juwe biyade yehe be sucufi, tofohon (15:23b)
Keoken의 백성이 2월에 Yehe를 습격하여 15명의

← niyalma juwan morin gamaha, jai hara babai ilan
사람과 말 열 마리를 빼앗아갔다. 또 Hara Babai의 세

← taiji, geli emgeri sucufi gamaha, neici han, yehe ci
타이지가 또 한 차례 습격하여 빼앗아갔다. Neici 한(汗)은 Yehe에서

← ukame genehe ukanju be bederebume bumbi seme, geren
도망간 도망자를 되돌려주겠다며 여러

← culgan i beise i juleri gisurehe gisun be aifufi
회맹(會盟)한 버일러들 앞에서 약속한 말을 식언하여

← buhekū, niyalma be ukambume gamara, adun bošoro, hadufi
돌려주지 않았다. 사람을 도망가게 하여 데려가고, 가축 떼를 몰아가고, 베어

← umbuha jeku be durime gamara, elcin genehe niyalmai
묻어둔 곡식을 약탈해 빼앗고, 사신으로 간 사람이

← yaluha morin, udame gaiha ulha be hūlhame gaijara, (15:24a)
탄 말과 사서 가지고 있던 가축을 훔쳐 가져가는 등

← uttu fusihūlara bade, suweni elcin lakcambi, tere anggala,
이렇게 능멸하는 통에 너희의 사신도 끊어진다. 하물며

← meni elcin adarame akdafi yabumbi seme bithe arafi
우리의 사신이 어찌 믿고 왕래하겠는가"라고 글을 써서

unggihe, tere elcin i emgi, cahar i emu elcin be
보냈다. 그 사신과 함께 Cahar의 사신 한 명을

tucibufi unggime
내보내며

⇦ bithe araha gisun, cahar i han si hendume, guwangning ni
글에 쓴 말이다. "Cahar의 한(汗), 너는 말하기를 '광녕성을

← hoton be ume dailara, aikabade dailaha de, simbe
정벌하지 말라. 만약에 정벌하면

← bi tookabumbi seme bithe arafi minde unggihe bihe, (15:24b)
내가 저지할 것이다'라고 써서 나에게 보냈었다.

← tere gisun de, bi, sini sunja elcin be
그 말에 나는 너의 사신 다섯 명을

← tebufi, gūwa geren elcin be unggime, sini tere
억류하고 다른 여러 사신을 보냈는데, 너의 그

← gisun be dacilame unggihe mini juwe elcin be
말을 따지러 보낸 나의 두 사신을

← amasi unggihekūbi, dulga niyalma waha sembi, dulga
돌려보내지 않았다. 한 사람은 죽였다고 하고, 한

← niyalma weihun bi sembi, mini elcin weihun bici,
사람은 살아 있다고 한다. 나의 사신이 살아 있다면

← nadan biyai orin ci dosi medege isinju, orin be
7월 20일 안으로 소식을 보내오라. 20일을

← duleke de, bi, mini elcin be waha ni (15:25a)
넘기면 나는 '나의 사신을 죽였구나'라고

← seme gūnimbi dere seme, emu niyalma de bithe
생각할 것이다"라고 한 사람에게 글을

jafabufi unggihe.
들려서 보냈다.

○ ninggun biyade, šun dekdere ergi mederi de, deribume
6월에 동해에 처음으로

dabsun fuifume unggihe.

소금을 끓이기[10] 위해서 사람을 보냈다.

10) "소금을 끓인다"는 말은 "바닷물을 끓여 소금을 만든다"는 뜻이다. 소금 제법에는 자염(煮鹽)법과 천일염(天日鹽)법이 있는데 여진인들은 자염법으로 소금을 만들었음을 알 수 있다.

제16권

천명(天命) 5년(1620) 7월부터 9월까지

juwan ningguci debtelin,
abkai fulingga i sunjaci
aniya nadan biyaci uyun
biyade isinahabi.

tongki fuka sindaha hergen i dangse. (16:1a)
유권점 당안

○ nadan biyai juwan emu de, solho de unggihe
7월 11일에, 조선(朝鮮)에 보낸

⇦ bithei gisun, mini elcin genehe šolonggo de ukame genehe
문서의 말이다. "나의 사신으로 간 Šolonggo에게,[1] 도망간

← nadan niyalma be jafafi buhe, tere ukanju suwende
일곱 사람을 잡아서 주었습니다. 그 도망자가 당신에게

← genehe be, be sahakū bihe, gūwa gurun de
간 것을 우리는 모르고 있었습니다. 다른 나라에서는

← yasa tuwahai dosimbufi, gaji seci hono burakū kai,
눈으로 보면서도 들어가게 하고서, 데려오라 해도 주지 않습니다.

← ejen i sahakū ukanju be mujilen i tucibufi burengge, tereci
주인이 몰랐던 도망자를 마음으로 내어주는 것, 그보다

← tondo aibi, terei amala, ilan ukanju genehe be, (16:1b)
올바른 것이 무엇이겠습니까. 그 뒤에 도망자 세 명이 간 것을,

---

1) Šolonggo는 『朝鮮實錄』〈광해 11년(1619) 2월 24일〉에는 小弄耳로 표기되어 있다.

← juwe niyalma be same gaihabi, emu niyalma be
두 사람은 알아차려서 잡고, 한 사람은

← jušen seme amasi unggime, bele dabsun bufi, jai
여진인이라 하여 되돌려보내면서 양곡과 소금을 주고서, '다시는

← ume ukame jidere, jihe seme singgeburakū amasi bederebumbi
도망오지 말라. 왔다 하여도 들여보내지 않고 되돌려보내겠다'라고

← seme hendufi unggihebi, tere emke solho mujangga sere,
하고서 보냈습니다. 그중 하나는 조선인이 맞다고 합니다.

← jai emke be, solho giran seme holtohobi, terei
또 하나는 조선계라 속이고 있습니다. 그의

← ama eme gemu bi, jušen mujangga, tere be jušen
부모가 모두 있고, 여진인이 맞습니다. 그가 여진인이니

← seme gaji serengge waka, ejen i sahakū ukanju be (16:2a)
데려오라고 하는 것이 아닙니다. 주인이 몰랐던 도망자를

← amasi unggihe be saišame, suweni tondo mujilen be
되돌려보낸 것을 칭송하면서 당신들의 올바른 마음에 대해서

← hendure gisun, solho gurun suweni ere tondo mujilen,
하고자 하는 말입니다. 조선, 당신들의 이 올바른 마음은

⇦ abka na i adali kai,
하늘과 땅 같습니다.

⇦ abka na i siden udu goro bicibe, tondo šajin akdun
하늘과 땅 사이가 비록 멀다 해도, 올바른 법도가 견실하고,

← ofi, duin erin be jurcerakū ofi, edun aga
사철을 어기지 않으니 바람, 비,

← šun biya be takūrame doro enteheme kai, suweni
해, 달을 부리며 도리가 영원한 것입니다. 당신들

← solho gurun, (16:2b)
조선이

⇦ abka na i adali šajin akdun mujilen tondo de, suweni
하늘과 땅같이 법도가 견고하고 마음이 올바르니, 당신들의

← doro enteheme kai, niyalma tondo mujilen be jafarakū
정권이 영원할 것입니다. 사람이 올바른 마음을 먹지 않고

← ofi, mujilen i ehe de umiyaha yerhuwe i gese bucembi kai,
마음이 사악해지면 벌레와 개미와 같이 죽는 것입니다.

← nikan gurun, ini tondo mujilen be waliyafi, miosihon
명나라가 자신의 올바른 마음을 버리고 비뚤어진

← mujilen jafafi, mujakū jasei tulergi weile de dafi,
마음을 먹고서, 빈번히 국경 바깥 일에 관여하고

← mimbe waki seme gūniha be,
나를 죽이려고 생각한 것에 대해서,

⇦ abka geli nikan gurun be asuru saišahakūbi, mini mujilen (16:3a)
하늘이 또 명나라를 심히 못마땅하게 여겼습니다. 나의 마음이

← tondo akū miosihon oci,
올바르지 않고 비뚤어졌다면,

⇦ abka mimbe ainu gosire bihe, bi eture jeterengge akū,
하늘이 나를 어찌 사랑하겠습니까. 내가 입을 것, 먹을 것이 없어서

← weri ulin be bahaki, weri babe gaiki seme
남의 재물을 얻고, 남의 땅을 취하고자 하여

← deribuhe dain waka, tondo banjici ojorakū miosihon, sain
시작한 전쟁이 아닙니다. 올바르게 살지 못하여 비뚤어지고, 선하게

← banjici ojorakū ehe seme, jasei tulergi yehe de
살지 못하여 악하고, 국경 밖의 Yehe를

← dafi, mimbe gidašame korobuha ambula ofi, dosorakū deribuhe
돕고, 나를 업신여기며 원한을 갖게 한 것이 커서, 참지 못하고 시작한

← dain ere inu, meni ajige gurun i niyalmai hendure (16:3b)
전쟁이 이것입니다. 우리 작은 나라의 사람들도 말하거늘

← anggala, suweni amba gurun ai be sarkū, suwe
당신의 큰 나라가 무엇을 모르겠습니까. 당신들이

← gūnici ai endere, suweni juwe amba hafan be
생각해도 어찌 모르겠습니까. 당신들의 두 대관을

← unggiki seci, mini ujihe niyalma be, nikan gurun,
보내고자 해도, 우리가 살려준 사람을 명나라가

← suweni solho gurun be hafirame gaifi warahū seme
당신들 조선을 협박하며 데려가서 죽이지 않을까 하여

← unggirakū tebuhebi, solho i jakūn bojin i gurun de, ai
보내지 않고 머물게 했습니다. 조선팔도의 백성 중에, 어떤

← beise ambasa, ai niyalma akū, ere hafasa be
버일러들이며 대신들이며, 어떤 사람이 없겠습니까. 이 관리들을

← unggihe unggihekū de aibi, solho han i mujilen i (16:4a)
보내고 보내지 않았을 때 무엇이 다르겠습니까. 조선 왕의 마음이

← tondo be gūnifi, ere ilan hafan, emu tungse,
올바르다는 것을 생각해서, 이 관리 세 명, 통사(通事) 한 명,

← nadan niyalma, uhereme juwan niyalma be unggihe, monggo
사람 일곱 명, 합하여 열 사람을 보냅니다. 몽골국의

← gurun i beise, mimbe nikan i emgi acabuki seme gisurehe
버일러들이 나를 명나라와 화해시키겠다고 말한

頭註: jakūn bojin i gurun, baicara ba akū, da songkoi sarkiyaha. [jakūn bojin i gurun은 조사할 데가 없다. 원래대로 베껴 썼다.]

← manggi, mini jabuha gisun, meni juwe nofi waka
후에, 내가 대답한 말입니다. '우리 둘의 그름과

← uru be, suwe dacilame fonjifi, waka niyalma be
옳음을 당신들이 따져 묻고서, 그른 사람을

← wakalaki, uru niyalma be uruleki seci, suweni gisun be
질책하고, 옳은 사람을 옳다고 하겠다면, 당신들의 말을

← bi donjire seme, duin biyai juwan nadan de (16:4b)
내가 듣겠습니다'라고 4월 17일에

← bithe unggihe bihe, tere unggihe bithe amasi unggihekū.
문서를 보냈었는데, 그 보낸 문서에 회답을 보내지 않았습니다."

○ nadan biyai orin juwe de, nikan gurun i
7월 22일에, 명나라의

wan lii han bucehe, jui tai cang sirame han
만력제(萬曆帝)가 죽었다. 아들 태창(泰昌)이[2] 뒤이어 황제 자리에

tefi, emu biya ohakū, geli bucehe, tereci
올라서, 한 달 안 되어서 또 죽었다. 그 후

omolo tiyan ki han tehe seme donjiha.
손자 천계(天啓)가[3] 황제 자리에 올랐다고 들었다.

(16:5a)

○ nadan biyade, sunja tatan i kalka i beise de
7월에 Kalka 5부의 버일러들에게

elcin genehe sirana gebungge niyalma, jaisai de
사신으로 갔던 Sirana라는 사람과, Jaisai에게

---

2) 명(明) 광종(光宗) 주상락(朱常洛)의 연호(재위: 1620)이다.
3) 명(明) 희종(熹宗) 주유교(朱由校)의 연호(재위: 1621~1627)이다.

genehe šorohoi gebungge niyalma amasi jidere de,
갔던 Šorohoi라는 사람이 되돌아올 때,

morin juwan emu, ihan ninju juwe, honin
말 11마리, 소 62마리, 양

emu tanggū, gajire ulha be, jarut i jongnon,
100마리 등 이끌고 오는 가축을 Jarut의 Jongnon,

angga, jocit keoken, ilan beile i cooha jugūn
Angga, Jocit Keoken 이 세 버일러의 군사가 길을

tosofi, jakūn biyai orin uyun de gemu (16:5b)
막고서, 8월 29일에 모두

gaiha, jarut ba i sebun beile de genehe
빼앗았다. Jarut 지역의 Sebun 버일러에게 갔던

isamu i gajire orin jakūn ihan, emu tanggū
Isamu가 이끌고 오는 소 28마리, 양 112마리,

juwan juwe honin, emu morin, emu losa be,
말 한 마리, 노새 한 마리를

jakūn biyai gūsin i inenggi, jarut ba i jongnon,
8월 30일, Jarut 지방의 Jongnon,

angga, jocit keoken, ilan beile i cooha jugūn
Angga, Jocit Keoken 이 세 버일러의 군사가 길을

tosofi gemu durime gaiha.
막고서 모두 빼앗아 가졌다.

(16:6a)

○ jakūn biyai juwan jakūn de, cahar han i
8월 18일에, Cahar 한(汗)의

hanggal baihū gebungge amba elcin uhereme ilan
Hanggal Baihū라는 대사신 등 모두 해서 세

niyalma be waha, tere elcin be wahangge,
사람을 죽였다. 그 사신을 죽인 것은

⇦ genggiyen han i cahar de takūraha juwe niyalma be,
경기연 한(汗)이 Cahar에 파견했던 두 사람을

cahar waha seme tašarame donjifi, karu seme
Cahar가 죽였다고 잘못 듣고서 보복으로

waha, tere juwe niyalma, amala ini cisui ukame jihe.
죽인 것이다. 그 두 사람은 나중에 스스로 도망해 왔다.

(16:6b)

○ orin emu de, nikan de cooha dosifi,
21일에, 명에 군대가 들어가서,

ilu, puho gebungge juwe hoton be kaci,
의로(懿路), 포하(蒲河)라는 두 성을 포위하니,

cooha akū, baisin niyalma, morin ihan, olji
군사는 없고, 일반 백성, 말, 소, 노획물이

ambula bihe, tere olji be gemu bargiyafi
많이 있었다. 그 노획물을 모두 거두고

iliha bici, karun i niyalma, nikan cooha tucifi
머물러 있으니, 초병이 '명나라 군대가 나타나서

musei karun i niyalmai iliha babe duleme jihebi
우리의 초병이 있는 곳을 지나갔다'라고

seme alaha manggi, (16:7a)
고하여 왔다. 그러자

⇦ genggiyen han tehe baci ilime, ere nikan cooha be,
경기연 한(汗)은 앉은 자리에서 일어나, '이 명나라 군대를

← simiyan hecen i duka be fihebume dositala saciki seme
심양성(瀋陽城)의 문을 메워 들어갈 때까지 베자'라고

hendume, morin yalufi jakūn gūsai cooha be
말하고, 말을 타고서 8구사의 군사를

gemu gaifi, nikan i coohai ishun okdome, simiyan
모두 이끌고 명나라 군사를 대적하러 심양성

hecen i baru baime geneci, nikan cooha, simiyan
쪽으로 찾아가니, 명나라 군사가 심양성에서

hecen ci orin ba i dubede emu amba
20리 앞에 한 대대와

kuren, jai juwe bade komsokon iliha cooha, (16:7b)
다른 두 곳에 조금 적게 주둔해 있다가

gemu amasi bedereme genere be, hashū ergi
모두 물러가는 것을, 좌익

emu gūsai ejen manggūltai beile be,
한 구사의 수장인 Manggūltai 버일러를

← sini ergi cooha komso, si erebe bošo seme
"네 쪽의 적병이 적으니 너는 이것을 쫓으라"고

hendufi unggihe,
하여 보냈다.

⇦ han i gisun be bahafi, manggūltai beile, ini sonjoho emu
한(汗)의 말을 받고서, Manggūltai beile는 자신이 선발한

tanggū bayarai cooha be gaifi, nikan i cooha be
100명의 바야라를 이끌고, 명나라 군사를

bošome genehei, simiyan hecen i šun dekdere ergi be, (16:8a)
쫓아가면서, 심양성의 해 뜨는 쪽으로

hecen i julergi hunehe bira be doome bošohobi,
성의 남쪽 혼하(渾河)강을 건너가서 쫓았다.

manggūltai beile i beye, tuttu goro bošome geneci,
Manggūltai 버일러는 몸소 그렇게 멀리 쫓아갔으나

tere gūsai amba ing ni coohai ejen dzung bing guwan
그 구사의 큰 영(營)의 군대의 수장 총병관(總兵官)

hergen i eidu baturu, geren cooha be gaifi,
직위인 Eidu 바투루가 여러 군사를 이끌고

beile be baime hūdun amcame genehekū, amala
버일러를 좇아 재빨리 따라서 가지 않고, 뒤에서

elhei genefi, bira be doohakū amasi bedereme
천천히 가다가, 강을 건너지 않고 물러나서

jihe, jai emu bade iliha nikan cooha, (16:8b)
왔다. 또 한 곳에 주둔한 명나라 군대와

ici ergi galai duin gūsai cooha, alin i
우익 네 구사의 군사는 산의

emte ergide ilifi, nikan i cooha be, ici
한 쪽씩에 서있어서, 명나라 군대를 우익

ergi galai coohai beise ambasa saburakū ofi,
군대의 버일러들과 대신들이 보지 못해서,

⇦ han, ini hanci bihe hashū ergi galai emu gūsai
한(汗)은 그의 가까이에 있던 좌익 한 구사의

cooha be sindafi unggihe, tere emu gūsai
군사를 배치하여 보냈다. 그 한 구사의

cooha, nikan cooha be bošome genehei, sain
군대는 명나라 군대를 쫓아가면서, 정예

morin i cooha emu tanggū isime, simiyan hecen i (16:9a)
기병 100명가량은 심양성의

amargi duka dositala fihebume sacifi, tanggū niyalma
북쪽 문에 들어갈 때까지 메우도록 베어서, 사람 100명을

wafi amasi bederehe, jai emu bade iliha
죽이고 물러났다. 다른 한 곳에 주둔한

nikan cooha, ini cisui amasi bederehe, cooha
명나라 군대는 스스로 물러났다. 군대가

bedereme jidere de, manggūltai beile, ini amba
물러나 올 때, Manggūltai 버일러는 그의 대군의

coohai ejen eidu baturu i baru, si mimbe
수장 Eidu 바투루를 향하여, "너는 나를

dahame ainu genehekū seme hendure jakade, eidu
따라서 왜 오지 않았는가"라고 말하니, Eidu가

hendume, si tuttu geli goro <u>bošoro</u> sahao, (16:9b)
말하기를, "네가 그처럼 또 멀리 쫓아갈 줄 알았겠는가.

sini tuttu bošoro bade, meni geren cooha
네가 그처럼 쫓아가는데, 우리 여러 군사가

adarame amcambi seme henduhe be, boode isinjiha manggi,
어떻게 따라가겠는가"라고 말한 것을, 본성에 도착한 후에,

頭註: gingguleme kimcici, si tuttu geli goro bošoro sahao sere gisun, ainci bošoro sere hergen i fejile, be sere hergen be melebuhe dere, da songkoi sarkiyaha. [신중하게 살펴보니, si tuttu geli goro bošoro sahao라는 말은 아마 bošoro라는 글자 아래에 be라는 글자를 빠뜨렸을 것이다. 원래대로 베껴 썼다.]

⇦ han donjifi, geren šajin i niyalma be isabufi duileme gisurefi,
한(汗)이 듣고서 여러 법관을 모아서 심리하여 이야기하고서,

⇦ han ambula jili banjifi hendume, manggūltai be genehe waka
한(汗)이 크게 화를 내어서 말하기를, "Manggūltai가 간 것이 나쁘다면,

← seci, eidu si amcame genefi, morin i cilburi jafafi,
Eidu 네가 따라가서 말의 고삐를 잡고,

← yaluha morin i uju hoto be <u>hūwalame</u> goibufi gajime
탄 말의 머리통을 때려 부술 만큼 쳐서라도 데리고

← jicina, sini beyebe amban arafi hairame generakūci, mini (16:10a)
와야지. 네 자신을 대신이라 하여 아껴서 가지 않을 것이면 나의

← coohai niyalma be sindafi unggicina, mini jui komso
군사를 놓아서 보내야지. 나의 아들이 적은 수로

← genefi, geren nikan cooha de kabufi, aikabade ufaraha
가서 많은 명나라 군사에게 포위당해서, 혹시라도 잘못되었으면

← bici, tere gebu be ainambihe, mini jui manggūltai be
그 명예를 어찌 했겠는가. 나의 아들 Manggūltai를

← tuwakiyame dahame yabukini seme afabuha amban, dahabuha cooha
지키며 따라다니라고 맡긴 대신이며, 따르게 한 군사였던

← bihe kai, mini juleri sini beyebe amban arafi,
것이다. 나의 앞에서 네 자신을 대신이라 하여

← cooha be gemu si salici, sini amban niyalma be
군사를 모두 네가 차지하니 네가 대신이라고

← bi hendume baharakū, te sini emgi bihe ambasa be (16:10b)
나는 말할 수 없다. 이제 너와 함께 있었던 대신들을

頭註: gingguleme kimcici, hūwalame goibufi sere gisun, ainci hūwalame tantafi sere gisun dere. [신중하게 살펴보니, hūwalame goibufi라는 말은 아마도 '부수어 쳐서'라는 말일 것이다.]

← gemu jafafi huthu seme, iogi, tsanjiyang hergen i ambasa be
모두 잡아서 묶으라"고 하여, 유격(遊擊), 참장(參將) 직위의 대신들을

juwan funceme jafafi huthuhe manggi, eidu baturu ini
열 명 넘게 잡아서 묶자 Eidu 바투루는 자신의

beyebe i huthufi, weile beidere amba yamun de
몸을 스스로 묶고서 죄를 심판하는 대아문(大衙門)에서

emu dobori deduhe, jai cimari,
하룻밤 묵었다. 다음날

⇦ han tucifi yamun de tefi, huthuhe eidu baturu, geren
한(汗)이 나와서 아문에 앉고, 묶은 Eidu 바투루와 여러

ambasa be gemu gajifi,
대신들을 모두 데려와서,

⇦ han i juleri niyakūrabufi, hacin hacin i sain ehe kooli (16:11a)
한(汗)의 앞에 꿇리고, 갖가지 선악에 관한 전례의

← gisun i tacibume gasame hendufi, weile arafi, gūwa
말로 가르치고 원망하여 말하고, 치죄하고서, 다른

ambasa de šangname buhe jaka be gemu
대신들에게는 포상으로 준 물건을 모두

gaifi, gung efulehe, hergen wasibuha, gūsita šusiha
빼앗고 공훈을 파기하며 직위를 강등하고, 30대씩

šusihalaha, eidu baturu be, šajin i niyalma wara
채찍질했다. Eidu 바투루를 법관이 죽일

weile tuhebufi alaha manggi,
죄로 정죄하고 고하자,

⇦ han, eidu i fe gung be feteme gisurefi, wara be
한(汗)은 Eidu의 옛 공훈을 들추어내어 말하고, 죽일 것을

nakafi, eidu baturu i jušen ilan tanggū haha be (16:11b)
그만두고, Eidu 바투루의 속민 장정 300명을

gaiha, gung efulehe, jai manggūltai beile be
몰수하고 공훈을 파기했다. 또 Manggūltai 버일러를

baime genefi dahame dosika gung bisire niyalma be
좇아가서 따라들어간 공이 있는 사람은

geli wesibuhe, hergen akū niyalma de hergen
또 승직시키고, 직위가 없는 사람에게는 직위를

buhe, tere cooha de baha jakūn minggan
주었다. 그 전투에서 얻은

olji be, amba ajige hergen bodome, amba
포로 8000명을 나누어주기를, 크고 작은 직위를 헤아려

gung ni niyalma de ambula šangnaha, ajige gung ni
공이 큰 사람에게는 크게 포상하고, 공이 작은

niyalma de majige šangnaha. (16:12a)
사람에게는 작게 포상했다.

○ uyun biyai ice jakūn de, ilu, puho i
9월 초팔일에 의로(懿路), 포하(蒲河)

bade nikan i jeku gaime dosifi genehe coohai
지방에 한인의 곡물을 가지러 들어간 군사가,

niyalma, isiburei teile jeku be tūfi [原檔殘缺]
수확하는 대로 곡물을 탈곡하고, □□□

genehe amala,
간 후에,

⇦ han i deo cing baturu beile akū oho, tere [原檔殘缺]
한(汗)의 동생 Cing 바투루[4] 버일러가 죽었다. 그 □□□

tucifi hoošan jiha dagilafi, (16:12b)
나와서 지전(紙錢)을 준비하여

⇦ han i beye genefi, uyun biyai juwan uyun de hiyoošun
한(汗)이 몸소 가서 9월 19일에 예를

isibume waliyafi, tereci tucifi, fiongdon i giran de
다하여 묘제를 지내고, 그 후 나와서 Fiongdon의 묘에

darifi, emu jergi songgofi, jai niyakūrafi ilan
들러서 한 번 울고, 다시 무릎 꿇고 술을 세

hūntahan arki hisalafi tucifi, jai laha i giran i
잔 올리고 나왔다. 또 Laha의 묘

jakade geli genefi, ambasa be arki hisalabufi
곁에 다시 가서, 대신들에게 술을 올리게 하고

tucifi, jai gimbasun i giran i jakade geli
나와서, 또 Gimbasun의 묘 곁에 또

genefi, arki hisalabufi jihe, tere laha, gimbasun (16:13a)
가서, 술을 올리게 하고 왔다. 그 Laha, Gimbasun이라는

serengge,
사람들은

⇦ han de hanci takūrabume ambula hūsun buhe niyalma bihe,
한(汗) 가까이에서 부려지며 크게 힘을 쓴 사람이었다.

---

4) Murhaci(1561~1620)이다. Nurhaci의 아버지인 Taksi의 차남이나 생모가 서모(庶母, buya fujin)이기 때문에 형제 중 지위가 가장 낮다. Nurhaci의 거병 초기에 형을 도와 많은 무공을 세운다.

頭註: gingguleme kimcici, hiyoošun isibume waliyafi sere gisun, uthai hiyoošuntume waliyafi sere gisun de adali dere. [신중하게 살펴보니, hiyoošun isibume waliyafi라는 말은 곧 hiyoošuntume waliyafi(예를 다하여 묘제를 하고)라는 말과 같을 것이다.]

fiongdon ici ergi galai uhereme da ejen
Fiongdon은 우익을 총괄하는 대수장(大首長)이며

uju jergi amban bihe.
1등 대신이었다.

⇦ han i deo darhan baturu beile i amba jui amin
한(汗)의 동생 Darhan 바투루 버일러의[5] 맏아들 Amin

taiji [原檔殘缺] de encu eme i jui jaisanggū i (16:13b)
타이지 □□□에게 이복동생인 Jaisanggū와

emgi mujilen emu ohobi seme, amin taiji i
함께 마음이 하나가 되어 있다고 Amin 타이지의

eme, gašan i emu hehe, jaisanggū i sargan de
어머니와, 마을의 한 여자가 Jaisanggū의 아내에게

gisurehe be, amin taiji donjifi, ini sargan be
말한 것을 Amin 타이지가 들었다. 그래서 자기 아내를

hafirame gisurere be, amin taiji i sargan i eme
추궁하여 말하는 것을 Amin 타이지의 아내의 어머니인

hoifa i fujin donjifi,
Hoifa 부인이 들었다. 그리고 이를

⇦ han de alaha manggi,
한(汗)에게 고하니,

⇦ han, šajin i beise be duile seme afabufi, duileci, (16:14a)
한(汗)이 법도를 담당하는 버일러들에게 심리하라고 맡겨서, 심리하니

5) Nurhaci의 동생 Šurgaci를 지칭한다.

tere weile tašan oho, tuttu tašan oho
그 일은 거짓이었다. 그렇게 거짓이었기

manggi, gisurehe amin taiji i eme, gašan i hehe be,
때문에, 이야기한 Amin 타이지의 어머니와 마을의 여자, 그리고

alime gaifi donjiha jaisanggū i sargan be gemu
받아들여서 들은 Jaisanggū의 아내를 모두

waha, tereci amin taiji, deo jaisanggū be
죽였다. 그 후 Amin 타이지는 동생 Jaisanggū를

akdun akū gūnime gosirakū oho, amin taiji,
신의가 없다 생각하여 아끼지 않게 되었다. Amin 타이지는

daci kimun de mangga, emgeri wakalaha niyalma be
본래 원한을 잘 품어서, 한 번 질책한 사람을

jai tuwarakū, sirke ehe, jai deote be (16:14b)
다시 보지 않고, 오랫동안 사이가 나쁘다. 또 동생들에게

eture jetere ai banjire doro de, sula
입고 먹는 모든 사는 도리에 소홀히 하고

neigen akū ofi, jaisanggū, amba beile de,
공평함이 없었다. 그래서 Jaisanggū가 대버일러에게도

duici beile de juwete ilata jergi habšaci,
제4버일러에게도 두 번씩 세 번씩 호소해도,

deo i habšaha gisun be,
동생이 탄원한 말을

⇦ ama han de alaci, meiren adafi yabure amin taiji be
아버지인 한(汗)에게 고하면 어깨를 나란히 하는 Amin 타이지를

belehe gese, tulergi niyalma gūnimbi seme alahakū
비방한 것처럼 바깥사람이 생각할 것이라고 하여 고하지 않고

bihe, jaisanggū joboro gisun be (16:15a)
있었다. Jaisanggū는 근심하는 말을

⇦ han amji de alaci, ahūn amin taiji de gelere,
백부인 한(汗)에게 고하자니 형인 Amin 타이지가 두렵고

alarakū oci, banjici ojorakū jobome bihe, hada i
고하지 않자니 살아갈 수 없어서 근심하고 있었다. Hada의

menggebulu beile i jui morohon de, jaisanggū i
Menggebulu 버일러의 아들 Morohon에게 Jaisanggū의

non be buhe bihe, ahūn urgūdai geli
여동생을 주었었다. 형 Urgūdai[6] 또한

ini deo morohon be saikan ujirakū, eture
자신의 동생 Morohon을 잘 돌보지 않아 입고

jetere be elgiyen baharakū ofi, ahūn de
먹을 것을 풍족하게 얻을 수 없어서, 형에게

ushame bisire de, hada i beile i hoifa i (16:15b)
노여워하고 있을 때, Hada 버일러의[7] Hoifa

sargan de banjiha sargan jui be, yehe i
아내에게서 태어난 딸에게 Yehe

beise i giran[8] i sunggari gebungge niyalma gaiha bihe,
버일러의 혈통인 Sunggari라는 사람이 장가들어 있었다.

yehe i gurun efujehe manggi, hada i beile i sargan
Yehe국이 멸망한 후에, Hada 버일러의 딸은

6) Menggebulu 버일러의 아들이다. 1601년 정월에 Nurhaci가 딸 Manggūji 공주를 주어 사위로 삼았다. 둘 사이에서 태어난 맏딸은 Daišan의 맏아들 Yoto와 결혼하고, 작은 딸은 Hong Taiji의 맏아들 Hooge와 결혼한다. 1628년에 병사한다.

7) Menggebulu를 지칭한다.

8) '혈족, 혈통'을 의미하는 단어는 giranggi(뼈)이나, 여기에서는 giran(시체)이 같은 의미로 사용되었다.

jui eigen ci hokofi, ini ahūta de acaha
남편과 헤어지고서, 그녀의 오라비들과 함께 살고

bihe, jaisanggū, morohon efu meye, ceni joboro
있었다. Jaisanggū와 Morohon은 처남 매부 사이인데, 자신들의 처지를

jalin de gisureme yabuhai, jaisanggū, morohon i eyun de
이야기하러 다니다가, Jaisanggū가 Morohon의 손위 누이와

korakabi, tereci morohon i jai emu eyun be, (16:16a)
사통했다. 그 후 Morohon의 또 한 손위 누이를

seogen gebungge niyalma gaiha bihe, terei boode
Seogen이라는 사람이 아내로 맞았었는데, 그의 집에 그 누이가

yabuhai, amba beile i jui šoto de geli
다니다가 대버일러의 아들 Šoto와 또

korakabi, ini efu seogen de geli korakabi,
사통하고, 자신의 형부인 Seogen과 또 사통했다.

tere hehe uyun biyai ice ilan de,
그 여자가 9월 초사흘에

ini da eigen sunggari de alame, jaisanggū,
자신의 본래 남편 Sunggari에게 고하기를, "Jaisanggū,

šoto, morohon i eigen sargan, mimbe gamame jaifiyan ci
Šoto, Morohon 부부가 나를 데리고 Jaifiyan에서

sarhū de gurihe manggi, nikan de ukame (16:16b)
Sarhū까지 옮긴 후에, 명나라에 도망해

genembi, si yabucina seme henduhe manggi, sunggari,
갈 것이다. 당신도 가면 좋겠다"라고 말하니 Sunggari가

頭註: ere korakabi sere gisun, fe manju gisun i bithede akū, gingguleme kimcici, ainci latume yabuhabi sere gisun dere. [이 korakabi라는 말은『舊淸語』에 없다. 신중하게 살펴보니, 아마도 '사통했다'라는 말일 것이다.]

sargan i baru, tuttu beise geneci, bi geneki
부인을 향하여 "그렇게 버일러들이 간다면, 나도 가겠다"라고

seme hendufi, amasi boode genefi, ini ahūn
말하고서, 다시 집에 가서, 그의 형

suna de alahabi, suna tere dobori alanaci,
Suna에게 알렸다. Suna가 그 밤에 고하러 갔으나

⇦ han deduhebi seme amba beile de alaha manggi, amba
한(汗)은 잠자리에 들었다고 해서 대버일러에게 고하자

beile jai cimari erde,
대버일러가 다음날 아침 일찍이

⇦ han de alabuha, (16:17a)
한(汗)에게 고하게 했다.

⇦ han donjifi bodome gūnici, umai dalji akū obuha bihe,
한(汗)이 듣고서 헤아려 생각하니 전혀 관련이 없다고 해두었는데,

juwan ilan i inenggi, neneme donjiha medege be,
13일에, 이전에 들었던 소식을

jai amala dacilame fonjiki seme, morohon i ahūn
다시금 조사하여 묻고자 하여 Morohon의 형

urgūdai be,
Urgūdai를

⇦ han gajifi fonjire jakade, urgūdai alame, mini deo morohon i
한(汗)이 데리고 와서 물었다. Urgūdai가 고하기를, "저의 동생 Morohon

eigen sargan be, bi inu akdarakū, booi
부부를 저도 믿지 않습니다. 집의

banjire be umai gūnirakū, eigen sargan i angga de (16:17b)
살림을 전혀 생각하지 않고, 부부의 입에는

mujakū ulin mamgiyame jembi, eigen sargan i beyede
몹시 재산을 축내며 먹고, 부부의 몸에는

ṣekei etuku i canggi ilata duite jergi arahabi,
담비 가죽옷만 세 벌씩 네 벌씩 만들었습니다.

sargan, aisin i ancun, monggolikū, semken, sideri arahabi,
아내는 금귀고리, 목걸이, 팔찌, 발찌를 만들었습니다.

jai jaisanggū i boode, dobori inenggi arki omime,
또 Jaisanggū의 집에서는 밤낮으로 술을 마시고,

ulha wame sarin sarilahai bimbi, mini deo be
가축을 잡아 주연을 벌이고 있습니다. 저의 동생을

bi akdulame alime gaijarakū, erei mujilen be bi
제가 믿고 받아들이지 않습니다. 이 자의 마음을 제가

boljome baharakū, amaga inenggi, deo aika ehe (16:18a)
장담할 수 없습니다. 후일 동생이 무엇인가 나쁜

mujilen jafaha de, ahūn seme mimbe deo i
마음을 먹었을 때, 형이라고 해서 저를 동생의

weile de ume dabure seme henduhe,
죄에 관련시키지 마십시오"라고 말했다.

← tuttu oci, jaisanggū de aika gisun fonjiki seme
"그렇다면 Jaisanggū에게 무엇인가 묻겠다"라고 하여

baici, jaisanggū boode akū, morohon emgi adun de
찾으니 Jaisanggū는 집에 없고, Morohon과 함께 가축을 치러

genehe seme alaha manggi,
갔다고 고했다. 그러자

← tuttu oci, šoto be gana seci, šoto geli boode
"그렇다면 Šoto를 데리고 오라"고 하니 Šoto 또한 집에

akū, tokso de genehe seme alaha manggi, (16:18b)
없고, 장원에 갔다고 고했다. 그러자,

⇦ han i dolo, emu hebe seme gisurehe ilan niyalma gemu
한(汗)이 속으로 '같은 편이라고 말한 세 사람이 모두

← boode akū, emu ici geneci, tubade acafi
집에 없다. 같은 쪽에 가니, 그곳에서 만나서

← genembi ayoo seme gūnifi, geren beise ambasa be
가는 것이 아닐까'라고 생각하고서, 여러 버일러들과 대신들을

isabufi gisureci, beise ambasa hendume, genehe bade
모아서 말하니, 버일러들과 대신들이 말하기를, "갔다는 곳에

baime niyalma genekini, nikan i baru coohai niyalma
찾으러 사람을 가게 하고, 명나라 쪽으로 군사가

jugūn tosome genekini seme gisurehe manggi, tere
길을 막으러 가게 하십시오"라고 말하니, 그

gisun be mujangga seme, coohai niyalma be (16:19a)
말을 옳다 하여, 군사를

uksilebufi, jugūn jugūn de unggihe, amala amba beile,
갑옷을 입게 하고, 길마다 보냈다. 나중에 대버일러가

⇦ han de alame, šoto i ehe be, bi alaha ayoo,
한(汗)에게 고하기를 "Šoto의 악행을 제가 어찌 고할까 하고,

gidaha bihe, i gūnici, ini weile ujen amban
숨기고 있었습니다. 그가 생각해도, 자신의 죄가 무겁고 커서

ofi, uttu ehe mujilen jafambi dere, mini yabure
이렇게 나쁜 마음을 먹었을 것입니다. 제가 정혼한

hehe be, ini [原檔殘缺] ini sargan i emgi
여자를 그의 □□□ 그의 처와 함께

gamaha bihe, jai tanggūdai, heoleku, ini boode
데려갔었습니다. 또한 Tanggūdai와 Heoleku가 그의 집에

suje hūlašame genehe be, ini sargan, eigen de (16:19b)
비단을 바꾸러 갔던 것을 그의 아내는 남편과

acabuhabi, enteke weile be donjirahū seme, enteke
만나게 했습니다. 이와 같은 일을 들으실까 염려되어 이렇게

hebe gisun gisurehebi dere seme alaha manggi,
모의하는 말을 했을 것입니다"라고 고하자,

⇦ han hendume, šoto budun banjihabi nikai, unenggi tere weile
한(汗)이 말하기를, "Šoto는 유약하게 태어난 것이다. 정말 그 죄를

← araha mujangga seme, tere hehesi jalin de, geli imbe
지은 것이 사실이라고 해도 그 여자들 때문에 또 그를

← ehe de gamambio seme hendufi bihe, tereci jaisanggū,
악행에 따라 처벌하겠는가"라고 말했다. 그 후 Jaisanggū,

šoto, morohon, gemu meni meni boode dobori dosime
Šoto, Morohon이 모두 각각의 집에 밤이 되어

jihe manggi, (16:20a)
들어오자,

← suwe ukame genembi sere mujanggao seme fonjici, jaisanggū,
"너희가 도망갈 것이라고 하는 것이 사실인가"라고 물으니, Jaisanggū,

šoto, be ainu ukambi, akū seme henduhe, morohon i
Šoto는 "왜 우리가 도망하겠습니까. 아닙니다"라고 말했다. Morohon

eigen sargan mujangga seme henduhe, [原檔殘缺] seogen mujangga sehe
부부는 "맞습니다"라고 말했다. □□□ Seogen이 "맞습니다"라고 했기

manggi, jaisanggū, šoto be jafafi, den hashan i boode
때문에, Jaisanggū, Šoto를 잡아서 높은 담장이 있는 집에

horifi tebuhe, morohon i eigen sargan, seogen i eigen sargan,
가두어두었다. Morohon 부부와 Seogen 부부,

jai ilan haha be waha, tereci amba beile,
그리고 남자 셋을 죽였다. 그 후 대버일러는

⇦ han de sunja ninggun jergi niyakūrafi hendume, minde banjiha (16:20b)
한(汗)에게 대여섯 차례 꿇고서 말하기를, "저에게서 난

jui, mimbe ehe seme ukaci,
자식이 저를 나쁘다 하여 도망가면,

⇦ han ama i salibuha gucu gurun, minde adarame banjimbi, jui
아버지 한(汗)이 거느리게 한 구추와 백성이 저와 어찌 지내겠습니까. 자식이

uru, bi waka oci,
옳고 제가 그르면,

⇦ han ama i ejelebuhe doro ci bi jailara, banirke eme i
아버지 한(汗)이 차지하게 한 정권에서 저는 물러나겠습니다. 계모의

gisun be gaifi, jui de, bi gucu gurun be
말을 받아들여서, 자식에게 제가 구추와 백성을

buhekū, booi aha, morin, ihan i adun be
주지 않고 집의 노복, 말, 소 등 가축 떼를

salibuhakū, eture jetere be elgiyen buhekūci, mini (16:21a)
나누어주지 않고, 입을 것과 먹을 것을 충분히 주지 않았다면 제

sargan be bi wara, tuttu akū, bi ujici
아내를 제가 죽이겠습니다. 그렇지 않고 제가 돌보지

ojorakū, jui fudasihūn ehe gūniha bici, jui be
못해서 자식이 거스름과 악함을 생각했다면, 자식을

minde ana, bi waki seme baici,
저에게 맡기십시오. 제가 죽이겠습니다"라고 청해도,

⇦ han ohakū, ilan duin jergi dahūn dahūn i baici, inu
한(汗)이 듣지 않고, 서너 차례 거듭 청하여도, 역시

ohakū, amin taiji, geli amba beile i gisun i
듣지 않았다. Amin 타이지 또한 대버일러의 말과

adali, meni ahūn deo geren i juleri duileki,
같이, "저희 형제를 여러 사람 앞에서 심리하십시오.

bi waka oci, mimbe girubu, deo jaisanggū (16:21b)
제가 그르면, 저를 욕보이십시오. 동생 Jaisanggū가

waka oci, deo be minde ana, bi wara
그르면, 동생을 저에게 맡기십시오. 제가 죽이겠습니다"라고

seme sunja ninggun jergi niyakūrafi baici,
대여섯 차례 꿇고 청해도,

⇦ han ohakū.
한(汗)은 듣지 않았다.

○ uyun biyai orin i inenggi, jaifiyan i baci,
9월 20일, Jaifiyan 지역에서

⇦ han i beye sarhū de gurihe,
한(汗)이 몸소 Sarhū로 옮겼다.

⇦ han hendume, jaisanggū ini gasara gisun be, ini juwe (16:22a)
한(汗)이 말하기를, "Jaisanggū는 자신의 원망하는 말을, 자신의 두

← ahūn be minde donjiburahū seme, jili de gasame
형이 내가 들을까 염려된다 하므로 화가 나서 원망하며

← gisurehebi dere, te geli genehe doro bio, den
말했을 것이다. 이제 또한 갈 까닭이 있겠느냐. 높은

← hashan i booci tucibuki, jaisanggū ini ahūn amin taiji de
담장이 있는 집에서 석방시키겠다. Jaisanggū가 자신의 형 Amin 타이지와

← acafi banjimbi seci, ini ciha okini, amin taiji de
합쳐서 살겠다 하면, 자신의 뜻대로 해도 좋다. Amin 타이지와

← acarakūci, ini cihangga gūwa ahūn de acafi emu
합치지 않겠다면, 그가 원하는 다른 형과 합쳐서 같은

← gūsa de ofi bikini, šoto ini ama de acaci
구사가 되어 있어도 좋다. Šoto가 그의 아버지와 합치겠다면

← acakini, ini ama de acarakūci, mafa mini emgi (16:22b)
합쳐도 좋다. 그의 아버지와 합치지 않겠다면 할아버지인 나와 함께

← bikini, ere gisun be, jaisanggū, šoto de ala,
있어도 좋다. 이 말을 Jaisanggū, Šoto에게 알리라.

← ere [原檔殘缺] seolefi cimari suweni gūniha babe
이 □□□ 고려해서 내일 너희가 생각한 바를

← minde hūlhame ala seme takūraha, tuttu takūraha amala,
나에게 몰래 고하라"고 하며 사람을 보냈다. 그렇게 보낸 후에,

hūwa i dorgi fujisa,
궁내의 푸진들이

⇦ han de hendume, tere juwe juse be, ahūn de,
한(汗)에게 아뢰기를, "그 두 아들을 형과,

ama de acabure be,
아버지와 합치게 하는 것을

⇦ si ambula seolefi acabu seme henduhe, tere gisun de, (16:23a)
한(汗)께서 깊이 사려하여 합치게 하십시오"라고 말했다. 그 말에

← suwe aika gisun be donjihabio seme fonjici, fujisa
"그대들이 무슨 말을 들었는가"라고 물으니 푸진들이

hendume, [原檔殘缺][9)]

아뢰기를 □□□

9) 원당잔결(原檔殘缺)이라고 되어 있으나, 『滿文原檔』의 해당 부분(昃字檔 137a)을 보면 8행이 더 이어진다. 그러나 하단의 절반가량이 훼손되어 내용을 파악할 수 없다. 이 때문에 건륭(乾隆) 연간에 정초(正草)할 때 이 부분을 넣지 않은 것으로 보인다.

제17권

천명(天命) 5년(1620) 9월부터 6년(1621) 윤2월까지

juwan nadaci debtelin,
abkai fulingga i sunjaci aniya
uyun biyaci ningguci aniya
anagan i juwe biyade isinahabi.

tongki fuka sindaha hergen i dangse. (17:1a)
유권점 당안

○ cohoro nirui emu niyalma, abutai nirui emu
Cohoro 니루의 한 사람, Abutai 니루의 한

niyalma, hūsibu nirui emu niyalma, fung ji pu de
사람, Hūsibu 니루의 한 사람이 봉집보(奉集堡)에

cooha genere de fakcafi, ceni cisui ulin hešureme
출병할 때 이탈해서 그들 마음대로 재물을 끌어모으며

yabufi, geren cooha boode isinjiha ilaci inenggi
다니다가, 여러 군사가 집에 도착한 지 사흘 후에

jihe, tere ilan niyalma be, fakcafi yabuha seme
왔다. 그 세 사람을, 이탈하여 다녔다고 하여

gemu waha, jai gegen i karun i burai nirui
모두 죽였다. 또 Gegen 초소의 Burai 니루의

emu niyalma, fung ji pu i amargi ala de, (17:1b)
한 사람이 봉집보의 북쪽 언덕에

⇦ han i iliha baci, fung ji pu i hecen i baru ulgiyan
한(汗)이 머물러 있던 곳으로부터 봉집보성 쪽으로 돼지를

wame ganaha be,
죽이려고 가지러 간 것을

⇦ han sabufi, niyalma takūrafi ganabuci, burai nirui niyalma hendume,
한(汗)이 보고, 사람을 보내어서 데리러 가게 하니, Burai 니루의 사람이 말하기를,

mini anggala, jai juwan niyalma bi seme
"나 말고도 또 열 사람이 있습니다"라고

holtome alafi, tuwanaci holtohobi, tereci imbe baicafi
거짓으로 고해서, 가보니 속인 것이었다. 그 후 그를 색출하여

bahafi, karun i niyalma bime emhun fakcafi, ulgiyan
잡아서, "초병인데도 홀로 떨어져서, 돼지를

wame bata i baru genere be, amcame ganaci (17:2a)
죽이려고 적 쪽으로 가는 것을 뒤쫓아가서 잡았는데도

tondo alarakū, ainu holtoho seme waha, gosin
올바로 고하지 않고, 왜 속였는가"라고 하며 죽였다. Gosin

nirui emu niyalma, huthuhe nikan i etuku sume
니루의 한 사람이 묶은 한인의 옷을 벗겨

gaime, huthuhe futa be sure jakade, nikan
가지기 위해 묶은 밧줄을 푸니, 한인이

amasi imbe maitušame wafi, jebele beri gamame
도로 그를 몽둥이로 죽도록 때리고, 화살통과 활을 가지고

genehebi, tereci amala aitufi jidere jakade, šajin de
가버렸다. 나중에 깨어나서 오니 법으로

beidefi, nikan de wabure anggala, muse waki
심판하여, "한인에게 죽게 하느니 우리가 죽이겠다"라고

seme waha. (17:2b)
하며 죽였다.

○ jongtoi be beiguwan obuha, toktohoi be beiguwan
Jongtoi를 비어(備禦)로 삼았다. Toktohoi를 비어로

obuha.
삼았다.

○ yungšun, morin tuwame genefi, niyalma yordofi bucehe
Yungšun을, 말을 보러 갔다가 사람을 고두리살로 쏘아서 죽었다고

seme šajin de beidefi, niyalma toodame weile
하여 법으로 심판하고서, 사람으로 배상하고, 죗값을

gaime, tsanjiyang ni hergen be wasibufi iogi obume (17:3a)
징수하며 참장(參將)의 직위를 강등시켜서 유격(遊擊)이 되도록

beidehe bihe,
판결했는데,

⇦ han donjifi, ahūn alanju age i gung be gūnime, niyalma
한(汗)이 듣고서, 형 Alanju 아거의 공을 생각하여, 사람으로

toodara be, weile gaire be, hergen wasibure be
배상하는 것, 죗값을 징수하는 것, 직위를 강등시키는 것을

gemu nakaha.
모두 그만두었다.

○ juwan biyai tofohon de, arbuni tsanjiyang, emu
10월 15일에 Arbuni 참장이 한

nirui duite niyalma be gaifi, dergi mederi de (17:3b)
니루당 네 명씩을 데리고, 동해(東海)에

dabsun fuifume ganafi, juwe biyai orin jakūn de
소금을 끓여 가져오려고 갔다가 2월 28일에

isinjifi, gurun i haha bodome salame buhe, jai
돌아와서, 나라의 장정을 계산하여 나누어주었다. 또

jakūn pu i nikasai fuifuha dabsun be cende
여덟 보(堡)의 한인들이 끓인 소금은 그들에게

bufi haha tolome dendehe.
주고 장정을 세어 나누었다.

○ orin jakūn de, šundui nirui hondai gebungge
28일에 Šundui 니루의 Hondai라는

beri faksi be, jaifiyan i cooha de emu (17:4a)
활 장인을, Jaifiyan의 군대에서

morin gidaha, cilin de emu morin gidaha
말 한 마리를 숨기고, 철령(鐵嶺)에서 말 한 마리를 숨겼다고

seme, sargan, deo gercileme šundui de alara
아내와 동생이 고발하여 Šundui에게 고하자,

jakade, šundui jafafi duilehekū, fonjiki seme ganara
Šundui가 잡아서 심리하지 않고, 물어보겠다고 하며 데리러 가니,

jakade, tere niyalma serefi sujuhe, šajin de
그 사람이 알아차리고서 달아났다. 법으로

duilefi, šundui ama, jui be weile arafi,
심리해서, Šundui 부자(父子)에게 유죄를 선고하고,

orita yan gaiha, fonjimbi seme ganafi serebuhe
20냥씩 징수했다. 물어보겠다며 데리러 갔다가 들킨

janggin daise de weile arafi, juwanta yan (17:4b)
장긴과 서리에게 유죄를 선고하고, 각 열 냥씩

gaiha, burulame sujuhe niyalma, ini weile šajin de
징수했다. 도망하여 달아난 사람은 자신의 죄가 법으로

nakaha weile bihe, gurun be burgibume ainu
금지된 죄였음에도 나라를 혼란시키며 어찌

sujuhe seme waha.
달아났는가 하며 죽였다.

○ yehe i abai nakcu nirui tobohoi gebungge niyalma,
Yehe의 Abai 외삼촌 니루의 Tobohoi라는 사람이

sahalca de hūda genefi amasi jidere de,
Sahalca에 장사 갔다가 돌아올 때,

korcin i aduci taiji jugūn tosofi gaihangge, ilan (17:5a)
Korcin의 Aduci 타이지가 길을 막고서 빼앗은 것이다. 말 세 마리,

morin, juwan jakūn ihan, ninggun honin, jakūnju
소 18마리, 양 여섯 마리,

emu yan menggun, mocin susai, gūsin duin
은 81냥, 모청포 50필,

etuku, juwan jafu gaiha.
옷 34벌, 융단 열 장을 빼앗았다.

○ monggo i jarut gurun i jongnon beile i monggo, orin
몽골의 Jarut국의 Jongnon 버일러 예하의 몽골인이

ninggun boigon, jakūnju anggala niyalma, juse sargan,
26가호, 식솔 80명, 자식과 아내,

ulha gajime ukame, gūsin de isinjiha. (17:5b)
가축을 이끌고 도망하여 30일에 도착했다.

○ suwan i indahūci, boigon gidaha weile be gercilehe
Suwan의 Indahūci가 가호를 숨긴 죄를 고발하여

manggi, šajin i niyalma duileci mujangga ofi, weile
법관이 심문하니 사실이므로,

arame šajin i niyalma gisureci, indahūci deo baban,
치죄하며 법관이 말하자, Indahūci의 동생 Baban이

indahūci be kemuni dalime, bucehe beise ambasa be
Indahūci를 여전히 감싸면서 "죽은 버일러들과 대신들은

sambi seme holtoro jakade, geren šajin i niyalma
안다"라고 속였다. 여러 법관들이

bodome duilefi, indahūci de amba weile tuhebuhe, (17:6a)
헤아려 심리하고서, Indahūci는 큰 죄로 정죄하고,

baban de holtome daliha seme beyebe wara
Baban은 속이며 감쌌다고 몸을 죽일

weile tuhebuhe bihe,
죄로 정죄했었다.

⇦ han donjifi, indahūci, baban i ama suwan i mafai gung be,
한(汗)이 듣고서, Indahūci와 Baban의 아버지인 Suwan 마파의 공로와

ahūn fiongdon i gung be feteme gisurefi, indahūci de
형 Fiongdon의 공로를 들추어내어 말하고서, Indahūci에게

gaijara amba weile be gaihakū, baban i wara
받을 큰 죗값을 받지 않고, Baban을 죽이기를

beyebe nakafi ujihe.
그만두고 살려줬다.

(17:6b)

○ anagan i juwe biya ice inenggi, solho mampu
윤2월의 초하루에 조선(朝鮮)의 만포(滿浦)성에

hecen de elcin genehe šolonggo de,
사신으로 간 Šolonggo에게,

← solho han aika gisun i hafan takūraci, hafan be
"조선의 왕이 혹시 말을 전하는 관리를 보내면, 관리를

← mampu de ilibufi, neneme gajiha bithe benju, bithei
만포에 머물게 하고서, 가져온 글을 먼저 보내오라. 글을

← gisun be tuwafi, jai hafan be okdome ganaki seme
보고서, 다시 관원을 맞기 위해 데리러 가겠다"라고

bithe arafi benehe.
글을 써서 보냈다.

(17:7a)

○ ice sunja de beidehe weile, beide nirui emu
초닷새에 판결한 죄이다. Beide 니루의 한

niyalma be uksin waliyafi burulaha seme, gūsai
사람을, 갑옷을 버리고 도망했다고 구사의

ejen beile i boode aha dosimbuha, nirui ejen
수장 버일러의 집에 노복으로 들였다. 니루 수장

beide be, dain de burulaha niyalma be
Beide를, 싸움에서 도망한 사람을

gidafi alahakū seme, beiguwan i hergen de bahara
숨기고 알리지 않았다고 비어(備禦)의 직위로 얻는

šang be nakabuha, gaijara tofohon yan i weile
상을 그만두게 하고, 받아야 할 15냥의 죗값은

waliyaha, beide nirui oriken be, ilan morin be, (17:7b)
면제했다. Beide 니루의 Oriken을 말 세 마리를

bucehe niyalma de sindaha seme gercilefi, ciyandzung ni
죽은 사람에게 두었다고 고발하므로, 천총(千總)의

hergen be nakabuha, gaijara uyun yan i weile be
직위를 그만두게 했고, 받아야 할 아홉 냥의 죗값은

waliyaha.
면제했다.

○ bonio aniya jakūn biyade, puho hecen be
경신년(庚申年, 1620) 8월에, 포하(蒲河)성을

gaifi, simiyan i cooha be bošoho fonde, ici
빼앗고, 심양(瀋陽)의 적병을 쫓을 때, 우익의

ergi galai amba beile, darhan hiya, ceni (17:8a)
대버일러와 Darhan 히야가 그들이

takūraha burgi gebungge niyalma genefi ilibuha seme
보냈던 Burgi라는 사람이 가서 멈추게 했다고

gisureme beideme toktobuha weile be, coko aniya
말하여 판결하여 정한 죄를, 신유년(辛酉年, 1621)

juwe biyade, baban, uici, suijan, sintai dasame
2월에 Baban, Uici, Suijan, Sintai가 다시

holtome duilere de, geren beidesi juwe jalan i
속여서 심리하니, 여러 심사관이 두 잘란의[1]

---

1) jalan은 본래 '마디'를 의미하며, 수렵할 때 포위열의 날개부와 말단부를 연결하는 중간부분을 의미하기도 한다. 구사와 니루를 연결하는 중간조직으로 기능한다. 다섯 개의 니루가 하나의 잘란이 되며, 다섯 잘란이 하나의 구사가 된다. 중국 사서에는 '甲喇'로 기록되어 있다(유소맹 2013:249).

beise gemu akdafi,
버일러들을 모두 믿고서,

⇦ han de wesimbuhe manggi,
한(汗)에게 상주(上奏)했다. 그러자

⇦ han dasame bodofi, geren beidesi be wakalame, (17:8b)
한(汗)이 다시 헤아리고서, 여러 심사관을 나무라며,

← suwe saikan bodome duilerakū, waka be uru arame
"너희는 잘 헤아려 심리하지 않고 어찌 그른 것을 옳은 척

← ainu gisurehe seme wakalafi, ujungga beidesi de juwanta
말했는가"라고 질책하고서, 우두머리 심사관에게는 열

yan, dubei beidesi de sunjata yan i weile
냥씩, 말단 심사관에게는 다섯 냥씩으로 죗값을

araha, tere weile i turgunde, darhan hiya cira
정했다. 그 죄로 인하여 Darhan 히야가 낯빛을

aljame fularafi,
바꾸어 붉히면서,

⇦ han i baru hendume, sini kiru ashaha adu gebungge niyalma
한(汗)에게 말하기를, "한(汗) 당신의 기(旗)를 멘 Adu라는 사람이

genefi ili seci ilihabi dere seme henduhe manggi, (17:9a)
가서 멈추라고 하니 멈추었던 것입니다"라고 하니,

⇦ han hendume, bi simiyan i hecen ci gūsin ba i dubede
한(汗)이 말하기를, "나는 심양성에서 30리 끝에서

← ilihabi, neneme bonio aniya gisurehede, suweni burgi genefi
멈춰 있었다. 먼저 경신년(庚申年)에 말했을 때 너희의 Burgi가 가서

← ilibuha seme toktobuha bihe kai, te ere coko
멈추게 했다고 확정했던 것인데, 이제 이 신유년(辛酉年)에

← aniya suweni takūraha burgi be daburakū, mini takūraha
너희가 보낸 Burgi를 고려하지 않고, 내가 보낸

← adu be ilibuha seme ainu hendumbi, bi neneme
Adu가 멈추게 했다고 어찌 말하는가. 내가 먼저

← kūwaci, yasingga gebungge juwe niyalma de, mini yaluha
Kūwaci, Yasingga라는 두 사람에게 내가 타던

← juwe sain morin yalubufi, simiyan i hecen i duka de (17:9b)
두 마리의 좋은 말을 타게 하여서, 심양성의 성문으로

← genehe cooha be amcame gana seme takūraha, terei
간 군사를 뒤따라서 데리러 가라며 보냈다. 그들이

← genehengge tulesi oho seme, jai dasame adu be
간 것이 벗어났다고 하여, 또 다시 Adu를

← takūraha, terei genehengge geli waka ofi, amala jai
파견했다. 그가 간 것이 다시 잘못되어서, 뒤에 다시

← juwe niyalma de duin sain morin yalubufi takūraha,
두 사람에게 네 마리 좋은 말을 타게 하여서 파견했다.

← tuttu takūraci, mini sindafi unggihe juleri genehe cooha,
그렇게 파견한 것이니, 내가 놓아서 보낸 먼저 간 군사가

← simiyan i hecen de isinafi, bi amasi bederefi gūsin ba i
심양성에 도착하고, 나는 뒤로 물러나서 30리

← dubede ilifi, ilan jalan i takūraci, baban, uici, suijan, (17:10a)
끝에 멈추고서 세 차례 파견한 것이니, Baban, Uici, Suijan,

← sintai juleri genehe cooha, suwe gemu tere emu
Sintai와 앞에 간 병사와 너희는 모두 그 하나의

頭註: ginggulеme kimcici, ilan jalan i takūraci sere gisun, uthai ilan mudan i takūraci sere gisun de adali dere. [신중하게 살펴보니, ilan jalan i takūraci라는 말은 곧 ilan mudan i takūraci(세 차례 보내니)라는 말과 같을 것이다.]

← gūsai cooha wakao, julergi niyalma neneme emu jebele i
구사의 군사가 아닌가. 앞의 사람이 먼저 하나의 화살통에 있는

← orita gūsita sirdan wacihiyame gabtaci, suwe ainu isinarakū,
20대씩 30대씩 화살을 다 쏘아버렸는데도, 너희는 어찌 도달하지 않았는가.

← amargici ilan jalan i takūraha niyalma isinatala, suwe ainu
뒤에서 세 차례 파견한 사람이 도달할 때까지 너희는 어찌

← isinarakū, amala iliha seme waka de obufi weile
도달하지 않았는가. 나중에 멈추었다 하여 잘못이 되게 하여 죄가

← araha niyalma be uru arame, mujakū murime ainu
있는 사람을 옳게 만들고, 터무니없이 우기면서 어떻게

← tuwancihiyambi, juwe niyalma becunufi, etuku hūwajafi dere nionggajafi (17:10b)
잘못을 바로잡겠는가. 두 사람이 싸우고서, 옷이 찢어지고 얼굴이 상처가 나서

← habšara niyalma be ume uru sere, baibi sain
고소하는 사람을 옳다 하지 말라. 공연히 선한

← niyalma etuku be hūwalara, dere be nionggalara niyalma
사람을 옷을 찢고, 얼굴을 상처 나게 할 사람이

← geli bio, salu bišume elhei dosimbume gisurere niyalmai
또 있는가. 수염을 어루만지며 쉽게 빠져들도록 말하는 사람의

← gisun be, ume akdara seme hendufi, jai han
말을 믿지 말라"고 말하고서, 또 "한(汗)인

← niyalma be tafulara niyalma, waka uru be saikan
사람에게 간할 사람은 잘못과 옳음을 철저히 잘

← geterembume bodofi, uru be tucibume, morilaha bade oci,
헤아리고, 옳음을 내세우며, 말을 탔을 때는

← yaluha morin i uju hoto be šusihalame tafula, banjire (17:11a)
타고 있는 말의 머리통을 채찍질하며 간하라. 사는

← jurgan waka oci tafulame tuwa, ojorakūci, beye buceme
도리가 잘못되면 간하여 보라. 듣지 않으면, 스스로 죽어서라도

← tafulacina, tuttu tafularakū [原檔殘缺] niyalma gisun de akdame dosifi,
간하기 바란다. 그렇게 간하지 않고 □□□ 사람 말에 믿고 빠져서,

← waka be uru arame, ainu cira fularafi maraha seme
잘못을 옳게 만들며 어찌 낯빛을 붉혀가며 거스르는가"라고

wakalafi, weile beidere yamun de na be hergen arafi,
책망하고서, 죄를 심판하는 아문(衙門)에서 땅에 금을 긋고,

hergen i loo de darhan hiya be juwe inenggi horiha.
금을 그은 감옥에 Darhan 히야를 이틀 동안 가두었다.

○ monggo i jarut ba i neici han ci orin nadan (17:11b)
몽골의 Jarut 지방의 Neici 한(汗) 휘하로부터

boigon, ice uyun de ukame jihe.
27가호가 초아흐레에 도망해 왔다.

○ juwan de,
10일에

⇦ han hendume, yehe i niyalma be ilan aniya otolo weile
한(汗)이 말하기를, "Yehe 사람은 3년이 될 때까지 죄

← araha niyalma be ilan ubu arafi, juwe ubu be
지은 사람에 대해 죗값을 셋으로 나누어서, 두 몫은

← waliyafi emu ubu be weile gaimbi, hergen bisire
면제하고 한 몫의 죗값만 받는다. 직위가 있는

← niyalma oci, ilan aniyai onggolo hergen efulerakū. (17:12a)
사람은 3년 안에는 직위를 박탈하지 않는다."

○ juwan emu de, sarhū i ajige hecen be sahame deribuhe.
11일에 Sarhū의 작은 성을 쌓기 시작했다.

○ gibkada gebungge tsanjiyang, fung ji pu de gaibuha
Gibkada라는 참장이 봉집보(奉集堡)에서 전사했었다.

bihe, terei gung de jui de kemuni tsanjiyang ni
그의 공으로 자식에게 그대로 참장의

hergen buhe, ahūn gisha de iogi hergen
직위를 주었다. 형인 Gisha에게 유격의 직위를

bufi, deo i kadalaha sunja niru be kadalabuha, (17:12b)
주고, 동생이 관할했던 다섯 니루를 관할하게 했다.

deo duilešen be
동생 Duilešen을

⇦ han i hanci gocifi, bayarai kiru i ejen obuha.
한(汗)의 측근으로 뽑아서, 바야라 기(旗)의 수장으로 삼았다.

○ hada i gurun be efulehe fonde, gaibuha hule i
Hada국을 멸망시켰을 때, 전사한 Hule의

yecen de beiguwan i hergen buhe.
Yecen에게 비어의 직위를 주었다.

○ juwan emu de, yasun, kakduri juwe tanggū (17:13a)
11일에, Yasun과 Kakduri가

cooha be gaifi, nikan i jasei dorgi tubihe
군사 200명을 데리고 명의 경계 안에 과일

mooi da be dasame genefi, nikan i šan yang
나무의 뿌리를 관리하러 가서, 명의

ioi hecen ci, niyalma, ihan, morin, eihen,
산양욕성(山羊峪城)으로부터 사람, 소, 말, 나귀를

uheri jakūnju funceme bahafi gajiha.
모두 80이 넘게 얻어서 이끌고 왔다.

○ juwan juwe de, fung ji pu ci emu
12일에, 봉집보에서

coohai nikan, emu morin gajime jihe. (17:13b)
한인 군사 한 명이 말 한 마리를 몰고왔다.

○ juwan ilan de, yehe i burhanggū efu i emu
13일에 Yehe의 Burhanggū 어푸 예하의 한

niyalma, baindari emu niyalma, butame genehe baci
사람과 Baindari 예하의 한 사람이 사냥하러 간 곳으로부터

yafahan ukame simiyan de genefi, juwete morin
걸어서 도망하여 심양에 가서, 말 두 마리씩을

gajime jihe.
몰고왔다.

⇦ han i bithe, juwan ninggun de wasimbuha, (17:14a)
한(汗)의 글을 16일에 내렸다.

⇦ abkai sindaha han, fejergi ambasa be gosime ujifi, ambasa,
"하늘이 임명한 한(汗)은 휘하의 대신들을 사랑하며 돌보고, 대신들은

← han be gungneme banjire doro kai, beise, jušen be
한(汗)을 공경하며 사는 것이 도리인 것이다. 버일러들은 속민을

← gosi, jušen, beise be gosi, aha, ejen be gosi,
사랑하라. 속민은 버일러들을 사랑하라. 노복들은 주인을 사랑하라.

← ejen, aha be gosi, aha i weilehe usin i jeku be,
주인은 노복을 사랑하라. 노복이 일군 밭의 곡식을

← ejen i emgi uhe jefu, ejen i coohalafi baha ulin be,
주인과 같이 함께 먹으라. 주인이 전투하여 얻은 재물은

← aha i emgi uhe etu, abalafi baha yali be,
노복과 같이 함께 입으라. 사냥하여 얻은 고기를

← aha i emgi uhe jefu, bonio aniya, kubun kiceme (17:14b)
노복과 같이 함께 먹으라. 경신년(庚申年, 1620)에 '목화를 부지런히

← tarifi, boso jodofi, booi aha de etubu, ehe
파종하고, 베를 짜서, 집의 노복에게 입히라. 변변찮게

← etuhe be saha de, gaifi ujire sain niyalma de
입은 것을 알게 되면, 빼앗아서 잘 돌보는 사람에게

← bumbi seme bithe wasimbuha bihe, tere emgeri duleke,
주겠다'라고 글을 내렸었다. 그것이 이미 지났다.

← te ere coko aniya, tariha kubun jeku bahara
이제 이 신유년(辛酉年, 1621)에 파종한 목화와 곡식을 거두기

← onggolo ume habšara, ice kubun ice jeku baha
전에는 고발하지 말고, 새로운 목화와 새로운 곡식을 거둔

← manggi, geli etubure ulebure ehe oci, habša, habšaha
후에 또 입히는 것과 먹이는 것이 좋지 않다면 고발하라. 고발하면

← manggi, ujire ehe ejen ci gaifi, ujire sain (17:15a)
잘 돌보지 못하는 주인으로부터 빼앗아서 잘 돌보는

← ejen de bure, beise jušen, aha ejen, gemu
주인에게 주겠다. 버일러들과 속민, 노복과 주인 모두

← ishunde gosime hairame genggiyen i dasame banjici,
서로 사랑하고 아끼면서 밝게 다스리며 살면,

⇦ abka de saišabume niyalma de buyebume banjici, yaya de
하늘에게 칭찬받고 사람에게 사랑받으면서 살면, 누구에게나

← gemu urgun sain kai, han i uttu ishunde gosime
모두 기쁘고 좋은 것이다. 한(汗)이 이렇게 서로 사랑하면서

← banji seme tacibuha gisun be, yaya ume jurcere.
살라고 가르친 말을 아무도 어기지 말라.

○ juwan jakūn de, hecen weilehe niru nirui (17:15b)
18일에, 성을 쌓은 각 니루의

niyalma de, emte ihan, orin sunja gin
사람에게 소 한 마리씩과

dabsun šangname buhe.
소금 25근을 포상했다.

○ korcin i konggor beile ci, sunja haha, duin
Korcin의 Konggor 버일러 휘하로부터 남자 다섯 명과

hehe, sunja ihan gajime ukame jihe.
여자 네 명이 소 다섯 마리를 이끌고 도망해 왔다.

○ orin juwe de, fusi efu, abutu baturu, (17:16a)
22일에 Fusi 어푸와[2] Abutu 바투루가

2) Fusi 어푸는 무순성(撫順城)의 유격이었던 이영방(李永芳)을 지칭한다. 1618년에 항복한 후 Nurhaci의 일곱째

nikan ci baime jihe geren tsanjiyang, iogi, beiguwan
명나라로부터 귀부(歸附)해 온 여러 참장, 유격, 비어를

acafi, bithe arafi, nikan i karun iliha babe
만나서, 글을 써서 명의 초병이 주둔한 곳을

duleme bithe benehe.
넘어서 글을 보냈다.

○ juwan uyun de, simiyan ci emu niyalma, emu
19일에, 심양으로부터 한 사람이

morin gajime ukame jihe, fung ji pu ci emu
말 한 마리를 몰고 도망해 왔다. 봉집보로부터 한

niyalma ukame jihe. (17:16b)
사람이 도망해 왔다.

○ monggo i jarut ba i neici beile ci, jakūn
몽골의 Jarut 지방의 Neici 버일러 휘하로부터 여덟

boigon ukame jihe.
가호가 도망해 왔다.

○ orin juwe de, nikan jang i jan hecen ci,
22일에 명의 창의참성(彰義站城)으로부터

emu nikan, emu morin gajime ukame jihe.
한인 한 명이 말 한 마리를 몰고 도망해 왔다.

아들인 Abatai의 사위가 되었으므로 어푸로 불렸다. 이 책에서는 지명인 fusi를 '무순(撫順)'으로 번역했으나, 호칭으로 쓰인 fusi efu는 그대로 'Fusi 어푸'로 번역한다.

(17:17a)

○ orin emu de, monggo i jarut ba i jongnon beile i
21일에, 몽골의 Jarut 지방의 Jongnon 버일러의

jui sangtu taiji, sunja niyalma de sunja ihan
자식 Sangtu 타이지가 다섯 사람을 소 다섯 마리에

yalubufi, ini ama i gaiha yehe i beise i jui oshon
타게 하여, 자신의 아버지가 아내로 삼은, Yehe의 버일러들의 딸인 서모(庶母)를

eme be ujiki seci, eme ojorakū seme,
돌보겠다고 하니 어머니가 안 된다고 하며

⇦ han de alanjime elcin jihe manggi,
한(汗)에게 고하러 사신이 왔다. 그러자

⇦ han jili banjifi, jihe elcin i yaluha ihan, gajiha aika
한(汗)이 화를 내면서 왔던 사신이 탄 소, 가져온 온갖

jaka be gemu gaifi, orin juwe de amasi (17:17b)
물건을 모두 빼앗고서, 22일에 도로

bošofi unggime, unggihe
재촉하여 보내며, 보낸

⇦ bithei gisun,
글이다.

⇦ abka de šanggiyan morin wame,
"하늘에는 흰말을 죽이고,

⇦ na de sahaliyan ihan wame gashūfi, abka be den,
땅에는 검은 소를 죽이며 맹세하고서, 하늘은 높고

頭註: gingguleme kimcici, ere oshon eme sere gisun, ainci uthai asihan eme sere gisun de adali dere. [신중하게 살펴보니, 이 oshon eme라고 하는 말은 아마, 즉 asihan eme(서모(庶母))라고 하는 말과 같을 것이다.]

← na be jiramin seme gisurehe gisun be aifufi,
땅은 두텁다고 한 말을 지키지 않고서,

← mini elcin genehe niyalmai udafi gajire ulha be,
나의 사신으로 간 사람이 사서 가져오는 가축을

← ududu jergi gaiha, suwe uttu genehe elcin be (17:18a)
여러 번 빼앗았다. 너희가 이렇게 간 사신을

← wame, gajire ulha be gaifi, si adarame wesihun
죽이며, 가져오는 가축을 빼앗고서, 네가 어찌 고귀하게

← oho, mimbe fusihūlame elcin ainu takūraha, meni yehe i
되었겠는가. 나를 업신여기면서 사신을 어찌 파견했는가. 우리의 Yehe

← beise i buhe sargan jui i elcin waka bici, elcin be
버일러들이 준 딸의 사신이 아니라면 사신을

← wambihe, meni sargan jui i elcin ofi wahakū unggihe,
죽였을 것이다. 우리 딸의 사신이기 때문에 죽이지 않고 보낸다.

← suweni gaiha ulha be juleri sindafi benjime jici,
너희가 빼앗아간 가축을 먼저 몰아서 보내온다면,

← sain mujangga kai, gaiha ulha be singgebume wajifi,
친선이 틀림없을 것이다. 빼앗은 가축을 자기 것으로 삼고서

← elcin ainu unggimbi. (17:18b)
어찌 사신을 보내는가."

頭註: ginggulеme kimcici, suweni gaiha ulha be juleri sindafi benjime jici sere gisun, ainci suweni gamaha ulha be elcin takūrara onggolo neneme dalifi benjici sere gūnin dere. [신중하게 살피니, suweni gaiha ulha be juleri sindafi benjime jici라고 하는 말은 아마도 '너희가 가져간 가축을 사신을 파견하기 전에 먼저 몰아서 보내오면'이라고 하는 뜻일 것이다.]

제18권

천명(天命) 6년(1621) 윤2월부터 3월까지

juwan jakūci debtelin,
abkai fulingga i ningguci
aniya anagan i juwe biyaci
ilaci biyade isinahabi.

tongki fuka sindaha hergen i dangse. (18:1a)
유권점 당안

○ juwan nadan de, dongsingga ba i hibsu hada i
17일에 Dongsingga 지방의 Hibsu봉(峰)의

tai niyalma, juhe hūwajame guwengke jilgan be,
대(臺)의 병사가 얼음이 깨져서 난 소리를

tašarame poo sindaha seme pan forire jakade,
잘못 알고 "포를 발사했다"라고 하며 운판(雲版)을 두드리자

siran siran i pan forihai,
연이어 운판을 두드려서

⇦ han i hecen de ulgiyan erinde pan i mejige isinjiha,
한(汗)의 성에 해시(亥時)에 운판의 연락이 도달했다.

jai cimari,
다음 날,

⇦ han, ambasai baru hendume, musei warkasi golo de, nikan (18:1b)
한(汗)이 대신들을 향하여 말하기를, "우리가 Warkasi로(路)에서 명군에게

← cooha de lakcame [原檔殘缺] sehe bihe kai, lakcahabio
단절되어 □□□ 말했던 것이었다. 끝났는가"라고

seme fonjire jakade, darhan hiya jabume, gemu
물으니, Darhan 히야가 대답하기를 "모두

lakcame wajiha, meni nirui emu hehe nimeme
끝나서 마쳤습니다. 우리 니루의 한 여인이 병이 나서

gajici ojorakū ofi, tere boigon i niyalma amasi
데려올 수 없게 되어서, 그 가호의 사람은 다시

bederehe sere,
돌아갔다 합니다."

⇦ han hendume, tuttu oci, lakcara unde kai, musede sakda,
한(汗)이 말하기를, "그러면 아직 끝나지 않은 것이다. 우리에게는 노인,

← nimeku noho, dogo, doholon seme hihan akū dere, (18:2a)
병자, 맹인, 절름발이라고 하여 귀하지 않겠지만,

← dain i nikan bahaci, ujui ton kai seme hendufi,
적인 명나라가 얻는다면 머릿수인 것이다"라고 말하고서,

← tsanjiyang ni hergen šajin gebungge niyalma be, tere
참장(參將)의 직위인 Šajin이라는 사람을 "그

← warkasi golo be tuwana seme takūrafi unggihe, tere
Warkasi로(路)를 살피러 가라"고 하며 파견했다. 그

genehe niyalma, tere golo de emu tanggū
간 사람이 그 지역에서

juwan duin niyalma, morin ihan jakūnju ninggun
사람 114명과 말과 소 86마리를

bahafi gajiha manggi, šajin de duileci, amba
얻어서 이끌고 왔다. 그러고 나서 법률로 심리하니 큰

weile ofi, golo be bargiyahakū seme, golo be (18:2b)
죄여서, 지역을 거두어들이지 않았다고 하여 지역을

bargiyabure ejen manggūltai beile de weile arafi,
거두어들이게 하는 수장 Manggūltai 버일러를 치죄하기를

emu morin de enggemu hadala tohohoi uksin
안장과 굴레를 채우고 갑옷과

saca acihai, juwan booi jušen gaimbihe, gaijara
투구를 실은 말 한 마리와 집의 속민 열 명을 빼앗기로 했고, 받을

weile be waliyaha, ba i ejen darhan hiya be,
죗값은 면제했다. 지역의 수장 Darhan 히야는,

ini nirui niyalma be getuken i hendufi, wacihiyame
자신의 니루의 사람에게 분명히 말하고서 완전히

bargiyame gajihakū seme weile arafi, jušen juwe
거두어 데려오지 않았다고 하여 치죄하고 속민

tanggū haha gaimbihe, (18:3a)
장정 200명을 빼앗기로 했었다.

⇦ han hendume, šajin i niyalmai beidehe jurgan mujangga seme
한(汗)이 말하기를, "법관이 판결한 도리가 틀림없다"라고 하며

gaime toktobufi,
빼앗기로 정하고,

⇦ han, darhan hiya be ujihe be feteme hendume, mini
한(汗)이 Darhan 히야를 보살핀 것을 들추어내어 말하면서, "나의

← beye de banjiha duin jui gese tukiyefi, simbe
몸에서 태어난 네 명의 아들과 똑같이 등용해서 너를

← sunjaci jui obuhabi kai, simbe tuttu jergi niyalma ci
다섯째 아들로 삼았던 것이다. 너를 그렇게 보통 사람보다

← wesibufi dele ujire be, sini jergi ambasa buyehe
높여서 귀하게 보살핀 것은, 너와 동급인 대신들이 원했다고

← seme baharakū kai, julgei mergesei henduhengge, hūcin fetefi (18:3b)
하여도 얻지 못하는 것이다. 옛 현인들의 말이 '우물을 파야

← muke jembi, juse ujifi hūsun gaimbi seme henduhe
물을 마신다. 아들들을 길러야 힘을 얻는다'라고 말한 바

← bihe kai, ama bi, simbe jui arafi gūwa ci
있다. 아버지인 내가 너를 아들 삼아 다른 사람보다

← fulu urgunjebume ujici, si geli ama han be
낫게 기쁘게 하며 보살피는데도, 너는 또 어찌 아버지 한(汗)을

← karu urgunjebume, gūwa ci fulu ainu kiceme kadalarakū,
보답으로 기쁘게 하며 타인보다 낫게 열심히 관리하지 않는가.

← sini kadalara hendurengge elhe kai, elhe akūci, gurun be
네가 관리한다고 하는 것이 안일하도다. 안일하지 않다면 나라의 일을

← kadalara be sindafi, sini beyei nirui niyalma be
관리하는 것을 맡겨놓고, 너 자신의 니루 사람을

← boljoho inenggi lakcame ainu gajihakū seme hendufi, sini (18:4a)
기약한 날이 끝나도록 어찌 데려오지 않았는가"라고 말했지만, "너의

← jušen be gaifi, bi wede bure seme, gaijara
속민을 빼앗아서, 내가 누구에게 주겠는가"라고 하며 빼앗을

← juwe tanggū haha be gaihakū, weile waliyaha, mini
장정 200명을 빼앗지 않고, 죄를 면해주었다. "내가

← akdafi afabuha niyalma si akūmbuhakū, sinde bi ushambi
신뢰하여 맡긴 사람인 너는 힘을 다하지 않았다. 너에게 내가 화가 난다"라고

頭註: gingguleme kimcici, gurun be kadalara be sindafi sere gisun, ainci gurun i baita be kadalara be afabufi sere gūnin dere. [신중하게 살펴보니, gurun be kadalara be sindafi라는 말은 아마도 '나라의 일을 감독하는 것을 맡기고서'라는 뜻일 것이다.]

seme ushame juwan inenggi acabuhakū.
노여워하며 열흘 동안 만나주지 않았다.

○ gaha, munggu be ai ai bade takūraci ombi seme
Gaha와 Munggu를 온갖 곳에 부릴 수 있다 하여

tukiyefi, fujiyang ni hergen obuha bihe, šanggiyan hada i (18:4b)
등용하고서, 부장(副將)의 직위로 삼았었는데, Šanggiyan봉(峰)의

cooha de, ebufi afa seme amba beile i beye genefi
전장에서 "말에서 내려서 싸우라"고 대버일러가 몸소 가서

henduci, ebuhekū, sakda i šusai gebungge niyalma, dehi
말해도 말에서 내리지 않았다. Sakda의 Šusai라는 사람은

niyalma be gaifi ebuhe, tereci warkasi golo de
40명을 이끌고 말에서 내렸다. 그러고 나서 Warkasi로(路)에

dosika yafahan i cooha de, juleri dosika niyalma be
진입한 보병에게, 먼저 들어간 사람을

nikan deheleme tuhebuci, gaha, munggu geli dosikakū, ineku
명군이 갈고리를 걸어 당겨 쓰러뜨리는데도 Gaha와 Munggu는 그대로 들어가지 않았고 그

sakda i šusai juleri dosika, feniyen de afame bihe seme,
Sakda의 Šusai가 앞에 들어가서, 무리에서 싸우고 있었다 하여

gaha, munggu be wara weile tuhebuhe bihe, jai (18:5a)
Gaha와 Munggu를 죽일 죄로 정죄했었다. 다시

⇦ han gūnifi, wara weile mujangga, wara anggala, munggu be
한(汗)이 생각해보고서, 죽일 죄는 마땅하지만, 죽이는 대신에 Munggu는

wasibufi cooha de daburakū, gurun i usin jeku
강등시켜서 군대에 넣지 않고, 나라의 밭과 곡식을

icihiyara tung pan i hergen buhe, gaha be wasibufi
처리하는 통판(通判)의 직위를 주었다. Gaha는 강등시켜

gurun i weile de daburakū, beile i booi tokso
나라의 일에는 넣지 않고 버일러 집의 장원을

bošoro ulha tuwara weile de afabuha, tere
관리하고 가축을 살피는 일을 맡겼다. 그

juwe bade, sakda i šusai be wesibufi, tsanjiyang ni
두 일로 Sakda의 Šusai를 승직시키고 참장의

hergen buhe, suijan, uici be holo jalingga (18:5b)
직위를 주었다. Suijan, Uici를 거짓말쟁이고 간사하다고

seme, cooha kadalara iogi hergen be wasibufi
하여 군사를 지휘하는 유격(遊擊)의 직위를 강등시켜

usin jeku icihiyara tung pan i hergen buhe.
밭과 곡식을 처리하는 통판의 직위를 주었다.

○ korcin i minggan mafa i elcin omoktu i emgi
Korcin의 Minggan 마파의 사신 Omoktu와 함께

duin niyalma, orin ilan de isinjiha, orin
네 사람이 23일에 도착했다.

duin de amasi unggihe.
24일에 돌려보냈다.

(18:6a)

○ orin ninggun de wasimbuha
26일에 내린

⇦ bithei gisun, adun age i booi haha, yangguri efu i booi
글이다. "Adun 아거의 집의 남자가 Yangguri 어푸의 집의

← hehe de latufi, ukame genembi seme hebdefi, ukame
여자와 밀통하여, 도망해 가겠다고 상의하고서, 도망하여

← tucifi amasi dosika seme, haha hehe be acabuha.
나갔다가 다시 들어왔다 하여, 남자와 여자를 맺어주었다."

○ kūwaci be, juwe biyai orin juwe de den
Kūwaci를, 2월 22일에 높은

hashan i boode horifi, juwe biya seolefi, ujici (18:6b)
담장이 있는 집에 가두고서, 두 달 동안 숙고하여도 살려줄 수

ojorakū ofi waha.
없어서 죽였다.

○ darhan hiya i gūsade, niyamjui nadan niru
Darhan 히야의 구사에는, Niyamjui에 일곱 니루와

emu hontoho, feideri de nadan niru, aisika,
절반 니루 하나, Feideri에 일곱 니루, Aisika와

siberi de sunja niru.
Siberi에 다섯 니루.[1]

○ adun age i gūsade, deli wehe de ilan (18:7a)
Adun 아거의 구사에는, Deli Wehe에

tanggū nadanju uksin, hule golo de orin
갑병 370명, Hule로(路)에

jakūn niru, toran, janggi de juwan nadan niru.
28개 니루, Toran과 Janggi에 17개 니루.

1) 이하의 내용은 요양(遼陽)과 심양(瀋陽)을 획득한 후에 각 구사에 해주(海州) 등지의 니루를 배정한 내용이다.

○ muhaliyan i gūsade, jakūmu de juwan niru, dethe de
Muhaliyan의 구사에는, Jakūmu에 열 니루, Dethe에

ninggun niru, oho de sunja niru.
여섯 니루, Oho에 다섯 니루.

○ jirgalang age i gūsade, undehen de emu tanggū (18:7b)
Jirgalang 아거의[2] 구사에는, Undehen에

orin sunja uksin, boo wehe de nadan niru,
갑병 125명, Boo Wehe에 일곱 니루,

fe ala de susai duin niru.
Fe Ala에 54개 니루.

○ tanggūdai gūsade, jakdan de juwe tanggū susai
Tanggūdai의 구사에는 Jakdan에

uksin, jaka de uyun niru, hūwanta, looli,
갑병 250명, Jaka에 아홉 니루, Hūwanta와 Looli,

jan bigan, hūlan de juwan ninggun niru.
Jan Bigan, Hūlan에 16개 니루.

(18:8a)

○ borjin i gūsade, fanaha de juwan niru, bi yen de
Borjin의 구사에는 범하(范河)에 열 니루, Bi Yen에

ninggun niru emu hontoho, hecemu, hanggiya de
여섯 니루와 절반 니루 하나, Hecemu와 Hanggiya에

juwan niru.
열 니루.

2) Jirgalang은 Nurhaci의 조카이다. 즉 Nurhaci의 친동생인 Šurgaci의 여섯째 아들이다.

○ donggo efu i gūsade, hunehe, yengge de sunja
Donggo 어푸의 구사에는 혼하(渾河), 영액(英額)에 다섯

niru, boihon šancin de sunja niru, yarhū,
니루, Boihon Šancin에 다섯 니루, Yarhū와

suwan de jakūn niru, šanggiyan hada de (18:8b)
Suwan에 여덟 니루, Šanggiyan봉(峰)에

juwe tanggū susai uksin.
갑병 250명.

○ abatai age i gūsade, caiha de sunja niru,
Abatai 아거의 구사에는 채하(柴河)에 다섯 니루,

muhu gioro de sunja niru, ordo hada de
Muhu Gioro에 다섯 니루, Ordo봉(峰)에

sunja niru.
다섯 니루.

○ orin nadan de, hoton weilere niyalma de, (18:9a)
27일에 성을 축조하는 사람에게,

geli juwe niyalma de emu gin dabsun buhe.
다시 두 사람당 한 근의 소금을 주었다.

○ orin jakūn de,
28일에

⇦ genggiyen han hendume, nikan gurun, jase tulergi encu gurun i
경기연 한(汗)이 말하기를, "명나라가 경계 밖의 다른 나라의

← weile de daha be,
일에 관여한 것을

⇦ abka wakalafi, han ci fusihūn, g'oloo, cangšu ci wesihun,
하늘이 꾸짖어서 황제로부터 아래로, 각로(閣老), 상서(尙書)로부터 위로

← gemu liyeliyefi fudasihūn jurgan be yabume, dain arafi (18:9b)
모두 혼미해서 패역의 길을 가며, 전쟁을 일으켜서

← biyadari gaibume wabume buceme irgen be jobombi kai,
달마다 빼앗기고 살해당하고 죽으며 백성이 고생하는 것이다.

← tuttu gurun i ejen han, ujulaha ambasa gemu ehe
그렇게 나라의 수장인 황제와 우두머리인 대신들 모두가 악한

← jurgan i banjire bade, fejergi buya niyalma udu bahanaha
뜻으로 사는 터에, 아래의 소인(小人)들이 아무리 깨닫고

← saha seme, tere ambasa be duleme adarame hendumbi,
알았다 해도, 그 대신들을 넘어 어찌 말하겠는가.

← musei gurun i han i sirame banjire beise ambasa, inenggidari
우리나라의 한(汗)을 따라서 사는 버일러들과 대신들은 날마다

← acafi gurun irgen i joboro jirgara doro šajin be,
만나서 나라와 백성이 근심하거나 편안한 법도를,

← dain cooha de adarame oci jabšabumbi, adarame oci (18:10a)
전투와 군사에 어떻게 하면 이익이 되는지, 어떻게 하면

← ufarambi seme bodome gisureme banjicina, ujulaha beise ambasa,
손해를 보는지 헤아리고 말하며 지내면 좋겠다. 우두머리인 버일러들과 대신들,

← suwe doroi jalin de joborakū, jirgacun sebjen de
너희가 도리를 위해 근심하지 않고 향락에

← dosici, fejergi buya niyalma udu bahanaha saha seme,
빠지면, 아래의 소인(小人)들이 아무리 깨닫고 알았다 해도

← suwembe duleme adarame hafufi hendumbi, ujulaha beise ambasa,
너희를 넘어 어찌 직접 통하여 말하겠는가. 우두머리인 버일러들과 대신들,

← suwe tuttu oci, doro šajin aide genggiyen ombi,
너희가 그렇게 되면, 법도가 어떻게 밝아지겠는가.

← gurun irgen aide jirgambi, hoton weilere niyalma de,
나라와 백성이 어떻게 평안하겠는가. 성을 축조하는 사람에게

← neneme emu jergi buhe dabsun jeme wajire unde kai, (18:10b)
전에 한 번 준 소금을 아직 다 먹지 못했을 것이다.

← wajinggala geli dabsun buhengge, gurun i niyalma wehe moo
다 먹기 전에 다시 소금을 준 것은 나라의 사람이 돌과 나무를

← unufi suilara be safi gosime buhe kai, han i
등에 지고 힘들어하는 것을 알고 사랑하여 준 것이다. 한(汗)이

← sain de gurun, gurun i sain de han kai, beile i
좋으면 백성이, 백성이 좋으면 한(汗)이 좋다. 버일러가

← sain de jušen, jušen i sain de beile kai,
좋으면 속민이, 속민이 좋으면 버일러가 좋다.

← gurun i joboho be han sara, jušen i joboho be
백성이 수고로운 것을 한(汗)이 알고, 속민이 수고로운 것을

← beile sara oci, jušen irgen joboho weilehe seme
버일러가 안다면, 속민과 백성이 힘들게 일했다고 해도

← koro akū kai. (18:11a)
원한이 없는 것이다."

○ orin uyun de, monggo adai ilaci jergi
29일에, 몽골인인 Adai 3등

tsanjiyang be wesibufi uju jergi tsanjiyang obuha.
참장을 승직시켜 1등 참장으로 삼았다.

○ orin uyun de hecen sahame wajiha.
29일에 성 쌓는 것을 마쳤다.

○ nikan i waliyaha fanaha golo de, jakūn beile i (18:11b)
"명이 포기한 범하로(范河路)에, 여덟 버일러의

tokso tebume sasa unggimbi seme, gisurehe gisun be
장원(莊園)을 설치하려고 함께 보내겠다"라고 했던 말을

jurceme, nomci neneme hurgen ihan unggihe jalin de,
어기고, Nomci가 먼저 농기구 한 벌을 갖춘 소를 보냈기 때문에

orin uyun de weile arafi, hergen i loo de
29일에 치죄하고서, 금을 그은 감옥에

sunja inenggi omihon horiha.
5일을 굶기며 감금했다.

⇦ han i booi ningšan i sargan jui be, kasari jui de
한(汗)의 집안의 Ningšan의 딸을 Kasari의 아들이

gaiki seme, yasun, ahūtu fonjifi, (18:12a)
아내로 맞겠다고 하여 Yasun, Ahūtu가 여쭈니

⇦ han, kasari jui de buhe, tere be faksi hoosai jui
한(汗)이 Kasari의 아들에게 주었다. 그것을 장인(匠人) Hoosai의 아들인

dorgon tucifi, ningšan i jui be, bi neneme
Dorgon이 나서서, "Ningšan의 딸을, 내가 먼저

gisurehe bihe seme fonjibure jakade,
말한 바 있었다"라고 하며 여쭙게 하니,

⇦ han hendume, tuttu oci, sargan jui ama eme de
한(汗)이 말하기를, "그러면 딸의 부모에게

← fonjiki, šajin de, sargan jui, haha jui cihangga
물어보겠다. 법도에 따르면 여자 아이와 남자 아이가 좋아하면

← oci gaimbi, cihakū oci nakambi kai seme, sargan
결혼한다. 좋아하지 않으면 그만두는 것이다"라고 여자

jui ama eme de fonjici, sargan jui ama (18:12b)
아이의 부모에게 물으니, 여자 아이의 부모가

eme, dorgon nenehe sere jakade, dorgon de
Dorgon이 먼저라고 말해서 Dorgon에게

buhe manggi, kasari sargan, eme hendume, ningšan i
주었다. 그러자 Kasari의 처와 모친이 말하기를, "Ningšan의

boode dorgon i eme neneme genehe mujangga, fonjime, be
집안에 Dorgon의 어머니가 먼저 간 것은 사실이나, 묻기는 우리가

nenehe seme kasari be huwekiyebume hendure jakade,
먼저였다"라고 Kasari를 부추기며 말하니,

kasari, jai dasame yasun, ahūtu be, geli bi
Kasari가 또 다시 Yasun, Ahūtu로 하여금, 또 "내가

neneme gisurehe bihe seme fonjibure jakade,
먼저 말한 바 있었다"라고 여쭙게 하므로,

⇦ han hendume, šajin de, hehe niyalma gisun de darakū (18:13a)
한(汗)이 말하기를, "법도에 따르면 여인은 말에 관여하지 않아

← bihe kai, sini anggala, fujisa hono gisun de
왔다. 너뿐만 아니라 푸진들마저 말에

← darakū kai, šajin be efuleme gangguri sargan, kasari be
관여하지 않는 것이다. 법도를 깨뜨리고 Gangguri의 아내가 Kasari를

← huwekiyebufi, han de dahūme gisun ainu fonjibuha, han i
부추겨서, 한(汗)에게 어찌 거듭 말을 묻게 했는가. 한(汗)이

← beidehe gisun waka oci, suweni dahūbuha mujangga kai,
결정한 말이 그르다면, 너희가 다시 묻게 한 것이 옳을 것이다.

← šajin de, haha jui, sargan jui cihangga oci
법도에 '남자 아이와 여자 아이가 좋아하면

← gaimbi, cihakū oci burakū seme šajilafi, gūsin aniya
결혼한다. 좋아하지 않으면 주지 않는다'라고 하여 법으로 정하고서 30년 동안

← toktoho šajin be, suweni emhe, urun ainu efuleme (18:13b)
정해진 법도를 너희 시어머니와 며느리가 어찌 깨뜨리며

← huwekiyebumbi, sargan jui ama eme de fonjifi, buhe
부추기는가. 어찌 여자 아이의 부모에게 묻고서 준

← jui be durime marame ainu fonjibuha seme weile
아이를 빼앗으며 막으며 어찌 묻게 했는가"라고 하며

arafi, yasun de orin sunja yan, ahūtu de
치죄하고서, Yasun에게 25냥, Ahūtu에게

orin yan, kasari be susai šusiha šusihalafi,
20냥을 징수하고, Kasari를 채찍으로 50대를 치고

⇦ han i buhe aika jaka be gemu gaifi, buda
한(汗)이 주었던 온갖 물품을 모두 빼앗고, 음식을

ulebure ci hokobufi, niru de bošoho, emhe,
진상하는 일을 그만두게 하고, 니루에서 쫓아냈다. 시어머니와

urun be susaita šusiha šusihalaha. (18:14a)
며느리를 50대씩 채찍질을 했다.

○ muhu gioro i hoton arara de, yahican buku,
Muhu Gioro성을 축조할 때, Yahican Buku가

bilaha alban i niyalma be unggihekū seme weile
기한을 정한 공역인을 보내지 않았다고

arafi, ini hontoho beiguwan i tofohon yan
치죄하고서, 그의 절반 비어의[3] 15냥의

gung faitaha.
공은(功銀)을[4] 깎았다.

○ ilan biyai ice de, šajin gebungge tsanjiyang, (18:14b)
3월 초하루에 Šajin이라는 참장이

nikan i jase bitume tai tebume genehe.
명의 경계를 따라서 대(臺)를 설치하러 갔다.

○ ice ilan i inenggi, amin beile gūsai warka
초사흘에, Amin 버일러 구사의 Warka

fiyanggū gebungge niyalma, ini beile be ulgiyan
Fiyanggū라는 사람이 자신의 버일러에 대해서, 돼지를

gaiha, morin buhekū, fujisa be tuwakiya seci, ohakū
가져갔고, 말을 내놓지 않았고, 푸진들을 지키라고 해도 따르지 않고

maraha seme tantaha turgunde, bithe arafi
거부했다는 이유로 자신을 때렸다고, 글을 써서

3) 『漢淸文鑑』에는 '관령(管領)', 즉 '내무부두목소령지대오(內務府頭目所領之隊伍)'로 풀이되어 있으나, 이것은 관제가 정비된 후대의 것이다. 여기서는 직역을 하여 hontoho를 '절반'으로 번역한다.

4) '공은(功銀)'은 공(功)에 따라서 부여받은 은량으로서 칙서에 기록된 것인데, 실제로 지급한 것은 아니고 벌로 죗값을 내야 할 때 여기에서 깎는다(유소맹 2013:369).

⇦ han de habšame, abka de tafaci wan akū, na de (18:15a)
한(汗)에게 고소하기를, "하늘에 오르자니 사다리가 없고 땅에

dosici jurun akū seme habšara jakade,
들어가자니 구멍이 없다"라고 하며 고소했기 때문에,

⇦ han, geren šajin i niyalma be duile seme duilebufi, geren
한(汗)이 여러 법관들에게 심리하라고 하여 심리케 해서, 여러

beise ambasa, warka fiyanggū be, sini ilan
버일러들과 대신들이 Warka Fiyanggū에게, "너의 세 가지

amban waka weile be uru arame, elemangga
큰 잘못된 죄를 옳은 것으로 만들고, 오히려

abka de tafaci wan akū, na de dosici
'하늘에 오르자니 사다리가 없고 땅에 들어가자니

jurun akū seme šerime ainu habšaha seme,
구멍이 없다'라고 하며 협박하여 어찌 고소했는가"라고 하며

wara weile maktaha bihe, (18:15b)
죽일 죄를 내렸었다.

⇦ han donjifi, warka fiyanggū be umai ulhirakū beliyen
한(汗)이 듣고서, "Warka Fiyanggū는 전혀 깨치지 못하는 우매한

← niyalma kai, tere be waha seme ainara,
사람인 것이다. 그를 죽인들 무엇 할 것인가"라고 했다.

niru ci hūwakiyafi, ini booi teile be,
니루로부터 적을 박탈하고, 그의 집만

⇦ han sula sindafi, ilan deo de gene sere jakade,
한(汗)이 풀어주어서, 세 동생에게[5] 가라고 하자,

---

5) Warka Fiyanggū의 원래 주인이었던 Amin 버일러의 세 동생을 가리킨다.

jaisanggū age de genehe, artai be abalaha
Jaisanggū 아거에게 갔다. Artai가 몰이사냥을 했다고

seme nirui niyalma gercilefi, gercilehe jušen hokoho,
니루의 사람이 고발해서, 고발한 속민은 떠났고,[6]

uyun yan i weile araha, šorhoi be, sunja niru be (18:16a)
아홉 냥으로 치죄했다. Šorhoi에게 다섯 니루를

kadalambi seme eihen šangnaha bihe, šangnaha eihen be
관리한다고 하여 나귀를 상준 바 있었다. 상으로 준 나귀를,

amasi gercilefi, gerci hokoho, ihan toodame gaiha, orin
나중에 남이 고발해서 소로 배상 받고, 고발자는 떠나고,

yan i weile araha, šumuru be, nirui niyalmai weile be
20냥으로 치죄했다. Šumuru를, 니루 사람의 죄를

šajin de gajifi alabuhakū seme, orin yan i weile araha.
법도에 따라 데려와서 고하게 하지 않았다고 20냥으로 치죄했다.

○ ice duin de, simiyan i hecen ci, emu nikan, morin
초나흘에 심양성(瀋陽城)으로부터 한인 한 명이 말을

yalufi ukame jihe, dodo age de uji seme buhe. (18:16b)
타고 도망해 왔다. Dodo 아거에게 보살피라며 주었다.

○ kalka i joriktu beile i monggoso juwan niyalma, ulha gajime
Kalka의 Joriktu 버일러 휘하의 몽골인 열 사람이 가축을 몰고

hūda jihe, ice sunja de beidehe weile ere inu.[7]
장사하러 왔다. 초닷새에 판결한 죄가 이것이다.

---

6) 고발자가 다른 니루로 갈 수 있게 한 것은 고발자를 보호하기 위한 조치이다(유소맹 2013:376, 466).
7) 내용으로 보아서 다음 단락의 첫 문장으로 가야 한다.

○ kotan, ini nirui hehe be šajin de alahakū
Kotan이 자신의 니루의 여자를 법도에 따라 알리지 않고

tantaha seme, tofohon yan i weile gaiha, hūwašan,
때렸다고, 15냥의 죗값을 취했다. Hūwašan이

ini nirui niyamangga niyalma be hecen weilere de (18:17a)
자신의 니루의 인척인 사람을 성을 축조하는 데에서

guwebuhe seme, namtai gebungge niyalma gercilefi, sunja
면제했다 하여, Namtai라는 사람이 고발해서, 다섯

haha hokoho, uyun yan i weile gaiha, sirana
장정이 떠나고, 아홉 냥의 죗값을 취했다. Sirana

nirui yarga gebungge niyalma be, neyen golo de
니루의 Yarga라는 사람을, Neyen로(路)의

amban arafi eiten be baica seme ejen sindaha
대인으로 삼아서 온갖 일을 조사하라고 수장으로 임명한 바

bihe, ukandara niyalma be jafafi ini beye
있었다. 도망가려는 사람을 잡아서, 그 자신은

amala ini sargan i emgi jihe, juleri emu
나중에 처와 함께 오고, 앞서 한

gucu be adabufi unggihe, tere niyalma, gucu (18:17b)
구추를 붙여 보냈다. 그 사람이 구추로

jidere niyalma be wafi ukame genefi, geli
오는 사람을 죽이고 도망가다가 또

emu niyalma be wahabi, yarga be goloi amban ci
한 사람을 죽였다. Yarga를 Neyen로(路)의 대인 직에서

wasibufi, juwe niyalma be toodame gaiha.
강등시키고, 사람 두 명에 대해서 배상 받았다.[8)]

○ simiyan i hecen ci, emu nikan, morin yalufi
심양성으로부터 한인 한 명이 말을 타고서

ice ninggun de ukame jihe.
초엿새에 도망해 왔다.

(18:18a)

○ ilan biyai ice nadan de, monggo i bagadarhan i
3월 초이레에, 몽골의 Bagadarhan 예하의

nadan boigon ukame jihe.
일곱 가호가 도망해 왔다.

○ ice jakūn de, jaisa beile i emtan niyalma
초여드레에 Jaisa 버일러의 Emtan 사람이

elcin jihe.
사신으로 왔다.

○ dodo age i nadan monggo, ice uyun de (18:18b)
Dodo 아거 예하의 몽골인 일곱 명이 초아흐레에

ukame genehe.
도망해 갔다.

○ juwan de, juwe nikan, fung ji pu ci morin
10일에 한인 두 명이 봉집보(奉集堡)에서 말을

yalufi ukame jihe.
타고 도망해 왔다.

---

8) 사람을 배상하는 방식의 형벌이다. 배상하는 사람의 수는 반드시 살해되거나 도망한 사람의 수와 같게 하는 것이 원칙이다(유소맹 2013:356-357, 368).

○ juwan emu de, monggo i joriktu beile i jui
11일에, 몽골의 Joriktu 버일러의 아들

babai taiji ci, ilan haha juwe hehe, ninggun (18:19a)
Babai 타이지로부터 세 남자와 두 여자가

morin gajime jihe.
말 여섯 마리를 끌고 왔다.

제19권

천명(天命) 6년(1621) 3월

juwan uyuci debtelin,
abkai fulingga i
ningguci aniya ilan
biya.

tongki fuka sindaha hergen i dangse. (19:1a)
유권점 당안

○ ilan biyai juwan i inenggi cooha tucike, juwan
3월 10일에 출병했다.

emu i dobori dulire de, šun tuhere ergici, šun
11일 밤을 샐 때, 해가

dekdere baru, šanggiyan lamun siren, biyai kūwaran i
지는 방향에서 해가 뜨는 쪽으로 희고 푸른 광선이 달무리의

amargi gencehen i tulergi be gocika bihe, tereci
북쪽 테의 바깥쪽으로 뻗어 있었다. 그로부터

julesi ibeme genehei, biyai kūwaran i julergi de
앞으로 나아가면서 달무리의 남쪽에

isinafi nakaha.
도달하여 멈췄다.

(19:1b)

○ tere dobori dulire cooha be, nikan i tai
그 밤을 새우는 군사를, 명(明)의 대(臺)에 근무하는

niyalma yamji uthai safi, holdon tuwa dulebuhe be,
병사가 밤에 바로 알아차리고 봉홧불을 붙인 것을,

simiyan i niyalma hiyabun dabure erinde uthai saha,
심양(瀋陽)의 명 병사도 겨릅등에[1] 점화하는 순간에 바로 알아차렸다.

tere dobori dulifi juwan juwe i cimari muduri
그 밤을 새우며 12일 아침

erinde, simiyan de isinafi, hecen i šun dekdere
진시(辰時)에 심양에 이르러서 성의 해 뜨는

ergide nadan ba i dubede, birai amargi dalin de
쪽 7리 끝에, 강의 북쪽 언덕에

mooi hoton arafi iliha, tere inenggi, sain (19:2a)
나무로 성을 짓고 주둔했다. 그날

sonjoho cooha tucifi, birai julergi be tabcin sindafi
선발한 병사가 나와서, 강의 남쪽을 노략질해서

unggifi, amasi bedereme birai amargi de doofi,
보내고, 뒤로 물러나 강의 북쪽을 건너

simiyan i hecen i hanciki be jidere de, hecen i cooha
심양성 가까운 곳에 오니, 성의 적병이

hecen ci tucifi ulan i dolo iliha, tereci amasi
성에서 나와서 해자 안쪽에 진을 쳤다. 그 후에 되돌아

jifi mooi hoton de deduhe.
와서 나무 성에서 숙영했다.

---

1) 뜨물에 버무린 좁쌀 겨를 겨릅대에 입혀서 만든 등이다. 등잔걸이에 꽂아놓고 썼다.

○ juwan ilan de gūlmahūn erinde, olbo i (19:2b)
13일 묘시(卯時)에 면갑병이

niyalma, sejen kalka gamafi, hecen i šun dekdere
방패차를 끌고서, 성의 동쪽

dere be afame geneci, niyalmai beyei gese šumin
면을 공격하러 가니 사람의 몸과 같은 깊이로

juwan jergi eye fetehebi, eye i fere de mooi
열 겹의 움 구덩이를 파놓았고 구덩이의 바닥에는 나무

šolon sisihabi, eye i dorgi de, emu gabtan i
꼬챙이를 꽂아놓았다. 움 구덩이 안쪽에는 화살이 닿을

dubede emu jergi ulan fetehebi, tere ulan i
거리 끝에 한 겹의 해자를 파놓았다. 그 해자의

dorgi gencehen de, juwan orin niyalma tukiyere
안쪽 가에 열에서 스무 사람이 들어올릴 만한

ambasa mooi jase jafahabi, jasei dolo onco (19:3a)
큼직한 나무 울타리를 세워놓았다. 울타리의 안에 너비

juwan da, šumin duin da, juwe jergi amba
열 발, 깊이 네 발인 이중의 큰

ulan fetehebi, ulan i fere de mooi šolon
해자를 파놓았고 해자 바닥에는 나무 꼬챙이를

sisihabi, dorgi ulan i dorgi gencehen i sejen kalka
꽂아놓았다. 안쪽 해자의 안쪽 테로 방패차를

頭註: gingguleme baicaci, fe manju gisun i bithede, ambasa moo sere gisun, uthai ambakan moo sere gisun de adali sehebi. [신중하게 조사하니, 『舊淸語』에 ambasa moo라는 말은 곧 ambakan moo(큼직한 나무)라는 말과 같다고 했다.]

faidafi, emu sejen de amba poo juwete, ajige
배치하고, 한 차에 큰 포 두 개씩, 작은

poo duite sindahabi, juwe sejen i sidende, golmin
포 네 개씩을 설치해두었다. 두 차 사이에 길이는

emu da, den ulenggu deri furdan sahafi, tere
한 발, 높이는 배꼽까지 오는 장애물을 쌓고, 그

emu da furdan i dulimba be giyafi, sunjata poo (19:3b)
한 발 장애물의 중앙을 깎아서 다섯 개씩의 포를

sindahabi, tuttu bekilehe hecen be afame muduri
설치해두었다. 그렇게 굳게 방비한 성을 공격하러 진시(辰時)에

erinde isinafi, muduri erinde uthai afame gaifi,
이르러서 진시(辰時)에 즉시 공격하여 빼앗고,

nadan tumen cooha be gemu waha, coohai ejen
7만 적병을 모두 죽였다. 적병의 수장

ho dzung bing guwan, io dzung bing guwan, dooli, fujiyang,
하(賀) 총병관, 우(尤) 총병관, 도리(道吏), 부장(副將),

tsanjiyang, iogi, ambasa hafan be gūsin isime waha,
참장(參將), 유격(遊擊) 등 대신들과 관원들을 30명 가까이 죽였다.

ciyandzung, bedzung, buya hafasa be tolohakū, tere
천총(千總), 백총(百總) 등 낮은 관원들은 수를 셀 수 없었다. 그

hecen be bahafi, cooha be teni wame wajiha (19:4a)
성을 획득하고서, 군사를 막 다 죽이고 나니,

bici, bira i julergi liyoodung ni ergici cooha sabumbi
강의 남쪽 요동(遼東) 방향에서 군사가 보인다고

seme alanjifi,
와서 고했다. 그래서

⇦ han genefi tuwaci, hunehe birai amargi emu ba i dubede,
한(汗)이 가서 보니, 혼하(渾河)의 북쪽 1리 떨어진 곳에

juwe tumen yafahan cooha juwe kuren ilihabi,
보병 2만 명의 두 부대가 진을 치고 있었다.

← tere juwe kuren i cooha de, ici ergi duin
그 두 부대의 적병 쪽으로, "우익 네

← gūsai cooha be, olbo, sejen kalka gajifi, elhei
구사의 군사가, 면갑병이 방패차를 가지고 온 후에 천천히

← afa seme hendufi unggihe, tereci ici ergi (19:4b)
공격하라"고 말하고서 보냈다. 그러고 나서 우익

duin gūsai cooha genefi, olbo be aliyahakū,
네 구사의 군사가 가서, 면갑병을 기다리지 않고

fulgiyan bayarai cooha afame dosici, nikan i yafahan i
홍(紅) 바야라가 공격해 들어가니, 명의 보병은

cooha, mangga seme sonjoho sain cooha ofi,
선발한 강한 정예병이어서

umai aššarakū afara de, emu tsanjiyang, juwe
전혀 흔들림 없이 공격하여, 참장 한 명과

iogi gaibuha, tereci tere cooha be gidafi,
유격 두 명을 잃었다. 그 후에 그 군사를 격파하고

olhon de wahai bira de fekumbufi gemu
뭍에서 죽이면서 강에 뛰어들게 하여 모두

wafi, bira i julergi de sunja ba i dubede, (19:5a)
죽였다. 그러고 나서 "강의 남쪽 5리 떨어진 끝,

amala emu tumen yafahan cooha ing hadafi,
후방에 보병 1만이 영을 세우고,

ulan fetefi, poo, sejen, kalka faidafi, emu kuren
호(壕)를 파고, 포와 수레, 방패를 배치하고서, 한 부대가

ilihabi seme afame genere de, liyoodung ni cooha,
진을 치고 있다"라고 하여 공격하러 갈 때, 요동의 적병인

u jing ing ni cooha, hū pi i i cooha,
무정영(武靖營)의 군사, 호피역(虎皮驛)의 군사,

wei ning ing ni cooha, ilan dzung bing guwan i
위녕영(威寧營)의 군사 등 세 총병관의

ilan tumen morin i cooha amala genefi, be ta pu i
기병 3만이 후방으로 가서, 백탑포(白塔鋪)의

da de amba ing hadafi, juleri ilan tanggū (19:5b)
본진에 큰 영을 세우고, 선두에 300명의

cooha jiderengge, neneme genehe juwe tanggū bayara cooha be,
군사가 오는 것이었다. 먼저 간 200명의 바야라를

nikan i jang dzung bing guwan,[2] ju dzung bing guwan, juwe
명의 강(姜) 총병관, 주(朱) 총병관의 두

dzung bing guwan i cooha aldangga dahalame poo sindame
총병관의 군사가 멀리서 추격하면서 포를 쏘며

gajime jidere de, hashū ergi duin gūsai amba
잡으러 올 때, 좌익 네 구사의 큰

ing ni cooha de isinaha manggi, hashū ergi
진영의 군대에 다다를 무렵 좌익

duin gūsai cooha amasi gidafi bošome, nikan i
네 구사의 군사가 역습해서 추격하며 명의

2) 『滿洲實錄』(6권, 天命 6년(1621) 3월)에는 이 부분이 giyang bi라고 되어 있다. 『滿文原檔』(張字檔 613)에는 jiyang sumingguwan으로 되어 있다.

ilan tumen cooha be gidafi, dehi bade isitala (19:6a)
3만 군사를 격파하고, 40리에 이르도록

bošome gamafi, ilan minggan niyalma waha, tereci
추격해 가서, 3000명의 군사를 죽였다. 그 후에

cooha bargiyafi, tesei amala iliha yafahan i kuren be
군사를 거두어서, 그들의 후방에 진을 친 보병 부대를

afafi gemu waha, tere ilan kuren i yafahan
공격하여 모두 죽였다. 그 세 부대의

cooha de beri jebele akū, gemu ilan da
보병에게는 활과 화살통이 없고 모두 세 발

cuse mooi fesin i golmin gida, dacun loho
길이의 대나무 자루의 장창(長槍)과 예리한 환도를

jafahabi, beyede dolo uksin saca etufi, oilo
들고 있었다. 몸에는 안은 갑옷과 투구를 착용하고, 겉은

jiramin kubun sindame saca mahala, beyede jibehun (19:6b)
두꺼운 솜을 대었다. 투구와 모자, 몸에 이불처럼

adali jiramin kubun arafi, gabtaci sacici darakū
두꺼운 솜을 만들었으므로 화살을 쏘아도 칼로 베어도 들지

ofi, bireme dosifi waha, tereci geren cooha
않아서 돌진해 들어가서 죽였다. 그러고 나서 여러 군사가

simiyan i hecen de dosifi iliha,
심양성에 들어가서 주둔했다.

⇦ han i beye giyoocan de ebuhe, simiyan i olji be sunja
한(汗) 자신은 교장(敎場)에서 내렸다. 심양의 포로들을 5일 동안

dedume dendehe.
숙박하며 나누었다.

○ juwan ninggun de, (19:7a)
16일에

⇦ abka dafi urušehe bade emke juwe endebure doro,
"하늘이 돕고 옳게 여긴 것에도 하나 둘 잘못되는 법이다.

⇦ abka wakalafi bucehe ba waka yabahai, sini jalin de, bi inu
하늘이 책망해서 죽은 것이 아닌 Yabahai, 너를 위해 나도

⇦ abka de baimbi, si inu genehe ba i ilmun han de
하늘에 간구하겠다. 너도 간 곳의 염라대왕에게

← habšafi, han amji minde banjinju, akūci, sini ahūta
호소해서, 한(汗)이자 큰아버지인 나에게 태어나서 오라. 그렇지 않으면 너의 형들,

← hošoi beise ya emu niyalma de banjinju, hošoi
호쇼 버일러들 중 누군가 한 사람에게 태어나서 오라.

← beise ci fusihūn, gūsai ejen ci wesihun, ya emu
호쇼 버일러들부터 구사의 수장들까지 중에 누군가 한

← niyalma de banjinju, yabahai, buha, sunjacin bayan, yamburi, (19:7b)
사람에게 태어나서 오라. Yabahai, Buha, Sunjacin Bayan, Yamburi,

← sirtai, langge, dumbu, dahambulu, wangge, suweni uyun niyalmai
Sirtai, Langge, Dumbu, Dahambulu, Wangge 너희 아홉 사람의

← gebu be bithe arafi
이름을 글로 써서

⇦ abka de baimbi,
하늘에 간구한다.

⇦ abka, muse be gosime ujimbi, dain i doro de emke
하늘이 우리를 사랑하여 보살핀다. 전쟁이라는 길에서는 하나

← juwe endebure doro,
둘 잘못되는 법이다.

⇦ abka emgeri urušefi gosiha be dahame, suwembe inu sain
하늘이 한번 옳게 여겨서 사랑했으므로, 너희를 또한 좋은

← bade banjibumbi dere seme (19:8a)
곳에 태어나게 할 것이다"라고

⇦ abka de jalbarime baiha.
하늘에 기도하며 간구했다.

○ tereci juwan jakūn de, liyoodung ni baru cooha
그 후 18일에 요동을[3] 향하여 군사가

jurafi, ši lii ho de deduhe, juwan uyun de, liyoodung ni
떠나서, 십리하(十里河)에 숙영했다. 19일에 요동성에

hecen de, morin erinde isinafi, hecen i šun
오시(午時) 때에 이르러 성의 해

dekdere ergi tasha birai dogon be doome,
뜨는 쪽의 태자하(太子河)의 나루를 건너는데

dube wajinggala, hecen i wargi duka tule cooha toron (19:8b)
후미가 다 건너가기 전에 "성의 서쪽 문 밖에 군사의 흙먼지가

sabumbi seme alanjiha manggi,
보인다"라고 알려오자,

← karun i niyalma be tuwana seme tuwanaci, jang dzung bing guwan, ju
정탐병에게 "가서 보라"고 하여 가서 보니, 강(姜) 총병관, 주(朱)

dzung bing guwan, lii dzung bing guwan, heo dzung bing guwan, duin
총병관, 이(李) 총병관, 후(侯) 총병관의 네

---

3) 지금의 요양(遼陽)이다. 지명으로는 요동이라고 했고, 성 이름은 요동성(liyoodung ni hecen) 또는 요양성(liyoo yang hecen)이라고 했다.

dzung bing guwan i duin tumen cooha, hecen ci tucifi
총병관의 4만 군사가 성으로부터 나와서

faidafi ilihabi, tereci ishun cooha faidafi dosime
정렬하여 서 있었다. 그 후에 맞은편에 우리 군사가 정렬하여 진격해

genere de, nikan i cooha ishun okdome dosika,
가니, 명의 군사가 맞서서 대하여 진격해 왔다.

dosire cooha be gidafi, ninju ba i dubede (19:9a)
진격해 오는 군사를 무찌르고 60리 떨어진 곳에 있는

an šan i bade isitala waha, tere yamji cooha
안산(鞍山)이라는 곳에 도달할 때까지 죽였다. 그날 저녁 군사를

gidafi, farhūn de amasi jifi, liyoodung i hecen be
무찌르고 한밤중에 되돌아와서 요동성을

kafi dedufi, orin i inenggi gūlmahūn erinde,
포위하고 숙영했다. 20일 묘시(卯時)에

← hashū ergi duin gūsai cooha be, hecen be šurdeme
"좌익 네 구사의 군사는 성을 둘러

← eyebuhe ulan i mukei wargi siki, ba be sendeleme
흐르게 한 해자의 물의 서쪽을 막자.[4] 땅에 물길이 트이도록

← fete, ici ergi duin gūsai cooha be, dergi
파라. 우익 네 구사의 군사는 동쪽

← muke dosimbuha angga be si seme hendufi, (19:9b)
물을 들어가게 하는 입구를 막으라"고 말하고서,

⇦ han i beye, ici ergi duin gūsai bade ilifi, nikan i
한(汗)은 몸소 우익 네 기가 있는 곳에 서서, 명

4) 『滿洲實錄』(7권, 天命 6년(1621) 3월)에는 해당 부분이 wargi sihe babe sendeleme fete(서쪽 막은 곳을 물길이 트이도록 파라)로 되어 있다.

ergi de sejen kalka faidafi, bira be sime
쪽에 방패차를 배치하고 강을 막는

weilebure de, nikan cooha dergi duka be tucifi,
일을 시킬 때, 명 병사가 동쪽 문에서 나와서

kuren hadafi poo sindame iliha bici, hashū
대오를 갖추고, 포를 쏘면서 서 있으니,

ergi duin gūsai niyalma alanjime, muke eyebume
좌익 네 구사의 사람이 와서 알리기를, "물을 흘려보내도록

sendeleme feteci baharakū, kiyoo be durici bahambi
물길을 팔 수는 없습니다. 다리를 빼앗을 수는 있습니다"라고

seme alanjire jakade, (19:10a)
와서 알렸다. 그러자

⇦ han hendume, suwe kiyoo be durime tuwa, kiyoo be
한(汗)이 말하기를, "너희는 다리를 탈취하여 보라. 다리를

← bahaci, mende medege alanju, be meni ere duka be
획득하면 우리에게 소식을 알리러 오라. 우리는 우리의 이 문을

← dosinara seme hendufi, unggifi muke dosimbuha babe sime,
진입해 가겠다"라고 말하고 보내고서, 물을 들어가게 하는 곳을 막아

muke fame deribuhe manggi, tereci ici ergi
물이 마르기 시작하자, 그로부터 우익

duin gūsai juleri afara olbo i cooha, sejen
네 구사의 앞에서 싸우는 면갑병이

kalka gamame, nikan i tucike coohai baru ibeme
방패차를 끌고, 나온 명의 병사를 향하여 전진하여

dosime genere, nikan cooha kuren hadafi poo (19:10b)
나아가니, 명군이 진을 치고 포와

miyoocan ilan jergi faidafi iliha, ilan tumen
조총을 세 겹으로 배치하고 서 있었다. 명의 3만

yafahan cooha de kaicame dosire de, nikan i
보병에게 함성을 지르며 진격할 때 명의

amala iliha morin i cooha, neneme aššafi burulaha,
후방에 서 있던 기병이 먼저 동요하여 달아났다.

yafahan cooha aššarakū ofi, beise i emgi bisire
보병은 동요하지 않아서, 버일러들과 함께 있는

sonjoho sain cooha, geli kaicame elhei katarame
선발된 정예병이 다시 함성을 지르며 서두르지 않고 빠른 걸음으로 가

faidafi gabtame dosire jakade, nikan yafahan cooha
정렬하고서 활을 쏘며 진격하자, 명 보병이

aššafi, hoton i baru burulaha, hecen i dergi duka (19:11a)
동요하여 성 쪽으로 달아났다. 성의 동문

jaka i ulan i muke de niyalma morin sahame
부근의 해자의 물에 사람과 말이 겹겹이 쌓여

bucehe, tereci hashū ergi duin gūsai manggūltai
죽었다. 그리고 좌익 네 구사의 Manggūltai

beile, amin beile, darhan hiya i cooha, wargi
버일러, Amin 버일러, Darhan 히야의 군사는 서문의

duka i kiyoo be durifi dosifi, hecen i tulergi
다리를 탈취하여 들어가서, 성 바깥쪽의

ulan i dorgi be juwe galai hūwalame bošome
해자의 안쪽을 좌우익으로 무너뜨리고 쫓아

gamaci, nikan i cooha dalda de ilifi, jalan
몰아가니, 명의 군사가 은신처에 서서

jalan i poo sindame afame, hecen i ninggu i niyalma, (19:11b)
차례차례로 포를 쏘며 공격하고, 성 위의 적병도

poo sindara, okto sirdan i gabtara, okto i tuwa
포를 쏘고, 불화살로 쏘고, 화약을

maktara, afaci ojorakū oho manggi, wan sindafi
던져서 더 공격할 수 없게 되자, 사다리를 놓고

hecen de tafaka, tafafi hecen i šun tuhere ergi
성에 올라갔다. 올라가서 성의 서쪽의

ninggu be gaifi, bošome gamahai hecen i juwe
위를 취하고, 쫓아 몰아가면서 성의 두

hošo be gaiha, ici ergi duin gūsai cooha,
모서리를 빼앗았다. 우익 네 구사의 군사는

morin i dosici ojorakū ofi, yafahalafi juwe ulan i
말을 타고 들어갈 수 없어서, 도보로 두 해자의

siden be yarume genefi, dorgi ulan de orho (19:12a)
사이를 줄지어 가서, 안쪽 해자를 풀과

moo fihebume afame bisire de, wargi duka de
나무로 메우며 공격하고 있을 때, 서문에서

afaha hashū ergi duin gūsai cooha, hecen de
싸우던 좌익 네 구사의 군사가 성에

tafaka medege be coko erin de alanjiha manggi,
올라갔다는 소식을 유시(酉時)에 와서 알렸다. 그러자

afara be nakabufi cooha be bederebufi, hashū
공격하는 것을 멈추게 하고 군사를 물러나게 해서,

ergi cooha hecen de tafaka bade neneme
좌익 군사가 성에 올라간 곳으로 먼저

unggihe, unggihe ici ergi galai cooha isinahakū,
보냈다. 그러나 보낸 우익 군사가 이르지 않았으므로

hashū ergi duin gūsai cooha, hecen i ninggude (19:12b)
좌익 네 구사의 군사는 성 위에

tafafi deduhe, tere dobori, hecen i dorgi nikan i
올라가서 숙영했다. 그날 밤, 성 안의 한인이

dengjan jafafi dobori geretele afaha, jai cimari
등불을 들고 밤이 새도록 공격했다. 다음날

gereke manggi, cooha dasafi kalka faidafi, emu
날이 밝자, 군사를 정돈하고 방패를 정렬하여 한

jergi amba doroi afaha, tereci hecen i tulergi
차례 매우 크게 공격했다. 그러고 나서 성 밖의

cooha nememe tafafi, hecen i ninggureme bošome wafi
군사가 증원되어 올라가서, 성 위로 쫓아가 죽이고,

cooha dosici, hecen i nikasa ceni cisui uju
군사가 들어가니, 성의 한인들은 자진해서 머리를

fusifi, giyai de gemu hetu futa gocifi, fulgiyan (19:13a)
깎고 길에 모두 횡으로 밧줄을 치고

girdan lakiyafi, emu kiyoo de tasha i sukū,
테가 톱니 모양인 붉은 둑(纛)을 걸고 가마 하나에는 호랑이 가죽,

emu kiyoo de wadan sektefi,
가마 하나에는 세마포단을 깐 후에,

⇦ han be okdome gajifi, morin erinde hecen de
한(汗)을 영접해 모시고 와서, 오시(午時)에 성에

頭註: gingguleme kimcici, amba doroi afaha sere gisun, ainci ambarame afaha sere gisun dere. [신중하게 살펴보니, amba doroi afaha라는 말은 아마도 '매우 크게 공격했다'라는 말일 것이다.]

dosika, dosifi yuwan giyūn men i yamun de
들어갔다. 원군문(袁軍門)의 아문(衙門)에

⇦ han dosifi tehe.
한(汗)이 들어가서 앉았다.

○ liyoodung ni jang ciowan be bahafi ujiki seme, (19:13b)
요동의 장전(張銓)을[5] 잡아서 살려주고자 하여

niyakūrame aca seci, jang ciowan hendume, bi meni
"무릎을 꿇고 알현하라"고 하니, 장전(張銓)이 말하기를, "나는 우리

han i ambula kesi be jeme etume banjifi, mimbe
황제의 큰 은혜를 먹고 입고 살았는데, 나를

suwe ujifi banjici, mini ehe gebu amaga
너희가 살려줘서 살아나면, 나의 오명이

jalan de tutambi, ujiki sehe seme, bi banjirakū
후대에 남는다. 살려주고자 했다 하여도 나는 살지 않고

bucembi, ujici, suwende gebu, buceci, mini sain
죽겠다. 살려주면 너희에게 명성이, 죽으면 나의

gebu amaga jalan de tutambi seme hendume,
명성이 후대에 남는다"라고 하며,

niyakūrame acarakū ojoro jakade, (19:14a)
무릎을 꿇으며 알현하지 않자,

⇦ han hendume, afarakū dahaci, kunduleme ujire bihe kai, afafi
한(汗)이 말하기를, "싸우지 않고 항복하면 존중하며 살려줄 것이었다. 싸우다가

5) 『朝鮮實錄』〈광해 13년(1621) 10월 9일〉에는 張昌國으로 되어 있다.

← jafabuha niyalma, ujire be hihalarakū jing buceki seci,
잡힌 사람이 살려주는 것을 소중히 여기지 않고 오로지 죽고자 하니

← bucere niyalma be ujici ombio seme hendufi, wa
죽을 사람을 살려줄 수 있겠는가"라고 말하고서 "죽이라"고

seme unggire de,
하여 사람을 보내려고 하자,

⇦ han i jui duici beile, jang ciowan be hairame ujiki
한(汗)의 아들인 제4버일러가 장전(張銓)을 아까워하며 살려주고자

seme, julgei kooli feteme hendume, julge suweni
하여 이전의 선례를 들추어내어 말하기를, "옛날 너희

nikan i jao hoidzung, jao kindzung, juwe han (19:14b)
한인의 조(趙) 휘종(徽宗), 조(趙) 흠종(欽宗) 두 황제

inu meni aisin han de jafabufi, niyakūrame
역시 우리의 금나라 황제에게 잡혀서 무릎을 꿇고

hengkileme acafi, meni bade gamafi wang obuhabi kai,
절하며 알현해서, 우리 땅에 데려와서 왕으로 삼은 적이 있다.

si ainu niyakūrarakū, bi simbe banjikini seme
너는 어찌 무릎을 꿇지 않는가. 내가 너를 살려주고자 하여

jombumbi kai seme henduhe manggi, jang ciowan
제안하는 것이다"라고 말하자, 장전(張銓)이

jabume, wang sini ere tacibure gisun be, mini
대답하기를, "왕 당신의 이 일러주는 말을 나의

dolo buceci onggorakū, si inu mimbe banjikini
마음속에 죽어도 잊지 않을 것이다. 당신도 나를 살려주고 싶다

seme jombumbi dere, tere hoidzung, kindzung han, (19:15a)
하여 제안한 것이리라. 그 휘종(徽宗), 흠종(欽宗) 황제는

gurun i facuhūn i fon ajige han kai, mini
나라가 어지러울 때 작은 황제였다. 나의

amba han i doro be wasibume, bi niyakūrarakū,
위대한 황제의 정권을 끌어내리면서 내가 무릎을 꿇지는 않을 것이다.

mimbe emu juwan inenggi ujici, bi bisire,
나를 한 열흘 살린다면 내가 살아 있겠다.

terei dabala, bi bisirakū bucembi, mimbe uji
그뿐이다. 나는 더 살지 않고 죽겠다. 나를 살려놓으라고

serengge, amala banjire geren irgen i jalin de kai,
하는 것은 나중에 살아갈 여러 백성 때문이다.

nenehe hafasa gemu farhūn ulhirakū ofi, niyalma
전관들 모두 몽매하고 깨우치지 못해서 사람이

ambula bucehe, bi tuwaci, te afaci geli (19:15b)
많이 죽었다. 내가 보니, 이제 싸우면 또

bucembi, afaha seme tusa akū seme tuttu
죽을 것이다. 싸웠다 해도 이익이 없다고 그렇게

gunime, geren irgen i bucere be guwebuci, mini
생각하여, 여러 백성이 죽는 것을 면하게 하면 나의

sain gebu amala tutambi seme hendumbi dere,
명성이 후에 남을 것이라고 하여 말하는 것이다.

sunja jui, sargan, aja, mimbe bucehe de,
다섯 자식과 아내, 어머니는 내가 죽으면

tese banjimbi, mimbe suwe ujihe de, mini enen
그들은 산다. 나를 너희가 살리면, 나의 자손과

hūncihin gemu bucembi kai, bi uttu gūnime
친척들은 모두 죽는다. 내가 이렇게 생각하여

buceki sembi seme henduhe manggi, jang ciowan be (19:16a)
죽고자 한다"라고 말하자, 장전(張銓)을

futa i tatame wafi, giran be icihiyaha.
밧줄로 목을 졸라 죽이고 장례를 치렀다.

○ juwan uyun de, kalka i joriktu beile i gurun,
19일에 Kalka의 Joriktu 버일러의 백성과

darhan baturu i gurun, bagadarhan i gurun, barin i
Darhan 바투루의 백성, Bagadarhan의 백성, Barin의

sirhūnak i gurun, simiyan i hecen be gaiha be
Sirhūnak의 백성이 심양성을 빼앗았다는 것을

donjifi, ulin jeku aika tetun be gaiki seme
듣고, 재물과 곡식, 온갖 가재도구를 가지겠다고

juwe ilan minggan niyalma, morin, temen, ihan, (19:16b)
2000, 3000명의 사람들이 말, 낙타, 소,

sejen i jihengge be, jakūn gūsai nuktere monggo be
수레로 온 것을, 8구사의 유목하는 몽골인을

simiyan i hecen de jeku isabu seme werihe bihe,
심양성에 곡식을 모으라며 남겨두었는데,

tere jihe kalka i monggo be bošofi, ilan tanggū
그들이 온 Kalka의 몽골인을 쫓아내고 소 300마리,

ihan, orin morin, duin temen gaiha, gūsin
말 20마리, 낙타 네 마리를 빼앗았다.

niyalma jafafi, ninggun niyalma be bithe jafabufi
30명을 잡아서 여섯 명은 글을 들려서

sindafi unggihe, gūwa be
놓아 보냈다. 다른 사람들은

← mini gaiha babe, si ainu nungnembi seme gemu waha. (19:17a)
"내가 빼앗은 곳을 네가 어찌 침범하는가"라고 하며 모두 죽였다.

○ orin emu de, amaga aisin gurun[6)] i
21일에 후금국(後金國)의

⇦ han, solho han de bithe unggirengge, suwe nikan de
한(汗)이 조선(朝鮮)의 왕에게 글을 보낸 것이다. "당신들이 명에

← kemuni cooha dambi seci, da, darakū seci, giyang be
여전히 군사를 원조하겠다면 원조하십시오. 원조하지 않겠다면 강을

← doome genehe nikan be gemu amasi bederebu, te
건너간 한인을 모두 되돌아가게 하십시오. 이제

← liyoodung ba i nikasa be warakū gemu ujifi uju
요동 땅의 한인들은 죽이지 않고 모두 살려주고, 머리를

← fusifi, fe kemuni hafasa de hergen bufi ujimbi, (19:17b)
깎고 이전대로 관리들에게 직위를 주고 보살펴줍니다.

← suwe nikan de geli cooha dafi, jai minde
당신들이 명에게 또 군사를 원조하고서 다시 나에게

← ume hendure, suweni solho, tondo gurun, suweni sarkū
말하지 마십시오. 당신들 조선은 정직한 나라입니다. 당신들이 모르는 것이

← aibi, suweni ciha dere.
무엇이 있겠습니까. 당신들의 의지일 것입니다."

---

6) 『滿文老檔』에서 amaga aisin gurun이라는 표현이 여기에서 한 번 나온다. 후금(後金)으로 선포한 것은 1616년의 일이다.

○ orin ninggun de, hai jeo i tofohon niyalma
26일에 해주(海州)의 15명이

dahame jihe, tere tofohon niyalma be gaifi,
항복해 왔다. 그 15명을 이끌고

juwe minggan [原檔殘缺] u yan wang, eiten (19:18a)
2천 □□□ U Yan Wang, 모든

enduri yasa be gidaci ombio, eiten sui erun de
신의 눈을 가릴 수 있는가. 모든 죄와 형벌에

tuhekini, mini mujilen de kemuni tondoi akūmbuci,
떨어져도 좋다. 나의 마음에서 항상 바르게 힘을 다하면,

⇦ han de jilabume hūturi nonggime sain i sakdakini,
한(汗)에게 사랑을 받고 복을 더하면서 잘 늙어갈 것이다.

niyalma oci, gajime jio, ubade jidere be cihakū
사람들은 데려오라. 여기에 오는 것을 원하지 않는

niyalma oci, ula gurun i tehe lafa i ba,
사람은, Ula국 사람이 살던 Lafa 지역,

hoifa gurun i tehe nadan fere i bade, meni
Hoifa국 사람이 살던 Nadan Fere 지역에 우리

gurun tehebi, tede werifi jio. (19:18b)
백성이 살고 있다. 거기에 남겨두고 오라.

제20권

천명(天命) 6년(1621) 3월부터 4월까지

orici debtelin,
abkai fulingga i ningguci
aniya ilan biyaci duin
biyade isinahabi.

tongki fuka sindaha hergen i dangse. (20:1a)
유권점 당안

○ orin ilan de, enggeder efu de unggihe
23일에 Enggeder 어푸에게 보낸

⇦ bithe, kalka i sunja tatan i beise de bithe unggime, birai
글이다. "Kalka 5부의 버일러들에게 글을 보내기를, '강의

← dergi nikan gurun be, gemu dahabufi uju fusihabi,
동쪽 명나라 사람을 모두 항복시키고서 머리를 깎았으니,

← sunja tatan i beise, meni meni gurun be saikan
5부의 버일러들은 각자의 나라 사람을 잘

← bekileme hendu, saikan bekileme hendurakū ofi, jase
단속하여 말하라. 잘 단속하여 말하지 않아서 국경

← dolo facuhūn yabume, ehe weile be ume deribure,
안에 어지럽게 다니면서 좋지 않은 일을 일으키게 하지 말라.

← ajige weile inu dašuraha de amba ombikai, tuttu (20:1b)
작은 일이라도 해를 끼쳤을 때는 크게 되는 것이다.' 그렇게

← hendutele geli ojorakū, jase dolo dosifi facuhūn
말하는 데도 또 듣지 않고, 국경 안에 들어와서 어지럽게

← yabuci, muse juwe amba gurun dain oci, hairakan
다녀서, 우리 두 큰 나라에 전쟁이 일어나면, 애석하게도

← banjire amba doro efujeci ai sain.
살아가는 큰 도리가 깨지니 무엇이 좋겠는가."

← ○ sunja tatan i kalka i beise, muse juwe gurun
"Kalka 5부의 버일러들아, 우리 두 나라가

⇦ abka na de gashūhangge unenggi, suweni sunja tatan i beise
하늘과 땅에 맹세한 것이 사실이다. 너희 5부의 버일러들은

⇦ abka na de gashūha gisun be efulefi, nikan de (20:2a)
하늘과 땅에 맹세한 말을 무너뜨리고 명나라에

← šang gaime hūda hūdašame, irgen beye emu ofi
상을 받고 장사를 하며, 백성도 자신도 하나가 되어

← yabuha, suweni sunja tatan i beise, nikan be
다녔다. 너희 5부의 버일러들이 명나라를

← dailaki seci, encu dailacina, han i beye, liyoodung ni
정벌하고자 하면, 따로 정벌해 보려무나. 한(汗)이 몸소 요동성(遼東城)에

← hecen de tehebi, birai dergi gurun gemu uju
머물고 있다. 강의 동쪽 백성을 모두 머리를

頭註: gingguleme baicaci, manju gisun i buleku bithede, niyalma be ehe de tuhebume efuleme yabure be dašurambi sembi sehebi. [신중하게 조사하니, 『御製淸文鑑』에 '사람을 곤경에 떨어뜨리고 파멸하게 하는 것'을 'dašurambi'라고 한다고 했다.]

← fusifi, mini dahabuha gurun be suwe ainu gaimbi,
깎아서 내가 항복시킨 백성을 너희가 어찌 취하려 하는가.

← suweni uttu dailame isinjiha bade, bi inu suwende
너희가 이처럼 정벌하러 도달해 왔으므로 나 역시 너희에게

← geneci ombi dere, uttu hendutele umai ojorakū, mini (20:2b)
갈 수 있을 것이다. 이렇게 말하는데도 듣지 않고 내가

← efulehe gurun be gaiha de, muse juwe gurun
정복한 백성들을 빼앗으면, 우리 두 나라의 관계가

← ehe oci ai sain, birai dergi gurun, ujui
악화되니 무엇이 좋겠는가. '강의 동쪽 백성이 머리카락을

← funiyehe be fusire unde sere, bira be doore
아직 깎지 않았다더라. 강을 건너는

← kiyoo be efulehebi sere, tuweri juhe jafaha manggi,
다리를 무너뜨렸다더라. 겨울의 얼음이 얼어붙은 후에

← birai bajargi gurun be dailambi, juhe jafara onggolo,
강의 건너편 백성을 정벌할 것이다. 얼음이 얼어붙기 전에,

← sunja tatan i beise, nikan be dailaki seci, birai
5부의 버일러들이여, 명나라를 정벌하자'라고 한다면, 강의

← dergi gurun be dailacina. (20:3a)
동쪽 백성을 정벌해 보려무나."

○ dzung bing guwan de juwete tanggū yan menggun,
총병관(總兵官)에게는 은 200냥씩,

juwete tanggū orita boso, gūsita suje, fujiyang de
베 220필씩, 비단 30필씩, 부장(副將)에게는

emte tanggū susaita yan menggun, emte tanggū
은 150냥씩, 베 150필씩,

susaita boso, tofohoto suje, tsanjiyang de jakūnjuta
비단 15필씩, 참장(參將)에게는

yan menggun, jakūnjuta boso, jakūta suje, iogi de
은 80냥씩, 베 80필씩, 비단 여덟 필씩, 유격(遊擊)에게는

susaita yan menggun, susaita boso, sunja suje, (20:3b)
은 50냥씩, 베 50필씩, 비단 다섯 필,

nirui ejen, beiguwan, šanggiyan bayarai kirui ejen,
니루 수장, 비어(備禦), 백(白) 바야라 기(旗)의 수장,

beiguwan i jergi baksi, emu jergi, orita yan
비어급의 박시 등은 같은 급으로, 은 20냥씩,

menggun, orita boso, ilata suje, šanggiyan hiya,
베 20필씩, 비단 세 필씩, 백(白) 시위(侍衛),

bayara, daise beiguwan, olbo i niyalma, emu jergi,
바야라, 비어 서리, 면갑병 등은 같은 급으로,

tofohoto yan menggun, tofohoto boso, juwete suje,
은 15냥씩, 베 15필씩, 비단 두 필씩,

šanggiyan giyajan bayara, fulgiyan bayarai uju, niru
백(白) 시종(侍從)[1] 바야라, 홍(紅) 바야라 수장, 니루를

bošoro ciyandzung, ciyandzung ni jergi baksi, emu jergi, (20:4a)
감독하는 천총(千總), 천총급의 박시 등은 같은 급으로,

juwanta yan menggun, juwanta boso, emte suje,
은 열 냥씩, 베 열 필씩, 비단 한 필씩,

---

1) giyajan은 버일러 옆에 시중을 드는 자이다.

uksin i niyalma uksin gajihakū jihe, yafahan dubei
갑병이 갑옷을 가지고 오지 않았거나, 보병인 말단

uksin i niyalma bime, morin uksin suwaliyame emu
갑병이면, 기병이든 갑병이든 섞어서 같은

jergi, nadata boso, niyereme yafahan, kutule morin
급으로 베 일곱 필씩, 맨몸의 보병은 말구종이 말에

yaluhai emu jergi, ilata boso, tu jafaha
탄 것과 같은 급으로 베 세 필씩, 둑(纛)을 든

niyalma de juwanta, nirui ejen i daise ciyandzung de
사람에게는 열 필씩, 니루 수장의 서리인 천총에게는

jakūta, goloi amban ciyandzung de ninggute, gašan (20:4b)
여덟 필씩, 지역의 대인인 천총에게는 여섯 필씩, 촌락

bošokū šeo pu de duite, goloi amban ciyandzung
보쇼쿠 수보(守堡)에게는 네 필씩이다. 지역의 대인인 천총과

šeo pu de weile akūci šangnambi, weile bici šangnarakū.
수보에게 죄가 없으면 상을 주고, 죄가 있으면 상을 주지 않는다.

⇦ han i bithe, orin jakūn de wasimbuha, keceni suwembe
한(汗)의 글을 28일에 내렸다. "Keceni, 너희를

← dain de bahafi wara beyebe ujihe baili seme
전쟁에서 잡아서 죽일 몸을 살려준 것을 은혜라고

頭註: gingguleme kimcici, ere ainci uksin saca gajihakū moringga uksin, jai morin, uksin saca bisire dubei yafahan i uksin, ere juwe hacin i niyalma be emu jergi obufi nadata boso, morin, uksin saca akū niyereme beyei yafahan i uksin, jai morin bisire kutule, ere juwe hacin be emu jergi obufi ilata boso šangnaha sere gisun dere. [신중하게 살펴보니, 이것은 아마도 갑옷과 투구를 가지고 오지 않은, 말이 있는 갑병, 그리고 말과 갑옷, 투구가 있는 말단 보병인 갑병, 이 두 종류의 사람을 한 등급으로 만들어서 베 일곱 필씩, 말과 갑옷, 투구가 없는 맨몸의 보병인 갑병, 그리고 말이 있는 말구종, 이 두 종류를 한 등급으로 만들어서 베 세 필씩 상으로 준다고 하는 말일 것이다.]

← urgunjeme bisirakū, boo be tuwa sindara, mucen anggara
기뻐하며 있지 않고, 집을 불태우고, 솥, 단지,

← fa i hoošan be gemu hūwalaci, suwende ai jili, (20:5a)
창(窓)의 종이를 모두 부수다니 너희에게 무슨 노여움이 있는가.

← tuttu jili bisire niyalma be, adarame emu hecen de
그렇게 노여움이 있는 사람과 어찌 같은 성에서

← tefi bici ombi, gemu hecen ci tucifi, meni
살고 있을 수 있는가. 모두 성에서 나가서 각자

← meni usin weilere bade gene, jakūn iogi hafan i
밭을 경작하는 지역으로 가라. 여덟 유격 관원이

← beye takūrara baitangga niyalma, juweci wajirakū ambula
몸소 부리는 집사인(執事人)과, 운송해도 다 나르지 못하는 큰

← bayan niyalma oci, hecen de tekini, [原檔殘缺]
부자라면 성에 살아도 좋다. □□□

← afabufi jebele beri gaifi hehe obufi, yaya bade
맡기고 화살통과 활을 빼앗고 여자로 취급하여 어느 곳에도

← tuciburakū boode tebuhe, gusantai nirui juwe niyalma be, (20:5b)
내보내지 않고 집에 있게 했다. Gusantai 니루의 두 사람은

← ice niyalma ofi meyen be dahame genehebi dere
새로 온 사람이어서 대열을 따라가 있었을 것이라고

← seme, susai šusiha šusihalafi sindaha, cinggiyanu nirui
하여, 채찍 50대를 치고 석방했다. Cinggiyanu 니루

← niyalma be, gung bi seme sindaha, jai gegen i
사람은 공이 있다고 석방했다. 또한 Gegen의

← karun i burai nirui emu nure, efen, hoošan ai
초소인 Burai 니루의 술, 떡, 종이 등 여러

← ai buyarame uncara puseli niyalma, faksisa, laba bileri
가지를 조금씩 파는 가게의 사람, 장인들, 나팔과 날라리를

← fulgiyere baitangga niyalma hecen de bikini, terei dabala,
부는 일을 하는 사람은 성에 있게 하라. 그 밖에

← gūwa gemu meni meni usin weilere bade genefi (20:6a)
다른 사람은 모두 각자의 밭을 경작하는 지역에 가서

← usin weile, usin tokso akū niyalma, sula usin
밭을 경작하라. 밭이나 장원이 없는 사람은 비어 있는 밭이

← bisire bade usin tarime genekini, tere be kadalara beiguwan
있는 지역에 밭을 경작하러 가기 바란다. 그것을 관리할 비어와

← šeo pu hafan gamame genefi, meni meni kadalara niyalma be
수보(守堡)가 데리고 가서, 각자가 관리할 사람을

← kadalame baicakini, genere niyalma bele dabsun misun be
관리하며 조사하기 바란다. 가는 사람은 양곡, 소금, 장(醬)을

← gamame, ilan inenggi i dolo, juweme gurime wacihiya,
가지고 가고, 사흘 안에 날라 옮기는 것을 마치라.

← juweme wacihiyarakū niyalma, niyaman hūncihin de werifi gene,
다 나르지 못한 사람은 친인척에게 남겨두고 갔다가

← jai elhei gama. (20:6b)
다음에 천천히 가져가라."

○ degelei age, jaisanggū age, jakūn gūsai emte
Degelei 아거, Jaisanggū 아거가 8구사에서 한 명씩의

amban, emu nirui juwete uksin be gaifi,
대신과 한 니루에서 두 명씩의 갑병을 인솔하여,

liyoha birai dogon i kiyoo be tuwame, ice
요하(遼河)강 나루의 다리를 시찰하고, 새로 온

nikasa be toktobume, ilan biyai orin nadan de
한인들을 안정시키러 3월 27일에

genere de, hai jeo hecen i hafasa, ba i
갈 때, 해주성(海州城)의 관원들과 지역의

ambasa kiyoo tukiyefi, tungken tūme, laba bileri (20:7a)
대인들이 가마를 메고, 북을 치고, 나팔과 날라리를

fulgiyeme okdofi hecen de dosimbuha, dosire de,
불며 영접해서 성에 들어오게 했다. 들어갈 때,

coohai niyalma hecen i nikasa be nungnerahū seme
병사들이 성의 한인들에게 해를 끼칠까 염려된다 하여

doigonde šajilame hendufi, gašan de ebubuhekū, gemu
미리 금지하여 말해서, 마을에서는 말에서 내리지 못하게 하고 모두

hecen i ninggureme ebubuhe, beise i beye bayara
성에 올라서 내리게 했다. 버일러들이 몸소 바야라를

niyalma be gaifi, hecen i dorgi yamun de
인솔해서 성 안의 아문에서

ebuhe, tereci jai cimari, liyoha bira be
말을 내렸다. 그리고 다음날 요하강을

tuwanggici, weihu inu akū, kiyoo inu akū, (20:7b)
살펴보러 보내니, 통나무배도 없고, 다리도 없었다.

頭註: gingguleme baicaci, fe manju gisun i bithede, tuwanggici sere gisun, uthai tuwaname unggici sere gisun inu sehebi. [신중하게 조사하니, 『舊淸語』에 tuwanggici라는 말은 곧 tuwaname unggici(살펴보러 보내니)라는 말이라고 했다.]

julesi genere amasi jidere, šajilafi nikan i umai be
앞으로 갈 때에도 뒤로 올 때에도, 금지해서 한인의 어떤 것도

necirakū yabuha, emu juwe niyalma, nikan i aika
범하지 않고 다녔다. 한두 사람, 한인의 어떤

jaka be gaihangge be gemu jafafi, oforo šan
물건이든 빼앗은 자는 모두 잡아서 코와 귀를

tokoho, tuttu šajilafi umai neciburakū, genehe coohai
찔렀다. 그렇게 금지해서 전혀 범하지 않게 하니 갔던 병사 중

niyalma, ememu niyalma gamaha bele wajifi omihon yabuha.
어떤 사람은 가져간 양곡이 떨어져서 굶고 다녔다.

○ liyoodung ni hecen be orin de gaiha, orin (20:8a)
요동성을 20일에 빼앗았다.

emu de muduri erinde,
21일 진시(辰時)에

⇦ han i beye, hecen de dosika, dosifi uthai hehesi
한(汗)이 몸소 성에 들어갔다. 들어가서 즉시 여자들과

juse be ganafi tehe, fujisa duin biyai
아이들을 데리러 가게 하고 머물렀다. 푸진들은 4월

ice sunja de isinjiha.
초닷새에 도착했다.

⇦ han, duin biyai ice inenggi hendume, julge meni aisin
한(汗)이 4월 초하루에 말하기를, "옛날 우리 금나라

← han ekisaka tondoi banjire niyalma be, dailiyoo han waki (20:8b)
황제는 조용히 바르게 사는 사람이었는데, 대요국(大遼國) 황제가 죽이고자

← sere jakade, dailiyoo i baru dain ofi, dailara jakade,
  했기 때문에, 대요국과 적이 되어서 전쟁을 하니,

⇦ abka urušefi, dailiyoo i doro be aisin han de
  하늘이 옳게 여기고 대요국의 정권을 금나라 황제에게

← buhebi, tereci suweni jao hoidzung han, dailiyoo dube
  주었었다. 그 이후 너희 조(趙) 휘종(徽宗) 황제가 대요국

← jecen i ubašaha niyalma be alime gaijara jakade,
  경계의 배반한 사람을 받아들이자,

← meni aisin han, suweni nikan i baru, muse
  우리 금나라 황제가 너희 송나라를 향해 '우리

← juwe gurun sain banjiki, mini eden gurun be
  두 나라는 사이좋게 지내자. 나에게서 빼앗아간 백성을

← amasi minde bederebu seci, bederebume burakū ofi (20:9a)
  도로 나에게 돌려보내라'고 해도, 돌려보내지 않아서

← dailara jakade,
  정벌에 나섰다.

⇦ abka, meni aisin han be urušefi, suweni nikan i
  하늘이 우리 금나라 황제를 옳게 여겨서 너희 송나라의

← jao hoidzung, jao kindzung, ama jui juwe
  조(趙) 휘종(徽宗), 조(趙) 흠종(欽宗) 부자 두

← han be bahafi, wahakū ujifi, gung heo hergen
  황제를 잡고서도 죽이지 않고 살려주고, 공후(公侯) 직위를

頭註: gingguleme kimcici, ere eden gurun sere gisun, ainci bata i tabcilafi gamaha ba na, niyalma jaka sere gisun dere. [신중하게 살피니, 이 eden gurun이라는 말은 아마도 '적이 노략질해서 가져간 땅과 사람, 물건'이라는 말일 것이다.]

← bufi, šanggiyan alin i dergi u guwe ceng ni
주어서, 백두산의 동쪽 오국성(五國城)에

← hecen de unggihebi, terei amala, meni aisin
보냈었다. 그 후 우리의

← gurun i dubei jalan i han, ineku monggo i (20:9b)
금나라 마지막 대의 황제가 똑같이 몽골의

← cinggis han be waki sehe turgunde dain ofi,
Cinggis 한(汗)을 죽이고자 했기 때문에 전쟁이 나서

← aisin han i doro be, monggo i cinggis
금나라 황제의 정권을 몽골의 Cinggis

← han de gaibuha, bi suweni nikan
한(汗)에게 빼앗겼다. 나는 너희

← gurun de umai weile akū, baibi jasei
명나라에 전혀 죄가 없는데도, 공연히 경계

← tulergi niyalma de dafi, aisin han i hūncihin,
밖의 사람을 도와서 금나라 한(汗)의 친척인

← meni
우리

⇦ ama, (20:10a)
아버지와

⇦ mafa be nikan han waha, tuttu wacibe, bi ehe
할아버지를 명나라의 황제가 죽였다. 그렇게 죽여도 나는 나쁘다고

← gūnihakū, aniya giyalarakū han de hengkileme, biya
생각하지 않았다. 해를 거르지 않고 황제에게 절하며, 달을

← giyalarakū hūda hūdašame, doro be hairame sain banjiki
거르지 않고 장사하며, 도리를 아끼며 사이좋게 살고자

← seme, šanggiyan morin be
흰말을

⇦ abka de wafi, senggi be some gashūha, tuttu banjire
죽여서, 피를 뿌리며 하늘에 맹세했다. 그렇게 사는

← niyalma be, umai weile akū de, baibi yehe de
사람인데도, 전혀 죄가 없는데도 공연히 Yehe 편에

← dafi, mini yabufi jafan bufi orin aniya asaraha (20:10b)
서서, 내가 정혼하여 예물을 주고 20년 동안 맡겨둔

← yehe i sargan jui be, monggo de buhe, suweni
Yehe의 딸을 몽골에 주었다. 너희

← nikan han darakū bihe bici, yehe mini yabuha
명 황제가 거들지 않았더라면, Yehe가 내가 정혼한

← sargan be, monggo de adarame bumbihe, suwende ertufi
아내를 몽골에 어찌 주려고 했겠는가. 너희의 세를 믿고

← buhe, tuttu mimbe nadan amba koro korobuha manggi, bi
준 것이다. 그렇게 나로 하여금 일곱 가지 큰 원한을 품게 했으므로 나는

⇦ abka de baime habšafi, suweni nikan be dailaha, dailara
하늘에 간구하며 호소하고서 너희 명(明)을 정벌하러 나섰다. 정벌에

← jakade, fusi, niowanggiyaha, mimbe ehe seme belehe
나서니, 무순(撫順), 청하(淸河), 그리고 나를 나쁘다고 모함한

← keyen cilin be, (20:11a)
개원(開原)과 철령(鐵嶺)을

⇦ abka minde efulefi buhe, mimbe korobuha babe, gemu
하늘이 무너뜨려서 나에게 주었다. 나에게 한을 품게 한 곳을 모두

⇦ abka minde bufi, bi baha manggi, mini dolo, suweni
하늘이 나에게 주어서 내가 얻은 후, 나는 마음속으로 너희

← nikan be beyebe wakalame, aika sain gisun tucifi
명이 스스로 책망하여 혹시나 좋은 말을 내어서

← doro jafara gisun be gisurereo seme, juwe aniya
도리를 지키는 말을 할까 하여, 2년을

← tuwaha, tuwaci, emu sain gisun be gisurerakū, nememe
지켜보았다. 지켜보아도 한마디 좋은 말을 하지 않고 한층 더

← monggo de šang nonggime bure, simiyan i hecen be
몽골에 상을 더하여 주고, 심양성(瀋陽城)을

← mujakū bekilefi, poo, kalka, sejen, ulan, eye, mooi (20:11b)
매우 굳건히 지키고, 포, 방패, 수레, 해자, 움, 나무

← giyase, uhereme juwan jergi bekileme dasahabi, jai
울타리, 모두 하여 10겹으로 지키기 위해 준비해놓았고, 그리고

← liyoodung ni hecen de, geli mujakū bekileme, šumin
요동성에는, 또 매우 굳건히 지키기 위해 깊이는

← duin da, onco halfiyan ci isiburakū ba be, ilan
네 발이고 너비는 닿지 못할 정도로, 세 겹,

← duin jergi ulan fetefi, muke dosimbufi akdulame dasahabi
네 겹의 해자를 파서, 물을 채우고 지킬 준비를 해놓았다고

← seme donjifi, sain doro be jafarao, sain gisun be
듣고서, 사이좋은 도리를 지킬 것인가, 좋은 말을

← gisurereo seme, juwe aniya tuwaci, ojorakū, kemuni
할 것인가 하고 2년을 보아도 소용이 없었고, 여전히

頭註: gingguleme kimcici, šumin duin da, onco halfiyan ci isiburakū ba be sere gisun, ainci šumin ici duin da, onco isheliyen ci aname yaya ba be sere gūnin dere. [신중하게 살펴보니, šumin duin da, onco halfiyan ci isiburakū ba be라는 말은 아마도 '깊이 쪽으로는 네 발이고 너비로 보아도 모든 곳을'이라는 뜻일 것이다.]

← dain be gūnime, ba na be dasame akdulame (20:12a)
전쟁을 생각하며, 땅을 정비하며 지킬

← dasahabi seme donjifi afara jakade,
준비를 해놓았다고 듣고 나서 전쟁을 하니,

⇦ abka minde efulefi buhe, birai dergi gurun be gemu
하늘이 무너뜨려서 나에게 주었다. 강의 동쪽 백성을 모두

← dahabufi, ujui funiyehe fusibuha, ere liyoodung ni bade
복속시키고, 머리카락을 깎게 했다. 이 요동 지역에

← tehe dung ning wei gurun, mini gurun bihe, mini
자리 잡은 동녕위(東寧衛) 백성들은 나의 백성이 되었다. 나의

← gurun mini ba be bi baha,
백성, 나의 땅은 내가 얻은 것이다.

⇦ abka de gashūha gisun be kiyangdulame, suweni gurun be
하늘에 맹세했던 말을, 강압적으로 너희 나라가

← amba, cooha be geren seme, hūsun de ertufi (20:12b)
크고 군사가 많다며 힘에 의지하여

← mujakū murime, jasei tulergi yehe de dafi, mimbe
터무니없이 우기고, 국경 밖의 Yehe의 편에 서서, 내가

← korobuha be, nikan suweni beyebe suwe wakalame,
한을 품게 한 것에 대해 명 너희 스스로를 너희가 책망하고

← dain nakafi sain doro be jafaki sembio, sini
전쟁을 그만두고 좋은 도리를 지키겠는가. 너의

頭註: gingguleme baicaci, fe manju gisun i bithede, kiyangdulaha sere gisun, uthai etenggilehe sere gisun inu sehebi.
[신중하게 조사하니, 『舊淸語』에 kiyangdulaha라는 말은 곧 etenggilehe(위세로 억세고 모질게 굴었다)라는 말이라고 했다.]

← gisun be bi donjire.
말을 내가 듣겠다."

⇦ han hendume, liyoodung ni hecen be afara de, mini
한(汗)이 말하기를, "요동성을 공격할 때, 나의

← coohai niyalma inu kejine bucehe kai, tuttu buceme (20:13a)
병사 역시 많이 죽었다. 그렇게 죽으면서

← afafi baha liyoodung ni hecen i niyalma be, hono
공격하여 얻은 요동성의 사람을 오히려

← wahakū gemu ujifi, fe kemuni banjimbi kai, suweni
죽이지 않고 모두 살려줘서, 이전처럼 살고 있다. 너희

← hai jeo, fu jeo, ginjeo i niyalma, liyoodung ni gese
해주(海州), 복주(復州), 금주(金州) 사람을 요동처럼

← afahabio, suwe ume olhoro, waci emu inenggi, jeci
공격했던가. 너희는 두려워하지 말라. 죽이자면 하루, 먹자면

← emu erin kai, wafi gaiha bahangge tere udu,
한때이다. 죽이고 빼앗아 얻는 것이 그 얼마나 되겠는가.

← dartai wajimbi kai, ujici, suweni gala ci ai jaka
순식간에 없어진다. 살려주면 너희의 손에서 무슨 물건이든

← gemu tucimbi, tucike be dahame, hūda hūdašara, sain (20:13b)
모두 나온다. 나온 것에 따라서 장사를 할 수 있으니, 좋은

← tubihe, sain jaka banjire oci, tere enteheme
과일, 좋은 물건이 나오면, 그것은 영원히

← tusa kai, tuttu oci, suwembe bi geli gosimbi,
이익일 것이다. 그렇게 되면 너희를 내가 또 아낄 것이다.

← suweni nikan i gese, ulin buhe niyalma be, waka
너희의 명나라와 같이, 재물을 준 사람은 잘못이어도

← bicibe uru, ulin akū niyalma be, uru bicibe
옳고, 재물이 없는 사람은 옳아도

← waka seme, tuttu ulin gaime haršame beiderakū,
잘못이라 하며 그렇게 재물을 취하며 편들어 판결하지 않는다.

← weile i uru be uru, waka be waka seme
일의 옳음을 옳다고, 잘못을 잘못이라고

← tondoi beidembi, beye bucere amba weile be emhun (20:14a)
공정하게 판결한다. 몸이 죽을 큰 죄에 대해서는 혼자

← beiderakū, geren i beidembi, ajige ajige weile oci,
심판하지 않고 여럿이 심판한다. 소소한 죄라면

← ba i ejen hafan de habša, hafan i beidehe tondo
지역의 우두머리 관원에게 고발하라. 관원이 판결한 것이 공정하면

← oci, uthai waji, beidehe miosihon oci, liyooyang ni
바로 끝내라. 판결한 것이 그릇되면 요양성에

← hecen de habšanju, hafan tondoi beidefi, beidehe
와서 고발하라. 관원이 공정하게 판결했는데도 판결한

← gisun be maraci, hafan habšanju, nikan i han be,
말을 거부하면, 관원이 와서 고발하라. 명의 황제를

← ulin gaime beidere farhūn seme,
재물을 취하며 판결하는 것이 혼탁하다 하여

⇦ abka wakalafi, mimbe ulin gaijarakū beidere genggiyen seme, (20:14b)
하늘이 책망하고, 나를 재물을 취하지 않고 판결하는 것이 명정하다고

⇦ abka urulefi, bi te suwembe ulin gaime jobobure farhūn i
하늘이 옳게 여겼는데, 내가 지금 너희를 재물을 취하며 괴롭히고 몽매하게

← ujire oci, ehe de jailame ubašara gurun be
보살핀다면, 악에서 피하려고 배반하는 백성을

← geli ilibuci ombio, suweni ciha dere.
또 멈추게 할 수 있을 것인가. 너희의 마음일 것이다."

⇦ han hendume, birai dergi ginjeo ci ice hecen[2] de
한(汗)이 말하기를, "강의 동쪽 금주(金州)에서 신전(新奠)에

← isitala, ba ba, hecen hecen de wasimbu, nikan i
이르기까지 각 지방, 각 성에 내리라. 한인

← kiyangdu hoki acafi durime cuwangname yaburengge be, suwe (20:15a)
폭도가 무리지어서 약탈하며 다니는 것을 너희가

← jafaci, muterakūci alanju, ubaci cooha unggifi isebume waki.
잡으려 해도 할 수 없으면 와서 알리라. 여기에서 군대를 보내서 응징하여 죽이겠다."

○ ice juwe de, šun be yendahūn jefi majige
초이틀에 태양을 개가 먹어서[3] 조금

funcehe bihe.
남아 있었다.

○ beri faksi šose, moobari nirui hūsi, muhaliyan i
활 장인 Šose, Moobari 니루의 Hūsi, Muhaliyan의

頭註: gingguleme kimcici, ehe de jailame ubašara gurun be geli ilibuci ombio sere gisun, ainci ehe de jailaki seme gurun ci ubašame genere niyalma be geli ilibume mutembio sere gūnin dere. [신중하게 살펴보니, ehe de jailame ubašara gurun be geli ilibuci ombio라는 말은 아마도 '악에서 피하고자 하여 나라로부터 배반하여 가는 사람을 또 멈추게 할 수 있겠는가'라는 뜻일 것이다.]

2) ice hecen은 '새로운 성'이라는 뜻이며, 『滿文老檔』에서는 서로 다른 두 곳을 지칭한다. 여기에서는 신전(新奠)을 나타내는 것으로 보는데 현재의 혁전성(赫甸城, 요녕성 관전현(遼寧省寬甸縣) 경내)이다. 다른 한 곳은 1622년 요양성(遼陽城)의 동쪽에 새로 축조한 동경성(東京城, Dung Ging Hecen)이다.

3) 일식(日蝕)을 뜻하는 표현이다.

ucikan, ere ilan niyalma, sarhū ci ceni (20:15b)
Ucikan, 이 세 사람이 Sarhū에서 자기들

cisui liyoodung de jidere be, facuhūn ainu
마음대로 요동에 온 것을, 어찌 혼란하게

yabumbi seme jafafi, oforo šan be tokofi
다니는가 하며 잡아서, 귀와 코를 찌르고

sindaha, jai sengge nirui emu niyalma, narca
석방했다. 또 Sengge 니루의 한 사람, Narca

nirui emu niyalma, baindai nirui emu niyalma,
니루의 한 사람, Baindai 니루의 한 사람,

afuni nirui emu niyalma, abutai nirui emu
Afuni 니루의 한 사람, Abutai 니루의 한

niyalma, tonggoi nirui emu niyalma, ere ninggun
사람, Tonggoi 니루의 한 사람, 이 여섯

niyalma be juwan i ejete seme waha. (20:16a)
사람을 열 명의 수장이라 하여 죽였다.

⇦ han i bithe, nikan i geren iogi hafasa de, ice ilan de
한(汗)의 글을 여러 한인 유격 관원들에게 초사흘에

← wasimbuha, suweni gurun i gese, kadalara fejergi niyalma de
내렸다. "너희 나라처럼 관리하는 아랫사람에게

← ulin gaijarakū, dergi ambasa de ulin burakū,
재물을 취하지 않고 위 대신들에게 재물을 주지 않고

頭註: gingguleme baicaci, ere ninggun niyalmai weile i turgun be arahakū bime, juwan i ejete sere gisun be inu baicara ba akū ofi, da songkoi sarkiyaha. [신중하게 조사하니, 이 여섯 사람의 죄상을 적지 않았고, 열 명의 수장들이라는 말도 조사할 데가 없어서, 본래대로 베껴 썼다.]

← tondo be beidembi, fejergi niyalma gaifi dergi
올바름을 판결한다. 아랫사람을 갈취해서

← niyalma de bure anggala, tondo be beidefi, han
윗사람에게 주는 것보다는 올바름을 판결해서, 한(汗)이

← saišafi šangname buhe ulin, tere mene enteheme beyede (20:16b)
가상히 여겨 상으로 준 재물, 그것이 정말 영원히 자신의 것이

← singgembi dere, han emgeri saišafi wesibuhe niyalma be,
될 것이다. 한(汗)이 한번 칭찬하여 승직시킨 사람은

← endebuhe seme, nikan i gese uthai wasiburakū, fejergi
잘못했다고 명나라처럼 즉시 강등시키지 않는다.

← niyalma de ulin gaijarakū, dergi niyalma de burakū be
아랫사람에게 재물을 받지 않고 윗사람에게 주지 않을 것을

← gūnime, iogi hafan suwe tondo banji, ai ai
생각하며, 유격 관원 너희는 올바르게 살라. 갖가지

← fafun be kemuni kiceme kadala, han i yasa ofi
법도를 항상 세밀하게 관리하라. 한(汗)의 눈이 되어서

← geren be tuwa, han i šan ofi geren be
여러 사람을 보라. 한(汗)의 귀가 되어서 여러 사람의 말을

← donji, aika jaka be kimcime baicame banji. (20:17a)
들으라. 모든 물건을 세밀하게 조사하며 살라."

⇦ han i bithe, du tang adun, fujiyang lii yung fang,
한(汗)의 글을 도당(都堂)[4] Adun, 부장 이영방(李永芳),

4) 도당(都堂)은 1621년 초, 후금이 요양과 심양 지역을 점령한 후 명의 제도를 모방하여 설치한 관직명이다. 총병관보다 높은 관직이며, 특히 요동의 한인 통치를 총괄하는 업무를 담당했으나 이후 제도 개편으로 인해 성격이 바뀌었다가 폐지된다(유소맹 2013:318-327).

← ma io ming, nikan i geren iogi de wasimbuha,
마우명(馬友明), 여러 한인 유격에게 내렸다.

← nikan gurun i banjire ai ai kooli šajin be,
"한인 백성이 살아가는 갖가지 전례와 법도를

← gemu bithe arafi wesimbu, ici akū babe waliyame,
모두 글로 써서 올리라. 적당하지 않은 부분은 버리고,

← icingga babe donjiki, encu gurun i niyalma sarkū seme,
적당한 부분은 듣고자 한다. 다른 나라 사람이 알지 못한다고

← holtome ume alara, liyoodung ni ba i coohai ton (20:17b)
속여 알리지 말라. 요동 지역의 군대의 수가

← udu, hecen pu i ton udu, baisin ton udu,
얼마인가. 성과 보의 수가 얼마인가. 평민 수가 얼마인가.

← mujan, hūwajan, ai ai faksisa be gemu bithe
목공(木工), 화공(畵工) 등 갖가지 장인을 모두 글로

← arafi wesimbu.
써서 올리라."

○ ice ilan de, fujisa be okdome, juwe gūsai
초사흘에 푸진들을 맞이하기 위하여 두 구사

sidende emu sunja nirui ejen, juwe nirui
중에서 다섯 니루 수장 한 사람과 두 니루

sidende emu niyalma be tucibufi okdome unggihe. (20:18a)
중에서 한 사람을 내어서 맞이하러 보냈다.

頭註: gingguleme kimcici, hūwajan sere gisun, ainci nirure faksi dere. [신중하게 살펴보니, hūwajan이라는 말은 아마도 '화공(畵工)'일 것이다.]

○ yasun, simiyan i cooha de burulaha seme, duin
Yasun이 심양 전투에서 패하여 달아났다고 하여,

biyai ice duin de, fujiyang ni hergen be
4월 초나흘에 부장 직위에서

nakabufi, beiguwan i hergen obuha.
물러나게 하고 비어 직위가 되게 했다.

○ degelei age, jaisanggū age, jakūn gūsai emte
Degelei 아거와 Jaisanggū 아거가 8구사의 대신

amban be gaifi, ilan minggan cooha gamame, (20:18b)
한 명씩을 인솔하고 군사 3000명을 데리고

liyoha i dogon be tuwaname genehe de, kalka i
요하의 나루를 시찰하러 갔을 때, Kalka

monggo be acafi bošome gamara de, yehe i nomhon,
몽골 사람과 마주쳐서 쫓아갔다. 그때, Yehe의 Nomhon,

gusantai efu i deo i jui jaisa, jai emu
Gusantai 어푸의 동생의 아들 Jaisa, 또 한 명

gūwalca, ere duin niyalma, emu monggo be
Gūwalca, 이 네 사람이 한 명의 몽골 사람을

bošome gamara de, monggo morin ci ebuhe manggi,
쫓아가다가, 몽골 사람이 말에서 내리자,

toboi hendume, jaisa, gūwalca be suweni juwe
Toboi가 말하기를, Jaisa, Gūwalca에게 "너희 두

頭註: ere emu meyen i fe dangse be gingguleme baicaci, nomhon, jaisa, gūwalca, ilan niyalmai gebu be araha bime, duin niyalma sehebi, amala geli toboi be weile araha babe ejehebi, ainci toboi i gebu arara be melebuhe dere. [이 한 단락의 『滿文原檔』을 신중하게 조사하니, Nomhon, Jaisa, Gūwalca 세 사람의 이름을 썼는데, 네 사람이라고 했다. 나중에 또 Toboi가 죄지은 바를 적었다. 아마도 Toboi의 이름을 누락한 것 같다.]

nofi hasa ebu seme ebubufi, jaisa, monggo (20:19a)
사람은 빨리 내리라"고 하여 내리게 했다. Jaisa가 몽골 사람이

gabtaha de tuheke manggi, toboi i morin ci
쏜 화살에 쓰러지자, Toboi 자신은 말에서

ebuhekū, jaisa i morin be yalufi, jaisa be
내리지 않았다. Jaisa의 말을 타고서, Jaisa를

waliyafi jihe seme, gūwalca,
버리고 왔다고 Gūwalca가

⇦ han de alara jakade, toboi, akū seme holtoho
한(汗)에게 아뢰자, Toboi가 아니라고 속였기

turgunde, geren beise ambasa duilefi, sunja nirui
때문에, 많은 버일러들과 대신들이 심리해서, 다섯 니루의

ejen, iogi i hergen be nakabuha, amban seme
수장, 유격의 직위를 그만두게 했다. 대신이라 하여

šangname buhe ulin be gemu gaifi, bucehe (20:19b)
상으로 주었던 재물을 모두 빼앗아서 죽은

niyalma de buhe, hergen i bodome orin yan i
사람에게 주었다. 직위로 계산하여 20냥의

menggun gaifi, alaha niyalma de buhe, yehe i
은을 징수하여 고한 사람에게 주었다. Yehe의

nomhon be, ice niyalma seme weile waliyaha.
Nomhon은 새로 온 사람이라 하여 죄를 면제했다.

○ ice duin de,
초나흘에

⇦ han hendume, hule i yecen be, hūsun buhei bucehe
한(汗)이 말하기를, "Hule의 Yecen은, 힘을 쓰다가 죽은

← gungge niyalma seme, uju jergi iogi i hergen buhe. (20:20a)
공이 있는 사람이다"라고 하여, 1등 유격 직위를 주었다.

제21권

천명(天命) 6년(1621) 4월부터 5월까지

orin emuci debtelin,
abkai fulingga i ningguci
aniya duin biyaci sunja
biyade isinahabi.

tongki fuka sindaha hergen i dangse. (21:1a)
유권점 당안

◯ ice sunja de, fujisai isinjiha inenggi, dzung bing guwan i
초닷새에, 푸진들이 도착한 날, 총병관(總兵官)

jergi ambasa, hoton i tule tucifi giyoocan de
직급의 대신들이 성 밖에 나가서 교장(敎場)에서

okdofi, morin ci ebufi yafahalafi, fujisai morin be
마중하고, 말에서 내려 걸어서, 푸진들의 말을

yarume hoton de dosimbuha, tereci geren coohai
끌며 성에 들어오게 했다. 그리고 많은 병사들이

niyalma, giyai de faidafi okdoko, terei dolo
거리에 정렬해서 맞이했다. 그들의

boode dositala, šanggiyan derhi sektefi, derhi
내궁에 들어오기까지 하얀 돗자리를 펼치고, 돗자리

dele fulgiyan jafu sektefi fehume, (21:1b)
위에 붉은 융단을 펼친 후 밟으며

⇦ han i jakade dosika.
한(汗)의 곁으로 들어갔다.

○ ice nadan de, jaisa monggo, solho hafan be
초이레에 Jaisa Monggo와 조선의 관원을

ganabufi juwan emu de isinjiha, juwan juwe de,
데리러가게 해서 11일에 돌아왔다. 12일에

⇦ han de hengkileme acaha.
한(汗)에게 절하며 알현했다.

⇦ han i bithe, ice nadan de wasimbuha, birai dergi ginjeo (21:2a)
한(汗)의 글을 초이레에 내렸다. "강의 동쪽으로 금주(金州)

← hecen de isitala, meni meni kadalara bade, yaka
성에 이르기까지 각자가 관할하는 지역에서 어떤

← jušen durime cuwangname yabure niyalma be saha de,
여진인이든 노략질하며 다니는 사람을 본다면,

← jaldame jafafi benju, beri jebele ashafi, jafaci namburakū
유인하여 잡아서 보내라. 활과 화살통을 메고 있어서 잡으려 해도 잡히지

← oci, wafi beri jebele benju, ukame jihe nikan
않으면, 죽이고서 활과 화살통을 보내라. 도망해 온 한인과

← jušen yaya gašan de bici, gemu jafafi akdulame
여진인이 어떤 고을에 있어도 모두 잡아서 호송하여

← benju, oihorilame jafafi geli ukamburahū.
보내라. 소홀히 하여서 잡고서도 다시 도망가게 할까 염려된다."

(21:2b)

○ liyoodung ni hecen be gaiha manggi,
요동성(遼東城)을 빼앗은 후에,

⇦ han, ahūtu be, boode bisire ulgiyan be wacihiyame wecefi,
한(汗)이 Ahūtu를 "궁에 있는 돼지를 남김없이 제물로 바치고,

← wajiha manggi, fujisa be gajime jio seme takūrafi
끝나면 푸진들을 모시고 오라"고 하여 파견해

unggihe bihe, tuttu henduhe
보냈었다. 그렇게 한

⇦ gisun be jurceme, boode ulin be ambula mamgiyame ulgiyan udafi,
말을 어기고 궁에서 재물을 많이 낭비하여 돼지를 사고서,

emu inenggi orin gūsin ulgiyan wame wecehe seme,
하루 20, 30마리의 돼지를 잡아서 제물로 바쳤다고

ice nadan de ahūtu be weile arafi, (21:3a)
초이레에 Ahūtu를 치죄하고서,

šangname buhe aika jaka be gemu gaiha,
상으로 준 온갖 물건을 모두 몰수했다.

tsanjiyang ni hergen nakabufi bai niyalma obuha, sarhū ci
참장 직위에서 물러나게 하고 일반 백성이 되게 했다. Sarhū로부터

fujisa be liyoodung ni hecen de gajire de,
푸진들을 요동성에 모셔올 때,

fujisa be gajire ambasa, šun yamjiha, geneci
푸진들을 모셔오는 대신들이 "해가 저물었다. 가도

isinarakū, ši lii ho de deduki seme gisureme bisire de,
도착하지 못한다. 십리하(十里河)에서 숙박하자"라고 말하고 있을 때,

busan, encu weile de genefi, ši lii ho de acafi,
Busan이 다른 일로 갔다가, 십리하(十里河)에서 만나서,

fujisai baru hendume, geneci isinambi, ubade ainu (21:3b)
푸진들을 향해 말하기를, "가면 도착합니다. 여기에서 어찌

dedumbi seme marame gajifi dobori isinjiha seme,
숙박합니까"라고 우겨서 모시고 와서 밤에 도착했다. 그리하여

⇦ han, geren be duile seme duilebuci, busan marame gajiha
한(汗)이 여럿이 심리하라 하여 심리하게 하니, Busan이 우겨서 모셔온 것이

mujangga ofi, geren, busan be si waka
사실이어서, 여러 사람이 Busan에게 "네가 잘못했다"라고

seme wakalaci, busan waka be alime gaijarakū
질책해도, Busan이 잘못을 받아들이지 않으니,

ojoro jakade, ice nadan de weile arafi,
초이레에 치죄하여

šangnaha aika jaka be gemu gaiha, tsanjiyang ni
상으로 준 온갖 물건을 모두 몰수하고, 참장

hergen be nakabuha. (21:4a)
직위에서 물러나게 했다.

○ ice nadan de, faksi ahatu be wesibufi
초이레에 장인(匠人) Ahatu를 승직시켜서

beiguwan obuha.
비어가 되게 했다.

○ liyoodung ni hecen be afara de, borjin hiya,
요동성을 공격할 때 Borjin 히야가

wan kalka be,
사다리, 방패를

⇦ han i ilibu seme henduhe bade ilibuhakū, duleme gamaha, jai (21:4b)
한(汗)이 세우라고 말한 곳에 세우지 않고, 지나쳐서 가지고 갔다. 그리고

geli bira de isibuhakū, andala waliyafi genefi,
또 강까지 이끌고 가지 않고 도중에 버리고 가서,

geren coohai niyalma gemu amala tutaha be,
여러 병사가 모두 뒤에 뒤처진 것을

⇦ han safi, šajin i beise ambasa be geren duile seme
한(汗)이 알고, 법도 담당 버일러들과 대신들로 하여금 "여럿이 심리하라"고 하여

duilebufi, borjin i beye, gūsai sunja nirui ejete
심리하게 해서, Borjin 본인과 구사의 다섯 니루 수장들인

yungšun, ilangga, bohori, bulanju, laisun, susan, ere
Yungšun, Ilangga, Bohori, Bulanju, Laisun, Susan, 이

nadan niyalma be gemu huthufi wara weile
일곱 사람을 모두 묶고, 죽일 죄를

maktaha bihe, (21:5a)
내렸었다.

⇦ han de alara jakade, wara weile be nakafi, amban
한(汗)에게 아뢰자, 죽일 죄를 그만두고, 대신이라고

seme buhe liyoodung de šangnaha aika
주었던 것과 요동성에서 포상한 것 등 온갖

jaka be gemu gaiha, sihan, ineku ere
물건을 몰수했다. Sihan도 똑같이 이

jergi de weile baha bihe, ini deo i
정도 죄를 지었었는데, 그의 동생의

gung de weile waliyaha.
공으로 죄를 면제했다.

○ ice nadan de, monggo i barin dureng beile i (21:5b)
초이레에 몽골 Barin의 Dureng 버일러 예하의

uyunju jakūn boo, emu tanggū orin haha,
98가호, 120명의 장정이

susai morin, duin tanggū juwan ihan, emu
말 50마리, 소 410마리,

minggan honin gajime ukame jihe.
양 1000마리를 몰고 도망해 왔다.

○ aiha i šeobei g'ao ming ho i bithe, ice uyun de isinjiha,
애하(靉河)의 수비(守備) G'ao Ming Ho의 글이 초아흐레에 도착했다.

jeku i ton, bele nadan tanggū orin sunja
"곡물의 수는 양곡 725섬

hule emu to, turi juwe minggan sunja (21:6a)
1말,[1] 콩 2516섬

tanggū juwan ninggun hule sunja to, šušu
5말, 수수

emu minggan nadanju juwe hule duin to
1072섬 4말

duin sin, orho gūsin uyun tumen emu
4되, 꼴 39만 1736

minggan nadan tanggū gūsin ninggun fulmiyen, niyaha
묶음, 삭힌

1) to는 버들가지로 엮은 계량 용기이며, 닷 되들이 작은 말을 의미한다. 한인의 되(nikan i sin)와 여진인의 되(jušen i sin)가 있고, 이 두 개의 되는 서로 혼란스럽게 쓰이는 경우가 있는 것으로 보인다. 이 책에서는 to를 '말'로 번역한다. 참고로『御製增訂淸文鑑』(1771序)의 계량 단위에 대한 어휘를 정리하면 다음과 같다. oholiyo: 홉(合), moro hiyase: 되(升, 10홉), to: 닷 되(柳斗), hiyase: 말(板斗, 10되), sin(金斗, 1말 8되), sunto: 휘(斛, 5말, 옛 10말), hule: 섬(倉石, 2휘, 즉 10말)

turi jakūn tanggū ninju juwe hule ninggun
콩 862섬 6말,

to, niyaha orho juwan tumen ninggun minggan
삭힌 꼴

emu tanggū duin fulmiyen. (21:6b)
10만 6104묶음이다."

⇦ han, juwan emu de yamun de tucifi, beise be isabufi,
한(汗)이 11일에 아문에 나가 버일러들을 모아서,

yangguri efu i jui giran be sarhū de beneki
Yangguri 어푸의 아들의 주검을 Sarhū에 보내고자

sere turgunde,
한다는 것에 대해

⇦ hendume, sarhū de ainu beneki sembi, tubai giran be hono
말하기를, "Sarhū에 어찌 보내고 싶다 하는가. 그곳의 주검을 오히려

← ubade gajimbi kai,
여기에 가져와야 한다.

⇦ abkai uttu gosiha bade, beise ambasa suwe geli liyoodung ni (21:7a)
하늘이 이렇게 아낀 곳에서, 버일러들과 대신들 너희는 또 요동성에

← hoton de terakū seme, sartahūn ume gūnire, musei
머물지 않겠다고, 우유부단하게 생각하지 말라. 우리

← gurun i booi ahasi ukakangge, gemu dabsun bahafi jeterakū
나라의 집의 노복들이 도망간 것은 모두 소금을 먹을 수 없어서

頭註: gingguleme kimcici, sartahūn ume gūnire sere gisun, ainci ume talihūnjame gūnire sere gisun dere. [신중하게 살펴보니, sartahūn ume gūnire라는 말은 아마도 '우유부단하게 생각하지 말라'는 말일 것이다.]

← ofi ukambi kai, te dabsun bahafi jembi, liyoha ci
도망가는 것이다. 이제 소금을 먹을 수 있다. 요하로부터

← ebsi, gubci golo gemu dahahabi, erebe waliyafi muse
이곳까지 모든 지역이 모두 항복했다. 이것을 버리고 우리가

← ainu geneki sembi, bi dade jobome banjire fonde,
어찌 가고 싶다 하겠는가. 내가 본래 근심하며 지낼 때,

← osika muke monjifi nimaha ergen gaijara babe baharakū,
Osika 물을 문질러서 물고기가 숨을 쉴 곳을 얻지 못하고,

← wehei dele uju sindafi bisire gese jobome banjiha kai, (21:7b)
돌 위에 머리를 놓고 있는 것처럼 근심하며 지냈다.

← tuttu jobome banjiha be
이렇게 근심하며 지냈던 것을

⇦ abka gosifi, amba doro be baha, julge aisin gurun i
하늘이 가상히 여겨서 큰 정권을 얻었다. 옛날 금나라의

← agūda han, nikan, monggo be dain dailame deribufi,
Agūda 한(汗)이 송나라와 몽골을 정벌하기 시작해서,

← wacihiyame dahabuhakū eden gurun be, deo ukimai
완전히 복속시키지 못한 불완전한 나라를 동생인 Ukimai

← han wacihiyame dahabufi, monggo i cinggis han i dailaha
한(汗)이[2] 완전히 복속시켰고, 몽골의 Cinggis 한(汗)이 정벌한

← eden gurun be, jui ūgedei han wacihiyame dahabufi,
불완전한 나라를 아들인 Ūgedei 한(汗)이 완전히 복속시켰다. 그리고

頭註: osika muke monjifi sere gisun, baicara ba akū ofi, gingguleme da songkoi sarkiyaha. [osika muke monjifi라는 말은 조사할 데가 없어서, 신중하게 본래대로 베껴 썼다.]

2) 금(金) 태종(太宗, 1075~1135, 재위: 1123~1135)이다.

← ama bi geren juse de doro toktobufi cooha (21:8a)
아버지인 내가 여러 아들들에게 정권을 세우고 군사를

← isabufi buhebi, utala geren juse suweni muterakū ai bi
모아서 주었다. 이토록 많은 아들들 너희가 할 수 없는 일이 무엇이 있겠는가"라고

seme hendufi, liyoodung ni hoton de teme toktoho.
말하고서, 요동성에 머무르기로 결정했다.

⇦ han, juwan emu de hendume, liyoodung ni ba i hafasa, suwe
한(汗)이 11일에 말하기를, "요동 지역의 관원들, 너희는

← ice hecen de bihe ho dooli be baifi, ice
신전(新奠)에 있던 호(胡) 도리(道吏)를 찾아서

← hecen i iogi gajime jio, bi ubaci gisun hendufi unggire,
신전(新奠)의 유격(遊擊)이 데리고 오라. 나는 여기서부터 말을 하고서 보낸다.

← unggifi same gajifi waci, suwe jai minde akdambio, (21:8b)
보낸 후에 알면서 데려와서 죽이면, 너희가 다시 나를 신뢰하겠는가.

← suwe tuleri unggihe de, suwe inu derakū, bi inu
너희가 밖으로 보내면 너희도 체면이 없어지고 나도

← suwende akdarakū.
너희를 신뢰하지 않겠다."

○ juwan juwe de, simiyan i ergide monggo dosifi
12일에 심양(瀋陽) 쪽에 몽골인이 들어와서

emu pu be gamaha.
보(堡) 하나를 빼앗았다.

⇦ han de, aiha i šeobei, ilan šeo pu be gajime, juwan (21:9a)
한(汗)에게 애하의 수비(守備)가 수보(守堡) 세 명을 데리고,

yan aisin, juwan suje, gūsin etuku, juwe
금 열 냥, 비단 열 필, 의복 30벌과

morin benjime juwan juwe de isinjifi,
말 두 마리를 이끌고 12일에 도착해서,

⇦ han de hengkileme acaha,
한(汗)에게 절하며 알현했다.

⇦ han, juwe morin be coohai niyalma yalukini seme amasi
한(汗)이 말 두 마리는 병사가 타기 바란다며 도로

bederebuhe, gūwa jaka be gemu gaiha, hengkileme
물렸다. 다른 물건은 모두 받았다. 절하러

jihe šeobei de, emu silun i dahū, gūsin
온 수비에게 스라소니 가죽옷 한 벌,

yan menggun šangname buhe, šeobei hergen be (21:9b)
은 30냥을 상으로 주고, 수비의 직위를

wesibufi, iogi i hergen buhe, šeobei emgi jihe
승직시켜, 유격 직위를 주었다. 수비와 함께 온

ilan šeo pu de, orita yan menggun šangname
수보 세 명에게 은 20냥씩을 상으로

buhe, šeo pu hergen be wesibufi, beiguwan i
주고, 수보 직위를 승직시켜 비어의

hergen buhe.
직위를 주었다.

○ ginggūlda, suijan, mandulai, hūsiri, hūsita, ere sunja
Ginggūlda, Suijan, Mandulai, Hūsiri, Hūsita, 이 다섯

niyalma be, liyoodung ni ulan de ilifi afara de, (21:10a)
사람이 요동성의 해자에 멈춰서 공격할 때,

ulan be mandulai i emhun dooha, gūwa be
해자를 Mandulai가 혼자서 건넜고, 다른 사람들은

gemu burulaha seme gisurefi, šajin i niyalma geren
모두 달아났다고 말해서, 법관들 여럿이

duileci, mandulai i burulahabi, tuttu burulafi si
심리하니, Mandulai 그도 달아났던 것이다. "그렇게 달아나고서 네가

ainu holtombi seme, mandulai be inu burulaha de
어찌 속이는가"라고 하여, Mandulai도 달아난 것으로

arafi, ere sunja niyalma be gemu wara
해서, 이 다섯 사람에게 모두 죽일

weile maktaha bihe,
죄를 내렸었다.

⇦ han de alara jakade, wara be nakafi, šangname buhe (21:10b)
한(汗)에게 아뢰자, 죽이는 것을 그만두고, 상으로 주었던

aika jaka be gemu amasi gaiha, sunja
온갖 물건을 도로 몰수하고

nirui ejen be nakabuha.
다섯 니루 수장을 그만두게 했다.

○ juwan ilan de, jaisa monggo de nadanju
13일에, Jaisa Monggo에게

yan menggun buhe, solho hafan de susai yan
70냥의 은을 주었다. 조선 관원에게 50냥의

menggun buhe.
은을 주었다.

(21:11a)

○ juwan duin de, adun age, fusi efu,
14일에, Adun 아거, Fusi 어푸,

abutu baturu, šajin, jase bitume pu pu de
Abutu 바투루, Šajin이 경계를 따라 보(堡)마다

hafan tebume gurun be tacibume, tai tebume
관원을 주둔케 하여 백성을 가르치고, 대(臺)와

karun sindame genehe.
초소를 설치하기 위해서 갔다.

○ tofohon de, amba beile, dodo taiji, šoto
15일에, 대버일러, Dodo 타이지, Šoto

taiji, emu minggan cooha be gaifi, monggo i (21:11b)
타이지가 군사 1000명을 이끌고 몽골인이

sucufi gamaha pu be tuwaname genehe.
기습하여 탈취한 보(堡)를 살펴보러 갔다.

○ jai muhaliyan dzung bing guwan de, ilan minggan
다시 Muhaliyan 총병관에게

cooha be adabufi, liyoha i dogon be dalime
군사 3000명을 붙여서, 요하의 나루를 봉쇄하러

unggihe.
보냈다.

○ tofohon de, enggeder efu i aitai, amin (21:12a)
15일에, Enggeder 어푸 예하의 Aitai가 Amin

beile de elcin jihe.
버일러에게 사신으로 왔다.

⇦ han i booi[3] fuhan, dodo, ini sargan jui de banjiha
한(汗)의 노복 Fuhan이 Dodo, 즉 자신의 딸에게서 태어난

omolo de suje etuku hūlhafi unggire be,
손자에게 비단옷을 훔쳐서 보내는 것을

dukai niyalma jafafi, šajin i niyalma duilefi, fuhan
문지기가 잡아서, 법관이 심리하여 Fuhan과

ini beyebe, omolo be gemu waha.
손자를 모두 죽였다.

(21:12b)

○ tofohon de, yehe i baindari, ilangga, simiyan i
15일에, Yehe의 Baindari와 Ilangga가 심양의

yafahan i cooha dosikakū burulaha seme, baindari be
보병과 함께 진격하지 않고 달아났다고, Baindari를

tsanjiyang ni hergen be nakabuha, ilangga be iogi i
참장(參將)직을 그만두게 하고, Ilangga를 유격

3) booi는 직역하면 '집(家)의'라는 뜻이지만 문맥에 따라서 booi aha(집의 노복)의 약칭인 경우도 있다. 후대에는 내무부(內務府)로 발전하는 booi niru(內니루)에 소속된 자를 가리키기도 한다(유소맹 2013:163, 166, 438-439).

hergen be nakabuha, ere juwe nofi de
직을 그만두게 했다. 이 두 사람에게

šangname buhe jaka be gemu amasi gaiha.
상으로 준 물건을 모두 도로 몰수했다.

○ busan, liyoodung ni hoton de, gūwa geren coohai niyalma dosici, (21:13a)
Busan이 요동성에서 다른 여러 병사가 진격해도

emgi dosikakū, busan iliha seme wara weile maktaha bihe,
함께 진격하지 않고, 멈추었다고 죽일 죄를 내렸었다.

⇦ han de alara jakade,
한(汗)에게 아뢰자,

⇦ han hendume, busan beliyen niyalma, wara be naka seme
한(汗)이 말하기를, "Busan은 어리석은 사람이다. 죽이는 것을 멈추라"고 하여

nakabufi, tsanjiyang ni hergen be nakabuha, keyen, cilin ci
그만두게 하고, 참장직을 그만두게 했다. 개원(開原), 철령(鐵嶺)에서부터

ebsi, šangname buhe jaka be gemu gaiha.
상으로 주었던 물건을 모두 몰수했다.

⇦ han i booi ilacin be, mandulai, suijan i weile baha de, (21:13b)
한(汗)의 노복 Ilacin을, Mandulai, Suijan이 죄를 지었을 때,

tondo be gisurehe seme, wesibufi beiguwan i hergen
진실을 말했다고 하여, 승직시키고 비어(備禦)의 직위를

buhe, sunja niru be bošo seme sindaha.
주었다. 다섯 니루를 관리하라고 임명했다.

○ duin biyai tofohon de,
4월 15일에

← yeodehe be, ice nakada, hūrha be, banjici ojorakū
Yeodehe를, "새로 Nakada와 함께 온 Hūrha 사람 가운데 생계를 유지할 수 없는

← emteli, akdun akū niyalma be gajime jio, bayan,
홀몸이거나 의지할 데 없는 사람을 데려오라. 부자나

← akdun sain niyalma be werifi jio seme golo de (21:14a)
견실한 사람은 두고 오라"고 하여 그 지역에

takūrafi unggihe.
파견했다.

⇦ han i amba fujin, liyoodung ni hecen de jidere de, pijan de
한(汗)의 대푸진이 요동성에 올 때, 가죽 상자에

tebuhe sirakū buyarame jaka tuhebufi waliyabuha bihe,
넣어둔 가체(加髢)를 소홀히 하여 떨어뜨려서 잃어버린 적이 있었다.

tere simiyan hecen i šun dekdere ergi ibiyan
심양성의 해 뜨는 쪽에 있는 Ibiyan

tun sere gašan i yuwan fung ming gebungge niyalma,
Tun이라는 촌락의 Yuwan Fung Ming이라는 사람이,

gūwa nikan bahabi seme duin biyai juwan (21:14b)
다른 한인이 주웠다고 4월

ninggun de alanjire jakade,
16일에 와서 알리니,

⇦ han hendume, musei ujihe be dahame, musei niyalma ofi
한(汗)이 말하기를, "우리가 보살폈기 때문에, 우리 사람이 되어

← alanjihabi kai seme, sunja yan menggun šangname buhe.
와서 알린 것이다"라고 하며, 다섯 냥의 은을 상으로 주었다.

⇦ han i booi weilere emu nirui juwete niyalma, emu sunja
한(汗)의 집을 짓는 한 니루당 두 사람,

nirui emte janggin de šangname, janggin de
다섯 니루당 한 명씩의 장긴에게 상을 주어 장긴에게는

juwete mocin, weilere alban i niyalma de juwe (21:15a)
모청포 두 필씩, 일하는 공역인에게는 베 두 필을

boso buhe, niyalma ekiyehun nirui janggin de buhekū.
주었다. 인원 수를 채우지 못한 니루의 장긴에게는 주지 않았다.

○ jaisai beile be taiji de [原檔殘缺] niyalma
Jaisai 버일러를 타이지에게 □□□ 사람이

duin biyai juwan uyun de genehe.
4월 19일에 갔다.

○ sunja biyai ice ilan de,
5월 초사흘에

⇦ han, geren beise ambasa be gaifi, hecen i ninggureme tuwaki (21:15b)
한(汗)이 여러 버일러들과 대신들을 데리고, "성 위에 올라가서 보겠다"라고

seme, kiyoo de tefi, šun dekdere ergi
하며 가마에 앉아서

julergi dukai dele tafafi, kiyoo ci ebufi,
동남문 위에 올라서 가마에서 내려

hecen i ninggude šanggiyan jafu sektefi, juwe dalbade
성 위에서 하얀 융단을 깔고 양쪽 옆에

juwe suwayan sara jafabufi, beise ambasa be gaifi
두 개의 황색 일산을 들게 하고, 버일러들과 대신들을 데리고

⇦ abka de hengkilefi, beise ambasai baru
하늘에 절하고, 버일러들과 대신들을 향하여

⇦ hendume,
말하기를,

⇦ abka, ere liyoodung ni hecen, muse de burakū bici, bi (21:16a)
"하늘이 이 요동성을 우리에게 주지 않았다면 내가

← ere hecen de ainambahafi tafara bihe seme
이 성에 어찌 오를 수 있었겠는가"라고

hendufi, tereci kiyoo de tefi, hecen i julergi
말하고서, 그 후 가마에 앉아서 성의

duka ci ninggureme, šun tuhere fajiran deri šurdeme
남문에서 성 위쪽으로 올라, 서쪽 벽으로 둘러가서

hecen be afaha babe tuwafi, ineku duka deri
성을 공격한 곳을 보고, 같은 문으로 들어와서

ebufi, yamun de dosifi tefi amba sarin sarilaha.
가마에서 내리고 아문(衙門)에 들어가서 자리를 잡고 큰 주연을 벌였다.

○ monggo i ergi jasei jakai buya pu de unggihe (21:16b)
몽골 쪽 경계 근처의 작은 보(堡)에 보낸

⇦ gisun, monggo jase jakarame sabumbihede, balai ume necire, dosifi
말이다. "몽골인이 경계를 따라서 보이더라도, 함부로 넘지 말라. 들어왔다가

← tucire be ume amcara, tere koro baha niyalma
나가는 것을 쫓아가지 말라. 그 사람은 원한을 품은 사람이므로

← ofi yarkiyame jalidambi kai, terei jali de tuhenerahū.
유인하려고 꾀는 것이다. 그의 간계에 빠질까 염려된다."

○ ice duin de, dung cang pu de
초나흘에 동창보(東昌堡)에서

anafu tehe ilan minggan coohai ejen muhaliyan
수자리 사는 군사 3000명의 수장 Muhaliyan

dzung bing guwan be halame, baduri dzung bing guwan, borjin (21:17a)
총병관과 교대하기 위하여, Baduri 총병관, Borjin

fujiyang tenehe, dung cang pu i beiguwan lio
부장(副將)이 주둔하러 갔다. 동창보의 비어

io kuwan de unggihe
유우관(劉尤寬)에게 보낸

⇦ bithe, sini mujilen be sulakan obu, musei ergi
글이다. "너의 마음을 느긋하게 하라. 우리 쪽

← dalin be saikan tuwakiya, bira doome cooha
강기슭을 잘 지켜라. 강을 건너 병사가

← ume genere, bahambi seme yabufi ufarafi, han i
가지 말라. 할 수 있겠다고 갔다가 실패해서, 한(汗)의

← etehe gebu be efulerahū, han i šajin be ume
승리한 명성을 훼손할까 염려된다. 한(汗)의 법도를

← jurcere. (21:17b)
어기지 말라."

○ ice sunja de, liyoodung ni ba i gubci irgen
초닷새에, 요동 지역의 온 백성이

gemu uju fusifi dahaci, jeng giyang ni ba i
모두 머리를 깎고 항복해도, 진강(鎭江) 지역의

niyalma uju fusirakū, jai takūraha elcin be
사람이 머리를 깎지 않고 또 파견한 사신을

waha seme donjifi,
죽였다고 듣고서,

⇦ han i hojihon urgūdai fujiyang, fusi lii yung fang fujiyang de
한(汗)의 사위인 Urgūdai 부장, 무순(撫順)의 이영방(李永芳) 부장에게

minggan cooha be adabufi, yargiyalame tuwana seme (21:18a)
군사 1000명을 붙여서, 진상을 파악하기 위하여 보러 가라고

ice sunja de unggihe, tede unggihe
초닷새에 보냈다. 그곳에 보낸

⇦ bithei gisun, jeng giyang ni ba i niyalma, suwe takūraha niyalma be
글이다. "진강(鎭江) 지역의 사람들, 너희는 파견한 사람을

← waha seme geleme daharakū dere, suwe julge nikan i
죽였으므로 두려워하며 항복하지 않는 것일 것이다. 너희는 이전에는

← daiming han i irgen bihe,
대명 황제의 백성이었지만,

⇦ abka, liyoodung ni ba be minde buci, te mini irgen kai,
하늘이 요동 지역을 나에게 주니, 이제 나의 백성이다.

← liyoodung ni hecen be afame gaijara de, orin tumen
요동성을 공격하여 빼앗을 때,

← cooha be wara de, mini cooha bucehekūbio, tuttu (21:18b)
군사 20만을 죽일 때, 나의 군사는 죽지 않았겠는가. 그렇게

← buceme wame baha liyoodung ni hecen i niyalma be, hono
죽고 죽이며 얻은 요동성의 사람을 오히려

← wahakū gemu ujihe kai, suweni nikan i hafan i takūraha
죽이지 않고 모두 살려주었던 것이다. 너희 한인 관원이 부리던

← emu juwe niyalma, emu niyalma be waha turgunde,
한두 사람이 사람 하나를 죽였다는 이유로,

← suweni tutala irgen be gemu wafi, tere ba be,
그토록 많은 너희 백성을 모두 죽이고, 그 지역과

← baci tucindere keo liyang[1] be gemu waliyambio, tere
지역에서 나오는 구량(口糧)을 모두 버리겠는가. 그것뿐만

← anggala, birai dergi liyoodung ni gubci ba i niyalma, gemu
아니라 강의 동쪽 요동 전 지역의 사람이 모두

← uju fusifi dahaha seme, nikan i han gubci gurun (21:19a)
머리를 깎고 항복했다고 명나라의 황제와 온 백성이

← donjihakūbio, tuttu donjiha bade, suweni teile uju fusirakū
듣지 않았는가. 그렇게 들은 터에 너희만 머리를 깎지 않고

← daharakū seme cooha unggifi waci, nikan han gubci
항복하지 않는다고 군사를 보내어서 죽이면, 명나라 황제와 온

← gurun, ini irgen be i waha seme mimbe
백성이, 자신의 백성을 자기가 죽였다 하며 나를

← basurakūn, cananggi menggun[2] urebure ba i niyalma, uju fusihakūbi
비웃지 않겠는가. 전에 은광을 채굴하는 지역 사람이 머리를 깎지 않고 있었다고 하여

頭註1: gingguleme kimcici, baci tucindere keo liyang sere gisun, ainci baci tucire jeku ulha, eiten jetere hacin sere gisun dere. [신중하게 살펴보니, baci tucindere keo liyang이라는 말은 아마도 '지역에서 나는 곡식과 가축 등 모든 먹는 종류'라는 말일 것이다.]

頭註2: gingguleme baicaci, fe manju gisun i bithede, menggun urebure sere gisun, uthai menggun i nemu be feteme neire sere gisun inu sehebi. [신중하게 조사하니, 『舊淸語』에 menggun urebure이라는 말은 곧 menggun i nemu be feteme neire(은광을 채굴하는)라는 말이라고 했다.]

← seme, kiru jafabufi takūraha niyalma be wahabi seme
기(旗)를 들려서 파견했던 사람을 죽였다고

← donjifi, emu du tang, juwe fujiyang be cooha gaifi
듣고, 한 명의 도당과 두 명의 부장으로 하여금 군사를 인솔하고

← genefi, ujulaha emu udu niyalma be wa sehe (21:19b)
가서, 우두머리였던 한두 사람을 죽이라 한 적이

← bihe, cooha genere be donjifi, tehei alime gaijarakū
있었다. 군사가 간다는 것을 듣고서, 순순히 받아들이지 않고

← burulame alin de tafara be, genehe coohai niyalma ajige
달아나서 산에 오르는 것을, 갔던 병사가 몇몇을

← ajige wahabi, terei jalin de, bi inu mini
죽였다. 그 때문에, 나 역시 나의

← irgen ekiyehe seme korombi, tereci gūwa geren be
백성이 줄었으므로 안타깝다. 그러고 나서 다른 여러 사람은

← gemu ujifi uju fusifi, meni meni boode uthai
모두 살려주어서 머리를 깎고 각자의 집에 그대로

← tebufi, meni meni usin weile seme hendume werifi
살게 하고, 각자의 밭을 경작하라고 말하여 남겨두고

← jihe, suwe te manggi olhoci, ujulame ehe deribuhe (21:20a)
왔다. 너희가 지금 만약 두려우면 앞장서서 악행을 시작한

← duin sunja niyalma be jafafi benju, suwe gemu
네다섯 사람을 잡아서 보내라. 너희는 모두

← uju fusi, tuttu oci, dule wajiha kai, tuttu
머리를 깎으라. 그렇게 되면 진정 끝난 것이다. 그렇게

頭註: gingguleme kimcici, suwe te manggi olhoci sere gisun, ainci suwe te aika olhoci sere gisun dere. [신중하게 살펴보니, suwe te manggi olhoci라는 말은 아마도 '너희가 이제 만약 두렵다면'이라는 말일 것이다.]

← daharakūci, juwan ilan goloi cooha gemu wasifi afaci,
항복하지 않으면, 13로(路)의 군사가 모두 내려와서 공격해도

← etehekū wabuha bade, suwe etembio, emu juwe niyalmai
이기지 못하고 죽임을 당한 터에 너희가 이기겠는가. 한두 사람의

← ehe de, sui akū geren ainu bucembi seme
악행 때문에, 죄 없는 여러 사람이 왜 죽는가 하여

← hendure gisun ere inu, ajige ajige weile be,
하는 말이 바로 이것이다. 소소한 죄는,

← ba i ejen hafasa, suweni fejergi buya hafasa be (21:20b)
지역의 수장인 관원들이 너희 아래의 소관리들을

← gemu emu yamun de isabufi, geren hebešeme beide,
모두 한 아문에 모아서 여럿이 상의하여 판결하라.

← amba weile ohode, enculeme ume beidere, han i hecen i
큰 죄이면 독단적으로 판결하지 말라. 한(汗)의 성의

← weile beidere amba yamun de gajifi, geren duileme
죄를 심판하는 큰 아문에 가져와서, 여러 사람이 심리하여

← beidembi, bi meni meni bade enculeme weile beideburakū,
판결할 것이다. 나는 각각의 지역에서 독단적으로 죄를 판결하게 하지 않는다.

← enculeme beidembihede, haršakū niyalma haršambi, ulin de dosi
독단적으로 판결하게 되면, 편파적인 사람은 편을 든다. 재물을 탐하는

← niyalma ulin gaifi, waka be uru, uru be
사람은 재물을 취하고서 그름을 옳다고 하고 옳음을

← waka seme fudasihūn beidembi, kimungge niyalma, kimun i mujakū (21:21a)
그르다 하여 반대로 판결한다. 원한이 있는 사람은 원한으로 부당하게

← niyalma be wambi seme, mini beyede banjiha jakūn
사람을 죽일 것이다. 그리하여 나에게서 태어난 여덟

← jui, terei fejile jakūn amban, terei fejile geren
자식, 그 아래의 여덟 대신, 그 아래의 여러

← ambasa, sunja inenggi dubede, emgeri han i hecen i
대신들은 5일마다 한 번 한(汗)의 성에 있는

← weile beidere amba yamun de isafi,
죄를 심판하는 큰 아문에 모여서

⇦ abka de hiyan dabufi hengkilefi, mini tacibuha tondo mujilen
하늘에 향을 피우고 절하고 나서, 내가 가르친 공정한 마음을

← jafara bithe hūlafi, jai ai ai weile be
가지는 글을 읽고, 그다음에 갖가지 죄를

← ilan jalan i duilembi, weilengge niyalma de aisin menggun (21:21b)
세 단계로 심리한다. 죄가 있는 사람에게는, 금과 은을

← gaime, arki anju jeme beiderakū, tondo beidembi, ai
받거나 술과 안주를 받아먹으면서 판결하지 않고, 공정하게 판결한다.

← ai weilengge niyalma, han i hecen i weile beidere amba
갖가지 죄 있는 사람을 한(汗)의 성에 있는 죄를 판결하는 큰

← yamun de habšanju, habšanjire niyalma, bakcin i niyalma be
아문에 와서 고발하라. 고발하러 오는 사람은 상대편 사람을

← gajime jiderakū emhun ume habšanjire, bakcin i niyalma akū
데려오지 않은 채 혼자서는 고발하러 오지 말라. 상대편 사람이 없으면,

← oci, sini emu niyalmai gisun de adarame akdafi
너 한 사람의 말을 어찌 믿고서

← beidembi, gercileme habšara niyalma yargiyan babe habšaci, weile
판결하겠는가. 고발하는 사람이 진실된 바를 고발하면,

← ejen de tuhenere weile be tuhebumbi, tašan be (21:22a)
죄인에게 내려질 죄를 정한다. 거짓을

← beleme habšaci, tede tuhenere weile be amasi belehe
날조하여 고발하면, 그에게 내릴 죄를 도로 날조한

← niyalma de tuhebumbi, han i hecen i niyalma, tulergi buya
사람에게 내린다. 한(汗)의 성에 있는 사람이 밖의 작은

← hecen, buya gašan de uncame udame hūda generahū,
성이나 작은 마을에 사고팔러 장사를 갈까 염려된다.

← han i hecen i niyalma, tulergi buya hecen, buya gašan de
한(汗)의 성에 있는 사람이 밖의 작은 성이나 작은 마을에

← hūdašame yabumbihede, hūlha kiyangdu mujilengge niyalma, šolo bahafi
장사하러 다니게 되면, 도적이나 강도의 마음을 가진 사람이 기회를 얻어서

← durime cuwangname yabumbi, tuttu emteli doron akū hūdašame
노략질하러 갈 것이다. 그렇게 혼자서 관인 없이 장사하러

← yabure niyalma be saha de, jafafi benju, tulergi (21:22b)
다니는 사람을 보았을 때는 잡아서 보내라. 바깥의

← buya hecen, buya gašan i niyalma, amba hūda be
작은 성이나 작은 마을의 사람은, 큰 거래는

← gemu han i hecen de hūdaša, buya hūda be
모두 한(汗)의 성에서 거래하라. 작은 거래는

← meni meni gašan i dolo hūdaša.
각자의 마을 안에서 거래하라."

○ ice uyun de, yamburi gung de, deo
초아흐레에 Yamburi의 공으로 동생

hūsitun be iogi obuha, ba iogi juwe
Hūsitun을 유격으로 삼았다. Ba 유격이

laha benjihe. (21:23a)

메기 두 마리를 보내왔다.

제22권

천명(天命) 6년(1621) 5월

orin juweci debtelin,
abkai fulingga i
ningguci aniya sunja biya.

tongki fuka sindaha hergen i dangse. (22:1a)
유권점 당안

○ juwan ilan de wasimbuha
13일에 내린

⇦ bithei gisun, han amba doro ilibufi, hacin hacin i amba
글이다. “한(汗)이 큰 도리를 세우고서 여러 종류의 크고

← asihan hergen buhebi, han i buhe doro de acabume,
작은 직위를 주었다. 한(汗)이 준 도리에 맞추어

← dergi ambasa de ilhi ilhi dorolome, aššara bade
상급 대신들에게는 차례차례 예의를 차리고, 움직일 곳에서는

← acabume hūdukan ašša, dergi ambasai juleri gala joolafi
알맞게 재빠르게 움직이라. 상급 대신들의 앞에서는 팔짱을 끼고

← ume ilire, gala unufi ume yabure, ere bithe be
서 있지 말고, 뒷짐을 지고 다니지 말라. 이 글을

← gašan bošoro šeo pu de isitala wasimbufi, meni meni (22:1b)
촌락을 관리하는 수보(守堡)에게 이르기까지 내려서 각자가

← kadalara niyalma de doro be gemu ejebu, muhu
관할하는 사람에게 도리를 모두 기억하게 하라. Muhu

← gioro ci wasihūn, jakdan ci wesihun, jecen i gašan i juse

Gioro로부터 서쪽으로, Jakdan에서 동쪽으로, 경계에 있는 촌락의 아이들과

← hehesi be, gemu meni meni teisu hoton de

여자들을 모두 각자가 해당되는 성에

← bargiya, usin be bošome weilebu, dabgime dahūme wajiha

수용하라. 밭일을 독려하여 경작하게 하라. 김매기를 거듭하여 마치면,

← manggi, ninggun biyade da jecen i hoton de bargiyaha

6월에 본래 경계에 있는 성에 수용했던

← juse hehesi be, gemu sarhū hecen de bargiya,

아이들과 여자들을 모두 Sarhū성에 수용하라.

← gurun i hahasi be gemu gajifi wehe tucibumbi. (22:2a)

나라의 장정들을 모두 데려와서 돌을 나르게 할 것이다."

○ juwan duin de, hashū ergi dzung bing guwan

14일에, 좌익 총병관(總兵官)

hergen i eidu baturu akū oho, kanggūri

직위의 Eidu 바투루가 사망했다.1) Kanggūri

efu be, liyoodung ni hecen be afara de,

어푸를, 요동성을 공격할 때

neneme wan sindafi tafaka seme wesibufi,

먼저 사다리를 놓고 올랐다고 승직시켜서

dzung bing guwan i hergen, šang gemu buhe.

총병관직과 상을 모두 주었다.

頭註: gingguleme kimcici, wehe tucibumbi sere gisun, ainci wehe tukiyebumbi sere gisun dere. [신중하게 살펴보니, wehe tucibumbi라는 말은 아마도 '돌을 나르게 한다'는 말일 것이다.]

1) 『滿文老檔』에는 5월 14일의 기사이나, 『滿洲實錄』(7권, 天命 6년(1621) 6월)에는 6월 14일로 기록되어 있다.

(22:2b)

○ juwan duin de, monggo i bayot gurun i
14일에 몽골의 Bayot국의

darhan baturu beile i jui, enggeder efu i deo
Darhan 바투루 버일러의 아들이며 Enggeder 어푸의 동생인

monggol taiji, juse sargan, adun ulha, ini
Monggol 타이지가 자식들과 처, 가축 떼, 그에게

harangga gūsin booi jušen be gajime ukame
예속된 30호의 속민을 데리고 도망해

jihe, amba beile,
왔다. 대버일러가

⇦ han i hecen ci sunja ba i dubede, duin ihan, duin honin
한(汗)의 성에서 5리 떨어진 곳에서 소 네 마리, 양 네 마리를

wame okdofi sarin sarilafi, hecen de dosimbufi, (22:3a)
잡아서 맞이하여 주연을 벌이고, 성에 들어오게 한 다음,

⇦ han i yamun de ebubufi, amba sarin sarilaha,
한(汗)의 아문(衙門)에서 말을 내리게 하고서, 큰 주연을 벌였다.

⇦ han hendume, muse be baime jihe jilakan seme, jakūn
한(汗)이 말하기를, "우리에게 귀부(歸附)해 온 것이 가상하다"라고 하여

gūsai siden de, seke i dahū ilan, silun i
8구사 공용 물건에서, 담비 털옷 세 벌, 스라소니

dahū juwe, tasha i dahū juwe, elbihe i dahū
털옷 두 벌, 호랑이 털옷 두 벌, 너구리 털옷

juwe, dobihi i dahū emke, seke i hayaha jibca
두 벌, 여우 털옷 한 벌, 담비 털로 테를 두른 가죽옷

sunja, hailun i hayaha jibca juwe, ulhu i hayaha
다섯 벌, 수달 털로 테를 두른 가죽옷 두 벌, 청설모 털로 테를 두른

jibca ilan, haha hehe i eture gecuheri etuku (22:3b)
가죽옷 세 벌, 남녀가 입는 망룡단 의복

uyun, gulhun gecuheri ninggun, suje gūsin sunja,
아홉 벌, 온전한 망룡단 여섯 필, 비단 35필,

aisin juwan yan, menggun sunja tanggū yan, mocin
금 열 냥, 은 500냥, 모청포(毛靑布)

samsu sunja tanggū, foloho hadala enggemu emke,
500필, 조각으로 장식된 굴레와 안장 한 벌,

wehe nimaha i sukū buriha enggemu nadan, foloho
석어(石魚) 가죽으로 덮은 안장 일곱 개, 조각으로 장식된

jebele emke, uhereme jakūn jebele de beri
화살통 한 개, 모두 여덟 개의 화살통에 활과

sirdan sisihai, niruha guise horho, moro fila,
화살을 꽂은 것, 그림을 그린 궤, 장(欌), 사발, 접시,

eiten hacin i tetun gemu yooni buhe. (22:4a)
온갖 종류의 그릇을 모두 갖추어 주었다.

○ tofohon de, ai ai udara uncara jaka be
15일에 갖가지 사고팔 물품의

hūda salibufi, niru tome wasimbuha, guwangning ni ergici
값을 정해서, 니루마다 내렸다. 광녕(廣寧) 쪽에서

emu da ing guwan hergen i emu yafahan niyalma
대영관(大營官) 직위인 사람 한 명이 걸어서

ukame jihe, ba iogi juwe mujuhu nimaha
도망해 왔다. Ba 유격(遊擊)이 잉어 두 마리를

benjihe.
보내왔다.

(22:4b)

○ juwan ninggun de, g'ai jeo i iogi jang ioi
16일에, 개주(蓋州)의 유격인 Jang Ioi

wei benjihengge, menggun emu minggan ilan tanggū
Wei가 보내온 것이다. 은 1368냥

ninju jakūn yan sunja jiha, suje jakūn,
5전, 비단 여덟 필,

suje i etuku emu tanggū nadanju emu, samsu i
비단 옷 171벌, 삼승 옷

etuku jakūnju ninggun, jibca nadan, samsu boso
86벌, 가죽옷 일곱 벌, 삼승 베

emu minggan jakūnju emu, fusheku emken, handu
1081필, 부채 한 개, 멥쌀

bele orin emu hule sunja sin, dabsun (22:5a)
21섬 5되, 소금

juwe minggan duin tanggū gin, ciyan šan i
2400근. 천산(千山)의

wang fung cing sei
Wang Fung Cing 등이

⇦ han de beye dahabumbi seme, juwan yan aisin gajime
한(汗)에게 스스로 항복하겠다고 금 열 냥을 가지고

acanjiha, korcin i monggo i hatan baturu beile i
알현하러 왔다. Korcin 몽골의 Hatan 바투루 버일러에게 속한

daicing nangsu lama i baci, jai emu niyalma
Daicing Nangsu 라마의 지역에서 또 한 사람이

juwe morin gajime ukame jihe.
말 두 마리를 몰고 도망해 왔다.

(22:5b)

○ juwan nadan de, ginjeo hecen i aita iogi,
17일에 금주(金州)성의 Aita 유격이

amban nimaha juwe, ajige nimaha juwe minggan
큰 물고기 두 마리, 작은 물고기 2400마리,

duin tanggū, ingtori emu kuwangse benjihe, hiyang
앵두 한 광주리를 보내왔다.

yang sy gašan i jao ceng, guilehe emu
향양사(向陽寺) 촌락의 Jao Ceng이 살구를 작은 바구니로 한

ajige nionioru benjihe, gurbusi beile ci, orin
바구니를 보내왔다. Gurbusi 버일러에게서

boigon juse sargan, adun ulha be gajime
20가호가 아녀자들과 가축 떼를 데리고

ukame jihe. (22:6a)
도망해 왔다.

○ juwan jakūn de, yafan i booi niyalma, hengke,
18일에, 과수원 집에 사는 사람이 참외와[2)]

2) hengke는 오이류(類)의 총칭이며 문맥에 따라 '오이'나 '참외'로 번역한다. 그리고 nasan hengke는 '오이'로, jancuhūn hengke는 '참외'로, nikan hengke는 『漢清文鑑』을 따라 '남방 참외'로 번역한다.

ingtori benjihe, hiyang yang sy i lii sio i,
앵두를 보내왔다. 향양사(向陽寺)의 Lii Sio I가

guilehe emu fan, ingtori juwe fan, nasan
살구 한 목판, 앵두 두 목판,

hengke juwe fan benjihe, kalka i jaisai beile i
오이 두 목판을 보내왔다. Kalka의 Jaisai 버일러의

elcin isinjiha.
사신이 도착했다.

(22:6b)

○ juwan uyun de, jang iogi, nasan hengke
19일에 Jang 유격이 오이

emu fan, ingtori emu fan, guilehe juwe
한 목판, 앵두 한 목판, 살구 두

fan benjihe, lio iogi, nasan hengke juwe
목판을 보내왔다. Lio 유격이 오이 두

fan, ingtori juwe fan benjihe, jing lii
목판, 앵두 두 목판을 보내왔다. Jing Lii

tun i wang ing, ingtori emu fan benjihe.
Tun의 Wang Ing이 앵두 한 목판을 보내왔다.

○ orin de, jang šusai ingtori juwe to benjihe. (22:7a)
20일에, Jang 생원이 앵두 두 말을 보내왔다.

○ orin emu de, amin beile i sunjai tun i
21일에 Amin 버일러에게 속한 Sunjai Tun의

su io bin, guilehe juwe fan, hengke juwe
Su Io Bin이 살구 두 목판, 참외 두

fan, bohori emu to benjihe, lii ši wei,
목판, 완두 한 말을 보내왔다. Lii Ši Wei가

hengke emu fan, guilehe juwe fan benjihe,
참외 한 목판, 살구 두 목판을 보내왔다.

ginjeo i iogi aita, juwe kuwangse guilehe benjihe,
금주(金州)의 유격 Aita가 살구 두 광주리를 보내왔다.

tere inenggi, korcin i sakda angsu[3] lama isinjiha, (22:7b)
그날, Korcin의 노(老) Nangsu 라마가 도착했다.

⇦ han i yamun de dosire de,
한(汗)의 아문에 들어갈 때,

⇦ han, tehe baci ilifi, lama i gala be jafame acafi,
한(汗)은 앉았던 곳에서 일어나서, 라마의 손을 잡으며 맞이하여

adame tebufi amba sarin sarilaha, lama i emgi,
나란히 앉히고 큰 주연을 벌였다. 라마와 함께

minggan mafa i elcin donoi jargūci jihe, tere
Minggan 마파의 사신인 Donoi 자르구치가 왔다. 그

inenggi, šolonggo be solho de takūraha, kalka i
날 Šolonggo를 조선(朝鮮)에 파견했다. Kalka

monggo i joriktu beile i sunja haha, ilan hehe,
몽골의 Joriktu 버일러 예하의 남자 다섯 명, 여자 세 명,

emu jui, juwan ilan morin gajime ukame (22:8a)
아이 한 명이 말 13마리를 이끌고 도망해

3) 원문에서는 angsu로 되어 있으나 다른 곳에는 모두 nangsu로 나타난다. nangsu에서 점이 탈락된 것으로 보인다.

jihe, nangnuk beile ci, dehi boigon juse sargan,
왔다. Nangnuk 버일러로부터 40가호가 아녀자들과

adun ulha be gajime ukame jihe, gurbusi
가축 떼를 이끌고 도망해 왔다. Gurbusi

beile ci, jai gūsin boigon, adun ulha be
버일러로부터 30가호가 또 가축 떼를

gajime ukame jihe.
이끌고 도망해 왔다.

○ orin juwe de, o mi juwang gašan i
22일에 아미장(峨嵋莊) 촌락의

lii jin heo, hasi emu fan benjihe, liyoodung ni (22:8b)
Lii Jin Heo가 가지 한 목판을 보내왔다. 요동(遼東)의

tung jeng guwe gebungge dusy hergen i hafan,
동진국(佟鎮國)이라는 도사(都司)직 관원이

dain i onggolo dosi genehe bihe, i jakūn
전쟁이 일어나기 전에 명나라 땅에 가 있었다. 그가 여덟

niyalma be gajime ukame jihe, ulgiyan be
사람을 데리고 도망해 왔는데, 돼지를

uncame gajiha, terei jakūn boo de emu
팔러 끌고왔다. "그의 여덟 집에 한

ubu, geren de emu ubu goibu, jai
몫을, 여럿에게 한 몫을 분배하라. 또

geren i ubu be geli juwe ubu sindafi,
여럿의 몫을 다시 두 몫으로 나누어서

emu ubu be hergen i bodome beiguwan ci wesihun (22:9a)
한 몫은 직위로 헤아려 비어(備禦) 이상에게

goibu, emu ubu be geren coohai niyalma yali
분배하라. 한 몫은 여러 병사들이 고기를

udafi jekini, niru bodome goibu, nikan de
사서 먹게 하라. 니루를 고려하여 분배하라. 한인에게

yali udaci okto suwaliyambi, weihun udafi yali
고기를 사면 약을 섞는다. 살아 있는 것을 사서 고기를

jekini seme, uksin i niyalma de juwe yan menggun
먹으라고 갑병에게 두 냥의 은을

šangnambi, jeku be fe kooli angga bodome bu.
상으로 줄 것이다. 곡식을 옛 전례대로 식구를 고려하여 주라."

○ orin ilan de, (22:9b)
23일에

← adun de, emu gūsade eksingge i jergi emte
"가축 떼를 관리하기 위하여 한 구사에 Eksingge와 같은 품급으로 한 명씩을

← ejen arafi weri, jai juwe minggan coohai
수장으로 삼아 남겨두라. 그리고 2000명의

← niyalma be simiyan i amargi ci jase bitume, monggo i
군인을 심양(瀋陽)의 북쪽에서부터 경계를 따라, 몽골의

← cooha dosire ba be fonjime, emu pu de
군사가 들어올 만한 곳을 물어, 한 보(堡)에

← juwete tanggū ilata tanggū acara teisu be
200명, 300명씩 알맞은 정도를

← tuwame, ba iogi tehe hūwang ni wa de isitala
살펴보아, Ba 유격이 주둔한 황니와(黃泥窪)에 이르기까지

← sindame, emu pu de eksingge i jergi emte niyalma be (22:10a)
배치하고 한 보에 Eksingge와 같은 품급으로 한 사람씩을

← ejen arafi tebume jifi, beise ambasa boode jio,
수장으로 삼고 주둔하게 하면서 와서, 버일러들과 대신들은 본성으로 돌아오라.

← adun de funde ejen arafi werihe
가축 떼를 관리하기 위하여 대신 수장으로 삼아서 남긴

← iogi tsanjiyang de saikan tacibume hendu, ulgiyan,
유격과 참장(參將)에게 잘 가르쳐 말하라. 돼지,

← coko, niyehe, niongniyaha, yafan i jeku aika jaka be
닭, 오리, 거위, 텃밭의 곡식, 온갖 물건을

← nungnerahū, pu de tehe coohai niyalma, hehesi
침해할까 염려된다. 보에 주둔한 병사들이 여자들을

← baru necirahū, aika jaka be durire cuwangnarahū,
범할까 염려된다. 온갖 물건을 약탈할까 염려된다.

← usin i jeku de morin ulha dosirahū. (22:10b)
곡식 밭에 말과 가축이 들어갈까 염려된다."

○ ooba taiji i elcin genehe.
Ooba 타이지의 사신이 갔다.

○ yasun, gung baime
Yasun이 공을 청하며

⇦ han de bithe alibuha manggi, tere bithe
한(汗)에게 글을 바치자, 그 글을

⇦ han tuwafi, geren beise ambasa be duile seme duilebuci,
한(汗)이 보고, 여러 버일러들과 대신들에게 심리하라 하여 심리하게 하니,

gemu gūwa i gung be, ini gung de arafi (22:11a)
모두 타인의 공을 자신의 공으로 만들어서

holtohobi, tuttu holtoho seme,
속인 것이었다. 그렇게 속였다 하여

⇦ han, jili banjifi yamun de tucifi, geren beise ambasa
한(汗)이 화를 내고 아문에 나가서, 여러 버일러들과 대신들,

hiyasa be gemu isabufi duilefi, yasun be
시위들을 모두 모아서 심리하고, Yasun을

jafafi huthufi wara weile maktaha bihe, daci
체포하여 묶고, 죽일 죄를 내렸었다. 원래

beliyen seme wara be nakafi, emhun beyebe
어리석은 자라고 하여 죽이는 것을 그만두고, 홀몸을

duici beile de buhe.
제4버일러에게 주었다.

(22:11b)

○ orin duin de, hiyang yang sy tun i
24일에, 향양사둔(向陽寺屯)

gašan i hūwang sio lan, juwe kuwangse guilehe
촌락의 Hūwang Sio Lan이 살구 두 광주리를

benjihe, jao san tun i gašan i guilehe emu
보내왔다. Jao San Tun 촌락의 살구 한

kuwangse, jang ši mei tun i gašan i guilehe
광주리, Jang Ši Mei Tun 촌락의 살구

emu kuwangse, u ta tun i gašan i emu
한 광주리, U Ta Tun 촌락의 한

nionioru guilehe, hiyang yang sy tun i fu ši keo,
바구니의 살구, 향양사둔(向陽寺屯)의 Fu Ši Keo가

emu nionioru guilehe, tai loo tun i gašan i g'o (22:12a)
살구 한 바구니, 대락둔(大樂屯) 촌락의 G'o

šusai, duin tanggū guilehe, ere be [原檔殘缺]
생원이 살구 400개, 이것을 □□□

⇦ han i booi desingge fatame ganafi gajiha,
한(汗)의 노복 Desingge가 따러가서 가져왔다.

⇦ han i booi nimaha baire hancuha, gūnacin, lodori, ahadai duin
한(汗)의 노복인 물고기를 잡는 Hancuha, Gūnacin, Lodori, Ahadai 등 네

niyalma, jugūn dalbai nikasa i eihen, niman, ulgiyan
사람이 길가의 한인들의 나귀, 염소, 돼지를

wafi jeke, nikan be wafi, etuku sume
잡아서 먹었고, 한인을 죽이고, 옷을 벗겨

gaiha, morin gaiha seme, šajin de duilefi,
가졌고, 말을 빼앗았으므로 법으로 심리해서

ujulaha ehe ahadai be waha, jai ilan (22:12b)
앞장선 죄가 있는 Ahadai를 죽였다. 또 세

niyalma be susai šusiha šusihalafi, oforo šan be
사람은 채찍 50대를 치고, 코와 귀를

tokofi sindaha.
찌르고 석방했다.

○ orin sunja de, yehe i tobohoi be, monggo ci
25일에 Yehe의 Tobohoi가 몽골에서

ukame jihe baisin nikan juwe niyalma be
도망해 온 평민 한인 두 사람을

gidafi, ini boode usin weilebuhe seme,
숨기고 자신의 집에서 밭을 경작시켰으므로

iogi i hergen nakabuha, beiguwan i hergen obuha, beiguwan i (22:13a)
유격 직위를 그만두게 하고, 비어 직위가 되게 했다. 비어

hergen i šangname buhe ulin be hontoholome juwan yan
직위로 상으로 주었던 재물을 반으로 나누어 은 열 냥,

menggun, juwe suje, juwan mocin gaiha, o mi juwang
비단 두 필, 모청포 열 필을 몰수했다. 아미장(峨嵋莊)

gašan i liošiu emu fan hasi benjihe.
촌락의 Liošiu가 가지 한 목판을 보내왔다.

○ orin sunja de, desingge fatame ganaha tubihe, ho ši ling ni
25일에, Desingge가 수확하러 간 과일이다. 화석령(火石嶺)

ba i wan loo tun gašan i lii ciowan i guilehe emu
지역 Wan Loo Tun 촌락 Lii Ciowan의 살구 한

kuwangse, ho ši ling ba i ling giya tun gašan i ling lio i guilehe (22:13b)
광주리, 화석령(火石嶺) 지역의 Ling Giya Tun 촌락의 Ling Lio의 살구

juwe sin, ho ši ling tun i gašan i ioi giya šo tun
두 되, 화석령둔(火石嶺屯) 촌락의 Ioi Giya Šo Tun

gašan i lio i na i guilehe emu kuwangse.
촌락의 Lio I Na의 살구 한 광주리이다.

○ jeng giyang de genehe
진강(鎭江)에 간

⇦ han i hojihon urgūdai fujiyang, fusi lii yung fang fujiyang,
한(汗)의 사위 Urgūdai 부장과 무순(撫順)의 이영방(李永芳) 부장이

tere golo be gemu dahabufi uju fusiha,
그 지역을 모두 복속시키고 머리를 깎았다.

daharakū iselehe niyalma be wafi, juse sargan be olji (22:14a)
항복하지 않고 저항한 사람은 죽이고, 처자식들을 포로로

arafi, minggan olji gajime orin sunja de isinjiha manggi,
삼아서, 1000명의 포로를 잡아와 25일에 도착하자,

← han donjifi, ilan tanggū nikan be tucibume gaifi, du tang,
한(汗)이 듣고서, 한인 300명을 뽑아서 내어, 도당(都堂),

dzung bing guwan ci fusihūn, iogi hergen de isitala,
총병관 이하 유격직에 이르기까지

gemu šangname buhe, ninggun tanggū olji be,
모두에게 상으로 주고, 600명의 포로는

genehe coohai niyalma de buhe, abatai age be,
출병했던 병사에게 주었다. Abatai 아거를

uju jergi du tang obuha, tanggūdai age be,
1등 도당으로 삼았다. Tanggūdai 아거를

ilaci jergi dzung bing guwan obuha. (22:14b)
3등 총병관으로 삼았다.

○ orin ninggun de, dangse be dasame tuwafi,
26일에, 당안을 다시 살펴보고,

kitanggūr be tsanjiyang obuha, nikasa be, bucehe
Kitanggūr를 참장으로 삼았다. 한인들과 죽은

niyalma be, gemu dasame encu dangse araha,
사람들은 모두 다시 다른 당안에 썼다.

⇦ han i hecen i hūcin hūcin de, nikasa okto maktame yabure be
한(汗)이 성의 각 우물에 한인들이 약을 던지러 다니는 것을

serefi, orin juwe niyalma be jafafi,
알아채고서, 22명을 잡아서,

← du tang ni yamun de duile seme benehe. ice (22:15a)
"도당의 아문에서 심리하라"고 하여 보냈다.

sunja de, hai jeo i tsanjiyang, emu tanggū jancuhūn
초닷새에 해주(海州)의 참장이

hengke benjihe.
참외 100개를 보내왔다.

○ orin nadan de,
27일에

⇦ han, birai dergi liyoodung ni ba i dahabuha gurun be tuwame,
한(汗)이 강의 동쪽 요동 지역의 복속시킨 백성을 시찰하러

hecen ci tucike inenggi, an šan pu de isinaci,
성에서 나간 날, 안산보(鞍山堡)에 다다라서,

g'ai jeo ci, aisin tiyan hūi han i ilaci aniya (22:15b)
개주(蓋州)에서 금나라 천회(天會)[4] 황제 3년에

---

4) 금(金) 태종(太宗, 1123~1135)의 연호이다.

araha jung benjire be acafi, amasi du tang de
만든 종을 보내오는 것을 만났다. 그러고 나서 후방의 도당에게

wasimbuha
내린

⇦ bithei gisun, hūcin de okto maktaha nikasa be saikan
글이다. "우물에 약을 던진 한인들을

← dacilame duilefi, tašan be sinda, yargiyan be wambihe de,
자세히 묻고 심리해서 잘못 잡은 자를 석방하라. 진범들을 죽이더라도,

← muse ume wara, muse waha de, ujihe niyalma be,
우리가 죽이지 말라. 우리가 죽이면, 살려준 사람을

← gemu waha seme algimbi, jakūn iogi de afabufi
모두 죽였다고 소문이 난다. 여덟 유격에게 맡겨서

← wabu, iogi sai baru hendurengge, fusi efu, si (22:16a)
죽이게 하라. 유격들에게 말하기를, 'Fusi 어푸, Si

← uli efu be, liyoodung ni giyūn men, ciyan dooli,
Uli 어푸를,[5] 요동의 군문(軍門)과 Ciyan 도리(道吏)가

← hacin hacin i beleme bithe benehe gese guwangning ni hafasa
여러 가지로 모함하여 글을 보낸 것처럼, 광녕의 관원들은,

← suwembe ujire be, birai wargi niyalma donjici, geli
너희를 살려준 것을 강의 서쪽 사람이 들으면 또

← uju fusifi daharahū seme olhome, tuttu beleme membe
머리를 깎고 복종할까 염려된다고 두려워하며, 그렇게 모함하여 우리가

← jili banjifi suwembe wakini, waci birai wargi niyalma,
화가 나서 너희를 죽이게 하려고, 죽이면 강의 서쪽 사람이

5) 무순 출신으로 이름은 동양성(佟養性)이다. 후금에 귀부하여 이등부장(二等副將)의 직위를 받고 Nurhaci의 셋째 아들인 Abai의 사위가 되었으므로 어푸라고 부른다.

← dahaha niyalma be waha seme, jai daharakū okini
투항한 사람을 죽였다 하여 다시는 투항하지 않게 하려고

← seme belembi kai, terei belere de, be inu dosirakū, (22:16b)
모함하는 것이다. 그들이 모함하는 것에 우리도 빠지지 않을 것이다.

← suwe inu tenteke beleme yabure niyalma be saikan
너희도 그렇게 모함하여 다니는 사람을 잘

← kimcime baica seme hendu, ere jung de, tiyan
살펴보아서 조사하라'고 말하라. 이 종에는 천회(天會)

← hūi han i ilaci aniya araha seme henduhebi, tere
황제 3년에 만들었다고 쓰여 있다. 그는

← musei nendehe aisin gurun i agūda mafa i deo i da
우리 이전의 금나라 시조 Agūda의 동생이고 원래의

← gebu ukimai han, jai tukiyehe gebu tiyan hūi
이름이 Ukimai 한(汗)이며, 또한 존호가 천회(天會)

← han inu, tere jung bonggiha hafan be, mini
황제이기도 하다. 그 종을 보낸 관원은, 나의

← mafa i fon i jung benjihe seme hergen wesibu, benjihe (22:17a)
선조 때의 종을 보내왔으므로 직위를 승직시키고, 보내온

← niyalma de aika šangna.
사람에게 무엇인가 상으로 주라."

○ orin jakūn de, an šan ci erde tucifi
28일에, 안산(鞍山)에서 일찍 나서서

genere de, hai jeo i lio tsanjiyang, ini
갈 때, 해주의 유(劉) 참장이, 자신의

hecen i buya hafasa be gaifi, juwe ihan,
성의 하급 관원들을 데리고 소 두 마리,

juwe honin, juwe ulgiyan, juwe malu arki
양 두 마리, 돼지 두 마리, 소주 두 동이를

gajime okdoko, tereci hai jeo de meihe (22:17b)
가져와서 맞이했다. 그러고 나서 해주에

erinde isinaha, isinafi yamun de ebufi sarin
사시(巳時)에 이르렀다. 이르러서 아문에 내려서 주연을

sarilame wajire onggolo, jakūn nikan, hūcin de
벌이다가 마치기 전에, 한인 여덟 명이 우물에

okto maktame yabure be, coohai niyalma serefi
약을 던지러 가는 것을 병사가 알아채고

jafafi, tere jakūn nikan, ini okto be
잡아서, 그 한인 여덟 명으로 하여금 자신들의 약을

inde ulebure jakade, tere jakūn niyalma gemu
자신들에게 먹게 하니, 그 여덟 명이 모두

bucehe, tereci kiyoo de tefi, geren beise
죽었다. 그 후 가마에 앉아서, 여러 버일러들과

ambasa be gaifi, hai jeo i hecen i dorgi (22:18a)
대신들을 데리고 해주성 안의

alin i ninggude tafafi šurdeme tuwaha.
산 위에 올라가서 둘러보았다.

○ orin uyun de, hai jeo ci erde tucifi, jase
29일에, 해주에서 일찍 나서서, 경계를

bitume tehe irgen be tuwame jifi mu giya
따라 거주하는 백성을 시찰하며 오다가 목가보(穆家堡)에

pu de isinjifi bigan de tataha.
도착해서 야영했다.

○ hai jeo i lio tsanjiyang de wasimbuha (22:18b)
해주의 유(劉) 참장에게 내린

⇦ bithei gisun, sini hai jeo i hecen be, bi tuwaci ehe,
글이다. "너의 해주성을 내가 보니 좋지 않다.

← umai dasahakūbi, tsanjiyang si, hecen i tulergi mooi
전혀 수리하지 않았다. 참장 너는 성 밖 나무

← jase be, ehe sula babe dasame saikan tebufi
울타리의 좋지 않은, 헐거운 곳을 수리하여 잘 채워서

← cirge, hecen tehereme, liyoodung, simiyan i hecen de sejen
견고히 하라. 성에 균등하게, 요동, 심양성에 수레

← poo sindaha gese hai jeo i hecen i tulergi ulan i
포를 설치한 것처럼, 해주성의 바깥 해자의

← dolo sejen poo sindame saikan dasa, sejen poo
안쪽에 수레포를 설치하여 잘 정비하라. 수레포가

← akūci, liyoodung de gajifi gama, liyoodung ni niyalma geli (22:19a)
없으면, 요동에 사람을 데리고 와서 가지고 가라. 요동 사람도 함께

← benekini, sini hecen beki akdun oci, mini cooha
보내기 바란다. 너의 성이 견고하면, 지키기 위해 나의 군사를

← tuwakiyame teburakū kai, hecen akdun akū seme cooha
주둔시키지 않을 것이다. 성이 튼튼하지 않다고 군사가

← tuwakiyame tefi, sini gašan jobohobi, tsanjiyang si mini
지키기 위해 주둔해서 너의 마을이 근심하고 있다. 참장 너는 내

← ba i niyalma gese kai, simbe birai wargi niyalma
지역 사람과 같다. 너를 강의 서쪽 사람이

← beleme okto unggimbi, si jetere be saikan olho,
음해하며 약을 보낼 것이다. 너는 먹는 것을 매우 조심하라.

← sini beyebe olhome, sini booi duka be sain
너의 몸을 조심하고 너의 집 문을 아주

← akdun niyalma be geren tucibufi tuwakiyabu, sini eshen (22:19b)
건장한 사람을 여럿 뽑아서 지키게 하라. 너의 작은 아버지인

← aita be, jetere be olho, beyebe sain akdun
Aita에게, '먹는 것을 조심하십시오. 몸이 아주 건장한

← niyalma be geren tucibufi, duka tuwakiyabu seme bithe
사람을 여럿 뽑아서, 문을 지키게 하십시오'라고 글을

← arafi unggi. tereci [原檔殘缺]
써서 보내라. 그리고 □□□

제4함

태조황제 천명(天命) 6년(1621) 6월부터 12월까지

duici dobton,
taidzu hūwangdi i abkai fulingga i
ningguci aniya ninggun biyaci,
jorgon biyade isinahabi.

제23권 천명(天命) 6년(1621) 6월
제24권 천명(天命) 6년(1621) 7월
제25권 천명(天命) 6년(1621) 8월
제26권 천명(天命) 6년(1621) 9월
제27권 천명(天命) 6년(1621) 9월~10월
제28권 천명(天命) 6년(1621) 11월
제29권 천명(天命) 6년(1621) 11월
제30권 천명(天命) 6년(1621) 12월
제31권 천명(天命) 6년(1621) 12월

제23권

천명(天命) 6년(1621) 6월

orin ilaci debtelin,
abkai fulingga i
ningguci aniya ninggun
biya.

tongki fuka sindaha hergen i dangse. (23:1a)
유권점 당안

○ ninggun biyai ice inenggi, mu giya pu be
6월 초하루에, 목가보(穆家堡)를

duleme jidere de, tere pu de ejen
지나올 때, 그 보(堡)의 수장으로

sindaha gin iogi, duin tanggū coohai niyalma,
임명한 Gin 유격(遊擊)이 400명의 병사와

sunja tanggū baisin niyalma be gaifi,
500명의 평민을 인솔하고

⇦ han de niyakūrame acaha, gin iogi, pu hecen ai
한(汗)에게 무릎 꿇어 알현했다. Gin 유격이 보와 성의 모든

jaka be amtanggai dasahabi, sain seme
물건을 정연하게 정비해놓은 것이 좋다 하여

⇦ han i enggemu hadala tohohoi emu sain morin šangname buhe, (23:1b)
한(汗)의 안장과 굴레를 채운 좋은 말 한 마리를 상으로 주었다.

頭註: gingguleme kimcici, amtanggai dasahabi sere gisun, ainci giyan fiyan i dasahabi sere gisun dere. [신중하게 살펴보니, amtanggai dasahabi라는 말은 아마도 '정연하게 정비해놓았다'라는 말일 것이다.]

tereci jase bitume jifi, hūwang ni wa i pu de
그리고 경계를 따라와서, 황니와(黃泥窪)의 보에

isinjiha, tere pu de ejen sindaha ba iogi,
도착했다. 그 보의 수장으로 임명한 Ba 유격이

ini coohai niyalma be gemu uksilebufi,
자신의 병사를 모두 갑옷을 입혀서

⇦ han de hengkileme acaha, korcin i hatan baturu beile i nangsu
한(汗)에게 절하며 알현했다. Korcin의 Hatan 바투루 버일러 예하의 Nangsu

lamai juwe bandi, jai emu niyalma, sunja
라마승의 두 사미(沙彌)와 또 한 사람이

morin gajime ukame jihe.
말 다섯 필을 끌고 도망해 왔다.

(23:2a)

○ ice juwe de, hūwang ni wa i pu i
초이틀에 황니와(黃泥窪)의 보의

ejen ba iogi de, enggemu hadala tohohoi
수장인 Ba 유격에게 안장과 굴레를 채운

emu sain morin buhe, tereci meihe erinde
좋은 말 한 마리를 주었다. 그리고 사시(巳時)에

hecen de dosika.
성에 들어갔다.

○ ice ilan de, ginjeo i iogi, guilehe juwe
초사흘에 금주(金州)의 유격이 살구 두

šoro[1]) benjihe, haišan, ice ilan de, isung ni booi (23:2b)
광주리를 보내왔다. Haišan이 초사흘에 Isung 집의

guilehe juwe kuwangse, fu si keo booi guilehe ilan
살구 두 광주리와 Fu Si Keo 집의 살구 세

šoro gajiha.
광주리를 가져왔다.

○ orin de beidehe weile, liyoodung ni cooha afara de,
20일에 판결한 죄이다. 요동(遼東)의 군사를 공격할 때,

jangkio, ini ajige jui be gaifi, emu
Jangkio가 자신의 어린 아들을 데리고 가서

uksin i niyalma be tuwakiyabuha, jai booi aha
갑병 한 명으로 하여금 지키게 했다. 그리고 집의 노복이

hūlhaha suje etuku be geren de benehebi, (23:3a)
훔친 비단옷을 여러 사람에게 보냈다.

šajin i niyalma de alafi, aha i oforo šan be
이 사실을 법관에게 알려서 노복의 코와 귀를

tokohakū, jai fung ji pu i tabcin de,
찌르지 않았고, 또 봉집보(奉集堡)의 약탈에서

booi aha emu jibehun hūlhaha be, geren de
집의 노복이 이불 한 채를 훔친 것을 여러 사람에게

alahakū seme, nirui niyalma gercilehe manggi, geren
알리지 않았다 하여 니루 사람이 고발하니, 여러

šajin i niyalma duilefi, amban weile arafi, jangkio i
법관이 심리하고서 큰 죄로 정하고, Jangkio의

1) kuwangse와 šoro 모두 광주리로 번역한다.

jui beye yaluha morin, tuwakiyabuha booi aha i
아들이 직접 탔던 말과 보살피게 했던 집의 노복의

beyebe hūda salibufi, salibuha hūda be gaiha, (23:3b)
몸을 값으로 매겨서, 그 값을 징수했다.

jai tofohon yan weile araha, nirui ejen i
또 15냥으로 치죄했다. 니루 수장의

doroi šangnaha aika jaka be gemu gaiha,
예로 상으로 주었던 온갖 물건을 모두 몰수했고,

nirui ejen be nakabuha.
니루 수장을 그만두게 했다.

○ ninggun biyai ice ilan de, liyoodung ni hecen i
6월 초사흘에 요동성

wargi guwali de, ejen sindafi hūda ilibuha,
서쪽 성 밑에서 수장을 임명하고 장사를 시작하게 했다.

ai ai uncara udara hūda be, cifun be, (23:4a)
갖가지 사고파는 가격과 세금을

gemu nikan i songkoi obuha.
모두 한인의 방식 그대로 정했다.

○ ice duin de, darhan hiya emu minggan
초나흘에 Darhan 히야가

moringga cooha be gaifi, nio juwang ni ergide
기병 1000명을 이끌고, 우장(牛莊) 쪽에

anafu cooha be halame genehe.
수자리 군사를 교대하러 갔다.

○ ice sunja de, jakūn iogi de, hecen i (23:4b)
초닷새에 여덟 유격에게 성의

kemun jakūn minggan da buhe.
면적 8000발을 배당했다.

○ ice ninggun de, yahican, gūwalca ecike, kara
초엿새에 Yahican, Gūwalca 숙부, Kara

kuji, arhai, ganggada, sirana, yasita, iogi, tsanjiyang
Kuji, Arhai, Ganggada, Sirana, Yasita 등 유격과 참장(參將)이

emu minggan cooha gaifi, monggo i jase de
군사 1000명을 이끌고 몽골의 경계에

anafulame genehe.
수자리 살기 위해 갔다.

(23:5a)

○ ice nadan de, hai jeo hecen i harangga ba i
초이레에, 해주성(海州城) 소속 지방인

si mu ceng ni gašan i niyalma, ilan minggan
석목성(析木城) 촌락 사람이

sunja tanggū juwan niowanggiyan moro, tamse arafi
3510개의 푸른색 사발과 단지를 만들어서

benjihe, tere inenggi,
보내왔다. 그날

⇦ han hendume, tana aisin menggun be boobai serengge, tere
한(汗)이 말하기를, "동주(東珠), 금, 은을 보배라고 한다. 그것이

← ai boobai, beikuwen de etuci ombio, urunere de jeci
무슨 보배인가. 추울 때 입을 수 있는가. 배고플 때 먹을

← ombio, gurun ujire mergen sain niyalma, gurun i bahanarakū (23:5b)
수 있는가. 나라를 키울 어질고 좋은 사람, 사람들이 못하는

← jaka be bahanara, ararakū jaka be arara faksi niyalma,
것을 할 줄 알고, 못 만드는 것을 만드는 장인들,

← tere mene unenggi boobai dere, te si mu ceng ni baci
그들이 진실로 참된 보배일 것이다. 이제 석목성(析木城) 지역에서

← niowanggiyan io noho moro, fengse, malu arafi benjihebi,
푸른 유약을 바른 사발, 소래기, 동이를 만들어서 보내왔다.

← tere geren gurun de baitangga weile kai, tere
그것은 여러 백성에게 유용한 일이다. 그

← arara de, faksi be hergen bumbio, ulin šangnambio,
만든 것에 대해서 장인들에게 직위를 줄 것인지, 재물을 상으로 줄 것인지

← du tang, dzung bing guwan, dooli, fujiyang, iogi suwe hebešefi
도당(都堂), 총병관(總兵官), 도리(道吏), 부장(副將), 유격 너희는 협의하여

← arara babe, amasi wesimbu seme bithe arafi wasimbuha. (23:6a)
정한 바를 답하여 올리라"고 글을 써서 내렸다.

○ ice nadan de,
초이레에

⇦ han i bithe wasimbume, muke de, dabsun de okto sindahabi
한(汗)이 글을 내리기를, "물과 소금에 약을 넣었다

← sere, ulgiyan de okto ulebufi uncambi sere, musei
하고 돼지에게 약을 먹여서 판다고 한다. 우리의

頭註: gingguleme kimcici, urunere sere gisun, ainci urundere sere gisun dere, fe manju gisun i bithede baicaci, urundere sere gisun, uthai yadahūšara sere gisun sehebi. [신중하게 살펴보니, urunere라는 말은 아마도 urundere라는 말일 것이다. 『舊淸語』에서 조사하니, urundere라는 말은 곧 yadahūšara(배고프다)라는 말이라고 했다.]

← coohai niyalma wafi jetere ulgiyan be, udaha inenggi
병사들은, 잡아서 먹을 돼지는 구입한 날에

← ume wara, juwe ilan inenggi ofi, okto horon
죽이지 말고 2, 3일 지나서 약의 독성이

← wajiha manggi, jai wafi jefu, muke be, dabsun be (23:6b)
없어진 후에 잡아서 먹으라. 물과 소금을

← saikan olho, ini buyarame jalidara jali de, muse
매우 조심하라. 저들이 자잘하게 부린 간계에 우리가

← ainu tuhembi, emgeri sereci tetendere, musei beyebe muse
어찌 빠지겠는가. 한 번 알아챈 이상 우리의 몸을 우리가

← saikan asara, elu, hengke, hasi, niyehe, niongniyaha, coko,
잘 간수하라. 파, 오이, 가지, 오리, 거위, 닭

← ai ai jaka de saikan olho, jušen, nikan
어떤 것이든 아주 조심하라. 여진인과 한인

← juwe nofi acafi emgi tere, emgi yabure be
두 사람이 합쳐서 함께 살고 함께 행동하는 것을

← saha de, jušen, nikan, yaya niyalma saha niyalma
보게 되면 여진인이든 한인이든 누구든지 본 사람이

← jafafi, emu niyalma de emte yan menggun gaisu, (23:7a)
잡아서, 한 사람당 한 냥씩의 은을 징수하라."

ere bithe be, gašan bošokū de isitala bithe
이 글을 촌락 보쇼쿠에 이르기까지

wasimbuha.
내렸다.

⇦ han i bithe, ice jakūn de du tang de wasimbuha, niowanggiyan
한(汗)의 글을 초여드레에 도당에게 내렸다. "푸른

← moro, fengse, tamse benjihe niyalmai jalin de, suweni
사발, 소래기, 단지를 보내온 사람들에 대하여 너희가

← hebešefi wesimbuhe gisun, jurgan i gisun, birai dergi uju
협의해서 올린 말은 옳은 말이다. 강 동쪽의 머리를

← wasimbuha nikan, muse de haldabašame hūsun bure erdemu (23:7b)
숙이고 복종한 한인이 우리에게 영합하여 힘을 쓰고 재능을

← tucibure be, birai wargi hafasa gemu bata arafi
내는 것을, 강 서쪽의 관원들이 모두 원수로 여길 것이다.

← gūnimbi kai, ini gurun bata ome, muse de haldabašara
자기 나라의 원수가 되어 우리에게 영합하는

← niyalma, muse tukiyerakū ujirakūci, tere jai adarame banjimbi,
사람을 우리가 등용하지 않고 보살피지 않으면 그들이 또한 어찌 살아갈 것이며,

← muse de jai ai niyalma latunjimbi, bahanara erdemu be
우리에게 또 어떤 사람이 접근하여 올 것인가. 유능한 재능을

← we tucibumbi, tana, gu wehe be boobai serengge,
누가 내겠는가. 진주와 옥을 보배라 하는데,

← bucere be weijubumbio, etuci jeci ombio, tere be dele
죽을 것을 살리는가. 입고 먹을 수 있는가. 그것을 귀한 것으로

← araci, dele ohobi kai, yaya niyalma be, aha (23:8a)
삼으니, 귀한 것이 된 것이다. 모든 사람을, 노복과

← ejen amba ajige seme ainu gūnimbi, ini gurun be
주인, 대인과 소인이라고 어찌 생각하겠는가. 자기 나라의

頭註: gingguleme kimcici, uju wasimbuha nikan sere gisun, ainci uju gidafi dahaha nikan sere gisun dere. [신중하게 살펴보니, uju wasimbuha nikan이라는 말은 아마도 '머리를 숙이고 복종한 한인'이라는 말일 것이다.]

← korobume, umesi musei baru ofi, muterei teile faššame,
원한을 사면서 아주 우리 편이 되어서, 가능한 데까지 힘을 쓰고

← bahanarai teile tucibume oci, aha ajige be gūnirakū,
할 수 있는 한 재능을 낼 때, 노복이나 소인임을 고려하지 않고

← tere be uthai tukiyefi hergen bure amba obuci,
그들을 즉시 등용하고 직위를 주는 것을 크게 하면,

← muse de niyalma latunjire sain ombikai, ini han de
우리에게 사람이 접근해 오기가 좋게 될 것이다. 자신의 황제에게

← gung gaifi, ini hafasa de ulin bufi, hafan
공을 얻고 자신의 관원에게 재물을 주고 관원이

← oho niyalma de, bi daci amban, daci hafan (23:8b)
되었던 사람들 중에서, '내가 원래 대신이다, 원래 관원이다'라고

← seme, musei jalin de faššarakū, bahanara babe tucirakū,
하며 우리를 위하여 분투하지 않고 할 수 있는 바를 드러내지 않고

← baibi cira tuwame ekisaka bisire niyalma, tere muse de
그냥 눈치를 보며 조용히 있는 사람, 그가 우리에게

← ai gucu, jai buya niyalma, dain de wahakū
무슨 구추인가. 또 소인이 전쟁에서 죽이지 않고

← ujihe baili, emu hūsun tusa burakū bime, kemuni
살려준 은혜를 입었지만, 힘과 이익을 하나도 보태지 않고 있으면서, 여전히

← ini ba be gūnime, muse be gejureme okto asarara,
자기 고향을 생각하며 우리를 괴롭히며 약을 숨기거나

← fejergi niyalma be jobobume ulin gaifi, dergi niyalma de
아랫사람을 고생시키며 재물을 빼앗고 윗사람에게

← dere gaime ulin baire oci, tenteke niyalma be (23:9a)
환심을 얻으며 재물을 구한다면, 그런 사람을

← aha gercileci, tere gercilehe aha be, uthai ini
노복이 고발하면, 그 고발한 노복에게 즉시 그의

← dele ejen i boigon be tede salibure, buya niyalma
상전의 가호를 그에게 차지하게 할 것이다. 소인이

← gercileci, tere be uthai wesibufi hafan obure, tuttu
고발하면, 그를 즉시 승직시키고 관원으로 삼을 것이다. 그렇게

← oci, mene ehe isembi, sain yendembi dere.
되면, 진실로 악행을 꺼리고 선행이 왕성해질 것이다.

○ g'ai jeo ci, aisin tiyan hūi han i fonde araha
개주(蓋州)에서 금나라의 천회(天會) 황제 시절에 주조한

jung be benjihe seme, baibi niyalma beiguwan obuha, (23:9b)
종을 보냈다 하여, 일반 사람을 비어(備禦)로 삼았다.

si mu ceng ni baci, niowanggiyan moro, tamse, fengse arafi
석목성(析木城) 지역에서 푸른 사발, 단지, 소래기를 만들어서

benjihe niyalma de, gurun i baitangga jaka be tucibuhe
보내온 사람에게 나라에 유용한 것을 냈다고

seme šeobei hergen buhe, orin yan menggun šangnaha.
수비(守備)의 직위를 주고, 20냥의 은을 상으로 주었다.

○ juwan de, yasun be amasi gajifi, ini gung baiha de,
10일에 Yasun을 도로 데려와서, 그가 공을 청했을 때

⇦ han i jabuha bithe be monggolifi gūnime bisu seme monggolibuha.
한(汗)이 대답했던 글을 목에 걸고 생각하며 있으라고 하며 목에 걸게 했다.

(23:10a)

○ ginjeo hecen i aita iogi, nio juwang hecen i
금주성(金州城)의 Aita 유격과 우장성(牛莊城)의

hoto iogi de, enggemu hadala tohohoi, uksin
Hoto 유격에게, 안장과 굴레를 채우고 갑옷과

saca acihai emte morin buhe.
투구를 실은 말을 한 마리씩 주었다.

○ g'ai jeo i harangga yan cang pu i tung jiya kalingga,
개주(蓋州) 소속 염장보(鹽場堡)의 Tunggiya 성씨의

tojing gebungge niyalma, juwe morin, juwan yan aisin gajime,
Tojing이라는 사람이 말 두 마리와 금 열 냥을 가져와

⇦ han de hengkileme acanjiha bihe, aisin be gaiha, morin be (23:10b)
한(汗)에게 절하며 알현하러 와 있었다. 금은 받고 말은

gaihakū bederebuhe.
받지 않고 돌려보냈다.

○ juwan emu de, šun dekdere ergi sahalca
11일에 해 뜨는 쪽의 Sahalca국의

gurun i ninju nadan niyalma,
67명이

⇦ han de hengkileme seke benjime jihe.
한(汗)에게 절하고 담비 털가죽을 바치러 왔다.

頭註: gingguleme kimcici, tung jiya kalingga sere gisun, tunggiya halangga i gese, ere tojing, jai sirame afaha i ujui jurgan de araha tongjing, emu niyalmai gebu i gese, damu ya hergen inu babe, baicara ba akū ofi, da songkoi sarkiyame araha. [신중하게 살펴보니, tung jiya kalingga라는 말은 tunggiya halangga(Tunggiya 성씨) 같고, 이 Tojing과 다음 장의 첫 줄에 쓴 Tongjing은 한 사람의 이름 같다. 다만 어떤 글자가 옳은지를 조사할 데가 없어서 원래대로 베껴 썼다.]

○ juwan ilan de, g'ai jeo ci jihe tongjing de, (23:11a)
13일에 개주(蓋州)에서 온 Tongjing에게

⇦ han i etuhe etuku mahala šangname buhe.
한(汗)이 입던 옷과 모자를 상으로 주었다.

○ meihe erinde,
사시(巳時)에

⇦ han, an šan alin de hecen arara be
한(汗)이 안산(鞍山) 산에 성을 짓는 것을

tuwame tucike, tucifi, an šan alin de šun
시찰하러 나섰다. 나서서 안산 산에서 해

tuhere ergi, jugūn i wargi ala i munggan de
지는 쪽, 길의 서쪽 낮은 산의 구릉에

isinafi deduhe, juwan duin de, hecen arara babe (23:11b)
이르러서 묵었다. 14일에 성을 짓는 곳을

tuwafi, agame ing gurici ojorakū, ineku munggan de
시찰한 후에, 비가 와서 영을 옮길 수 없어서 그 구릉에 그대로

dedufi, tofohon de, baduri dzung bing guwan, si
묵었다. 그리고 15일에 Baduri 총병관과 Si

uli fujiyang be, hai jeo hecen dasara be,
Uli 부장을, 해주성을 수리하고

wehe juwere be, hai jeo i tsanjiyang de jorifi jio
돌을 운반하는 것을 해주의 참장에게 지시하고 오라 하며

seme unggihe,
보내고,

⇦ han, amasi hecen de dosinjiha, liyoodung ni hecen i dolo,
한(汗)은 다시 성에 들어왔다. 요동성 안에

⇦ han i tere ajige hecen arame, jušen nikan be dendefi, (23:12a)
한(汗)이 머물 작은 성을 짓기 위해, 여진인과 한인을 나눠서

boo efuleme ba necihiyeme, juwan ilan ci deribuhe.
집을 부수고 땅을 고르기를 13일부터 시작했다.

○ juwan ilan de, hiyang yang sy tokso i
13일에 향양사(向陽寺) 장원(莊園)의

lii de, foyoro emu kuwangse, hengke juwan benjihe.
Lii De가 자두 한 광주리, 참외 열 개를 보내왔다.

○ tofohon de, monggo gurun i barin i ba i dureng
15일에, 몽골국의 Barin 지방의 Dureng

beile i juse, ayusi taiji, gurbusi taiji, sattar (23:12b)
버일러의 아들들인 Ayusi 타이지, Gurbusi 타이지, Sattar

taiji, ilan taiji, harangga monggo emu tanggū
타이지 등 세 타이지 예하의 몽골인

ninju boigon ukame jihe.
160가호가 도망해 왔다.

○ taifin banjire de, niohon meihe aniya, aita,
태평하게 살아갈 때인 을사년(乙巳年, 1605)에, Aita는

ama eme, juse sargan, ba be waliyafi,
아버지와 어머니, 자식들, 처, 땅을 버리고

⇦ han be baime jihe,
한(汗)에게 귀부(歸附)해 왔다.

⇦ han gosifi beiguwan i hergen buhe, liyoodung be (23:13a)
한(汗)이 가상히 여겨서 비어의 직위를 주었다. 요동을

baha manggi, ginjeo de hafan tebume
획득한 후에는, 금주(金州)에 관원으로 앉혀

iogi hergen bufi unggihe, ginjeo hecen de
유격 직위를 주어서 보냈다. 금주성(金州城)에

isinaci, juwe šusai, juwan isime guwanggusa
다다르니, 생원 두 명, 무뢰한 열 명 정도가

bihe, jai inenggi fonjici, gašan i šusai
있었다. 다음 날 물으니, 촌락의 생원이

gemu mederi tun de burulame jailahabi
모두 바다의 섬에 도망하여 피해 있다고

seme alara jakade, juwan funceme niyalma be,
고하므로, 열 명 남짓을

mederi dalin i jugūn be juwe bade tuwakiyabume (23:13b)
해안의 길을 두 곳에서 지키게 하기 위해

unggifi, dobori jeku gajime, ebergi dalin de
보냈다. 밤에 곡식을 가지러 이쪽 바닷가로

juwe weihu i jidere tofohon niyalma be
두 척의 통나무배로 오는 15명을

jafaha, weihu gaiha, tere weihu baha
잡고, 통나무배를 빼앗았다. 그 통나무배를 잡은

manggi, tun tun de bithe unggifi, tofohon
후에 각 섬에 글을 보내어, 15개

tun i niyalma be gemu dahabuha, jai
섬의 사람을 모두 복속시켰다. 그리고

duin biyai juwan ninggun de, tang jeo
4월 16일에 등주(登州)

ba i niyalma mederi be doome, gūsin duin (23:14a)
지역 사람이 바다를 건너 34척의

weihu i ginjeo bade jihe seme donjifi, dobori
통나무배로 금주(金州) 지역에 왔다는 것을 듣고, 밤을

dulime genefi, bata i emgi gabtašafi, duin niyalma be
새우며 가서, 적과 서로 활을 쏘아 네 명을

gabtame tuhebuhe, orin nadan niyalma be bahafi
쓰러뜨리고, 27명을 잡아들이고,

jafaha, juwe minggan funceme gamara niyalma be
2000명 넘게 데리고 가던 사람을

amasi bahafi gajiha, jai mederi dorgi nadanju
도로 데려올 수 있었다. 또 바다 안쪽으로

ba i dubede bisire guwang lu doo gebungge tun de,
70리 떨어진 곳에 있는 광록도(廣鹿島)라는 섬에서,

daha seme takūraha emu niyalma be waha, (23:14b)
항복하라고 파견한 사람을 죽이고,

emu niyalma be jafafi, šandung ni bade benehe
한 사람을 잡아서 산동(山東) 지방에 보내자,

manggi, weihu i doome genefi, ho iogi be
통나무배로 건너가서, Ho 유격을

jafaha, juwe minggan niyalma be baha, aisin
잡고 2000명을 얻었다. 금

emu tanggū yan, menggun emu minggan ilan
100냥, 은 1300냥과

tanggū yan, silun i dahū, etuku, suje, uheri
스라소니 털옷, 의복, 비단, 모두

ilan tanggū bahafi benjihe, jai tang jeo ba i
300벌을 획득하여 보내왔다. 또 등주 지역의 군사가

nadanju sunja weihu i cooha jihe be afafi, (23:15a)
75척의 통나무배로 온 것을 공격하여

gabtame nadan niyalma be waha, tere cooha be
화살을 쏘아 일곱 명을 죽이고 그 군사를

bederebuhe, aita emu tanggū susai niyalma be gaifi,
물리쳤다. Aita가 150명을 인솔하고

weihu de tefi amcara jakade, burulame amcaburakū
통나무배에 타고 추격하니, 달아나 따라잡지 못해서

ofi, amasi bederehe, jai nikan i han'[2] lin
되돌아왔다. 또 명나라의 한림원(翰林院),

yuwan, gi ši jung hafasa, solho i han de
급사중(給事中) 관원들이 조선(朝鮮)의 왕에게

etuku beneme genehengge be, solho i juwe
옷을 바치러 갔던 것을, 조선의

dzung bing guwan, emu šilang, amasi beneme, orin (23:15b)
총병관 두 명과 시랑(侍郎) 한 명이 도로 보내기 위해

juwe jaha i mederi be geneme, edun baharakū,
22척의 나룻배를 타고 바다를 가다가 바람을 타지 못해서

2) 만주문 n자의 왼쪽에 점이 있는데, 황제를 의미하는 han과 구별하기 위한 것이다.

ginjeo i ergi dalin i tun de jihebi seme,
금주(金州) 쪽 바닷가의 섬에 와 있다고

ninggun biyai ice nadan de donjifi, aita
6월 초이레에 들었다. Aita가

gūsin niyalma be gaifi geneci, hafasa weihu de
30명을 인솔하고 가니, 관원들은 통나무배에

teme jabdufi bahakū, weihu de teme jabduhakū
이미 타버려서 잡지 못했고, 통나무배에 미처 타지 못했던

susai juwe solho, uyunju nikan, menggun duin
조선인 52명, 한인 90명과 은 넉 냥을

yan baha, tere gung de, aita be (23:16a)
얻었다. 그 공으로 Aita를

wesibufi tsanjiyang obuha, sunja tanggū yan menggun,
승직시켜 참장으로 삼았다. 은 500냥,

enggemu hadala tohoho morin, uksin saca, galaktun,
안장과 굴레를 메운 말, 갑옷과 투구, 갑옷 소매 끝동,

beri jebele, orin da sirdan, mahala, umiyesun,
활과 화살통, 화살 20대, 관모, 허리띠,

gūlha, yooni šangname buhe.
가죽신 등 일체를 상으로 주었다.

○ orin emu de, solho de takūraha šolonggo
21일에, 조선에 파견한 Šolonggo가

amasi isinjifi alame, solho han i hendurengge, ai ai (23:16b)
돌아와서 알리기를, "조선 왕이 말하기를 '어떤

weile be fe yabuha mampu i hecen de jio, meni
일이든, 옛날에 다니던 만포(滿浦)성으로 오라. 우리의

gisun i hafan takūraci, inu mampu deri unggimbi seme alanjiha.
통역하는 관원을 파견할 때도 만포로 보낼 것이다'"라고 와서 알렸다.

○ orin juwe de, tanggūdai age, baduri, yangguri de
22일에, Tanggūdai 아거, Baduri, Yangguri에게

emte nirui jušen buhe, ginjeo i iogi aita i
한 니루씩의 속민을 주었다. 금주(金州)의 유격 Aita가

baha susai juwe solho, uyunju nikan benjime isinjiha.
잡은 조선인 52명과 한인 90명을 보내와서 도착했다.

(23:17a)

○ orin sunja de,
25일에,

⇦ han, eidu baturu de waliyame genehe bihe, ilan jergi
한(汗)이 Eidu 바투루에게 묘제를 지내러 갔었다. 세 번

ambula songgoho.
크게 울었다.

○ orin nadan de, fu jeo i san iogi be,
27일에, 복주(復州)의 San 유격을,

aita i baha nadan solho, weihu hūwajafi dalin de
Aita가 잡은 조선인 일곱 명과 통나무배가 난파하여 해안에

頭註: gingguleme kimcici, gisun i hafan sere gisun, ainci gisun hafumbure hafan sere gisun dere. [신중하게 살펴보니, gisun i hafan이라는 말은 아마도 '말을 통역하는 관원'이라는 말일 것이다.]

jihe gūsin sunja niyalma be bahafi benjihe (23:17b)
온 35명을 잡아서 보냈다고

seme, iogi be wesibufi tsanjiyang obuha.
유격에서 승직시켜 참장으로 삼았다.

○ lii cing sai be, afabuha weile de
Lii Cing Sai를, 맡긴 일에

kicebe sain seme, sunja tanggū yan menggun
열심인 것이 좋다고 은 500냥을

šangnaha.
상으로 주었다.

제24권

천명(天命) 6년(1621) 7월

orin duici debtelin,
abkai fulingga i
ningguci aniya nadan
biya.

tongki fuka sindaha hergen i dangse. (24:1a)
유권점 당안

○ nadan biyai ice ilan i inenggi, liyoodung ni ba be
7월 초사흗날, 요동(遼東) 지역을

baha doroi amba sarin sarilame,
얻은 예로 큰 주연을 베풀며,

⇦ han, yamun de tucifi, dzung bing guwan ci fusihūn, beiguwan ci
한(汗)이 아문(衙門)에 나서서, 총병관(總兵官) 이하, 비어(備禦)

wesihun, jergi bodome tebufi, dere tukiyefi,
이상, 품계를 고려하여 앉히고, 상(床)을 올려서

⇦ han i galai aisin i hūntahan i arki omibuha, sarin sarilame wajiha
한(汗)이 손수 금잔으로 소주를 마시게 했다. 주연 베풀기를 마친

manggi, emte jergi etuku etubuhe, geren coohai
후에, 의복을 한 벌씩 입혔다. 여러 군사

beise, sarin sarilaha, etuku šangnaha doroi hengkilere de, (24:1b)
버일러들이 주연을 벌이고 의복을 상으로 준 예로 절할 때,

⇦ han hendume, nikan, ini amba gurun be elerakū, ajigen
한(汗)이 말하기를, "명은, 자신의 큰 나라에 만족하지 않고, 작은

← gurun be waki sefi, ini amba cooha wabuha,
나라를 죽이고자 하여 자신의 대군이 죽임당했다.

← amba babe elerakū, ajigen babe bahaki sefi, ini
큰 땅에 만족하지 않고, 작은 땅을 얻고자 하여 자신의

← amba babe gaibuha, nikan be
큰 땅을 빼앗겼다. 명을

⇦ abka wakalafi, muse be
하늘이 책망하고, 우리를

⇦ abka urulehe, ere emte hūntahan arki omibuhangge, emte etuku
하늘이 옳게 여겼다. 이 소주를 한 잔씩 마시게 한 것과 의복 한 벌씩을

← etubuhengge ai salire, coohai beise suilaha be dahame, (24:2a)
입힌 것이 어찌 충분한 값이 될까. 군사 버일러들이 고생한 것을 따라,

← mujilen okini.
마음이라도 되기를 바란다."

○ ice duin de, yangguri, gangguri juwe dzung bing guwan,
초나흘에, Yangguri와 Gangguri 두 총병관이

emu minggan sunja tanggū cooha be gaifi,
군사 1500명을 이끌고,

g'ai jeo i jang iogi, dung cang pu i lio
개주(蓋州)의 Jang 유격(遊擊)과 동창보(東昌堡)의

iogi ahūn deo i niyalma, gemu guwangning debi[1)]
유(劉) 유격 형제 예하의 사람을 모두 광녕(廣寧)에 있다 해도

1) debi는 일반적으로 de bi로 띄어서 표기된다. 『滿文原檔』 張字檔 135에도 de bi로 되어 있다.

seme akdarakū ganaha. (24:2b)
믿지 않고 데리러 갔다.

⇦ han i bithe, nadan biyai ice de wasimbuha, beise meni
한(汗)의 글을 7월 초하루에 내렸다. "버일러들은 각자

← meni booi juse be, ajigen de aktala, aktalafi
노복인 아이들을 어릴 때 거세하라. 거세해서

← beise i hūwa i dolo benjici, jui be benjihe ama
버일러들의 저택 안에 보내면, 아이를 보내온 아버지와

← eme bayan wesihun banjimbi kai, mini ere gisun de
어머니는 부귀하게 살 것이다. 나의 이 말을

← isibume buya juse be aktalarakū ofi, beise i hūwa i
따라서 작은 아이들을 거세하지 않아서, 버일러들의 저택

← hehesi, gūwa de koraka de, haha be warakūn. (24:3a)
여자들이 다른 사람과 정을 통하게 된다면, 남자를 죽이지 않겠는가."

⇦ han i bithe, nadan biyai ice ninggun de wasimbuha, nikasa,
한(汗)의 글을 7월 초엿새에 내렸다. "한인들아.

← wesihun wasihūn amasi julesi boigon gurime genere niyalmai
동으로 서로 북으로 남으로 가호를 옮겨가는 사람의

← jeku be, ihan macume ume unggire, ini booi
곡식은, 소가 야위므로 보내지 말라. 자기 집의

← jeku be miyalifi, munggatu de afabume bu, toodame gurime
곡식은 양을 재서 Munggatu에게 맡겨두라. 그것을 보상하여, 옮겨

← genehe ba i tsang ni jeku be gaifi jekini, tsang ni
간 곳의 창고의 곡식을 받아서 먹기 바란다. 창고의

← jeku be bure de, munggatu, ba i hafan de hendufi (24:3b)
곡식을 줄 때는, Munggatu가 그 곳의 관원에게 말해서

← bukini.
주기 바란다."

○ ice nadan de, solho, nikan de jaha de
초이레에, 조선인이 명나라에 나룻배를

tefi mukei genere be, bahafi gajiha jakūnju
타고 물길로 가는 것을 잡아서 데리고 온

ninggun niyalma be, baitangga faksi niyalma be
86명 중에서, 쓸모 있는 장인(匠人)을

ujihe, jai gemu waha.
살려주고 나머지는 모두 죽였다.

(24:4a)

○ ice jakūn de, jafaha juwe solho de
초여드레에 사로잡은 조선인 두 명에게

jafabufi unggihe bithe ere inu,
들려서 보낸 글이 이것이다.

← bi donjici, mini baha liyoodung ni niyalma, suwende ambula
"내가 들으니, 내가 얻은 요동의 사람들이 당신들에게 많이

← genefi bi sere, mini nikan be minde bedereburakūci, adame tefi
가서 있다고 합니다. 나의 한인을 나에게 돌아오게 하지 않으면 이웃해 살기가

← ehe, ai sain, nikan meni juwe gurun i dain,
나쁩니다. 어찌 좋을 것입니까. 명나라와 우리 두 나라의 전쟁은

← foihori araha dain waka, nikan, jasei tulergi encu
경솔하게 일으킨 전쟁이 아닙니다. 명나라가 국경 밖의 다른

← gurun i weile de daha be wakalafi, (24:4b)
나라의 일에 간섭한 것을 책망하여

⇦ abkai araha dain,
하늘이 일으킨 전쟁입니다.

⇦ abkai wakalaha nikan i weile be, solho, sini beye de
하늘이 책망한 명나라의 죄를 조선국 당신 자신이

← ainu alihabi,
어찌 받고 있습니까.

⇦ abkai wakalaha nikan de dafi,
하늘이 책망한 명나라에게 동조하여

⇦ abka de eljere gese hokorakūci, si
하늘에 거역하는 것처럼 떨어지지 않으면 당신은

⇦ abkai dergi abka kai, muse juwe gurun daci aika
하늘 위의 하늘입니다. 우리 두 나라가 원래 무슨

← bata kimun biheo, bi kemuni bithe unggime niyalma (24:5a)
원수였습니까. 내가 매번 글을 보내면서 사람을

← takūraci, karu emu bithe unggirakū, karu emu niyalma
파견해도, 답으로 글 하나를 보내지 않고, 답으로 사람 한 명을

← takūrarakū, genehe elcin be halburakū, dain de bahafi
파견하지 않고, 간 사신을 머물게 하지 않았습니다. 전쟁에서

← jafaha hafasa be, kemuni sindafi unggici, baniha
사로잡았던 관원들을 매번 석방하여 보내도, 고맙다

← sere emu sain gisun akū, si mimbe fusihūlame
하는 좋은 말 한마디가 없습니다. 당신이 나를 업신여겨

← tuttu dere,
그랬을 것입니다.

⇦ abkai ujire niyalma be fusihūlaha niyalma, jabšaha kooli inu
하늘이 보살피는 사람을 업신여긴 사람이 복 받은 선례 또한

← akū, sini mangga be bi inu sahabi, julge (24:5b)
없습니다. 당신의 곤란함을 나 역시 알고 있습니다. 옛날

← dailiyoo gurun i tiyan dzo han, meni aisin gurun i
대요국(大遼國)의 천조(天祚) 황제는 우리 금나라의

← asu be bederebuhekū, nikan i jao hoidzung han, aisin
Asu를 돌려보내지 않았고, 송나라의 조(趙) 휘종(徽宗) 황제는 금나라

← han i dailaha dailiyoo eden jang giyo gebungge amban be
황제가 정벌한 대요(大遼)의 잔당인 장각(張覺)이라는 대신을

← bederebuhekū ofi, ufaraha kooli inu bi, jai solho i
돌려보내지 않아서, 패망한 선례도 있습니다. 그리고 고려(高麗)의

← jao wei jung, dehi funceme hecen be gaifi
조위총(趙位寵)이 40개 넘는 성을 이끌고

← ubašaci, meni aisin han alime gaihakū ofi, muse
모반했으나, 우리 금나라 황제가 받아들이지 않아서, 우리

← juwe gurun sain banjiha kooli bi, ere gemu (24:6a)
두 나라가 사이좋게 지낸 선례가 있습니다. 이것이 모두

← suweni sara weile kai, solho si, nikan be
당신들이 아는 일인 것입니다. 조선국 당신들이 명나라가

← sain seme hokorakūci, nikan adarame sain, bi donjici,
좋다고 떨어지지 않는데, 명나라가 왜 좋습니까. 내가 들으니

← nikan i u wang han, ini amban gi dzy be,
주(周)나라의 무왕(武王)이 자신의 대신인 기자(箕子)를

← solho gurun de emu jalan han tebuhe sere,
조선에 1대 임금으로 앉혔다 합니다.

← jai liyoodung ni ba, suweni solho i ba bihe sere,
또 요동 땅은 당신들 조선 땅이었다고 하는데,

← nikan durime gaihabi, jai ini nikan gurun ci
명나라가 빼앗아 가져갔습니다. 또 자기들 명나라보다

← ambula fusihūn arafi, booi aha i gese ujihebi kai, (24:6b)
아주 아래로 삼아서 집의 노복처럼 대하고 있습니다.

← nikan de dahafi emu gisun be mararakū geleme
명나라에 복종해서 한마디 말도 거스르지 않고 두려워하며

← banjici, esi sain oci, bi nikan i gese geleburakū,
살아가도 물론 좋다면, 내가 명나라처럼 두렵게 하지 않고

← beye sain banjiki seci ojorakū oci, suweni ciha
몸소 사이좋게 지내자고 해도 안 된다면, 당신들의 뜻일 것입니다.

← dere, jao wei jung ni gese sini solho i jaka ci
조위총(趙位寵)과 같이 당신들 조선 변경에서

← ubašame jihede, si amasi gaji sembio.
모반하여 온다면 당신은 도로 데려오라 할 것입니까."

○ beise, duin ošoho i mangse i puse, du tang, (24:7a)
버일러들은 발톱 네 개를 가진 이무기 흉배(胸褙)를,[2] 도당(都堂)과

dzung bing guwan, fujiyang, kilin i puse, tsanjiyang, iogi,
총병관과 부장(副將)은 기린 흉배를, 참장(參將)과 유격은

arsalan i puse, beiguwan, ciyandzung, biyoo i puse etumbi.
사자 흉배를, 비어와 천총(千總)은 표범 흉배를 한다.

---

2) 관리의 예복의 등과 가슴 부분에 붙이는 휘장(徽章)이다. 만주어 puse는 한어 補子의 음차이다.

⇦ han i bithe, juwan de wasimbuha, fe ala ci casi,
한(汗)의 글을 10일에 내렸다. "Fe Ala에서 저쪽으로

← toran jaltakū, imahū, suwan, yarhū ci ebsi jeku be,
Toran Jaltakū, Imahū, Suwan, Yarhū에서 이쪽으로는 곡식을

← monggo jafame hadu, fe ala ci ebsi, deli
목을 잡고 베라.[3] Fe Ala에서 이쪽으로 Deli

← wehe, šanggiyan hada, duka ala ci casi jeku be, (24:7b)
Wehe, Šanggiyan봉(峰), Duka 언덕에서 저쪽으로는 곡식을

← fe kemuni heohe[4] hanci hadu, yengge, muhu gioro ci
이전처럼 밑동 쪽으로 베라. 영액(英額), Muhu Gioro로부터

← ebsi, ehe holo ci casi jeku be, monggo jafame
이쪽으로, Ehe 계곡에서 저쪽으로는 곡식을 목을 잡고

← hadu, ehe holo ci ebsi, deli wehe, šanggiyan
베라. Ehe 계곡에서 이쪽으로 Deli Wehe, Šanggiyan봉(峰),

← hada, duka ala ci casi jeku be, fe
Duka 언덕에서 저쪽으로는 곡식을 이전처럼

← kemuni heohe hanci hadu, fanaha pu, caiha pu i
밑동 쪽으로 베라. 범하보(范河堡), 채하보(柴河堡)의

← jeku be, kemuni heohe fangkala hadu, jeku be tūfi
곡식은 그대로 밑동을 낮게 베라. 곡식을 타작하고

← edumiyefi, bolgo walgiyafi, serguwen de hule i ton, sin i (24:8a)
키질해서 깨끗하게 말리고 서늘한 곳에 섬의 수와 되의

---

3) 여기에서 'monggo'는 monggon(목)으로 해석했다. 『滿漢同文類集』(1:28b)에 monggon의 어말 n이 없는 어형 munggo가 확인된다.

4) 여기에서 'heohe'로 전자(轉字)하였지만, 이 표기는 만문십이자두에 존재하지 않으며 읽을 수가 없다. 그러나 『清文彙書』(1724)에서는 이를 '外字'로, 『清文補彙』(1802)에서는 hethe(밑동)의 구형(舊形)으로 설명하고 있다. 그리고 원본에 해당하는 『滿文原檔』에서는 이하 네 번 나타나는 표기가 모두 hethe로 되어 있다. 따라서 여기에서는 이 표기를 hethe를 잘못 쓴 것으로 판단하고 '밑동'으로 번역한다.

頭註: gingguleme kimcici, heohe hanci hadu sere gisun, ainci jeku be da deri hadu sere gisun dere. [신중하게 살펴보니, heohe hanci hadu라는 말은 아마도 '곡식을 밑동 쪽으로 베라'라는 말일 것이다.]

← ton be ejefi yamji umbu.
수를 기록해서 저녁에 묻으라."

⇦ han i bithe, juwan emu de wasimbuha, jontoi, bebuhei, sahaliyan,
한(汗)의 글을 11일에 내렸다. "Jontoi, Bebuhei, Sahaliyan,

← ubatai, yasingga, koboi, jahai, hondai, ere jakūn gūsai
Ubatai, Yasingga, Koboi, Jahai, Hondai 이 8구사의

← sefu seme tucibuhe jakūn baksi, suweni fejile šabi
스승이라 하여 뽑은 여덟 명의 박시, 너희의 아래에 제자로

← dosimbuha juse be, saikan kimcime bithe tacibufi, šumbuci,
들인 아이들을 잘 살피며 글을 가르쳐서 통하게 하면

← gung bure, kiceme tacirakū, dosika juse bithe šunderakū (24:8b)
공을 줄 것이다. 부지런히 가르치지 않고 들어온 아이들이 글을 통하지

← oci, weile arambi, dosimbuha šabisa kiceme tacirakūci, sefu
못하면 치죄한다. 들인 제자들이 부지런히 배우지 않으면 선생인

← si beise de habša, jakūn sefu be, ai
네가 버일러들에게 고발하라. 여덟 명의 스승들은

← ai baita de daburakū.
갖가지 일에 관여시키지 않을 것이다."

⇦ han i bithe, juwan de wasimbuha, goloi amban ciyandzung, usin
한(汗)의 글을 10일에 내렸다. "지역의 대인인 천총, 밭일을

← bošome genehe ciyandzung, gašan bošoro šeo pu, meni meni
독려하러 간 천총, 촌락을 관리하는 수보(守堡)는 각각의

← nirui jeku be, hūdun bošome nirui niyalma be (24:9a)
니루의 곡식을 서둘러 독려하여 니루 사람을

← uhe acafi hadubu, haduha jeku be, ineku uhe
모두 모아서 베게 하라. 벤 곡식은 바로 모두

← hūdun tūbu, tūhe jeku be, wekji akū bolgo
빨리 타작하게 하고, 타작한 곡식을 겨 없이 깨끗하게

← weilefi, dobori seruken de umbubu, julgei adali oihori
만들어서, 밤에 서늘할 때 묻게 하라. 예전처럼 소홀히

← ume bošoro, fe ala, ehe holo, bi yan, kalka i
관리하지 말라. Fe Ala, Ehe 계곡, Bi Yan, Kalka의

← oforo, tereci wesihun jeku be, gemu monggo jafame
Oforo, 그곳에서 동쪽으로는 곡식을 모두 목을 잡고

← hadubu, tereci wasihūn jeku be, fe kemuni heohe
베게 하라. 그곳에서 서쪽으로는 곡식을 이전처럼 밑동을

← fangkala hadubu. (24:9b)
낮게 베라.

○ yungšun, morin tuwame genefi niyalma yordofi bucehe
Yungšun이 말을 보러 갔다가, 사람을 고두리살로 쏘아서 죽었다고

seme, šajin de beidefi, niyalma toodame, weile
하여 법으로 판결하여 사람으로 배상하고 죗값을

gaime, tsanjiyang ni hergen be wasibufi iogi obume
징수하며 참장의 직위를 강등시켜서 유격이 되도록

beidehe bihe,
판결했었다.

⇦ han donjifi, ahūn alanju age i gung be gūnime, niyalma
한(汗)이 듣고서 형 Alanju 아거의 공을 생각하여 사람으로

toodara, weile gaijara, hergen wasibure be gemu nakafi, (24:10a)
배상하고 죗값을 징수하며 직위를 강등시키는 것을 모두 그만두고

kemuni tsanjiyang ni hergen de bibufi, cooha afabufi,
그대로 참장 직위에 있게 하고, 군사를 맡겼지만

afabuci, dain oci muterakū, gašan de oci
맡겨도 전투에서는 무능하고, 촌락에서는

tondo akū, ce gemu ulin gidaha manggi, weile
공정하지 않다. 그리고 그들이 모두 재물을 숨기자 죗값을

gaiha, hergen be gemu efulehe.
징수하고, 직위를 모두 파직했다.

○ juwan duin de, guwangning ci, nadan monggo
14일에 광녕에서 몽골인 일곱 명이

ukame jihe. (24:10b)
도망해 왔다.

○ monggo i urut gurun i darhan baturu beile i tofohon
몽골의 Urut국의 Darhan 바투루 버일러 예하의

boigon ukame jihe.
15가호가 도망해 왔다.

頭註: ere emu meyen be gingguleme kimcici, ainci yungšun, onggolo niyalma yordoho turgunde tuhebuhe weile be, ⇦ han kesi isibume oncodome guwebufi, kemuni tušan de bibufi, cooha afabufi kadalabuha bihe, afabuci, geli muterakū bime, an be tuwakiyarakū, ulin gidaha seme teni weile araha be ejehengge dere. [이 한 단락을 신중하게 살펴보니, 아마도 Yungšun은 이전에 사람을 고두리살로 쏘았기 때문에 내려진 벌을, 한(汗)이 은혜를 미치게 하여 너그러이 벌을 면하게 하고 여전히 직위에 두게 하여서 군대를 맡기고 관할하게 했었다. 맡겼지만, 또 능력이 되지 않으며, 본분을 따르지 않고 재물을 숨겼다 하여 비로소 치죄한 것을 적은 것일 것이다.]

○ juwan duin de, usin dendeme genembi seme,
14일에 밭을 분배하러 가겠다 하여,

gašan gašan de neneme medege alanaha gisun
각 촌락에 먼저 소식을 알린 말이

ere inu, (24:11a)
이것이다.

← hai jeo bade juwan tumen inenggi, liyoodung ni bade orin
"해주(海州) 지역에서 10만 상(晌),[5] 요동 지역에서

← tumen inenggi, uhereme gūsin tumen inenggi usin be
20만 상, 합쳐서 30만 상의 밭을

← gaifi, meni ubade tehe coohai niyalma morin de
취해서 이곳에 주둔한 우리의 병사와 말에게

← buki, jai meni geren baisin niyalmai usin, meni
주겠다. 또 우리의 여러 평민의 밭은 우리

← bade tarikini, suweni liyoodung ni ba i beise ambasa,
지역에서 경작하게 하라. 너희 요동 지방의 버일러들과 대신들은

← bayasai usin waliyaha ambula kai, tere usin be
부자들이 밭을 버린 것이 많으니, 그 밭을

← dosimbume, meni gaire gūsin tumen usin be, ere (24:11b)
포함하여 우리가 얻을 30만 상의 밭을 그

← šurdeme bahaci wajiha, isirakūci, sung šan pu ci ebsi,
주변에서 얻으면 되었다. 충분하지 않으면 송산보(松山堡)에서 이쪽으로

← cilin, ilu, puho, fan ho, hontoho, simiyan, fusi,
철령(鐵嶺), 의로(懿路), 포하(蒲河), 범하(范河), Hontoho, 심양(瀋陽), 무순(撫順),

---

5) inenggi는 토지의 면적을 나타내는 단위로 보이는데 기존 사전에는 없지만, 『漢清文鑑』의 '흔 나절 가리'라는 풀이를 참고하여 cimari(晌)와 같은 의미의 단어로 본다.

← dungjeo, magendan, niowanggiyaha, gu šan de isitala tari, tede
동주(東州), 마근단(瑪根丹), 청하(淸河), 고산(孤山)에 이르기까지 경작하라. 거기에서

← isirakūci, jase tucime tari, julge suweni nikan gurun
충분하지 않으면 경계를 나가서 경작하라. 이전에 너희 명나라

← bayan niyalma, ba ambula gaifi usin be niyalma
부자는 땅을 많이 가지고 밭을 사람들에게

← turifi weilebume, jeke seme wajirakū jeku uncambihe, yadara
세주고 경작하게 하여, 먹었다 해도 다 먹지 못하여서 곡식을 팔았다. 가난한

← niyalma, usin jeku akū ofi udame jembihe, udame (24:12a)
사람은 밭이나 곡식이 없어서 사먹었다. 사먹으며

← ulin wajiha manggi, giohambihe, bayan niyalma, jeku isabufi
재물이 없어지면 구걸했다. 부자는 곡식을 모아서

← niyara, ulin isabufi baibi asarara anggala, tenteke giohara,
썩히고, 재물을 모아서 그저 쌓아두기보다는, 그렇게 구걸하는

← akū yadara niyalma be ujicina, donjire de inu
없고 가난한 사람을 먹여 살리면 좋겠다. 듣기에 역시

← gebu sain, amaga jalan de hūturi kai, ere
명성이 높고, 후세에 복이 되는 것이다.

← aniya tariha jeku be, meni meni gaisu, bi
올해 경작한 곡식을 각자가 취하라. 나는

← te usin be tolofi, emu haha de, jeku
이제 밭을 세어서 장정 한 명에게 곡식을

← tarire sunja cimari, kubun tarire emu cimari usin be (24:12b)
경작할 5상의 밭과, 목화를 경작할 1상의 밭을

← neigen dendefi bumbi, suwe haha ume gidara, haha
균등하게 나누어주겠다. 너희는 장정을 숨기지 말라. 장정을

← gidaci, usin baharakū kai, ereci julesi, giohoto niyalma be
숨기면 밭을 얻지 못할 것이다. 지금부터 앞으로는, 거지가

← giohaburakū, giohoto de, hūwašan de, gemu usin bumbi,
구걸하지 않도록, 거지와 중에게도 모두 밭을 준다.

← meni meni usin be kiceme weile, ilan haha de,
각자의 밭을 부지런히 경작하라. 3명의 장정에게

← emu cimari alban usin weilebumbi, orin haha de,
1상의 공전(公田)을 경작하게 한다. 장정 20명 중에서

← emu haha be cooha ilibumbi, ineku orin haha de,
한 명을 병사로 세운다. 그 장정 20명 중에서

← emu haha be alban weilebu, suweni gurun i gese (24:13a)
한 명을 공역을 지게 하라. 너희 나라처럼

← hafasai beye, hafasai takūraha niyalma be, fejergi niyalma de
관원 자신과 관원들이 부리는 사람이 아랫사람에게

← ulin gaiburakū, dergi niyalma de buburakū, suweni nikan i
재물을 받지 않게 하고, 윗사람에게 재물을 주지 않게 할 것이다. 너희 명나라의

← tsanjiyang, iogi, emu aniya gaijarangge, turi, šušu, je,
참장과 유격이 한 해에 수령하는 것은 콩, 옥수수, 좁쌀

← uheri sunja tanggū hule, olo, maise,[6] giyen, tere be
합쳐서 500섬과 마, 밀, 청대이다. 그것을

← ton de daburakū, biyadari jetere bele, moo yaha,
셈에 넣지 않고, 매달 먹을 양곡, 숯,

← hoošan, sogi de tofohon yan gaimbihe, bi tere
종이, 나물에 15냥을 받아왔다. 내가 이

6) maise는 한어 麥子의 차용어이다.

← facuhūn alban be gemu nakabuha, tondo šajin i banjimbi, (24:13b)
문란한 공물을 모두 중지시켰고, 공정한 법도로 살아갈 것이다.

← genehe hafasa be yali udame jekini seme, han i
파견 간 관원에게는 고기를 사 먹으라고 한(汗)의[7]

← menggun šangnahabi, genehe genehe ba i niyalma be tolofi
은을 상으로 주었다. 가는 곳마다의 사람 수를 세어서

← bele bu.
쌀을 주라."

○ tofohon de, kalka i joriktu beile i ninju boigon
15일에 Kalka의 Joriktu 버일러 예하의 60가호가

ukame jihe.
도망해 왔다.

(24:14a)

○ juwan ilan de, nio juwang ni niyalma, juwe
13일에 우장(牛莊) 사람이

tanggū uksin, juwe tanggū beri niru, okto
갑옷 200벌, 활과 화살 200개, 화약 화살

sirdan emu minggan, poo i muhaliyan, ambasa muhaliyan
1000개, 포탄은 대포탄

ilan minggan, buya muhaliyan sunja to, g'an
3000개, 소포탄 5말, 강철

sele susai gin gajihabi.
50근을 가져왔다.

7) 한(汗)의 말 속에 나타나는 han은 대두를 하지 않는 것이 일반적이다.

⇦ han i bithe, juwan nadan de wasimbuha, hecen i dorgi, hecen i (24:14b)
한(汗)의 글을 17일에 내렸다. "성 안과 성

← tulergi jušen i tehe boode bisire tubihe moo de,
밖의 여진인이 정착한 집에 있는 과일 나무에

← morin ihan hūwaitafi ijume bucembi, meni meni mooi
말과 소를 매기 때문에 긁혀서 죽는다. 각각의 나무의

← ejen nikasa de hendufi, saikan tuwakiyame ujibu, ujifi
주인은 한인들에게 말해서 잘 지키며 보살피게 하라. 키워서

← hūda gaime uncakini.
값을 받아 팔도록 하라."

← ○ gangguri, yangguri, suwende unggihe juwe tanggū yan
"Gangguri와 Yangguri, 너희에게 보낸

← menggun de, ulha be cihangga niyalma uncanju seme (24:15a)
은 200냥으로, 가축을 기꺼이 팔겠다는 사람을 오라고

← hūlafi, juwe ejen icinggai udafi jefu, ici
불러서, 두 주인이 잘 흥정하여 사서 먹으라. 기꺼워하지 않는 자에게

← akū be durire gese ume udara, neneme genehe
빼앗듯이 사지 말라. 먼저 갔던

← niyalma durire durun i menggun be maktame bufi, nikan i
사람이 빼앗다시피 은을 던져주어서 한인이

← gasaha gisun be donjifi menggun unggihekū bihe, jai
원망했던 말을 듣고도, 은을 보내지 않았었다. 또

頭註: gingguleme kimcici, ijume bucembi sere gisun, ainci hishabume bucembi sere gisun de adali dere. [신중히 게 살펴보니, ijume bucembi라는 말은 아마도 hishabume bucembi(긁혀서 죽는다)라는 말과 같을 것이다.]

← suweni emgi genehe emu tanggū uksin be, usin
너희와 함께 간 갑병 100명을, 밭을

← fehume genere niyalmai emgi unggi, wajitala emgi
다지러 가는 사람과 함께 보내라. 끝날 때까지 함께

← dahame yabukini, jai birai dogon tuwakiyara niyalma, birai (24:15b)
따라다니게 하라. 또 강 나루를 수비하는 사람은

← dalin be ulan fetefi tuwakiyakini.
강가를, 호(壕)를 파서 수비하게 하라."

← ○ munggatu, suweni emgi genehe niyalma, gurun be jobobume
"Munggatu, 너희와 함께 간 사람들이 백성들을 고생시키며

← yaburahū, saikan bolgo getuken i bargiyame yabufi jio, ihan
다닐까 염려된다. 깨끗하고 분명하게 잘 거두어 다니다가 오라. 소와

← ulgiyan be, ba i niyalma yarume benjici, benjihe ulha be
돼지를 지역 사람이 이끌어 보내면, 보내온 가축은

← yengke menggun bufi gaifi jefu.
은덩어리를 주고 받아서 먹으라."

(24:16a)

○ juwan jakūn de, borjin hiya, hai jeo de
18일에, Borjin 히야가 해주에

juwe minggan cooha be gaifi halame genehe.
2000군사를 인솔하고 교대하러 갔다.

頭註: gingguleme kimcici, ere yengke menggun sere gisun, uthai šoge sere gisun de adali dere. [신중하게 살펴보니, 이 yengke menggun이라는 말은 곧 šoge(금이나 은의 덩어리)라는 말과 같을 것이다.]

○ juwan uyun de, emu nirui juwanta niyalma
19일에 한 니루당 열 명씩을

tucibufi dangse araha.
뽑아서 당안을 썼다.

○ juwan uyun de, soohai nirui naimangga, daise (24:16b)
19일에 Soohai 니루의 Naimangga가

nirui ejen yaran be, ubui morin gidaha
니루 수장 서리인 Yaran을, 할당된 몫의 말을 감추었다고

seme gercilefi, gercilehe gisun mujangga ofi, naimangga be
고발했는데, 고발한 말이 사실이어서, Naimangga를

nirui ejen obuha, yaran de tofohon yan i
니루 수장으로 삼고, Yaran에게 15냥의

weile gaifi, niru bošoro be nakabuha, isun be,
죗값을 받고 니루를 관할하는 것을 그만두게 했다. Isun이

gerci niyalma alaci, hūdun alaburakū, sunja biya
고발인이 고해도 신속하게 알리지 않고, 5개월이

otolo gerci gisun be gidaha seme, isun be
되도록 고발인 Gisun을 숨겼다 하여 Isun을

beidesi ci nakabuha, orin sunja yan i weile (24:17a)
심사관에서 물러나게 하고, 25냥으로 죗값을

gaiha, gisun de tofohon yan i weile gaiha.
받았다. Gisun에게 15냥의 죗값을 받았다.

○ orin de, aita alanjime, mederi de jaha
20일에 Aita가 알려오기를 “바다에 나룻배가

sabumbi seme alanjiha bihe.
보인다"라고 알려왔었다.

○ orin emu de,
21일에

⇦ han i beye tucifi, geren beise be gaifi, (24:17b)
한(汗)이 몸소 나가 여러 버일러를 인솔하고서

⇦ tangse de hengkilehe.
당자(堂子)에서 절했다.

○ orin juwe de, sirhūnak dureng monggo i susai
22일에 Sirhūnak Dureng 예하의 몽골인

boigon ukame jihe.
50가호가 도망해 왔다.

○ orin ilan de, hai jeo i aita, juwe tanggū
23일에 해주의 Aita가 200개의

saca, beri, jebele, sirdan, enggemu, hadala yooni (24:18a)
투구, 활, 화살통, 화살, 안장, 굴레 일체를

unggihe.
보냈다.

○ orin duin de, ice hecen i jao iogi
24일에 신전(新奠)의 조(趙) 유격이

alanjime, nikan, solho acafi, mederi be orin i
알려오기를 "한인과 조선인이 만나서 바다를 20일

dobori jaha i jifi, jeng giyang hecen i ejen tung
밤에 나룻배로 와서 진강성(鎭江城)의 수장인 동(佟)

iogi, tang jan pu i šeo pu be gamaha
유격과 탕참보(湯站堡)의 수보를 끌고갔다"라고

seme alanjiha. (24:18b)
알려왔다.

○ orin duin de, karun i iogi suldungga, borkan i
24일에 초소의 유격인 Suldungga가 Borkan의

dehi niyalma be gaifi, jeng giyang ni ergide
40명을 이끌고 진강 쪽으로

medege tuwaname genehe, langšan, aimuka be, orin
정보를 캐러 갔다. Langšan과 Aimuka를, 20명을

niyalma be gaifi, ginjeo i tsanjiyang aita be
이끌고, 금주(金州)의 참장인 Aita를

tuwanggime genefi, aika baita tucikede, aita be
보러 가서, 만약 일이 생겼다면 Aita를

gajime jio seme, orin duin de unggihe. (24:19a)
데려오라'고 하며 24일에 보냈다.

○ orin sunja de, jangkio nirui ilan niyalma,
25일에, Jangkio 니루의 세 명이

tumei nirui tai de tehe emu niyalma be
Tumei 니루의 대(臺)에 있던 한 명을

angga butuleme waha seme, jangkio nirui ilan
입을 막으려고 죽였다 하여, Jangkio 니루의

niyalma be gemu waha.
세 명을 모두 죽였다.

○ orin de, ice hecen i iogi jao i ho (24:19b)
20일에, 신전(新奠)의 유격인 조일곽(趙一霍)이

boolanjime, nikan i mao iogi, liyoodung ci burulame
보고해 오기를, "명나라의 모(毛) 유격이 요동에서 도망해

tucike han' tsanjiyang, wang tsanjiyang be gaifi,
간 Han 참장과 왕(王) 참장을 대동해서,

burulame genehe ilan minggan cooha, mederi be
도망쳐 갔던 3000 군사가 바다를

jaha i jifi, orin i dobori jeng giyang hecen be
나룻배로 와서, 20일 밤에 진강성을

kara jakade, jeng giyang ni cen jung giyūn,
포위했다. 그러자 진강의 진(陳) 중군(中軍)은

hecen i ejen iogi tung yang yuwan i ama
성의 수장인 유격 동양원(佟養員)[8] 부자를

jui be jafafi bufi dahaha, tang jan pu i (24:20a)
잡아서 주고 항복했다. 탕참보(湯站堡)의

niyalma, ini hecen i ejen šeo pu cen gio
사람은 자신의 성의 수장인 수보 진구계(陳九階)를

giyai be jafafi buhe, hiyan šan pu i niyalma,
잡아서 주었다. 험산보(險山堡) 사람은

8) tung yang yuwan은 佟養眞(佟養正으로도 표기함)을 가리킨다. 『朝鮮實錄』〈광해 13년(1621년) 7월 26일〉 기사에 동일한 사건을 보고하면서 '佟養員 부자(父子)'가 죽은 것으로 기술하고 있다.

ini hecen i ejen šeo pu lii ši k'o be
자신의 성의 수장인 수보 이세과(李世科)를

jafafi buhe, tere ilan hecen i niyalma, gemu
잡아서 주었다. 그 세 성의 사람들은 모두

tede dahaha seme alanjiha.
그곳에서 항복했다"라고 알려왔다.

○ orin ninggun de, (24:20b)
26일에,

← amba beile, manggūltai beile, du tang ni hergen i adun de,
"대버일러와 Manggūltai 버일러, 도당직의 Adun에게

← juwe minggan cooha adabufi, ginjeo i ba, goro jecen i
군사 2000명을 수행하게 해서 금주(金州) 지역과 먼 변경

← ba, olhocuka babe tuwafi, ginjeo i tsanjiyang aita be,
지역, 경계해야 할 지역을 살펴보고, 금주(金州)의 참장인 Aita를

← amasi g'ai jeo de bederebufi tebu seme unggihe.
다시 개주로 물러나게 해서 주둔시키라"고 하여 보냈다.

○ ineku tere inenggi,
같은 날에,

← duici beile, du tang ni hergen i donggo efu de, ilan (24:21a)
"제4버일러와 도당직의 Donggo 어푸에게

← minggan cooha adabufi, jeng giyang ni ergi ubašaha irgen be,
군사 3000명을 수행하게 해서, 진강 쪽의 모반한 백성을,

← ujulaha ehe be isebume wa, gūwa be boigon
수괴(首魁)는 처벌하여 죽이라. 다른 자는 가호를

← arafi gaju seme unggihe, unggifi, tere dobori gūnici,
편성하여 데려오라"고 하여 보냈다. 보내고 나서 그날 밤에 생각하니

olhome ofi, orin nadan de,
염려가 되어 27일에,

← amin beile, darhan hiya de, juwe minggan cooha
"Amin 버일러와 Darhan 히야에게 군사 2000명을

← adabufi, jihe cooha bedererakū afara dursun oci, suwe
수행하게 해서, 온 군사가 물러나지 않고 싸울 모양새이면, 너희는

← afa, ume ebšere, šurdeme dacilame tuwabufi, sejen kalka (24:21b)
싸우라. 서두르지 말고, 주변을 탐문하며 살피게 하고, 방패차를

← dagilafi, faksikan i elhei afa seme nonggime unggihe.
준비해서, 요령 있고 침착하게 싸우라"고 하며 보충하여 보냈다.

○ orin nadan de, ice hecen i jao iogi
27일에 신전(新奠)의 조 유격이

yargiyalafi, ini jung giyūn be takūrafi alanjiha
사실을 파악해서, 자신의 중군(中軍)을 파견해 알려온

gisun, šanaha de tehe yuwan giyūn men,
말이다. "산해관(山海關)에 있던 원군문(袁軍門)은[9]

mao wen lung gebungge iogi de, juwe
모문룡(毛文龍)이라는 유격에게

tanggū niyalma be adabufi, duin jaha i solho (24:22a)
군사 200명을 붙여서, 나룻배 네 척으로 조선 왕에게

9) 원숭환(袁崇煥)을 지칭한다.

han de gisun i bithe beneme geneme, mederi de
서신을 전달하러 가다가, 바다에서

ceni nikan neneme solho de elcin genefi,
자신들의 명나라가 먼저 조선에 사신으로 갔다가

jidere juwe jaha be acafi, mao wen lung
오는 나룻배 두 척을 만났다. 모문룡이

ini emgi bedereme yabu seme bedereme gamame,
자신과 함께 되돌아가자고 하여 도로 이끌고

ninggun jaha i solho i bade isinafi, mai cuwan
나룻배 여섯 척이 조선 땅에 이르러, 미관보(彌串堡)에

pu de ebuhe be, jeng giyang ni niyalma donjifi,
내렸다. 그것을 진강 사람이 듣고,

jeng giyang hecen i jung giyūn cen liyang tse, (24:22b)
진강성의 중군(中軍)인 진양책(陳良策)이

mao wen lung de hebe arafi, orin i
모문룡과 모의해서, 20일

dobori, pu tokso i irgen niyalma, emu udu
밤에 보와 장원의 백성들 일이백 명이

tanggū jeng giyang ni hecen tule kaicahabi, hecen i
진강성 밖에서 함성을 질렀다. 성

dorgici cen liyang tse jabume kaicame, nikan i
안에서는 진양책(陳良策)이 응답하여 함성을 지르면서 명나라의

amba cooha jihebi seme urkilafi, hecen i ejen
대군이 와 있다고 소리를 지르고, 성의 수장인

iogi tung yang yuwan be jafafi, iogi i
유격 동양원(佟養員)을 잡고, 유격의

jui be dahaha ninju isime giyajasa be (24:23a)
아들을 따랐던 60명에 달하는 시종들을

gemu wafi, jai cimari tung iogi be
모두 죽이고, 다음 날 동 유격을

gamame, ma teo šan alin de mao
끌고, 마두산(馬頭山)에

wen lung de acanaha, tereci tang jan i
모문룡과 합류하러 갔다. 그러고 나서 탕참(湯站)

niyalma, tang jan i šeo pu be jafafi benehebi,
사람이 탕참의 수보를 잡아 보냈고,

hiyan šan i niyalma, hiyan šan i šeo pu be jafafi
험산(險山) 사람이 험산의 수보를 잡아

benehebi, yung diyan i šeo pu be, mao wen
보냈다. 영전(永奠)의 수보는

lung jafafi gamahabi, cang diyan i šeo pu ini (24:23b)
모문룡이 잡아 데려갔고, 장전(長奠)의 수보는 자기

cisui acanahabi seme alanjiha, jai mao wen
스스로 합류하러 갔다"라고 알려왔다. 그리고

lung, emu tsoo halangga dusy hafan be,
모문룡이 Tsoo씨 성의 도사(都司) 관원 한 명을,

jao iogi be daha seme takūrara jakade,
조 유격에게 항복하라고 하며 파견하자,

jao iogi, dusy be wafi, dusy i uju,
조 유격이 도사를 죽이고, 도사의 머리와 함께,

dahaha emu niyalma be wahakū jafafi benjihe,
따라왔던 한 명을 죽이지 않고 잡아 보내왔다.

benjihe manggi,
보내오자

⇦ han, jao iogi be saišafi, tanggū yan mengun šangnaha, (24:24a)
한(汗)은 조 유격을 칭찬하고, 은 100냥을 상으로 주었다.

takūrafi jihe jung giyūn de, orin yan
파견해서 온 중군(中軍)에게는

menggun šangnaha.
은 20냥을 상으로 주었다.

○ duici beile, amin beile, du tang, dzung bing guwan,
제4버일러와 Amin 버일러가 도당과 총병관,

geren fujiyang, tsanjiyang, emu nirui orita uksin,
여러 부장과 참장, 한 니루당 갑병 20명씩과,

ilan minggan cooha be gaifi, jeng giyang ni
군사 3000명을 이끌고 진강

ba i ubašaha gurun be dahabume genefi, ubašahakū (24:24b)
지역의 모반한 사람들을 항복시키러 가서, 모반하지 않은

gurun be boigon arafi werihe, ubašaha gurun be
사람은 가호를 편성하여 남겨두고, 모반한 사람을

olji arafi, emu tumen juwe minggan olji
포로로 삼아서, 1만 2000명의 포로를

gajiha.
데려왔다.

제25권

천명(天命) 6년(1621) 8월

orin sunjaci debtelin,
abkai fulingga i
ningguci aniya jakūn
biya.

tongki fuka sindaha hergen i dangse. (25:1a)
유권점 당안

○ jakūn biyai ice inenggi, cooha genehe duici
8월 초하루에, 출병한

beile de, juwe jušen, emu nikan be
제4버일러에게 두 명의 여진인과 한 명의 한인을

takūrafi unggihe
파견해서 보낸

⇦ bithei gisun, turga morin be jeku ulebume weri, tarhūn
글이다. "여윈 말은 곡식을 먹이며 남겨두고, 살진

← morin be, beise be gajime jio seme hendufi unggihe.
말을 버일러들이 몰고오라"고 말하고서 보냈다.

○ jaisai beile be joolime, juwe minggan morin, (25:1b)
Jaisai 버일러의 몸값으로 말 2000마리,

ilan minggan ihan, sunja minggan honin, jaisai
소 3000마리, 양 5000마리, Jaisai

beyede banjiha juwe haha jui, emu sargan
자신에게서 난 두 명의 아들, 한 명의

jui be benjime, ice ilan de elcin isinjiha.
딸을 보내오며 초사흘에 사신이 도착했다.

○ ice ilan de, atai, abutu baturu de,
초사흘에 Atai, Abutu 바투루에게

⇦ han, jakūnju yan menggun bufi, hūwang ni wa de anafu
한(汗)이 80냥의 은을 주고, 황니와(黃泥窪)에 수자리를

tebume unggihe. (25:2a)
살도록 보냈다.

○ ice duin de, cooha genehe beise de,
초나흘에, 출병한 버일러들에게

⇦ han, elcin takūrame, jaisai beile be joolime tumen ulha
한(汗)이 "Jaisai 버일러의 몸값으로 1만 마리의 가축을

← benjihebi, amba beile, duici beile be neneme jio,
보내왔다. 대버일러, 제4버일러는 먼저 오라.

← geren cooha be amin beile, manggūltai beile be
여러 군사는 Amin 버일러와 Manggūltai 버일러가

← amala gajime jio seme, juwe niyalma be
나중에 데리고 오라"고 하며 두 명의 사자(使者)를

takūrafi unggihe. (25:2b)
파견했다.

○ ginjeo i mederi julergi dalin i šandung ni ergi emu
금주(金州)의 바다 남쪽 해안의 산동(山東) 쪽에 한 척의

jaha i niyalma, dobori jifi ebergi dalin i boigon be
나룻배로 사람들이, 밤에 이쪽 해안에 있는 가호를

doobuki seme jihengge be, ginjeo i tsanjiyang aita i
건너가게 하려고 온 것을 금주(金州)의 참장인 Aita가

buksibufi sindaha bedzung, doigonde safi uthai latunara
매복시켜놓은 백총(百總)이 미리 알고 즉시 접근했다.

jakade, jaha marire de, wehe de luhulebufi
나룻배가 회선하자, 돌을 끼운 무촉전(無鏃箭)을 쏘고

jaha hūwajafi, jaha i niyalma gemu muke de (25:3a)
나룻배를 파괴하여, 배에 탄 사람이 모두 물에서

bucehebi, juwan niyalma be muke ci gaifi
죽었다. 열 명을 물에서 건져

benjime, ice duin de isinjiha,
보내어서 초나흘에 도착했다.

⇦ han, aita be yaya fonde dulba i dosimbuhangge akū, serebe
한(汗)은, "Aita는 어느 때이든 부주의함에 빠지지 않고, 경계를 늦추지 않아서

← sain seme saišafi, cihangga niyalma de šangna seme
훌륭하다"라고 칭찬하고서, "마음에 드는 사람에게 포상하라"고 하며

sunja tanggū yan menggun benehe.
500냥의 은을 보냈다.

○ hai jeo i ergi liyoha birai tuwakiyaha niyalma, (25:3b)
해주 쪽 요하(遼河)강에서 수비하던 사람이,

birai dogon i bajargi nikan, duin cuwan de
강나루 맞은편 기슭의 한인들이 네 척의 배에

tefi jidere be safi, okdome poo sindara
타고 오는 것을 알아차리고서, 대응하여 포를

jakade, amasi bederehe, ajige weihu de tehe juwe
쏘니 물러났다. 작은 통나무배에 탄

niyalma be jafafi, ice nadan de benjihe.
두 명을 사로잡아서, 초이레에 보내왔다.

○ ice jakūn de, kalka i joriktu beile i ukanju
초여드레에 Kalka의 Joriktu 버일러 예하의 도망자

uyun niyalma jihe. (25:4a)
아홉 명이 왔다.

○ duici beile, amin taiji, ice jakūn de
제4버일러와 Amin 타이지가 초여드레에

⇦ han i hecen de isinjiha, ice uyun de
한(汗)의 성에 도착했다. 초아흐레에

sahalca i emgi, sirana i mafa monggo de
Sahalca와 함께 Sirana의 마파가 몽골에

elcin genehe,
사신으로 갔다.

← bi manju gurun, jaisai si monggo gurun, baibi
"나는 Manju국 사람이다. Jaisai 너는 몽골국 사람이다. 아무 일 없이

← sain banjire de, yehe i gisun de dosifi (25:4b)
사이좋게 지낼 때 Yehe의 말에 넘어가서

← jaisai si hoto gebungge elcin be waha,
Jaisai 너는 Hoto라는 사신을 죽였다.

← sui be gaiha yehe de dafi mini
죄를 지은 Yehe의 편에 서서 나의

← ujalu be sucuha, jai geli nikan de dafi
Ujalu를 습격했다. 그리고 또 명을 지원하여

← mimbe dailambi seme, nikan i emgi ilan jergi
나를 정벌하겠다고 명과 함께 세 번

← gashūha, jai geli cilin de cooha jifi
맹세했다. 그리고 또 철령(鐵嶺)에 출정 와서

← mini niyalma be waha, adun gaiha, sini
나의 사람을 죽이고, 가축 떼를 빼앗았다. 너의

← tuttu ehe be (25:5a)
그러한 악행을

⇦ abka wakalafi, simbe minde buhe manggi, weihun jafabuha niyalma be
하늘이 책망하여, 너를 나에게 주자, 사로잡힌 사람을

← adarame wara seme ujihe, ujifi hūsun tusa bahaki
어찌 죽이겠느냐 하여 살려주었다. 살려서 힘과 이득을 얻고자

← seme sindafi unggimbi, jaisai si ujihe ama be
하여 놓아 보낸다. Jaisai 네가 살려준 아버지를

← ama seme gūnirakū, deote be deote seme gūnirakū,
아버지라고 생각하지 않고, 동생들을 동생들이라고 생각하지 않고

← bade isinaha manggi mujilen gūwaliyaci, jaisai simbe
너의 땅에 다다른 후에 마음을 바꾼다면, Jaisai 너를

⇦ abka wakalafi sui isifi bucekini, ulha be jalidame gaifi
하늘이 책망해서 죄업이 미처 죽으리라. 간계를 부려 가축을 받고도

← simbe unggirakūci, mende sui isifi bucekini, jaisai (25:5b)
너를 보내지 않으면, 우리에게 죄업이 미처 죽으리라." Jaisai가

emu šanggiyan morin, muse emu šanggiyan morin
백마 한 마리를 죽이고, 우리가 백마 한 마리를

wafi, duici beile, amin beile gaifi, ice
죽여서, 제4버일러와 Amin 버일러를 데리고

uyun de tasha inenggi coko erinde gashūha.
초아흐레 인일(寅日) 유시(酉時)에 맹세했다.

○ erdeni baksi, amba beile de bithe beneme
Erdeni 박시가 대버일러에게 글을 보내러

genefi, amasi ice uyun de isinjiha.
갔다가, 초아흐레에 돌아왔다.

(25:6a)

○ juwan de, amba beile de unggihe
10일에, 대버일러에게 보낸

⇦ gisun, aita be dahaha emu sain hafan be aita i
말이다. "Aita를 따르던 우수한 관원 한 명을, Aita를

← funde ejen arafi, aita i cooha be dahabufi ginjeo de
대신하여 수장으로 삼고, Aita의 군사를 맡겨서, 금주(金州)에

← unggifi, mederi bitume tehe hūwang gu doo, ši dzui pu,
보내서, 바닷가 연안의 황골도(黃骨島)와 석취보(石嘴堡),

← wang hai to, gui hūwa pu i šeo pu be,
망해과(望海堝), 귀화보(歸化堡)의 군사와,

← gašan i niyalma be, gemu mederi ci ninju ba i
마을 사람을, 모두 바다로부터 60리

← dubede bederebu, bederebume wajiha manggi, wajiha seme bithe (25:6b)
떨어진 곳으로 물러나게 하라. 다 물러나게 하면, 끝났다고 글을

← wesimbufi, tehe coohai niyalma, han i bithe wasindara be
올리고, 주둔한 병사는 한(汗)이 내리는 글을

← donjikini, neneme unggihe g'aoši bithe be arafi, tere
듣게 하라. 먼저 보낸 고시(告示) 글을 베껴 써서, 그

← duin pu i bade ambula arafi unggi seme bithe
네 곳의 보(堡)에 많이 써서 보내라"고 글을

arafi unggihe.
써서 보냈다.

◯ juwan juwe de, dzung bing guwan tanggūdai, yangguri
12일에 총병관(總兵官)인 Tanggūdai와 Yangguri가

juwe minggan cooha gaifi, g'ai jeo de anafu (25:7a)
2000명의 군사를 인솔하고 개주(蓋州)에 수자리를

tehe niyalma be halame genehe, dobi ecike i
살던 사람을 교대하러 갔다. Dobi 숙부 휘하의

tulkun, jakūn gūsai jakūn niyalma, nikan orin
Tulkun과 8구사의 8명, 그리고 한인

duin niyalma, fung hūwang ceng de teme genehe.
24명이 봉황성(鳳凰城)에 주둔하러 갔다.

◯ amba beile, manggūltai beile, degelei age, yoto
대버일러와 Manggūltai 버일러, Degelei 아거, Yoto

age, ilan minggan cooha gaifi genehe, liyoodung ni
아거가 군사 3000명을 인솔해서 갔다.

hecen ci nadan tanggū orin ba i dubede, (25:7b)
요동성(遼東城)에서 720리 떨어진 곳에

ginjeo i cargi, lioi šūn keo sere baci
금주(金州)에서 저쪽으로 여순구(旅順口)라는 지역에서부터

ebsi, mederi hanci tehe pu hecen i irgen be
이쪽으로 바닷가 인근에 살던 보와 성의 백성을

gemu bargiyafi, juwan emu de
모두 거두어서, 11일에

⇦ han i hecen de isinjiha.
한(汗)의 성에 도착했다.

○ juwan juwe de, aita tsanjiyang be wesibufi
12일에 Aita 참장(參將)을 승직시켜

fujiyang obuha. (25:8a)
부장(副將)으로 삼았다.

⇦ han, juwan juwe de tucifi, jeng giyang ci gajiha olji be,
한(汗)이 12일에 나가서, 진강(鎭江)에서 데려온 포로와

juwe minggan ihan deji gaifi hergen i niyalma de
2000마리의 소를 좋은 것을 골라서, 직위에 따라 사람들에게

šangnaha, darhan hiya de tofohon ihan buhe,
포상했다. Darhan 히야에게는 15마리의 소를 주었다.

adun age, abatai age de sunjata ihan buhe,
Adun 아거와 Abatai 아거에게는 다섯 마리씩의 소를 주었다.

dzung bing guwan de duite buhe, fujiyang de
총병관에게는 네 마리씩 주었다. 부장에게는

ilata buhe, uju jergi tsanjiyang de juwete (25:8b)
세 마리씩 주었다. 1등 참장에게는 두 마리씩

buhe, jai jergi, ilaci jergi tsanjiyang de,
주었다. 2등, 3등 참장에게는

juwete niyalma de acan ilata buhe, ilaci
두 명마다 합쳐서 세 마리씩 주었다. 3등

jergi iogi de emte buhe, niru kadalara
유격에게는 한 마리씩 주었다. 니루를 관리하는

beiguwan de, juwe niyalma de acan emke
비어(備禦)에게는 두 명한테 합쳐서 한 마리를

buhe, sula beiguwan, bayarai kiru i ejen, sunja
주었다. 한산(閑散) 비어와 바야라의 기(旗)의 수장은 다섯

niyalma de acan emken buhe, ciyandzung de,
명을 합쳐서 한 마리를 주었다. 천총(千總)에게는

juwan niyalma de emken buhe, nikan i hafasa de, (25:9a)
열 명에게 한 마리를 주었다. 한인 관원들에게는

emu tanggū ihan, juwe tanggū boigon bufi,
100마리의 소와, 200가호를 주고,

fusi efu tuwame šangnaha, tunggiya niyalma de,
Fusi 어푸가 살펴서 포상했다. Tunggiya 사람에게는

ihan juwe tanggū, niyalma juwe tanggū, eihen
소 200마리, 사람 200명, 나귀

emu tanggū buhe, jeng giyang de tabcilafi olji
100마리를 주었다. 진강에서 노략질해서 포로를

ambula jafaha seme, darhan hiya i gūsade emu
많이 잡았다 하여 Darhan 히야의 구사에는

tanggū gūsin buhe, abatai age i gūsade emu
130을 주었다. Abatai 아거의 구사에

tanggū orin buhe, amba efu i gūsade jakūnju (25:9b)
120을 주었다. 대어푸의[1] 구사에 80을

buhe.
주었다.

○ juwan duin de, manggūltai beile, darhan hiya,
14일에 Manggūltai 버일러와 Darhan 히야가

juwe minggan cooha gaifi, ginjeo i ergi cang šan
2000명의 군사를 인솔하고, 금주(金州) 쪽 장산도(長山島)

doo i niyalma ubašaha seme cooha genehe, tede
사람이 모반했다 하여 출정했다. 그곳에

unggihe
보낸

⇦ bithe, cang šan doo i niyalma, suwe neneme ujulafi (25:10a)
글이다. "장산도(長山島) 사람 너희는, 먼저 앞장서서

← ubašaha niyalma be jafafi bu, tuttu ujulaha
모반한 사람을 잡아서 넘기라. 그렇게 앞장선

← niyalma be jafafi buhede, suweni geren be
사람을 잡아서 넘기면, 너희 무리는

← warakū kai.
죽이지 않을 것이다."

---

1) Donggo 어푸, 즉 Hohori를 지칭한다.

○ tofohon de, jaisai beile i beyei funde benjire
15일에, Jaisai 버일러가 자기 대신 보내는

juse be, degelei age, jirgalang age, yoto age,
자식들을, Degelei 아거, Jirgalang 아거, Yoto 아거,

ajige age, sunja ba i dubede ihan honin (25:10b)
Ajige 아거가 5리 떨어진 곳에서 소와 양을

wame okdofi, hoton de gajire de,
잡아 맞이하고서 성에 데려올 때,

⇦ han, fujisa, geren beise, ice tere bade genehe bihe,
한(汗)과 푸진들, 여러 버일러는 새로 거주할 곳에 가 있었는데,

⇦ han i jakade acabufi, jakūn gūsai jakūn ihan
한(汗)의 곁으로 모여서, 8구사의 여덟 마리 소를

wafi sarilaha.
잡고 주연을 벌였다.

○ juwan nadan de, fe an i gaijara alban i
17일에, 옛날 관례로 받는

jeku orho be, hūdun hafirame bošofi (25:11a)
공물인 곡식과 목초를 속히 억지로라도 재촉하여

ulebu.
먹이라.

○ jaisai beile de buhengge, sahalca seke hayaha
Jaisai 버일러에게 준 것이다. 검은담비 털로 테를 두르고,

seke i doko noho hūha jibca, seke i
안감을 모두 담비 털가죽으로 짠 가죽옷, 담비 털가죽

mahala, silun i dahū, sijiha gūlha, foloho umiyesun,
모자, 스라소니 털옷, 감친 가죽신, 무늬를 새긴 허리띠,

foloho jebele de beri niru yooni, acinggiyame
무늬를 새긴 화살통에 활과 화살 일체,

foloho enggemu hadala tohohoi emu morin, beyede (25:11b)
흔들리는 장식이 있고 무늬를 새긴 안장과 굴레를 씌운 말 한 마리, 직접

etu seme emu hilteri uksin, saca, galaktun
입으라고, 미늘 갑옷과 투구와 소매 끝동

yooni, bai jergi uksin emu tanggū buhe.
일체, 일반 갑옷 100벌을 주었다.

○ juwan jakūn de, beise i beye, juwan ba i
18일에, 버일러들이 몸소 10리

dubede fudeme genefi, juwe ihan, juwe honin
끝에 배웅하러 가서, 소 두 마리, 양 두 마리를

wame sarilame fudefi, jaisai beile be unggihe,
잡아 주연을 베풀고 Jaisai 버일러를 보냈다.

yakcan buku, isamu, beki, ere ilan niyalma (25:12a)
Yakcan Buku와 Isamu, Beki 이 세 명이

beneme genehe.
배행(陪行)하며 갔다.

○ orin de, jaisai benjihe morin honin be,
20일에, Jaisai가 보내온 말과 양을,

jakūn beise dendeme gaiha, honin be, du tang,
8명의 버일러들이 나누어 가졌다. 양은 도당과

dzung bing guwan de buhe, gaime funcehe ihan be,
총병관에게 주었다. 그리고 남은 소는,

du tang, dzung bing guwan ci fusihūn, ciyandzung ci
도당, 총병관 이하, 천총

wesihun, siran siran i hergen bodome šangname (25:12b)
이상 차례차례로 직위를 고려하여 포상해

buhe.
주었다.

○ manggūltai beile, darhan hiya juwe minggan
Manggūltai 버일러와 Darhan 히야가

cooha gaifi, cang šan doo de cooha
군사 2000명을 인솔하고, 장산도(長山島)에 출병하여

genefi, nikan i juwe minggan cooha be gemu
명의 군사 2000명을 모두

gidafi waha seme, sunja niyalma aibari medege
제압하여 죽였다고, 다섯 사람이 Aibari의 소식을

alanjime orin de isinjiha. (25:13a)
알리러 20일에 이르러 왔다.

○ orin de, isun be, hūlhaha weile be
20일에 Isun이 도적질한 죄를

alahakū gidaha seme, fujiyang ni hergen be
알리지 않고 숨겼다 하여 부장직을

nakabuha, yasun be wesibufi jai jergi tsanjiyang
그만두게 했고 Yasun을 승직시켜서 2등 참장으로

obuha.
삼았다.

○ orin emu de, baindari, hecen i iogi be (25:13b)
21일에 Baindari를 성의 유격(遊擊) 직위를

wesibufi, ilaci jergi tsanjiyang obuha, babutai, ninju,
승직시켜 3등 참장으로 삼았다. Babutai와 Ninju를,

ilaci jergi iogi be wesibufi, uju
3등 유격에서 승직시켜 1등

jergi iogi obuha, fanggina, beiguwan be wesibufi,
유격으로 삼았다. Fanggina는 비어에서 승직시켜

uju jergi iogi obuha, jakduri be uju
1등 유격으로 삼았다. Jakduri를 1등

jergi iogi obuha, deju, tangkio be ilaci
유격으로 삼았다. Deju와 Tangkio를 3등

jergi iogi obuha, arbuni faksi, hoosa, jaciba,
유격으로 삼았다. Arbuni 장인(匠人), Hoosa,[2] Jaciba,

singgiyan be ilaci jergi tsanjiyang ni hergen be (25:14a)
Singgiyan을 3등 참장직에서

wasibufi, uju jergi iogi obuha, manggūltai beile i
강직시켜 1등 유격으로 삼았다. "'Manggūltai 버일러가

baha olji be, juleri afaha duin tanggū
획득한 포로 중에서 선두에서 싸운 400명의

2) 『滿文老檔』 원문에 arbuni faksi와 hoosa로 나뉘어 있지만 『滿文老檔』 제18권 12a 제2행에 faksi hoosa가 나타나므로 Arbuni와 Faksi Hoosa, 즉 '장인(匠人) Hoosa'일 가능성이 있다.

nikan de duin tanggū hehe, tanggū takūrafi
한인에게 400명의 여자를 주고, 파견한 100명의 사람에게

duin yan menggun šangname bu seme arabu,
넉 냥의 은을 상으로 주라'고 글을 쓰게 하라."

g'aoši be orin emu de unggihe, duin
고시를 21일에 보냈다. 네 명의

bedzung de, emte hehe tucibume buhe.
백총에게 한 명씩의 여자를 뽑아서 주었다.

(25:14b)

○ orin juwe de, korcin gumbu i elcin, minggan
22일에, Korcin의 Gumbu의 사신과 Minggan

mafa i elcin, jargūci mafa i elcin i emgi, turusi
마파의 사신, 자르구치 마파의[3] 사신과 함께 Turusi

baksi monggo de genehe.
박시가 몽골에 갔다.

○ orin ilan de, kalka i joriktu beile i duin
23일에, Kalka의 Joriktu 버일러 예하의

niyalma, jakūn morin gajime ukame jihe.
네 사람이 여덟 마리의 말을 끌고 도망해 왔다.

(25:15a)

○ jeng giyang de morin ulebume, emu gūsai
진강에 말을 먹이러 한 구사당

頭註: gingguleme kimcici, tanggū takūrafi, duin yan menggun šangname bu sere gisun, ainci takūraha tanggū niyalma de duite yan menggun šangname bu sere gisun dere. [신중하게 살펴보니, tanggū takūrafi, duin yan menggun šangname bu라는 말은 아마도 '파견한 100명의 사람에게 은 넉 냥씩을 상으로 주라'는 말일 것이다.]

3) Hong Taiji의 장인인 Manggūs 버일러를 지칭한다.

emte fujiyang ni jui, iogi, beiguwan, emu nirui
한 명씩 부장의 아들과 유격과 비어가 한 니루당

juwanta uksin gaifi, orin duin de genehe,
열 명씩의 갑병을 이끌고 24일에 갔다.

manggūltai beile i cooha genehe baci, samhatu, olji
Manggūltai 버일러가 출정갔던 곳에서부터 Samhatu가 포로로

baha ton be alanjime, orin duin de
잡은 숫자를 알리기 위해 24일에

isinjiha.
왔다.

(25:15b)

○ orin sunja de, solho i elcin jimbi seme,
25일에, 조선(朝鮮)의 사신이 온다 하여,

solho i ilan niyalma neneme alanjime jihe.
조선의 세 사람이 먼저 알리러 왔다.

○ manggūltai beile, darhan hiya, cang šan doo de
Manggūltai 버일러와 Darhan 히야가 장산도(長山島)에

genefi, amasi orin nadan de isinjiha.
갔다가 27일에 돌아왔다.

○ orin jakūn de, araha hūcin de bisire (25:16a)
28일에, 만들어둔 굴에[4] 있는

jeku, sunja minggan hule bi, niru de juwen
곡식이 5000섬이다. 니루에 빚

---

4) hūcin의 사전적 의미는 '우물'이다.

sindame gaijara jeku, emu tumen juwe minggan
주어 수령할 곡식이 1만 2000

hule be, fe dangse de fe ala i alban i
섬이다. 옛 당안에 Fe Ala의

jeku, emu tumen nadan minggan duin tanggū
공곡 1만 7417섬이

juwan nadan hule bihe, erebe bonio
있었다. 이것을 경신년(庚申年, 1620)

aniya jakūn biya ci ebsi, coko aniya anagan i
8월 이래, 신유년(辛酉年, 1621) 윤3월까지

ilan biya ci casi, ice anggala de (25:16b)
새 인구에게

buhengge, ilan minggan ilan tanggū ninggun hule
준 것이 3306섬이었다.

buhe, duin biya ci ebsi, jakūn biya ci
4월 이래로 8월까지

casi, liyoodung ni jeku be, monggo, nikan i anggala
요동의 곡식을 몽골인과 한인 인구와

nirui uksin i niyalma de buhengge, juwe tumen
니루의 갑병에게 준 것이

sunja minggan susai ninggun hule ilan sin
2만 5056섬 3되였다.

buhe, fe alban i jeku bisirengge, emu tumen
옛날 공곡이 있는 것은

duin minggan emu tanggū juwan emu hule bi, (25:17a)
1만 4111섬이다.

liyoodung ni jeku be juwen sindahangge, jakūn
요동의 곡식을 빚 준 것이

tanggū dehi emu hule, ere uhereme emu
841섬이다. 이것을 합쳐서

tumen duin minggan uyun tanggū.
1만 4900이다.

○ orin jakūn de, jaisai beile i elcin ootamo genehe.
28일에, Jaisai 버일러의 사신 Ootamo가 갔다.

○ orin jakūn de, (25:17b)
28일에,

⇦ han, fujisa, beise, nikan i hafasa, hafasai sargan be gamame,
한(汗)이 푸진들과 버일러들, 한인 관원들, 관원들의 아내를 데리고

ambasa ice hoton arara bade tucifi genefi, jakūn gūsai
대신들이 새로운 성을 쌓는 곳에 나가서, 8구사의

jakūn ihan wafi, juwanta dere dasafi, amba sarin
소 여덟 마리를 잡고, 열 개씩의 상을 준비하여 큰 주연을

sarilaha, jai hoton arara nikasa de, emu gūsai juwanta
벌였다. 또 성을 쌓는 한인들에게 한 구사당

ihan šangnaha, jakūn gūsai jakūn iogi i sargan de,
소 열 마리씩을 포상했다. 8구사의 유격 여덟 명의 부인들에게

aisin i sifikū emte buhe.
금비녀 하나씩을 주었다.

(25:18a)

○ orin jakūn inenggi, g'ai jeo de anafu teme, duin iogi
28일에, 개주에 수자리를 살러 네 명의 유격이

gaifi emu minggan cooha genehe.
이끌고 1000명의 군사가 갔다.

제26권

천명(天命) 6년(1621) 9월

orin ningguci debtelin,
abkai fulingga i
ningguci aniya uyun
biya.

tongki fuka sindaha hergen i dangse. (26:1a)
유권점 당안

⇦ han i bithe, uyun biyai ice inenggi wasimbuha, gurun i šurdeme
한(汗)의 글을 9월 초하루에 내렸다. "나라 주위

← ba ba i tai niyalma de hendufi, poo, pan,
곳곳의 대(臺)에 있는 사람에게 말해서, 포와 운판,

← holdon, tu be saikan dagilabufi, olhome sereme asuki
봉화, 둑(纛)을 잘 준비하게 하고, 경계하여 동정과

← medege gaime tuwakiyabu.
소식을 받으면서 지키게 하라."

○ du tang ni hergen darhan hiya, ini
도당(都堂)의 직을 맡은 Darhan 히야가, 자기

sargan de waliyambi seme, anafu cooha de (26:1b)
아내에게 묘제를 지내겠다고 수자리 군사에

ejen arafi werihe ini deo janggiya be
수장으로 삼아서 남겨둔 그의 동생 Janggiya를

gajiha seme, tanggū yan i weile gaiha,
데려왔다 하여, 100냥의 죗값을 징수했다.

janggiya be si coohai ejen, cooha be
Janggiya를 "너는 군사의 수장인데, 군사를

waliyafi ainu jihe seme, eigen sargan i
버리고 어찌 왔는가"라고 하여 부부의

beyei teile tucibufi, booi ai jaka be
몸을 제외하고 집의 온갖 물건을

gemu gaiha, fujiyang ni hergen be efulehe,
모두 몰수하고 부장(副將)직을 박탈했다.

manggūltai beile be, janggiya be gajiki (26:2a)
Manggūltai 버일러를 "Janggiya를 데려오고 싶다며

seme sinde fonjici, si werihekū ainu
너에게 물었을 때 너는 남겨두지 않고 왜

gajiha seme weile arafi, susai hahai
데려왔는가"라고 하여 치죄하고 장정 50명의

jušen gaiha, kanggūri dzung bing guwan, anafu teme
속민을 몰수했다. Kanggūri 총병관(總兵官)은 수자리 살러

genere cooha de, ninju gebungge ice
가는 군사에게 Ninju라는 새로운

niyalma be ejen arafi unggihe seme,
사람을 수장으로 삼아서 보냈다 하여

wasibufi fujiyang ni hergen obuha, susai yan i
강직시켜 부장직이 되게 하고, 50냥의

weile gaiha, amba efu, adun be, (26:2b)
죗값을 징수했다. 대어푸와 Adun은,

janggiya be ini ahūn gajici, suwe ainu
"Janggiya를 자신의 형이 데려왔을 때, 너희는 어찌

tafulafi werihekū seme, orin sunjata yan i weile
말려서 남게 하지 않았는가"라고 하고 25냥씩의 죗값을

gaiha.
징수했다.

○ ineku tere ice inenggi, g'ai jeo de
같은 그 초하루에, 개주(蓋州)에

anafu teme, duin iogi gaifi emu minggan
수자리를 살기 위해 유격(遊擊) 네 명이 인솔해서 1000명의

cooha genehe. (26:3a)
군사가 갔다.

⇦ han i bithe, ineku tere ice inenggi, g'ai jeo de anafu
한(汗)의 글을, 같은 그 초하루에, 개주에 수자리

← tehe yangguri dzung bing guwan de unggihe, fu jeo de bisire
사는 Yangguri 총병관에게 보냈다. "복주(復州)에 있는

← sejen kalka be, fu jeo i niyalma nikan i g'ai jeo de
방패차를, 복주 사람인 한인을 시켜 개주에

← benjikini, suweni beyebe dahame gaifi yabu, dobori deduci,
보내오는 것이 좋겠다. 너희의 몸을 따르도록 가지고 다니라. 밤에 누워도

← inu beyei jakade sindafi dedu, bata sabuci, sejen
또한 몸 곁에 놓고서 누우라. 적이 보이면, 방패차가

← kalka akū ume genere, borjin hiya, sejen kalka (26:3b)
없이 가지 말라. Borjin 히야는 방패차가

← akū juwe bade afafi, weile baha kai.
없이 두 곳에서 싸워서 죄를 지은 것이다."

○ ice juwe de, borjin fujiyang ni janggiya be,
초이틀에, Borjin 부장의 Janggiya를

anafu i cooha de ejen komso seme nonggime unggihe.
수자리 병사에 수장이 적다고 추가로 보냈다.

○ ice ilan de,
초사흘에

⇦ han, yamun de tucifi, du tang, dzung bing guwan ci fusihūn, (26:4a)
한(汗)이 아문에 나가서, 도당과 총병관 이하

iogi de isitala, jise jafara nikasa be bume,
유격에 이르기까지를, 당안을 담당하는 한인 사관들을 주어서

ninggun jergi ilgame banjibuha, baduhū be wesibufi
여섯 품계를 판별하여 편성했다. Baduhū를 승직시켜서

tsanjiyang obuha.
참장(參將)으로 삼았다.

⇦ han, ice duin de hecen ci tucifi, mederi tun ci gajiha
한(汗)이 초나흘에 성을 나서서, 해도(海島)에서 끌고온

tumen olji be, du tang, dzung bing guwan ci fusihūn,
포로 1만을 도당, 총병관 이하

頭註: gingguleme kimcici, jise jafara nikasa sere gisun, ainci dangse jafašara nikan šudesi sere gisun dere. [신중하게 살펴보니, jise jafara nikasa라는 말은 아마도 '당안을 담당하는 한인 사관'이라는 말일 것이다.]

šeobei hergen ci wesihun, gemu neigen šangname buhe, (26:4b)
수비(守備) 직위 이상에게 모두 골고루 상으로 주었다.

gisun be iogi hergen efulehe.
Gisun을 유격 직위에서 파직했다.

○ ice sunja de beidehe weile, du tang adun
초닷새에 판결한 죄이다. 도당 Adun

age, encu gūsai baduri dzung bing guwan be
아거가 다른 구사의 Baduri 총병관을

beleme, anafu genehe bade, nikan i hehe be monggo
모함하여, "'수자리를 간 곳에서 한인 여인을 몽골

booi dolo gamaha, jai nikan i ulgiyan coko be
집 안에 끌고갔고 또 한인의 돼지와 닭을

wame jeke, nikan hehesi be ergelefi buda arabuha (26:5a)
잡아서 먹었으며, 한인 여인들을 핍박하여 밥을 짓게 했다'라고

seme nikasa habšanjiha bihe seme, beise de alaha,
한인들이 와서 고소했다"라고 버일러들에게 알렸다.

jai liyoodung ni hoton be gaire de, adun age i
또 요동성을 공략할 때 Adun 아거의

gūsa neneme tafaka seme munggatu nirui niyalma
구사가 먼저 올랐다고 Munggatu 니루 사람이

holtome henduhe seme, baduri dzung bing guwan holtoho
거짓말을 했다 하여, Baduri 총병관이 속인

niyalma be šusihalaha, tere be adun age,
사람을 채찍으로 쳤는데, 그것을 Adun 아거가

angga bungname tantaha seme, geli beise de alaha,
"진실을 날조하기 위해 때렸다"라고 또 버일러들에게 알렸다.

jai šanggiyan hada i dain de, baduri be, (26:5b)
또 "Šanggiyan봉(峰) 전투에서 Baduri가

adun inci fakcafi tutaha bihe seme alaha
Adun 자신에게서 떨어져 뒤에 남아 있었다"라고 알렸다.

manggi, tere weile be geren beise duilefi,
그리하여 그 죄를 여러 버일러들이 심리한 후에

adun age de tuhebufi, du tang ni hergen be
Adun 아거에게 죄가 있다고 해서, 도당 직위를

efuleme, juwe nirui jušen be gemu gaime
파직하고 두 니루의 속민을 모두 몰수하고

wasibume beidehe bihe,
강등시키도록 판결했다. 이를

⇦ han de alara jakade,
한(汗)에게 아뢰자,

⇦ han hendume, adun, coohai jurgan be, weile beidere šajin (26:6a)
한(汗)이 말하기를 "Adun은 군율과 죄를 판결하는 법률을

← jurgan be, ere sarkū, tacire unde, ere nikan i
모르고 아직 배우지 못했다. 이 사람은 한인의

← weile, hūda hūdašara tenteke bade ere mangga,
일과 물건을 사고파는 그러한 면에 능하다.

頭註: gingguleme baicaci, manju gisun i buleku bithede, uru bime waka obume gamara be bungnambi sembi sehebi. [신중하게 조사하니, 『御製淸文鑑』에 '옳지만 틀린 것이 되도록 끌고가는 것을 bungnambi라고 한다'라고 했다.]

← afabuhakū, bandarakū, šadarakū, ere weile be suweni beidehe
맡기지 않았을 뿐, 맡기면 태만하지 않고 지치지 않는다. 이 일을 너희가 판결한 것은

← mujangga, hergen kemuni bikini, emu nirui jušen, susai
옳으나, 직위는 그대로 두라. 한 니루의 속민과 50냥의

← yan i weile gaisu, jai ereci julesi, beise ambasa,
죗값을 받으라. 또 지금부터 앞으로 버일러들과 대신들

← suwe ai ai weile gisun be, encu bade
너희는 갖가지 죄에 대한 말을 다른 데에

← tefi ume gisurere, facuhūn ombi, emu bade tefi (26:6b)
있으면서 말하지 말라. 혼란스러워진다. 같은 곳에 있으면서

← hebešeme gisure seme hendufi, adun de, emu nirui
협의하여 말하라"고 하고서, Adun에게 한 니루의

jušen, susai yan i weile gaiha.
속민과 50냥의 죗값을 받았다.

○ yanjuhū nirui ilan niyalma, nikan i ulgiyan be
Yanjuhū 니루의 세 사람이 한인의 돼지를

durime wafi jeke seme, juwe niyalma be
빼앗아 잡아 먹었으므로 두 사람은

erulehe, emu niyalma be waha.
형벌을 가하고 한 사람은 죽였다.

頭註: gingguleme kimcici, tenteke bade ere mangga, afabuhakū, bandarakū, šadarakū sere gisun, ainci tenteke bade ere mangga, damu afabuhakū dabala, afabuci, bandarakū šadarakū kai sere gūnin dere. [신중하게 살펴보니, tenteke bade ere mangga, afabuhakū, bandarakū, šadarakū라는 말은 아마도 '그러한 것에 이 사람은 강하다. 다만 맡기지 않았을 뿐, 맡기면 태만하지 않고 지치지 않을 것이다'라는 뜻일 것이다.]

(26:7a)

○ ice ninggun de, tang jan i šeo pu boolame,
초엿새에 탕참(湯站)의 수보(守堡)가 보고하기를

anafu tehe cooha, jasei dorgi dahaha gurun be
"수자리 사는 군사가 경내의 투항한 백성을

sucufi, tumen olji gaiha, orho icebume waha
습격해서 포로 1만 명을 잡고, 풀이 물들도록 죽였다"라고

seme alanjiha manggi, du tang adun, fujiyang
와서 알리자, 도당 Adun과 부장

urgūdai be, susai niyalma be adabufi,
Urgūdai에게 50명을 붙여서,

← suwe dacilame tuwana, musei jasei dorgi gurun mujangga
"너희가 자세히 조사하러 가라. 우리 경내의 백성이 맞다면

← oci, gemu amasi bederebu seme unggihe. (26:7b)
모두 돌아가게 하라"고 하며 보냈다.

○ ice nadan de, g'ai jeo de unggihe
초이레에 개주에 보낸

⇦ gisun, musei anafu tehe coohai niyalma, tsang ni jeku be
글이다. "우리 수자리 병사들은 창고의 곡물을

← miyalime gaifi jefu, ginjeo, fu jeo i boigon niyalma be,
양을 재서 받아서 먹으라. 금주(金州)와 복주의 가호 사람을

← g'ai jeo i niyalma de kamcibufi, deijire orho, morin i
개주 사람과 합쳐서 땔감용 건초와 말이

← jetere liyoo be juwen bufi ulebu, niyalmai jeterengge
먹을 먹이를 빌려주고서 먹이라. 사람이 먹을 것은

← tsang ni jeku be juwen bu, mederi dogon juhe (26:8a)
창고의 곡물을 빌려주라. 바다의 나루는 얼음이

← jafara isika kai, sain akdun niyalma be tucibufi,
곧 언다. 믿음직한 좋은 사람을 뽑아서

← fulu ulha be casi orho bisire bade
남는 가축을 저 편의 목초가 있는 곳에

← ulebume unggi.
먹이러 보내라."

○ niyang niyang gung ni ba i dogon de, sunja
낭랑궁(娘娘宮) 지역의 나루에 나룻배

jaha i juwe tanggū cooha jifi, dung ging ni
다섯 척으로 병사 200명이 와서, Dung Ging의

emu bedzung, jakūnju niyalma be gaifi, afafi (26:8b)
한 백총(百總)이 80명을 이끌고 싸워서

gidaha seme, bedzung de sunja yan, hoto de
제압했다고 백총에게 다섯 냥, Hoto에게

sunja yan, feye de bucehe emu niyalma de
다섯 냥, 상처를 입고 죽은 한 사람에게

orin yan, dain i niyalma be weihun jafaha
20냥, 적병을 생포한

niyalma de orin yan, jai geren coohai
사람에게 20냥, 그리고 여러 군인에게

niyalma de sunjata jiha menggun šangnaha.
5전씩의 은을 상으로 주었다.

○ fusi efu de wasimbuha (26:9a)
Fusi 어푸에게 내린

⇦ bithe, jase jakai emu juwe gašan be bargiya seme, emu
글이다. "경계 부근의 한두 촌락을 거두라고

← sain niyalma tucibufi takūra, gašan gašan i bargiyaha niyalma be
좋은 사람 한 명을 뽑아서 파견하라. 각 촌락에서 거둔 사람을

← tuwaname unggi.
살피러 보내라."

○ ice jakūn de, g'ai jeo i lio fujiyang de
초여드레에, 개주의 유(劉) 부장에게

unggihe
보낸

⇦ bithe, mao wen lung ni holtoho gisun de dosifi, jeng giyang ni (26:9b)
글이다. "모문룡(毛文龍)의 거짓말에 넘어가서, 진강(鎭江)

← niyalma dorgideri facuhūrafi, han i sindaha hafan be jafafi
사람이 내란을 일으켜, 한(汗)이 임명한 관원을 잡아서

← buhe turgunde, suweni ginjeo, fu jeo i niyalma joboho,
넘겼기 때문에, 너희 금주(金州), 복주(復州) 사람이 근심했다.

← te bicibe, yaya ba i niyalma ubašaci, suweni beyei
이제 비록 어떤 지방의 사람들이 모반하려거든 너희 자신들만

← teile genecina, han i sindaha hafan be ainu jafafi
가라. 어찌 한(汗)이 임명한 관원을 잡아서

← bumbi, ainu wambi, mederi be jaha yabuci ojorakū,
넘기는가. 어찌 죽이는가. 바다를 나룻배로 건널 수는 없다.

← ume bithe wesimbu, han i bithe wasika manggi, ginjeo,
문서를 올리지 말라. 한(汗)이 문서를 내린 후에, 금주(金州)와

← fu jeo i juse hehesi, meni meni bade bederekini, (26:10a)
복주의 아녀자들은 각자 있던 곳으로 돌아가게 하라.

← aita fujiyang, g'ai jeo, hai jeo i harangga ejen akū
Aita 부장은 개주, 해주(海州) 관하의 주인 없는

← jeku orho be baicafi, musei coohai niyalma de
곡물과 목초를 조사해서 우리 병사들에게

← hūdukan bodome bu.
일찌감치 계산하여 지급하라."

○ ice nadan i yamji, mandarhan nirui keri booi
초이렛날 저녁, Mandarhan 니루의 Keri 집의

emu monggo,
몽골인 한 명이

⇦ han i hūwa i duka dosika be, duka tuwakiyaha juwe kiru i (26:10b)
한(汗)의 안뜰로 통하는 문으로 들어간 것을 문을 지키던 두 기(旗)의

bayarai niyalma, dolo tuwakiyame tehe hiyasa, yaya sahakū,
바야라와 안을 지키고 있던 시위(侍衛)들이 모두 알아차리지 못했다.

dosifi
들어가서,

⇦ han i tehe booi wargi fiyasha be šurdeme genefi, amargi
한(汗)이 사는 집의 서쪽 벽을 둘러 가서 북쪽

uce deri dosire be, hehesi safi alafi, yasun,
지게문으로 들어가려는 것을, 여자들이 알아차리고 보고하니, Yasun과

udanan, asari jafaha, tere weile be, ice
Udanan, Asari가 체포했다. 그 일을

jakūn de šajin de duilefi beidehengge,
초여드레에 법에 따라서 심리하고 판결한 것이다.

⇦ han i sonjofi duka tuwakiya seme afabuha hiyasa, suwe tenteke (26:11a)
"한(汗)이 뽑아서 문을 지키라고 맡긴 시위들 너희가 그렇게

ehe niyalma be duka dosici sarkūci, suweni
나쁜 사람이 문으로 들어와도 알아차리지 못하니, 너희가

duka tuwakiyaha ai tusa seme weile arafi,
문을 지킨 것이 무슨 소용이 있는가"라고 하여 치죄하고서,

juwe kiru i orin niyalma be, juwanta šusiha
두 기(旗)의 20명에게 열 대씩

šusihalaha, bada gebungge niyalma be, simbe
채찍으로 때렸다. Bada라는 사람에게는 "너를

⇦ han tukiyefi amban obufi, tsanjiyang ni hergen hiya gebu bufi,
한(汗)이 등용하고 대신으로 삼아서 참장(參將)의 직위와 시위의 이름을 주고

jui arafi ujici, ujihe baili be gūnime,
아들로 삼아 보살폈는데, 보살펴준 은혜를 생각하며

tenteke ehe niyalmai dosire be ainu kimcihakū (26:11b)
저토록 나쁜 사람이 들어오는 것을 어찌 살피지 않고,

sahakū seme weile arafi, tsanjiyang ni hergen be
알아차리지 못했는가"라고 하여 치죄하고, 참장직을

efulehe, liyoodung ci ebsi šangname buhe aika
파직했다. 그리고 요동에서부터 그때까지 상 주었던 온갖

jaka be gemu gaiha, dobori emhun duka dosika
물품을 모두 몰수했다. 밤에 홀로 문으로 들어온

tere niyalma be, huthufi eruleme geren de
그 사람은 묶고 형벌을 주어 여럿 앞에서

tuwabume waha.
보이며 죽였다.

○ hai jeo ci moro fila juwe minggan ilan (26:12a)
해주에서 2350개의

tanggū susai benjihe.
사발과 접시를 보내왔다.

○ juwan de beidehe weile, lii dusy, g'o
10일에 판결한 죄이다. "Lii 도사는 G'o

iogi i ciyandzung be ura tūhe, bethe be
유격 휘하의 천총의 볼기를 치고, 다리에

giyabalame erulehe seme habšafi, geren duilefi, lii
주리를 트는 벌을 가했다"라고 고소했기 때문에, 여럿이 심리하여 Lii

dusy be hergen efuleme weile gaime beidehe
도사를 파직하며 죗값을 받도록

bihe, (26:12b)
판결했었다.

⇦ han de alara jakade, dusy hergen kemuni bikini, orin
한(汗)에게 아뢰자, "도사 직위는 그대로 두라.

← yan i weile gaisu seme gaibuha.
20냥의 죗값을 받으라"고 하여 징수하게 했다.

○ ginjeo, fu jeo i lio fujiyang ni kadalara yung
금주(金州), 복주의 유(劉) 부장이 관할하는

ning giyan i bade, julergi dain i jaha i sunja
영녕감(永寧監)이라는 지역에서, 남쪽의 적군의 나룻배에 탄

niyalma, jai ubašaha cang šan doo i tiyan
다섯 명과 모반한 장산도(長山島)의 Tiyan

šusai be bahafi benjihe manggi, (26:13a)
생원을 잡아서 보내왔다. 그러자

⇦ han šangname bithe unggihe, julergi jaha i sunja niyalma be
한(汗)이 상을 주며 글을 보냈다. "남쪽의 나룻배에 탄 다섯 명을

← baha niyalma de, susai yan, tiyan šusai be
잡은 사람에게 50냥, Tiyan 생원을

← baha niyalma de, susai yan menggun unggihe, ere be
잡은 사람에게 50냥의 은을 보냈다. 이것을,

← ginjeo, fu jeo i fujiyang aita, si tuwame dogon tuwakiyabume
금주(金州), 복주의 부장 Aita는 살펴서 나루터를 지키도록

← sindaha ejen hafan de, niyalma jafaha niyalma de,
임명한 지휘 관원과 적을 잡은 사람에게

← gung be bodome šangna.
공을 계산하여 상으로 주라."

(26:13b)

○ juwan emu de, darhan hiya i ejehe be
11일에 Darhan 히야의 칙서에서

tanggū yan, kanggūri i ejehe be susai yan,
100냥, Kanggūri의 칙서에서 50냥,

amba efu i ejehe be orin sunja yan,
대어푸의 칙서에서 25냥,

indahūci i ejehe be gūsin yan gung faitaha,
Indahūci의 칙서에서 30냥의 공은을 깎았다.

artai i juwan yan faitaha, duiciba i sunja yan
Artai의 열 냥을 깎고, Duiciba의 다섯 냥을

faitaha.
깎았다.

(26:14a)

○ monggo i joriktu beile i juwe niyalma ukame jihe.
몽골의 Joriktu 버일러 예하의 두 사람이 도망해 왔다.

○ juwan juwe de,
12일에

⇦ henduhe gisun, anjiha gese sain wehe be sindafi, ehe muheliyen
말한 내용이다. "자귀질한 것같이 좋은 돌을 놓아두고, 좋지 않은 둥근

← wehe juwehe seme sahaburakū, han i booi hūwa de
돌은 나른다 한들 쌓지 못할 것이다. 한(汗)의 집의 안뜰에

← sektehe wehe ci neneme juwebu, na gecenggele, bolori
깐 돌부터 먼저 나르게 하라. 땅이 얼기 전인 가을에

← wehe be na de umbubuha bici, feteme gaifi (26:14b)
돌을 땅에 매장했다면, 파서 꺼내어

← oilo sinda, duin duka de meni niyalma tuwakiyabumbi,
땅 위에 두라. 네 개의 문에서 우리 사람들이 지키게 할 것이다.

← ehe wehe be waliyabumbi, sain wehe juwebumbi.
나쁜 돌은 버리게 하고, 좋은 돌을 나르게 할 것이다."

○ juwan ilan de, g'ai jeo i tung iogi, alban i dabsun
13일에 개주의 Tung 유격이 공물로 소금

emu tumen gin benjihe.
1만 근을 보내왔다.

○ ginjeo, fu jeo i lio fujiyang, aita, julergi (26:15a)
금주(金州), 복주의 유(劉) 부장 Aita가[1] 남쪽의

emu jaha i beiguwan i hergen i juwe hafan, coohai
나룻배 한 척에 탄 비어(備禦) 직위의 두 관원과

niyalma gūsin nadan bahafi benjihe.
병사 37명을 잡아서 보내왔다.

○ borjin hiya, tanggūdai age de unggihe
Borjin 히야와 Tanggūdai 아거에게 보낸

⇦ bithe, hai jeo, nio juwang ni siden de bederefi te,
글이다. "물러나서 해주와 우장(牛莊) 사이에 있으라.

← hai jeo i tsanjiyang de, ejen akū orho be baicafi,
해주의 참장에게 주인 없는 목초를 조사해서

← musei coohai morin de bu seme bithe unggihebi, (26:15b)
우리 군사의 말에게 주라고 글을 보냈다.

← orho be musei coohai morin de tolome salame bu,
목초를 우리 군사의 말에게 세어서 나누어주라.

← ejen akū orho isirakūci, suwende unggihe menggun de
주인 없는 목초가 충분하지 않으면, 너희에게 보낸 은에서

---

1) Aita는 개원(開原) 사람으로 본명은 유흥조(劉興祚, lio hingdzo)이다. 『朝鮮實錄』〈인조 5년(1627) 2월 9일〉에는 劉海로 기록되어 있다. 따라서 aita fujiyang이라고도 하고 lio fujiyang이라고 하기도 한다. 유해(劉海)는 1628년에 명나라에 귀순했다.

← orho udafi ulebu, musei jušen i cooha ume jidere,
목초를 사서 먹이라. 우리 여진인의 병사는 오지 말고,

← monggoso i cooha, ere biyai orin i ebsihe de,[2] buya
몽골 병사들이 이 달 20일까지 오라.

← niyalma nikan i aika durime weile ararahū, saikan kadala,
소인들이 한인의 무엇인가를 빼앗아 죄를 지을까 염려된다. 잘 관리하라.

← jidere de emu inenggi be, ilan inenggi elhei jio.
올 때 하룻길을 사흘에 천천히 오라.

(26:16a)

○ juwan duin de unggihe
14일에 보낸

⇦ bithe, aita fujiyang si, g'ai jeo, fu jeo, ginjeo ba i
글이다. "Aita 부장은 개주, 복주, 금주(金州) 지방의

← dain de wabuha hafasa coohai niyalmai ejen akū
전투에서 살해당한 관원들과 병사들의 주인 없는

← boigon, eigen akū hehesi be hūdun baicafi unggi,
가호와 남편 없는 여인들을 빨리 조사하여 보내라.

← ere jihe hioi šeobei dehi niyalma de bumbi.
이 새로 온 Hioi 수비의 40명에게 줄 것이다."

⇦ han hendume, ere liyoodung ni hecen aniya goidahabi, hecen inu (26:16b)
한(汗)이 말하기를, "이 요동성(遼東城)은 세월이 오래 되었다. 성 역시

2) 이 문장은 서술어가 없다. ebsihe는 『漢清文鑑』에서는 '이리로 오라' 혹은 '잇긋'(한껏)으로 번역되어 있다.

← sakdakabi, tuttu bime, hecen amban, muse dailame genehe
낡았다. 그러면서도 성이 크다. 우리가 정벌하러 간

← amala, tuwakiyara niyalma olhocuka, šun dekdere ergide solho
뒤에는 지키는 사람이 두려워할 것이다. 해 뜨는 쪽에는

← gurun bi, amargi de monggo gurun bi, ere
조선(朝鮮)이 있고, 북쪽에는 몽골국이 있다.

← juwe gurun gemu muse de eshun, ere be
이 두 나라는 모두 우리와 소원하다. 이것을

← sindafi, šun tuhere baru amba nikan gurun be
놓아두고서, 해 지는 쪽으로 대명국을

← dailame geneci, amala booi jalin de mujilen elhe akū,
정벌하러 가면, 뒤에 있는 집 때문에 마음이 편치 않을 것이다.

← hecen be akdulame asikakan arafi, cooha be acabume (26:17a)
성을 굳게 지킬 수 있도록 조금 작게 만들어서 병사를 맞추어

← werifi, amargi booi jalin de jobome gūnirakū, mujilen be
남기고, 뒤에 있는 집 때문에 걱정하지 말고, 마음을

← elheken i sindafi, julesi dailame yabuki seme henduhe manggi,
느긋하게 두고 앞으로 정벌하러 가자"라고 말하니

geren beise ambasa tafulame hendume, baha hecen
여러 버일러들과 대신들이 간하여 말하기를, "얻은 성과

tehe boo be waliyafi, ice bade hecen
살고 있는 집을 버리고서, 새로운 곳에 성과

頭註: gingguleme baicaci, fe manju gisun i bithede, hecen sakdakabi sere gisun, uthai hecen umesi fereke sere gisun inu sehebi. [신중하게 조사하니, 『舊淸語』에 hecen sakdakabi라는 말은 곧 hecen umesi fereke(성이 몹시 낡았다)는 말이라고 했다.]

boo araci, muterakū, gurun jobombi kai,
집을 지을 수는 없습니다. 백성이 괴로울 것입니다."

⇦ han hendume, muse amba gurun i baru dain arafi, ekisaka
한(汗)이 말하기를, "우리가 대국과 전쟁을 하면서, 평안히

← teci ombio, suwe emu majige joboro jalin de gūnimbi, (26:17b)
살 수 있겠는가. 너희는 조금 괴로운 것에 대해 생각한다.

← bi amba babe gūnimbi, majige joboro be jobombi
나는 큰 것을 생각한다. 조금 괴로운 것을 괴롭다고

← seci, julesi amba weile aide mutembi, hecen be
하면, 앞으로의 큰일은 어찌 할 수 있겠는가. 성은

← nikan arakini, boo be meni meni ejete arakini,
한인이 짓게 하라. 집은 각자 주인들이 짓게 하라.

← tede udu suilara seme hendufi, jakūn biyade tai dzy
그런다고 얼마나 괴롭겠는가"라고 말하고서, 8월에 태자하(太子河)

ho birai amargi dalin i ala de, hecen
강의 북쪽 언덕의 구릉에 성을

arame deribuhe.
쌓기 시작했다.

(26:18a)

◯ tofohon de, ice hecen i iogi de unggihe
15일에, 신전(新奠)의 유격에게 보낸

⇦ bithe, jecen i ba ba i ejen akū jeku be waliyara anggala,
글이다. "변경 곳곳의 주인 없는 곡물을 버리기보다는

← ya cihangga niyalma be tomsome gaibu, cihakū niyalma
누구든 원하는 사람이 주워서 가지게 하라. 원치 않는 사람은

← bikini, jeku gaijara niyalma, anafu coohai niyalma de
그냥 놔두라. 곡물을 가져가려는 사람이 수자리 병사를

← olhorahū, anafu coohai niyalma de henduhebi.
두려워할까 염려되어 수자리 병사에게 말해 두었다."

○ tunggiya i efu de wasimbuha (26:18b)
Tunggiya 어푸에게[3] 내린

⇦ gisun, fusi, niowanggiyaha i fe hūdai akdun niyalma be baicame
글이다. "무순(撫順), 청하(淸河)의 예전의 믿음직한 상인을 조사하여

← tucibufi, julergi hecen de boo tebufi, nure efen
뽑아서, 남쪽 성에 집을 꾸리게 하고, 황주와 떡,

← yali ai ai jetere jaka be, puseli tucibufi
고기 등 온갖 먹을 것을 가게를 내어서

← uncakini, ice arara hecen de, inu boo arafi
팔게 하라. 새로 지을 성에도 역시 집을 짓고

← puseli tucibufi hūda hūdašakini.
가게를 내어서 장사를 하게 하라."

○ ginjeo i cargi, hūwang gu doo i ebele, julergi (26:19a)
금주(金州)의 저 편, 황골도(黃骨島)의 이 편에, 남쪽의

emu jaha i sunja niyalma, jaha hūwajafi dalin de
나룻배 한 척에 탄 다섯 명이, 나룻배가 부서져 강 언덕에

jihe be, ginjeo, fu jeo i aita fujiyang bahafi
온 것을, 금주(金州), 복주의 Aita 부장이 잡아서

3) 동양성(佟養性)을 가리킨다.

benjihe.
보내왔다.

← ○ jakūn iogi, dusy hafan, amba asihan yaya
"여덟 유격, 도사 관원, 모든 대소

← hafasa, suwe beise de benjihe giyahūn de
관원들 너희가 버일러들에게 보내온 매에

← hūda buhe oci wajiha, hūda buhekū oci, (26:19b)
값을 치렀다면 되었다. 값을 치르지 않았다면

← giyahūn i ejen be bithe arafi benju, hūda
매의 주인을 글로 써서 보내라. 값을

← buki, ereci amasi, giyahūn, ai ai jaka,
치르겠다. 지금부터는 매 등 온갖 물건이,

← udu dele acara sain jaka sehe seme,
아무리 진상할 좋은 물건이라고 해도

← daci uncara giyan ningge uncakini, yadara niyalmai
원래 팔던 것은 팔게 하라. 가난한 사람이

← beye jobome butahangge, dergi niyalma de dere
직접 고생하며 포획한 것이다. 윗사람에게

← arafi gaifi benjici, tere jai ai amtan i
잘 보이려고 빼앗아서 보내오면, 그가 또한 무슨 낙으로

← butambi, daci dele benjire an i jaka be, geli (26:20a)
포획하겠는가. 원래 윗사람에게 보내는 상례적인 물품은, 또

← ume lashalara, suweni an i gaijara jaka be
거절하지 말라. 너희의 상례로 받는 물품이라면

← oci, gaisu.

받으라."

제27권

천명(天命) 6년(1621) 9월부터 10월까지

orin nadaci debtelin,
abkai fulingga i ningguci
aniya uyun biyaci juwan
biyade isinahabi.

tongki fuka sindaha hergen i dangse. (27:1a)
유권점 당안

○ juwan ninggun de,
16일에

← tung fuma, si jakūn iogi, lii dusy de
"동(佟) 부마(駙馬),[1] 너는 여덟 유격(遊擊)과 Lii 도사(都司)에게

← hendufi, ejen akū jeku orho be hūdun geterembume
말해서, 주인 없는 곡물과 목초를 속히 말끔히

← baicafi icihiyame gaifi benju, morin de uleburengge akū
조사해서, 처리하여 받아서 보내라. 말에게 먹일 것이 없으므로

← ulebukini, tere be hūdun icihiyarakūci, ejen akū aha,
그것을 먹이는 것이 좋겠다. 그것을 빨리 처리하지 않으면 주인 없는 노복이

← balai uncame wacihiyambi kai, jai alban i gaijara jeku de
마음대로 다 팔아버릴 것이다. 또 공물로 징수할 곡물에

← orho dahabume gaisu, tere jeku orho be, hecen (27:1b)
목초도 포함해서 걷으라. 그 곡물과 목초는 성을

1) 동양성(佟養性), 즉 Si Uli 어푸이다.

← weileme hūlašame jidere sejen de tebufi gajikini.
쌓기 위해 교대로 오는 수레에 실어서 가져오게 하라.”

○ bada be beiguwan i hergen obuha, neneme gaime
Bada에게 비어(備禦)의 직위를 주었다. 먼저 받아

jabduhangge gaiha, gaire undengge be, bikini seme
둔 것은 받고, 아직 받지 않은 것은 그대로 두라 하여

bibuhe.
두게 했다.

○ nio juwang, hai jeo ci wesihun, an šan ci wasihūn, juwe (27:2a)
우장(牛莊)과 해주(海州)의 동쪽, 안산(鞍山)의 서쪽으로

tanggū niru be hontoholome emu nirui susaita
200니루를 반으로 나누어서 한 니루마다 50명씩의

uksin tembi, emu beile, ilata tokso tebumbi.
갑병이 주둔하고, 장원 세 개마다 버일러 한 명씩을 둔다.

○ dusy hafan, ejen akū orho be hūdun baicafi,
도사(都司) 관원이 주인 없는 목초를 신속하게 조사해서

benjihe be tuwame hūwaitaha orita morin de
보내온 것을 보아 매어놓은 말 20마리씩에게

ulebuki, jai bargiyaha erinde, emu uksin de,
먹이라. 그리고 거두어들일 때 갑병 한 명당

emte hūwaitara morin de, alban gaiha orho (27:2b)
매어놓은 말 한 마리씩에게 공물로 징수한 목초와

turi ulebuki, fulu morin be musei bade
콩을 먹이라. 남은 말은 우리가 있는 곳으로

unggi, olhoro ba oci, cooha tuwakiyame unggi.
보내라. 경계할 지역은 군사가 지키며 보내라.

○ yegude de beri faksi be icihiya seme
Yegude에게 궁장(弓匠) 일을 처리하라고

afabuha, nirui ejen beiguwan i uksin hadaha de,
임무를 맡겼다. "니루 수장인 비어의 갑옷을 만들면

juwe jiha menggun bu, daise beiguwan, ciyandzung ni
은 2전을 주라. 비어 서리와 천총(千總)의

uksin hadaci, emte jiha menggun be acan bu, alban i (27:3a)
갑옷을 만들면 은 1전씩을 더하여 주라. 공물용

juwan uksin hadaha de, beise emu yan menggun
갑옷 열 벌을 만들면 버일러들이 은 한 냥을

bumbi, emu beri arabuci, emu jiha bu, bijaha
준다. 활 한 개가 만들어지면 1전을 주라. 부러진

beri be dasabure de, sunja fun bu.
활을 고치면 다섯 푼을 주라."

○ g'ai jeo i tung iogi, uyun tanggū dehi gin kubun benjihe.
개주(蓋州)의 Tung 유격이 솜 940근을 보내왔다.

○ jeng giyang ni ba i ubašaha irgen be dasame (27:3b)
진강(鎭江) 지역의 모반한 백성을 다시

tabcilafi, ilan minggan olji gajifi, tai jeo ci
약탈해 포로 3000명을 이끌고 등주(登州)에서

jaha de tefi ubašame jihe emu šeobei de,
나룻배를 타고 배반하여 온 수비(守備) 한 명에게

juwan juru niyalma, juwan morin, juwan ihan,
남녀 열 쌍, 말 열 마리, 소 열 마리,

juwan eihen uhereme susai buhe, emu ciyandzung de,
나귀 열 마리, 합쳐서 50을 주었다. 천총 한 명에게

sunja juru niyalma, sunja morin, sunja ihan,
남녀 다섯 쌍, 말 다섯 마리, 소 다섯 마리

sunja eihen uhereme orin sunja buhe, jai
나귀 다섯 마리, 합쳐서 25를 주었다. 그리고

gūsin nadan niyalma de, emte ihan, emte (27:4a)
37명에게 소 한 마리씩, 나귀 한 마리씩 주었고,

eihen, juwe niyalma de, acan ilan ihan
두 명에게는 합쳐서 소 세 마리를

buhe, tereci funcehe ihan morin be, gemu
주었다. 그러고 나서 남은 소와 말은 모두

niru de salafi taka uji, buceci, toodame
니루에 분배하면서 "잠시 기르라. 죽으면 배상

gaimbi seme salame buhe, losa eihen be,
받겠다"라고 하며 나누어주었다. 노새와 나귀는

gemu siden i bekdungge niyalma de bure bade
모두 공적으로 빚이 있는 사람 중에서 주어야 할 사람에게

頭註: gingguleme kimcici, siden i bekdungge niyalma de bure bade buhe sere gisun, ainci siden i bade bekdun bisire niyalma de bukini seme buhe sere gisun dere. [신중하게 살펴보니, siden i bekdungge niyalma de bure bade

buhe.
주었다.

(27:4b)

○ juwan nadan de, fu jeo harangga ba i
17일에 복주(復州)에 속한 지방인

u ši jai gašan i niyalma, emu jaha i gūsin
오십채(五十寨) 촌락 사람이 나룻배 한 척에 탄

ninggun niyalma be benjihe, ginjeo i lio fujiyang de,
36명을 보내왔다. 금주(金州)의 유(劉) 부장(副將)에게

terei turgun be dacilame unggihe.
그 연유를 알아보도록 보냈다.

○ juwan jakūn de, beise i gocika juwete faksi be,
18일에 버일러들의 직속 장인 두 명씩을

beri bošoro ejen de afabuha, gūsai faksi be, (27:5a)
활을 관장하는 수장에게 맡겼다. 구사의 장인을

nirui uksin bošoro janggisa de afabuha, solho de
니루의 갑옷을 관장하는 장긴들에게 맡겼다. 조선(朝鮮)에

genehe šolonggo isinjiha.
갔던 Šolonggo가 도달해 왔다.

○ adun age be jafaha, adun age i weile i
Adun 아거를 체포했다. Adun 아거의 죄의

turgun, amba beile, manggūltai beile be, duici
이유는 대버일러와 Manggūltai 버일러를

---

buhe라는 말은 아마도 '공적인 자리에서 빚이 있는 사람에게 주는 것이 좋겠다 하며 주었다'라는 말일 것이다.]

beile de ehe acabume, gurun i doro be
제4버일러와 사이가 나빠지도록 나라의 도리를

efuleme gisurere, jai gūwa buya beise be (27:5b)
어기며 말한 것, 또 다른 작은 버일러들을

geli oforodome gisurere, tuttu ofi, geren beise
역시 헐뜯어 말한 것이다. 그래서 여러 버일러들이

hebdefi
의논하고서

⇦ han de donjibuha,
한(汗)에게 아뢰었다.

⇦ han, tere weile be angga acabume duilere jakade,
한(汗)이 대질하여 그 죄를 심문하고

adun age de tuhebuhe, tuttu tuhebufi, geren
Adun 아거를 정죄했다. 그렇게 정죄하니 여러

beise, geren šajin i ambasa, adun age be
버일러들과 여러 사법 대신들은 Adun 아거를

jakūn gūsai tantame wara weile maktaha, (27:6a)
8구사가 쳐서 죽일 죄라고 판결했다.

⇦ han hendume, suweni beidehe jurgan mujangga, bi ere be hairandarangge
한(汗)이 말하기를, "너희가 판결한 이치는 옳다. 나는 이 사람을 아까워하는 것이

← waka, neneme sarhū de bihe fonde, ehe weile
아니다. 전에 Sarhū에 있을 때, '악한 죄를

← araha niyalma be musei galai ume wara, den
저지른 사람을 우리 손으로 죽이지 말라. 높은

← hashan i boode horifi asaraki seme gisurehe bihe,
담장이 있는 집에 가두어두라'고 말했었다.

← muse emgeri wara be nakaki seme gisurehe gisun be,
우리가 한 번 죽이지 말자고 한 말을

← te aifufi waci, jai gurun adarame akdambi, ere be
이제 지키지 않고 죽이면, 또 백성들이 어찌 믿을 것인가. 이 사람을

← horifi asaraki seme gisurefi, sele futa hūwaitafi (27:6b)
가두어두라"고 말하고, 쇠사슬로 묶어서

loo de horiha.
감옥에 가두었다.

○ juwan uyun de, fusi efu, si uli efu de
19일에 Fusi 어푸, Si Uli 어푸에게

wasimbuha
내린

⇦ gisun, fusi efu, sunja tanggū yan menggun, si uli
글이다. "Fusi 어푸가 은 500냥, Si Uli 어푸가

← efu, sunja tanggū yan menggun jafafi aisin uda,
은 500냥을 가지고 금을 사라.

← sunja yan, duin yan menggun de, emu yan (27:7a)
은 넉 냥, 다섯 냥에 금 한 냥을

← aisin bahaci, gaisu, tereci fulu ekiyehun ume bure,
얻을 수 있으면 받으라. 거기에서 넘거나 모자라면 주지 말라.

← tede cihangga niyalma, gaikini, cihakū niyalma be, ume
그것을 원하는 사람에게 취하게 하라. 원하지 않는 사람한테는

← ergeleme udara, menggun amasi benju, menggun gaijarakū
강제로 사지 말고, 은을 도로 보내오라. 은을 받지 않고

← aisin bure niyalmai aisin be ume gaijara.
금을 주는 사람의 금은 받지 말라."

○ ineku juwan uyun i inenggi, muduri erin ci
같은 날인 19일 진시(辰時)부터

amba nimanggi nimaraha. (27:7b)
큰 눈이 내렸다.

○ orin de, anafu teme genehe yangguri dzung bing guwan,
20일에, 수자리 살러 간 Yangguri 총병관(總兵官)과

tanggūdai dzung bing guwan, borjin fujiyang be halame,
Tanggūdai 총병관, Borjin 부장과 교대하기 위하여

amba efu, darhan fujiyang, anggara fujiyang, hahana fujiyang
대어푸, Darhan 부장, Anggara 부장, Hahana 부장이

halame genehe.
갔다.

○ fanggina be wesibufi dooli obuha. (27:8a)
Fanggina를 승직시켜 도리(道吏)로 삼았다.

⇦ han, orin de, ciyan šan i halhūn muke de meihe
한(汗)이 20일 사시(巳時)에 천산(千山)의 온천에

erinde genehe.
갔다.

○ niyang niyang gung de adun ulebume genehe niyalma, bahafi
낭랑궁(娘娘宮)에 가축 떼를 먹이러 간 사람이 구해서

gajiha duin tanggū ulgiyan be, du tang,
몰고온 돼지 400마리를 도당(都堂),

dzung bing guwan ci fusihūn, beiguwan ci wesihun (27:8b)
총병관 이하 비어 이상에게

šangname buhe.
상으로 주었다.

○ orin emu de, jakūn gūsai weile arara be,
21일에 8구사에서 치죄한 것을

bithe arame ejeme gaiha.
글로 써서 기록하여 받았다.

○ nio juwang ni hafan, birai cargi de weihu sabumbi
우장(牛莊)의 관원이 강 건너편에 통나무배가 보인다고

seme alanjiha, tere gisun de, anafu teme (27:9a)
알려왔다. 그 말에 수자리 살러

genehe ambasa de,
간 대인들에게

← weihu bisire akū be saikan yargiyalame tuwafi,
"통나무배가 있는지 없는지를 확실하게 잘 살펴서

← medege alanju seme bithe unggihe.
소식을 알려오라"고 글을 보냈다.

○ ineku tere inenggi beidehe weile, yungšun, liyoodung
같은 날 판결한 죄이다. Yungšun이, 요동(遼東)

hecen be gaiha de, ulin gidaha be geren
성을 점령했을 때 재물을 숨긴 것을 여럿이

duilefi, yungšun simbe (27:9b)
심리하여, "Yungšun 너를

⇦ han tukiyefi amban arafi, tsanjiyang ni hergen bufi, sunja
한(汗)이 등용해서 대인으로 삼고, 참장(參將)의 직위를 주고 다섯

niru be kadala seme afabuha bihe kai, si
니루를 관할하라고 맡겼던 것이다. 네가

gūwa be kadalara niyalma ulin hūlhaci, gūwa be
다른 사람을 관할하는 사람으로서 재물을 도적질하면, 다른 사람에게

henduci etembio seme weile arafi, wara weile
말할 수나 있겠는가"라고 하고 치죄하여, 죽일 죄로

maktaha bihe,
판결했었다.

⇦ han donjifi, yungšun be wara be nakabuha, sargan be,
한(汗)이 듣고서, Yungšun을 죽이는 것을 그만두게 하고,

eigen hūlhaci ainu tafulahakū seme sargan be waha. (27:10a)
남편이 도적질했는데, 어찌 말리지 않았는가 하여 아내를 죽였다.

○ orin ilan de, sebun i jui genehe.
23일에 Sebun의 아들이 갔다.

○ orin duin de, solho han i elcin ting pan ši
24일에[2] 조선 왕의 사신인 정(鄭)[3] 판사(判事)

---

2) 8월 24일이다. 『朝鮮實錄』〈광해 13년(1621) 9월 10일〉에 보고한 기사가 있다.
3) 성이 정(丁)일 가능성도 있지만, 정충신(鄭忠信)일 가능성이 높아 정(鄭)으로 본다.

hafan isinjiha,
관원이 도착했다.

⇦ han i ilan hojihon, urgūdai efu, fusi efu, si uli
한(汗)의 세 사위들, 즉 Urgūdai 어푸, Fusi 어푸, Si Uli

efu, baduri dzung bing guwan, erdeni baksi, sunja (27:10b)
어푸와, Baduri 총병관, Erdeni 박시 등 다섯

amban okdofi, hecen i tule ebufi acaha, solho
대신이 맞이해서, 성 밖에서 말에서 내려 만났다. "조선

han, ting pan ši sere hafan be takūrafi,
왕이 정(鄭) 판사라 하는 관원을 파견해서,

tanggū yan menggun, susai miyanceo, susai kiyan
은 100냥, 면주(綿紬) 50필, 종이 50축,

hoošan, orin mušuri, susai boso, susai huwesi,
모시 20필, 베 50필, 칼 50자루,

juwan iolehe hoošan alban benjihe seme,
기름종이 열 축을 공물로 보냈습니다"라고 하면서

⇦ han de hengkileme jihe,
한(汗)에게 절하러 왔다.

⇦ han hendume, juwe gurun sain banjiki seci, ishunde (27:11a)
한(汗)이 말하기를, "두 나라가 사이좋게 지내고 싶다고 하면, 서로

← gungneme beneme yabumbi dere, sini ulin be bi
공경하며 보내며 왕래해야 할 것입니다. 당신의 재물을 내가

← alban gaici, gebu ehe seme hendume gaihakū, gemu
공물로 받으면, 명성이 나빠집니다"라고 하면서 받지 않고 모두

bederebuhe.
되돌려보냈다.[4)]

○ orin ninggun de, jaisai beile be benehe
26일에 Jaisai 버일러를 배웅하러 갔던

yahican buku isinjiha.
Yahican Buku가 돌아왔다.

(27:11b)

○ orin nadan de,
27일에,

⇦ han halhūn muke ci jihe.
한(汗)이 온천에서 돌아왔다.

○ ineku tere inenggi, monggo i hamuk i elcin darhan
같은 날, 몽골의 Hamuk의 사신과 Darhan

baturu beileingge isinjiha.
바투루 버일러 예하의 사람이 이르러 왔다.

○ orin jakūn de, fanggina de wasimbuha (27:12a)
28일에 Fanggina에게 내린

⇦ gisun, jaha i ukame jihe gūsin uyun niyalma de,
말이다. "나룻배로 도망해 온 39명에게는

← sula hehe baifi sargan bu, juwe hafan de,
의지할 데 없는 여인을 구해서 아내로 주는데, 관원 두 사람에게는

---

4) 『朝鮮實錄』〈광해 13년(1621) 9월 10일〉에 "귀국이 차관을 보내어 찾아주었으므로 우리도 차관을 보내어 사례하려는 것이다. 우리가 예를 잘 행하려고 하는데 왜 한결같이 차관을 거절하는가. 이미 서로 더불어 사귄 사이이니 차관도 왕래하고 물건도 주고받고 하여 내외의 간격을 없애야 할 것인데, 지금은 마치 문을 닫고 손님을 청하는 것처럼 하니 서로 사귀는 의리로 볼 때, 신의라고 말할 수 있겠는가"라고 한 내용과 대응된다.

← boigon noho hehesi bici, bu, juwe hafan de,
가산이 있는 과부와 여자가 있으면 주라. 관원 두 사람에게는

← emu inenggi sunjata fun jekini, jai gūsin nadan
하루에 닷 푼어치씩 먹게 하라. 또 37명에게는

← niyalma de, emu inenggi ilata fun jekini, emte
하루에 서 푼어치씩을 먹게 하고,

← hubtu etubu, juwe hafan de, solohi jibca emte,
솜옷 한 벌씩을 입히라. 관원 두 사람에게는 족제비 가죽옷 한 벌씩과

← emken de silun i dahū, emken de dobihi (27:12b)
한 사람에게는 스라소니 털옷을, 한 사람에게는 여우

← dahū bu.
털옷을 주라."

○ enggeder efu i jui nangnuk taiji,
Enggeder 어푸의 아들 Nangnuk 타이지가

⇦ han de emu morin gajime hengkileme jihe.
한(汗)에게 말 한 마리를 끌고 절하러 왔다.

○ orin uyun de, hūsitai orin yan weile
29일에 Hūsitai의 죗값 20냥,

faitaha, ginggūldai orin yan weile faitaha, šumuru (27:13a)
Ginggūldai의 죗값 20냥, Šumuru의

orin yan weile faitaha, cingsyhai sunja yan
죗값 20냥, Cingsyhai의 죗값 다섯 냥을

頭註: ginggulеme kimcici, boigon noho hehesi sere gisun, ainci boigon hethe bisire anggasi hehe sere gisun dere. [신중하게 살펴보니, boigon noho hehesi라는 말은 아마도 '가산이 있는 과부와 여자'라는 말일 것이다.]

weile faitaha.
깎았다.

○ ice inenggi, nikasa de wasimbuha
초하루에, 한인들에게 내린

⇦ gisun, ishun aniya coohai niyalmai jetere jeku, morin ulebure
말이다. "내년에 병사들이 먹을 곡물과 말을 먹일

← orho liyoo, tarire usin gaimbi, liyoodung ni sunja
목초와 말먹이, 경작할 밭을 징수한다. 요동의

← wei niyalma, ejen akū usin be tebume, orin (27:13b)
다섯 위(衛) 사람에게는 주인이 없는 밭을, 경작하도록

← tumen inenggi, hai jeo, g'ai jeo, fu jeo, ginjeo
20만 상(晌)을 주고, 해주, 개주, 복주, 금주(金州)의

← duin wei niyalma de, ineku ejen akū usin be
네 위 사람에게는 똑같이 주인이 없는 밭을,

← tebume, juwan tumen inenggi usin be tucibufi bu.
경작하도록 10만 상의 밭을 내어주라."

○ ice de,
초하루에

⇦ han i booi ilacin be sain seme tukiyefi, beiguwan i
한(汗)의 노복 Ilacin을 잘한다고 하여 등용하고, 비어

hergen buhe bihe, hibsu butame genefi abalame yabume, (27:14a)
직위를 주었었는데, 꿀을 따러 가서 몰이사냥을 다니느라

hibsu kiceme baihakū, hibsu bahakū seme beiguwan i
꿀을 부지런히 찾지 않아서 꿀을 구하지 못했다고

hergen be nakabuha.
비어직을 그만두게 했다.

○ ice duin de, aita fujiyang de unggihe
초나흘에, Aita 부장에게 보낸

⇦ bithei gisun, te edun amban, jaha yabuci ojorakū oho,
글이다. "이제 바람이 세서 나룻배가 다닐 수 없게 되었다.

← ginjeo, fu jeo i juse hehesi be, meni meni
금주(金州)와 복주에 있는 아녀자들을 각자

← sindafi unggi. (27:14b)
놓아 보내라."

○ ineku tere inenggi, hoto be, losa hūlhaha
같은 날, Hoto가 노새를 훔쳤다고

seme weile arafi, tofohon yan i ejehe gung be
치죄하고, 칙서의 공은(功銀) 열다섯 냥을

faitaha.
깎았다.

○ baicuka i deo be, nikan be gabtame waha
Baicuka의 동생이 한인을 쏘아 죽였으므로

seme wara weilengge niyalma be, baicuka, jai (27:15a)
죽을 죄인이 되었는데, Baicuka가 다시

dasame emhun duici beile de habšaha seme
거듭하여 혼자 제4버일러에게 호소했다 하여

weile arafi, tofohon yan i ejehe gung be
치죄하고서, 칙서의 공은 열다섯 냥을

faitaha.
깎았다.

○ ice ninggun de beidehe gisun, kūwataiji, ini booi
초엿새에 판결한 내용이다. "Kūwataiji는 자신의 집의

niyalma be sindafi, hūlhame nikan de hūdašame,
사람을 풀어서, 몰래 한인과 장사하면서

cifun burakū, šajin be efuleme hūdašaha seme (27:15b)
세금을 내지 않고, 법을 어기며 장사했다 하여

weile arafi, iogi hergen be nakabuha.
치죄하고, 유격직을 그만두게 했다.

○ juwan de, solho i elcin jihe hafan be, amasi
10일에 조선의 사신으로 온 관원을 도로

jeng giyang deri benehe.
진강 쪽으로 보냈다.

○ juwan juwe de, jaisai beile i bure eden
12일에 Jaisai 버일러가 바쳐야 할 가축이 부족하여

ulha jalin de tebuhe tabunang be, ulha (27:16a)
가축 대신 잡아두었던 타부낭을, 가축을

benjime wajiha seme unggihe.
다 보내왔으므로 놓아 보냈다.

○ baban be, losa hūlhaha seme iogi hergen be
Baban이 노새를 훔쳤다 하여 유격 직위에서

nakabuha, boigon be ilan ubu sindafi, emu
물러나게 하고, 가산을 세 몫으로 나누어 한 몫을

ubu be gaiha, juwe ubu be ejen de buhe.
징수하고 두 몫을 본인에게 주었다.

○ juwan jakūn de, jaisai beile i beyebe tucibufi (27:16b)
18일에, Jaisai 버일러를 풀어

unggihe seme hengkileme unggihe jui amasi genehe,
보냈다고 절하러 왔던 아들이 되돌아갔다.

emu gecuheri, duin suje, gūsin yan menggun,
망룡단 한 필, 비단 네 필, 은 30냥,

gūsin mocin šangname buhe.
모청포 30필을 상으로 주었다.

○ juwan uyun de, erdeni tsanjiyang be wesibufi
19일에 Erdeni 참장을 승직시켜

fujiyang obuha, monggo i bayot ba i butaci beile i
부장으로 삼았다. 몽골의 Bayot 지역 Butaci 버일러 예하의

sengge tabunang, juse sargan be gajime ukame jihe. (27:17a)
Sengge 타부낭이 자식들과 아내를 데리고 도망해 왔다.

○ orin de, janggiya isun be tsanjiyang obuha.
20일에 Janggiya Isun을 참장으로 삼았다.

⇦ han i bithe, orin sunja de wasimbuha, nikan i wan lii
한(汗)의 글을 25일에 내렸다. "명의 만력제(萬曆帝)는

← han, doro šajin genggiyen akū, han i beye, taigiyan
법도가 분명하지 않다. 황제가 스스로 태감(太監)을

← sindafi gurun de ulin gaime ofi, hafan gemu
두어서 백성에게 재물을 빼앗으니, 관원이 모두

← han be alhūdame, ulin gaime gurun be jobobume, (27:17b)
황제를 본받아, 재물을 빼앗으며 백성을 괴롭히고,

← geli jasei tulergi encu gurun i weile de daha be,
또 국경 밖의 다른 나라의 일에 간섭한 것을

⇦ abka wakalafi, mini doro šajin genggiyen tondo be,
하늘이 책망했다. 그리고 나의 법도가 분명하고 올바른 것을

⇦ abka saišafi, nikan han i birai dergi liyoodung ni ba be
하늘이 가상히 여겨 명나라 황제의 강 동쪽 요동 지역을

← minde buhe, te jušen, nikan, gemu emu han i
나에게 주었다. 이제 여진인과 한인은 모두 같은 한(汗)의

← gurun ohobi kai, musei boigon gurime jidere fe
백성이 되었다. 가호가 이주해 오는 우리 원래의

← jušen, nikan be weri gurun arafi, jeku etuku,
여진인은, 한인을 남의 백성으로 간주해서 먹을 것과 옷,

← orho muya ume durime gaijara, ulgiyan coko durime (27:18a)
목초와 이삭을 빼앗아 가지지 말라. 돼지와 닭을 빼앗거나

← hūlhame ume wara, suwe durime hūlhame weile araci,
훔치며 죽이지 말라. 너희가 빼앗고 훔쳐서 죄를 지으면,

← suwembe dere banifi, mini
너희의 체면을 보아서,

⇦ abka de saišabuha daci banjiha tondo mujilen be bi
하늘이 가상히 여긴 본래 타고난 나의 올바른 마음을 내가

← nakambio, šajin i wara be wambi, weile arara be
버리겠는가. 법도로 죽일 것은 죽이고, 치죄할 것은

← arambi kai, tuttu suweni ehe be dahame šajin i
치죄한다. 그렇게 너희의 잘못에 따라서 법도대로

← gamaci, musei fe jušen, suwe geli hecen hoton
처리하면, 우리의 원래 여진인 너희도 성시를

← arame alban de joboho, gurun de jilakan wakao, te (27:18b)
쌓으면서 공역으로 고생했는데, 백성으로서 불쌍하지 않겠는가. 이제

← dabsun bahafi jembi, kubun bahafi etumbi, umai de
소금을 먹을 수 있고, 솜옷을 입을 수 있다. 아무것에도

← darakū banjici, dere aibide bi.
관여하지 않고 살아가면 체면을 봐줄 일이 어디에 있겠는가."

제28권

천명(天命) 6년(1621) 11월

orin jakūci debtelin,
abkai fulingga i
ningguci aniya omšon
biya.

tongki fuka sindaha hergen i dangse. (28:1a)
유권점 당안

○ omšon biyai ice inenggi, du tang darhan
11월 초하루, 도당(都堂) Darhan

hiya be, liyoodung de geren beise de
히야가 요동(遼東)에서 여러 버일러에게

ulin baime gaiha, jai geli suje ulin
재물을 요구하여 받았고, 또 비단과 재물을

hūlhaha seme, ini deo dartai gercilefi, simiyan ci
훔쳤다고 그의 동생인 Dartai가 고발했다. 그래서 심양(瀋陽)에서부터

ebsi hergen i bodome šangnaha aika jaka be,
그때까지의, 직위를 감안하여 포상한 온갖 물건과

hūlhaha ulin be gemu gaifi, emu ubu be
훔친 재물을 모두 몰수하여, 한 몫을

gerci de buhe, juwe ubu be, du tang, (28:1b)
고발자에게 주고, 두 몫을 도당,

dzung bing guwan, fujiyang, tsanjiyang, iogi ci wesihun
총병관(總兵官), 부장(副將), 참장(參將), 유격(遊擊) 이상의 관원들에게

šangname buhe, du tang ni hergen be efulefi,
포상했다. 도당의 직위를 박탈하여

ilaci jergi dzung bing guwan obuha, gisun ci nakabuha,
3등 총병관이 되게 하고, 협의하는 것을 그만두게 했다.

ulin buhe jirgalang age, jaisanggū age, yoto age,
재물을 준 Jirgalang 아거, Jaisanggū 아거, Yoto 아거,

šoto age, ere duin beile be,
Šoto 아거, 이 네 버일러에게는

← suwe embici dergi ahūta i sargan [原檔殘缺] angga sime buhe,
"너희는 위의 형들의 부인 □□□ 입을 막기 위해 주었든가,

← embici suweni dergi eshete ahūta be ume han (28:2a)
너희의 위의 숙부들과 형들을 한(汗)으로

← tebure, membe han tebu seme tuttu gūnime ulin
추대하지 말고, '우리를 한(汗)으로 추대하라'고 그렇게 생각하고 재물을

← buhe dere, tuttu akūci, suwe hehe i mujilen i gese kai
주었든가 했을 것이다. 그렇지 않다 해도 너희는 여인의 마음과 똑같다"

seme weile arafi, hehesi i fokto nerebufi, hūsihan
하여 치죄하고, 여인들의 저고리를 걸치게 하고, 치마를

hūwaitabufi, na be hergen arafi, hergen i dolo
둘러매게 하고서 땅에 금을 긋고, 금 안에

ilan inenggi ilan dobori horiha,
사흘 낮과 밤 동안 가두었다.[1]

頭註: gingguleme kimcici, gisun ci nakabuha sere gisun, ainci hebe ci nakabuha sere gisun dere. [신중하게 살펴보니, gisun ci nakabuha라는 말은 아마도 '협의하는 것을 그만두게 했다'라는 말일 것이다.]

1) 여인의 옷을 입게 한 것은 치욕감을 주기 위한 것이며, 이러한 형벌은 몽골에서도 흔히 있었다(유소맹 2013: 365-366).

⇦ han i beye, tere ilan beile i tehe bade genefi,
한(汗)은 몸소 그 세 버일러가 있는 곳에 가서,

jusei baru gasame dere de cifeleme becefi (28:2b)
아들들을 원망하여 얼굴에 침을 뱉으며 질책하고서

boode unggihe.
집으로 보냈다.

○ nio juwang ni niyalma, ice inenggi birai cargi
우장(牛莊) 사람이 초하루에, 강 건너편

dalin de cooha sabumbi seme alanjifi, ice
기슭에 군사가 보인다고 와서 알리기에,

juwe de, hošoi amin beile juwe minggan
초이틀에 호쇼 버일러인 Amin이

cooha be gaifi genehe, udafi jekini seme
군사 2000명을 인솔하여 갔다. 사서 먹으라고

ilan tanggū yan menggun unggihe. (28:3a)
은 300냥을 보냈다.

○ ice ilan de, g'ai jeo i aita fujiyang de,
초사흘에 개주(蓋州)의 Aita 부장(副將)에게

⇦ han i etuhe sekei sijiha jibca buhe.
한(汗)이 입고 있던 담비 털가죽을 댄 가죽옷을 주었다.

○ ice duin de, neodei be niyalma tantaha, yafahan
초나흘에 Neodei가 사람을 때리고, 보병을

niyalma be tūbuhe seme, orin sunja yan menggun
매질하게 했다 하여, 은 25냥을

gaiha, darhan efu be geren i hebe akū tubihe (28:3b)
징수했다. Darhan 어푸가[2] 여러 사람과 의논하지 않고 과일

moo be dendere, icihiyara unde siden i nikan be ujibuhe
나무를 나누고, 처리하기 전에 공적으로 부리는 한인에게 키우게 했다

seme, gūsin yan i weile gaiha, unege be enculeme
하여 30냥의 죗값을 징수했다. Unege가 독단으로

weile beidehe seme, gūsin yan i weile gaiha.
죄를 판결했다 하여, 30냥의 죗값을 징수했다.

○ hai jeo i niyalma alanjime, liyoha bira i bajila tasha erinde
해주(海州) 사람이 와서 알리기를 "요하(遼河)강 건너편 언덕을 인시(寅時)에

duleke cooha, bonio erinde dube lakcaha seme alanjiha.
통과한 적군이 신시(申時)에 다 통과했다"라고 알려왔다.

(28:4a)

○ sihan, saman,[3] ini ahūn deo i orin haha i
Sihan 사만은 그들 형제의 장정 20명분의

alban be guwebumbihe, amasi benjire jakade,
공과를 면제해주었는데도, 다시 보내왔기 때문에,

⇦ han hendume, beiguwan i hergen buhe.
한(汗)이 말하여, 비어(備禦)의 직위를 주었다.

---

2) Darhan 어푸는 Jan birai gu(Jan강 고모), 즉 Nurhaci의 여동생의 아들이다. Nurhaci의 둘째딸 Nunje Gege(공주)와 혼인했으므로 '어푸'로 불린다.

3) 『滿文老檔』의 다른 부분을 보았을 때, sihan, saman은 한 사람을 지칭할 가능성이 높다. saman은 샤먼, 즉 무당이다.

○ nikan jang san, ini niyamangga niyalmai weile be gidaha seme,
한인 Jang San이 자신의 인척인 사람의 죄를 숨겼다 하여,

⇦ han i šangname buhe tanggū yan menggun gaiha, ini
한(汗)이 포상하여 준 은 100냥을 몰수했다.

beyede weile arafi, uyun yan menggun gaiha. (28:4b)
본인에게도 치죄하고서, 은 아홉 냥을 징수했다.

⇦ han i bithe, ice duin de wasimbuha, gūsa gūsai ilata
한(汗)의 글을 초나흘에 내렸다. "구사마다 세 명씩의

← iogi de hendufi, emu iogi be gūsade amba
유격에게 말해서, 한 명의 유격에게 구사에서

← poo dagilabu, emu poo de morin juwete, niyalma
대포를 준비시키라. 포 한 문에 말 두 마리씩과 사람을

← afabu, tereci funcehe niyalma be sonjofi beri ashaci
맡기라. 거기에서 남은 사람을 뽑아서 활을

← ojoro sain niyalma be beri ashabu, beri ashaci
잘 쏠 수 있는 사람에게는 활을 메게 하라. 활을 멜

← ojorakū niyalma be, gemu ilan sangga i poo miyoocan (28:5a)
수 없는 사람에게는 모두 세 문의 포와 조총을

← jafabu seme henduhe.
맡게 하라"고 말했다.

⇦ han i bithe, ice sunja de fung hūwang ceng ni lii
한(汗)의 글을 초닷새에 봉황성(鳳凰城)의 Lii

頭註: gingguleme kimcici, emu poo de morin juwete, niyalma afabu sere gisun, ainci emu poo de morin juwete, niyalma tomilafi afabu sere gisun dere. [신중하게 살펴보니, emu poo de morin juwete, niyalma afabu라는 말은 아마도 '포 한 문에 말 두 마리, 사람을 위임하여 맡게 하라'라는 말일 것이다.]

← iogi de wasimbuha, mao wen lung, mederi tun de
유격에게 내렸다. "모문룡(毛文龍)은 해도(海島)에

← bio, solho i hecen de bio, hecen de akū
있는가. 조선(朝鮮)의 성에 있는가. 성에 있지 않고

← bigan i bade bio, jai jeng giyang ni bira dooha
들판에 있는가. 그리고 강을 건넌

← nikasa be, mao wen lung bargiyafi gamahabio, aibide bi, (28:5b)
진강(鎭江)의 한인들은 모문룡이 거두어서 데려갔는가. 어디에 있는가.

← tere be gemu yargiyalame medege gaifi hūdun alanju.
그것을 모두 확인하여 소식을 가지고 빨리 와서 알리라."

○ ice hecen i jao iogi, nadan sihan duin
신전(新奠)의 조(趙) 유격이 일곱 통의 꿀

tanggū gin hibsu benjihe.
400근을 보내왔다.

○ sabitu i weile be bošome goidaha seme, donggo efu
Sabitu의 일을 재촉한 지 오래되었다 하여 Donggo 어푸

du tang, yangguri dzung bing guwan, ere juwe amban de (28:6a)
도당, Yangguri 총병관, 이 두 대신에게

susaita yan i weile gaiha.
50냥씩의 죗값을 징수했다.

○ ice jakūn de,
초여드레에

← ulin bume udaha orho be ejen gajiha bici wajiha, gajire
"재물을 주고 산 목초를 주인이 가지고 와 있으면 되었다. 아직 가지고 오지

← unde bisirengge be gemu faitaha, udaha seme ganaha de weile,
않은 것을 모두 삭감했다. 샀다고 하여 가지러 가면 죄가 된다.

← meni meni tokso tefi tariha jeku orho, afiya šušu orho be
각각 장원에 살면서 경작한 곡식과 목초, 청대콩, 수수 풀은

← meni meni ejen gaikini, boo usin be goiha ba i niyalma de bu. (28:6b)
각각의 주인이 가지도록 하라. 집과 밭은 해당된 곳의 사람에게 주라."

⇦ han i bithe, juwan de wasimbuha, sain etuku mahala etufi, cimari dari
한(汗)의 글을 10일에 내렸다. "좋은 의복과 관을 착용하고서, 아침마다

← han i yamun de beise i yamun de yamulaha manggi, yali bujufi
한(汗)의 아문(衙門)과 버일러들의 아문에서 조회한 후에, 고기를 삶고,

← arki nure wenjefi sile cai omibure ulebure doro be, ere liyoodung ni
술을 데워서, 탕과 차를 마시게 하고 먹게 하는 예법을, 풍족한 이 요동(遼東)

← elgiyen bade ainu nakaha, du tang, dzung bing guwan ci
땅에서 어찌 그만두었는가. 도당, 총병관

← fusihūn, iogi, tsanjiyang ci wesihun, idu jafafi meni meni
이하, 유격, 참장 이상이 당번을 정해서 각각

← beise i yamun de gajifi, fe kooli sarila, nirui (28:7a)
버일러들의 아문(衙門)에 거느리고 와서, 옛 전례대로 주연을 베풀라. 니루

← niyalma, cimari dari nirui ejen beiguwan i yamun de
사람은 아침마다 니루 수장인 비어의 아문(衙門)에서

← yamula, beiguwan gaifi tsanjiyang iogi de yamula, tsanjiyang,
조회하라. 비어는 거느리고서 참장, 유격에게 조회하라. 참장,

← iogi gaifi fujiyang de yamula, fujiyang gaifi du tang,
유격은 거느리고서 부장에게 조회하라. 부장은 거느리고서 도당,

← dzung bing guwan de yamula, du tang, dzung bing guwan gaifi
총병관에게 조회하라. 도당, 총병관은 거느리고서

← meni meni hošoi ejen, beise i yamun de šun gabtame
각자의 호쇼의 수장인 버일러들의 아문(衙門)에서 해가 뜨자마자

← yamula, tereci, hošoi beise, meni meni gūsai beise ambasa,
조회하라. 그러고 나서 호쇼 버일러들은 각자의 구사의 버일러들과 대신들이

← gemu isahabi dasahabi seme han de alanju, beiguwan, (28:7b)
모두 모여 있고 배열해 있다 하고 한(汗)에게 와서 알리라. 비어는

← etuku gūlha mahala ilan jergi ci wesihun dagila,
의복, 가죽신, 모자 세 벌 이상을 준비하라.

← tsanjiyang, iogi, duin jergi ci wesihun dagila, fujiyang,
참장과 유격은 네 벌 이상 준비하라. 부장은

← sunja jergi ci wesihun dagila, du tang, dzung bing guwan,
다섯 벌 이상 준비하라. 도당, 총병관은

← nadan jergi ci wesihun dagila, uttu [原檔殘缺]
일곱 벌 이상 준비하라. 이렇게 □□□

← yadabufi, jergi niyalma ci sitabufi, han i ere šangnara de
궁핍해지고, 같은 품계의 사람보다 뒤처지고서, 한(汗)이 이것을 포상할 때

← baharakū ofi, jai buyehe seme aide bahambi, nikan
얻지 못하게 되고서, 다시 원했다 한들 어디에서 얻으리오. 한인을

← baha niyalma, saikan gosime hairame genggiyen i banjirakū, dergi (28:8a)
얻은 사람이 매우 사랑하고 아끼며 깨끗하게 살지 않고,

頭註: gingguleme kimcici, šun gabtame yamula sere gisun, ainci šun fosome uthai yamula sere gisun dere. [신중하게 살펴보니, šun gabtame yamula라는 말은 아마도 '해 뜨고 즉시 조회하라'고 하는 말일 것이다.]

← niyalmai kooli be tuwarakū, buyarame gejureme aika gaijara
웟사람의 예를 보지 않고, 자잘하게 갈취하여 무엇이든 빼앗거나

← weilebure ohode, baha niyalma gaibumbi, beye inu wasimbi kai,
노역하게 하면 얻은 사람을 몰수당하고 신분도 강등될 것이다.

← hergen akū buya niyalma, yaya hafasa jidere be
직위 없는 소인들은 무릇 관원들이 오는 것을

← saci, tehe baci ili, morilaha baci ebu, jugūn be
보면, 앉은 자리에서 일어나라. 말을 탄 자리에서 내리라. 길을

← šolo arame jaila, beiguwan, tsanjiyang iogi be acaci,
틈을 만들어 피하라. 비어는 참장이나 유격을 만나면,

← sara kiru be jailabufi sini beyei teile aca,
일산과 기(旗)를 치우고 몸으로만 만나라.

← tsanjiyang iogi, fujiyang be acaci, sara kiru be (28:8b)
참장과 유격은 부장을 만나면, 일산(日傘)과 기(旗)를

← jailabufi ineku beyei teile aca, fujiyang, du tang
치우고 똑같이 몸으로만 만나라. 부장은 도당과

← dzung bing guwan be acaci, sara kiru be jailabufi
총병관을 만나면, 일산(日傘)과 기(旗)를 치우고

← beyei teile aca, tucifi yabure bade ocibe, beye
몸으로만 만나라. 나가서 다닐 때이든,

← tefi banjire de bicibe, doro be ume jurcere.
앉아서 지낼 때이든, 예법을 어기지 말라."

○ juwan de, babai be soktoho seme, simiyan de
10일에, Babai가 술에 취했다 하여, 심양(瀋陽)에서

buhe emu niyalma, liyoodung de šangnaha ilan suje, (28:9a)
주었던 사람 한 명과, 요동에서 포상한 비단 세 필,

orin yan menggun, orin mocin gemu gaiha.
은 20냥, 모청포 20필을 모두 몰수했다.

○ liyoha bira i cargi ci, emu morin yaluha
요하(遼河)강의 건너편에서 말에 탄

nikan ukame jihe.
한인 한 명이 도망해 왔다.

○ juwan emu de, manggol taiji i emu monggo,
11일에 Manggol 타이지 예하의 한 몽골인이

niyalma be huwesileme waha seme, jakūn gūsai (28:9b)
사람을 칼로 찔러 죽였다 하여, 8구사에

<u>ubu sindame waha</u>.
본보기로 삼아 죽였다.

← ○ amin beile, ajige age, amala genehe ambasai beyei
"Amin 버일러와 Ajige 아거와 뒤에 간 대신들은

← teile gemu jio, emgi genehe šanggiyan bayara coohai
모두 너희만 오라. 함께 간 백(白) 바야라는

← niyalma be gemu weri, baduri, ilan minggan cooha be
모두 남게 하라. Baduri는 군사 3000명을

頭註: gingguleme kimcici, jakūn gūsai ubu sindame waha sere gisun, ainci jakūn gūsade durun tuwakū obume wafi targacun tuwabukini sere gūnin dere. [신중하게 살펴보니, jakūn gūsai ubu sindame waha라는 말은 아마도 '8구사에 본보기로 삼아 죽여서 경고로 보이게 하라'는 뜻일 것이다.]

← gaifi hai jeo de te, asan, juwe minggan cooha
거느리고 해주(海州)에 주둔하라. Asan은 군사 2000명을

← gaifi nio juwang de te, wehe ambula isabu, (28:10a)
거느리고 우장(牛莊)에 있으라. 돌을 많이 모으고,

← agūra hajun aika jaka be dasame te,
기계(器械) 등 온갖 물건을 정비하며 있으라.

← ekisaka ume tere, neneme genehe ambasa be, baduri,
가만히 있지 말라. 먼저 간 대신들을 Baduri와

← asan, juwe bade gese dendefi te.
Asan이 두 지역에 똑같이 나누어서 주둔하라."

○ juwan juwe de, cang diyan, yung diyan, da diyan,
12일에 장전(長奠), 영전(永奠), 대전(大奠),

sin diyan, gu ho, giyang bitume tehe gašan gašan i
신전(新奠), 고하(古河) 등 강을 따라 살던 각 촌락의

nikasa be, gemu meni meni hanciki hecen pu de (28:10b)
한인들을 모두 각자 가까운 곳에 있는 성보(城堡)에

bargiyame dosimbu, bargiyame wajirakū ofi, cargi niyalma
거두어 들어가게 하라. 완전히 거두지 못해서, 저쪽 사람이

ebsi dosime tūme dain jidere, ebergi niyalma
이리로 쳐들어와서 치며 싸움이 일어나고, 이쪽 사람이

casi ukame ubašame genere, aika weile tucike
저리로 도망하여 모반해 가는 등 어떤 일이라도 생기면

頭註: gingguleme kimcici, ebsi dosime tūme dain jidere sere gisun, ainci ebsi dosime susunggiyame dain jidere sere gisun dere. [신중하게 살펴보니, ebsi dosime tūme dain jidere라는 말은 아마도 '이리로 들어와 피해를 입히며 쳐들어온다'라는 말일 것이다.]

manggi, ba i ejen šeo pu hafan de weile,
그 지방의 수장인 수보에게 죄가 있고,

meni anafu tehe coohai ambasa mende inu
수자리를 사는 우리 군사의 대신인 우리에게도

weile ombikai, suwe wacihiyame bargiyarakū, tulergi sindafi
죄가 된다. 너희가 완전히 거두지 못하고 바깥에 두어서

dain i niyalma de gamabure anggala, be wambi. (28:11a)
적에게 잡혀가게 하느니 우리가 죽일 것이다."

← ○ usin fehume boo icihiyame, munggatu, munggu, salgūri dooli hafasa
"밭을 다지고 집을 처리하며 Munggatu, Munggu, Salgūri 등 도리(道吏)들이

← jifi bithe wesimbume, gašan gašan i nikasa, gemu emu
와서 글 올리기를, '각 촌락의 한인들은 모두 같은

← han i irgen kai, jeku acan jeki, boo acan teki,
한(汗)의 백성입니다. 곡물을 함께 먹고, 집에 함께 살고 싶습니다.

← membe ainu guribumbi seme baimbi seme habšanjiha,
어찌 우리를 이주시키느냐고 묻습니다'라고 호소해 왔다.

← donjici tere gisun inu mujangga, tuttu uhe
들으니 그 말도 옳다. 그러니 모두

← meni ba i jeku be acan ganafi jeki. (28:11b)
우리 땅의 곡물을 함께 가지러 가서 먹으라."

○ juwan juwe de,
12일에

⇦ han, yamun de tucifi hendume, lungsi be wesibufi
한(汗)이 아문(衙門)에 나가서 말하기를, "Lungsi를 승직시켜

← beiguwan i hergen buhe, arai tsanjiyang be wasibufi
비어의 직위를 주었다. Arai 참장을 강직시켜

← beiguwan obuha, munggan tsanjiyang be wasibufi iogi obuha, moohai
비어가 되게 했다. Munggan 참장을 강직시켜 유격이 되게 했다. Moohai

← tsanjiyang be wasibufi iogi obuha, singgiyai iogi be
참장을 강직시켜 유격이 되게 했다. Singgiyai 유격을

← wasibufi beiguwan obuha, esentei iogi bihe, wesibufi tsanjiyang (28:12a)
강직시켜 비어가 되게 했다. Esentei는 유격이었는데, 승직시켜 참장으로

← obuha, sangguri iogi be wasibufi daise beiguwan obuha.
삼았다. Sangguri 유격을 강직시켜 비어 서리가 되게 했다."

○ juwan ilan de, enggeder efu genehe, jeng giyang ni
13일에 Enggeder 어푸가 갔다. 진강의

niyalma, solho i ergide poo sindambi seme alanjiha.
사람이 조선 쪽에서 포를 쏜다고 알리러 왔다.

○ ineku tere inenggi, amba beile, menggun ku i da de
같은 날, 대버일러가 은 창고의 수장에게

genefi, ninggun tumen ninggun minggan yan menggun (28:12b)
가서, 은 6만 6000냥을

gajifi, jušen i hergen baha hafasa de bumbi,
가져왔는데, 직위를 얻은 여진인 관원들에게 주고,

coohai niyalma de salambi seme gajiha.
병사에게 나눠준다 하여 가져온 것이다.

○ tere inenggi, du tang donggo efu, fusi efu
그날, 도당 Donggo 어푸와 총병관 Fusi 어푸가

dzung bing guwan, solho i baru ilan minggan cooha
조선을 향하여 3000 군사를

gaifi genembi seme algimbufi bederehe, solho i emu
이끌고 간다는 소문을 퍼뜨리고 돌아왔다. 조선인 한

niyalma, musei duin niyalma, unggihe (28:13a)
사람과 우리의 네 사람을 통해 보낸

⇦ bithei gisun, mao wen lung, cen liyang tse, jao ceng gung,
글이다. "모문룡(毛文龍), 진양책(陳良策), 조성공(趙成功),

← lii ing lung, jao jiyūn, suweni solho i mi šan de
이응룡(李應龍), 조준(趙俊)은 당신들 조선의 Mi Šan에

← tefi, birai wargi be jing nungnembi, bi karu mao
살고, 강의 서쪽을 항상 침해합니다. 내가 보복으로

← wen lung be baime cooha geneci, suweni solho be
모문룡(毛文龍)을 찾으러 출병하면, 당신들 조선을

← suwaliyaburahū seme generakū, muse juwe gurun, unenggi sain
말려들게 하지 않을까 염려하여 가지 않습니다. 우리 두 나라가 진실로 사이좋게

← banjimbi seci, mao wen lung, cen liyang tse be jafafi
지내겠다 하면, 모문룡(毛文龍), 진양책(陳良策)을 잡아서

← bu, tuttu buhede, suweni yuwanšuwai be unggire, mao (28:13b)
넘기십시오. 그리해서 주면 당신들의 원수(元帥)를 보낼 것입니다.

← wen lung, cen liyang tse be gaifi, bi okto arambio,
모문룡(毛文龍), 진양책(陳良策)을 가지고서, 내가 약을 만들겠습니까.

← sini emu yuwanšuwai be gaifi, si okto arambio,
당신의 원수(元帥) 한 명을 가지고, 당신이 약을 만들겠습니까.

← juwe gurun i doro acafi mujilen elhe ofi, cihalaci
두 나라가 화친하여 마음이 평안하게 되어서, 원하면

← ishunde hūda hūdašame, cihakū oci, meni meni gurun
서로 거래하고, 원하지 않으면 제각각의 나라가

← ofi ekisaka banjiki seme gūnime gisurembi dere, mao
되어서 조용히 지내고 싶다고 생각하여 말하는 것입니다.

← wen lung, cen liyang tse be burakūci, baibi sain
모문룡(毛文龍), 진양책(陳良策)을 넘기지 않으면서 그저 좋다고

← seme holtome jabufi ainambi, cihangga oci, muke tuwa i (28:14a)
거짓으로 대답한들 무슨 소용이 있겠습니까. 원하면 물불과

← gese hūdun gisure, hūdun gisurerakū ofi, mao wen lung,
같이 속히 말하십시오. 속히 말하지 않아서, 모문룡(毛文龍),

← cen liyang tse donjifi, okto jefi bucehe de ukaka de,
진양책(陳良策)이 듣고서 독약을 먹고 죽거나 도망한다면,

← jai suwe sain banjiki sehe seme bi akdarakū,
다시 당신들이 사이좋게 지내자 한다고 해도 나는 믿지 않을 것입니다.

← dailiyoo i tiyan dzo han, meni aisin han i dailaha
대요국(大遼)의 천조(天祚) 황제는, 우리 금나라 황제가 정벌한

← eden asu gebungge niyalma be gaifi, gaji seci
잔당인 Asu라는 사람을 데리고서, 넘기라 해도

← buhekū, dain ofi inu jabšahakūbi, suweni solho i
넘기지 않았고, 전쟁에서도 이기지 못했습니다. 당신들 고려의

← jao wei jung gebungge niyalma, dehi funceme hecen be (28:14b)
조위총(趙位寵)이라는 사람이 40여 성을

← gaifi ubašaci, meni aisin han alime gaihakū ofi,
거느리고 모반했는데, 우리 금나라 황제가 받아주지 않아서

← muse juwe gurun sain banjihabi, te ere mao
우리 두 나라가 사이좋게 지내왔습니다. 이제 이

← wen lung, cen liyang tse be, sini gurun i dolo
모문룡(毛文龍), 진양책(陳良策)을 당신의 나라 안에서

← tebufi mini gurun be nungneci, simbe inu
살게 하다가 나의 나라를 침해하면, 당신을 또한

⇦ abka wakalambi dere, sini dolo gūnici endembio, mimbe suwe
하늘이 책망할 것입니다. 당신의 마음속으로 생각해도 모르겠습니까. 나를 당신들이

← asuru fusihūn ume gūnire, niyalmai ciha waka,
너무 미천하게 여기지 마십시오. 사람의 뜻이 아니고

⇦ abkai ciha. (28:15a)
하늘의 뜻입니다."

○ juwan duin de,
14일에

← hai jeo i niyalma gurime yoo jeo de genehebi, tere
"해주(海州) 사람이 요주(耀州)에 이주하여 갔다. 살

← boo, jetere jeku, orho turi be, aita si
집, 먹을 곡물, 목초와 콩을, Aita 네가

← tuwame hai jeo, yoo jeo, g'ai jeo i amargi babe neigeleme
살펴서 해주(海州), 요주(耀州), 개주(蓋州)의 북쪽 지방을 공평하게

← icihiya, usin be, usin icihiyara ambasa genefi icihiyakini.
처리하라. 밭은 밭을 처리하는 대신들이 가서 처리하는 것이 좋겠다."

(28:15b)

○ turusi baksi de, juwan mocin, juwan yan menggun,
Turusi 박시를 통해서, 모청포 열 필, 은 열 냥,

emu gecuheri, sanggarjai taiji sargan de unggihe.
망룡단 한 필을 Sanggarjai 타이지의 부인에게 보냈다.

⇦ han i bithe, juwan duin de wasimbuha, liyoodung, hai jeo de
한(汗)의 글을 14일에 내렸다. "요동(遼東), 해주(海州)에

← uhereme emu niru dehite morin hūwaita, tereci funcehe
모두 한 니루당 40마리씩 말을 묶으라. 그리하고서 남은

← morin be gemu gamame, emu nirui emu tanggū
말은 모두 이끌어가는데, 한 니루의 100명의

← uksin i niyalma be, liyoodung de tofohon uksin, (28:16a)
갑병(甲兵) 중에서 요동에 갑병 15명과

← hai jeo de tofohon uksin, daise beiguwan emte,
해주에 갑병 15명, 30명의 갑병을 비어 서리 한 명씩과

← ciyandzung emte, gūsita uksin be gaifi, ilan morin be
천총(千總) 한 명씩이 인솔하고, 세 마리당 한 명씩 말을

← ulebure emu niyereme niyalma gamame gene, tereci funcehe
먹일 무장하지 않는 사람을 데리고 가라. 그리하고서 남은

← uksin i niyalma, aika baita medege tucici, dehi morin de
갑병은 만약 일이나 소식이 있으면, 말 40마리에

← dehi uksin i niyalma yalukini, morin akū uksin i niyalma,
갑병 40명이 타고 가도록 하라. 말이 없는 갑병은

← morin akū seme gašan de ume bisire, meni
말이 없다 하여 마을에 있지 말고,

← meni sejen kalka be gaifi, morin coohai niyalmai (28:16b)
각자의 방패차를 끌고 말 탄 군인의

← amala dahame yabu, jai emu nirui ice etuhe
뒤를 따라가라. 또 한 니루의 새로 갑옷을 입은

← susai uksin i niyalma be, liyoodung, hai jeo de
50명을 요동과 해주에

← gese dendehebi, tere ice susai uksin de, emu
똑같이 배치했는데, 그 50명의 새 갑병에게 한

← niru juwete tu ara, juwe bade emte janggin
니루에 둑(纛) 두 개씩을 만들라. 두 곳에 장긴 한 명씩을

← ejen arafi, tere dendehe ice uksin i niyalmai gebu be
수장으로 삼고, 배치한 그 새 갑병들의 이름을

← bithe arame gaifi, aika baita medege ohode, tucire
글로 써두라. 그리고 만약 일이나 소식이 있더라도 출병하는

← coohai niyalma be ume dahara, hecen de ilire (28:17a)
군인을 따라가지 말고, 성에서 머물러 있어야 할

← bade ili.
곳에 머무르라."

○ tere inenggi, guwangning ci nadan niyalma ukame
그날, 광녕(廣寧)에서 일곱 사람이

nadan morin yalufi jihe.
일곱 마리의 말을 타고 도망해 왔다.

○ juwan ninggun de, guwangning ci duin monggo,
16일에 광녕에서 몽골인 네 명과

sunja nikan, uheri uyun niyalma morin yalufi (28:17b)
한인 다섯 명 등 모두 아홉 명이 말을 타고서

ukame jihe, tere inenggi, jai geli duin
도망해 왔다. 그날, 또 다시

monggo guwangning ci ukame jihe.
몽골인 네 명이 광녕에서 도망해 왔다.

○ juwan nadan de, nadan yafahan nikan, guwangning ci
17일에, 한인 일곱 명이 걸어서 광녕에서

ukame jihe.
도망해 왔다.

○ juwan jakūn de, hošoi amin beile jeng giyang de (28:18a)
18일에 호쇼 버일러인 Amin이 진강(鎭江)에

sunja minggan cooha be gaifi genehe, unggihe
군사 5000명을 인솔하고 갔다. 보낸

⇦ bithei gisun, cang diyan, yung diyan, da diyan, sin diyan be,
글이다. "장전(長奠), 영전(永奠), 대전(大奠), 신전(新奠)은,

← hiyan šan, fung hūwang ni iogi, sini hanciki pu
험산(險山)과 봉황(鳳凰)의 유격(遊擊)이, 너의 가까이에 있는

← tun tokso i niyalma be, si šeo pu be gaifi
보(堡)와 둔(屯), 장원에 거주하는 사람들을 네가 수보(守堡)를 이끌고

← bargiyafi gurire bade gamame gene, kuwan diyan i iogi,
거두어서 이주할 곳에 데리고 가라. 관전(寬奠)의 유격(遊擊)은

← sini harangga pu tun tokso i niyalma be, si
관하의 보와 둔, 장원에 거주하는 사람들을 네가

← šeo pu sebe gaifi bargiyafi gurire bade gamame (28:18b)
수보(守堡) 등을 이끌고 거두어서 이주할 곳에 데리고

← gene, meni meni harangga niyalma be bargiyame
가라. 각자의 관하의 사람을 모두 거두지 않아서

← wacihiyarakū, amala tutaha niyalma be, meni coohai
뒤에 남겨진 사람은, 우리 병사가

← niyalma wambi, tere wabuha niyalmai harangga hafan de
죽일 것이다. 살해당한 그 사람을 관할하는 관원을

← ujen weile arambi, gurire bade gamame yooni
무겁게 치죄할 것이다. 이주할 곳에 데리고 가서 온전하게

← isibuci, hafasa suwende gung kai, tuttu guribume
도착시키면, 관원들 너희에게 공이 있다. 그처럼 이주시켜

← gamarakūci, birai dergi ci aikabade cooha jihede,
데려가지 않으면, 혹시 강의 동쪽에서 적군이 왔을 때

← ba i niyalma cen liyang tse i adali geli jafafi (28:19a)
그 지방 사람들이, 진양책(陳良策)의 경우처럼, 또 잡아서

← burakū seme guribumbi.
넘기지 않을까 하여 이주시키는 것이다."

○ tere inenggi, borjin hiya be weile araha,
그날, Borjin 히야를 치죄했다.

weile i turgun, darhan hiya i baiha de, beise be
죄과는 다음과 같다. Darhan 히야가 요구하자, 버일러들이

ulin buhe seme,
재물을 주었다 하여,

⇦ han jili banjifi, jaisanggū age, jirgalang age, šoto
한(汗)이 화를 내고서, Jaisanggū 아거와 Jirgalang 아거, Šoto

age be, dusy i yamun de, hehesi i etuku (28:19b)
아거에게, 도사(都司)의 아문(衙門)에서 여인들의 옷과

hūsihan fokto etubufi girubumbi seme, tebuhe bade
치마와 갈포 단적삼을 입혀서 욕보인다 하여 앉혀놓았다. 그곳에

borjin hiya genefi, tere ilan beile i baru
Borjin 히야가 가서, 그 세 버일러를 향하여

hendume, suwe
말하기를, "너희는

⇦ han i tukiyehe niyalma ohode, hungkereme sain,
한(汗)이 칭찬한 사람이면 각별히 잘 지내고,

⇦ han i wakalaha niyalma ohode, tuwarakū, suwe hiya age be,
한(汗)이 책망한 사람은 보지도 않는다. 히야 아거를[4]

⇦ han tukiyere jakade, hiya age, hiya age seme sain
한(汗)이 칭찬하자, 너희가 히야 아거, 히야 아거 하고 사이좋게

ofi, hiya age weile baha, adun age be, (28:20a)
지냈기 때문에, 히야 아거가 죄를 지은 것이다. Adun 아거를

⇦ han tukiyere jakade, adun age, adun age seme
한(汗)이 칭찬하자, Adun 아거, Adun 아거 하고

sain ofi, adun age weile baha seme
사이좋게 지냈기 때문에 Adun 아거가 죄를 지은 것이다"라고

henduhe manggi, jirgalang age jabume, si ere
말했다. 그러자 Jirgalang 아거가 대답하기를, "너는 이

gurun i amban wakao, ere gisun be doigonde
나라의 대신이 아니냐. 어찌 이 말을 미리

4) Nurhaci의 양자인 Hūrhan이다. Darhan 히야로도 불렸다.

ainu henduhekū seme hendure jakade, borjin hiya, bi
말하지 않았는가"라고 말하자 Borjin 히야는 "나는

ilaci jergi fujiyang, mini dele ilan jergi
3등 부장(副將)이고 내 위에 세 품계의

amban bi, minde ai jobolon seme jabuha, jai (28:20b)
대신이 있다. 나에게 무슨 걱정이 있는가"라고 대답했다. 또

šoto age i baru, si encu gūsai hiya
Šoto 아거를 향하여, "너는 다른 구사의 히야

age de bure anggala, sinde bisire borjin minde
아거에게도 주었으면서, 네 아래에 있는 나 Borjin에게는

emu niyecen buhebio seme yertebume henduhe manggi,
옷 한 조각이라도 주었는가"라고 모욕하여 말하니

ilan beile korsofi, šajin de duilefi wara
세 버일러가 분하게 여겨, 법도로 심리해서 죽일

weile maktafi
죄라고 판단해서

⇦ han de alaha,
한(汗)에게 알렸다.

⇦ han hendume, wafi joo, muse ere be takūrame goidaha, (28:21a)
한(汗)이 말하기를, "죽이지 말라. 우리가 이 자를 부린 지 오래되었다.

← dere de yalmanggi ijufi, orho sektefi, juwan inenggi
얼굴에 숯 검댕을 칠하고, 짚을 깔고, 열흘 낮과

← juwan dobori hergen i loo de hori, ice šangnaha
밤 동안 금을 그은 옥에 가두라. 새로 포상한

頭註: gingguleme kimcime, wafi joo sere gisun, ainci wara be joo sere gisun dere. [신중하게 살펴보니, wafi joo라는 말은 아마도 '죽일 것을 그만두라'라는 말일 것이다.]

← dehi yan menggun, juwe yan aisin gaisu, jai
은 40냥과 금 두 냥을 몰수하라. 또

← gašan i jušen, ai jaka be gemu ini juse de
촌락의 속민과 온갖 물건을 모두 그의 아들들에게

← bu seme weile wajiha.
주라"고 하여 일을 마쳤다.

⇦ han i bithe, juwan uyun de nikasa de wasimbuha, bi (28:21b)
한(汗)의 글을 19일에 한인들에게 내렸다. "내가

← liyoodung de jihe ci tuwaci, ai ai alban gemu
요동에 온 이래 보니, 갖가지 공역은 모두

← haha tolorakū, duka tolome weilembi, duka toloci, ememu
장정을 세지 않고, 대문의 수를 세어 처리한다. 대문을 세면, 어떤

← duka de dehi susai haha bi, ememu duka de
대문에는 장정 40, 50명이 있고, 어떤 대문에는

← tanggū haha bi, ememu duka de emu juwe
장정 100명이 있고, 어떤 대문에는 장정 한두 명이

← haha bi, tuttu duka toloci, bayan niyalma ulin
있다. 그렇게 대문을 세면, 부유한 사람은 재물을

← bufi guwembi, yadara niyalma ulin akū ofi jing
주고서 면제받는다. 가난한 사람은 재물이 없으니까, 항상

← weilembi, bi suweni tere jurgan be yaburakū, mini (28:22a)
부역한다. 나는 너희의 그 방식을 따라가지 않겠다. 내가

← daci banjiha jurgan, beise ambasa be fejergi
본래부터 살아가는 도리는 버일러들과 대신들로 하여금

← niyalma de ulin gaiburakū, bayan yadahūn be gemu
아랫사람의 재물을 빼앗지 못하게 하고, 부자이든 가난한 사람이든 모두

← neigen haha tolofi, orin haha de emu niyalma be
공평하게 장정을 세어서, 장정 20명당 한 명을

← cooha ilibumbi, ebšere baita oci, juwan niyalma de
병사로 뽑는다. 급한 일이라면 열 명마다

← emu niyalma tucibufi weilebumbi, elhe baita oci, tanggū
한 명씩 뽑아서 부역시킨다. 급하지 않은 일은 100명마다

← niyalma de emu niyalma be tucibufi weilebumbi, tanggū ci
한 명씩 뽑아서 부역시킨다. 100명

← fusihūn, juwan ci wesihun, baita be tuwame weilebumbi, (28:22b)
이하 열 명 이상으로 하여금, 일을 살펴서 부역하게 한다.

← tuttu ai ai doro šajin genggiyen ofi,
그렇게 갖가지 정사와 법도가 밝으므로

⇦ abka mimbe gosimbi, yaya gurun i han niyalmai jobolon,
하늘이 나를 사랑한다. 무릇 나라의 한(汗)인 사람의 불행은

← tulergi ci jiderakū, beye ci tucimbi sere, julgei jiyei
밖에서 오지 않고, 자신에게서 나온다 한다. 옛날 걸왕(桀王),

← han, juo han, cin el ši han, sui yang di han,
주왕(紂王), 진이세(秦二世) 황제, 수(隋) 양제(煬帝),

← aisin i wan yan liyang han, tese gemu arki
금나라의 완안량(完顏亮) 황제, 그들은 모두 술과

← nure, hehe ulin de dosifi, gurun i jalin de
여자와 재물에 빠져서, 나라를

← joborakū, doro be dasarakū ofi, ceni beyei ehe de (28:23a)
걱정하지 않고, 정사를 다스리지 않았으므로, 그들 자신의 잘못으로

← doro efujehebi kai, suweni nikan i han, doro šajin
정사가 무너졌던 것이다. 너희의 명나라 황제는, 정사와 법도가

← neigen akū, han i beye, taigiyan sindafi ulin gaime,
공평하지 않고, 황제 스스로가 태감(太監)을 두어서 재물을 취한다.

← hafasa, inu han be alhūdame fejergi irgen de
관원들 역시 황제를 본 따서 아래의 백성에게

← ulin gaime, argangga jalingga ulin bisire niyalma de
재물을 빼앗으며, 간교하고 재물이 있는 사람에게는

← ulin gaifi guwebume, tondo sijirhūn ulin akū yadara
재물을 받고 죄를 면제해주고, 정직하고 재물이 없는 가난한

← niyalma be jobobume, dorgi be genggiyen i icihiyarakū, geli
사람을 괴롭힌다. 그리고 국내의 정사는 깨끗하게 처리하지 않고, 또

← jasei tulergi encu gurun i weile de dafi, uru be (28:23b)
국경 밖의 다른 나라의 일에 간섭하고, 옳은 것을

← waka, waka be uru seme fudarame beidere be,
그르다고 하고, 그른 것을 옳다고 하여 거꾸로 심판한다. 그것을

⇦ abka wakalafi, nikan han i birai dergi ba be minde
하늘이 책망해서, 명나라 황제의 강의 동쪽 지역을 나에게

← buhe, nikan han i joborongge, tere inu,
준 것이다. 명나라 황제의 불행은 바로 그것이다.

⇦ abkai buhe ba be, bi mini
하늘이 준 땅을 내가 나의

⇦ abka de saišabuha jurgan i icihiyarakūci,
하늘에게 칭찬받은 도리로 처리하지 않으면,

⇦ abka mimbe wakalarahū seme icihiyarangge ere inu, han i
하늘이 나를 책망하지 않을까 염려하여 바로 이렇게 처리하는 것이다. 한(汗)이

← tukiyehe hafasa, han i šangname bure an i bahara (28:24a)
등용한 관원들은, 한(汗)이 포상으로 주는 통상 받는

← jaka be iletu gaimbi, fejergi niyalma de hūlhame
것을 떳떳하게 받는다. 아랫사람에게 몰래

← gaijarakū, sain niyalma endebufi weile bahaci, yamun ci
받지 않는다. 선량한 사람이 실수로 죄를 지어도, 아문(衙門)을

← hokoburakū, nikan be kemuni nikan hafan kadalaci, taciha
떠나게 하지 않는다. 한인을 여전히 한인 관원이 관할하면, 관행적인

← mujilen ulin gaime gurun be jobobumbi, te birai
마음으로 재물을 취하여 백성을 괴롭힐 것이다. 이제 강의

← dergi nikan be, gemu haha tolofi, jušen i
동쪽의 한인은, 모두 장정을 세어서, 여진인

← hafasa de goiha niyalma be, jušen i hafan kadalakini,
관원들에게 배분된 사람은 여진인 관원이 관할하게 하라.

← ya niyalma nikan i hafan de bisirakū, jušen de (28:24b)
어떤 사람이든 한인 관원의 예하에 있지 않고, 여진인에게

← dayafi banjiki sere niyalma oci, dayanju.
의지하여 살겠다 하는 사람은 와서 의지하라."

○ juwan uyun de, jaisai beile i elcin, juwan
19일에, Jaisai 버일러의 사신이

ihan, orin honin, juwe guwejihe nimenggi, emu ihan i
소 열 마리, 양 20마리, 기름 두 자루,[5] 소 한 마리 분량

5) guwejihe는 원래 소의 장기인 위를 가리키는 말인데, 여기서는 단위 명사로 쓰인 듯하다.

yali benjihe.

고기를 가지고 왔다.

제29권

천명(天命) 6년(1621) 11월

orin uyuci debtelin,
abkai fulingga i
ningguci aniya omšon
biya.

tongki fuka sindaha hergen i dangse. (29:1a)
유권점 당안

○ orin de, hai jeo i tsanjiyang de unggihe
20일에 해주(海州) 참장(參將)에게 보낸

⇦ bithe, tsanjiyang si kemuni hai jeo de bederefi sini yamun de
글이다. "참장, 너는 이전처럼 해주로 물러나서 너의 아문(衙門)에

← te, hai jeo i boigon i nikasa be amargi guwali de
있으라. 해주의 가호의 한인들은 북쪽 성 밑에

← tebu, wajirakūci julergi hecen de inu tebu, tsanjiyang
살게 하라. 그것으로 다 되지 않으면 남쪽 성에도 살게 하라. 참장

← sini poo sindara cooha be ilan ubu dendefi,
너의 포병을 셋으로 나누어서,

← emu ubu be yoo jeo de tebu, emu ubu be
3분의 1은 요주(耀州)에 주둔시키고, 3분의 1은

← nio juwang de tebu, emu ubu be sini emgi (29:1b)
우장(牛莊)에 주둔시키고, 3분의 1은 너와 함께

← hai jeo de tebu, yoo jeo ci amasi gašan
해주에 주둔시키라. 요주 북쪽

← gašan i juse hehesi be hai jeo de dosimbu,
각 촌락의 아녀자들은 해주에 들어가게 하라.

← yoo jeo ci julesi gašan i juse hehesi be g'ai jeo de
요주 남쪽 촌락의 아녀자들은 개주(蓋州)에

← bargiya, amasi julesi ainu uttu guribumbi seme ume
거두어들이라. 왜 이렇게 북쪽과 남쪽으로 이동시키는가 하고

← gūnire, ere emu tuweri ebsihe jobokini, ere aniya
생각하지 말라. 이번 겨울까지만 고생하라. 올해

← guwangning ni baru cooha geneki seci, meni gurun i
광녕(廣寧)으로 출병하고자 하니, 우리나라

coohai niyalmai boigon gurihe, jai boo arame jabdurakū, (29:2a)
병사들의 가호가 이동해서 다시 집을 지을 겨를이 없다.

← tuttu ofi, suwembe amasi guribumbi, jai hai jeo
그러므로 너희를 북쪽으로 이동시키는 것이다. 또 해주

← hecen i sula yamun be, gemu sini niyalma tuwakiyabufi
성의 비어 있는 아문은 모두 너의 관하 사람으로 하여금 지키게 하고

← saikan icihiyabu, beise amasi julesi yabure de tatambi.
잘 처리하게 하라. 버일러들이 왕래하여 다닐 때 머물 것이다."

○ orin emu de bayot gurun i monggo haha hehe
21일에 Bayot국의 몽골인 남녀

dehi nadan, honin dehi nadan, ihan gūsin
47명이 양 47마리, 소 36마리,

ninggun, sejen orin ninggun, morin emken gajime (29:2b)
수레 26대, 말 한 마리를 몰고

ukame jihe.
도망해 왔다.

○ guwangning ci emu inenggi juwe jergi dehi uyun
광녕에서 하루에 두 번

monggo ukame jihe,
몽골인 49명이 도망해 왔다.

⇦ han i beye yamun de tucifi, jihe ukanju de sarin
한(汗)이 몸소 아문에 나가서 도망해 온 사람들에게 주연을

sarilaha.
베풀었다.

(29:3a)

○ sarhū ci liyoodung de boigon gurime jime,
Sarhū에서 요동(遼東)으로 가호들이 이주해 왔는데,

omšon biyai ice inenggi ci ujui mukūn
11월 초하루에 첫 번째 무쿤이

isinjiha, jorgon biyai juwan de dube lakcaha,
이르렀고 12월 10일에 마지막으로 도착했다.

du tang, dzung bing guwan de susaita yan menggun,
도당(都堂), 총병관(總兵官)에게 은 50냥씩과

ilata yan aisin šangname buhe, fujiyang de
금 석 냥씩을 상으로 주었다. 부장(副將)에게는

dehite yan menggun, juwete yan aisin buhe,
은 40냥씩과 금 두 냥씩 주었다.

tsanjiyang, iogi de gūsita yan menggun, emte (29:3b)
참장(參將)과 유격(遊擊)에게는 은 30냥씩과 금

yan aisin buhe, beiguwan de orita yan
한 냥씩 주었다. 비어(備禦)에게는 은 스무 냥씩과

menggun, sunjata jiha aisin buhe, ciyandzung de
금 5전씩을 주었다. 천총(千總)에게는

juwanta yan menggun buhe, gašan bošoro šeo pu de
은 열 냥씩 주었다. 촌락을 관할하는 수보(守堡)에게는

sunjata yan, jakūn beise i booi sin jeku nirui
은 다섯 냥씩 주었다. 여덟 버일러들의 집의 신 저쿠 니루의[1)]

ejen, beiguwan de ciyandzung ni jergi de juwanta
수장, 비어(備禦)는 천총(千總)과 같은 품급에게 은

yan menggun buhe, <u>mafari jergi</u> de ilata yan
열 냥씩 주고 마파들과 같은 품급에게 은 석 냥씩

menggun buhe, jakūn gūsai bayarai kirui ejen de (29:4a)
주었다. 8구사의 바야라의 기(旗)의 수장에게는

ilata yan menggun buhe, geren coohai niyalma de
은 석 냥씩 주었다. 여러 병사들에게는

juwete yan menggun šangname buhe, tere šangname
은 두 냥씩 상으로 주었다. 상으로

bure de, hergen baha niyalma be ilgafi,
줄 때 직위가 있는 사람을 분별해서,

kadalame fafulame muterakū, beye banuhūn, nikan buci
관리하고 통제하지 못하는 사람, 게으른 사람, 한인들을 주어도

---

1) 『御製增訂清文鑑』에는 hontoho de kadalabuha, anggalai bele jeterengge be, sin jeku jetere aha sembi(관령(管領)에게 지휘를 받는, 배급된 양곡을 먹는 사람을 sin jeku jetere aha라고 한다)라고 되어 있다.

頭註: gingguleme kimcici, mafari jergi sere gisun, ainci duka, yamun tuwakiyara sakdasa sere gūnin dere. [신중하게 살펴보니, mafari jergi라는 말은 아마도 '문과 아문을 지키는 노인들'이라는 뜻일 것이다.]

kadalaci acarakū, soktoho, ai ai de doosi
관할하기에 적당치 않은 사람, 주정뱅이, 갖가지를 탐하는

niyalma be enteke turgunde, jergi hergen ci
사람은 이러한 이유로 품급과 직위를

wasibufi, šang faitara be faitaha, ekiyehun bure be (29:4b)
강등시키고 상을 깎을 사람은 깎고, 줄여서 줄 사람은 줄여서

buhe, tereci sahaliyan be fafulame muterakū seme
주었다. 그리하여 Sahaliyan은 금령으로 다스리는 것을 못한다 하여

umai buhekū, jenjuken, usitai, fiyada, toilu, ninggucin,
아무것도 주지 않았다. Jenjuken, Usitai, Fiyada, Toilu, Ninggucin,

bojiri i deo yarabu, coijika, hūwaktaha, ula i yarabu,
Bojiri의 동생 Yarabu, Coijika, Hūwaktaha, Ula의 Yarabu,

cecek, ere juwan niyalma be kadalame muterakū
Cecek, 이 열 사람은 관할하지 못한다

seme, orin yan faitafi juwanta yan buhe,
하여 스무 냥을 깎아서 열 냥씩 주었다.

toolai, mahai, gosin, aljutai, amida, ere sunja
Toolai, Mahai, Gosin, Aljutai, Amida, 이 다섯

niyalma de beiguwan i hergen de buci, kadalaci (29:5a)
사람에게는 비어 직위에 맞게 주자니 관할하지

muterakū seme, ciyandzung ni hergen de juwanta yan
못한다 하여 천총 직위에 해당되게 열 냥씩

頭註: gingguleme kimcici, ekiyehun bure be buhe sere gisun, ainci ekiyembufi buci acarangge de ekiyembufi buhe sere gisun dere. [신중하게 살펴보니, ekiyehun bure be buhe라는 말은 아마도 '줄여서 주어야 마땅한 사람에게는 줄여서 주었다'라는 말일 것이다.]

buhe, yehe i tobohoi be doosi seme beiguwan i
주었다. Yehe의 Tobohoi는 탐욕스럽다 하여 비어

hergen de buhekū, ciyandzung ni hergen de juwan
직위에 맞게 주지 않고 천총 직위에 해당되게 열 냥을

yan buhe, ilangga be beiguwan i hergen be
주었다. Ilangga는 비어직을

nakabuha.
그만두게 했다.

○ orin juwe de, ice hecen, aiha be guribu (29:5b)
22일에, 신전(新奠)과 애하(靉河)를 이동시키라고

seme unggihe
보낸

⇦ bithe, fung hūwang ni iogi, jeng giyang, tang šan, jeng dung pu,
글이다. "봉황(鳳凰)의 유격은 진강(鎭江), 탕산(湯山), 진동보(鎭東堡),

← jeng i pu i harangga buya gašan i pu hecen i
진이보(鎭夷堡)에 속한 작은 촌락의 성보(城堡)에 사는

← niyalma be, gemu sarhū de gamame gene, niowanggiyaha i
사람을 모두 Sarhū에 데리고 가라. 청하(淸河)

← niyalma be, šuwang šan de dabsun juwehe tondo
사람은, 쌍산(雙山)에 소금을 운송하던 곧게 뻗은

← jugūn bisire, tere jugūn be fonjifi unggi, boo be
길이 있을 것이니, 그 길을 물어서 보내라. 집은

← gemu tuwa sinda, ice hecen i niyalma be, giyamcan, (29:6a)
모두 불을 지르라. 신전(新奠) 사람은 감장(鹻場)과

← i du ciyang de gama, ice hecen i iogi giyamcan de
일도장(一堵墻)에 데려가라. 신전(新奠) 유격은 감장에

← tekini, gu šan be jase obu, tereci julesi boo be
주둔하라. 고산(孤山)을 경계로 삼아서 그 남쪽에 있는 집은

← gemu tuwa sinda, aiha i niyalma be sarhū de
모두 불을 지르라. 애하 사람은 Sarhū로

← guribu, ilan bolikū, šuwang šan, jung gu i harangga niyalma be,
이동시키라. Ilan Bolikū, 쌍산, 중고(中固)에 속하는 사람을

← gemu cing tai ioi, sio yan de baktara be tuwame
청태욕(靑苔峪)과 수암(岫巖)에 모두 수용할 수 있는지 보아서

← dosimbu, boo be tuwa sinda, emu nirui tutara
들어가게 하라. 집에는 불을 지르라. 한 니루마다 남아 있을

← sunjata uksin i niyalma, ice hecen de morin (29:6b)
갑병 다섯 명씩은 신전(新奠)에서 말을

← ulebume bikini.
먹이면서 있으라."

⇦ han i bithe, orin juwe de wasimbuha, jušen, nikan be
한(汗)의 글을 22일에 내렸다. "'여진인과 한인은

← emu gašan de acan te, jeku be acan
한 마을에 함께 살라. 곡물을 함께

← jefu, ulha de orho liyoo be acan ulebu
먹으라. 가축에게 목초와 말먹이를 함께 먹이라'고

← seme henduhe bihe, jušen, nikan be ume gidašara,
말했었다. 여진인은 한인을 업신여기지 말라.

← nikan i aika jaka be ume durire, ume cuwangnara, (29:7a)
한인의 어떤 물건이든 빼앗지도 말고 약탈하지도 말라.

← tuttu durime cuwangname nungnefi nikan habšanjiha manggi, weile
그렇게 빼앗고 약탈하여 해를 끼쳤다가 한인이 고소해 오면

← arambi, nikan suwe akū be angga arame ume
치죄할 것이다. 한인들은 없는 것을 지어내어

← holtoro, akū be angga arame holtoci, weile i juwe
속이지 말라. 없는 것을 지어내어 속이면, 사건의 두

← ejen be angga acabume duilembi kai, duilefi holo oci,
당사자를 대질하여 심문할 것이다. 심문해서 거짓으로 밝혀지면

← geli ehe kai, jušen, nikan gemu han i irgen
더 나쁘다. 여진인과 한인은 모두 한(汗)의 백성이

← ohobi, han i aisin anggai jušen, nikan be gemu
되었다. 한(汗)의 고귀한 입으로 '여진인과 한인은 모두

← emu hebei tondo banji seme tacibume henduci, ojorakū, (29:7b)
한뜻으로 올바르게 살아가라'고 가르쳐 말해도 듣지 않고

← gisun be dabame weile araci, weile ujen ombikai,
그 말을 어겨서 죄를 지으면 죄가 무거워질 것이다.

← weile araha niyalma sini beyede usha, jušen, nikan
죄를 지은 사람은 자기 자신을 원망하라. 여진인과 한인은

← jeku be mamgiyame ume uncara, ume udara, uncara
곡물을 낭비하여 사거나 팔지 말라. 사거나

頭註: gingguleme kimcici, akū be angga arame ume holtoro sere gisun, ainci akū i baita be kanagan arame ume holtoro sere gisun dere. [신중하게 살펴보니, akū be angga arame ume holtoro라는 말은 아마도 '없는 일을 구실 삼아 속이지 말라'는 말일 것이다.]

← udara be saha de weile arambi, eye angga[1] be
파는 것이 알려지면 치죄한다. 움 구덩이의 입구를

← neici, jušen, nikan acafi nei, emu biyade, nikan,
열려면 여진인과 한인이 만나서 열라. 한인과

← jušen i emu angga[2] de, nikan i sin i duin
여진인 한 명당 한 달에 한인의 되로 네

← sin bu. (29:8a)
되를 주라."

○ orin ilan de, jeng giyang, tang šan, fung hūwang,
23일에 진강, 탕산, 봉황,

jeng dung pu, jeng i pu, sunja ba i niyalma de
진동보, 진이보의 다섯 지역 사람에게

wasimbuha,
내렸다.

← niowanggiyaha ci amasi, sancara ci julesi, jase jakarame
"청하로부터 북쪽으로, 삼차아(三岔兒)로부터 남쪽으로, 경계를 따라

← jušen i tehengge, goro ba nadan jakūn ba bi, hanci
여진인이 살던 곳은, 멀면 7, 8리이고, 가까우면

← ba emu ba juwe ba bi, tehe boo (29:8b)
1, 2리이다. 살던 집과

頭註1: gingguleme kimcici, eye angga be neici sere gisun, ainci jeku be umbure eye i angga be neici sere gisun dere. [신중하게 살펴보니, eye angga be neici라는 말은 아마도 '곡식을 묻는 움 구덩이의 입구를 열려면'이라는 말일 것이다.]

頭註2: gingguleme baicaci, fe dangse de anggala sere gisun be angga seme arahangge labdu, kimcici, ainci anggala, angga sere juwe gisun be adali gisurembi dere. [신중하게 조사하니, 『滿文原檔』에 anggala라는 말을 angga라고 쓴 것이 많다. 살피니, 아마도 anggala와 angga라는 두 말을 똑같이 말하는 것 같다.]

← weilehe jeku yooni bi, orho moo elgiyen, usin
경작한 곡물이 온전하게 있다. 목초와 나무가 풍부하고 밭이

← huweki, ba sain, suwe tede genehe de, weilehe
비옥하며, 땅이 좋다. 너희가 거기에 가면 경작한

← jeku be tehei jembi, jeku orho moo elgiyen,
곡물을 앉은 채로 먹을 것이다. 곡물과 목초, 나무가 풍부해서

← ai jaka de umai joborakū, niyengniyeri usin tarire
어떤 물자에든 어려움을 겪는 법이 없을 것이다. 봄에 밭을 경작할

← erinde, jasei tulergi ba tarici inu tari, jasei
때 경계 바깥 지역을 경작하려면 그냥 경작하라. 경계

← dorgi ba tariki seci, sancara, hūi an pu,
안 지역을 경작하고자 한다면, 삼차아(三岔兒), 회안보(會安堡),

← fusi, dung jeo, mahadan, šan yang ioi i babe (29:9a)
무순(撫順), 동주(東州), 마근단(瑪根丹), 산양욕(山羊峪) 지역을

← cihai tari, tubade genere cihakū oci, jeng giyang,
자유롭게 경작하라. 거기에 가는 것이 내키지 않으면, 진강,

← tang šan i niyalma, wei ning ing de guri,
탕산 사람은 위녕영(威寧營)으로 이주하고,

← fung hūwang, jeng dung pu, jeng i pu i niyalma,
봉황, 진동보, 진이보 사람은

← fung ji pu de guri, boo be acan te, jeku be
봉집보(奉集堡)로 이주하라. 집은 함께 살고, 곡식도

← acan jefu, isirakūci, han i tsang ni jeku bufi ulebumbi,
함께 먹으라. 부족하면 한(汗)의 창고에 있는 곡물을 주어서 먹일 것이다.

← jeku be inu jeci isimbi, usin be inu tarici
곡물도 먹기에 충분하고, 밭도 경작하기에

← tesumbi seme bodohobi, suwembe hūda tucibume udaburakū. (29:9b)
충분할 것이라고 판단했다. 너희로 하여금 값을 치르고 사게 하지는 않겠다."

○ orin ilan de, gūlmahūn erinde, darja age i
23일 묘시(卯時)에 Darja 아거 예하의

emu niyalma be, amin beile i jakade isina
한 사람을 Amin 버일러에게 가라고

seme unggihe, niowanggiyaha ci jakūn gio benjihe,
보냈다. 청하(淸河)에서 고라니 여덟 마리를 보내왔다.

cin iogi be, enculeme niyalma be erulehe,
Cin 유격이 독단적으로 사람에게 형벌을 가하고

ura tūhe seme weile arafi, orin yan
볼기를 쳤다 하여 치죄하고

menggun gaiha. (29:10a)
은 20냥을 징수했다.

○ orin duin de, guwangning ci juwe monggo ukame jihe.
24일에 광녕에서 몽골인 두 명이 도망해 왔다.

○ jaisai beile, jeku baime emu tanggū sejen
Jaisai 버일러가 곡물을 청하며 수레 100대를

unggihe bihe, emu tanggū sejen de, tanggū
보냈었다. 수레 100대에 양곡 100섬을

hule bele buhe, ini beyede aika unggi seme
주고, 그 자신에게도 무엇인가 보내달라 하며

ilan sejen unggihe bihe, ilan sejen de, (29:10b)
수레 세 대를 보냈었다. 수레 세 대에

⇦ han, jakūn beile, uyun guise, juwe horho, juwe malu
한(汗)과 여덟 버일러가 궤 아홉 짝, 장롱 두 채, 소주 두 동이,

arki, nadan tanggū šulhe, soro duin to,
배 700개, 대추 네 말,

mucu duin to, handu bele emu hule,
포도 네 말, 멥쌀 한 섬,

ira bele emu hule, hife bele juwe hule unggihe.
기장쌀 한 섬, 핍쌀 두 섬을 보냈다.

○ monggo i bayot ba i sereng beile i juwan
몽골 Bayot 지역의 Sereng 버일러 예하의 열 가호가

boigon ukame jihe, tere yamji geli guwangning ci (29:11a)
도망해 왔다. 그날 저녁 광녕에서 또

ilan monggo ukame jihe.
몽골인 세 명이 도망해 왔다.

○ orin sunja de, tai de wasimbuha
25일에 대(臺)에 내린

⇦ bithe, nikan i kooli, dain dosika ergi sucungga tai niyalma
글이다. "명나라 전례에 따르면 적이 들어온 쪽 첫 번째 대의 병사가

← dulbadafi sarkū, poo sindarakū, holdon duleburakū ohode, gūwa
부주의해서 알아차리지 못하여 포를 쏘지 않고 봉화를 올리지 않으면, 다른

← tai niyalma dain saha seme, poo sindarakū, holdon
대의 병사가 적을 보았더라도 포를 쏘지 못하고 봉화를

← duleburakū, yaya tai niyalma dain sabuha de, tule poo (29:11b)
올리지 못한다. 어떤 대의 병사라도 적이 보이면 바깥 포를

← sinda, tu tukiye, pan fori, jasei tule ocibe, jasei
쏘고, 둑(纛)을 올리고, 운판을 치라. 경계

← dolo ocibe dain sabuha de, emu tanggū juwe
밖이든 경계 안이든 적군을 보았을 때, 적군의 수가 100명이나 200명이면

← tanggū cooha oci, emu tu tukiye, emu poo sinda,
둑 하나를 올리고, 포 한 발을 쏘고,

← pan emgeri emgeri fori, dobori oci, emu holdon
운판을 한 번씩 치라. 밤이라면 봉화 하나를

← dulebu, emu minggan juwe minggan cooha oci, juwe tu
올리라. 적군의 수가 1000명이나 2000명이면, 둑 두 개를

← tukiye, juwe poo sinda, pan be mujanggai hūdun
올리고, 포 두 발을 쏘고, 운판을 조금 빨리

← fori, dobori oci, juwe holdon dulebu, tumen funceme (29:12a)
치라. 밤이라면 봉화 두 개를 올리라. 1만이 넘는

← cooha oci, tu wacihiyame tukiye, poo jing sinda, pan
적군이라면 둑을 남김없이 올리고, 포를 계속해서 쏘고, 운판을

← emdubei fori, dobori oci, holdon wacihiyame dulebu, dain
계속 치라. 밤이라면 봉화를 남김없이 올리라. 적이

← dosika nergin de, yaya tai niyalma neigen medege
쳐들어온 즉시 어떤 대의 병사라도 골고루 소식이

頭註: gingguleme kimcici, mujanggai hūdun fori sere gisun, ainci ineku emgeri emgeri forire ci hūdukan fori sere gisun dere. [신중하게 살펴보니, mujanggai hūdun fori라는 말은 아마도 '똑같이 한 번씩 치는 것보다 조금 더 빨리 치라'라는 말일 것이다.]

← bume, da dosika tai songkoi tu tukiye, poo sinda,
전해지도록 처음 쳐들어온 적을 본 대의 병사가 했던 대로 둑을 올리고, 포를 쏘고,

← pan fori, holdon dulebu, gurun serekini, tuttu emu
운판을 치고, 봉화를 올리라. 그리하여 백성들이 알게 하라. 한 차례

← jergi medege bume wajiha manggi, dain saburakū tai
소식을 전하고 나면, 적이 보이지 않는 대의

← niyalma, jai balai ume sindara, dain be sabure tai (29:12b)
병사는 함부로 다시 포를 쏘지 말라. 적이 보이는 대의

← niyalma, jing lakcarakū kemuni poo sinda, pan fori,
병사는 끊임없이 계속해서 포를 쏘고 운판을 치라.

← dobori oci, holdon dulebu, dain absi dosimbi, dosire
밤이라면 봉화를 올리라. 적이 어디로 오는가. 쳐들어오는

← jurgan i tai niyalma, inu kemuni jabume poo sinda,
길에 있는 대의 병사가 역시 계속해서 대응하여 포를 쏘라.

← poo i jilgan be tuwame musei cooha baime genekini,
포 소리를 듣고 우리 병사가 적을 찾아갈 수 있게 하라.

← tuttu akū balai sindaci, ai babe sambi, tu
그렇지 않고 함부로 쏘면 어느 곳인지를 알겠느냐. 둑을

← tukiyerakū, pan forirakū, tai de poo sindarakū, hecen
올리지 않고, 운판을 치지 않고, 대에서 포를 쏘지도 않는데,

← pu de poo tuwame sindara jilgan be donjiha de, (29:13a)
성보(城堡)에서 포를 보고 쏘는 소리를 들으면,

← balai dain seme gūnirahū.
함부로 적이라고 생각할까 염려된다."

⇦ han i bithe, orin ninggun de wasimbuha, dzung bing guwan,
한(汗)의 글을 26일에 내렸다. "총병관과

← fujiyang de šangnaha aisin be, suweni cisui jingse
부장에게 상으로 준 금은 너희 마음대로 정주(頂珠)[2]로

← tūbu, jai tsanjiyang, iogi, beiguwan ci wesihun, meni
세공하게 하라. 또 참장, 유격, 비어 이상은 각자의

← meni aisin be hoošan de uhufi bithe arafi
금을 종이에 싸서 글을 써서

← meni meni beise de benju, beise i faksi tūfi bukini. (29:13b)
각자의 버일러들에게 보내라. 버일러들의 장인(匠人)이 세공해서 주게 하겠다."

○ orin nadan de,
27일에,

← bi liyoodung de jihe ci tuwaci, ai ai alban gemu[3]
"내가 요동에 온 이래로 보니, 갖가지 공역은 모두

← haha tolorakū, duka tolome weilembi, duka toloci, ememu
장정을 세지 않고, 대문의 수를 세어 처리한다. 대문을 세면, 어떤

← duka de dehi susai haha bi, ememu duka de
대문에는 장정 40, 50명이 있고, 어떤 대문에는

← tanggū haha bi, ememu duka de emu juwe
장정 100명이 있고, 어떤 대문에는 장정

← haha bi, tuttu duka toloci, bayan niyalma ulin (29:14a)
한두 명이 있다. 그렇게 대문을 세면, 부유한 사람은 재물을

---

2) 청대 관리의 관모 꼭대기에 꾸민, 품급을 나타내는 구슬이다.

3) 제28권 21b 제1행부터 제28권 24a 제4행까지의 내용과 거의 일치한다. 다만 제29권 14a 제7행부터 제29권 14b 제2행까지의 내용이 제28권 22a 제5행 뒤에는 없다. 그리고 제29권 16b 제1행의 뒤에 제28권 24a 제4행부터 제28권 24b 제2행까지의 내용이 빠져 있다.

← bufi guwembi, yadara niyalma ulin akū ofi jing
주고서 면제받는다. 가난한 사람은 재물이 없으니까, 항상

← weilembi, bi suweni tere jurgan be yaburakū, mini
부역한다. 나는 너희의 그 방식을 따라가지 않겠다. 내가

← daci banjiha jurgan, beise ambasa be fejergi niyalma de
본래부터 살아가는 도리는 버일러들과 대신들로 하여금 아랫사람의

← ulin gaiburakū, bayan yadahūn gemu neigen haha tolofi,
재물을 빼앗지 못하게 하고, 부자이든 가난한 사람이든 모두 공평하게 장정을 세어서,

← orin haha de emu niyalma be cooha ilibumbi,
장정 20명당 한 명을 병사로 뽑는다.

← cooha iliha niyalma, han i hecen de tembi, aika
병사가 된 사람은 한(汗)의 성에 주둔한다. 만일

← baita oci, tere be takūrambi, gūwa be takūraci (29:14b)
일이 생기면 그 사람을 보낸다. 다른 사람을 보내면

← ulin gaime ojorahū, ebšere baita oci, juwan niyalma de
재물을 빼앗게 될까 염려된다. 급한 일이라면 열 명마다

← emu niyalma tucibufi weilebumbi, elhe baita oci, tanggū
한 명씩 뽑아서 부역시킨다. 급하지 않은 일은

← niyalma de emu niyalma tucibufi weilebumbi, tanggū ci
100명마다 한 명씩 뽑아서 부역시킨다. 100명

← fusihūn, juwan ci wesihun, baita be tuwame weilebumbi,
이하 열 명 이상으로 하여금, 일을 살펴서 부역하게 한다.

← tuttu ai ai doro šajin genggiyen ofi,
그렇게 갖가지 정사와 법도가 밝으므로

⇦ abka mimbe gosimbi, yaya gurun i han niyalmai jobolon,
하늘이 나를 사랑한다. 무릇 나라의 한(汗)인 사람의 불행은

← tulergici[4] jiderakū, beye ci tucimbi sere, julgei giyei[5] han, (29:15a)
밖에서 오지 않고, 자신에게서 나온다 한다. 옛날 걸왕(桀王),

← juo han, cin el ši han, sui yang di han, aisin i
주왕(紂王), 진이세(秦二世) 황제, 수(隋) 양제(煬帝), 금나라의

← wan yan liyang han, tese gemu arki nure hehe
완안량(完顔亮) 황제, 그들은 모두 술과 여자와

← ulin de dosifi, gurun i jalin de joborakū doro be
재물에 빠져서, 나라를 걱정하지 않고, 정사를

← dasarakū ofi, ceni beyei ehe de doro efujehebi kai,
다스리지 않았으므로, 그들 자신의 잘못으로 정사가 무너졌던 것이다.

← suweni nikan i wan lii han,[6] doro šajin neigen
너희의 명(明)의 만력제(萬曆帝)는 정사와 법도가 공평하지

← akū, han i beye taigiyan sindafi ulin gaime, hafasa
않고, 황제 스스로가 태감(太監)을 두어서 재물을 취한다. 관원들

← inu han be alhūdame, fejergi irgen de ulin (29:15b)
역시 황제를 본 따서 아래의 백성에게 재물을

← gaime, argangga jalingga ulin bisire niyalma de ulin
빼앗으며, 간교하고 재물이 있는 사람에게는 재물을

← gaifi guwebume, tondo sijirhūn ulin akū yadara niyalma be
받고 죄를 면제해주고, 정직하고 재물이 없는 가난한 사람을

← jobobume, dorgi be genggiyen i icihiyarakū, geli jasei tulergi
괴롭힌다. 그리고 국내의 정사는 깨끗하게 처리하지 않고, 또 국경 밖의

4) 제28권 22b 제4행에는 tulergi ci로 되어 있다.
5) 제28권 22b 제4행에는 jiyei로 되어 있다.
6) 제28권 23a 제2행에는 nikan i han으로 되어 있다.

← encu gurun i weile de dafi, uru be waka,

다른 나라의 일에 간섭하고, 옳은 것을 그르다고 하고

← waka be uru seme fudarame beidere be

그른 것을 옳다고 하여 거꾸로 심판한다. 그것을

⇦ abka wakalafi, nikan han i birai dergi babe minde buhe,

하늘이 책망해서, 명나라 황제의 강의 동쪽 지역을 나에게 준 것이다.

← nikan han i joborongge tere inu, (29:16a)

명나라 황제의 불행은 바로 그것이다.

⇦ abkai buhe babe, bi mini

하늘이 준 땅을, 내가 나의

⇦ abka de saišabuha jurgan i icihiyarakūci,

하늘에게 칭찬받은 도리로 처리하지 않으면,

⇦ abka mimbe wakalarahū seme icihiyarangge ere inu, han i

하늘이 나를 책망하지 않을까 염려하여 바로 이렇게 처리하는 것이다. 한(汗)이

← tukiyehe hafasa, han i šangname bure an i bahara

등용한 관원들은, 한(汗)이 포상으로 주는 통상 받는

← jaka be iletu gaimbi, fejergi niyalma de hūlhame

것을 떳떳하게 받는다. 아랫사람에게 몰래

← gaijarakū, sain niyalma endebufi weile bahaci, yamun ci

받지 않는다. 선량한 사람이 실수로 죄를 지어도, 아문(衙門)을

← hokoburakū. (29:16b)

떠나게 하지 않는다."

○ bayot sereng beile i monggo haha duin, hehe

Bayot의 Sereng 버일러 예하의 몽골 남자 네 명과 여자

juwe, juwan morin gajime ukame jihe.
두 명이 말 열 마리를 몰고 도망해 왔다.

← ○ liyoodung be baha manggi, jušen i hafasa be sindafi
"요동을 얻고 나서 여진인 관원들을 임명해서

← kadalabuki sefi, suweni ice irgen be gisun ulhirakū
관할하고자 했으나, 새로운 백성인 너희가 말을 이해하지 못하여

← suilarahū seme, nikan i hafasa be kadalabuha bihe, makuwalsai (29:17a)
고생할까 우려하여 한인 관원들로 하여금 관할하게 해왔다. Makuwalsai가

← gu ho i niyalma de, liyoodung ni hecen i hafasa niyalma
고하(古河) 사람들에게 요동성의 관원들을

← takūrafi, genehe niyalma ulin gaji sere jakade, ba i
파견해서, 간 사람이 재물을 가져오라고 했기 때문에, 그 지역

← niyalma genehe niyalma be wahabi, tere turgunde
사람들이 간 사람을 죽였다. 그 때문에

← cooha unggifi cembe waha, jai jeng giyang ni niyalma,
병사를 보내서 그들을 죽였다. 또 진강(鎭江) 사람들은

← mini sindaha iogi be jafafi mao wen lung de
내가 임명한 유격을 붙잡아서 모문룡(毛文龍)에게

← buhe, cang šan doo i niyalma, inu mini niyalma be
넘겼다. 장산도(長山島) 사람도 나의 사람을

← jafafi guwangning de benehe, tere turgunde, jeng giyang, (29:17b)
붙잡아서 광녕으로 보냈다. 그 때문에 진강과

← cang šan doo i niyalma be waha, tere duin ba i
장산도 사람을 죽였다. 그 네 지역

← niyalma be gemu nikan i hafan ulin gaijara ehe de
사람은 모두 한인 관원들이 재물을 빼앗는 악정에

← dosorakū ofi, dele habšanjirakū ehe be deribufi, ce
견디지 못하여, 위에 와서 고발하지 않고 악행을 시작했지만, 그들

← inu jabšahakū, geli tereci ebsi, jeng giyang ni giyang
역시 성공하지 못했다. 또 그 이후 지금까지 진강의 강을

← doome genere jidere facuhūn nakarakū ofi, jeng giyang,
건너며 오가는 소란이 그치지 않아서, 진강,

← kuwan diyan, aiha ilan ba i niyalma be boigon
관전(寬奠), 애하(靉河)의 세 지역 사람들로 하여금 가호를

← guribuhe, tuttu facuhūn akūci, ere šahūrun erinde boo (29:18a)
옮기게 했다. 그렇게 하여 소란이 없어졌어도 이 추운 때에 집을

← guriburengge jao, suweni weile akū ba i niyalma, mini
옮기는 것이 쉬웠겠는가. 너희처럼 죄가 없는 지역 사람이 내가

← gurun ujire ehe sain arbun be cendeme tuwacina,
백성을 보살피는 것이 좋은지 나쁜지를 시험하여 보도록 하라.

← bi suwembe ujihe be dahame, hūsun bahaki tusa
나는 너희를 보살핌으로써 힘을 얻고, 혜택을

← okini sembikai, sindaha hafasa ehe oci dele habšanju,
주고자 하는 것이다. 임명한 관원들이 악정을 저지르면 위에 와서 고발하라.

← ehe be wasibuki, sain be halaki, birai dergi
나쁜 관원을 좌천시키고 좋은 관원으로 바꾸겠다. 강의 동쪽

← niyalma birai wargi de ukame genefi alame, musei
사람이 강의 서쪽으로 도망쳐 가서 '우리

頭註: gingguleme kimcici, guriburengge jao sere gisun, ainci guriburengge ja biheo sere gisun dere. [신중하게 살펴보니, guriburengge jao라는 말은 아마도 '옮기게 하는 것이 쉬웠겠는가'라는 말일 것이다.]

← nikan be jušen umai joboburakū, musei nikan i hafasa (29:18b)
한인을 여진인은 전혀 괴롭히지 않는다. 우리 한인 관원들이

← ulin gaime jobobumbi seme alambi sere, tere gisun be
재물을 빼앗고 괴롭힌다'라고 알린다고 한다.

← birai wargi ci ukame jihe niyalma gemu alambi,
강의 서쪽에서 도망해 온 사람은 모두 그 말을 한다.

← tere gisun be donjifi, birai dergi niyalma be
그 말을 듣고, 강의 동쪽 사람은

← gemu haha tolofi, jušen nikan i hafasa de gese
모두 장정을 세어서 여진인 관원과 한인 관원들에게 똑같이

← dendefi kadalabumbi, nikan i hafasa ulin gaimbio, jušen i
나누어서 관할하게 하겠다. 한인 관원들이 재물을 빼앗는가. 여진인

← hafasa ulin gaimbio, mini gisun be jurceme ulin
관원들이 재물을 빼앗는가. 내 말을 어기고 재물을

← gaime gurun be jobobure hafan be wasibumbi, mini (29:19a)
빼앗아 백성을 괴롭히는 관원은 좌천시키고, 내

← gisun be jurcerakū tondo sain hafan be wesibumbi,
말을 어기지 않은 충성스럽고 선량한 관원은 승직시키겠다.

← ya niyalma nikan i hafan de bisirakū jušen de
어떤 사람이든 한인 관원의 예하에 있지 않고, 여진인에게

← dayafi banjiki sere niyalma oci, hūdun dayanju.[7)]
의지하여 살겠다 하는 사람은 속히 와서 의지하라."

---

7) 제29권 14b 제3행부터 제4행까지의 내용은 제28권 24b 제1행부터 제2행까지의 내용과 hūdun dayanju와 dayanju라는 표현만 다를 뿐 동일하다.

← ○ jasei jakarame tehe pu hecen tai niyalma, duka be
"국경을 따라서 사는 보(堡), 성(城), 대(臺)의 병사에게 문을

← saikan tuwakiyabu, dain i niyalma jalidame pu hecen tai be
잘 지키게 하라. 적병이 간계를 꾸며 보, 성, 대를

← gaiki seme, musei niyalma arame, dulin niyalma burulambime (29:19b)
빼앗으려고, 반은 우리 사람인 척하며 도망쳐 오면서

← amasi gabtame, dulin niyalma julesi bošome gabtame, pu
뒤로 화살을 쏘고, 반은 앞으로 쫓아오면서 화살을 쏜다. 이렇게 하여 보,

← hecen tai be gaiha kooli inu ambula bi, saikan
성, 대를 빼앗은 선례도 많이 있다. 매우

← olho, ukanju seme jalidafi terei jali de dosirahū.
조심하라. 도망자라고 간계를 부려서 그의 계략에 빠질까 염려된다."

○ jaisai beile i ilan elcin bithe benjihe gisun,
Jaisai 버일러의 사신 세 명이 보내온 글이다.

cahar, nikan de cooha dafi tabcilambi seme
"Cahar가 명나라에 원군을 보내 노략질할 것이다"라고

alanjiha. (29:20a)
알렸다.

○ anafu tenehe yangguri, baduri juwe amban de
수자리 살러 간 두 대인 Yangguri와 Baduri에게

unggihe
보낸

⇦ bithe, neneme amala genehe ambasa be ilan ubu dendefi,
글이다. "전후로 간 대인들을 셋으로 나누어서,

← baduri, yangguri, yoo jeo, nio juwang de emte gene,
Baduri, Yangguri는 요주(耀州)와 우장(牛莊)에 한 명씩 가라.

← genehe coohai niyalma be sain haha sain morin be
간 군사들 중에서 좋은 장정과 좋은 말을

← sonjofi, yoo jeo de juwe minggan cooha gama, (29:20b)
골라서 요주에 군사 2000명을 인솔해 가라.

← nio juwang ni ba i coohai dele juwe minggan cooha
우장 지역의 군사에 더하여 군사 2000명을

← gama, hai jeo ba i coohai dele ilan minggan cooha te,
인솔해 가라. 해주(海州) 지역의 군사에 더하여 군사 3000명이 주둔하라.

← birai bajargi cooha komso silifi, tabcilarahū, saikan bargiya,
노략질이 우려되므로, 강 건너편으로 군사를 소수 정선해서 잘 수습하라.

← coohai morin de alban i turi isirakūci, jeku bu.
군마에게 공물 콩이 부족하면 곡식을 주라."

○ nikasa de wasimbuha
한인들에게 내린

⇦ bithe, orin niyalma de emu niyalma be cooha ilibumbi, (29:21a)
글이다. "20명당 한 명을 병사로 뽑는다.

← cooha iliha niyalma han i hecen de tembi, aika
병사가 된 사람은 한(汗)의 성에 주둔한다. 만일

← baita oci tere be takūrambi, gūwa be takūraci ulin
일이 생기면 그 사람을 보낸다. 다른 사람을 보내면 재물을

← gaime ojorahū,[8] suwe orin haha de emu cooha
빼앗게 될까 염려된다. 너희는 장정 20명당 병사가

---

8) 제29권 14a 제7행부터 제29권 14b 제2행까지와 제29권 21a 제2행부터 제29권 21a 제4행까지의 내용이 일치한다.

← ilire niyalma be tucibufi benju, tanggū de emu
될 사람 한 명을 뽑아서 보내오라. 100명당

← bejang ilire niyalma be tucibufi tuwabunju, ba tuwame sindambi.
백장(百長)이 될 사람 한 명을 뽑아서 보이러 오라. 지역을 살피며 임명할 것이다."

○ orin jakūn de, jeng giyang de cooha genehe amin (29:21b)
28일에 진강에 출병한 Amin

beile de unggihe
버일러에게 보낸

⇦ bithe, genehe coohai niyalma ice hecen de morin ulebu,
글이다. "출병한 군사들은 신전(新奠)에서 말을 먹이라.

← cargi medege be saikan yargiyalame fonji, aikabade dasaha
저쪽 소식을 잘 확인하기 위해 탐문하라. 혹시라도 고친

← hecen ulan be dasahakū seme holtoro gisun de
성과 해자를 고치지 않았다고 속이는 말에

← dosirahū, medege fonjici, ineku ineku gisun i hecen
넘어갈까 염려된다. 소식을 물어도 모두 똑같은 말로 성과

← ulan be umai dasahakūbi sehede, sejen kalka dagilafi
해자를 전혀 고치지 않았다 하면, 방패차를 준비하고

← kutule i juse be šaban tahan hūwaitabufi, suweni gaire (29:22a)
말구종 아이들에게 사갈이나 나무편자를 묶게 하고서, 너희가 취할

← babe biyai taro de gaisu, eitereci, genehe beile i
것을 Biyai Taro에 빼앗으라. 대체로 출병한 버일러의

頭註: gingguleme baicaci, fe manju gisun i bithe, tongki fuka akū hergen i juwan juwe ujui bithede, gemu biyai taro sere hergen gisun akū, da songkoi sarkiyame araha. [신중하게 조사하니, 『舊淸語』와 『無圈點 十二字頭』에 모두 biyai taro라는 글자나 말이 없다. 본래대로 베껴 썼다.]

← ciha oso, jai tang šan i amargi hada de boigon i
뜻대로 하라. 그리고 탕산(湯山)의 북쪽 봉우리에 가호의

← niyalma šancilafi bi sere, terei gese ya alin
사람들이 산채를 쌓고 지낸다고 한다. 그와 같이 어느 산봉우리에든

← hada de šancilafi bisirengge be gemu baime wa,
산채를 쌓고 지내는 자들을 모두 찾아내어 죽이라.

← ice hecen, aiha i boigon be sarhū de dababu,
신전(新奠)과 애하의 가호들을 Sarhū로 넘어가게 하라.

← ice hecen ba i šurdeme den den alin i ninggude
신전(新奠) 지역 주위의 높디높은 산 위에

← dain i niyalma karun jifi ilirahū, suwe neneme alin be (29:22b)
적병이 정탐하러 와서 진을 칠까 염려된다. 너희가 먼저 산을

← gidame baifi, den alin i ningguremé suweni karun sinda.
장악하여 수색하고, 높은 산꼭대기에 너희의 초소를 설치하라."

○ abutai nakcu emu minggan cooha be gaifi,
Abutai 외삼촌이[9] 병사 1000명을 인솔하여

monggo i ergi jase de anafu teme genehe.
몽골 쪽 경계에 수자리 살러 갔다.

○ jasei jakarame tehe niyalma de wasimbuha,
경계를 따라서 살던 사람들에게 내린 것이다.

← yaya niyalma medege gaime jihe niyalma be jafafi (29:23a)
"누구든 정보를 캐러 온 사람을 잡아서

9) Abtai 외삼촌과 동일한 인물이며, Ula의 버일러인 Mantai의 셋째 아들이자 Bujantai의 조카이다. Mantai의 딸인 Abahai가 Nurhaci와 혼인했으므로 Nurhaci의 아들들에게는 nakcu, 즉 외삼촌이 된다.

← benjihe de, šangnara.
보내면 포상할 것이다."

⇦ han i bithe, orin uyun de fusi efu de wasimbuha,
한(汗)의 글을 29일에 Fusi 어푸에게 내렸다.

← gurime genere boigon i niyalma jetere jeku wajici, jugūn i
"옮겨가는 가호 사람에게 먹을 곡식이 떨어지면, 길 가는 도중에

← gašan gašan de jeku gaifi ulebume gama.
촌락마다 곡식을 걷어서 먹이며 데려가라."

○ kalka i nangnuk beile i monggo eigen sargan, sunja (29:23b)
Kalka의 Nangnuk 버일러 예하의 몽골인 부부가

morin gaime ukame jihe.
말 다섯 마리를 몰고 도망해 왔다.

⇦ han i bithe, gūsin i inenggi wasimbuha, yaya niyalma miyoo be
한(汗)의 글을 30일에 내렸다. "누구든 묘(廟)를

← ume efulere, miyoo i hūwa de morin ihan ume
훼손하지 말라. 묘 뜰에 말과 소를

← hūwaitara, miyoo i hūwa de tule ume genere, ere
매어놓지 말라. 묘 뜰에서 용변을 보지 말라.[10]

← gisun be jurceme, miyoo be efulere, morin ihan
이 말을 어겨서 묘를 훼손하고, 말과 소를

← hūwaitara niyalma be saha de, jafafi weile arambi. (29:24a)
매어놓는 사람을 보면 잡아서 치죄할 것이다.

---

10) morin hūwaitambi(말을 매어놓다)는 말과 tule genembi(밖에 가다)라는 말은 '용변을 보다'라는 말의 완곡어이기도 하다.

제30권

천명(天命) 6년(1621) 12월

gūsici debtelin,
abkai fulingga i
ningguci aniya jorgon
biya.

tongki fuka sindaha hergen i dangse. (30:1a)
유권점 당안

⇦ han i bithe, jorgon biyai ice inenggi wasimbuha, jušen i emgi
한(汗)의 글을 12월 초하루에 내렸다. "여진인과 함께

← kamcime tehe nikasa, suweni jeku be ume gidara,
합쳐서 사는 한인들은 곡식을 숨기지 말라.

← udu hule, udu sin, yargiyan ala, alaha manggi,
몇 섬이든, 몇 되이든 진실을 아뢰라. 그러면

← miyalime tuwafi jušen de anggala tolome, emu angga de,
되어 보고 여진인들에게 식구 수를 세어, 한 사람당

← emu biyade duin sin jeku, uyun biyade isitala
한 달에 곡식 네 되를 9월까지

← bumbi, funcehe jeku be, jeku i ejen de bumbi,
주고 남은 곡식은 곡식 주인에게 줄 것이다.

← meni jušen goro babe waliyafi, boigon gurime jime (30:1b)
우리 여진인은 먼 지역을 버리고, 가호를 옮겨오느라고

← suilaha, jušen be alime gaifi acan tehe nikan,
수고했다. 여진인을 받아들여서 함께 사는 한인은

← tehe boo, weilehe jeku, tariha usin bume suilaha,
사는 집과 거둔 곡식, 경작한 밭을 주느라고 수고했다.

← jušen i kamcihakū ba i niyalma, gese emu han i
여진인과 합치지 않은 지역 사람은 마찬가지로 같은 한(汗)의

← irgen bime, i umai de darakū, baibi ainu
백성인데도, 그는 어느 것에도 보탬이 되지 않았다. 어찌 그냥

← guwembi, jušen de buhe jeku i jalin de, jušen de
면하겠는가. 여진인에게 준 곡식에 대해서는 여진인과

← kamcihakū ba i nikan i jeku be gaifi, suweni jeku
합치지 않은 지역의 한인의 곡식을 걷어서, 너희 곡식을

← gaibuha niyalma de toodame bumbi, suweni jeku be (30:2a)
징수당한 사람에게 보상해줄 것이다. 그렇지만 너희의 곡식을

← yargiyan alarakūci, oron toodame baharakū kai, jušen i emgi
사실대로 알리지 않으면 전혀 보상 받지 못할 것이다. 여진인과 함께

← kamcime tehe nikasa, tehe boo, tariha usin, weilehe
합쳐서 사는 한인들은 사는 집, 경작한 밭, 거둔

← jeku gaibume joboho, suweni joboho ba i niyalma be,
곡식을 징수당하며 고생했다. 너희 고생한 지역의 사람들은

← hecen arame wajiha manggi, emu udu aniya, meni
성을 다 쌓고 나면, 몇 해 동안은 우리

← jušen i adali alban de daburakū ergembure, joboho be
여진인과 똑같이 공역에 참여시키지 않고 편안하게 살게 하겠다. 고생한 것을

← sarkū seme ume gūnire, jai musei fe jušen,
알지 못한다고 생각하지 말라. 또 우리의 옛 여진인은

← nikan de ulgiyan ume udara, meni meni ujihe (30:2b)
한인에게 돼지를 사지 말라. 각자가 기른

← ulgiyan be wa, nikan i ulgiyan be udaha de weile.
돼지를 잡으라. 한인의 돼지를 사면 죄가 된다."

○ hošotu booi aha, sejen jafafi nikan i boo be
Hošotu 집안의 노복이 수레를 몰고 짐을 운반하다가 한인의 집을

efuleme juwehe seme, gūsin yan i gung faitaha.
부수었다 하여 30냥의 공은을 깎았다.

○ du tang tanggūdai, hai jeo de anafu teneme genefi
도당(都堂) Tanggūdai가 해주(海州)에 수자리를 살러 가서

enculeme weile beidehe seme, weile arafi susai yan i (30:3a)
독단적으로 죄를 판결했다 하여 치죄하고, 50냥의

gung faitaha.
공은을 깎았다.

○ warka ecike, huthuhe niyalma be šajin de alahakū,
Warka 숙부가 묶은 사람을 법관에게 알리지 않고

ini cisui sindaha seme weile arafi, tofohon yan i
자기 마음대로 풀어주었다고 치죄하고, 15냥의

gung faitaha.
공은을 깎았다.

○ aiha i boigon, gūsin de juraka, ice hecen i (30:3b)
애하(靉河)의 가호는 30일에 떠났고, 신전(新奠)의

boigon, ice inenggi juraka, boigon i niyalma de,
가호는 초하루에 떠났다. 가호의 사람 중에서

dulin yafahan, dulin huncu fara bi, huncu
절반은 걸어서 갔고, 절반에게는 썰매와 파리가[1] 있었다. 썰매와

fara de, gemu juse hehesi tefi, jugūn de
파리 모두에 아이들과 여자들이 탔기 때문에, 도중에

jetere bele ambula bahafi gamarakū, bele isirakū
먹을 양곡을 많이 가지고 갈 수 없어서 양곡이 모자랄 것이라고

seme, niowanggiyaha i goloi niyalma be bele okdome
하여 "청하로(淸河路) 사람들로 하여금 양곡을 가지고 맞이하러

benju seme niyalma takūrafi unggihe, jai sarhū i
보내라"고 하며 사람을 파견했다. "또 Sarhū를

baru genere boigon de, jakūmu de bele (30:4a)
향해서 가는 가호에게는 Jakūmu로 양곡을 가지고

okdome benju.
맞이하러 보내라."

⇦ han i bithe, ice juwe de simiyan i iogi de wasimbuha,
한(汗)의 글을 초이틀에 심양(瀋陽)의 유격(遊擊)에게 내렸다.

kuwan diyan, aiha i niyalma, boigon gurime aššafi jimbi,
"관전(寬奠)과 애하의 사람이 가호를 옮기며 이동해 온다. 그런데

isinaha bade okdome jetere bele akū, simiyan i iogi
도착한 곳에서 맞이하여서 먹을 양곡이 없다. 심양의

lio io kuwan, simiyan i tsang ni bele ilan
유우관(劉尤寬) 유격은 심양의 창고에 있는 양곡

---

1) 파리는 말이나 소가 끄는 썰매이다.

tanggū hule gaifi, sini simiyan i harangga ba i (30:4b)
300섬을 꺼내고 심양 소속 지역의

ihan sejen tucibufi, tere bele be jasei tulergi
소와 수레를 내어서, 그 양곡을 경계 바깥의

deli wehe de bene, ubaci unggihe taiju gebungge
Deli Wehe에 보내라. 이곳에서 보낸 Taiju라는

šeo pu jorime gamakini, iogi sini beye hecen ci
수보(守堡)에게 지시하여 가져가게 하라. 유격이 몸소 성에서

juwan ba i dubede isitala genefi tuwame, dube
10리 떨어진 곳까지 가서 보면서 후미가

lashalafi unggi.
다 지나가는 것을 확인하여 보내라."

○ hai jeo de anafu teme genefi, baduri dzung bing guwan, (30:5a)
해주에 수자리 살러 가서 Baduri 총병관(總兵官)과

cergei dzung bing guwan, ice inenggi emu minggan
Cergei 총병관이 초하루에 군사 1000명을

cooha be gaifi, liyoha i ebergi dalin de iliha,
이끌고 요하(遼河)의 이쪽 강기슭에 진을 쳤다.

kakduri fujiyang, asan fujiyang, moobari tsanjiyang, sonjoho
Kakduri 부장(副將), Asan 부장, Moobari 참장(參將)은 선발한

ninju uksin be gaifi, liyoha i bajargi dalin be
갑병 60명을 이끌고 요하의 건너편 강기슭을

bitume, šušu orho i tatan arafi tehe nikan i
따라가면서 수숫대로 숙영소를 지어서 주둔하고 있던

cooha be gidafi, juwan niyalma be waha, juwan
명나라 병사를 무찔렀다. 열 명을 죽이고

niyalma be weihun jafafi, juwan ninggun morin be (30:5b)
열 명을 생포하고, 말 16마리를

bahafi, ice juwe de, jaribu beiguwan liyoodung ni
획득해서, 초이틀에 Jaribu 비어(備禦)가 요동

hecen de benjihe.
성에 보내왔다.

○ guwangning ci juwe niyalma ukame jihe, sibitu, gašu.
광녕(廣寧)에서 두 사람이 도망해 왔다. Sibitu와 Gašu이다.

○ ice ilan de, enggeder efu monggo ci isinjiha.
초사흘에 Enggeder 어푸가 몽골에서 도착했다.

(30:6a)

○ nimaha butanaha niyalma jihe, umai bahakū.
물고기를 잡으러 간 사람이 왔다. 아무 것도 잡아오지 못했다.

○ ice hecen, aiha i boigon i niyalma de, emu
신전(新奠)과 애하에 있는 가호의 사람들 중에 한

nirui sunjata niyalma, ilata huncu gamame, simiyan i
니루마다 다섯 명이 썰매 세 개씩을 가져가서 심양의

bele gaifi yamun de okdoko.
양곡을 받고 아문(衙門)에서 맞이했다.

○ ice duin de, enggeder efu i jui mandun taiji, (30:6b)
초나흘에 Enggeder 어푸의 아들 Mandun 타이지가

⇦ han de emu temen, emu ihan benjihe bihe, gaihakū
한(汗)에게 낙타 한 마리, 소 한 마리를 보내왔지만, 받지 않고

amasi bederebuhe.
돌려보냈다.

○ ice sunja de, nikan i jušen de kamcihakū
초닷새에 여진인과 합치지 않은 한인의

hecen pu be dendehe.
성보(城堡)를 나누었다.

○ sibatai be wesibufi daise iogi obuha. (30:7a)
Sibatai를 승직시켜 유격 서리로 삼았다.

○ kalka i barin i nangnuk taiji i elcin sunja niyalma,
Kalka의 Barin의 Nangnuk 타이지의 사신 다섯 명이

ilan morin gajime jihe.
말 세 마리를 끌고왔다.

○ ice ninggun de, kalka i beile i emu niyalma,
초엿새에 Kalka의 버일러 예하의 한 명이

emu temen gajime ukame jihe.
낙타 한 마리를 끌고 도망해 왔다.

(30:7b)

○ ice nadan de,
초이레에

← yoo jeo de tehe cooha, nio juwang de bederefi
"요주(耀州)에 주둔한 군사는 우장(牛莊)으로 물러나

← te, yoo jeo de, jušen nikan be kamcibufi karun
주둔하라. 여진인과 한인을 합치게 하고 초소와

← poo sinda, baduri age sini emde genehe cooha
포를 설치하라. Baduri 아거 너와 함께 갔던 군사는

← gemu jikini, sini beyei teile yangguri efu i funde te.
모두 오게 하라. 너만은 Yangguri 어푸 대신에 있으라."

○ ice jakūn de, (30:8a)
초여드레에

← yung lu[2] i moo be, yaya niyalma hūlhame gamara be
"누구든지 큰길가의 나무를 몰래 가져가는 것을

← saha de, urunakū wambi seme bithe wasimbuha.
알게 되면 반드시 죽일 것이다"라는 글을 내렸다.

○ du tang ni bithe, g'ai jeo i fujiyang de wasimbuha,
도당(都堂)의 글을 개주(蓋州)의 부장에게 내렸다.

g'ai jeo de bisire alban i jeku orho be, yoo jeo de
"개주에 있는 공물인 곡식과 목초를 요주에

benju, coohai morin de ulebumbi.
보내라. 병사의 말에게 먹일 것이다."

(30:8b)

○ hai jeo de anafu teme genehe bayara niyalma be,
해주(海州)에 수자리 살러 갔던 바야라 병사를

頭註: gingguleme baicaci, manju gisun i buleku bithede, emgi sere gisun be, inu emde seme gisurembi sehebi. [신중하게 조사하니, 『御製淸文鑑』에 emgi(함께)라는 말은 emde라고도 말한다고 했다.]

2) yung lu는 한어 甬路(바닥돌이 깔려 있는 통로)를 음차하여 표기한 것이다.

yahican fujiyang, kirui ejete bayara niyalma halame ice
Yahican 부장과 기(旗)의 수장들이 교대하기 위해

jakūn de genehe.
초여드레에 갔다.

○ fusi efu, si uli efu jeng giyang ni ba i
Fusi 어푸와 Si Uli 어푸가 진강(鎭江) 지역의

boigon guribume genefi, ice jakūn de isinjiha.
가호를 옮기러 갔다가, 초여드레에 돌아왔다.

(30:9a)

⇦ han be, ice jakūn de enggeder efu, mandun taiji, emu
초여드레에 Enggeder 어푸와 Mandun 타이지가

ihan, emu honin wafi sarilaha.
소 한 마리와 양 한 마리를 잡아서 한(汗)을 위해 주연을 벌였다.

← ○ nikan i ciyanjang, bejang sindahangge, haha fulu ekiyehun balai
"명이 천장(千長), 백장(百長)을 두었는데, 장정이 남기도 하고 모자라기도

← sindahabi, bi fulu ekiyehun akū, tanggū niyalma de bejang sindambi.
하여 한결같지 않았다. 나는 남거나 모자람이 없게 100명마다 백장을 둔다."

⇦ ○ han i ku de sindara iletu alban gaijara jaka be (30:9b)
"한(汗)의 창고에 저장하기 위하여 공적으로 공물을 걷는 것은

← ekiyemburakū madaburakū, fe kemuni gaimbi, terei tulgiyen
더하고 덜함이 없이 이전처럼 받을 것이다. 그 이외에

← nikan i hafasai beye, ini cisui enculeme gaijara
한인 관원 자신이 사사로이 독단적으로 받는

← handu, maise, turi, malanggū, jeku, sogi, giyen, fi,
멥쌀, 밀, 콩, 참깨, 곡식, 나물, 청대, 붓,

← hoošan, ai ai buyarame gaijara alban be nakabuha,
종이 등등 자잘하게 공물을 걷는 것을 그만두게 했다.

← mini nakabuha jaka be, jušen nikan hafasa
내가 그만두게 한 것들을, 여진인과 한인 관원들이

← ceni cisui hūlhame gaji sehede, gercileme alanju.
자기들 마음대로 몰래 가져오라 하면, 와서 고발하라."

(30:10a)

○ nikan i pu pu i gašan gašan i haha be tolome,
한인의 각 보(堡), 각 촌락의 장정을 세기 위해,

emu gūsai ilata iogi, ilata baksi, emu nirui
구사 하나마다 유격 세 명과 박시 세 명, 니루 하나마다

ilata niyalma be, munggatu tsanjiyang gaifi ice
세 사람을, Munggatu 참장이 인솔하여

jakūn de genehe.
초여드레에 갔다.

○ ice uyun de, guwangning ci, ilan moringga niyalma
초아흐레에, 광녕에서 말에 탄 사람 세 명이

ukame jihe. (30:10b)
도망해 왔다.

○ ice uyun de, cahara, weilengge nikan be, gala be
초아흐레에, 죄를 지은 한인의 손을

hadaha sele ukcaha seme, orin yan i weile arafi,
고정한 쇠가 벗겨졌다 하여, Cahara를 20냥으로 치죄하고,

ejehe dangse faitaha, hūsitun, jeng giyang ni baru
기록한 당안에서 공은을 깎았다. 진강으로

ajige jui be dahan benebuhe seme, orin yan i
어린아이로 하여금 망아지를 보내게 했다 하여 Hūsitun에게 20냥으로

weile arafi, ejehe dangse gung faitaha.
치죄하고, 기록한 당안에서 공은을 깎았다.

(30:11a)

○ ice uyun de, lumbai, niowanggiyaha de jugūn dasame
초아흐레에 Lumbai가 청하(淸河)에 길을 정비하러

genefi isinjiha.
갔다가 돌아왔다.

○ fokota be wesibufi beiguwan obuha, fulan be wesibufi
Fokota를 승직시켜 비어로 삼고, Fulan을 승직시켜서

iogi obuha.
유격으로 삼았다.

⇦ han i bithe, aita fujiyang de juwan de wasimbuha, simbe (30:11b)
한(汗)의 글을 Aita 부장에게 10일에 내렸다. "너는

← use noho kubun juwe minggan gin, jeku uyun
씨앗이 붙어 있는 솜 2000근, 곡식

← tanggū orin sunja hule, orho ilan minggan baksan
925섬, 목초 3000단을

← fayahabio, coohai niyalma de buhebio, coohai niyalma de
써버렸는가. 병사에게 주었는가. 병사에게

← buci, ubade funcerakū ainu buhe, sini buhe coohai
주었다면, 왜 여기에 남기지 않고 주었는가. 네가 준 병사의

← ton udu, getuken bithe arafi unggi, ai weile be
수가 몇인가. 명백하게 글을 써서 보내라. 무슨 일이든

← dele alacina, alanjirakū ainu wajimbi, jai liyoodung, hai jeo i
위에 알리라. 알리러 오지 않고 어찌 끝내는가. 또 요동과 해주

← niyalma de jušen kamcihabi, sini g'ai jeo, fu jeo, (30:12a)
사람은 여진인과 합쳤는데, 너의 개주, 복주(復州),

← ginjeo de jušen kamcihakūbi kai, fe an i gaijara jeku,
금주(金州)에서는 여진인과 합치지 않고 있다. 관례로 받는 곡식,

← menggun, yaha, sele, dabsun i alban be ainu hūdun
은, 숯, 철, 소금 등의 공물을 어찌 빨리

← bošofi unggirakū, tung beiguwan de tanggū cooha adabufi
재촉하여 보내지 않는가. Tung 비어에게 병사 100명을 붙여서

← unggi, fe an i gaijara alban be bošome gaikini,
보내고, 관례로 징수하는 공물을 재촉하여 받게 하라.

← cooha akūci yaka langtušarahū.
병사가 없으면 누군가가 쇠몽둥이로 공격할까 염려된다."

○ juwan emu de, barin i ubasi taiji i elcin, (30:12b)
11일에, Barin의 Ubasi 타이지의 사신과

gurbusi elcin,
Gurbusi의 사신이

⇦ han de juwe temen, jakūn ihan, juwe morin benjime
한(汗)에게 낙타 두 마리, 소 여덟 마리, 말 두 마리를 보내어

juwan de isinjiha bihe, gaihakū, hūng baturu i juwan
10일에 도착했지만, 받지 않았다. Hūng 바투루의

jakūn niyalma, uhereme ninju niyalma jihe bihe.
18명이 와서, 모두 60명이 와 있었다.

○ bungkori, tabai age be, ini urun de latuhabi
Bungkori가 Tabai 아거를 자기 며느리와 정을 통했다고

seme habšafi, šajin i niyalma duilere jakade, bungkori (30:13a)
고발해서 법관이 심리하니 Bungkori

inde tuhebufi tanggū šusiha šusihalafi, amba beile de
본인에게 죄가 있어서, 채찍 100대를 치고 대버일러에게

aha buhe.
노복으로 주었다.

○ abatai age de, sahaliyan dobihi mahala buhe,
Abatai 아거에게 검은 여우 가죽 모자를 주었다.

tanggūdai age de, sahaliyan dobihi mahala buhe.
Tanggūdai 아거에게 검은 여우 가죽 모자를 주었다.

⇦ han i bithe, juwan emu de wasimbuha, jakūn booi niyalma (30:13b)
한(汗)의 글을 11일에 내리고 팔가(八家)의 사람들을

← isabufi henduhe, meni meni yafan i tokso seme bihe
모아서 말했다. "각자 텃밭이 있는 장원(莊園)이라 하여 있었던

← nikasa be, gemu haha toloro bade acabume bene,
한인들을 모두 장정을 세는 곳에 보내어 합치라.

← ubu de teisulebume gaiki, neneme ulebuhe jeku orho be
자기 몫에 맞게 받으라. 먼저 먹이던 곡식과 목초가

← wajiha de, ereci amasi salaha ihan honin buhe bici,
떨어지면, 그 이후 나누어준 소와 양을 주었다 해도

← enenggi ci amasi bederebume gaisu, jai moo gaijara ihan de,
오늘 이후로는 돌려받으라. 또 나무를 나르는 소에게는

← emu beise, nirui ton i orho jeku gaifi ulebu.
각 버일러들이 니루의 수에 따라 목초와 곡식을 걷어서 먹이라."

(30:14a)

○ amba beile i hūri, amin beile i damungga, manggūltai
대버일러의 Hūri, Amin 버일러의 Damungga, Manggūltai

beile i wandasi, hooge ama beile i nomci, dodo
버일러의 Wandasi, Hooge 아버지 버일러의[3] Nomci, Dodo

age i looca, yoto age i gumbulu.
아거의 Looca, Yoto 아거의 Gumbulu.

⇦ han i bithe, juwan emu de munggatu dooli de wasimbuha,
한(汗)의 글을 11일에 Munggatu 도리(道吏)에게 내렸다.

← asuru ume kimcire, dartai dartai tolo, meni meni ejen de
"지나치게 자세히 살피지 말라. 얼핏얼핏 세어보라. 각자의 주인에게

← goiha manggi, tere fonde yargiyan ton bahambi kai, ume (30:14b)
할당하고 나면 그때 진짜 숫자를 알 수 있는 법이다.

---

3) Hooge 아버지 버일러는 제4버일러, 즉 Hong Taiji를 지칭한다. 『朝鮮實錄』〈인조 8년(1630) 2월 27일〉에는 hooge가 虎口로 표기된다.

← algišara, hūdun yabu, nikan i jeku de oktoloburahū, loho de
떠벌리지 말고 빨리 가라. 한인이 곡식에 독을 탈까 염려된다. 칼에

← ume akdara, loho mukšan de galgirakū kai, beri jebele be
의지하지 말라. 칼은 몽둥이의 상대가 되지 못하는 법이다. 활과 화살통을

← beye ci ume hūwakiyara, saikan olhome sereme yabu, terei
몸에서 벗지 말라. 잘 경계하며 다니라. 그들의

← uku de tuhenerakū,[4] jakūn gūsai niyalma de gemu donjibu.
함정에 빠지지 않을 것이다. 8구사 사람에게 모두 알리라."

○ juwan juwe de, kalka i juwe monggo ukame jihe.
12일에 Kalka의 몽골인 두 명이 도망해 왔다.

(30:15a)

○ juwan juwe de, syšiba,
12일에 Syšiba가

⇦ han de juwe fengse de elu ujifi benjihe seme,
파를 길러 한(汗)에게 두 소래기를 보내왔다 하여

syšiba be tungse obuha.
Syšiba를 통사로 삼았다.

○ juwan ilan de, emu gūsai emte fujiyang, emu
13일에 각 구사의 부장 한 명씩이 각

nirui ninggute uksin i niyalma be gaifi, amargi
니루의 갑병 여섯 명씩을 거느리고 북쪽

jase tuwame genehe. (30:15b)
경계를 살피러 갔다.

---

4) tuhenerakū는 tuhenerahū의 오류일 가능성이 있다. tuhenerahū라면 '함정에 빠질까 염려된다'라는 뜻이다.

⇦ han i bithe, juwan ilan de wasimbuha, sele urebure ša jing ni
한(汗)의 글을 13일에 내렸다. "철을 제련하는 Ša Jing

← ba i niyalma be, ume guribure, kemuni tekini.
지역 사람은 이주시키지 말라. 이전대로 살게 하라."

○ fa ho, ilu, puho, ere ilan hecen duka akū
범하(范河), 의로(懿路), 포하(蒲河) 이 세 성은 성문이 없으니

seme duka dagila seme, du tang ni bithe wasimbuha.
성문을 갖추라고 도당의 글을 내렸다.

(30:16a)

⇦ han takūrafi, fe an i gaijara alban bošome unggihe, ume
한(汗)이 사람을 파견하여 "옛 관례로 걷어들이는 공물을 재촉하러 보냈다.

← ilibure seme, juwan duin de wasimbuha.
멈춰 세우지 말라"고 하여 14일에 내렸다.

⇦ han i bithe, aita fujiyang de wasimbuha, g'ai jeo, fu jeo de
한(汗)의 글을 Aita 부장에게 내렸다. "개주, 복주에

← alban i orho be gajici, isiburakū ba i niyalma de
공용 목초를 가져오면, 보내지 않은 지역 사람에게서는

← menggun gaisu.
은을 걷으라."

(30:16b)

⇦ han i bithe, juwan duin de baduri dzung bing guwan de
14일에 한(汗)의 글을 Baduri 총병관에게

← wasimbuha, tai kadalara emu nikan be tutabuhangge uthai
내렸다. "대(臺)를 관할하는 한인 한 명을 남긴 것은 그대로

← bikini, tai niyalma juse hehesi be, gemu meni meni
두는 것이 좋겠다. 대(臺)의 사람과 아녀자들을 모두 각자

← hanciki pu de dosimbu, jecen i ergi jakūn tai de,
가까이 있는 보(堡)에 들여보내라. 변경 쪽 여덟 대(臺)에는

← tubai niyalma be uthai emu tai de ninggute
그곳 사람들을 즉시 한 대(臺)에 여섯 명씩

← niyalma unggi.
보내라."

(30:17a)

○ kalkai duin monggo ukame jihe.
Kalka의 몽골인 네 명이 도망해 왔다.

○ tofohon de, bak beile i elcin, ilan juse,
15일에, Bak 버일러의 사신과 아들 세 명이

minggan ulha benjime jihe.
가축 1000마리를 가지고 왔다.

⇦ han i etuhe seke hayahan i šanggiyan jibca, tofohon de
한(汗)이 입던 담비 털로 테를 두른 흰 가죽옷을 15일에

abtai nakcu de buhe. (30:17b)
Abtai 외삼촌에게 주었다.

○ juwan ninggun de, enggeder efu, manggol taiji de,
16일에 Enggeder 어푸와 Manggol 타이지에게

suwayan sara emte buhe.
황색 일산(日傘)을 하나씩 주었다.

○ juwan ninggun de,
16일에,

emu niru de uyunjute waliyan wešen dagila seme henduhe.
"Waliyan 올가미를 한 니루에서 90개씩 준비하라"고 말했다.

(30:18a)

○ salisai ba i nikan, ilan buhū, juwan duin
Salisai 지역 한인이 사슴 세 마리와 고라니

gio benjihe.
14마리를 보내왔다.

⇦ han i bithe, jorgon biyai juwan ninggun de wasimbuha,
한(汗)의 글을 12월 16일에 내렸다.

← niru de uji seme salaha ihan be, emu
"니루에 돌보라고 하여 나누어준 소 중에

← niru de juwete ihan be aniya de wafi
한 니루에 두 마리씩을 새해에 잡아서

← jekini seme buhe. (30:18b)
먹으라고 준다."

○ sahalca i sahaliyan bayan i emgi guwangning de hūda
Sahalca의 Sahaliyan Bayan과 함께 광녕에 장사하러

genehe emu niyalma, juwe morin gajime, juwan
갔던 한 사람이 말 두 마리를 몰고

頭註: gingguleme baicaci, manju gisun i buleku bithede, buhū, sirga i jergi gurgu be butara urgan be wešen sembi sehebi, waliyan sere gisun, baicame bahakū ofi, da songkoi sarkiyame araha. [신중하게 조사하니, 『御製淸文鑑』에 사슴, 노루 등의 짐승을 잡는 올가미를 wešen이라고 한다고 했다. waliyan이라는 말은 조사해도 찾지 못해서, 원래대로 베껴 썼다.]

ninggun de ukame jihe.
16일에 도망해 왔다.

○ juwan nadan de, monggo i joriktu beile i jui
17일에 몽골의 Joriktu 버일러의 아들

hūbilhan taiji, duin haha, duin hehe ukame (30:19a)
Hūbilhan 타이지 예하의 장정 네 명과 여자 네 명이 도망해

jihe, juwan nadan de nangnuk beile i duin
왔다. 17일에 Nangnuk 버일러 예하의

haha, juwe hehe, juwe jui gajime ukame jihe.
장정 네 명과 여자 두 명이 아이 둘을 데리고 도망해 왔다.

○ juwan jakūn de, bagadarhan monggo i juwe niyalma
18일에 Bagadarhan 예하의 몽골인 두 명이

ukame jihe, gebu kukuci, tokomai.
도망해 왔다. 이름은 Kukuci와 Tokomai이다.

○ ulgiyan wame genehe dehi niyalma, nadanju ulgiyan (30:19b)
돼지를 죽이러 갔던 40명이 돼지 70마리를

wafi gajiha.
죽여서 가져왔다.

○ juwan jakūn de, geose,
18일에 Geose가

⇦ han de medege alanjiha, tofohon de sucuha, mao wen lung,
한(汗)에게 와서 소식을 알렸다. "15일에 기습했습니다. 모문룡(毛文龍)은

lung cuwan de akū bihe, lung cuwan ci casi
용천(龍川)에 없었고, 용천에서 저쪽으로

uyunju ba i dubede lin pan sere bade bihe,
90리 떨어진 임반(林畔)이라는 곳에 있었습니다.

mao wen lung ni beyei teile tucifi burulaha, lioi (30:20a)
모문룡은 몸만 빠져나가 달아났습니다. Lioi

iogi be, ciyandzung, bedzung, coohai niyalma uheri sunja tanggū
유격과 천총(千總), 백총(百總), 병사를 합쳐서 500명

funceme bahafi waha, jai tuleri šurdeme baifi bahafi
넘게[5] 잡아서 죽였습니다. 또한 그 바깥과 주위를 수색해서 잡아서

wahangge, emu minggan haha funceme waha, emu
죽인 것이 장정 1000명이 넘습니다. 한

nirui jakūta uksin be tebuhe, tebuhe ambula
니루당 갑병 여덟 명을 머물게 했습니다. 머물게 한 것이 너무 많다면

seci amasi takūra.
다시 파견하십시오."[6]

5) 『朝鮮實錄』〈광해 14년(1622) 1월 5일〉 기사에 따르면 이번 사건으로 피살된 한인 남녀의 수는 578명이다.
6) 『朝鮮實錄』〈광해 13년(1621) 12월 18일〉 등에 15일 여진이 모문룡을 급습했다는 같은 내용의 기사가 있다.

제31권

천명(天命) 6년(1621) 12월

gūsin emuci debtelin,
abkai fulingga i
ningguci aniya jorgon
biya.

tongki fuka sindaha hergen i dangse. (31:1a)
유권점 당안

⇦ han i bithe, juwan jakūn de aita fujiyang de wasimbuha,
한(汗)의 글을 18일에 Aita 부장(副將)에게 내렸다.

← sini wesimbuhe bithe be gemu tuwaha, fe an i
"네가 올린 글을 모두 보았다. 옛 관례대로

← han i iletu gaijara ai ai alban be ume
한(汗)이 공적으로 받는 갖가지 공물은

← nonggire, ume ekiyeniyere, fe kemuni gaisu, liyoodung ni
늘리지도 말고 줄이지도 말고, 이전대로 받으라. 요동(遼東)

← šurdeme jušen i kamciha ba i niyalma, orho wajihabi,
주변 여진인들과 합쳐서 사는 지역 사람은 목초가 떨어졌고,

← jeku amcarakū, jušen i isinahakū ba i jeku orho be
곡식은 충분하지 않다. 여진인이 이르지 않은 지역의 곡식과 목초를

← gaifi jalgiyakūci, coohai morin de ai ulebumbi, (31:1b)
징수해서 보충하지 않으면 군마를 어찌 먹일 수 있겠는가.

← nikan hafasai ceni cisui enculeme gaijara jeku orho,
한인 관원들이 사사로이 독단적으로 받는 곡식과 목초,

← maise, malanggū, olo, giyen, fi, hoošan ai ai
밀, 참깨, 마, 청대, 붓, 종이 등 갖가지

← gaijara be gemu nakabuha, tere jalin de, han,
받던 것을 모두 그만두게 하라. 그대신에 한(汗)이

← ku i menggun bumbi, ereci amasi hafasai takūrara niyalma,
창고의 은을 주겠다. 이제부터 관원들이 파견하는 사람은

← gemu meni meni yali booha udame jetere hūda gamakini,
모두 각자 고기나 반찬을 사 먹을 돈을 가지고 가게 하라.

← bele i teile bu, buda jekini, ere gisun be lio
쌀만 주고, 밥을 먹게 하라. 이 말을 유(劉)

← fujiyang, julergi duin wei niyalma de gemu wasimbu, (31:2a)
부장은 남쪽 네 위(衛) 사람에게 모두 하달하라.

← julergi duin wei niyalma, gemu sini gisun be
남쪽 네 위 사람은 모두 너의 말을

← akdambi kai, ice nergin de jobombidere, han i doro
믿을 것이다. '처음에 잠깐 괴롭겠지만 한(汗)의 정치와

← šajin genggiyen kai, atanggi bicibe ergembi dere seme
법도가 분명하므로, 언젠가 편안해질 것이다'라고

← saikan tacibu, sini beyebe saikan olho, ba i niyalmai
잘 가르치라. 네 몸을 잘 경계하라. 지역 사람들의

← jali de tuhenerahū.
간계에 빠질까 염려된다."

○ ere biyai juwan duin i dobori, musei cooha, (31:2b)
이 달 14일 밤에, 우리 군사가

mao wen lung be baime giyang doofi, tofohon i
모문룡(毛文龍)을 찾으러 강을 건너

inenggi, solho i lung cuwan de isinaci, mao wen lung
15일에 조선의 용천(龍川)에 도달했지만, 모문룡은

akū, jailame lin pan sere bade genehebi, tere musei
없고, 피하여 임반(林畔)이라는 곳에 가 있었다. 우리

cooha dahame genefi, mao wen lung ni beyei teile
군사가 쫓아가니 모문룡은 몸만

tucifi emu ilan gucu gaifi genehebi, tereci
빠져나가 구추 수 명을 이끌고 도망갔다. 그러고 나서

cen liyang tse be bahafi wahabi, juse sargan be
진양책(陳良策)은 잡아 죽였고 아이들과 아내를

gajimbi sere uheri emu minggan sunja tanggū haha (31:3a)
데리고 가려고 하던 합계 1500명의 장정을

wahabi, giyang dooha niyalma be gemu bahabi.
죽이고 강을 건넌 사람을 모두 잡았다.

← ○ mini tukiyehe ambasa gung ni akūmbufi dain de bucecibe,
"내가 등용한 대신들이 진력을 다해서 공을 세우고서 전쟁터에서 죽든

← nimeku de bucecibe, ama i wesike hergen be jui de
병으로 죽든 아버지가 오른 직위는 아들에게

頭註: gingguleme kimcici, emu ilan gucu sere gisun, ainci emu udu gucu sere gisun de adali dere. [신중하게 살펴보니, emu ilan gucu라는 말은 아마도 emu udu gucu(구추 수(數) 명)이라는 말과 같을 것이다.]

← uthai bumbi, hafasa suwe doroi jalin de waji seme[1]
그대로 주겠다. 관원들 너희가 나라를 위하여 몸이 다하도록

← tondoi akūmbuci, suweni juse omosi de inu suweni
충성스럽게 진력을 다하면, 너희의 자식들과 손자들에게도 역시 너희의

← hergen be uthai bumbikai, jeng giyang ni tung iogi i (31:3b)
직위를 그대로 주겠다. 진강(鎭江)의 동(佟) 유격(遊擊)의

← jui de tangsa sowangsa,[2] jeng giyang ni šeo pu i juse de
아들에게는 Tangsa Sowangsa, 진강의 수보(守堡)의 아들들에게는

← ama i hergen buhe be suwe saha kai, suwe ambula
아버지의 직위를 준 것을 너희는 알고 있다. 너희는 많이

← baha hafan, ambula baha seme ala, komso baha
받은 관원은 많이 받았다고 고하라. 적게 받은

← niyalma, komso baha seme ala, bahakū niyalma de
사람은 적게 받았다고 고하라. 받지 않은 사람에게는

← šangnaki, bahafi bahakū seme šang gaifi, amala gūwa
포상하겠다. 받고서도 받지 않았다고 하여 상을 받고 나서, 나중에 다른 사람이

← gercilehe de ehe kai, suwe fe han i gung be
고발하게 되면 좋지 않을 것이다. 너희는 옛 황제 시절의 공은

← ume fetere, mini liyoodung de jiheci ebsi, tusa (31:4a)
끄집어내지 말라. 내가 요동에 온 이후로 유익한 일을

← araha niyalma bici, bi uttu tusa araha seme
한 사람이 있으면, '내가 이렇게 유익한 일을 했다'라고

頭註1: gingguleme kimcici, doroi jalin de waji seme tondoi akūmbuci sere gisun, ainci gurun i jalin de beye wajiki seme tondoi akūmbuci sere gisun dere. [신중하게 살펴보니, doroi jalin de waji seme tondoi akūmbuci라는 말은 아마도 '나라를 위하여 몸을 다하도록 충성스럽게 진력을 다하면'이라는 뜻일 것이다.]

頭註2: gingguleme baicaci, fe manju gisun i bithe, tongki fuka akū hergen i juwan juwe ujui bithede, gemu tangsa sowangsa sere gisun akū, gingguleme da songkoi sarkiyaha. [신중하게 조사하니, 『舊淸語』와 『無圈點十二字頭』에 모두 tangsa sowangsa라는 말은 없다. 신중하게 원래대로 베껴 썼다.]

← ara, tusa arahakū niyalma oci, ereci amasi tusa
쓰라. 도움 되는 일을 하지 않은 사람은 '이제부터는 유익한 일을

← araki seme ara, loo de horibufi weile bahafi
하겠다'라고 쓰라. 감옥에 갇혀 벌을 받고

← bihe niyalma oci, be nenehe han de weile baha
있던 사람은, '우리는 이전의 황제에게 벌을 받았다.

← bihe, han jifi meni bucere be guwebufi, geli
한(汗)이 오고 나서 우리의 죽음을 면해주고,

← hafan obufi banjimbi seme ara, aniya biyai ice
게다가 관원으로 삼아서 살게 되었다'라고 쓰라. 정월

← sunja de wesimbu, juwan de ejehe bumbi. (31:4b)
초닷새에 올리라. 10일에 칙서를 주겠다."

← ○ julgeci ebsi, weri weile be alime gaiha gurun i
"예로부터 이제까지 남의 죄인을 받아들인 나라가

← jabšahangge inu akū, dailiyoo i tiyan dzo han, meni aisin
잘 된 일이 없다. 대요국(大遼國)의 천조(天祚) 황제는 우리

← han i efulehe eden asu be alime gaifi, gaji
금나라 황제가 멸망시킨 잔당인 Asu를 받아들였다가 넘겨달라고

← seci buhekū, dain ofi ufaraha kooli inu bi,
해도 주지 않아서 전쟁이 벌어져 멸망한 선례도 있다.

← nikan i jao hoidzung han, ineku aisin han i efulehe
송(宋)의 조(趙) 휘종(徽宗) 황제는 바로 그 금나라 황제가 멸망시킨

← eden dailiyoo i jang giyo gebungge amban be alime (31:5a)
잔당인 대요국의 장각(張覺)이라는 대신을 받아들였다가,

← gaifi, gaji seci buhekū, dain ofi ufaraha kooli
넘겨달라고 해도 주지 않아서 전쟁이 벌어져 멸망한 선례도

← inu bi, nikan i wan lii han, umai weile akū de,
있다. 명의 만력제(萬曆帝)는, 아무런 죄가 없는데도,

← jasei tulergi encu gurun i weile de dafi, mimbe
국경 밖 다른 나라의 일에 개입해서 나를

← waki sehe be
죽이려고 했던 것을

⇦ abka wakalafi, wan lii han i birai dergi ba be minde buhe.
하늘이 그르다고 하여, 만력제의 강 동쪽 지역을 나에게 주었다."

○ [原檔殘缺] neodei, šajin [原檔殘缺] de emte temen buhe. (31:5b)
□□□ Neodei와 법도 □□□에게 낙타 한 마리씩을 주었다.

○ monggo i beise de emte temen buhe.
몽골의 버일러들에게 낙타 한 마리씩을 주었다.

○ ineku tere inenggi, inggūldai tsanjiyang ni hergen be
같은 날, Inggūldai 참장(參將)의 직위를

wasibufi beiguwan obuha, bakiran iogi i hergen be
강등하여 비어(備禦)가 되게 했다. Bakiran 유격의 직위를

wasibufi beiguwan obuha.
강등하여 비어가 되게 했다.

(31:6a)

⇦ han i bithe, juwan uyun de geren hafasa de wasimbuha,
한(汗)의 글을 19일에 여러 관원들에게 내렸다.

← hecen sahame nenehe niyalma hūdun wacihiya, amala tutaha
"성 쌓기를 먼저 한 사람은 빨리 마치라. 뒤에 처진

← amtanakū niyalma be ainu alhūdambi, suwembe ujifi
마뜩잖은 사람을 어찌하여 본받겠는가. 너희를 살려서

← dain de afa sembio, ujihe baili be gūnime
전쟁터에서 싸우라고 하는가. 살려준 은혜를 생각하며

← sahame wacihiyarakūn.
성 쌓기를 마쳐야 하지 않겠는가."

← ○ nikan i juwan ilan goloi cooha gemu isafi afaci (31:6b)
"명나라의 13로(路)의 군사가 모두 모여서 싸워도

← etehekū bade, solho han si emu mao wen lung be
이기지 못했는데, 조선(朝鮮) 왕 당신은 모문룡 한 사람을

← alime gaifi bihe seme ai tusa, mini daci
받아들여 데리고 있다 하여 무슨 소용이 있겠습니까. 내가 본래부터

← banjiha jurgan, gūwa de bi neneme weile ararakū,
살아온 이치는 남에게 내가 먼저 죄를 짓지 않고

← miningge be gūwa de inu waliyarakū, mao wen lung be
나의 것을 남에게 넘기지도 않는 것입니다. 모문룡을

← buci, sini yuwanšuwai be sindafi unggire, tuttu oci,
넘겨주면, 당신의 원수(元帥)를 풀어서 보내줄 것입니다. 그리하면,

← nikan umesi lakcambi kai, mao wen lung be burakūci,
명과의 관계가 완전히 끊어지는 것입니다. 모문룡을 넘겨주지 않으면,

頭註: gingguleme kimcici, amtanakū niyalma sere gisun, ainci hihanakū niyalma sere gisun dere. [신중하게 살펴보니, amtanakū niyalma라는 말은 아마도 '마뜩잖은 사람'이라는 말일 것이다.]

← ishun niyengniyeri mao wen lung ci amba niyalma geli (31:7a)
다가오는 봄에 모문룡보다 높은 사람이 다시

← jimbikai, tuttu jihede, jai bi jihe niyalmai baru ehe
올 것입니다. 그렇게 오면 나는 또 온 사람은 나쁘다고

← gūnirakū, weri weile be alime gaiha jalin de,
생각하지 않고, 남의 죄인을 받아주었다고 해서

← solho han sinde ushame tembi, nikan i baru dain
조선 왕 당신에게 노하며 살 것입니다. 명과 싸움을

← deribuhe ci ebsi, duin aniya otolo, bi jing
시작한 이래 4년이 되도록, 나는 줄곧

← kemuni niyalma takūrame sain gisun i bithe unggici, solho
여전히 사람을 보내어 좋은 말로 글을 보냈는데도,

← han si karu emu sain gisun akū, jing kemuni
조선 왕 당신은 답신으로 한마디 좋은 말이 없습니다. 줄곧 여전히

← nikan be ama eme i gese gurun seme lakcarakūci, (31:7b)
명나라를 부모와 같은 나라라고 하여 관계를 끊지 않으면,

← jabšaci sain kai, ufarara de ai kemun, bira
잘 되면 좋으나 잘못되면 한도 없습니다. 강을

← dooha nikan de solho etuku etubufi guwebuhengge ambula
건넌 한인들에게 조선인의 옷을 입히고 모면시키는 일이 많이

← bi sere, mini eden be hūdun wacihiyame bu.
있다고 하는데, 내가 놓친 잔당을 속히 모두 넘기십시오."

⇦ han i bithe, juwan jakūn de wasimbuha, tarhūn morin be
한(汗)의 글을 18일에 내렸다. "살진 말은

← gajime jio, turga morin be simnefi weri, werihe
끌어오라. 여윈 말은 골라서 남기라. 남긴

← morin de emu gūsai emte daise beiguwan be (31:8a)
말들에게는 한 구사에서 한 명씩 비어(備禦) 서리를

← weri, jeku i eye i angga be dasirakū ojorahū, saikan
남기라. 곡식의 움 구덩이의 입구를 덮지 않을까 염려되니

← gidame dasi seme geren de hendu, solho de
잘 감추어 덮으라고 여럿에게 말하라. 조선에

← benere bithe be, morin ulebume tutara juwan niyalma,
보내는 글을, 말을 먹이느라 뒤떨어진 사람 열 명이

← i jeo hecen i duka hanci sunja ba i dubede
의주(義州)성의 문 가까이 5리 떨어진 곳에

← genefi, moo de hafirafi sisifi jio.
가서, 나무에 끼워서 꽂아놓고 오라."

○ orin de, hife baksi, beiguwan i hergen be (31:8b)
20일에 Hife 박시를 비어(備禦)의 직위를

nakabufi ciyandzung ni hergen buhe.
그만두게 하고, 천총(千總)의 직위를 주었다.

⇦ han i bithe, orin de wasimbuha, orin sunja i inenggi morin
한(汗)의 글을 20일에 내렸다. "25일 오시(午時)에

← erinde, gubci ba i pu pu de poo sindame
전 지역의 보(堡)마다 포를 쏘며

頭註: gingguleme baicaci, fe manju gisun i bithede, simnembi sere gisun, uthai sonjombi sere gisun inu sehebi. [신중하게 조사하니, 『舊淸語』에 simnembi라는 말은 곧 sonjombi(선택하다)라는 말이라고 했다.]

← tuwambi, dain seme balai durbenderahū, ere bithe be
살펴볼 것이다. 전쟁이라고 공연히 동요할까 염려된다. 이 글을

← meni meni harangga gašan de, gemu isibu, isiburakūci,
각자의 소속 촌락에 모두 보내라. 보내지 않으면

← janggin de weile. (31:9a)
장긴에게 죄가 있다."

○ orin de, bagadarhan beile i ninggun haha, duin
20일에 Bagadarhan 버일러 예하의 장정 여섯 명과 여자

hehe, emu morin, uyun ihan, orin honin gajime
네 명이 말 한 마리, 소 아홉 마리, 양 20마리를 몰고

ukame jihe.
도망해 왔다.

○ orin emu de, monggo i jeku baihanjire duin
21일에 몽골의, 곡식을 구하러 오는

tanggū sejen i niyalma be, (31:9b)
400수레의 사람을,

⇦ han de fonjihakū jase dosimbuha seme, suna efu,
한(汗)에게 묻지 않고 경계 안으로 들여보냈다고 하여 Suna 어푸,[1)]

kangkalai, [原檔殘缺]
Kangkalai □□□

頭註: gingguleme kimcici, ere durbenderahū sere gisun ainci durgenderahū sere gisun de adali dere. [신중하게 살펴보니, 이 durbenderahū라는 말은 아마도 durgenderahū(동요할까 염려된다)라는 말과 같을 것이다.]

1) Suna 어푸는 Yehe 사람이며, Nurhaci의 여섯째 딸과 결혼했으므로 어푸로 불린다.

⇦ han hendume, emu niru de ilata ihan, aniya de
한(汗)이 말하기를, "각 니루에서 소 세 마리씩 새해에

← wafi jekini seme buhe.
잡아서 먹으라"고 하며 주었다.

⇦ han i bithe, fung hūwang de tutaha coohai niyalma de (31:10a)
한(汗)의 글을 봉황(鳳凰)에 남은 군사들에게

← wasimbuha, juwan niyalma be tucifi, solho i jidere jugūn
내렸다. "열 명을 뽑아서 조선인이 오는 길목인

← tang šan de juwan niyalma be tucibufi jugūn tuwakiyabu,
탕산(湯山)에 열 명을 뽑아서 길을 지키게 하라.

← ice hecen de tutaha niyalma, inu ice hecen i
신전(新奠)에 남은 사람 또한 신전의

← cala solho i jidere jugūn be tuwakiyabu, solho i elcin
저편에서 조선인이 오는 길목을 지키게 하라. 조선의 사신이

← jimbihede, jugūn tuwakiyaha niyalma ilibufi, mao wen lung be
오게 되면, 길을 지키던 사람이 멈추게 해서, 모문룡을

← bumbio burakūn seme fonji, buci, inu tubade ilibufi
넘겨줄 것인가 넘겨주지 않을 것인가를 물으라. 넘겨주겠다면 그곳에 세워놓고,

← alanju, burakūci, inu ilibufi alanju, jugūn tuwakiyaha (31:10b)
와서 알리라. 넘겨주지 않아도 역시 멈추어놓고, 와서 알리라. 길을 지키던

← niyalma ebsi geren coohai jakade ume gajire, beise i
사람은 이쪽 여러 군사가 있는 곳으로 사신을 데리고 오지 말라. 버일러들이

← jihe be sarkūn.
온 것을 모르는가."[2)]

○ orin emu de, hūng baturu i nadan boo, ebugedei
21일에 Hūng 바투루의 일곱 호(戶), Ebugedei의

juwan juwe boo, girangga mangga i sunja boo, nangnuk i
12호, Girangga Mangga의 다섯 호, Nangnuk의

nadan boo, jai emu beile i juwe boo,
일곱 호, 또 한 버일러의 두 호 등

ere emu jergi jihe gūsin sunja boo de (31:11a)
이 한 차례 온 35호에서는

dehi morin, emu tanggū ihan, sunja tanggū
말 40마리, 소 100마리, 양 500마리를

honin gajime ukame jihe.
끌고 도망해 왔다.

○ orin emu de, monggo taiji gajiha ulha i
21일에 Monggo 타이지가 몰고온 가축의

ton, morin emu tanggū nadanju, ihan juwe
수는 말 170마리, 소 206마리,

tanggū ninggun, honin duin tanggū uyunju, morin
양 490마리이다. 말과

ihan honin emu tanggū juwan juwe bucehe.(31:11b)
소, 양 112마리가 죽었다.

---

2) 『朝鮮實錄』〈광해 14년(1622) 2월 27일〉에는, "당시에 노적(奴賊)이 임반(林畔)으로부터 다시 돌아온 이후 비록 광녕(廣寧)에 오로지 뜻을 두었으나 여전히 요성(遼城)에 있으면서 때없이 출몰했다. 왕이 역관을 보내어 국경을 범하는 데 대하여 힐책하고 아울러 광녕의 일을 탐문하고자 했기 때문에 의주 부윤 정준(鄭遵) 등으로 하여금 글을 지어 보내게 했다. 그런데 두 역관이 봉황성(鳳凰城)까지 갔으나 길이 막혀 도달할 수 없었다"라는 기사가 있다.

← ○ genehe coohai niyalma, monggo taiji i emgi sain
"출병한 병사들은 Monggo 타이지와 함께 좋은

← niyalma be sonjofi gajime jio, ulha yadara
사람을 뽑아서 데리고 오라. 가축이 지치거나

← šadara be suweni bikini sere bade werifi jio.
힘들어 하면 너희가 두었으면 하는 곳에 남기고 오라."

⇦ han, orin juwe de ice hecen arara bade geren
한(汗)이 22일에 동경성(東京城)을 쌓는 곳에서 여러

beise be isabufi (31:12a)
버일러들을 모아놓고

⇦ hendume, nikan i hūng u han i sioi da i gisun i adali
말하기를, "명나라의 홍무제(洪武帝) 휘하에 있던 서달(徐達)의[3] 말처럼,

← jakūn gūsai beise ulin be ume hairandara, etungge bici
8구사의 버일러들은 재물을 아끼지 말라. 입을 것이 있으니,

← tetendere, ice baime jihe gurun de neigen etubu, du tang,
그렇다면 새로 귀부(歸附)해 온 백성들에게 골고루 입히라. 도당(都堂)과

← dzung bing guwan, emu jibca, dahū, seke silun i ara,
총병관(總兵官)은 한 벌의 가죽옷과 털옷을 담비와 스라소니 털가죽으로 만들라.

← fujiyang, silun i emu dahū ara, tsanjiyang, iogi, tasha
부장(副將)은 스라소니 털가죽으로 털옷 한 벌을 만들라. 참장(參將)과 유격은 호랑이,

← elbihe niohe i emu dahū ara, beiguwan, mocin kubun sindame dahū ara,
너구리, 이리 가죽으로 털옷 한 벌을 만들라. 비어는 모청포와 솜을 대어 털옷을 만들라.

---

3) 서달(徐達, 1332~1385)은 명나라의 건국 공신이다. 주원장(朱元璋)의 부하로 통군원수(統軍元帥), 강남행추밀원사(江南行樞密院事), 좌상국(左相國) 등을 지냈고, 원군(元軍) 토벌에서는 25만의 군사를 총지휘했으며, 주원장이 즉위하자 무관 제일의 자리를 차지했다.

← ice jihe monggoso de bumbi, emu nirude juwanta (31:12b)
새로 온 몽골인들에게 줄 것이다. 한 니루에

← šoro yaha sala, nirui ejen gaifi emke bilarakū
숯 열 광주리씩을 나누어주고, 니루 수장이 받아서 하나도 부러뜨리지 말고

← saikan asara, morin de aciburakū, ajige huncu dagilafi
잘 저장하라. 말에 싣지 말고, 작은 썰매를 준비해

← sinda, hergen bufi acahakū niyalma be, gūsa gūsai
실으라. 직위를 주었지만 걸맞지 않은 사람을 각 구사마다

← saikan kimcime baica.
잘 살펴서 조사하라."

⇦ han, orin juwe de simiyan i iogi lio io kuwan de
한(汗)이 22일에 심양(瀋陽)의 유격 유우관(劉尤寬)에게

← wasimbuha, simiyan i tsang ni lomi bele be, monggo i (31:13a)
글을 내렸다. "심양의 창고의 묵은 양곡을, 도망해 온 몽골

← ukame jihe niyalma de, emu biyade anggala tolome
사람에게, 한 달에 식구 수를 세어

← juwete sin bu, ihan morin, emke de juwete sin
두 되씩 주라. 소와 말은 한 마리에 두 되씩

← bu, honin emke de emu sin bu, jihe monggo,
주라. 양은 한 마리에 한 되씩 주라. 귀부해 온 몽골인들,

← suwe taka simiyan de ilifi beye teyenu, ulha
너희는 잠시 심양에 머무르면서 모두 쉬고, 가축의

← aitubu, ulha aituha manggi, julergi goloi niyalma be
원기를 회복시키라. 가축을 회복시키고 나면, 남쪽 지역의 사람을

← meni bade guribuhebi, te golo de ejen akū,
우리 지역에 이주시켰기 때문에, 이제는 남쪽 지역에 주인이 없고

← jeku orho ambula bi, tere jeku orho de (31:13b)
곡식과 목초가 많이 있으니, 그 곡식과 목초로

← ulha tarhūbuki sere cihangga niyalma tede gene, ulha
가축을 살찌우고 싶은 사람은 그곳으로 가라. 가축이

← tarhūha manggi, niyengniyeri niyanciha de amasi jio, tede
살찐 후에, 목초가 푸르러지는 봄에 돌아오라. '거기에

← genere cihakū mini ulha aniya hetumbi sere niyalma,
가고 싶지 않고, 나의 가축은 해를 넘길 것이다'라는 사람은

← nuktere monggo i emgi bisu, ambasai beye acanju, boode
유목하는 몽골인과 함께 있으라. 대신들은 직접 알현하러 오라. 집에서

← tembi sere cihangga niyalma oci, mukūn mukūn i simnefi
살기를 원하는 사람은, 무쿤마다 선발해서

← tenju, cihangga genere niyalma, gamaci ojorakū deberen banjiha
와서 살라. 가기를 원하는 사람은, 끌고갈 수 없는 새끼를 낳은

← turga ulha be, jakūn gūsai nuktere monggoso de (31:14a)
여윈 가축을, 8구사의 유목하는 몽골인들 중에서

← ejen arame afabufi weri.
수장을 정하여 맡겨서 남기라."

○ yehe i tobohoi be, beiguwan i hergen be wasibufi
Yehe의 Tobohoi를, 비어 직위에서 강등시켜서

ciyandzung ni hergen buhe.
천총 직위를 주었다.

○ orin ilan de, an šan i
23일에 안산(鞍山)에 있는

⇦ han i tokso i nikan, elu emu fengse ujifi, mursa juwe (31:14b)
한(汗)의 장원의 한인이 파 한 소래기를 기르고, 무 두

sin benjihe.
되를 보내왔다.

○ orin ilan de, monggo i bak beile i juwe
23일에 몽골의 Bak 버일러의 아들

haha jui, emu sargan jui isinjiha,
둘과 딸 하나가 도착했다.

⇦ han yamun de tucifi, dere dasafi ihan wafi sarilaha.
한(汗)이 아문에 나가서 상을 차리고 소를 잡아서 주연을 베풀었다.

○ cang diyan i emu minggan jakūn tanggū susai, (31:15a)
장전(長奠)의 1850,

yung diyan i juwe minggan emu tanggū gūsin,
영전(永奠)의 2130,

da diyan i juwe tanggū nadan, ice hecen i
대전(大奠)의 207, 신전(新奠)의

nadan minggan sunja tanggū dehi juwe, aiha i
7542, 애하(靉河)의

頭註: gingguleme baicaci, ere emu meyen de cang diyan i jergi bade, minggan tanggū i ton be ejehe gojime, eici cooha, eici menggun, jaka be umai ejehe ba akū, gingguleme da songkoi sarkiyame araha. [신중하게 조사하니 이 한 단락에 장전 등의 지역에 1000, 100의 숫자를 썼을 뿐, 군대인지, 은이나 물건인지를 전혀 쓴 바가 없다. 신중하게 원래대로 베껴 썼다.]

emu minggan jakūn tanggū juwan duin, uheri
1814, 합계

emu tumen ilan minggan sunja tanggū dehi,
1만 3540이다.

solho de tehe nikan i mao wen lung be
조선에 있던 명의 모문룡을

sucufi gajiha menggun, emu minggan sunja tanggū (31:15b)
습격하여 빼앗아온 은이 1500냥,

yan, aisin duin yan jakūn jiha, jibca
금이 넉 냥 8전, 가죽옷

ilan, dahū emke, tasha sukū juwe, dobihi
세 벌, 털옷 한 벌, 호랑이 가죽 두 장, 여우 가죽

emke, fulgiyan jafu emke, olji sunja minggan
한 장, 붉은 융단 한 장, 포로

duin tanggū dehi.
5440명이다.

◯ jakūn gūsai simiyan, liyoodung de bahangge, jai
8구사가 심양(瀋陽)과 요동에서 얻은 사람과 또

nikan ci ukame jihengge, uheri emu minggan (31:16a)
명나라에서 도망해 온 사람, 모두

ninggun tanggū ninju sunja monggo de, emu
1665명의 몽골인에게

biyade emu haha de emte sin bele,
한 달에 장정 한 명당 양곡 한 되씩,

juwete jiha menggun bumbi.
은 2전씩 준다.

○ orin duin de, aita i kadalara da gu jai gašan i
24일에 Aita가 관할하는 Da Gu Jai 촌락의

nikan, ninju duin coko, juwan juwe niongniyaha,
한인이 닭 64마리, 거위 12마리,

juwan nadan niyehe benjihe. (31:16b)
오리 17마리를 보내왔다.

○ bayot ba i esei beile i jui gurbusi taiji,
Bayot 지역의 Esei 버일러의 아들 Gurbusi 타이지가

jakūnju boigon emu tanggū tofohon haha, juwe
80가호, 장정 115명,

tanggū ninju morin, emu minggan ihan, juwe
말 260마리, 소 1000마리,

minggan honin gajime ubašame jihe,
양 2000마리를 몰고 배반해 왔다.

⇦ han, yamun de tucifi, jihe taiji be hengkileme acabufi
한(汗)이 아문에 나가서, 귀부해 온 타이지를 절하며 알현하게 하고

sarin sarilaha. (31:17a)
주연을 베풀었다.

○ orin duin de,
24일에

⇦ han i uksun i deo jiberi dujihoi sargan jui be, manggol
한(汗)의 종실동생 Jiberi Dujiho의 딸을

taiji de sargan buhe.
Manggol 타이지에게 아내로 주었다.

◯ orin sunja de, yabai de beiguwan i hergen
25일에, Yabai에게 비어 직위를

buhe, gebakū de ciyandzung ni hergen buhe, fusi (31:17b)
주고, Gebakū에게 천총 직위를 주었다. Fusi

efu, si uli efu, acan tanggū ulhūma, duin
어푸와 Si Uli 어푸가 합쳐서 꿩 100마리, 돼지 네

ulgiyan i yali, mucu juwe hose benjihe, sekei
마리의 고기, 포도 두 상자를 보내왔다. 담비

dahū, gecuheri, ojin, teleri etubuhe, juwe du tang de
털옷, 망룡단, 부인용 조복과 조의를 입게 했다. 도당 두 명에게는

emu seke jibca, juwe dzung bing guwan de
담비 가죽옷 한 벌, 총병관 두 명에게는

emu silun dahū, duin fujiyang de acan
스라소니 털옷 한 벌, 부장 네 명에게는 합쳐서

emu sain elbihe dahū, tsanjiyang, iogi, duin
좋은 너구리 털옷 한 벌, 참장과 유격

niyalma de acan jai jergi elbihe dahū (31:18a)
네 명에게는 합쳐서 2등급 너구리 털옷

emke, geren nirui ejete beiguwan de mocin i
한 벌, 여러 니루 수장들인 비어에게는 모청포

kurume gaifi, gurbusi taiji be dahaha
겉옷을 받아서 Gurbusi 타이지를 따라온

gucuse de salame buhe, jai geli
구추들에게 나누어주었다. 그리고 또

foloho enggemu hadala, foloho jebele dashūwan,
조각을 새긴 안장과 굴레, 조각을 새긴 화살통과 활집,

niru juwan da, muke i ihan i beri,
화살 열 개, 무소 활,

juwan uksin saca, juwe juru galaktun
갑옷과 투구 열 벌, 갑옷 소매 두 쌍을

buhe. (31:18b)
주었다.

○ orin ninggun de, niowanggiyan moro fengseku
26일에 푸른 사발과 푼주를

uheri emu minggan sunja tanggū benjihe,
합쳐서 1500개를 보내왔다.

amin beile i jao iogi juwe weihun gio,
Amin 버일러 예하의 Jao 유격이 살아 있는 고라니 두 마리,

tuibalaha ulgiyan juwe, orin ulhūma, ihan juwe,
털을 깎은 돼지 두 마리, 꿩 20마리, 소 두 마리,

honin juwe, meihetu orin benjihe.
양 두 마리, 드렁허리 20마리를 보내왔다.

頭註: gingguleme baicaci, ere emu meyen i fe dangse de, niowanggiyan moro i jergi tetun benjihe be ejehe gojime, ya niyalma, wei gebu be umai ejehekū, gingguleme da songkoi sarkiyame araha. [신중하게 조사하니, 이 한 단락의 『滿文原檔』에 푸른 사발 등의 그릇을 보낸 것을 기록했을 뿐, 어떤 사람인지 누구의 이름도 전혀 쓰지 않았다. 신중하게 원래대로 베껴 썼다.]

(31:19a)

○ orin nadan de, jang iogi, juwe ihan, juwe
27일에, Jang 유격이 소 두 마리, 양 두 마리,

honin, dehi coko, gūsin ulhūma, juwan gūlmahūn,
닭 40마리, 꿩 30마리, 토끼 열 마리,

tuibalaha duin ulgiyan, hacin hacin i efen dagilafi
털을 깎은 돼지 네 마리, 각종 떡 등을 장만해서

benjihe, fusi efu, juwe ulgiyan, susai ulhūma,
보내왔다. Fusi 어푸가 돼지 두 마리, 꿩 50마리,

mucu emu fan benjihe, si uli efu, juwe
포도 한 목판을 보내왔다. Si Uli 어푸가 돼지 두 마리,

ulgiyan, susai ulhūma, mucu emu fan, lii cing sai,
꿩 50마리, 포도 한 목판을, Lii Cing Sai가

juwe ulgiyan, juwe ihan, juwe niman, dehi (31:19b)
돼지 두 마리, 소 두 마리, 염소 두 마리, 꿩

ulhūma, sogi juwe fan, guwan tai deng, juwe ulgiyan,
40마리, 채소 두 목판을, Guwan Tai Deng이 돼지 두 마리,

handu bele juwe sin, fung ji pu i tung
멥쌀 두 되를, 봉집보(奉集堡)의 Tung

beiguwan, juwe ulgiyan, susai ulhūma benjihe, jang
비어가 돼지 두 마리, 꿩 50마리를 보내왔다. Jang

tsanjiyang, juwe ihan, juwe ulgiyan, juwe honin,
참장이 소 두 마리, 돼지 두 마리, 양 두 마리,

dehi ulhūma, juwan juwe gūlmahūn, juwan coko,
꿩 40마리, 토끼 12마리, 닭 열 마리,

juwe fan efen, jang iogi, juwe ulgiyan, juwe
떡 두 목판을, Jang 유격이 돼지 두 마리, 양 두 마리를,

honin, ci iogi, juwe ihan, juwe honin, juwe (31:20a)
Ci 유격이 소 두 마리, 양 두 마리, 돼지 두 마리,

ulgiyan, juwan niongniyaha, aita fujiyang, sunja tanggū
거위 열 마리를, Aita 부장이 배 500개를

šulhe benjihe, tung iogi, juwe honin, juwe ulgiyan,
보내왔다. Tung 유격이 양 두 마리, 돼지 두 마리,

duin gio, tanggū ulhūma, juwan gūlmahūn, lio
고라니 네 마리, 꿩 100마리, 토끼 열 마리를, Lio

dusy, emu ihan, juwe honin, juwe ulgiyan,
도사(都司)가 소 한 마리, 양 두 마리, 돼지 두 마리,

emu weihun gio, lio tsanjiyang, juwe ihan,
살아 있는 고라니 한 마리를, Lio 참장이 소 두 마리,

juwe honin, juwan niongniyaha, juwe ulgiyan benjihe.
양 두 마리, 거위 열 마리, 돼지 두 마리를 보내왔다.

(31:20b)

○ karun i morin de ulebure be, acibu hiya de
초소의 말에게 먹이는 것을 Acibu 히야에게

afabuha, liyoodung ni morin i songkoi emu morin de
맡겼다. "요동의 말과 마찬가지로 말 한 마리에

emu inenggi ilata fulmiyen orho, juwe inenggi emu
하루에 목초 세 단, 이틀에

sin turi bu.
콩 한 되를 주라."

○ orin jakūn de, wei iogi i benjihengge, juwe
28일에 Wei 유격이 보내온 것은, 소

ihan, juwe honin, duin niongniyaha, juwan coko, (31:21a)
두 마리, 양 두 마리, 거위 네 마리, 닭 열 마리,

waha niongniyaha duin, waha niyehe duin, juwan
잡은 거위 네 마리, 잡은 오리 네 마리,

ulhūma, juwe ulgiyan, wang iogi, juwe honin,
꿩 열 마리, 돼지 두 마리이다. Wang 유격이 양 두 마리,

emu ihan, juwe ulgiyan, duin niongniyaha benjihe,
소 한 마리, 돼지 두 마리, 거위 네 마리를 보내왔다.

san tsanjiyang, juwe ihan, juwe ulgiyan, juwe
San 참장이 소 두 마리, 돼지 두 마리, 양

honin, juwan niongniyaha, dai iogi, juwe ihan,
두 마리, 거위 열 마리, Dai 유격이 소 두 마리,

juwe ulgiyan, duin niongniyaha benjihe, dai beiguwan,
돼지 두 마리, 거위 네 마리를 보내왔다. Dai 비어가

emu ulgiyan, ba iogi, juwe ihan, juwe honin, (31:21b)
돼지 한 마리를, Ba 유격이 소 두 마리, 양 두 마리,

juwe ulgiyan, ma ki gu, emu ihan, emu ulgiyan,
돼지 두 마리를 보내왔고, Ma Ki Gu가 소 한 마리, 돼지 한 마리,

juwan coko benjihe, jang beiguwan, wang beiguwan,
닭 열 마리를 보내왔다. Jang 비어와 Wang 비어는

acan emu ihan, juwe ulgiyan, juwan ulhūma,
합쳐서 소 한 마리, 돼지 두 마리, 꿩 열 마리,

juwe niongniyaha benjihe, ma iogi, juwe ihan,
거위 두 마리를 보내왔다. Ma 유격은 소 두 마리,

juwe honin, juwe ulgiyan, orin sunja ulhūma
양 두 마리, 돼지 두 마리, 꿩 25마리를

benjihe, kio iogi, juwe ihan, juwe honin, juwe
보내왔다. Kio 유격은 소 두 마리, 양 두 마리, 돼지

ulgiyan, orin sunja ulhūma benjihe, lio iogi, (31:22a)
두 마리, 꿩 25마리를 보내왔다. Lio 유격은

juwe ihan, juwe honin, juwe ulgiyan, orin
소 두 마리, 양 두 마리, 돼지 두 마리, 꿩

ulhūma benjihe, jeng giyang ni lii iogi, juwe
20마리를 보내왔다. 진강(鎭江)의 Lii 유격은 소

ihan, juwe honin, juwe ulgiyan, weihun niongniyaha
두 마리, 양 두 마리, 돼지 두 마리, 살아 있는 거위

duin, jakūn coko benjihe, tung iogi, su iogi,
네 마리, 닭 여덟 마리를 보내왔다. Tung 유격과 Su 유격,

siowan iogi, lang iogi, ioi iogi, sunja iogi
Siowan 유격, Lang 유격, Ioi 유격의 다섯 유격이

acan ninggun ihan, jakūn honin, sunja ulgiyan,
합쳐서 소 여섯 마리, 양 여덟 마리, 돼지 다섯 마리,

ninggun niongniyaha benjihe, jang iogi, juwe ihan, (31:22b)
거위 여섯 마리를 보내왔다. Jang 유격이 소 두 마리,

juwe honin, juwe ulgiyan, juwan gūlmahūn benjihe, lii
양 두 마리, 돼지 두 마리, 토끼 열 마리를 보내왔다. Lii

iogi, juwe ihan, juwe honin, juwe ulgiyan, ninggun
유격이 소 두 마리, 양 두 마리, 돼지 두 마리, 거위

niongniyaha, ninggun coko benjihe, g'o iogi, juwe ihan,
여섯 마리, 닭 여섯 마리를 보내왔다. G'o 유격이 소 두 마리,

juwe honin, juwe ulgiyan, juwe niongniyaha benjihe,
양 두 마리, 돼지 두 마리, 거위 두 마리를 보내왔다.

g'ai jeo i tung iogi i jui, juwe ulgiyan, juwe
개주(蓋州)의 Tung 유격의 아들이 돼지 두 마리, 소 두 마리,

ihan, juwe niman, duin niongniyaha, emu gio, juwan
염소 두 마리, 거위 네 마리, 고라니 한 마리, 꿩

ulhūma, šulhe juwe fan, mucu juwe fan benjihe, (31:23a)
열 마리, 배 두 목판, 포도 두 목판을 보내왔다.

○ gūsin de, jakūn gūsai bithe tacibure nikan
30일에 8구사의 글을 가르치는 한인

wailan de, emu wailan de ilata yan
외랑(外郎)에게 한 외랑당 은 석 냥씩을

menggun buhe.
주었다.

제5함

태조황제 천명(天命) 7년(1622) 정월부터 6월까지

sunjaci dobton,
taidzu hūwangdi i abkai fulingga i
nadaci aniya aniya biyaci,
ninggun biyade isinahabi.

제32권 천명(天命) 7년(1622) 1월

제33권 천명(天命) 7년(1622) 1월

제34권 천명(天命) 7년(1622) 1월~2월

제35권 천명(天命) 7년(1622) 2월

제36권 천명(天命) 7년(1622) 2월

제37권 천명(天命) 7년(1622) 2월

제38권 천명(天命) 7년(1622) 3월

제39권 천명(天命) 7년(1622) 3월

제40권 천명(天命) 7년(1622) 3월~4월

제41권 천명(天命) 7년(1622) 4월~6월

제42권 천명(天命) 7년(1622) 6월

제32권

천명(天命) 7년(1622) 정월

gūsin juweci debtelin,
abkai fulingga i
nadaci aniya aniya
biya.

tongki fuka sindaha hergen i dangse. (32:1a)
유권점 당안

sahaliyan indahūn aniya aniya biyai ice inenggi,
임술년(壬戌年, 1622) 정월 초하루에

⇦ han, jakūn gūsai beise ambasa be gaifi, hecen tucifi
한(汗)이 8구사의 버일러들과 대인들을 데리고 성을 나가서

⇦ tangse de miyoo de hengkilehe, tereci amasi bederefi yamun de
당자(堂子)와 묘(廟)에서 절했다. 그리고 되돌아와서 아문에

tehe manggi, jakūn gūsai beise, geren ambasa be
앉으니 8구사의 버일러들이 여러 대인을

gaifi,
데리고

⇦ han be se baha seme hengkilehe, beise i sirame
한(汗)에게 새해를 맞았다고 절했다. 버일러들에 뒤이어

monggo i enggeder efu, manggol efu, gurbusi taiji, (32:1b)
몽골의 Enggeder 어푸, Manggol 어푸, Gurbusi 타이지가

geren monggo be gaifi hengkilehe, terei sirame
몽골인 여럿을 데리고 절했다. 뒤이어

fusi efu, si uli efu, nikan i geren
Fusi 어푸, Si Uli 어푸가 한인

hafasa be gaifi hengkilehe, terei sirame tanggūt gurun i
관원들을 데리고 절했다. 그 뒤를 이어 Tanggūt국의

juwe lama, solho i duin hafan hengkilehe, tuttu
두 라마승과 조선(朝鮮)의 네 명의 관원이 절했다. 그렇게

jergi jergi
순서대로

⇦ han de hengkileme wajiha manggi, tanggū dere dasafi ihan
한(汗)에게 절하기를 마친 후에 상을 100개 준비하고, 소와

honin wafi, geren beise ambasa, nikan solho i (32:2a)
양을 잡아서 여러 버일러들과 대인들, 한인과 조선인

hafasa, monggo i beise be gemu isabufi, nikan i
관원들, 몽골의 버일러들을 모두 모아서 한인의

hacin hacin i efin efibume amba sarin sarilaha.
갖가지 놀이를 하게 하며 큰 주연을 베풀었다.

⇦ han i bithe, ice juwe de wasimbuha, jušen i emgi kamciha
초이틀에 내린 한(汗)의 글이다. "여진인과 함께 합친

← nikan i jeku be, jušen i angga tolome miyalime
한인의 곡식을, 여진인의 인구를 세어 양을 재어

← gaijara be nakaha, kamcifi tehe nikan jušen i gese
징수하는 것을 그만두었다. 합쳐서 사는 한인도 여진인과 동등하게

← angga tolome miyalime jefu, isirakūci, jušen i kamcihakū (32:2b)
인구를 세어 양을 재어 먹으라. 모자라면 여진인과 합치지 않은

← ba i niyalmai jeku be, hecen weileme jidere ihan
지역 사람들의 곡식을, 성을 쌓으러 오는 소

← sejen de gajifi bukini.
수레에 실어와서 주라."

⇦ han, yamun de tucifi nikan i geren hafasai baru hendume,
한(汗)이 아문에 나가서 여러 한인 관원들에게 말하기를,

← suwembe dahaha cooha be, gemu meni meni ama emete
"너희를 따라온 병사들을 모두 각각의 부모들이 있는

← bade sindafi unggi seci ojorakū, tere be sindafi
곳으로 놓아 보내라 했으나 듣지 않았다. '그들을 놓아

← unggifi, jai be cooha be adarame bahambi seme (32:3a)
보내고서 또 우리가 어찌 병사를 구하겠습니까'라고 하며

← unggirakūci, ice hecen, aiha i baru genere de, suwe
보내지 않으니, 신전(新奠), 애하(靉河)를 향해서 갈 때에 너희가

← udu tumen gamaha bihe, cooha seci cooha baharakū,
수만 명을 데리고 갔었는데, '병사를 구하려고 해도 구할 수 없고

← alban weileci niyalma baharakū seme tanggū haha de
공역을 하려고 해도 사람을 구할 수 없습니다'라고 하며 장정 100명당

← emke, minggan haha de emke gajifi, weilere niyalma
하나, 장정 1000명당 하나를 데리고 오니, 일할 사람이

← akū, birai dergi utala tumen tumen niyalma be, gemu
없다. 강동에 이처럼 많은 수만 명의 사람을 모두

← suwe ulin gaifi guwebuhekū oci, tere niyalma ainaha,
너희가 재물을 받고 면제해주지 않았다면 그 사람들은 어떻게 된 것인가.

← usin icihiyara haha toloro be, suwe hono membe (32:3b)
밭을 처리하고 장정 세는 것을, 너희가 오히려 우리를

← daburakū icihiyara giyan bikai, suwende anaci, suwe icihiyara
관여시키지 않고 처리하는 것이 마땅할 것이다. 너희에게 시키면 너희는 처리하는 것을

← cihakū, meni icihiyara jurgan be, suwe geli daharakū
좋아하지 않고, 우리가 처리하는 방식을 너희가 또 따르지 않고

← efuleci, tuttu oci, suwe birai wargi de hebe arafi,
어기니 그렇다면 너희가 강의 서쪽 사람과 모의하여

← cooha iliburakū, alban weileburakū, jortai sartabumbi dere,
징병하지 않고, 공역을 행하지 않게 하며 고의로 지체하는 것이리라.

← fusi efu, si uli efu, suwembe mini jui emu
Fusi 어푸, Si Uli 어푸, 너희를 한편으로는 나의 자식,

← hontoho, hojihon i emu hontoho gūnime ujihe kai,
한편으로는 사위라고 여기며 보살폈다.

← beise i booi hūwa de hono orho bio, suweni booi (32:4a)
버일러들의 집 안뜰에 아직 목초가 있느냐. 너희 집

← hūwa de tutala orho muhaliyahangge, tere gemu alban
안뜰에 그렇게 목초가 쌓여 있는 것이 그것이 모두 공역을

← guwebume gaihangge wakaci, ainahangge, orho oilo muhaliyafi
면제해주어 받은 것이 아니라면 어떻게 된 것이냐. 목초는 밖에 쌓아서

← sabumbi dere, aisin menggun sabumbio, suwe ujihe han de
보이겠지만, 금이나 은은 보이겠는가. 너희는 보살펴준 한(汗)에게

← baili isibume gūnirakū, weile be getuken i icihiyarakūngge,
은혜를 갚겠다고 생각하지 않는다. 일을 분명히 처리하지 않는 것은

← ulin gaifi tuttu wakaci ai, nikan suwende, be
재물을 받아 그렇게 된 것이 아니면 무엇인가. 한인 너희를 우리는

← te akdarakū.
이제 신뢰하지 않는다.”

(32:4b)

○ ice ilan de, solho de unggihe
초사흘에 조선에 보낸

⇦ bithei gisun, suweni solho gurun be, nikan ci hokofi
글이다. “당신들 조선을 명나라에서 벗어나서

← mini emgi sain ombi dere seme, utala aniya
나와 함께 사이좋게 되리라 하며, 여러 해 동안

← jing niyalma takūrame, sain gisun i bithe unggici, ojorakū,
계속 사람을 파견하며 좋은 말로 글을 보냈으나 소용없었습니다.

← jing nikan be ama eme gurun seme hokorakūci,
계속 명나라를 부모의 나라라고 하여 벗어나지 않으면

← suweni solho i gurun ejelehe jakūn goloi ambasa, suwe
당신들 조선국을 장악한 팔도의 대인들 당신들이

← same ehe be deribumbi kai, tuttu ehe be deribufi, (32:5a)
알면서 악을 야기하는 것입니다. 그렇게 악을 야기하여

← gūniha de acabume jabšaci, suweni jakūn amban, unenggi
생각한 대로 성공하면 당신들 여덟 대인은 진실로

← gurun ejelehe doro jafaha amban mujangga, aikabade
국가를 장악하고, 정권을 잡은 대인이 맞습니다. 만약에

← ufaraha de, sini han mini doro be ufarabuha
실패하면 당신의 왕이 ‘나의 정권을 망하게 했다’라고 하며

← seme wakalambi, buya irgen i niyalma, gurun be jobobuha
책망할 것입니다. 일반 백성은 나라가 고통을 준다 하며

← seme jili banjimbi, tuttu oci, suweni jakūn amban be
화를 낼 것입니다. 그렇게 되면 당신들 여덟 대인을

← jafafi minde bumbi kai, suweni han jafafi burakū
잡아서 나에게 줄 것입니다. 당신들의 왕이 잡아서 주지 않는다

← sehe seme, bi ainaha seme sindarakū. (32:5b)
하더라도 나는 반드시 내버려두지 않을 것입니다."

○ ineku tere inenggi, moohai, yarana, mandulai, yungšun de
같은 날에 Moohai, Yarana, Mandulai, Yungšun에게

unggihe
보낸

⇦ bithe, boigon be kiceme ara, olji be ainambi, jai
글이다. "가호를 열심히 편성하라. 포로를 어찌 하겠느냐. 또

← suweni daliha boigon be isibure hūsun seolefi, niyalma
너희가 몰고온 가호를 보낼, 힘 있는 자를 찾고, 사람을

← tucibufi sarhū de bene, boigon i niyalma aikabade musei
뽑아서 Sarhū에 보내라. 가호의 사람이 혹시 우리가

← benere niyalma be warahū, sain olhoba niyalma be (32:6a)
보내는 사람을 죽일까 염려되니 아주 신중한 사람을

← ejen arafi unggi, genehe ambasa, suwe emu gūsai
수장으로 하여 보내라. 이미 가 있는 대신들 너희는 한 구사당

← susaita niyalma be gaifi, sio ling sy, suwayan po i šurdeme
50명씩을 받고, Sio Ling Sy, Suwayan Po의[1] 주변으로

頭註: gingguleme kimcici, ere seolefi sere gisun, uthai suwelefi sere gisun de adali dere. [신중하게 살펴보니, 이 seolefi라는 말은 곧 suwelefi(찾아서)라는 말과 같을 것이다.]

1) po는 한어의 坡를 적은 것이며, '언덕'이라는 뜻이다.

← susai uksin be, hecen arame orin uksin gene,
갑병 50명 중에, 성을 짓기 위하여 갑병 20명이 가라.

← hoton arara agūra, coohai agūra be gemu gama,
성을 짓는 장비와 병장기를 모두 가지고 가라.

← adun de juwan duin niyalma gene, hecen de
14명은 가축 떼에게 가고,

← juwan ninggun uksin te, cooha de generakū kamciha
16명은 성에 주둔하라. 군사로 가지 않고 합쳐서 사는

← nikan be gemu boo [原檔殘缺] (32:6b)
한인을 모두 집 □□□"

○ ineku tere inenggi, darhan hiya, donggo efu, [原檔殘缺]
같은 날에 "Darhan 히야, Donggo 어푸, □□□

yangguri, darhan efu, gangguri, unege, [原檔殘缺] abutu
Yangguri, Darhan 어푸, Gangguri, Unege, □□□ Abutu

baturu cergei, dobi, ecike,[2] yehe i subahai, soohai,
바투루 Cergei, Dobi 숙부, Yehe의 Subahai, Soohai,

gūwalca ecike, kakduri, turgei, suna efu, munggatu,
Gūwalca 숙부, Kakduri, Turgei, Suna 어푸, Munggatu

lenggeri, baindari, asan, asidarhan, eksingge, [原檔殘缺]
Lenggeri, Baindari, Asan, Asidarhan,[3] Eksingge, □□□

anggara, atai, esentei, baduhū, (32:7a)
Anggara, Atai, Esentei, Baduhū는,

2) dobi와 ecike 사이에 두점(讀點)이 있으나, 오류로 보인다.
3) Asidarhan은 『朝鮮實錄』에 阿叱月介로 표기된다.

← bisire holo nuhaliyan i boo be tuwa ume sindara,
집이 있는 계곡이나 우묵한 곳에 있는 집에 불을 지르지 말라.

← olji be gajime, tofohon de liyoodung ni hecen de
포로를 데리고 15일에 요동성(遼東城)에

← isinju, jugūn de jidere de, emke juwe i fakcafi
도착하라. 오는 도중에 한둘씩 떨어져서

← ume yabure, fakcame yabufi niyalma wabuha de, suwembe
다니지 말라. 떨어져 다녀서 사람이 죽임을 당하면 너희를

← amba weile arambi, ere bithe isinaha ci, alin de
크게 치죄하겠다. 이 글이 당도한 뒤부터 산에서

← niyalma ume baire.
사람을 찾지 말라."

(32:7b)

○ bak beile be sindafi unggire de, amba
Bak 버일러를 석방하여 보낼 때에

beile sunja ba i dubede ihan wafi sarin
대버일러가 5리 끝에서 소를 잡고 주연을

sarilafi fudefi unggihe.
베풀고 배웅해서 보냈다.

⇦ han i bithe, ice duin de wasimbuha, gurun i haha
초나흘에 한(汗)의 글을 내렸다. "나라의 장정의 수를

← toloho, tanggū haha de emu bejang sindaha, han i
세어서 장정 100명에 백장(百長) 한 명을 두었다. 한(汗)이

← tere hecen weilere de, juwan haha de emu haha (32:8a)
거주할 성을 지을 때에 열 명의 장정 중에서 한 명을

← tucibufi weilebumbi, emu bejang ni juwan haha
뽑아서 일을 시키겠다. 백장 한 명에게서 장정 열 명과

← ilan ihan sejen tucibufi, juwe bejang acafi emu
소 수레 셋을 내게 하여, 백장 두 명이 한 조가 되어 그중

← bejang gajime jio, emu bejang tutafi uhereme kadala,
백장 한 명이 인솔하여 오라. 백장 한 명은 남아서 총괄하라.

← hai jeo i harangga niyalma, juwan de liyoodung de
해주(海州)에 속한 사람은 10일에 요동에

← isinju, g'ai jeo i harangga niyalma, juwan de isinju,
도달해 오라. 개주(蓋州)에 속한 사람도 10일에 오라.

← fu jeo i harangga niyalma, juwan jakūn de isinju, ginjeo i
복주(復州)에 속한 사람은 28일에 오라. 금주(金州)에

← harangga ebergi niyalma, orin juwe de isinju, cargi (32:8b)
속한 이쪽 사람은 22일에 오고, 저쪽

← niyalma, orin sunja de isinju, orin haha de, emu
사람은 25일에 오라. 장정 20명에 한

← niyalma be cooha ilibufi, ere cooha iliha niyalmai
사람을 징병하여, 이 징병된 사람이

← yalure juwan yan i morin, jafara agūra be, orin
탈 열 냥짜리 말과 잡을 병기를 20명이

← niyalma acan ilibu, cooha iliha niyalmai boigon, han i
함께 내게 하라. 징병된 사람의 가호는 한(汗)의

← hecen de teme hūdun jio, nikan i hafasai eiten
성에 살기 위하여 속히 오라. 한인 관원의 온갖

← hacin i gaijara alban be gemu nakabuha, han i helmeme
종류로 거두는 공물을 모두 그만두게 했다. 한(汗)이 청하여

← ilibuha cooha, kemnefi tucibuhe alban weilere niyalma be, (32:9a)
징병한 병사나 헤아려서 뽑은 공역할 사람이

← emke be ekiyehun, emu inenggi jurcefi isinjirakū ohode,
하나가 모자라거나, 하루라도 어긋나게 되어 도착하지 않으면

← ba i ejen šeo pu de, tanggū i ejen bejang suwende
지역의 수령인 수보(守堡)와 100명의 수장인 백장 너희에게

← weile ujen ombi.
죄가 무거울 것이다."

○ ice duin de, tanggū dere dasafi, beise
초나흘에 100개의 상을 차리고 버일러들

ambasa, nikan i hafasa, hafasai sargata, geren beise i
대신들, 한인 관원들, 관원들의 아내, 여러 버일러들의

fujisa be isabufi, amba sarin sarilaha. (32:9b)
푸진들을 모아서 큰 주연을 베풀었다.

○ tere inenggi, fusi efu i jui yan geng be
그날 Fusi 어푸의 아들 Yan Geng을

iogi obuha.
유격(遊擊)으로 임명했다.

○ guwangning ci meng tungse, jakūn niyalma be gajime
광녕(廣寧)에서 Meng 통사(通事)가 여덟 명을 이끌고

頭註: ginggululeme kimcici, helmeme sere gisun, ainci helneme sere gisun dere. [신중하게 살펴보니, helmeme라는 말은 아마도 helneme(청하여)라는 말일 것이다.]

ukame jihe.
도망해 왔다.

(32:10a)

○ urut gurun i emu eigen bucehe fujin, ini
Urut국의 남편이 죽은 한 푸진이

ajige haha jui, duin tanggū ninju niyalma,
어린 아들, 사람 460명

susai jakūn ihan, duin morin gajime ukame
소 58마리, 말 네 마리를 이끌고 도망하여

ice duin de isinjiha.
초나흘에 도착했다.

○ birai dergi nikan gurun be dendefi, jušen i
강의 동쪽의 한인 백성을 나누어서, 여진의

du tang, dzung bing guwan de ilan minggan haha (32:10b)
도당(都堂), 총병관(總兵官)에게 장정 3000명을 주었고

buhe, fujiyang de emte minggan nadata tanggū
부장(副將) 한 명당 장정 1700명씩을

haha buhe, tsanjiyang, iogi de emte minggan
주었고, 참장(參將), 유격 한 명당 장정 1000명씩을

haha buhe, beiguwan de sunjata tanggū haha
주었으며 비어(備禦)에게 장정 500명씩을

buhe, nikan i dzung bing guwan de duite
주었다. 한인 총병관에게 장정 4000명씩을

minggan haha buhe, fujiyang de ilata minggan
주었고 부장에게 장정 3000명씩을

haha buhe, tsanjiyang, iogi de juwete minggan
주었고 참장과 유격에게 장정 2000명씩을

haha buhe. (32:11a)
주었다.

○ ice sunja de, nio juwang de unggihe
초닷새에 우장(牛莊)에 보낸

⇦ bithei gisun, nio juwang ni cargi birai dalin i waliyaha pu i
글이다. "우장의 저쪽 편 강기슭의 버린 보(堡)에

← hanci bisire dubei tai be waliya, tere tai
가까이 있는 끝의 대(臺)를 버리고, 그 대(臺)의

← niyalma be ebsi gajinju, ebergi leose noho
사람을 이리로 데리고 오라. 이쪽의 누각이 많이 있는

← tai de, sain juwan haha be sonjofi, beri
대(臺)에 실력 있는 장정 열 명을 뽑아서 활과

← sirdan saikan dagilafi tebu. (32:11b)
화살을 잘 준비하여 주둔케 하라."

○ ineku tere inenggi, kalka i nangnuk beile i emu
같은 날에 Kalka의 Nangnuk 버일러 예하의

tanggū dehi duin niyalma, juwe tanggū gūsin
사람 144명이 소 230마리,

ihan, gūsin morin, emu minggan emu tanggū
말 30마리, 양 1160마리,

ninju honin, ilan temen gajime ukame jihe.
낙타 세 마리를 이끌고 도망해 왔다.

⇦ han hendume, fusi de baha nikasa be, meni meni (32:12a)
한(汗)이 말하기를 "무순(撫順)에서 획득한 한인을 각각의

← beise de bu, bošoro niyalma be, meni meni
버일러들에게 주라. 감독하는 사람은 각각의

← ejen tuwame sindakini, liyoodung de baha ulgiyan ujire
수장이 살펴보아 임명하는 것이 좋겠다. 요동에서 획득한 돼지를 키울

← nikasa, siojan ai ai baitangga nikasa be, sin
한인들과, 수를 놓는 장인 등 모든 유용한 한인들을, 신

← jeku nirude ice bahara sunja tanggū haha de
저쿠 니루에서 새로 구할 장정 500명에

← dosimbume gaisu, jakūn beile i tokso boode kamciha nikan be,
포함시켜 받으라. 여덟 버일러의 장원과 집에 합친 한인은

← nirui niyalma de bu, nirui niyalma ini ton de
니루의 사람에게 주라. 니루의 사람은 자기 정원에

← dabume tolokini. (32:12b)
포함하여 셈하게 하라."

○ jecen i pu tai niyalma de unggihe
변경의 보와 대에 거주하는 사람에게 보낸

⇦ bithe, jasei tulergici sejen ihan jidere de, monggo be
글이다. "경계의 바깥에서 수레와 소가 올 때 몽골인을

← ainu dosimbumbi, elcin, hūda jihe niyalma be tule
왜 들여보내는가. 사신과 장사하러 온 사람은 밖에

頭註: gingguleme kimcici, siojan sere gisun, ainci šeolere faksi sere gisun dere. [신중하게 살펴보니, siojan이라는 말은 아마도 '수를 놓는 장인'이라는 말일 것이다.]

← ilibufi alanjifi, dosimbu sehede dosimbu, ukame jihe niyalma,
머물게 하고 알리러 와서 들이라고 하면 들이라. 도망해 온 사람,

← hehe, juse, honin, ihan gajime jihe niyalma oci,
여자, 아이들, 양과 소를 이끌고 온 사람이면

← jihe teisu ba i niyalma dosimbu, amcame jihe dain i (32:13a)
와 있는 해당 지역의 사람이 들이라. 쫓아온 적국

← niyalma amcafi gamarahū seme henduhe bihe kai, henduhe
사람이 쫓아와서 데려갈까 염려된다고 말했었는데,

← gisun be ainu jurcembi.
그 말을 어찌 어기는가."

○ ice ninggun de, kalka i nangnuk beile i juwan
초엿새에 Kalka의 Nangnuk 버일러 예하의

ninggun niyalma yafahan ukame jihe.
16명이 걸어서 도망해 왔다.

○ ineku tere inenggi, korcin i minggan mafa i jusei (32:13b)
같은 날 Korcin의 Minggan 마파의 자식들의

elcin, ninggun niyalma, juwan morin, sunja honin
사신과 여섯 사람이 말 열 마리, 양 다섯 마리와

yali, emu kukuri arjan arki gajime isinjiha.
타락주 한 동이를 가지고 왔다.

○ musei boigon i nikan ukame genere be, aita i
우리 가호의 한인이 도망쳐 가는 것을, Aita가

sindaha karun i niyalma amcafi, gūsin haha, juwan
설치한 초소를 지키는 사람이 쫓아가서 남자 30명, 여자

hehe, juwe sejen baha, dulga be bahakū,
10명과 수레 두 대를 얻고, 반은 놓쳤다.

terei amala, nikan cooha jidere be, aita (32:14a)
그 후에 명 병사가 오는 것을 Aita

fujiyang ni karun i niyalma neneme sabufi, amasi
부장의 초병이 먼저 보고 뒤에서

gidafi emu niyalma be wahabi, emu niyalma be
공격하여 한 사람을 죽였고 한 사람을

weihun jafahabi, jai jergi cooha geli gidanjifi,
사로잡았다. 또 다시 명 병사가 공격해 와서

aita fujiyang ni juwe karun i juwete niyalma
Aita 부장의 두 초소의 두 사람씩을

gaibuhabi seme, ice nadan de aita fujiyang de
잃었다 하여, 초이레에 Aita 부장에게

unggihe
보낸

⇦ bithe, sini ahūn i jui, hai jeo i tsanjiyang be sinde (32:14b)
글이다. "너의 형의 아들인 해주의 참장을 너에게

← kamcibuha, tsanjiyang, ginjeo de tebu, sini deo be
합류시켰다. 참장은 금주(金州)에 있게 하라. 너의 동생을

← beiguwan obuha, suweni ilan de goiha alban weilere
비어로 임명했다. 너희 셋에게 맡긴, 공역을 할

← niyalma, ihan sejen be hūdun bošofi, boljoho
사람과 소 수레를 빨리 재촉해서 약속한

← inenggi isibume unggi, cooha be hūdun bošome ilibu,
날에 도착하도록 보내라. 병사를 빨리 재촉하여 징병하라.

← ginjeo, fu jeo, g'ai jeo i babe, gemu kemuni si
금주(金州), 복주, 개주 지역을 모두 그대로 네가

← kadalambi kai, ukame ubašame yabure niyalma be saikan
관할할 것이다. 도망가고 배반하여 가는 사람을 잘

← tuwakiya, musei karun i gaibuha duin niyalmai juse (32:15a)
감시하라. 우리 초소에서 잃은 네 병사의 자식들과

← sargan de juwanta yan menggun bu, jai weihun
아내에게 은 열 냥씩을 주라. 또 사로잡은

← jafaha niyalma be liyoodung de benju, medege fonjiki,
사람을 요동에 보내라. 소식을 묻겠다.

← waha niyalmai etuku, beri, jebele, loho inu unggi,
죽인 적병의 옷, 활, 화살통, 환도(環刀)도 보내라.

← tuwaki, bata waha jafaha niyalma be bithe arafi
살펴보겠다. 적병을 죽이거나 잡은 병사를 글로 써서

← unggi, šangnaki.
보내라. 상을 주겠다."

⇦ han i bithe, ice ninggun de wasimbuha, nikan i hafan duin (32:15b)
한(汗)의 글을 초엿새에 내렸다. "한인 관원으로

← minggan kadalara niyalma, juwe tanggū cooha tucibu, emu
4000명을 관할하는 사람은 군사 200명을 뽑으라.

← tanggū cooha de, amba poo juwan, cang poo
군사 100명은 대포 열 문과 조총

← jakūnju dagila, jai emu tanggū cooha be sini
80자루를 갖추게 하라. 또 군사 100명은 네가

← cihai sula takūra, ilan minggan kadalara niyalma, emu
뜻대로 자유롭게 부려 쓰라. 3000명을 관할하는 자는, 병사

← tanggū susai cooha ilibu, jakūn amba poo, susai
150명을 징발하여 대포 여덟 문과 조총

← duin cang poo dagila, jai nadanju sunja niyalma be
54자루를 갖추게 하라. 그리고 병사 75명을

← sini cihai sula takūra, juwe minggan kadalara niyalma, (32:16a)
네가 뜻대로 자유롭게 부려 쓰라. 2000명을 관할하는 자는, 병사

← emu tanggū cooha ilibu, sunja amba poo, dehi cang
100명을 징발하여 대포 다섯 문과 조총 40자루를

← poo dagila, jai susai niyalma be sini cihai sula
갖추게 하라. 또 50명을 네가 뜻대로 자유롭게

← takūra, jušen i hafan juwe minggan nadan tanggū kadalara
부려 쓰라. 여진인 관원 2700명을 관할하는

← niyalma, emu tanggū gūsin sunja cooha ilibu, ninju
자는, 135명의 병사를 징발하여 67명 군사에게

← nadan niyalma de ninggun amba poo, dehi sunja cang
대포 여섯 문과 조총 45자루를

← poo jafabu, jai ninju nadan niyalma be sini
잡게 하라. 또 67명을 네가

頭註: gingguleme kimcici, cang poo sere gisun, ainci miyoocan sere gisun dere. [신중하게 살펴보니, cang poo라는 말은 아마도 miyoocan(조총)이라는 말일 것이다.]

← cihai sula takūra, emu minggan nadan tanggū kadalara (32:16b)
뜻대로 자유롭게 부려 쓰라. 1700명을 관할하는 자는

← niyalma, jakūnju sunja cooha ilibu, dehi duin niyalma de
병사 85명을 징발하여 44명에게

← duin amba poo, gūsin ninggun cang poo jafabu,
대포 네 문과 조총 36자루를 잡게 하라.

← jai dehi emu niyalma be sini cihai sula
그리고 41명을 네가 뜻대로 자유롭게

← takūra, emu minggan kadalara niyalma, susai cooha ilibu,
부려 쓰라. 1000명을 관할하는 자는 50명의 병사를 징발하여

← orin sunja niyalma de juwe amba poo, orin cang
25명에게 대포 두 문과 조총 20자루를

← poo dagila, jai orin sunja niyalma be sini cihai
갖추게 하고, 25명을 네가 뜻대로

← sula takūra, sunja tanggū kadalara niyalma, orin sunja (32:17a)
자유롭게 부려 쓰라. 500명을 관할하는 자는, 25명의

← cooha ilibu, juwan niyalma de emu amba poo,
병사를 징발하여, 열 명에게 대포 한 문과

← jakūn cang poo dagila, jai tofohon niyalma be sini
조총 여덟 자루를 갖추게 하라. 그리고 15명은 네가

← cihai sula takūra.
뜻대로 자유롭게 부려 쓰라."

⇦ han i bithe, nikasa de ice nadan de wasimbuha, coko
한인들에게 초이레에 내린 한(汗)의 글이다. "신유년(辛酉年, 1621)의

← aniya i fe an i gaijara alban i aika jaka be
관례대로 걷는 온갖 공물을

← hūdun, wacihiyame bu, alban i morin bisire niyalma, minde (32:17b)
속히 모두 내라. 공물인 말이 있는 사람은 나에게

← alban i morin bi seme wesimbu, bisire morin be,
공물인 말이 있다고 글을 올려라. 있는 말을

← ume gidara, gidaha niyalma be wambi, morin akū
숨기지 말라. 숨긴 사람은 죽인다. 말이 없는

← niyalma, ere indahūn aniya emu haha de sunjata
사람은 이 임술년(壬戌年, 1622)에 장정 한 명에 은(銀)

← jiha menggun, te sunja biyaci [原檔殘缺] acan
5전씩을, 이제 5월부터 □□□ 합쳐서

← emu morin ilibu, erei [原檔殘缺] yaya niyalma
말 한 마리를 징발하고, 이 □□□ 누구든지

← aika gaji, [原檔殘缺]
무엇이든지 가지고 오라." □□□

(32:18a)

○ anggai taiji, darhan hošooci, niyalma emu tanggū,
Anggai 타이지와 Darhan Hošooci가 사람 100명,

ihan ilan, morin sejen orin gajime ukame
소 세 마리, 말 수레 20대를 이끌고 도망해

jifi, cang yung pu de isinjihabi seme, ice
와서 장용보(長勇堡)에 도달해 왔다고

nadan de alanjiha.
초이레에 알려왔다.

○ gumbu taiji i benjihe emu sain morin de,
Gumbu 타이지가 보내온 좋은 말 한 마리에 대해서는

susai yan i cara, tojin i funggala i emu gecuheri, (32:18b)
50냥짜리 큰 잔, 공작깃 망룡단 한 필,

ilan yan i aisin i hūntahan taili, jai emu
석 냥짜리 금잔 받침을 주고, 그리고 거세마

akta, uyun geo de, ninggun uksin, ninggun
한 마리와 암말 아홉 마리에 대해서는 갑옷 여섯 벌,

saca, juwe juru galaktun, sunja suje, mocin
투구 여섯 개, 갑옷 소매 끝동 두 쌍, 비단 다섯 필, 모청포

samsu susai, ajige age de benjihe emu
50필을 주고, Ajige 아거에게 보내온 말 한 마리에 대해서는

morin de, emu sain suje, juwan samsu
좋은 비단 한 필, 삼승 열 필을

buhe, jai emu foloho jebele dashūwan, foloho
주었다. 또 조각을 새긴 화살통과 활집 한 개, 조각을 새긴

umiyesun, emu loho buhe. (32:19a)
허리띠, 환도 한 자루를 주었다.

○ ice jakūn de, gurbusi taiji de buhengge,
초여드레에 Gurbusi 타이지에게[4] 준 것이다.

sekei dahū ilan, silun i dahū juwe, tasha i
담비 털옷 세 벌, 스라소니 털옷 두 벌, 호랑이

4) Gurbusi 타이지는 Jaisanggū(Šurgaci의 다섯째 아들)의 사돈인데, 이후 1625년 한(汗)의 여덟째 딸인 Songgotu, 즉 총고륜(聰古倫)과 다시 혼인한다.

dahū juwe, elbihe i dahū juwe, dobihi i dahū
털옷 두 벌, 너구리 털옷 두 벌, 여우 털옷

emken, seke i hayaha jibca sunja, hailun i hayaha
한 벌, 담비 털로 테를 두른 가죽옷 다섯 벌, 수달 털로 테를 두른

jibca juwe, ulhu i hayaha jibca ilan, haha
가죽옷 두 벌, 청설모 털로 테를 두른 가죽옷 세 벌,

hehe i gecuheri etuku uyun, gulhun gecuheri ninggun, (32:19b)
남녀용 망룡단 옷 아홉 벌, 온전한 망룡단 여섯 필,

suje gūsin sunja, menggun sunja tanggū yan,
비단 35필, 은 500냥,

foloho enggemu hadala emke, wehe nimaha i sukū
조각을 새긴 안장과 굴레 일습, 석어(石魚) 가죽으로

buriha enggemu nadan, foloho jebele emke, uheri
겉을 댄 안장 일곱 개, 조각을 새긴 화살통 한 개, 모두

jakūn jebele de beri sirdan sisihai, niruha
여덟 화살통에 활과 화살을 꽂은 것, 그림 그린

guise,[5] horho, moro, fila, eiten hacin i tetun
궤, 장(櫥), 사발, 접시 등 온갖 종류의 그릇

yooni buhe.
일체를 주었다.

(32:20a)

○ ice jakūn de,
초여드레에

5) guise는 한어 櫃子를 적은 것이다.

← ping lu pu i duin tanggū gūsin duin haha be monggo i
"평로보(平虜堡)의 434명의 장정을 몽골의

← enggeder efu de buhe, nikan gisun sara, mujilen tondo,
Enggeder 어푸에게 주었다. 한어를 알고 마음이 곧고,

← weile ararakū olhoba niyalma be sonjofi, juwan boo
죄를 짓지 않은 신중한 사람을 뽑아서 열 채의 집에

← tebu, suweni cisui aika gaijarakū, emu aniya emu tanggū
살게 하라. 너희의 임의로 어떤 것도 받지 않는다. 한 해에

← yan menggun, emu tanggū hule jeku be alban gaifi, mini
100냥의 은, 100섬(石)의 곡식을 공물로 걷어서 내

← galai bure, efu gege geneci, laba bileri fulgiyeme (32:20b)
손으로 주겠다. 부마와 공주가 갈 때는 나팔과 날라리를 불며

← jase tucime fudekini, jici, jase tucime okdokini.
경계를 나가서 배웅하라. 올 때는 경계를 나가서 맞아들이라."

○ urut gurun ci jihe fujin be
Urut국으로부터 온 푸진을

⇦ han i jui tanggūdai age de sargan buhe, fujin de
한(汗)의 아들 Tanggūdai 아거에게 아내로 주었다. 푸진에게

buhengge, orin sunja morin, orin sunja ihan,
준 것이다. 말 25마리, 소 25마리,

seke i dahū, seke i mahala, aisin i monggolikū, suihun
담비 털옷, 담비 털모자, 금 목걸이,

juwe juru, ojin, teleri, fujin i gajiha dehi (32:21a)
귀고리 두 쌍, 부인용 조복(朝服)과 조의(朝衣), 푸진이 데리고 온 40명의

monggo be gemu buhe.
몽골인을 모두 주었다.

○ ice jakūn de, sahaliyan bayan isinjiha.
초여드레에 Sahaliyan Bayan이 도달해 왔다.

○ ineku tere inenggi, guwangning ci juwe nikan
같은 날에 광녕(廣寧)에서 두 한인이

yafahan ukame jihe.
걸어서 도망쳐 왔다.

(32:21b)

○ šajin nirui niyalmai sadulaha sargan jui be, amasi
Šajin 니루의 사람이 사돈을 맺은 딸을 도로

gajifi ini boode asaraha seme, orin yan weile
데리고 와서 그의 집에 숨겼다고 하여 20냥으로

araha bihe, ice uyun de gung faitaha.
치죄했는데, 초아흐레에 공은을 깎았다.

○ ice uyun de, kalka i nangnuk beile i ilan
초아흐레에 Kalka의 Nangnuk 버일러의 세 가호의

boigon juwan nadan niyalma, duin ihan gajime
17명이 소 네 마리를 이끌고

ukame jihe. (32:22a)
도망쳐 왔다.

○ ineku tere inenggi,
같은 날에

⇦ han i bithe wasimbuha, jakūn beise i emte tokso jaka i
한(汗)이 글을 내렸다. "여덟 버일러들의 각 장원 근처의

← niyalma, sejen faksi be, hūwakšagan de tebu, gasha
사람 중에 수레 장인은 Hūwakšagan에 살게 하고, 새를

← butara niyalma be, lioi šūn keo de tebu.
잡는 사람은 여순구(旅順口)에 살게 하라."

○ juwan de, (32:22b)
10일에

⇦ han i booi nayan, fung ji pu i harangga kongtomo tun i
한(汗)의 노복 Nayan이 봉집보(奉集堡) 소속의 Kongtomo섬의

jakūnju jakūn anggala, dehi duin haha be
인구 88명, 장정 44명을

gamame fe ala de genehe.
이끌고 Fe Ala로 갔다.

○ nadan fere i adu i tokso, seke ninju jakūn,
Nadan Fere의 Adu의 장원에서 담비 털가죽 68장,

hailun juwe, ulhu duin tanggū dehi, elbihe
수달 가죽 두 장, 청설모 가죽 440장, 너구리 가죽

jakūn, hibsu emu malu benjihe. (32:23a)
여덟 장, 벌꿀 한 동이를 보내왔다.

○ lafa i jasitan i tokso, seke ninju emu, hailun
Lafa의 Jasitan의 장원에서 담비 털가죽 61장, 수달 가죽

ilan, ulhu juwe tanggū, tana duin benjihe.
세 장, 청설모 가죽 200장, 동주(東珠) 네 개를 보내왔다.

○ nadan fere i sunja i tokso, uyunju ilan seke,
Nadan Fere의 Sunja의 장원에서 담비 털가죽 93장,

juwan ilan elbihe, ilan hailun, ilan tasha i
너구리 가죽 13장, 수달 가죽 세 장, 호랑이 가죽 세 장을

sukū benjihe. (32:23b)
보내왔다.

○ juwan emu de, kalka i bagadarhan beile i haha
11일에 Kalka의 Bagadarhan 버일러 예하의 장정

orin emu, morin tofohon, ihan jakūnju nadan,
21명이 말 15마리, 소 87마리,

honin emu tanggū nadanju nadan gajime ukame jihe.
양 177마리를 이끌고 도망쳐 왔다.

제33권

천명(天命) 7년(1622) 정월

gūsin ilaci debtelin,
abkai fulingga i
nadaci aniya aniya
biya.

tongki fuka sindaha hergen i dangse. (33:1a)
유권점 당안

○ juwan juwe de,
12일에

⇦ han, ice hecen arara bade genefi, sarin
한(汗)이 새 성을 짓는 곳에 가서 주연을

sarilafi jihe.
베풀고 왔다.

○ juwan ilan de, du tang, dzung bing guwan ci fusihūn,
13일에 도당(都堂), 총병관(總兵官) 이하

beiguwan ci wesihun, kiru, sara, tungken, laba, bileri,
비어(備禦) 이상에게 기(旗), 일산(日傘), 북, 나팔, 날라리

ficakū jafara be, jergi jergi bodome jafabuha, (33:1b)
퉁소를 갖추는 것을 품급을 고려하여 갖추게 했다.

tanggūdai age, darhan hiya, donggo efu, baduri,
Tanggūdai 아거, Darhan 히야, Donggo 어푸, Baduri,

yangguri, muhaliyan, soohai, cergei, darhan efu, daimbu,
Yangguri, Muhaliyan, Soohai, Cergei, Darhan 어푸, Daimbu,

unege, kakduri, burhanggū efu, abutu baturu, abtai
Unege, Kakduri, Burhanggū 어푸, Abutu 바투루, Abtai

nakcu, urgūdai efu, ere juwan ninggun niyalma de
외삼촌, Urgūdai 어푸 등 16명을

kiru ninggute juru, sara emte, laba, bileri,
기(旗) 여섯 쌍씩, 일산 한 개씩, 나팔, 날라리

ficakū, tungken yooni buhe, dobi ecike, joriktu
퉁소, 북 등을 갖추어주었다. Dobi 숙부, Joriktu

ecike, hošotu, turgei, kanggūri, atai, šumuru, yahican, (33:2a)
숙부, Hošotu, Turgei, Kanggūri, Atai, Šumuru, Yahican,

asan, hahana, munggatu, subahai gufu, lenggeri, gūwalca
Asan, Hahana, Munggatu, Subahai 고모부,[1] Lenggeri, Gūwalca

ecike, tobohoi ecike, yehe i subahai, gusantai efu,
숙부, Tobohoi 숙부, Yehe의 Subahai, Gusantai 어푸,

fanggina, hūsibu, ere juwan uyun niyalma de kiru
Fanggina, Hūsibu 등 19명에게 기(旗)

sunjata juru, sara emte, laba emte juru, fejergi
다섯 쌍씩, 일산 한 개씩, 나팔 한 쌍씩을, 이하의

tsanjiyang iogi de kiru duite juru, sara emte,
참장(參將), 유격(遊擊)에게는 기(旗) 네 쌍씩, 일산 한 개씩을,

1) subahai gufu에 대하여 『滿洲實錄』의 한문 부분에서는 蘇巴海額駙로 번역하고, 할주에 "Subahai는 Hada부 Wan Han(萬汗)의 손자이다. 한(汗)이 종실의 동생 Jiberi Dujuhū의 여동생을 주었으므로 어푸라고 칭한다"(7:43b)라고 설명하고 있다.

geren beiguwan de kiru ilata juru, sara emte buhe.
여러 비어에게는 기(旗) 세 쌍씩, 일산 한 개씩을 주었다.

(33:2b)

○ hahana tsanjiyang be wesibufi fujiyang obuha.
Hahana 참장을 승직시켜 부장(副將)으로 임명했다.

○ tere inenggi, monggo i bingtu mafa de unggihe
같은 날 몽골의 Bingtu[2] 마파에게 보낸

⇦ bithe, sanggarjai bumbi seme gisurehe jui be buhekū ofi,
글이다. "Sanggarjai가 주겠다고 말한 딸을 주지 않았다가

← jui bucehe, tere weile sanggarjai de tutaha kai,
그 딸이 죽었다. 그 죄가 Sanggarjai에게 남았다.

← terei gese bingtu mafa si gisurehe jui be
그처럼 Bingtu 마파 네가 말한 딸을

← burakū bifi, aikabade tere gese baita tucici hairakan, (33:3a)
주지 않고 있다가 혹시라도 그와 같은 일이 생긴다면 애석하다.

← niyaman hūncihin umesi delherakū dere, jui mutuhabi kai,
친인척이 아주 이별하는 것은 아닐 것이리라. 딸이 다 자랐다.

← mutuha jui be baibi asarafi, niyalma de ai kemun,
다 자란 딸을 공연히 숨겨서 사람에게 무슨 규범이 되겠는가.

← yaya weile be hūdun wajici sain kai, niyaman
무릇 일은 속히 끝내는 것이 좋다. 인척이

← ombi seci, tondo gisureci sain kai, sini erguwen
되겠다 하면 정직하게 말하는 것이 좋다. 너야 너의 띠의 해라지만,

2) Bingtu는 이름이 Konggor이며, 경기연 한(汗)의 장인이다.

← dosimbi dere, jui erguwen dosimbio,[1] juwe sui jalin de[2]
딸도 자기 띠의 해인가. 두 가지 죄 때문에

← bumbi seci, sini gisun be donjifi, bi niyalma takūrafi
주겠다 하면 너의 말을 듣고 내가 사람을 파견하여

← dorolome gaire, sui jalin de burakū, sui kooli bi,[3] (33:3b)
예를 갖추어 받겠다. 딸을 주지 않는 이유로 죄를 받은 선례가 있다.

← jui de jafan gaimbi seci, susai uksin bure,
딸에 대한 예물을 받겠다 하면 갑옷 50벌을 주겠다.

← jui de emu morin yalubufi gucu dahabufi unggi, ba
딸을 말 한 마리에 태워 구추를 대동하여 보내라. 장소를

← boljofi, suwe boljoho bade benju, be boljoho bade
약속하고 너희가 약속한 장소에 보내라. 우리는 약속한 장소에

← susai uksin be benere, sini jui de emgi
갑옷 50벌을 보내겠다. 너의 딸에게 함께

← bufi jio, geren beise i jasire gisun, han i
주어서 오라." 여러 버일러가 보내는 서신이다. "한(汗)의

← mujilen de acabume jui be buci, sini bahaki
마음에 합당하게 딸을 주면, 네가 얻고자

← seme gūniha jaka, inu bahambi dere, niyaman ombime (33:4a)
생각했던 물건도 얻게 될 것이다. 인척이 되면서

頭註1: gingguleme kimcici, sini erguwen dosimbi dere, jui erguwen dosimbio sere gisun, ainci sini beye sakdara dabala jui be inu sakdabumbi sere gūnin dere. [신중하게 살펴보니, sini erguwen dosimbi dere, jui erguwen dosimbio라는 말은 아마도 '너의 몸이 늙을 뿐 아니라 아이도 역시 늙게 된다'라는 뜻일 것이다.]

頭註2: gingguleme kimcici, ere juwe sui jalin de sere gisun, ainci jui be sui seme jorime gisurere gisun dere. [신중하게 살펴보니, 이 juwe sui jalin de라는 말은 아마도 jui(자식)를 sui라고 가리켜 하는 말일 것이다.]

頭註3: gingguleme kimcici, sui jalin de burakū, sui kooli bi sere gisun, ainci jui burakū jalin de sui tuwaha kooli bi sere gisun dere. [신중하게 살펴보니, sui jalin de burakū, sui kooli bi라는 말은 아마도 '아이를 주지 않는 이유로 죄를 받은 선례가 있다'라는 말일 것이다.]

← sirkedefi ainambi.
고집을 부리면 무엇 하겠는가."

○ erdeni baksi, ini nirui tabsingga i gercilehe be,
"Erdeni 박시가, 자신의 니루의 Tabsingga가 고발한 것에 대해,

yasun, unege meni juwe nofi be huwekiyebufi
Yasun과 Unege 저희 둘이 부추겨서

gercilebuhe seme, hooge ama beile de alahabi,
고발하게 했다고 Hooge 아버지 버일러에게 고했습니다.

jai geli alame, yasun, unege be
그리고 또 고하기를, Yasun과 Unege를

⇦ han ci hokoburakūci ojorakū seme henduhe sere seme, (33:4b)
한(汗)으로부터 떼어놓지 않으면 안 된다고 말했다고 합니다"라고

yasun, unege,
Yasun과 Unege가

⇦ han de alafi, erdeni baksi i boo be suwelefi, nikan
한(汗)에게 아뢰니 Erdeni 박시의 집을 수색하여 한인

hafasai benjihe tuilehe jakūn ulgiyan i yali, jai
관원들이 보내온 털을 제거한 돼지고기 여덟 마리, 그리고

coko ulhūma, handu bele, ufa, nikan i benjihe
닭고기, 꿩고기, 멥쌀, 밀가루와 한인이 보내온

ai ai jaka be gemu suwelefi, emu jergi
이런저런 것을 모두 찾아내어 한 차례

⇦ han i yamun de gajiha, jai boo be dasame suwelefi,
한(汗)의 아문(衙門)에 가지고 왔다. 또 집을 다시 수색하여

suje, gecuheri, mocin, samsu, etuku, booi aika (33:5a)
비단, 망룡단, 모청포, 옷, 집안의 갖가지

jaka be gemu gajiha manggi,
물건을 모두 가지고 오니

⇦ han hendume, han i hanciki niyalma de, ere gese ulin
한(汗)이 말하기를 "한(汗)의 측근에게 이 정도 재물이

← akū ainaha seme hendufi, ulin be erdeni baksi de
없어서 어떻게 하나"라고 말하고 재물을 Erdeni 박시에게

gemu amasi buhe.
모두 되돌려주었다.

⇦ han hendume, nikan hafasai benjihengge be gaici, saligan i
한(汗)이 말하기를 "한인 관원들이 보내온 것을 받더라도 적게

← gaicina, asuru ambula kai seme erdeni baksi be (33:5b)
받아야지, 너무 많구나"라고 하며 Erdeni 박시를

weile arafi, ninggun juru aha, nadan morin,
치죄하여 여섯 쌍의 노복, 말 일곱 마리,

ilan ihan buhe, tereci funcehe niyalma, morin,
소 세 마리를 남기고 그 외의 사람, 말,

ihan be gemu gaifi, abatai age de buhe,
소를 모두 빼앗아서 Abatai 아거에게 주었다.

fujiyang ni hergen be efulefi, bai niyalma obuha,
부장직을 박탈하여 일반 백성이 되게 했으며,

頭註: gingguleme kimcici, ere gese ulin akū ainaha sere gisun, ainci aide ere gese ulin akū sere gisun dere. [신중하게 살펴보니, ere gese ulin akū ainaha라는 말은 아마도 '어디에 이 정도 재물이 없겠나'라는 말일 것이다.]

ini kadalaha niru be munggatu de buhe, dahai
그가 관할하던 니루를 Munggatu에게 주었다. Dahai

baksi be, oforo šan be sirdan tokofi, iogi
박시를 코와 귀를 화살로 찌르고 유격

hergen be efulehe, bohori be, tabai age i emgi (33:6a)
직을 박탈했다. Bohori를 Tabai 아거와

becunume etuku be jafaha seme, neneme weile
싸우다가 옷을 잡았다 하여 일전에 치죄하여

arafi, tanggū šusiha šusihalafi, boigon be talaha,
채찍 100대를 치고 가호를 몰수하고

beyebe amba beile de aha buhe bihe,
대버일러에게 노복으로 주었었는데,

jai dasame jafafi wara weile maktaha bihe,
또 다시 옷을 잡았으므로 죽일 죄를 내렸으나

wara be nakafi, oforo šan be sirdan
죽이지 않고 코와 귀를 화살로

tokofi sindaha.
찌르고 풀어주었다.

(33:6b)

○ erdeni baksi, yasun be
Erdeni 박시가 Yasun을

⇦ han i juleri karu feteme,
한(汗) 앞에서 보복으로 들추어내기를,

⇦ weceku de gidaha duin gecuheri, emu cekemu be, si
"제기(祭器)에 숨긴 망룡단 네 필, 왜단 한 필은 네가

hūlhame udahabi kai, tere be
몰래 샀던 것이다. 그것을

⇦ han sahabio seme hendure jakade, tede
한(汗)께서 아셨습니까"라고 말하니 그 말에

⇦ han hendume, du tang, dzung bing guwan ci fusihūn, beiguwan ci
한(汗)이 말하기를 "도당, 총병관 이하 비어

← wesihun, emte gecuheri uda sehe bihe kai, si ulin (33:7a)
이상은 망룡단을 한 필씩 사라고 했었다. 네가 재물을

← jafafi suje gecuheri gaici, jai gūwa de ai isire
가지고 있으면서 비단과 망룡단을 취하면 또 남에게 무엇이 남아 있겠느냐"라고

seme hendufi, weile arafi wambihe, daci beliyen seme
하여 치죄하여 죽이기로 했다가 원래 어리석은 자라고 하여

wara be nakafi ninggun juru niyalma ninggun morin,
죽이지 않고 사람 여섯 쌍, 말 여섯 마리,

ilan ihan buhe tereci funcehe niyalma morin,
소 세 마리만 남기고 그 외의 사람, 말,

ihan be gemu gaiha, tsanjiyang ni hergen be
소를 모두 빼앗았다. 참장의 직위를

efulefi, bai niyalma obuha, yasun de gecuheri
면직하여 일반 백성이 되게 했다. Yasun에게 망룡단을

ainu uncaha seme, ahatu, tantan, balan, kasari, (33:7b)
왜 팔았느냐 하며 Ahatu, Tantan, Balan, Kasari,

tungsan, songgotu be gemu jafaha bihe, songgotu i
Tungsan, Songgotu를 모두 잡았다가 Songgotu의

gisun uru ofi sindaha, jai tantan be iogi
말이 맞으므로 놓아보냈다. 또 Tantan은 유격

hergen efulehe, kasari, balan, tungsan be juwanta
직위를 박탈했고, Kasari, Balan, Tungsan은 채찍

šusiha šusihalaha.
열 대씩을 쳤다.

○ juwan duin de, munggatu tsanjiyang be wesibufi
14일에 Munggatu 참장을 승직시켜

fujiyang obuha, maltu iogi i hergen be nakabuha. (33:8a)
부장으로 삼았다. Maltu 유격의 직위를 그만두게 했다.

○ ineku tere inenggi, mao wen lung be tabcilafi
같은 날에, 모문룡(毛文龍)을 약탈하여

gajiha tumen olji isinjiha, tere tumen olji be,
데리고 온 포로 1만 명이 도착했다. 그 포로 1만 명을,

dulin be genehe coohai niyalma de buhe, dulin be
절반은 갔던 병사에게 주었고, 절반은

du tang, dzung bing guwan ci fusihūn, šeobei ci
도당, 총병관 이하 수비(守備)

wesihun šangname buhe, jai monggo i gurbusi taiji de,
이상에게 상으로 주었다. 또 몽골의 Gurbusi 타이지에게

tanggū morin, juwe losa, emu ihan buhe. (33:8b)
말 100마리, 노새 두 마리, 소 한 마리를 주었다.

⇦ han hendume, musei gurun i niyalma, julgeci jaci oshon ohobi,
한(汗)이 말하기를, "우리나라의 사람들은 예전보다 너무 흉악해졌다.

← han i hūncihin be, yaya niyalma yohindarakū ohode,
'한(汗)의 친척을 어떤 사람이든 멸시하면

← tanta, gala isika de, sacime wa seme, mini
때리라, 손이 닿으면 베어 죽이라'고 나의

← juse de gemu bithe arafi buhebi, fe ala de
아들들에게 모두 글을 써서 주었다. Fe Ala에

← bisire de, mini uksun i sargan jui totari sargan be,
있을 때 나의 종실의 딸인 Totari의 아내를

← laha mergen i sargan ulhun jafafi fahaha seme, laha (33:9a)
Laha Mergen의 아내가 옷깃을 잡아 내동댕이쳤다 하여

← mergen i sargan be waha kai, ere gisun be geren
Mergen의 아내를 죽였다. 이 말을 여러

← gurun de <u>doigon</u> serebume hendumbi.
백성에게 미리 알려 말한다."

○ jaisai beile i sunja boo, jakūn haha, tofohon
Jaisai 버일러의 다섯 가호의 남자 여덟 명이 소

ihan gajime ukame jihe bihe, juwan duin de,
15마리를 이끌고 도망쳐 왔었는데 14일에

jolhur gebungge elcin de bederebume buhe.
Jolhur라는 사자에게 돌려주었다.

(33:9b)

○ uju jergi hošoi ambasa beise, jakūta juru
1등 호쇼 대신들과 버일러들은

頭註: gingguleme baicaci, fe manju gisun i bithede, doigon sere gisun, uthai onggolo sere gisun de adali sehebi. [신중하게 조사하니, 『舊淸語』에 doigon이라는 말은 곧 onggolo(전에)라는 말과 같다고 했다.]

kiru, emte sara, tungken, laba, bileri, ficakū
기(旗) 여덟 쌍씩, 일산 한 개씩, 북, 나팔, 날라리, 통소 등을

yooni dagila, jai jergi beise, nadata juru
모두 갖추라. 2등 버일러들은 기(旗) 일곱 쌍씩,

kiru, emte sara, tungken, laba, bileri, ficakū
일산 한 개씩, 북, 나팔, 날라리, 통소 등을

yooni dagila, jušen nikan i uju jergi ambasa,
모두 갖추라. 여진인과 한인 1등 대신들은

ninggute juru kiru, emte sara, tungken, laba,
기(旗) 여섯 쌍씩, 일산 한 개씩, 북, 나팔,

bileri, ficakū yooni dagila, jai jergi ambasa, (33:10a)
날라리, 통소를 모두 갖추라. 2등 대신들은,

sunjata juru kiru, emte sara, tungken, laba,
기(旗) 다섯 쌍씩, 일산 한 개씩, 북, 나팔,

bileri, ficakū, ilaci jergi tsanjiyang, iogi, duite
날라리, 통소를, 3등 참장과 유격은 기(旗)

juru kiru, emte sara, tungken, laba, bileri,
네 쌍씩, 일산 한 개씩, 북, 나팔, 날라리,

ficakū yooni dagila, geren beiguwan, ilata juru kiru,
통소를 모두 갖추라. 여러 비어는 기(旗) 세 쌍씩,

emte sara, jai jergi iogi hafan ci wesihun, emte
양산 한 개를, 또 유격 관원 이상은 한 개씩의

kiyoo dagila, jušen nikan i yaya hafasa,
가마를 갖추라. 여진인과 한인 모든 관원은

⇦ han i buhe ere doro be hecen tucifi yabumbihede, (33:10b)
한(汗)이 준 이 법도를 성을 나가서 다닐 때에

kiyoo de tefi jarokowan bodome, tungken, laba,
가마에 앉아서 Jarokowan 헤아려 북, 나팔,

bileri fulgiyeme yangselame yabu,
날라리를 불며 풍채 있게 다니라.

⇦ han i hecen i dolo yabumbihede, kiru i teile tukiyefi yabu,
한(汗)의 성 안을 다닐 때, 기(旗)만 들고 다니라.

sunja juru kiru i hafan, ninggun juru kiru i
다섯 쌍의 기(旗) 관원이 여섯 쌍의 기(旗)

hafan be acaha de, kiru be jailabufi, untuhun
관원을 만나면, 기(旗)를 치우고

beye amargici feksime acana, duin juru kiru i
맨몸으로 뒤에서 뛰어가서 만나라. 네 쌍의 기(旗)

hafan, sunja juru kiru i hafan be acaha de, (33:11a)
관원이 다섯 쌍의 기(旗)의 관원을 만나면

ineku kiru be jailabufi, untuhun beye amargici
마찬가지로 기(旗)를 치우고 맨몸으로 뒤에서

feksime acana, buya niyalma, kiru tukiyefi jidere be
뛰어가서 만나라. 소인은 기(旗)를 들고오는 것을

saha de, morin yaluha niyalma oci, morin ci
보았을 때는 말 탄 사람이면 말에서

ebufi ili, yafahan niyalma oci, jugūn i dalbade
내려서 서라. 걸어가는 사람이면 길가에

頭註: gingguleme baicaci, tongki fuka akū hergen i juwan juwe ujui bithe, fe manju gisun i bithede, gemu jarokowan sere gisun hergen akū, da songkoi sarkiyame araha. [신중하게 조사하니, 『無圈點十二字頭』와 『舊淸語』에 jarokowan이라는 말이나 글자가 없다. 원래대로 베껴 썼다.]

jailafi dulembu,
비켜 서서 지나 보내라.

⇦ han i buhe doro be acabume, jušen nikan i amba
한(汗)이 준 법도에 맞게 하여 여진인과 한인의 대소

ajige hafasa, dergici fusihūn, ilhi ilhi saikan (33:11b)
관원들은 위에서부터 아래로 차례차례로 잘

acabume dorolome yabu,
부합하도록 예를 갖추어 다니라.

⇦ han i hergen buhe ambasa, sara kiru tukiyefi, beyebe
한(汗)이 벼슬을 준 대신들은 일산, 기(旗)를 들고 신분을

temgetuleme yabu, buya niyalma, ambasa de dorolorakū
드러내며 다니라. 소인이 대인들에게 예를 갖추지 않으면

ohode, saha sahai tanta, beise ambasai iliha be
보는 대로 때리라. 버일러들과 대신들이 서 있는 것을

sabuci, duka be duleci, morin yaluha niyalma
보고 대문을 통과하려면 말을 탄 사람은

oci, ebufi dulenu, ebšere baita oci, tufun
내려서 지나가라. 바쁜 일이면 등자에서

sufi katarame dulenu. (33:12a)
발을 빼고 속보로 지나가라.

○ tere inenggi, beri faksi juwe tanggū orin
같은 날 활 장인 두 명이 활 120개를

beri arafi benjihe, tere benjihe beri be, geren
만들어서 보내왔다. 그 보내온 활을 여러

bayara de salame buhe.
바야라에게 나누어주었다.

○ tofohon de, nitaha beiguwan be wesibufi iogi obuha,
15일에 Nitaha 비어를 승직시켜 유격으로 삼았다.

nacin be wesibufi iogi obuha, yan šusai be (33:12b)
Nacin을 승직시켜 유격으로 삼았다. Yan 생원을

wesibufi beiguwan obuha, syšiba de beiguwan i hergen buhe.
승직시켜 비어로 삼았다. Syšiba에게 비어 직위를 주었다.

⇦ han tofohon de dusy yamun de tucifi, geren
한(汗)이 15일에 도사(都司) 아문에 나가서 여러

beise ambasa be isabufi,
버일러들과 대인들을 모아서

⇦ hendume, julgeci ebsi, han beise i doro, eture jeterengge
말하기를, "예로부터 한(汗)과 버일러들의 정권이 입고 먹는 것이

← wajifi efujehe kooli akū, banjime dabafi efujembi kai,
다해서 망한 선례가 없다. 분수를 넘어 살아서 망하는 것이다.

← han niyalmai jobolon, tulergici jiderakū, beye ci tucimbi, (33:13a)
한(汗)인 사람의 우환은 밖에서 오지 않고 본인에게서 나온다.

← tuttu ofi, han tondo mujilen i beyebe tuwakiyame banjimbi kai,
그리하여 한(汗)이 곧은 마음으로 스스로를 살피며 사는 것이다.

⇦ abka sindaci han, han i sirame wang, wang ni fejile
하늘이 내리니 한(汗)이고, 한(汗) 다음으로는 왕이며, 왕 아래의

← du tang, dzung bing guwan, terei ilhi fujiyang, tsanjiyang,
도당, 총병관, 그다음의 부장, 참장,

← iogi, beiguwan, ciyandzung, šeobei, terei fejergi mucen hacuhan
유격, 비어, 천총(千總), 수비, 그 아래의 음식을

← jafaha niyalma de isitala, gemu
조리하는 사람에 이르기까지 모두

⇦ abkai salgabuha meni meni teisu weile kai, han i afabuha
하늘이 부여한 각자의 본분이다. 한(汗)이 맡긴

← teisu weile be, tondo gūnime kiceme akūmburakū, tulergi (33:13b)
본분을 바르게 생각하며 부지런히 힘을 다하지 않고, 밖에서

← weri ulin be gaime, weri jeku be jeme banjire
남의 재물을 취하고, 남의 곡식을 먹으며 사는

← niyalma, weri ulin de urhufi, weile be tondoi
사람이 남의 재물에 이끌려 일을 바르게

← beiderakū oci, han be
판결하지 않으면 한(汗)으로 하여금

⇦ abka de waka sabukini seme belerengge kai, tenteke niyalma,
하늘에 죄짓게 하고자 무고하는 것이다. 그러한 사람은

← han be gejurere ehe hūlha, han be efulere ehe
한(汗)을 갈취하는 나쁜 도적이며 한(汗)을 망치는

← hutu kai, han de buda ulebure niyalma akū seme,
악귀이다. 한(汗)에게 밥 지어줄 사람이 없다고

← han i galai buda arafi jembio, takūrara niyalma akū (33:14a)
한(汗)의 손으로 밥을 만들어 먹겠느냐. 부릴 사람이 없다고

← seme, han i beye aššambio, han, geren irgen be
한(汗)이 몸소 움직이겠느냐. 한(汗)이 여러 백성을

← gemu tondo sain banjikini seme, yaya bade ulme
모두 바르게 잘살게 하고자 어디서든 바늘을

← bahaci bilame, tonggo bahaci faitame, neigen ujime banjimbi kai,
얻으면 꺾으며, 실을 얻으면 끊으며, 평등하게 보살피며 살아간다.

← uttu neigen ujire be elerakū, geli doosidame šajin be
이렇게 평등하게 보살피는 것에 만족하지 않고, 또 탐욕을 부려서 법을

← dabame weile arame banjici,
넘어 죄를 지으며 살면,

⇦ abkai sindaha tondo mujilengge han, suweni ehe niyalma de
하늘이 임명한 바른 마음을 가진 한(汗)이 너희 나쁜 사람에게

← dere banimbio, šajin i gamambi kai, daci musei gurun (33:14b)
체면을 봐주겠느냐. 법으로 처리할 것이다. 본디 우리나라는

← dain dailaci, baha olji be, han ci fusihūn,
전쟁을 치르면 획득한 노획물을 한(汗) 이하

← mucen jafaha niyalma ci wesihun, gemu teisu teisu
음식을 조리하는 사람 이상이 모두 각각

← neigen dendeme gaimbihe kai, šajin be dabame ulin
공평하게 나누어 가졌다. 법을 넘어 재물과

← olji be fulu gaiha niyalma be, ekisaka sindarakū,
노획물을 넘치게 가진 사람을 가만히 두지 않고

← wara be waha, weile gaijara be gaiha kai, amban
죽일 사람은 죽였고, 죗값을 징수할 것을 징수했다. 대신이라고

← niyalma seme, juleri afaha seme emhun gaimbiheo, ere
하여, 앞장서서 싸웠다고 하여 혼자서 가졌었느냐. 이

← liyoodung ni hecen de jifi, šajin be efuleme fulu (33:15a)
요동성(遼東城)에 와서 법을 어기며 어찌하여 넘치게

← ainu gaimbi seme hendufi, geli
갖느냐"라고 말했다. 또

⇦ hendume, sain niyalma be wesiburakū šangnarakū oci, sain aide
말하기를 "좋은 사람을 승직시키지 않고 포상하지 않으면 좋은 사람이 어떻게

← yendembi, ehe be warakū, ehe be wasiburakū oci, ehe
흥성하겠는가. 나쁜 사람을 죽이지 않고 나쁜 사람을 강직시키지 않으면 나쁜 사람이

← aide isembi, geren beise ambasa suwe tucifi hebde, iogi
무엇을 두려워하겠는가. 여러 버일러들과 대신들 너희가 나와서 상의하라. 유격직의

← hergen i niyalma ci wesihun, du tang, dzung bing guwan ci
사람 이상, 도당과 총병관

← fusihūn, geren gemu sain sere niyalma sain kai, geren
아래로 여럿이 모두 좋다는 사람은 좋다. 여럿이

← gemu ehe sere niyalma tere ehe kai, tere be (33:15b)
모두 나쁘다는 사람, 그는 나쁘다. 그것을

← suwe duilefi bithe arafi wesimbu sehe manggi,
너희가 심리(審理)하여 글을 써서 올리라"고 하니

geren beise ambasa duileme hebdefi amasi bithe
여러 버일러들 대인들이 심리하고 상의하여 후에 글을

wesimbume, geren beise ambasa ci fusihūn, fejergi
올려, "여러 버일러들, 대신들 이하, 하급의

buya niyalma ci wesihun, gemu baduri be gisun
소인 이상 모두가 Baduri를 말이

tondo, ai ai fafulara kadalara bade, enggici juleri
바르고, 모든 법 집행하고 관리하는 곳에서 앞이든 뒤든

seme emu kemun i kadalambi, ehe sain be dere
하나의 기준으로 관리하며, 나쁘고 좋음을 체면을

banirakū, doro de kicebe, yangguri be dain de baturu, (33:16a)
고려하지 않으며, 정치에 힘쓴다. Yangguri를 전투에서는 용감하며

weile bahakū, gašan de banjire de, bahanarai teile
죄를 얻지 않고 마을에서 지낼 때에도 최선을 다하여

mujilen tondo, afabuha weile be mutebumbi seme, ere juwe
마음이 바르며 맡긴 일을 능히 해낸다고 이 두

niyalma be, geren gemu sain sembi seme bithe
사람을 여럿이 모두 좋다고 합니다"라고 글을

wesimbure jakade,
올리니,

⇦ han hendume, ere juwe amban i sain be, bi inu donjiha
한(汗)이 말하기를 "이 두 대신이 좋다는 것을 나 역시 들었다.

← bihe, suwe geren gemu sain seci inu sain kai
너희 여럿이 모두 좋다 하니 또한 좋구나"라고

seme hendufi, seke i dahū, seke i jibca, sain (33:16b)
말하고, 담비 털옷, 담비 가죽옷, 좋은

mahala, gūlha, umiyesun etubufi, emte sara, juwete
모자, 신발, 허리띠를 입히고, 일산 한 개씩, 기(旗) 두 개씩,

kiru, tefi yabure emte kiyoo, tungken, laba,
타고 다니는 가마 한 대씩, 북, 나팔

bileri, ficakū šangname buhe, buhe manggi,
날라리, 퉁소를 상으로 주었다. 준 후에

⇦ han de ilanggeri hengkilefi,
한(汗)에게 세 차례 절하고

⇦ han boode dosika manggi, kiyoo de tefi genehe.
한(汗)이 집에 들어간 후 가마를 타고 갔다.

○ juwan ninggun de, unege baksi, fujiyang ni (33:17a)
16일에 Unege 박시의 부장

hergen be wasibufi tsanjiyang obuha, yahican i fujiyang ni
직위를 강직하여 참장이 되게 했다. Yahican의 부장

hergen be wasibufi tsanjiyang obuha, kibadarhan i beiguwan i
직위를 강직하여 참장이 되게 했다. Kibadarhan을 비어

hergen be nakabuha.
직위를 그만두게 했다.

○ guwangning ci emu niyalma morin yalufi ukame jihe.
광녕(廣寧)으로부터 한 사람이 말을 타고 도망해 왔다.

ineku tere inenggi, bayot gurun i sereng beile i
같은 날에 Bayot국의 Sereng 버일러 예하의

tofohon haha, juwan hehe, juwe ihan gajime (33:17b)
남자 15명, 여자 10명이 소 두 마리를 이끌고

ukame jihe.
도망해 왔다.

○ juwan jakūn de, guwangning de cooha genere de,
18일에 광녕에 출병할 때

emu nirui susaita uksin be, dobi ecike,
한 니루당 갑병 50명씩을 Dobi 숙부,

boihoci ecike, šajin, subahai gufu de afabufi,
Boihoci 숙부, Šajin, Subahai 고모부에게 맡겨서

liyoodung ni hecen be tuwakiyame werihe, jai emu
요동성을 지키라고 남겼다. 또 한

nirui tanggūta uksin be gaifi, (33:18a)
니루당 갑병 100명씩을 이끌고

⇦ han, meihe erinde jurafi, an šan de deduhe,
한(汗)이 사시(巳時)에 떠나서 안산에서 숙영했다.

an šan ci juwan uyun de gūlmahūn erinde
안산에서 19일 묘시(卯時)에

jurafi, nio juwang de deduhe, nio juwang ci orin de
떠나서 우장에서 숙영했다. 우장에서 20일

tasha erinde jurafi, muduri erinde liyoha bira be
인시(寅時)에 떠나서 진시(辰時)에 요하(遼河)강을

doore de, dogon be tuwakiyara cooha, bira doore
건널 때 나루터를 지키는 적병이 강을 건너는

cooha be sabufi burulaha, tere burulaha cooha be
병사를 보고 달아났다. 그 달아나는 병사를

bošome gamahai, ša ling hecen de dosimbuha, tereci (33:18b)
쫓아가서 몰아가면서 사령성(沙嶺城)에 들어가게 했다. 그리고

⇦ han, ša ling de bonio erinde isinafi šurdeme kafi deduhe,
한(汗)이 사령에 신시(申時)에 도착하여 에워싸고 숙영했다.

orin emu de, hecen i dorgi nikan be daha
21일에 성 안의 한인을 항복하라고

seme takūraci, daharakū ofi, muduri erinde wan
사람을 보내어도 항복하지 않으므로 진시에 사다리와

kalka faidafi afafi, morin erinde baha, hecen
방패를 배치하고 공격하여 오시(午時)에 획득했다. 성을

gaime wajifi, cooha bargiyara onggolo, guwangning ni cooha
획득하기를 마치고 병사를 수습하기 전에 광녕의 적병이

sabumbi seme, karun i niyalma alanjiha manggi, cooha
보인다고 초병이 알려오자 군사가

teni faidaki serede, nikan i ilan dzung bing guwan i (33:19a)
막 정렬하려고 할 때에 명의 총병관 세 명의

ilan tumen cooha uthai afanjiha, tereci teisu
3만 군사가 곧 공격해 왔다. 그리하여 각각

teisu dosifi gidame gamahai, coohai ejen io
들어가서 제압하며 몰아가면서 군사의 수장 Io

dzung bing guwan, ci dzung bing guwan, juwe dzung bing guwan be
총병관, Ci 총병관, 두 총병관을

bahafi waha, coohai niyalma be bošome susai bade
잡아서 죽였다. 병사를 쫓아가서 50리에

isitala wafi, šun tuheke manggi, amasi bederefi
이르도록 죽이고 해가 진 후 되돌아와서

ša ling de deduhe, orin juwe de, cooha gidaha
사령에서 숙영했다. 22일에 적병을 무찌른

doroi jakūn gūsai jakūn ihan wame tu wecehe, (33:19b)
예로 8구사의 소 여덟 마리를 잡아 둑(纛)에 제사를 지냈다.

tere tu wecere bade, fu giya juwang ni beiguwan i
그 둑(纛) 제사지내는 곳에서 부가장(傅家莊)의 비어 예하의

jung giyūn dahame jihe manggi, tede emu doron,
중군(中軍)이 항복하러 오자 그에게 관인 한 개와

emu yan menggun šangname bufi unggihe, jai dung šan ci
은 한 냥을 상으로 주어 보냈다. 또 동산(東山)에서

guwangning ni duin iogi, nadan niyalma be takūrafi,
광녕의 유격 네 명이 일곱 명을 보내어서

⇦ han de dahaki seme jihe manggi, emu doron nadan yan
한(汗)에게 항복하겠다고 오자, 관인 하나와

menggun šangname bufi unggihe, tere inenggi olji
은 일곱 냥을 상으로 주어 보냈다. 그날 노획물

dendeme wajiha. (33:20a)
나누기를 마쳤다.

○ orin de, lii dzung ciyan be ciyandzung obuha,
20일에 Lii Dzung Ciyan을 천총으로 임명했다.

lii dzung ciyan bithe wesimbume, ša ling be gaime
Lii Dzung Ciyan이 올린 글이다. "사령을 취하러

genere de, liyoha i dalin i si ning pu i šeo pu
갈 때에 요하 강안의 서녕보(西寧堡)의 수보(守堡)인

lii dzung ciyan bi hoton i duka be feksifi,[1] mini
Lii Dzung Ciyan 제가 성문으로 달려나가 저

beyei teile hengkileme okdoko,
혼자서 절하면서 맞이했습니다.

⇦ han, sirdan[2] emken, bithe bufi hendume, sini tehe hoton de (33:20b)
한(汗)께서 화살 한 개와 글을 주고 말씀하시기를 '네가 사는 성에

← bederefi, irgen be bargiyafi bisu seme henduhe, lii
돌아가서 백성을 수습하고 있으라'고 말씀하셨습니다.

šeo pu bederefi, tulergi niyalma be gemu bargiyafi
저 Lii 수보는 되돌아와서, 바깥사람을 모두 수습하여

頭註1: gingguleme kimcici, duka be feksifi sere gisun, ainci duka deri feksime tucifi sere gisun dere. [신중하게 살펴보니, duka be feksifi라는 말은 아마도 '문으로 달려나가서'라는 말일 것이다.]

頭註2: gingguleme kimcici, ere sirdan sere gisun, ainci temgetu niru sere gisun dere. [신중하게 살펴보니, 이 sirdan이라는 말은 아마도 '표식 화살'이라는 말일 것이다.]

tehe, jai liyoha i bira be kiyoo cara de,
살았습니다. 또 요하강에 다리를 놓을 때

aita i emgi kiyoo caha, weihu cara de inu
Aita와 함께 놓았습니다. 배다리 놓을 때도

caha, guwangning ni okdoko hafasa be gemu tukiyefi
놓았습니다. 광녕의 맞이한 관원들은 모두 등용하여

hergen buhe, jang u lii be, kiyoo caha seme
벼슬을 주었습니다. Jang U Lii는 다리를 놓았다고

gung arafi beiguwan i hergen buhe bihe, weile bahafi (33:21a)
공을 인정하여 비어직을 주었습니다. 죄를 짓고

wara weile de obufi wambihe, kiyoo caha gung de
죽을 죄가 되어 죽여야 했는데도 다리를 놓은 공으로

ujihe, lii šeo pu liyoha i dogon tuwakiyame juwe
살렸습니다. 저 Lii 수보는 요하의 나루를 지키며 두

aniya tehe, duleke aniya ninggun biyade, emu
해를 살았습니다. 지난해 6월에 한

gašan i niyalma ubašame genere be donjifi, lii
촌락 사람이 배반해 가는 것을 듣고 저 Lii

šeo pu be dobori jugūn jorime gamame amcaha,
수보는 밤길을 가리키며 데리고 쫓아갔습니다.

ere be duicin, wang beiguwan sambi, te minde
이것을 Duicin과 Wang 비어가 알고 있습니다. 지금 저에게는

umai hergen akū. (33:21b)
아무런 벼슬이 없습니다."

○ orin ilan de, sihan i jui, g'o jao gi gebungge
23일에 Sihan의 아들 곽조기(郭肇基)라는

emu šusai, guwangning hecen i duka be jafafi,
한 생원이 광녕성 문을 장악하고서

⇦ han be okdome jihe manggi, enggemu hadala tohohoi
한(汗)을 영접하러 오자 안장과 굴레를 채운 채로

⇦ han i yaluha morin bufi, emu kiru jafabufi unggihe.
한(汗)이 타던 말을 주고 기(旗) 한 개를 들려서 보냈다.

○ tere inenggi, lang iogi i ahūn deo i niyalma (33:22a)
그날에 Lang 유격 형제

juwe nofi dahame jihe, jeng an pu de tehe
둘이서 항복해 왔다. 정안보(正安堡)에 사는

ciyandzung dahame jihe manggi, juwe doron
천총이 항복해 오자 관인 두 개를

bufi unggihe.
주어 보냈다.

○ orin duin de, be tu cang ni lio tsanjiyang dahame
24일에 백토창(白土廠)의 유(劉) 참장이 항복하여

jihe manggi, emu kiru bufi unggihe, jai ši ho i
오자 기(旗) 하나를 주어 보냈다. 또 석하(石河)의

šeo pu ini gašan be monggo sucumbi seme (33:22b)
수보가 자신의 촌락을 몽골이 습격한다며

alanjifi, emu doron bufi unggihe.
알려오자 관인 한 개를 주어 보냈다.

○ guwangning hecen i geren hafasa, šusai, bai niyalma
광녕성의 여러 관원들, 생원, 일반 백성들

gemu sara, tu, kiyoo tukiyefi, tungken, laba,
모두가 일산(日傘), 둑(纛), 가마를 들고 북, 나팔,

bileri, ficakū ficame, emu ba i dubede okdofi
날라리, 퉁소를 불며 1리 끝에서 영접하며

niyakūrame acaha, tereci
꿇고서 알현했다. 그리고

⇦ han, guwangning ni šun dekdere ergi ala de ebufi, (33:23a)
한(汗)이 광녕의 동쪽 편 언덕에서 말에서 내려서

jakūn gūsai ambasa be hecen de dosimbufi,
8구사의 대인들을 성에 들어가게 하고

boo dendeme wajiha manggi,
가호를 다 나눈 후에

⇦ han, hecen de bonio erinde dosifi, du tang ni yamun de
한(汗)이 성에 신시(申時)에 들어가서 도당 아문에서

ebuhe.
머물렀다.

○ da he šan, siyoo he šan sere ilan pu be
대흑산(大黑山), 소흑산(小黑山) 등 세 보를

kadalara šeo pu acanjime jihe manggi, juwe kiru (33:23b)
관할하는 수보가 알현해 오자 두 개의 기(旗)를

bufi unggihe.
주어서 보냈다.

○ i jeo hecen i niyalma,
의주성(義州城) 사람이

⇦ han de babe kadalara hafan baihanjiha manggi, sun
한(汗)에게 지역을 관할하는 관원을 청하러 오자 Sun

iogi be unggihe.
유격을 보냈다.

○ jeng an pu i niyalma, (33:24a)
정안보 사람이

⇦ han de babe kadalara hafan baihanjire jakade, jin
한(汗)에게 지역을 관할하는 관원을 청하러 오니 Jin

iogi be wesibufi tsanjiyang ni hergen bufi unggihe.
유격을 승직시켜 참장의 벼슬을 주어 보냈다.

○ be tu cang ni lio tsanjiyang, ini šurdeme gašan be
백토창의 Lio 참장이 자신의 주변 촌락을

yooni bargiyafi, beye neneme
모두 거두어들여서 스스로 먼저

⇦ han de acanjiha manggi, tsanjiyang ni hergen be wesibufi
한(汗)을 만나러 오니, 참장의 벼슬을 승직시켜

fujiyang ni hergen bufi, be tu cang ni bade unggihe. (33:24b)
부장 벼슬을 주어 백토창 지역에 보냈다.

○ iogi ši tiyan ju be wesibufi fujiyang obuha.
유격 석천주(石天柱)를 승직시켜 부장으로 삼았다.

○ orin sunja de, io tun wei niyalma,
25일에 우둔위(右屯衛) 사람이

⇦ han de acanjifi alame, iogi, šeobei gemu genehe, jang
한(汗)에게 알현하러 와서 고하기를 "유격, 수비 모두가 갔지만,

yen, bu dao bi, isabuha orho bele uthai bi
장인(掌印)과 포도(捕盜)가 있으며, 모은 목초와 쌀은 그대로 있습니다"라고

seme alanjiha manggi, bithe bufi unggihe, jang yen (33:25a)
하며 알리러 오자 글을 주어 보냈다. 장인관(掌印官)을

guwan be beiguwan obuha, bu dao guwan be jang
비어로 임명했다. 포도관(捕盜官)을 장인(掌印)으로

yen obuha, alanjime jihe niyalma be bu dao
임명했다. 알리러 온 사람을 포도관(捕盜官)으로

guwan obuha.
삼았다.

제34권

천명(天命) 7년(1622) 정월부터 2월까지

gūsin duici debtelin,
abkai fulingga i nadaci
aniya aniya biyaci juwe
biyade isinahabi.

tongki fuka sindaha hergen i dangse. (34:1a)
유권점 당안

○ orin ninggun de, nikasa de wasimbuha
26일에 한인들에게 내린

⇦ gisun, meni gurun i banjire doro šajin, weile i waka
말이다. "우리나라의 살아가는 도리와 법도는 죄의 그르고

← uru be tondoi beidembi, fejergi niyalma de ulin
옳음을 곧게 판결한다. 아랫사람에게 재물을

← gaijarakū, mujilen tondo sain niyalma be tuwafi
받지 않고, 마음이 곧고 좋은 사람을 보고

← wesibumbi, ehe miosihon weile be haršame beidere,
등용한다. 나쁘고 사악한 죄를 덮으며 판결하거나

← ulin de dosi niyalma be wasibumbi, ai ai
재물을 탐하는 사람을 강직시킨다. 무슨

← weile ohode, neneme šeo pu, beiguwan de duilembi, šeo pu, (34:1b)
죄가 되든 먼저 수보(守堡), 비어(備禦)가 심리한다. 수보,

← beiguwan gaifi, tsanjiyang, iogi de duilembi, tsanjiyang,
비어의 견해를 받아서 참장(參將), 유격(遊擊)이 심리한다. 참장,

← iogi gaifi, du tang, dzung bing guwan de duilembi, du tang,
유격의 견해를 받아서 도당(都堂), 총병관(總兵官)이 심리한다. 도당,

← dzung bing guwan duilefi, jakūn wang de alambi, ajige
총병관이 심리하여 여덟 왕에게 알린다. 작은

← weile oci, jakūn wang geren beideme wacihiyambi, amba
죄는 여덟 왕이 여럿이 판결하여 완결한다. 큰

← weile oci, han de wesimbumbi, yaya weile be
죄는 한(汗)에게 올린다. 모든 죄를

← jakūn wang ci fusihūn, šeo pu ci wesihun, emhun
여덟 왕 이하 수보 이상은 혼자

← beiderakū, geren gemu emu yamun de tefi beidembi, (34:2a)
판결하지 않고 여럿이 모두 한 아문(衙門)에 앉아서 판결한다.

← meni meni yamun de tefi emhun beideci, ulin
각각 아문에 앉아서 혼자 판결하면, 재물을

← gaime weile be haršame facuhūn beideci,
취하며 죄를 편파적이고 혼란스럽게 판결하면

⇦ abka de waka saburahū seme geren i beideme banjirengge ere inu.
하늘에 그릇됨을 보일까 우려하여 여럿이 판결하며 지내는 것이 바로 이것이다."

○ gusantai efu, tsanjiyang ni hergen be wesibufi fujiyang obuha.
Gusantai 어푸의 참장 직위를 승직시켜 부장(副將)으로 삼았다.

○ ku de bihe duin minggan gecuheri suje be, (34:2b)
창고에 있던 망룡단 4000필을

⇦ han i tehe yamun de gajifi, jakūn ubu sindame
한(汗)이 사는 아문에 가지고 와서 여덟 몫으로

dendefi buhe.
나누어주었다.

○ unege be wesibufi fujiyang obuha.
Unege를 승직시켜 부장으로 삼았다.

⇦ han i toktobuha šajin be jurceme, ilaci nirui moohai
한(汗)이 정한 법도를 위반하여, Ilaci 니루의 Moohai

faksi, boigon i nikan i hehe be durime deduhe (34:3a)
장인(匠人)이 자신의 가호의 한인 여자를 빼앗아 잤다고

seme, jakūn gūsai jakūn ubu sindame faitame
8구사의 여덟 몫으로 베어

wafi, yali be jakūn duka de lakiyaha.
죽이고 살을 여덟 대문에 걸었다.

○ io tun wei de bisire bele i ton, lomi bele
우둔위(右屯衛)에 있는 쌀의 수량은, 묵은쌀

dehi juwe tumen emu minggan emu tanggū
42만 1130섬

gūsin hule sunja to juwe sin, je bele
5말 2되, 좁쌀

emu tumen sunja minggan orin hule nadan to (34:3b)
1만 5020섬 7말

emu sin, sahaliyan turi sunja tumen duin minggan
1되, 검은 콩 5만 4320섬

ilan tanggū orin hule emu to emu sin,
1말 1되,

šušu emu tumen ilan minggan juwe tanggū juwan
수수 1만 3210섬

hule sunja to ilan sin, uheri susai tumen
5말 3되 등 모두 50만

ilan minggan ninggun tanggū jakūnju emu hule nadan
3681섬 7말

to nadan sin.
7되이다.[1]

(34:4a)

○ orin ninggun de, kalka i sunja tatan i beise de
26일에 Kalka 5부의 버일러들에게

unggihe
보낸

⇦ bithei gisun, musei juwe gurun
글이다. "우리 두 나라가

⇦ abka na de gashūha gisun be suwe efulehe, te
하늘과 땅에 맹세한 말을 너희가 깨뜨렸다. 이제

← bicibe, waka niyalma waka ombidere, uru niyalma be
그른 사람은 그르게 되는 것이다. 옳은 사람을

← waka obume gisurehe seme, tere gisun de dosirengge
그릇되게 말했더라도 그 말에 빠지는 이는

1) 모두 합해서 50만 3681섬 7말 7되라 했으나, 실제 숫자의 합은 50만 3681섬 8말 7되이므로 계산이 맞지 않다.

← ajige juseo, niyalma ishunde gungneci, niyalma temšere be (34:4b)
어린아이 아닌가. 사람이 서로 존중하면 사람이 다투는 것을

← nakambi sere, sain doro be jafaki seci, ishunde
그만둔다 한다. 좋은 도리를 지키자 하고, 서로

← kunduleci doro mutembi dere, ehe be deribufi doro
공경하면 도리를 이룰 수 있는 것이다. 악을 일으키면 도리를

← mutembio, suweni ehe gisun i karu ehe gisun henduki
이룰 수 있겠는가. 너희의 나쁜 말에 상응하여 나쁜 말을 하려고

← sehe bihe, onco mujilengge han, ehe be alhūdame
했었지만 넓은 마음을 가진 한(汗)이 악을 모방하여

← ehe be deribumbio seme, ere bithe be unggihe,
악을 야기하겠는가 하여 이 글을 보낸다.

← sunja tatan i beise, suweni waka be wakalame dasame
5부의 버일러들이여, 너희의 그름을 자책하고 고쳐

← doro jafaki seci, ui jaisang, bayangga i juwe nofi be (34:5a)
도리를 지키고자 한다면 Ui Jaisang과 Bayangga 두 사람을

← unggi, šanaha ci ebsi gemu uju fusifi mini
보내라. 산해관(山海關)에서부터 여기까지 모두 머리를 깎고 나의

← gurun ohobi, suwe sambime latunjici, suweni ciha dere,
백성이 되었다. 너희가 알면서도 침범해온다면 너희의 마음일 것이다.

← ehe doro de sain akū, sain doro de ehe
악한 도리에 선이 없으며 선한 도리에 악이

← akū kai.
없는 것이다."

⇦ han i bithe, jeng u pu i coohai niyalma de wasimbuha,
한(汗)의 글을 진무보(鎭武堡)의 군사에게 내렸다.

← meni amba cooha wasihūn dailame genembi, suwe amba (34:5b)
"우리의 대군이 서쪽으로 전쟁을 하러 간다. 너희

← gurun, ai be sarkū, dahaha niyalma banjimbi, daharakū
대국이 무엇을 모르겠는가. 항복한 사람은 살 것이고 항복하지 않은 사람은

← niyalma bucembi kai, ša ling ni niyalma dahahakū ofi,
죽을 것이다. 사령(沙嶺) 사람들이 항복하지 않아서

← hecen be efulefi gemu waha, wargi ci dame
성을 허물고 모두 죽였고, 서쪽에서부터 도우러

← jihe cooha be gemu waha, suwe aide ertuhebi,
온 병사를 모두 죽였다. 너희는 무엇에 의존하고 있는가.

← burulaha seme šanaha i dolo, suwende we usin boo
패주하더라도 산해관 안에서 너희에게 누가 밭과 집을

← bumbi, juse sargan ci fakcafi joboro anggala, uju
주겠는가. 자식과 아내로부터 떨어져서 고통을 당하기보다 머리를

← fusifi hūdun dahaci sain kai. (34:6a)
깎고 빨리 항복하는 것이 좋다."

○ du tang ni bithe, tulergi hecen de wasimbuha,
도당의 글을 바깥의 성에 내렸다.

yaya ba i niyalma, uju fusifi hūdun dahacina,
"모든 지역의 사람들아, 머리를 깎고 빨리 항복하라.

dahaha niyalma, meni meni hecen i niyalma uju
항복한 사람은 각자 성의 사람이 머리를

fusifi dahame wajiha seme
깎고 완전히 항복했다고 하며

⇦ han de hengkileme acanju, uju fusimbihede, sakdasai uju
한(汗)에게 절하며 알현하러 오라. 머리를 깎는 데 있어서 노인들의 머리는

fusirakū okini, tereci asihasa gemu uju fusikini, (34:6b)
깎지 않아도 된다. 그러나 젊은이들은 모두 머리를 깎으라.

takūraha niyalma de yali buda ulebu, nure
파견한 사람들에게 고기와 밥은 먹이되 황주는

ume omibure, du tang ni takūraha niyalma seme
먹이지 말라. 도당이 파견한 사람이라고

šerime ulin gaji sehede, ume bure.
위협하며 재물을 갖고 오라 하면 주지 말라."

◯ du tang ni bithe, hecen i geren irgen de
도당의 글을 성의 여러 백성에게

wasimbuha, suwe ejen akū ulin, niyalma, ulha be,
내렸다. "너희는 주인이 없는 재물, 사람, 가축 등과

jai puseli, ku de bihe aisin menggun, alha (34:7a)
또 가게와 창고에 있던 금, 은, 색색의

gecuheri, suje boso samsu ai ai jaka be
망룡단, 비단, 베, 삼승 등 온갖 물건을

ambula baha kai, suwe tere be tucibufi,
많이 획득했다. 너희는 그것을 내어서

suwe dulin gaisu, meni suilaha coohai niyalma de
너희가 반을 가지고, 우리의 고생한 병사에게

geli dulin bucina.
또 반을 주도록 하라."

○ orin nadan de, nikasa de wasimbuha gisun,
27일에 한인들에게 내린 말이다.

birai dergi liyoodung ni ba i niyalma bira (34:7b)
"강의 동쪽 요동(遼東) 지역의 사람이면서 강을

doome jihengge, suwe meni meni bade bedereme
건너서 온 자, 너희는 각각의 지역에 되돌아

gene, jai birai wargi guwangning ni ba i
가라. 또 강의 서쪽 광녕(廣寧) 지역의

niyalma, niyaman hūncihin bisire niyalma, cihangga oci,
사람 중 친인척이 있는 사람은, 원한다면

niyaman hūncihin be baime gene, suweni genere
친인척을 찾아서 가라. 너희 가는

niyalmai anggala i ton be, gemu bithe arafi
사람의 인구 수를 모두 글을 써서

du tang de benju, suweni genere bade usin
도당에게 보내오라. 너희가 가는 지역에서 밭,

boo jeku be, gemu anggala bodome bukini. (34:8a)
집, 곡식을 모두 인구를 고려하여 주는 것이 좋겠다."

○ enggeder efu i babai be wesibufi beiguwan obuha.
Enggeder 어푸 예하의 Babai를 승직시켜 비어로 삼았다.

○ hiong ciyan, dalingho ci juwe niyalma de
웅건(熊乾)이[2] 대릉하(大凌河)에서 두 사람에게

bithe jafabufi, i jeo hecen i niyalma be
글을 들려서 의주성(義州城) 사람은

šanaha i dolo dosinu seme takūraha, tere juwe
산해관 안에 모두 들어가라며 파견했다. 그 두

niyalma be, i jeo hecen i iogi jafafi (34:8b)
사람을 의주성의 유격이 잡아서

⇦ han de benjire jakade,
한(汗)에게 보내왔으므로

⇦ han hendume, ini ejen be gūnirakū, mini ici ofi,
한(汗)이 말하기를, "자신의 수장을 생각하지 않고 나의 편이 되어서

← ini niyalma be jafafi benjihe gung de, iogi
그의 사람을 잡아 보내온 공으로 유격

← hergen be wesibufi fujiyang obufi, enggemu hadala tohohoi
벼슬을 승직시켜 부장으로 임명하고, 안장과 굴레를 채운

← emu morin šangname buhe, jai emu tanggū yan
말 한 마리를 상으로 주었다. 또 은 100냥을

← menggun be, hecen i niyalma de šangname bu seme
성 사람에게 포상하라"고 하며

unggihe. (34:9a)
보냈다.

2) 웅건(熊乾)은 웅정필(熊延弼)이다.

○ kalka i dureng beile ci jihe emu tanggū
Kalka의 Dureng 버일러에게서 온 장정이

juwan juwe haha, hehe juse juwe tanggū
112명, 여자와 아이들이 285명이다.

jakūnju sunja, manggol taiji jui coshib, juwe
Manggol 타이지의 아들 Coshib에게서 온

haha, hehe juse jakūn, hūng baturu ci
장정이 두 명, 여자와 아이들이 여덟 명이다. Hūng 바투루로부터

jihe juwan uyun haha, hehe juse orin
온 장정은 19명이고, 여자와 아이들이 23명이다.

ilan, jai barin i emu tanggū anggala, hahai (34:9b)
그리고 Barin의 100명의 인구는 장정의

ton be alahakūbi, emu šulengge gaifi jihebi,
수를 보고해 오지 않았는데, 한 징수관이 가지고 왔다.

jai hūng baturu ci hahai canggi emu tanggū
또 Hūng 바투루로부터 장정들만 100명이

jihebi, hehe juse akū, gaibuhabi, monggo emdubei
왔고 여성과 아이들은 없었는데 빼앗긴 것이다. 몽골인이 거듭거듭

jimbi, ede bure jeku orho i ejen akū
온다. 이들에게 주는 주인이 없는

jeku orho, jafaha niyalma be unggi.
곡식과 목초를 관리한 사람을 보내라.

○ orin jakūn de, jušen, nikan, monggo i (34:10a)
28일에 여진인, 한인, 몽골인의 관원들에게

hafasa de dergici fusihūn, ilhi ilhi šangname
위로부터 아래로 차례로 포상하여

buhengge, donggo efu, tanggūdai age, fusi efu,
준 것이다. Donggo 어푸, Tanggūdai 아거, Fusi 어푸,

si uli efu, darhan hiya, muhaliyan, baduri,
Si Uli 어푸, Darhan 히야, Muhaliyan, Baduri,

yangguri, ere jakūn niyalma de emte
Yangguri, 이 여덟 명에게

temen, gecuheri suje, suje i etuku orin
낙타 한 마리씩, 망룡단과 비단, 비단옷 22벌씩,

juwete, fulgiyan jafu jakūta buhe, soohai,
붉은 융단 여덟 장씩을 주었다. Soohai,

cergei, darhan efu, urgūdai, daimbu, gangguri, kakduri, (34:10b)
Cergei, Darhan 어푸, Urgūdai, Daimbu, Gangguri, Kakduri,

hošotu, abtai nakcu, abutu baturu, unege, turgei,
Hošotu, Abtai 외삼촌, Abutu 바투루, Unege, Turgei,

asan, lenggeri, atai, aita, hahana, munggatu, gusantai
Asan, Lenggeri, Atai, Aita, Hahana, Munggatu, Gusantai

efu, ere emu jergi niyalma de emte
어푸 등 같은 등급인 사람들에게

temen, gecuheri suje, suje i etuku juwan duite,
낙타 한 마리씩, 망룡단과 비단, 비단옷 14벌씩,

fulgiyan jafu ninggute buhe, tsanjiyang de emte
붉은 융단 여섯 장씩을 주었다. 참장에게

morin, gecuheri suje, suje i etuku uheri jakūta
말 한 마리씩, 망룡단과 비단, 비단옷 등 여덟 벌씩을

buhe, iogi de emte morin, gecuheri suje, (34:11a)
주었다. 유격에게 말 한 마리씩, 망룡단과 비단,

suje i etuku nadata, fulgiyan jafu duite buhe,
비단옷 일곱 벌씩, 붉은 융단 네 장씩을 주었다.

beiguwan de juwete yan sunjata jiha menggun,
비어에게 두 냥 5전 은과

suje, suje i etuku sunjata, fulgiyan jafu juwete
비단, 비단옷 다섯 벌씩, 붉은 융단 두 장씩을

buhe, bayarai kiru i ejen de emte suje,
주었다. 바야라의 기(旗)의 수장에게 비단 한 필씩,

juwete yan menggun, emte fulgiyan jafu buhe,
은 두 냥씩, 붉은 융단 한 장씩을 주었다.

ciyandzung de juwete yan menggun, juwete boso i
천총에게 은 두 냥씩, 베옷 두 벌씩을

etuku buhe, šeo pu de emte yan menggun buhe. (34:11b)
주었다. 수보에게 은 한 냥씩을 주었다.

○ obondoi, baihū, abutu, gultai be wesibufi iogi obuha.
Obondoi, Baihū, Abutu, Gultai를 승직시켜 유격으로 삼았다.

○ sengge tabunang, suhe baksi be beiguwan obuha.
Sengge 타부낭, Suhe 박시를 비어로 임명했다.

○ nakada, kūniyakta, hamahū be beiguwan obuha.
Nakada, Kūniyakta, Hamahū를 비어로 임명했다.

(34:12a)

○ neyen i toholon, anu de emte gecuheri etuku, emte
Neyen의 Toholon과 Anu에게 망룡단 옷 한 벌씩과 융단 한 장씩을

jafu buhe.
주었다.

○ du tang ni bithe, orin uyun de wasimbuha, jeng
29일에 도당의 글을 내렸다. "진정보(鎭靜堡),

jing pu, jeng an pu, suweni ere ilan
진안보(鎭安堡), 너희의 이 세

pu i niyalma, suweni juse sargan, tehe boo
보의 사람들아, 너희의 자식들과 아내, 살던 집과

ai jaka be umai acinggiyahakū yooni bisire, (34:12b)
온갖 물건을 전혀 건드리지 않아서 온전히 있을 것이니

joo dere, dorgici jihe monggo de šangnara ku i
그것으로 되었다. 안으로부터 온 몽골인에게 포상할 창고의

ulin aisin menggun, hūdai niyalmai ulin, ejen
재물, 금, 은, 상인의 재물, 주인

akū ulin ulha, eigen akū hehe, juse be,
없는 재물, 가축, 남편 없는 여자, 아이들을

suwe hūdun baicafi, juwe biyai ice sunja ci
너희가 빨리 조사해서 2월 초닷새

dosi benjihe de weile akū, ice sunja be
안으로 보내오면 죄가 없다. 초닷새를

duleke manggi, gūwa gercilehe de weile kai.
넘긴 후 남이 고발하면 죄가 된다."

(34:13a)

⇦ han, guwangning ni hecen i julergi duka be tafafi, ninggureme
한(汗)이 광녕성의 남쪽 문으로 올라 위에서

šurdeme tuwafi, šun tuhere ergi duka be
둘러보고 해 지는 쪽 문으로

ebufi yamun de dosika.
내려서 아문에 들어갔다.

○ gūsin de, šajin, munggatu de unggihe
30일에 Šajin, Munggatu에게 보낸

⇦ bithe, suweni juwe nofi, jakūn gūsai beise i boro uksin
글이다. "너희 두 사람은 8구사 버일러의 여름 투구와 갑옷을

arara solho faksisa be gemu baicame isabufi, emu (34:13b)
만들 조선인 장인들을 모두 조사해서 모아서 한

gūsade emte ejen sindafi, boro ambula arabu.
구사에 한 명씩 수장을 두고 여름 투구를 많이 만들게 하라."

○ gūsin i inenggi, be tu cang ni lio fujiyang,
30일에 백토창(白土廠)의 Lio 부장이

⇦ han de emu temen, duin morin, duin ihan, duin
한(汗)에게 낙타 한 마리, 말 네 마리, 소 네 마리,

honin, duin jafu benjihe, guise horho be, du tang,
양 네 마리, 융단 네 장을 보내왔다. 궤와 장을 도당,

dzung bing guwan ci fusihūn, beiguwan ci wesihun, ilhi
총병관 이하, 비어 이상에게 차례로

ilhi šangname buhe. (34:14a)
포상하여 주었다.

○ da cing pu i iogi lang ši dzai, ninggun uju,
대청보(大淸堡)의 유격 Lang Ši Dzai가 "여섯 개의 수급(首級),

emu morin, loho, ilan mahala bahabi, ilan
말 한 마리, 환도, 모자 세 개를 얻었다. 세 명이

feye bahafi bucehebi, sunja morin feye bahabi,
상처를 입어 죽었다. 말 다섯 마리가 상처를 입었다.

wang i de gebungge emu niyalma bucehebi,
Wang I De라는 사람 한 명이 죽었고,

io jin jung gebungge emu ciyandzung, jai ilan
Io Jin Jung이라는 천총 한 사람과 또 세

niyalma feye bahabi seme alanjiha. (34:14b)
사람이 상처를 입었다"라고 알려왔다.

○ juwan juwe de, gumbu taiji de unggihe
12일에 Gumbu 타이지에게 보낸

⇦ bithei gisun, ba goro, jugūn de dain hūlha ambula,
글이다. "지역이 멀고 길에 적과 도적이 많다.

← sini jui de ulha bure be naka, bi juwan
너의 자식에게 가축을 주는 것을 그만두라. 내가 말

← morin de enggemu hadala tohofi, uksin saca acifi
열 마리에 안장과 굴레를 채워 갑옷과 투구를 실어서

← bure, niyaman ojoro be cihakū oci, tob seme
주겠다. 인척이 되는 것을 원치 않으면 그렇다고

← hendufi unggi. (34:15a)
말하고 보내라."

○ juwe biyai ice inenggi, guwangning ci liyoodung de
2월 초하루에 광녕에서 요동으로

emu nirui emte niyalma be tucibufi fujisa be
한 니루당 한 사람씩을 뽑아서 푸진들을

ganabuha, šanaha i baru cooha gūlmahūn erinde jurafi,
데리러 가게 했다. 산해관을 향하여 병사가 묘시(卯時)에 떠나서

ši san šan de deduhe, tere inenggi, hiong
십삼산(十三山)에서 숙영했다. 그날에

ciyan i udaha duin minggan sunja tanggū ninju
웅건(熊乾)이 산 베 4560필을

boso be, coohai niyalma de maikan ara seme (34:15b)
군사들에게 장막을 만들라며

salame buhe.
나누어주었다.

○ ice juwe de, ši san šan ci jurafi genere de,
초이틀에 십삼산을 떠나서 갈 때에

dalingho i emu beiguwan, emu jung giyūn, juwe
대릉하의 비어 한 명과 중군 한 명, 백총(百總)

bedzung, tofohon ba i dubede okdofi
두 명이 15리 끝에서 맞이하여

⇦ han de hengkilehe, dalingho i hecen be dulendere de,
한(汗)에게 절했다. 대릉하의 성을 지나갈 때에

hecen i niyalma (34:16a)
성의 사람이

⇦ han i soorin arafi hecen ci tucifi hengkilehe, šolingho de
한(汗)의 보좌를 만들어서 성에서 나와서 절했다. 소릉하(小凌河)에서

ginjeo i beiguwan okdofi
금주(錦州)의 비어가 맞이하여

⇦ han de hengkilehe, tere inenggi, hing šan de isinafi deduhe.
한(汗)에게 절했다. 그날에 행산(杏山)에 도착하여 숙영했다.

○ ice ilan de hing šan ci jurafi, tofohon ba i
초사흘에 행산에서 출발하는데, 15리

dubede urgūdai efu i jui esenderi age, morin ci
끝에서 Urgūdai 어푸의 아들 Esenderi 아거가 말에서

tuhefi akū oho, giran be fiyanggū beile, yoto (34:16b)
떨어져서 죽었다. 시신은, Fiyanggū 버일러, Yoto

beile, emu nirui emte niyalma be gaifi,
버일러가 한 니루의 한 사람씩을 이끌고

liyoodung de benehe,
요동으로 보냈다.

⇦ han songgome fudefi, tereci cooha genere de, šanaha ci
한(汗)이 울며 배웅하고, 다시 출병하는데 산해관으로부터

emu ukanju jifi alame, šanaha i tulergi gašan
도망자 한 명이 와서 아뢰기를 “산해관 바깥의 촌락과

pu be, hiong ciyan, wang du tang juse
보를 웅건과, Wang 도당이 아이들과

hehesi be, gemu šanaha de dosimbume gamaha,
여자들을 모두 산해관으로 들어가게 데려갔고,

boo be gemu tuwa sindahabi seme alanjiha manggi, (34:17a)
집을 모두 불태웠다"라고 알려왔으므로,

⇦ han cooha bederefi ta šan de deduhe, tere inenggi,
한(汗)이 군사를 되돌려서 탑산(塔山)에 숙영했다. 그날

daimbu, asan, karun genefi cahar i hūlhame jase
Daimbu, Asan이 정탐하러 가서 몰래 경계를

dosika monggo be, tofohon niyalma be waha,
들어온 Cahar 몽골인을 15명을 죽이고

orin ihan juwe hehe gajiha, jai burgi, karun
소 20마리, 여자 둘을 잡아왔다. 또 Burgi가 정탐하러

genefi hūlhame dosika dehi isire monggo be gemu
가서 몰래 들어온 40명에 달하는 몽골인을 모두

waha, morin ihan honin nadanju isime gaiha.
죽이고 70마리에 달하는 말, 소, 양을 빼앗았다.

(34:17b)

← ○ guwangning ni coohai niyalma be tucibufi casi
"광녕의 군사를 뽑아서 저쪽 방향으로

← karun sinda, guwangning de bisire karun i tanggū
초소를 설치하라. 광녕에 있는 초소의 100명을

← niyalma be, guwangning ci ebsi orin ba i
광녕에서 이쪽으로 20리 끝마다

← dubede emu karun tebu, tebume si ning pu de
초소 하나씩 설치하라. 설치하기를 서녕보(西寧堡)에

← isitala, jai nikan be jušen i sindaha karun i
이를 때까지 하라. 또 한인을 여진인이 설치한 초소의

← siden siden de emu bade duite nikan be sinda,
사이사이에 한 장소에 네 명씩을 두라.

← emu bade duite poo sinda, ere karun i tehe (34:18a)
한 장소에 대포 네 문을 두라. 이 초소에 있는

← niyalma, inenggi dobori akū idu banjibufi saikan
사람은 밤낮 없이 당번을 짜서

← sereme suwele, si ning pu de tehe niyalma
정신을 똑바로 차려 수색하라. 서녕보에 주둔하는 사람도

← inu ere adali saikan olhome suwele.
이처럼 신중하게 수색하라."

⇦ han, ta šan pu de isinaha inenggi, šanggiyan bayara
한(汗)이 탑산보(塔山堡)에 도달해 간 날, 백(白) 바야라의

moohai karun i niyalma jase bitume genefi, cahar i
Moohai 초소의 사람이 경계를 따라서 가다가 Cahar의

gungtu beile i niyalma jase dosime jeku gajiha be (34:18b)
Gungtu 버일러 휘하의 사람이 경계를 들어와서 곡식을 가지고 가는 것을

bahangge, haha dehi, hehe orin emu, morin
잡은 것이다. 남자 40명, 여자 21명, 말

juwan uyun, ihan emu tanggū dehi ilan, eihen
19마리, 소 143마리, 나귀

duin, honin niman orin ilan, emu temen, ice
네 마리, 양과 염소 23마리, 낙타 한 마리를

ilan de baha, gūsin niyalma waha.
초사흘에 획득했고, 30명을 죽였다.

○ šanaha i tulergi niyalma, suwe šanaha dosime geneci,
산해관 밖의 사람들 너희가 산해관에 들어가도

suweni han be (34:19a)
너희의 황제를

⇦ abka wakalafi farhūn ofi, suwende jetere jeku, tere boo,
하늘이 책망하여 혼미하게 되어서 너희에게는 먹을 곡식, 살 집,

tarire usin icihiyame burakū kai, šanaha i tule
경작할 밭을 마련해주지 않을 것이다. 산해관의 바깥에

guwangning de isitala, suwe bihe seme bibumbio,
광녕에 이르도록 너희가 있었다 해서 그대로 있게 되겠는가.

monggo gamambi kai, monggo de jetere jeku,
몽골인이 잡아갈 것이다. 몽골에 먹을 곡식,

eture etuku bio, cige de bucembi kai, birai
입을 옷이 있는가. 이(虱)에 죽을 것이다. 강의

dergi liyoodung ni bade geneci,
동쪽 요동 땅에 가면

⇦ genggiyen han, tere boo, jetere jeku, tarire usin icihiyame (34:19b)
경기연 한(汗)이 살 집, 먹을 곡식, 경작할 밭을 마련하여

bumbi kai, gurun ujire genggiyen ofi,
줄 것이다. 나라를 보살피는 것이 영명해서

⇦ abkai gosire be suwe ainu sarkū, funcehe tutaha niyalma
하늘이 사랑하는 것을 너희가 어찌 모르는가. 남은 뒤처진 사람이

bici, gemu bira doome liyoodung ni bade
있다면 모두 강을 건너 요동 땅에

⇦ genggiyen han be baime jio, ginjeo i juwe wei be
경기연 한(汗)에게 귀부(歸附)하여 오라. 금주(錦州)의 두 위를

guwangning de tebuhe, io tun wei be ginjeo
광녕에 살게 했다.[3] 우둔위(右屯衛)를 금주(金州),

fu jeo de unggihe, i jeo i emu wei be
복주에 보냈고 의주의 한 위를

g'ai jeo de unggihe, jai emu wei be (34:20a)
개주(蓋州)에 보냈다. 또 한 위를

wei ning ing de unggihe, guwangning ni emu
위녕영(威寧營)에 보냈다. 광녕의 한

wei be fung ji pu de unggihe, jai ilan
위를 봉집보(奉集堡)에 보냈고 또 세

wei be simiyan de unggihe, meni meni ba i
위를 심양에 보냈다. 각각의 지역의

ejete be icihiyame bu seme afabuhabi, ya
수장들에게 처리하여 주라 하며 맡겨놓았다. 어떤

funcehe tutaha niyalma bici, meni meni joriha
남은 뒤처진 사람이 있다면 각각 지정한

bade hūdun gene, usin tarirengge sartambi kai,
지역에 빨리 가라. 밭을 경작하는 것이 지연될 것이다.

i jeo i niyalma joriha bade gene seci, hūdun (34:20b)
의주 사람들은 지정한 지역에 가라 해도 빨리

---

3) 여기에서 '두 위를 보냈다'의 뜻은 '두 위의 사람을 보냈다'는 뜻이며, 아래에서도 동일한 방식으로 표현하고 있다.

genehekū ofi, bayasa sain niyalmai teile genehe,
가지 않았고 부자들과 좋은 사람만 갔다.

funcehe ehe guwanggusa ilan minggan isime isafi
남은 악한들이 3000명에 달하도록 모여서

daharakū ojoro jakade, amba beile jili banjifi
항복하지 않자 대버일러가 화가 나서

gemu waha, yaya ba i niyalma, suwe joriha
모두 죽였다. 모든 지역의 사람들, 너희도 지정한

bade hūdun generakūci, inu tere adali wambikai.
지역에 빨리 가지 않는다면 역시 그들처럼 죽일 것이다.

○ ginjeo juwe wei i niyalma guwangning de tehe, (34:21a)
금주(錦州)의 두 위(衛)의 사람은 광녕에 정착했다.

be tu cang sini harangga niyalma be gaifi,
백토창 사람, 너에게 속한 사람들을 이끌고

anja gajime guwangning de gurime jifi te,
보습을 가지고 광녕에 이주해 와서 살라.

ginjeo i niyalma usin denderengge, suweni jidere be
금주(錦州) 사람들이 밭을 분배하는 것은 너희가 오기를

aliyame bikai, cing ho i niyalma, sini harangga niyalma,
기다리고 있는 것이다. Cing Ho 사람, 너에게 속한 사람,

i jeo i funcehe tutaha niyalma be baicame gaifi,
의주에 남아 뒤처진 사람을 조사해서 이끌고

anja gajime gurime lioi yang i de jifi te,
보습을 가지고 이주하여 여양역(閭陽驛)에 와서 살라.

jeng an pu sini harangga ba i niyalma kemuni tefi (34:21b)
진안보의 사람, 너에게 속한 지역의 사람은 그대로 살고

bisu, si jasei beye oho, jasei jakarame tai de
있으라. 너는 경계의 직무를 받은 몸이 되었다. 경계에 연한 대(臺)에

fe an i niyalma sindafi akdulame tuwakiyabu, jai tubihe
원래 있던 사람을 두어 확고하게 지키게 하라. 그리고 과일

moo ujime bahanara niyalma, hūwašasa, guwangning de jifi,
나무를 재배할 수 있는 사람과 중들은 광녕에 와서

⇦ han i jetere tubihe moo be ujime te.
한(汗)이 먹을 과일 나무를 재배하며 살라.

頭註: gingguleme kimcici, jasei beye oho sere gisun, ainci jasei tušan be aliha beye oho sere gūnin dere. [신중하게 살펴보니, jasei beye oho라는 말은 아마도 '경계의 직무를 받은 몸이 되었다'라는 뜻일 것이다.]

제35권

천명(天命) 7년(1622) 2월

gūsin sunjaci debtelin,
abkai fulingga i
nadaci aniya juwe
biya.

tongki fuka sindaha hergen i dangse. (35:1a)
유권점 만문당안

⇦ han i bithe, du tang de juwe biyai ice duin de
한(汗)의 글을, 도당에게 2월 초나흘에

← wasimbuha, han, šanaha i baru geneme, ši san šan ci
내렸다. "한(汗)이 산해관(山海關)으로 가며 십삼산(十三山)에서

← dalingho, šolingho, sung šan, hing šan, ta šan de
대릉하(大淩河), 소릉하(小淩河), 송산(松山), 행산(杏山), 탑산(塔山)에

← isitala tuwaci, gemu tuwa sindafi gamahabi, ta šan de,
이르도록 살펴보니 모두 불을 지르고 끌고 가버렸다. 탑산에서,

← šanaha ci emu morin, emu yafahan juwe jergi
산해관으로부터 한 사람은 말을 타고, 한 사람은 걸어서 두 차례

← ukame jihe niyalma alame, ciyan tun wei, ning
도망온 사람들이 아뢰기를, '전둔위(前屯衛), 영원위(寧遠衛)를

← yuwan wei be gemu tuwa sindafi gamahabi seme (35:1b)
모두 불을 지르고 끌고 가버렸다'라고

← alaha, tuttu ofi, ta šan ci han amasi
했다. 그러고 나서 한(汗)이 탑산으로부터

← bederehe, bisire uyun wei niyalma be bira doome
되돌아왔다. 남아 있는 아홉 위의 사람을 강을 건너

← liyoodung ni bade unggi, ginjeo i juwe wei be
요동(遼東) 지방에 보내라. 금주(錦州)의 두 위를

← liyoodung de unggi, ede si uli efu ejen
요동에 보내라. Si Uli 어푸를 수장으로

← arafi, guwangning ni ice iogi de, liyoodung ni fe
하여 광녕(廣寧)의 새 유격(遊擊)에게 요동의

← juwe iogi be adabufi unggifi tuwame icihiyabu, io
두 이전 유격을 붙여 보내 일을 보아 처리하게 하라.

← tun wei be, ginjeo, fu jeo de unggi, i jeo i (35:2a)
우둔위(右屯衛)를 금주(金州), 복주(復州)에 보내라. 의주(義州)의

← emu wei be, g'ai jeo de unggi, ede aita
한 위를 개주(蓋州)에 보내라. 여기에 Aita를

← ejen arafi, guwangning ni ice iogi de, fe juwe
수장으로 하여 광녕의 새 유격에게 이전 유격 둘을

← iogi be unggifi tuwame icihiyabu, i jeo i jai emu
보내 일을 보아 처리하게 하라. 의주의 또 한

← wei be, wei ning ing de unggi, guwangning ni
위를 위녕영(威寧營)에 보내라. 광녕에

← emu wei be, fung ji pu de unggi, ere be
한 위를 봉집보(奉集堡)에 보내라. 이것

← inu si uli efu ejen arafi icihiyabu, jai
역시 Si Uli 어푸를 수장으로 하여 처리하게 하라. 또

← ilan wei be simiyan de unggi, ede fusi efu (35:2b)
세 위를 심양(瀋陽)에 보내라. 여기에 Fusi 어푸를

← ejen arafi, guwangning ni ice iogi de, fe
수장으로 하여 광녕의 새 유격에 이전

← ilan, iogi be adabufi unggifi tuwame icihiyabu.
유격 셋을 붙여 보내어 일을 보아 처리하게 하라."

○ ice duin de, ta šan pu ci amasi bederefi
초나흘에 탑산보(塔山堡)로부터 되돌아와서

ginjeo de dedunehe, tere inenggi, musei uju
금주(錦州)에 가서 묵었다. 그날에, 우리에게 머리를

fusifi dahaha nikan, monggo de ubašafi amasi
깎고 항복한 한인들이 배반하여 몽골에 다시

jeku gajiha be, juwan nadan ihan, tofohon (35:3a)
곡물을 가지고 간 것을, 소 17마리, 나귀 15마리,

eihen, juwe morin, duin haha be, amin beile
말 두 마리, 장정 네 명을, Amin 버일러가

šanggiyan bayara niyalma be gaifi genefi baha.
백(白) 바야라를 이끌고 가서 획득했다.

○ cahar i gungtu beile i juwe tanggū monggo jeku
Cahar의 Gungtu 버일러 예하의 몽골인 200명이 곡물을

gajime jihe be, ginjeo i beiguwan cooha tucifi
가지러 온 것을, 금주(錦州)의 비어(備禦)가 출병하여

gidafi, emu tanggū orin ilan niyalma waha,
무찔러 123명을 죽이고

ninggun niyalma be weihun jafaha, juwan emu (35:3b)
여섯 명을 사로잡았고, 말 11마리와

morin, duin temen baha.
낙타 네 마리를 획득했다.

← ○ jang da hiyūn ciyandzung emu feye gabtabuhabi, jang guwe šan
"천총(千總) Jang Da Hiyūn이 한 군데 화살을 맞았고 백총(百總) Jang Guwe Šan이

← bedzung ilan feye gabtabuhabi, ere juwe hafan be ini
세 군데 화살을 맞았다. 이 두 관원을 그의

← ejen sain sembi, dai sung heo, jao fung tsy, juwe
수장이 훌륭하다고 한다. Dai Sung Heo, Jao Fung Tsy 두

← giyajan be ini ejen sain sembi, lio ši cing tu
시종을 그의 수장이 훌륭하다고 한다. 둑(纛)을 잡은 Lio Ši Cing을

← jafaha niyalma be ini ejen sain sembi, jang (35:4a)
그의 수장이 훌륭하다고 한다. Jang

← io lung, emu niyalma be waha, beri jebele loho
Io Lung이 한 명을 죽이고, 활, 화살통, 환도 등

← yooni bahabi, uhereme uyun niyalma feye baha,
일체를 얻었다. 모두 아홉 명이 부상을 입었고,

← nadan beri bahabi, guwang tse sin bedzung, siyoo cing yūn, lo
활 일곱 개를 얻었다. 백총 Guwang Tse Sin, Siyoo Cing Yūn, Lo

← io gung, tung hūwai, ma biyei ling, siye io, gi ju, jang kun,
Io Gung, Tung Hūwai, Ma Biyei Ling, Siye Io, Gi Ju, Jang Kun,

← ere jakūn niyalma juleri gaifi dosika, baha juwan
이 여덟 명은 선두로 진격했다. 획득한 말

← emu morin be, morin bucehe niyalma de bu,
11마리는 말이 죽은 자에게 주라.

← duin temen be dele benju, ninggun tanggū yan (35:4b)
낙타 네 마리를 위로 보내라. 은 600냥을

← menggun be du tang de gana, gajiha manggi,
도당에게 받으러 가라. 가지고 온 후에,

← ginjeo i g'o beiguwan be iogi wesibuhe,
금주(錦州)의 G'o 비어를 유격으로 승직시켰는데,

← tere menggun, iogi hafan si tuwame icihiyame bu,
그 은을 유격 관원인 네가 살펴보아서 처리하여 주라.

← hergen bisire niyalma be emte hergen wesibu.
직위가 있는 사람을 한 품급씩 승직시키라."

○ ice duin de, baduri dzung bing guwan, emu
초나흘에 총병관(總兵官) Baduri를 한

nirui sunjata uksin be gaifi, i jeo golo be (35:5a)
니루에서 갑병 다섯 명씩을 이끌고 의주로(路)에

boigon dalibume unggihe.
가호를 몰아오기 위해서 보냈다.

○ fujiyang abtai nakcu i emgi duin tanggū uksin be
부장 Abtai 외삼촌에게 갑병 400명을

adabufi, jihe songkoi boigon be dalime unggihe.
붙여서 가호를 온 대로 몰아오기 위해서 보냈다.

○ ice duin de, du tang, amba efu,
초나흘에 도당(都堂) 대어푸를

jakūn gūsai emu nirui juwan ilata uksin be (35:5b)
8구사의 한 니루당 갑병 13명씩을

gaifi, dzo tun wei golo be boigon dalime
이끌고 좌둔위로(左屯衛路)에 가호를 몰아오기 위해서

unggihe.
보냈다.

◯ ice sunja de, ginjeo ci amba beile, hooge
초닷새에 금주(錦州)로부터 대버일러, Hooge

ama beile, fulgiyan i juwe gūsa, gulu šanggiyan i
아버지 버일러가 홍기(紅旗) 두 구사와 정백기(正白旗)

emu gūsa be gaifi, i jeo de tenehe,
한 구사를 이끌고, 의주에 주둔하러 갔다.

kubuhe lamun i emu gūsa be amin beile (35:6a)
양람기(鑲藍旗) 한 구사는 Amin 버일러가

gaifi, be tu cang de tenehe, juwe suwayan i
이끌고 백토창(白土廠)에 주둔하기 위하여 갔다. 황기(黃旗) 두 구사,

gūsa, kubuhe šanggiyan i emu gūsa, gulu lamun i
양백기(鑲白旗) 한 구사, 정람기(正藍旗)

emu gūsa be
한 구사를

⇦ han gaifi, ginjeo de tehe.
한(汗)이 이끌고 금주(錦州)에 주둔했다.

◯ ginjeo i hoton i boigon be, ice sunja i inenggi
초닷새에 금주성(錦州城)의 가호를

jurambume toloci, hehe juse nadan minggan ninggun (35:6b)
출발시키면서 세어 보니, 여자와 아이들이

tanggū gūsin duin, haha ninggun minggan emu
7634명, 장정이

tanggū susai, uhereme ton emu tumen ilan
6150명, 모두 하여 숫자가 1만

minggan nadan tanggū jakūnju duin anggala.
3784명이었다.

⇦ han i bithe, juwe biyai ice ninggun de donggo efu de
한(汗)의 글을 2월 초엿새에 Donggo 어푸에게

← wasimbuha, io tun wei i jeku be saikan walgiyafi,
내렸다. "우둔위의 곡식을 잘 말려서

← boo be derhi dasifi, booi sihin jaka be (35:7a)
집을 삿자리로 덮고, 집의 처마 쪽에

← fondolofi sinda, jeku ergen bahakini, jeku be ume
구멍을 뚫어 저장하라. 곡식이 숨을 쉬게 하라. 곡식을

← mamgiyara, saikan geterembume icihiya, dzo tun wei sunja
낭비하지 말라. 깨끗하게 잘 취급하라. 좌둔위의 50만

← bujun jeku, musei liyoodung ni ba i jeku kai,
곡식은 우리 요동지방의 곡식이다.

← jeku be icihiyame dasame wajiha manggi, morin i cooha
곡식을 처리하고 다 정리한 후에 기병

頭註: gingguleme kimcici, ere bujun sere gisun, ainci juwan tumen i gulhun hergen, uthai, ice toktobuha bunai sere gisun de adali dere. [신중하게 살펴보니, 이 bujun이라는 말은 아마도 열 개의 만(萬)을 뜻하는 하나의 단어인데, 즉 새로 정한 bunai(10만)라는 말과 같을 것이다.]

← sunja tanggū tebu, jai gulu lamun, juwe suwayan,
500명을 주둔시키라. 또 정람기(正藍旗), 황기(黃旗) 두 구사,

← kubuhe šanggiyan, ginjeo be baime jio, jai funcehe
양백기는 금주(錦州)를 향해 오라. 또 남는

← cooha meni meni gūsade gene, i jeo de juwe (35:7b)
병사는 각각의 구사에 가라. 의주에

← fulgiyan, kubuhekū šanggiyan gene, kubuhe lamun, be tu cang de
홍기 둘, 테를 두르지 않은 백기가[1] 가라. 양람기는 백토창에

← gene, donggo efu gaifi te, juwe gūsade acan
가라. Donggo 어푸가 이끌고 가서 주둔하라. 두 구사에 합하여

← emu iogi, emu beiguwan, uhereme duin iogi, duin
유격 한 명, 비어 한 명, 모두 하여 유격 네 명, 비어 네 명이

← beiguwan te.
주둔하라."

⇦ han i bithe, juwe biyai ice ninggun de wasimbuha,
한(汗)의 글을 2월 초엿새에 내렸다.

← ba bade genehe coohai niyalma, meni meni cooha (35:8a)
"각 곳에 간 병사들은 각각 병사가

← tehe bade acana, kubuhe lamun, be tu cang de
주둔한 지역에 합류하라. 양람기는 백토창에

← tembi, kubuhekū šanggiyan, juwe fulgiyan, i jeo de tembi,
주둔한다. 테를 두르지 않은 백기, 홍기 둘은 의주에 주둔한다.

1) 정백기를 달리 표현한 것이다.

← juwe suwayan, kubuhekū lamun, kubuhe šanggiyan, ginjeo de
황기 둘, 테를 두르지 않은 남기, 양백기는 금주(錦州)에

← tembi, emu nirui liyoodung de tehe haha be
주둔한다. 한 니루의 요동에 있던 장정을

← dabume, ilan ubu arafi emu ubu tekini, juwe
셈에 넣어, 셋으로 나누어 그중 3분의 1은 주둔하게 하고

← ubu haha liyoodung de usin weilekini, sain cooha
3분의 2는 요동에서 밭을 경작하게 하라. 정예병을

← tekini, emteli bime sain haha be ume unggire, (35:8b)
주둔하게 하라. 혼자이면서 좋은 장정은 보내지 말고

← tebu, terei usin be nirui niyalma hafirame weile,
주둔하게 하라. 그의 밭은 니루의 사람이 겸하여 경작하라.

← nirui ejen si, sinde doosi haldaba niyalma be
니루 수장, 너는 너에게 아첨하고 탐욕스러운 자를

← haršame ume unggire, tuttu haršame unggici, hergen efujembi kai,
두둔하여 보내지 않도록 하라. 그렇게 두둔하여 보내면 관직에서 해임할 것이다.

← genere cooha niyalma morin werifi, yafahan uksin unufi
가는 병사는 말을 두고 갑옷을 지고 걸어서

← gene, emu nirui emte janggin gaifi gamame gene,
가라. 한 니루당 한 명의 장긴이 이끌고 가라.

← usin fehukini, amasi julesi takūrara niyalma be, emu
밭을 밟도록 하라. 이리저리로 파견하는 사람은 하나나

← juwe i ume takūrara, tanggū dehi susai hoki banjibufi (35:9a)
둘로 파견하지 말라. 140, 150명으로 조를 만들어서

← takūra, takūrara niyalma de sain morin yalubufi takūra,
파견하라. 파견하는 사람에게 좋은 말을 태워 파견하라.

← fusi efu, si uli efu, aita, suweni ilan
Fusi 어푸, Si Uli 어푸, Aita 너희 세

← niyalma, meni meni dendehe wei i niyalma be joriha
사람은 각각 나눈 위(衛)의 사람을 지정한

← bade gamafi, liyoodung ni fe hafan, guwangning ni
장소에 이끌고 가서 요동의 원래의 관원, 광녕의

← ice kamcibuha hafasa be gaifi, usin fehume boo
새로 합친 관원들을 이끌고 밭을 밟고, 집과

← jeku icihiyame bume gene, jušen i emu gūsade juwete
곡식을 처리하여 주러 가라. 여진인의 한 구사에

← iogi, emu nirui emte ciyandzung usin fehume genembi, (35:9b)
유격 둘씩, 한 니루당 한 명씩의 천총이 밭을 밟으러 갈 것이다.

← terei emgi usin boo jeku be geterembume icihiya,
그와 함께 밭과 집과 곡식을 깨끗하게 처리하라.

← suweni beye joboci jobokini, ume bandara, kiceme icihiya.
너희의 몸이 괴로워도 참으라. 게으름 피우지 말고 열심히 처리하라."

○ ginjeo i hafan, ejen akū juwe tanggū dehi
금주(錦州)의 관원이 주인이 없는 양 240마리와

honin, emu gio be
고라니 한 마리를

⇦ han de benjifi, emu nirude juwete honin salaha.
한(汗)에게 보내와서 한 니루당 양 두 마리씩을 나누어주었다.

(35:10a)

⇦ han, guwangning de ice sunja de takūrame, guwangning ni
한(汗)이 초닷새에 광녕에 사람을 파견하며, "광녕의

← niyalma udu genehe, udu bi, jai ci giya pu i
사람이 몇 명이 갔으며 몇 명이 있는지, 또 척가보(戚家堡)의

← niyalma, guwangning de yooni isinahakūbio, dacilafi alanju.
사람이 광녕에 온전히 도착했는지를 자세히 알아보고 알려오라"고 했다.

○ kamdani ilan gūsa be gaifi, ginjeo ci hada
Kamdani가 세 구사를 이끌고, 금주(錦州)에서부터 산봉우리로

gidame genefi, jakūnju olji baha.
진압하러 가서 포로 80명을 잡았다.

(35:10b)

○ ice ninggun de, ginjeo i hoton i dele tafafi, karun
초엿새에 금주성(錦州城)의 높은 곳에 올라 초소에서

tuwaha niyalma, sunja niyalma sabumbi seme alanjiha manggi,
망 보는 병사가 사람 다섯 명이 보인다고 알려오니,

⇦ han hendume, muse balai ume tucire, hoton i hanci jikini, muse
한(汗)이 말하기를 "우리 군사는 함부로 나가지 말라. 성 가까이 오게 하라. 우리 군사는

← uksin etufi, hoton i dolo ekisaka ilica seme henduhe, tere gisun be
갑옷을 입고, 성 안에 모두 조용히 서 있으라"고 말했다. 그 말을

dabame, maltu beiguwan, anio beiguwan, udahai nirui emu niyalma,
어기고 Maltu 비어, Anio 비어, Udahai 니루의 한 명이

hoton i duka tucime genehe seme weile arafi, maltu,
성 밖으로 나갔다고 치죄하여 Maltu와

anio de guwangning de šangnaha šang tofohoto (35:11a)
Anio에게 광녕에서 상으로 준 상 15냥씩

yan i weile gaiha, udahai nirui niyalma de
죗값으로 받았고, Udahai 니루의 사람은

oforo šan be tokoho.
코와 귀를 찔렀다.

⇦ han i bithe, juwe biyai ice nadan de aita
2월 초이레에 Aita 부장에게 내린

← fujiyang de wasimbuha, sini hai jeo, g'ai jeo,
한(汗)의 글이다. "너의 해주(海州), 개주,

← fu jeo, ginjeo i duin wei harangga weihu sara
복주, 금주(金州) 네 위에 속하는 자 중에서 통나무배를 다룰 줄 아는

← niyalma be baharai teile baicame tucibufi, jaha i io tun (35:11b)
사람을 할 수 있는 한 조사해서 뽑아서 나룻배로 우둔위의

← wei i jeku be juwe, ere io tun wei susai tumen
곡식을 옮기라. 이 우둔위의 50만

← jeku be aita si <u>ume amgara</u>, kiceme juweme
곡식을 Aita 너는 늦추지 말라. 부지런히 운반하여

← wacihiyame mutebu, ere emgeri jobombi dere, jai joboro ba
마칠 수 있게 하라. 이번 한 번은 수고로울 것이나 또 다시 수고롭지는

← akū kai, cooha bira dooki seci, jeku juwere be
않을 것이다. 병사가 강을 건너려고 해도 곡식 나르는 것을

← aliyambi kai, hūdun juweme wajici, boode
기다려야 한다. 빨리 운반을 마치면 집에

⇦ weceku weceme geneki, hūdun juweme wacihiya.
신주(神主)에 제사지내러 가자. 빨리 운반을 마치라."

頭註: giguleme kimcici, ume amgara sere gisun, ainci ume amala tutara sere gisun dere. [신중하게 살펴보니, ume amgara라는 말은 아마도 '뒤에 남지 말라'고 하는 말일 것이다.]

(35:12a)

⇦ han i bithe, ice nadan de amba efu de wasimbuha,
한(汗)이 초이레에 대어푸에게 내린 글이다.

← birai dalin de bisire jeku be ume juwere,
"강기슭에 있는 곡식을 운반하지 말라.

← orin niyalma be karun sindafi saikan olhome tuwakiyabu,
20명을 초소에 배치하고 잘 경계하여 지켜보게 하라.

← han, i jeo de genehe, aika mejige bifi
한(汗)이 의주(義州)에 갔으니 무슨 소식이 있어서

← takūrambihede, dalingho bira be wesihun bitume i jeo be
사람을 보낼 때에는 대릉하(大凌河) 연안 동쪽을 따라서 의주로

← baime jio.
찾아오라."

(35:12b)

○ ginjeo i nikan, monggo de gaibufi jai amasi
금주(錦州)의 한인이 몽골에 잡혔다가 다시 되돌아

jidere jakade, akdarakū fonjiha manggi, ini ama
오자 믿지 못하며 물으니, 그의 부모의

eme i gebu be alame, mini ama i gebu tsoo
이름을 아뢰기를, "나의 아버지는 이름이 Tsoo

io ši, susai nadan se, eme wang ši, susai se,
Io Ši이며 57세, 어머니는 Wang Ši이고 50세,

sargan wang sio ju, juwan jakūn se, ini gebu
아내는 Wang Sio Ju이고 28세이다. 본인의 이름은

tsoo io kui, gūsin juwe se, amha wang mal,
Tsoo Io Kui이고 32세, 장인은 Wang Mal이고

ninju juwe se, emhe tang ši, deo tsoo ma se, (35:13a)
62세, 장모는 Tang Ši, 동생은 Tsoo Ma Se이며

orin juwe se, jui juwe se.
22세이고 아들은 두 살이다"라고 했다.

⇦ han, ginjeo de juwe indefi jifi, o to pu de
한(汗)이 금주(錦州)에서 이틀간 쉬고 와서 악타보(鄂陀堡)에

deduhe, tereci guwangning de isinjiha.
묵었다. 그 후 광녕에 도착했다.

○ amba beile, duici beile, i jeo i boigon be
대버일러와 제4버일러가 의주의 가호를

dalime genefi, i jeo hecen i niyalma be (35:13b)
몰러 가서 의주성의 사람을

gurime yabu sere jakade, hecen i niyalma hendume,
옮겨가라고 말하니 성 사람들이 말하기를,

monggo i cooha juwe tumen, jasei jaka debi,
"몽골 군사 2만 명이 변경 가까이에 있다.

tere be neneme wa, waha manggi, jai be dahara
그들을 먼저 죽이라. 죽인 후에 우리가 따를 것이다"라고

seme hendure jakade, amba beile jili banjifi,
말하므로 대버일러가 화가 나서

ice ninggun i inenggi muduri erinde afabuhangge, bonio
초엿새 날 진시(辰時)에 공격을 하게 하여, 신시(申時)에

erinde hecen be baha, cooha be ilan minggan
성을 획득했다. 3000명에 달하는 적병을

isime waha. (35:14a)
죽였다.

⇦ han, ginjeo ci jime andarki pu be safi, lungsi be
한(汗)이 금주(錦州)로부터 오며 도중의 보(堡)를 보고,[2] Lungsi에게

bithe bene seme benebufi, lungsi, ing šusai
글을 보내라며 보내게 해서 Lungsi, Ing 생원,

jontai genefi, dahabufi gajihangge haha nadanju juwe,
Jontai가 가서 항복시켜 이끌고 온 것은 남자 72명,

hehe juse nadanju nadan, morin juwan ilan,
여자와 아이들 77명, 말 13마리,

ihan ilan, eihen juwan ninggun gajiha.
소 세 마리, 나귀 16마리였다.

(35:14b)

○ solho i cooha, ilan dzung bing guwan gaifi jase
조선 병사를 총병관 세 명이 이끌고 경계를

bitume tehebi, mao iogi de, nikan, ice
따라서 주둔하고 있다. 모(毛) 유격에게 한인이 가서 "신전(新奠)에

hecen de jušen i cooha jifi tehebi seme
여진인 병사가 와서 주둔하고 있다"라고

alanafi, tereci ajigen mergen, hūwaliyan i tungse be
알렸다. 그리고 Ajigen Mergen과 Hūwaliyan 통사(通事) 등

gaifi, juwan juwe niyalma, ice hecen be
12명이 신전(新奠)을

2) 고유명사로서 Andarki보(堡)일 가능성이 있다.

tuwanjifi amasi bedereme genere be jafafi benjimbi.
정탐하고 되돌아가는 것을 잡아서 보내온다.

(35:15a)

○ jai inenggidari monggo ci juwan orin boo
또 날마다 몽골로부터 10, 20가구가

kemuni ukame jimbi.
매번 도망해 온다.

○ cen iogi sini harangga niyalma be gaifi,
Cen 유격은 너의 예하의 병사를 이끌고

guwali boo be dendefi te,
성 밑의 집에 분산하여 주둔하라.

⇦ han i jetere tubihe moo be, ujire faksi niyalma de
한(汗)이 먹을 과실수를 잘 기르는 사람에게

afabufi tuwakiyabu, balai efuleme deijirahū, saikan hendu, (35:15b)
맡기고 살피게 하라. 함부로 자르거나 불태울까 걱정이 되니 잘 말해두라.

usin be, iogi sini beye gaifi dende,
밭은 유격 너 자신이 받아서 나누라.

usin weilere niyalma be hūdun unggi, juse
밭을 경작하는 사람을 빨리 보내라. 아이들이나

hehesi be ume unggire, hecen de tefi bikini.
여자들은 보내지 말고 성에 살게 두어도 된다.

⇦ han de, jeng an pu i tsanjiyang, ice uyun de
한(汗)에게 진안보(鎭安堡)의[3] 참장이 초아흐레에

---

3) 『滿文原檔』張字檔 998쪽에 jingambu, 즉 jing an pu로 되어 있다. 그렇다면 정안보(靖安堡)일 가능성이 있다.

ninggun morin, ninggun ihan, juwan honin, juwan
말 여섯 마리, 소 여섯 마리, 양 10마리, 돼지 10마리를

ulgiyan benjihe. (35:16a)
보내왔다.

○ abtai age, erdeni baksi, liyoodung de genehe,
Abtai 아거,[4] Erdeni 박시가 요동에 갔다.

monggo i gurbusi taiji ci ukame jidere boigon be
몽골의 Gurbusi 타이지로부터 도망해 온 가호를

okdome, atai beyei gaifi genehe.
맞이하러 Atai 자신이 이끌고 갔다.

○ amba efu genefi daliha io tun wei hecen i
대어푸가 가서 몰아온 우둔위성

dorgi, haha, juwe minggan jakūn tanggū susai, (35:16b)
안의 남자는 2850명,

anggalai ton, sunja minggan sunja tanggū nadanju
인구 수는 5578명,

jakūn, morin sunja tanggū uyun, ihan ninggun
말은 509마리, 소는 645마리

tanggū dehi sunja, eihen nadan tanggū gūsin
나귀는 731마리이다.

emu, io tun wei hecen i wargi ci daliha
우둔위성의 서쪽에서 몰아온

4) Abatai 아거, 즉 Nurhaci의 일곱째 아들과 동일 인물이다. Abatai 버일러, Abatai 타이지라고도 한다.

haha emu minggan ninggun tanggū jakūnju nadan,
남자는 1687명,

anggala ilan minggan juwe tanggū jakūnju ninggun, morin
인구는 3286명, 말은

emu tanggū uyunju jakūn, ihan ilan tanggū (35:17a)
198마리, 소는 365마리,

ninju sunja, eihen ninggun tanggū susai sunja,
나귀는 655마리이다.

io tun wei harangga hahai ton, uheri duin
우둔위에 속한 남자의 수는 모두

minggan sunja tanggū gūsin nadan, anggala jakūn
4537명, 인구는

minggan jakūn tanggū ninju duin, morin nadan tanggū
8864명, 말은 707마리,

nadan, ihan minggan emken, eihen emu minggan
소는 1001마리, 나귀는

ilan tanggū jakūnju ninggun.
1386마리이다.

(35:17b)

○ ice ninggun i inenggi gūlmahūn erinde boigon jurambuha,
초엿새 묘시(卯時)에 가호를 출발시켰다.

ejen akū morin, ihan, eihen, emu tanggū juwan
주인 없는 말, 소, 나귀 112마리,

juwe, ulgiyan duin tanggū, honin emu tanggū,
돼지 400마리, 양 100마리,

boso emu minggan jakūn tanggū jakūnju, suje i
베 1880필, 비단옷

etuku ninju duin, juwe temen, birai dalin i
64벌, 낙타 두 마리, 강기슭의

bele emu minggan buktan, susai tumen hule bi sere,
쌀 1000무더기, 50만 섬이 있고,

hecen i dorgi tsang ni lomi bele ninggun tanggū (35:18a)
성내의 창고에 묵은 쌀 650섬

susai hule juwe to, je bele emu tanggū
2말, 좁쌀 110섬,

juwan hule, sahaliyan turi ninggun tanggū uyunju
검은 콩 690섬

hule sunja to duin sin, jeku emu tanggū
5말 4되, 곡식 180섬이

jakūnju hule bi seme bithe wesimbuhe.
있다고 글을 올렸다.

⇦ han i bithe, juwe biyai ice uyun de wasimbuha,
2월 초아흐레에 한(汗)이 글을 내렸다.

← abatai age, du tang, hiya age, fusi efu, si (35:18b)
"Abatai 아거, 도당, 히야 아거, Fusi 어푸, Si

← uli efu, aita, suwe beye jobombi seme ume
Uli 어푸, Aita 너희는 몸이 괴롭다 하여

← bandara, genehe boigon i ai ai baita be, suweni
게으름을 피우지 말라. 가 있는 가호의 갖가지 일을 너희가

← beye gaifi icihiya, alban weilere ai ai baita oci,
몸소 데리고 처리하라. 공역할 갖가지 일이 생기면

← sinde bithe benembi, bithe be tuwame si tucibufi
너에게 글을 보내겠다. 글을 보아 네가 뽑아서

← unggi, ai ai baita bici, niyalma geneci, inu
보내라. 무슨 일이든 있어서 사람이 가면 곧

← sinde ebunembi, bithe beneci, inu sinde benembi, sini
너에게 머무르도록 보내겠다. 글을 보내더라도 너에게 보내겠다.

← dabala deleri ebuneci, tere niyalma holtombi, wafi uncara (35:19a)
너 이외에 다른 곳에 가서 머물면 그 사람은 속이는 것이다. 잡아서 파는

← ulha i bosho be, si kemuni fe an i gaisu,
가축의 콩팥은 네가 여전히 관례대로 가지라.

← erei dabala, menggun gaime ume beidere.
그 외에 은을 받으며 판결하지 말라."

○ guwangning de anafu tehe amba beile, [原檔殘缺]
광녕에 수자리 살러 간 대버일러 □□□

age be orin de amin beile, [原檔殘缺]
아거를 20일에 Amin 버일러 □□□

ere emu ucuri jobombi dere,
"이 한때에 수고로울 것이다.

⇦ han i beye ci aname, beisei beye inu cooha (35:19b)
한(汗) 자신뿐 아니라 버일러들 또한 군대에

debi, aika jaka be icihiyame jobombi kai,
있다. 온갖 일을 처리하느라 고생한다.

ya takūrara baita oci, wang iogi, dai iogi i
누군가를 파견할 일이 생기면 Wang 유격, Dai 유격

gese niyalma be ume takūrara, mujilen tondo
같은 사람을 보내지 말라. 마음이 곧고

ulin gaijarakū iogi sabe takūra, genehe boigon be
재물을 빼앗지 않는 유격들을 보내라. 간 가호를

joriha ba i boode kamcime tebu, usin acan
지시한 곳의 집에 합쳐서 살게 하라. 밭을 함께

tarikini, tarime tesurakūci, fusi, niowanggiyaha, keyen, cilin,
경작하게 하라. 경작하여 충분치 않으면 무순(撫順), 청하(淸河), 개원(開原), 철령(鐵嶺),

caiha, fanaha ergide jase jakarame, meni meni (35:20a)
채하(柴河), 범하(范河) 쪽의 경계를 따라서 각자

teisu teisu ba be acan tarikini, ginjeo i juwe
각각의 장소를 함께 경작하게 하라. 금주(錦州)의 두

wei, cing ho, be tu cang be tubade unggihe de,
위, Cing Ho, 백토창(白土廠)의 사람을 그곳에 보내면

usin weilere erin tutarahū seme guwangning de
밭일할 시기가 늦어질까 염려된다고 광녕에

tebuhe.
거주하게 했다."

○ da mao pu i wang lai bin beiguwan, juwe tanggū
대무보(大茂堡)의 Wang Lai Bin 비어가 몽골인 200명이

monggo jihe be, arki nure ulgiyan bufi, si (35:20b)
온 것을 술과 돼지를 주고, "너희는

taka bedere, simbe saha de, ere cooha
잠시 돌아가라. 너희를 보면 이 병사가

afambi seme hendure jakade, tere monggo bederehe,
싸우려 할 것이다"라고 말하므로 그 몽골인들이 돌아갔다.

terei amala, tere pu i beiguwan, nandanju haha be
그 후에 그 보(堡)의 비어가 70명의 남자를

gajime
이끌고

⇦ han be baime jihe.
한(汗)에게 귀부(歸附)해 왔다.

○ šoto age i gūsai beyei nirui emu niyalma, (35:21a)
Šoto 아거의 구사의 한 사람이

losa hūlhaha seme orin nadan šusiha šusihalaha,
노새를 훔쳤다 하여 채찍 27대를 치고

oforo šan tokoho.
코와 귀를 찔렀다.

○ tanggūdai age i gūsai nirungga nirui emu niyalma,
Tanggūdai 아거의 구사의 Nirungga 니루의 한 사람이

jušen i enggemu hūlhaha seme, oforo šan, dere
여진인의 말안장을 훔쳤다 하여, 코와 귀, 얼굴,

darama be balai ba be tokome erulefi waha.
허리를 마구 찌르는 형벌을 내려서 죽였다.

頭註: gingguleme kimcici, balai ba be tokome sere gisun, ainci ba be bodorakū balai tokome sere gisun dere. [신중하게 살펴보니, balai ba be tokome라는 말은 아마도 '여기저기를 생각하지 않고 마구 찔렀다'라는 말일 것이다.]

제36권

천명(天命) 7년(1622) 2월

gūsin ningguci debtelin,
abkai fulingga i
nadaci aniya juwe
biya.

tongki fuka sindaha hergen i dangse. (36:1a)
유권점 당안

○ juwan de, jakūn gūsai emu nirui emte
10일에 8구사의 각 니루마다 한 명씩

uksin be mungtan gaifi, mederi bitume funcehe
갑병을 Mungtan이 인솔하여, 바닷가 연안에 남은

tutaha boigon be dali seme unggihe, jai emu
뒤떨어져 있던 가호들을 데리고 오라고 하여 보냈다.

niru be emte wan ara seme arabuha.
그리고 각 니루마다 한 개씩 사다리를 만들라고 하며 만들게 했다.

○ du tang ni bithe, juwe biyai juwan de wasimbuha,
도당(都堂)의 글을 2월 10일에 내렸다.

jeng an pu i tsanjiyang si, sini cooha be (36:1b)
"진안보(鎭安堡) 참장(參將) 너는 너의 병사를

gaifi, monggo i jasei jecen de genefi ili,
인솔해서 몽골과의 국경 지역에 가서 주둔하라.

be tu cang, cing ho, ši ho i niyalma boigon gurime
백토창(白土廠), Cing Ho, 석하(石河) 사람들이 가호를 옮겨

jiderengge, ulgiyan coko aika jaka be gemu
올 때 돼지와 닭 등 어떤 것이든 모두

yooni gurire bade isibukini, gurime wajiha manggi,
온전하게 이주할 곳에 이르게 하기 바란다. 이주가 끝난 후에

sini bade si bedere, genehe coohai niyalma,
네가 있던 곳으로 물러나라. 간 군인들은

ulgiyan coko aika jaka be ume wara,
돼지와 닭 등 어떤 것이든 죽이지 말고

ume cuwangname durire, saikan hendu. (36:2a)
약탈하지 말라. 잘 말해두라."

⇦ dergi abka mimbe gosime, šanaha i tulergi gurun be minde
"위대한 하늘이 나를 사랑하여 산해관(山海關) 바깥의 나라를 나에게

← buhe, jase tulergi monggo, jase dolo dosifi yabuci,
주었다. 경계 바깥의 몽골인이 경계 안으로 들어와서 다니고,

← bi geli karu jase tucifi yabuci, muse juwe
내가 다시 보복으로 경계를 나가서 다니면, 우리 두

← gurun ehe ombikai, sain doro be sain mujilen be
나라의 사이가 나빠질 것이다. 선한 도리와 선한 마음을

← gūnici, meni meni fe nuktehe bade bedere, bedereci,
생각한다면, 각각 예전에 유목하던 곳으로 물러나라. 물러나면

← musei juwe gurun de weile akū kai. (36:2b)
우리 두 나라에 아무 일이 없을 것이다."

⇦ han, juwan de, šanggiyan bayarai niyalma de bireme emte
한(汗)이 10일에 백(白) 바야라 모두에게

jafu buhe.
융단을 한 장씩 주었다.

○ ci giya pu be, ice jakūn de, erdeni baksi,
척가보(戚家堡)를, 초여드레에 Erdeni 박시와

dahai dahabufi gajiha niyalma duin tanggū, morin
Dahai가 복속시켜서, 사람 400명과

ihan nadanju, eihen dehi gajiha. (36:3a)
마소 70마리, 나귀 40마리를 끌고왔다.

○ be tu cang ni boigon i juwe tumen anggala be
백토창의 가호 2만 인구를

gajifi guwangning de tebuhe.
이끌고 와서 광녕(廣寧)에 살게 했다.

⇦ han hendume, oode sinde hergen buci acarakū, ere gese
한(汗)이 말하기를, "Oode야, 너에게는 직위를 주는 것이 마땅하지 않다. 이와 같이

← baha bade dosifi gaisu seme henduhe, oode
획득한 지역에 들어가서 받으라"고 했다. Oode가

dosifi duin gecuheri, duin suje, emu jibca, (36:3b)
들어가서 망룡단 네 필, 비단 네 필, 가죽옷 한 벌,

emu morin gaiha.
말 한 마리를 받았다.

○ wei giya ling, šuwang tai, juwe pu i emu tumen
위가령(魏家嶺)과 쌍대(雙臺) 두 보의

sunja minggan anggala be gajifi guwangning de tebuhe.
인구 1만 5000명을 이끌고 와서 광녕(廣寧)에 살게 했다.

○ sula daliha boigon be, du tang, dzung bing guwan de
할당되지 않은 몰아온 가호를, 도당(都堂), 총병관(總兵官)에게는

gūsin sunjata haha buhe, fujiyang de gūsita (36:4a)
장정 35명씩을 주고, 부장(副將)에게는 장정 30명씩을

haha buhe.
주었다.

○ solho i ajigen mergen, hūwaliyan i tungse, juwe
조선의 Ajigen Mergen과 Hūwaliyan 통사(通事) 두

niyalma be, guwangning de benjime juwan de
사람을 광녕에 보내서 10일에

isinjiha,
이르렀다.

⇦ han, dahai, tuša, lungsi be, ajigen mergen i jihe
한(汗)이 Dahai, Tuša, Lungsi로 하여금 "Ajigen Mergen이 온

← turgun be fonji seme fonjire jakade, ajigen mergen (36:4b)
까닭을 물으라"고 하여 물으니, Ajigen Mergen이

hendume, mini han, guwangning šanaha be baha
말하기를, "우리 임금이 '광녕과 산해관을 취했는지

bahakū be tuwana, guwangning šanaha be bahaci,
취하지 않았는지를 가서 보라. 광녕과 산해관을 취했다면

muse umesi acaki seme tuwanggiha mujangga seme
우리가 꼭 화친하자'라고 하여 살펴보라고 보냈습니다. 정말입니다"라고

jabuha, mao iogi be ainu burakū sere jakade, nikan
대답했다. "모 유격(毛遊擊)을 어째서 주지 않느냐"라고 하니, "명은

ama, be jui kai, ama i booi niyalma be, jui
아버지이고 우리는 아들입니다. 아버지의 집안 사람을 아들이

jafafi bumbio seme hendure jakade, ajigen mergen be
잡아서 주겠습니까"라고 대답하므로, "Ajigen Mergen을

akdulame asara seme asarabuha. (36:5a)
단단히 가두라"고 하여 가두게 했다.

⇦ han, juwe biyai juwan de, gegen be wesibufi beiguwan i
한(汗)이 2월 10일에 Gegen을 승직시켜 비어(備禦)의

hergen bufi, duin suje, juwe yan sunja jiha
직위를 주고, 비단 네 필과 은 두 냥 5전을

menggun buhe.
주었다.

○ du tang ni bithe, juwe biyai juwan emu de,
도당의 글을 2월 11일에

ši fujiyang, lio fujiyang, cen iogi de wasimbuha, (36:5b)
석(石) 부장, 유(劉) 부장, Cen 유격에게 내렸다.

julergi guwali hecen i duka be jušen tuwakiyarangge
"남쪽 성 밑의 성문을 여진인이 지키는 것을

nakabuha, suweni niyalma tucibufi tuwakiyabu, ehe facuhūn
그만두게 했다. 너희 사람을 내어서 지키게 하라. 포악하고 문란한

niyalmai tucire dosire be saikan baica, boigon i
사람이 들고나는 것을 잘 조사하라. 가호의

niyalma, jeku ujima ganarangge be, hoki banjibufi
사람이 곡물과 가축을 가지러 갈 때는 무리를 지어

ejen arafi ganabu.
수장을 세워서 가지러 가게 하라."

⇦ han i bithe, juwe biyai juwan emu de, fusi efu, (36:6a)
한(汗)의 글을 2월 11일에 Fusi 어푸,

← si uli efu de wasimbuha, liyoodung ni šurdeme
Si Uli 어푸에게 내렸다. "요동(遼東) 주변의

← bira de bihe nikan i ambasa jaha be efujehengge
강에 있는 한인의 큼직한 나룻배들이 부서진 것을

← gemu dasafi, bisirei teile liyoha i dogon de hūdun benju.
모두 수리하여, 있는 대로 요하(遼河)의 나루로 속히 보내라."

○ du tang ni bithe, juwe biyai juwan emu de,
도당의 글을 2월 11일에

ši fujiyang, lio fujiyang, cen iogi de wasimbuha,
석(石) 부장과 유(劉) 부장, Cen 유격에게 내렸다.

suweni gurime jihe boigon i ulha macuha, suwe (36:6b)
"너희가 옮겨온 가호의 가축은 야위었다. 너희는

hūdun tokso dendefi, ulha be tokso de liyoo
속히 장원을 나누어서, 장원에서 가축에게 먹이를

ulebu, usin hūdun dende, dendere de ume
먹이라. 밭을 속히 나누라. 나눌 때는

temšendure, icihiyame gaisu, usin weilere niyalma be
다투지 말고 처리하여 받으라. 밭을 경작하는 사람을

tokso de unggi, anja dagilakini.
장원에 보내라. 보습을 준비하기 바란다."

○ du tang ni bithe, juwe biyai juwan emu de,
도당의 글을 2월 11일에

aita fujiyang de wasimbuha, kiyoo cara jaha be, (36:7a)
Aita 부장에게 내렸다. "다리를 놓을 나룻배를

dobori inenggi akū hūdun bošome kiyoo cabu,
밤낮 없이 속히 재촉하여 다리를 놓게 하라.

saikan ginggule, geren cooha doore kiyoo be baharakū
잘 받들어 행하라. 많은 군사들이 건널 다리가 없어서

sartaburahū, wajire inenggi be bithe arafi wesimbu.
지체될까 염려된다. 끝나는 날을 글로 써서 올리라."

○ juwan juwe de, jeng an pu i tsanjiyang, ini
12일에 진안보의 참장이 자신의

ciyandzung be takūrafi, cing ho, ši ho i boigon be
천총(千總)을 보내어서, "Cing Ho, 석하(石河)의 가호를

guri seme bošome ganara jakade, ši ho i niyalma (36:7b)
이주하라고 재촉하면서 데리러 가자 석하 사람들이

hendume, mende ai bi, bayasa gemu gurire bade
말하기를 '우리에게 무엇이 있느냐. 부자들은 모두 이주할 곳에

genehe kai, guwanggusai canggi bikai seme hendume,
갔다. 무뢰한들만이 있을 뿐이다'라고 하면서

takūraha ilan niyalma be jafaha, duin morin be
보낸 세 사람을 잡고, 말 네 마리를

gabtaha seme alanjiha.
활로 쏘았다"라고 알려왔다.

○ du tang ni bithe, juwan juwe de, jeng an
도당의 글을 12일에 진안보의

pu i tsanjiyang de wasimbuha, jeng an pu i (36:8a)
참장(參將)에게 내렸다. "진안보에

harangga niyalmai juse hehesi, bira doome gurime
속한 사람들의 아이들과 여자들이 강을 건너 이주하여

genehe bici, hahasi meni meni juse sargan be
간 사람이 있으면 각자 자식과 아내를

baime genekini, gurime genehekū niyalma tucibufi, ši ho i
찾아가기 바란다. 이주하여 가지 않은 사람을 내어서, 석하(石河)

hecen de niyalma bio akūn seme hūlhame tuwanggi.
성에 사람이 있는지 없는지 몰래 보도록 보내라."

○ juwan ilan de, duilehe weile, yehe i nomhon
13일에 심리한 죄이다. Yehe의 Nomhon

nirui juwan ilan niyalma, tofohon morin hūlhaha (36:8b)
니루의 13명은 15마리의 말을 훔쳤다

seme, tanggūta šusiha šusihalafi oforo šan tokoho.
하여 각각 채찍 100대를 때리고 코와 귀를 찔렀다.

○ du tang ni bithe, jeng an pu i tsanjiyang de
도당의 글을 진안보의 참장에게

wasimbuha, monggo i boigon de anggala tolome, jeku
내렸다. "몽골 가호에게 식구를 세어서 곡물을

emu anggala de duite sin bu.
한 명에게 네 되씩 주라."

○ juwan ilan de, emu nirui dehite gūsita (36:9a)
13일에 한 니루마다 30, 40명씩

niyalma be, hada gidame gene seme unggihe.
사람을 산봉우리로 진압하러 가라고 보냈다.

○ du tang ni bithe, juwe biyai juwan duin de,
도당의 글을 2월 14일에

aita fujiyang de wasimbuha, alban i dabsun be
Aita 부장에게 내렸다. "공물용 소금을

ambula kiceme fuifubu.
매우 열심히 끓이라."

○ guwangning ni amargi hada de, neneme tsanjiyang hergen i (36:9b)
광녕의 북쪽 산봉우리에 먼저 참장 직위의

salgūri, jakūn gūsai emte iogi genefi bahakū,
Salgūri와 8구사의 유격 한 명씩이 갔는데 얻지 못하고,

salgūri tsanjiyang ni niyalmai kalfiha sirdan de šula
Salgūri 참장의 사람이 멀리 쏜 화살에 Šula가

goifi bucehe, jai dasame anggū, seoken, jakūn
맞아서 죽었다. 그리고 다시 Anggū와 Seoken이 8구사의

gūsai emu nirui duite uksin be gaifi
니루마다 네 명의 갑병을 이끌고

genefi bahakū ofi, juwan juwe de emu nirui
가서도 얻지 못해서, 12일에 니루마다

sunjata uksin be unggifi, ninggun tanggū funceme
갑병 다섯 명씩을 보내어서, 600명 넘게

olji bahafi gajiha. (36:10a)
포로를 잡아서 끌고왔다.

⇦ han i bithe, juwe biyai juwan duin de du tang de
한(汗)의 글을 2월 14일에 도당에게

← wasimbuha, liyoodung ni hecen saharangge naka, alban i
내렸다. "요동성을 쌓는 것을 멈추라.

← usin weileburengge inu nakaha, terei funde hecen i
공전(公田)을 경작시키는 것도 멈추었다. 그 대신에, 성을 쌓을

← wehe juweme jihe niyalma, ihan sejen be, iogi sai
돌을 운반하여 온 사람과 소수레를, 유격들

← fejergi jung giyūn, ciyandzung ci, emte getuken icihiyame
아래의 중군(中軍), 천총에서 한 명씩, 분명하게 처리할

← mutebure niyalma be tucibufi, meni meni ejen arafi (36:10b)
수 있는 사람을 내어서, 각각 책임자로 삼아서

← unggi, guwangning ni ba i jeku juwefi tsang de
보내라. 광녕 지역의 곡물을 운반하여 창고에

← sindakini, jušen i hafasa de goiha nikasa be, jušen
두기 바란다. 여진의 관원들에게 분배한 한인들은 여진인을

← ejen arafi gajime jio, nikan i hafasa de goiha
수장으로 삼아서 데리고 오라. 한인 관원들에게 분배한

← niyalma de, nikan i jung giyūn, ciyandzung, ejen arafi
사람에게 한인 중군과 천총을 수장으로 삼아서

← gajikini, emu dusy hafan de, geren tsang guwan be
인솔하여 오기 바란다. 도사(都司)의 관원 한 사람에게 많은 창관(倉官)을

← adabufi unggi, liyoha birai wargi si ning pu de
붙여서 보내라. 요하강의 서쪽 서녕보(西寧堡)에

← tefi, wei juwehengge ambula, wei juwehengge komso seme (36:11a)
있으면서 누가 나른 것이 많고, 누가 나른 것이 적은가

← bodome gaikini, jai guwangning ni ba i niyalma gurime genefi,
헤아려 받게 하라. 또한 광녕 지역 사람이 이주하여 가서

← kamciha ba i niyalma bisire jeku be acan jefu,
합쳐서 사는 지역의 사람들은 있는 곡물을 함께 나누어 먹으라.

← isirakū oci acan juwe, baisin niyalma jeku akūci
충분하지 않으면 함께 나르라. 일반 백성이 곡물이 없으면

← juweme jefu, jeku bifi juweme uncaci, inu suweni ciha.
날라와서 먹으라. 곡식이 있어서 날라와서 팔겠다면 또한 너희의 뜻대로 하라."

○ du tang ni bithe, jeng an pu i tsanjiyang de
도당의 글을 진안보의 참장(參將)에게

wasimbuha, sini harangga hecen pu, tun tokso i (36:11b)
내렸다. "너의 관하에 있는 성, 보, 둔, 장원에 있는

niyalma be, gemu bargiyafi bira doome gurime gene,
사람을 모두 거두어서 강을 건너 이주하여 가라.

ulgiyan coko ai ai jaka be ume waliyara,
돼지, 닭, 온갖 것을 버리지 말라.

gurire bade gama, ulha akū niyalma de, be
이주하여 가는 곳에 가지고 가라. 가축이 없는 사람에게 우리가

eihen losa bufi, liyoha i dalin de isibumbi,
나귀와 노새를 주고 요하 강기슭에 보내어 가게 할 것이다.

hai jeo i niyalma, liyoha i dalin de okdofi, tereci
해주(海州) 사람이 요하강 기슭에서 맞이해서, 그다음에

ulan ulan i giyamulame benembi, suwembe joboburakū.
차례차례 역참을 통해 보낼 것이다. 너희를 고생시키지 않을 것이다."

(36:12a)

○ juwan duin de, kakduri fujiyang emu nirui
14일에 Kakduri 부장이 니루마다

sunjata uksin be gaifi, jeng an pu i
다섯 명의 갑병을 이끌고 진안보의

boigon be dalime genehe.
가호를 몰려갔다.

⇦ han i bithe, juwe biyai juwan duin de munggatu de
한(汗)의 글을 2월 14일에 Munggatu에게

← wasimbuha, io tun wei haha be, monggo babu
내렸다. "우둔위(右屯衛)의 장정을, 몽골의 Babu

← iogi de, nikan i iogi bodome haha bu, jai (36:12b)
유격에게, 한인 유격에게 주는 만큼 헤아려서 주라. 그리고

← io tun wei beiguwan de, beiguwan i bodome haha bu,
우둔위의 비어(備禦)에게는 비어에게 주는 만큼 헤아려 장정을 주라.

← haha bume funceci gaisu, isirakūci nonggi.
장정을 주고 남으면 받고, 부족하면 추가하라."

○ juwan duin de, jaisa beile i ninggun niyalma
14일에 Jaisa 버일러의 여섯 사람이

elcin jihe.
사신으로 왔다.

○ fujisa, liyoodung ci juwan emu de tucifi, juwan (36:13a)
푸진들이 요동(遼東)에서 11일에 출발하여

duin de guwangning de isinjire de, coohai geren
14일에 광녕에 도착하니, 군의 여러

ambasa hecen ci tucifi hengkileme acaha, fujisa be
대신이 성에서 나와 절하며 영접했다. 푸진들이

jimbi, yamun i dukai siden be fulgiyan jafu
올 것이라 하여 아문(衙門)의 문 사이를 붉은 융단을

akūmbume sektefi,
정성을 다하여 깔고,

⇦ han yamun de tucifi tehe, tereci fujisa hecen de
한(汗)이 아문에 나가서 앉았다. 그러고 나서 푸진들이 성에

meihe erinde dosifi,
사시(巳時)에 들어와서,

⇦ han de, amba fujin geren fujisa be gaifi, (36:13b)
한(汗)에게 대푸진이 여러 푸진을 이끌고

⇦ han be
"한(汗)을

⇦ abka gosifi guwangning ni hecen be baha seme hengkilembi
하늘이 사랑하시어 광녕성을 얻었습니다"라고 하며, "절하겠습니다"라고

seme hendume hengkileme acaha, jai geren beise i
말하며 절하면서 알현했다. 또 여러 버일러의

sargata, yamun i tule ilan jergi hengkilefi bederehe,
아내들이 아문 밖에서 세 번 절하고 물러났다.

tereci fujisa be jihe doro seme amba
그러고 나서 푸진들이 온 예로 큰

sarin sarilaha.
주연을 베풀었다.

(36:14a)

○ kakduri fujiyang, juwan duin de takūrame, be tu cang,
Kakduri 부장이 14일에 사람을 보내어 "백토창,

wei giya ling, šuwang tai, ere ilan pu i niyalma
위가령, 쌍대 이 세 보의 사람이

gemu doigon i jihebi, funcehe tutaha ehe dogo
모두 이미 와 있습니다. 뒤처져 남아 있는 불구의 맹인과

doholon be cimari gajime jimbi.
절름발이를 내일 데리고 오겠습니다."

○ gin tsanjiyang ni kadalara jeng an pu, da
Gin 참장이 관할하는 진안보,

he šan, siyoo he šan, jung an pu, tuwan šan (36:14b)
대흑산(大黑山), 소흑산(小黑山), 중안보(中安堡), 단산보(團山堡)

pu, ere sunja pu be, jeng an pu i tsanjiyang
이 다섯 보 사람들을 진안보의 참장이

bošome gamambi.
재촉하며 데려갈 것이다.

○ tofohon de,
15일에

⇦ han hendume, boode isiname jaka de, gege be hūdun jurambumbi,
한(汗)이 말하기를, "궁에 도착하면 공주를 속히 떠나게 할 것이다.

← yalufi genere morin be hūdun tarhūbu, suweni monggo i
타고 갈 말을 속히 살찌우라. 너희 몽골의

← durun i tarhūn sere morin turga kai, meni durun i (36:15a)
기준으로 살쪘다고 하는 말은 여위었다. 우리 기준으로

← ambula tarhūbu, morin turga ohode unggirakū, morin tarhūhai
많이 살찌우라. 말이 여위면 보내지 않고, 말이 살쪘을

← teile unggimbi, suwende morin akū sehe seme gūwa
때에만 보낼 것이다. 너희에게 말이 없다 하여도 다른

← jaka bure gojime, mini morin suwende burakū, mende
물품을 줄 뿐, 내 말을 너희에게 주지는 않겠다. 우리에게

← ume erere.
바라지 말라."

○ tofohon de,
15일에

← guwangning ci gurime genehe boigon i niyalma be ume suilabure, (36:15b)
"광녕에서 이주해 간 가호들을 고생시키지 말라.

← guwangning ni niyalma han be suilabuhakū, fe takaha saha
광녕 사람들은 한(汗)을 고생시키지 않았고, 옛날부터 알았던

← niyaman hūncihin i adali uthai okdome dahaha, jilakan, usin
친인척처럼 바로 맞이하여 항복했다. 가상하다. 밭과

← boo jeku be, saikan getuken i icihiyame bu.
집과 곡물을 분명하게 잘 처리하여 주라."

⇦ han i bithe, juwe biyai orin emu de aita fujiyang de
한(汗)의 글을 2월 21일에 Aita 부장에게 내렸다.

← wasimbuha, sini kiyoo cara be hūdun kiceme came
"네가 다리를 놓는 것을 속히 힘써서

← wacihiya, beise doome jidere de baharakū ojorahū, (36:16a)
끝내라. 버일러들이 건너올 때 할 수 없을까 염려된다.

← ume sartabure.
지체하지 말라."

○ juwe biyai juwan ninggun de, urut gurun i
2월 16일에 Urut국의

minggan, sonom, coirjal, g'arma, angkūn, dorji, guru,
Minggan, Sonom, Coirjal, G'arma, Angkūn, Dorji, Guru

corji, kibtar, cing baturu, ere juwan beile, hehe
Corji, Kibtar, Cing 바투루 등 이 열 버일러가 여자와

juse, minggan haha be gaifi, guwangning ni
아이들, 장정 1000명을 이끌고 광녕성으로

hecen de ukame jihe, (36:16b)
도망해 왔다.

⇦ han yamun de tucifi, isinjiha doroi sarin sarilaha, jai
한(汗)은 아문에 나가서, 도착한 예로 주연을 베풀었다. 그리고

geli tere inenggi, jakūn gūsai fujisa acafi,
또 그날 8구사의 푸진들이 만나서

monggo i fujisa de jakūn honin wafi sarilaha.
몽골의 푸진들에게 양 여덟 마리를 잡아서 주연을 베풀었다.

○ sangguri be juwe biyai juwan ninggun de, beiguwan be
Sangguri를 2월 16일에 비어에서

wesibufi iogi hergen buhe.
승직시켜 유격 직위를 주었다.

(36:17a)

⇦ han hendume, meni gurun i banjire doro, tondo akdun,
한(汗)이 말하기를 "우리 나라의 살아가는 도리가 바르고 굳건하며,

← šajin i jurgan be jafafi, erdemungge sain niyalma be
법으로 의리를 잡고, 덕이 있고 선한 사람을

← gidarakū, ehe facuhūn niyalma be dere banirakū, šajin i
억압하지 않으며, 포악하고 문란한 사람의 체면을 봐주지 않으며 법으로

← gamame ofi, hūlha holo ehe facuhūn akū, ai
처리하므로, 도적질, 포악함, 문란함이 없다.

← ai jaka tuheke be bahaci, ejen de bumbi,
어떤 물품이든 떨어진 것을 주우면 주인에게 준다.

← tuttu ofi,
그래서

⇦ abka gosime, gurun i banjirengge ere inu, suweni monggo gurun i (36:17b)
하늘이 사랑하여서 백성이 살아가는 것이 바로 이것이다. 너희 몽골국

← niyalma, gala de erihe jafafi tolome, encu gūnime
사람은 손에 염주를 잡고 세면서도, 딴생각을 하며

← hūlha holo be dele arafi banjire be,
도적질을 높이 받들며 살아가는 것을

⇦ abka wakalafi, suweni beise i mujilen be gemu facuhūn
하늘이 질책하여서, 너희 버일러들의 마음을 모두 혼란스럽게

← obufi, gurun jobombi kai, suwe mimbe baime jihe
만들었기 때문에, 백성이 고생하는 것이다. 너희는 나에게 귀부(歸附)해 온

← niyalma, erdemungge sain niyalma oci, erdemu i gung de
사람이다. 덕이 있고 선한 사람은 덕이라는 공으로

← ujire, erdemu akū niyalma oci, jihe gung de
보살피고, 덕이 없는 사람은 나에게 온 공으로

← sain ujimbi kai, ehe hūlha holo mujilen be (36:18a)
잘 보살필 것이다. 포악한 도적의 마음을

← ume deribure, ehe facuhūn hūlha holo deribuci, meni
먹지 말라. 포악하고 문란한 짓이나 도적질을 꾀하면 우리의

← šajin i gamambi kai.
법도로 처리할 것이다."

⇦ han, juwan nadan de guwangning ci jurafi jime, pan šan de,
한(汗)이 17일에 광녕에서 출발하여 오는데, 반산(盤山)에

sereng beile i uyunju sunja niyalma ukame jihe,
Sereng 버일러 예하의 95명이 도망해 왔다.

tere inenggi jifi, g'ao ping de deduhe, tereci jifi
그날 고평(高平)에 와서 머물렀다. 그 후에는

birai ebergi sanoko pu de deduhe, tere yamji (36:18b)
강의 이쪽 편 삼하보(三河堡)에 머물렀다. 그날 저녁

aita fujiyang,
Aita 부장이

⇦ han de juwe ihan benjihe.
한(汗)에게 소 두 마리를 보내왔다.

⇦ han, sanoko de deduhe yamji, jakūn gūsai iogi, suweni
한(汗)이 삼하(三河)에 머문 날 저녁에, "8구사의 유격들아, 너희가

← gamara boigon be saikan bargiyafi gamafi, munggatu fujiyang de
데리고 가는 가호를 잘 거두어 데려가서, Munggatu 부장에게

← isibu, giyamun halame okdome jihe ihan sejen be,
도착하게 하라. 역참을 교대하여 맞으러 온 소수레는

← isinarakū yafahan de icihiyame bu. (36:19a)
아직 도착하지 않은 걸어서 오는 사람들에게 처리하여 주라"고 말했다.

○ ginjeo wei hahai ton, jakūn minggan nadan tanggū orin
금주위(錦州衛) 장정의 수가 8728명,

jakūn, anggalai ton, juwe tumen sunja tanggū susai.
인구 수가 2만 550명이다.

제37권

천명(天命) 7년(1622) 2월

gūsin nadaci debtelin,
abkai fulingga i
nadaci aniya juwe
biya.

tongki fuka sindaha hergen i dangse. (37:1a)
유권점 당안

⇦ han i bithe, juwe biyai juwan jakūn de wasimbuha, munggatu
한(汗)의 글을 2월 18일에 내렸다. "Munggatu

← fujiyang, si unggihe boigon i joriha bade baktara be
부장(副將) 너는 보낸 가호를 지정한 곳에 수용할 수 있을지를

← tuwame tebu, baktandarakūci, casi ulan ulan i giyamun
보아서 살게 하라. 수용하지 못할 것 같으면 저 편으로 차례차례 역참을

← halame, fung ji pu ci aname isire be tuwame jase
따라서 봉집보(奉集堡)에서부터 수용 여부를 보아서 경계를

← tucitele beneme tuwame tebume, bi yen, šanggiyan hada, dung de
나갈 때까지 보내어 살피면서 살게 하되 Bi Yen, Šanggiyan봉(峰), Dung에

← isitala tebu.
이르기까지 살게 하라."

(37:1b)

○ sanoko ci jifi hai jeo be dulefi, tu ho
삼하(三河)에서 와서 해주(海州)를 지나서 토하보(土河堡)

pu i ala de deduhe, tereci jifi,
언덕에서 머물렀다. 거기에서 와서

⇦ han bonio erinde
한(汗)이 신시(申時)에

⇦ tangse de hengkilehe, fusi efu, geren hafasa be gaifi
당자(堂子)에서 절했다. Fusi 어푸는 여러 관원을 인솔하여

dukai tule hengkilehe, jai dobi ecike, subahai
문 밖에서 절했다. 그리고 Dobi 숙부와 Subahai

gufu, geren coohai niyalma be gaifi dusy
고모부는 여러 병사를 인솔하여 도사(都司)

yamun de hengkilehe. (37:2a)
아문(衙門)에서 절했다.

○ tulkun, kolka, ice hecen de emu nirui
Tulkun, Kolka가 신전(新奠)에 니루마다

juwete uksin be gaifi genehengge, orin de
두 명씩의 갑병을 인솔하고 갔다가 20일에

isinjiha, niyalma juwe tanggū jakūnju, morin jakūnju,
돌아왔다. 사람 280명, 말 80마리,

ihan uyunju nadan, eihen losa uyunju jakūn,
소 97마리, 나귀와 노새 98마리 등

uhereme sunja tanggū susai sunja bahafi gajiha.
모두 하여 555명과 가축을 획득하여 데리고 왔다.

(37:2b)

○ be tu cang, jeng an pu i anggalai ton,
"백토창(白土廠), 진안보(鎭安堡)의 인구 수는

juwe tumen emu minggan emu tanggū susai,
2만 1150명,

hahai ton, uyun minggan juwe tanggū gūsin
장정의 수는

jakūn haha.
9238명이다."

○ dureng beile i budang, emu tanggū dehi boo,
"Dureng 버일러의 Budang은 140집,

haha emu tanggū jakūnju, anggala duin tanggū (37:3a)
장정 180명, 인구 463명,

ninju ilan, ihan juwe tanggū juwan.
소 210마리이다."

○ gurbusi beile i kusai, ninju ninggun boo, haha
"Gurbusi 버일러의 Kusai는 66집, 장정

emu tanggū juwan juwe, morin orin, ihan
112명, 말 20마리,

ilan tanggū, honin nadan tanggū.
소 300마리, 양 700마리이다."

○ nangnuk beile i horomsi, orin sunja boo, orin (37:3b)
"Nangnuk 버일러의 Horomsi는 25집,

sunja haha, emu tanggū duin anggala, ihan
장정 25명, 인구 104명,

orin duin, honin dehi.
소 24마리, 양 40마리이다."

○ darhan baturu beile i garai, orin boo, gūsin
"Darhan 바투루 버일러의 Garai는 20집,

ilan haha, emu tanggū orin anggala, gūsin
장정 33명, 인구 120명,

ninggun morin, jakūnju ihan, juwe tanggū honin.
말 36마리, 소 80마리, 양 200마리이다."

(37:4a)

○ tarki fujin i kaisai, juwan duin boo, orin
"Tarki 푸진의 Kaisai는 14집,

juwe haha, ninju ninggun anggala, sunja morin,
장정 22명, 인구 66명, 말 다섯 마리,

ninju juwe ihan, juwe temen.
소 62마리, 낙타 두 마리이다."

○ joriktu beile i orin jakūn boo, dehi nadan
"Joriktu 버일러의 28집, 장정 47명,

haha, uyunju anggala, gūsin sunja ihan.
인구 90명, 소 35마리이다."

(37:4b)

○ daicing beile i nadan haha, juwan anggala.
"Daicing 버일러의 장정이 일곱 명, 인구가 10명이다."

○ sereng beile i begei, ninju ilan boo, jakūnju
"Sereng 버일러의 Begei는 63집,

nadan haha, juwe tanggū orin anggala, susai
장정 87명, 인구 220명,

emu ihan, ninggun morin.
소 51마리, 말 여섯 마리이다."

◯ darhan baturu beile i hanggal, juwan uyun boo, (37:5a)
"Darhan 바투루 버일러의 Hanggal은 19집,

orin duin haha, ninggun morin, dehi ninggun
장정 24명, 말 여섯 마리, 소 46마리,

ihan, jakūnju honin, uyunju duin angga.
양 80마리, 인구 94명이다."

◯ manggol tabunang, emu tanggū boo, emu tanggū
"Manggol 타부낭은 100집,

orin sunja haha, emu tanggū morin, duin
장정 125명, 말 100마리, 소

tanggū ihan, sunja tanggū honin, juwan temen,
400마리, 양 500마리, 낙타 10마리,

ilan tanggū gūsin ilan angga. (37:5b)
인구 333명이다."

◯ dalai taiji, emu tanggū susai boo, emu
"Dalai 타이지는 150집,

tanggū nadanju haha, sunja tanggū juwan emu
장정 170명, 인구 511명,

angga, orin emu morin, emu tanggū ninju
말 21마리, 소 160마리,

ihan, emu tanggū dehi honin, juwan ilan temen.
양 140마리, 낙타 13마리이다."

○ babai taiji, emu tanggū ninju boo, juwe (37:6a)
"Babai 타이지는 160집,

tanggū morin, emu minggan ihan, ilan minggan
말 200마리, 소 1000마리, 양 3000마리,

honin, juwan ilan temen, sunja tanggū angga.
낙타 13마리, 인구 500명이다."

○ hūng baturu, tanggū boo, emu tanggū haha,
"Hūng 바투루는 100집, 장정 100명,

juwe tanggū uyun angga, duin ihan, orin
인구 209명, 소 네 마리, 말 20마리,

morin, sula emteli duin tanggū angga, juwe
의지할 사람이 없는 홀몸인 인구 400명,

tanggū nadanju nadan haha, duin tanggū angga, (37:6b)
장정 277명이다. 400명의 인구는

umai akū yafahan, uhereme ton uyun tanggū tofohon
가진 것 없는 보행자이다. 모두 합친 숫자가 915집,

boo, emu minggan sunja tanggū orin ilan haha,
장정 1523명,

ilan minggan juwe tanggū orin duin angga,
인구 3224명,

gūsin jakūn temen, duin tanggū juwan ilan
낙타 38마리, 말 413마리,

morin, juwe minggan ilan tanggū nadanju juwe
소 2372마리,

ihan, duin minggan ninggun tanggū ninju honin
양 4660마리이다"라고

seme bithe wesimbuhe. (37:7a)
글을 올렸다.

← ○ tang šan, fung hūwang, ilan bolikū, jung gu, šuwang šan, jeng dung,
"탕산(湯山), 봉황(鳳凰), Ilan Bolikū, 중고(中固), 쌍산(雙山), 진동(鎭東)

← jeng i, tsoo ho, šui cang ioi, hiyan šan, ere
진이(鎭夷), 초하(草河), Šui Cang Ioi, 험산(險山), 이

← gebulehe ba i niyalma, meni meni bade gemu bedere,
이름을 부른 지역의 사람들은 각자 자기 지역으로 모두 되돌아가라.

← gebulehekū bade yaka generahū, ginjeo i juwe wei i niyalma be,
이름을 부르지 않은 곳에 누군가 갈까 염려된다. 금주(錦州)의 두 위(衛)의 사람을

← sio yan, si mu ceng, cing tai ioi, tiyan šui jan de
수암(岫巖), 석목성(析木城), 청태욕(靑苔峪), 첨수참(甛水站)에

← dosimbu, liyoodung ni tung iogi, jao iogi, jang iogi, (37:7b)
들어가게 하라. 요동(遼東)의 Tung 유격(遊擊), Jao 유격, Jang 유격,

← jušen i arbuni iogi, singgiya iogi, hūngniyaka iogi, ere
여진의 Arbuni 유격, Singgiya 유격, Hūngniyaka 유격, 이

← ninggun iogi hafan genefi tuwame, tere boo, jetere
여섯 유격 관원이 가서 살펴보고 살 집, 먹을 곡물,

← jeku, tarire usin be saikan geterembume icihiyame bu,
경작할 밭을 깨끗하게 잘 처리하여 주라.

← guribuhe ere emu aniya jobombi dere, jai aniyadari
이주시킨 이 한 해는 고생할 것이다. 다시 해마다

← geli uttu joboho doro bio, alime gaiha ba i
또 이렇게 고생할 리가 있겠는가. 받아들인 지역의

← niyalma, boo jeku usin bume jobombi seci, jihe
사람이 집과 곡물, 밭을 주어 고생스럽다고 한다면, 새로 들어온

← boigon i tehe boo, tariha usin, jetere jeku be (37:8a)
가호는 살던 집, 경작하던 밭, 먹을 곡물을

← waliyafi jime, tere geli ambula joboho kai, boo
버리고 왔으니 그것도 매우 고생한 것이다. 집과

← usin jeku bure niyalma, mimbe ume ehe sere,
밭, 곡물을 줄 사람은 나를 나쁘다고 하지 말라.

← suweni nikan i wan lii han, jase tucime weile
너희 명의 만력제(萬曆帝)가 국경을 넘어와서 죄를

← araha ehe turgunde, suwe jobombi kai, wan lii han be
지은 악 때문에, 너희가 고생하는 것이다. 만력제를

← ehe seme hendu, suweni nikan membe baha de,
나쁘다고 하라. 너희 명이 우리를 정복했다면

← ere gese ujimbio, wambi kai, bi wahakū ujifi icihiyarangge
이처럼 보살피겠느냐. 죽일 것이다. 나는 이처럼 죽이지 않고 보살펴

← ere inu, icihiyame genehe iogi hafasa, jihe anggala (37:8b)
처리하는 것이다. 처리하러 간 유격 관원들은 이주해 온 인구와

← hahai ton be tolofi jio, genehe niyalma de
장정 수를 세어서 오라. 간 사람에게

← buda, morin de orho bu, yali udara hūda
밥을 주고 말에게 목초를 주라. 고기를 살 수 있는 값에 해당하는

← menggun šangnafi unggihebi, ere bithe orin emu de gamaha.
은을 상으로 주어서 보냈다." 이 글을 21일에 가지고 갔다.

○ orin emu de, fanggina de, ilan beiguwan, duin
21일에 Fanggina에게 비어(備禦) 세 명,

baksi be adabufi, ice jihe boigon anggala
박시 네 명을 붙여서, 새로 온 가호와 인구,

haha tolome genehe. (37:9a)
장정을 세러 갔다.

← ○ nikan, solho, ama jui, gurun amba cooha geren
"명과 조선은 아버지와 아들이며, 나라가 크고 병사가 많다

← seme dain arafi, ninggun aniya otolo meni sahakū
하여 전쟁을 일으켜서, 6년이 되도록 우리가 모를

← aibi, ama ci jui be hokoroo seme tuwaha,
일이 있겠는가. 아버지에게서 아들이 떠날까 하여 지켜보았는데,

← tuwaci hokorakū be bi safi, ama i baru cooha
지켜보아도 떠나지 않는 것을 내가 알았다. 그리하여 아버지를 향하여

← geneme, jui de teisu cooha werirakū mini ba be
거병하는데, 아들과 상대할 병사를 남기지 않고, 내 땅을

← tuwakiyarakū bi yabumbio, si ai medege gaime yabumbi, (37:9b)
지키지 않고, 내가 출병하겠느냐. 너는 무슨 정보를 얻으러 다니느냐.

← simbe tuwaha seme bi serembi, tuwahakū seme bi
너를 보았다 하여 내가 깨달을 것이고 보지 않았다 하여 내가

← dulbadambio, si mini jeng giyang ni niyalma be ambula
아무것도 모를 것이냐. 너는 나의 진강(鎭江) 사람을 많이

← alime gaihabi, solho si, nikan be ama eme seci,
받아들였다. 조선, 네가 명을 부모라 부르니,

← liyoodung ni hecen ba i dorgi juwe hūcin de
요동성 땅 안의 두 우물에

← senggi tucike kai, tere be solho si, na de
피가 나왔다. 그것을 조선, 네가 왜 땅에

← hendufi ainu nakabuhakū, beging hecen i dorgi bira be
고하여 그치게 하지 않았느냐. 북경성(北京城) 안의 강에

← juwe jergi senggi eyehe kai, yamun yamun i sakda (37:10a)
두 번 피가 흘렀다. 각 아문의

← moo, amba edun de fulehe suwaliyame ukcaha, wehei
고목은 큰 바람에 뿌리째 뽑혔다. 돌로 만든

← pailu mokcoho kai, tere ganio be solho si,
패루(牌樓)는 부서졌다. 그러한 변괴를 조선 너는

⇦ abka na de, edun de hendufi, ainu nakabuhakū, bi
천지에, 바람에 고하여, 왜 그치게 하지 않았느냐. 나는

⇦ abka na i arbun be tuwame yabumbi kai, solho sini
천지의 형상을 보아 출병하는 것이다. 조선, 네

← beyebe mangga seme ertufi,
자신을 강하다 하여 믿고서

⇦ abkai gamara arbun be tuwarakū,
하늘이 나타내는 형상을 보지 않는다.

⇦ abka de eljere gese ama eme seme si daliha (37:10b)
하늘에 저항하는 것처럼, 부모라 하여 네가 막았다

← seme ai tusa. tuwanjime jihe juwan juwe
한들 무슨 소용이 있는가." 정찰하러 온

solho be, orin emu de juwan niyalma be
조선인 12명 중에서, 21일에 10명은

yasa uhūme waha, juwe niyalma be yasa
눈을 파내서 죽이고, 두 명은 눈을

tokofi oforo šan faitafi, bithe jafabufi unggihe.
찌르고 코와 귀를 베어서, 글을 들려서 보냈다.

○ gurbusi taiji i sargan, dalai taiji eigen sargan,
Gurbusi 타이지의 아내, Dalai 타이지 부부,

babai taiji eigen sargan, manggol efu i juwe (37:11a)
Babai 타이지 부부, Manggol 어푸의 두

sargan, ede emte gecuheri, juwete suje, ninggute
아내, 이들에게 망룡단 한 필씩, 비단 두 필씩,

mocin, emte jafu buhe, coshil eigen sargan,
모청포 여섯 필씩, 융단 한 장씩을 주었다. Coshil 부부,

urut teling taiji i sargan de emte gecuheri,
Urut의 Teling 타이지의 아내에게 망룡단 한 필씩,

emte suje, ilata mocin buhe, ooba tabunang, engke
비단 한 필씩, 모청포 세 필씩을 주었다. Ooba 타부낭, Engke

tabunang ni sargan, seter tabunang, sengge tabunang ni jui,
타부낭의 아내, Seter 타부낭, Sengge 타부낭의 아들,

ede emte gecuheri, emte suje, ilata mocin buhe,
이들에게 망룡단 한 필씩, 비단 한 필씩, 모청포 세 필씩을 주었다.

uju jergi jargūci hiya de emte gecuheri, (37:11b)
1등급인 자르구치, 시위에게 망룡단 한 필씩,

juwete mocin buhe, jai jergi niyalma de juwete
모청포 두 필씩 주었다. 2등급인 사람에게

mocin buhe.
모청포 두 필씩을 주었다.

○ juwe biyai juwan ninggun de, monggo i beise
2월 16일에 몽골의 버일러들과

fujisa be,
푸진들에게

⇦ han de acaha doroi sarin sarilame, suje gecuheri
한(汗)이 알현 예로 주연을 베풀면서 비단과 망룡단,

ulin šangnaha. (37:12a)
재물을 상으로 주었다.

○ orin emu de wasimbuha
21일에 내린

⇦ bithe, io tun wei i jeku be jaha i juweki, juweme
글이다. "우둔위(右屯衛)의 곡물을 나룻배로 운반하겠다. 운반이

← wajirakūci, tuweri juweki, monggo i jase jakarame pu i jeku be,
끝나지 않으면, 겨울에 운반하겠다. 몽골과의 경계에 연(沿)하여 있는 보의 곡물은

← jugūn dasafi tondolome hūwang ni wa be juweki,
길을 고쳐서 똑바로 가면서 황니와(黃泥窪)를 지나 운반하겠다.

← ere ganaha ihan sejen de, pan šan ci casi,
이것을 운반하러 간 소수레로 반산(盤山)에서 저쪽,

← ši san šan ci ebsi guwangning ni julergi be juwefi, (37:12b)
십삼산(十三山)에서 이쪽, 광녕(廣寧)의 남쪽을 지나 운반해서,

← si ning pu, san ho pu de sinda, neneme ihan
서녕보(西寧堡), 삼하보(三河堡)에 두라. 먼저

← sejen bošome gamaha lahū, obonoi jergi niyalma muterakū,
소수레를 몰고서 데리고 간 Lahū, Obonoi 등은 감당할 수 없으니

← iogi hergengge niyalma be sindafi jeku bošome juwekini.
유격 직위의 사람에게 임무를 맡겨서 곡물을 재촉하여 운반하기 바란다."

tere inenggi, amba beile guwangning ci isinjiha.
그날 대버일러가 광녕에서 돌아왔다.

○ juwe biyai orin duin de,
2월 24일에,

← jaisai elcin de, guwangning ni duin tanggū hule jeku bu (37:13a)
"Jaisai의 사신에게 광녕의 곡물 400섬을 주라"고

seme hendufi unggihe.
말하여 보냈다.

○ du tang ni bithe, juwe biyai orin duin de
도당(都堂)의 글을 2월 24일에

wasimbuha, liyoodung ni hecen de jušen i emu
내렸다. "요동성에 여진인

dusy, nikan i emu dusy, liyoodung, simiyan, niowanggiyaha i
도사(都司) 한 명, 한인 도사 한 명이 요동(遼東), 심양, 청하(淸河)의

alban i ihan de toron gidafi, ihan i boco
공역할 소에게 낙인을 찍고, 소의 털색,

fiyan be, ihan i beye i amban ajige be gemu (37:13b)
소의 몸의 크기를 모두

bithe arafi, ihan be afabume buhe ejen i
문서로 만들고, 소를 맡겨서 준 주인의

gebu be bithe arafi bu, nio juwang de jušen i
이름을 문서로 만들어주라. 우장(牛莊)에 여진인

emu dusy, nikan i emu dusy ilifi, hai jeo,
도사 한 명, 한인 도사 한 명을 세워서, 해주(海州)

g'ai jeo, ginjeo, fu jeo, alban i ihan de toron
개주(蓋州), 금주(金州),[1] 복주(復州)의 공역할 소에게 낙인을

gidafi, ihan i boco fiyan be, ihan i beyei
찍고, 소의 털색, 그리고 소의 몸의

amba ajige be ejeme bithe arafi, ihan be
크기를 기록하여 문서로 만들고, 소를

afabume buhe jušen nikan i gebu be arafi bu, (37:14a)
맡겨서 준 여진인과 한인의 이름을 써서 주라.

juwe ba i dusy hafan, alban i menggun bufi
두 곳의 도사 관원은 관은(官銀)을 주고

gaijara ihan be, gemu emu adali asihan
받을 소가 모두 똑같이 튼튼한

ihan be tuwame gaisu, sakda, weileci ojorakū,
소인지를 보아 받으라. 늙었거나 일을 할 수 없거나,

ajige ihan be gaijarakū, juwan haha de emu
어린 소는 받지 않는다. 장정 10명에 한

---

1) ginjeo는 금주(金州)와 금주(錦州)를 다 나타낼 수 있다. 여기에서는 일본 동양문고 만문노당연구회 역주본의 구분을 따른다.

niyalma tucifi weilembi kai, neneme genehe niyalma be
사람이 나와서 일을 한다. 어찌하여 먼저 간 사람을

inenggi bilafi halame ainu unggirakū, bilaha inenggi be
날짜를 정해서 교대하도록 보내지 않는 것이냐. 정한 날짜를

jurceci, bejang de weile, neneme genehe ilan (37:14b)
어기면 백장(百長)에 죄가 있다. 먼저 간

minggan ninggun tanggū nikan i dolo, alban i ihan
한인 3600명 중에서 공역할 소를

unggihe bici, uthai bikini, ehe oci, halame
보냈다면 그대로 두라. 공역할 소가 좋지 않다면 대신하여

sain ihan be unggi, alban i sain ihan be
좋은 소를 보내라. 공역할 좋은 소를

yaka hūlašame gaijarahū, gamaha ihan, jeku juweci
누군가가 바꾸어 가질까 염려된다. 끌고간 소가 곡물을 운반할 수

ojorakū ajige turga ihan oci, tere be
없거나 어리거나 여윈 소라면, 그것을

hūlašame bederebuki, bederebure ihan i ton udu, uhereme
되돌려 바꾸기 바란다. 되돌려줄 소가 몇 마리이며, 모두 하여

genehe ihan sejen i ton udu seme baicafi, (37:15a)
간 소수레의 수가 몇 대인지 조사해서,

bithe arafi hūdun wesimbu, tubade genehe ihan
문서로 만들어 속히 올리라. 그곳에 간

sejen be dabume tumen sejen jalukiyame unggimbi,
소수레를 포함하여 수레 1만 대를 채워서 보낼 것이다.

neneme genehe niyalma, ehe seme hūlašara ihan be,
먼저 간 사람은, 나쁘다 하여 바꿀 소가 있으면

tubade isinaha manggi bederebu, isinara onggolo bedereme
그곳에 도착하고 나서 돌려보내라. 도착하기 전에 돌려서

sindafi unggirahū, nikan i tumen sejen ihan i jeku
놓아 보낼까 염려된다. 한인의 소수레 1만 대로 곡물을

juwere be, fusi efu, si uli efu de
운반하는 것을 Fusi 어푸와 Si Uli 어푸에게

afabuha, guwangning de tehe jušen i coohai niyalma, (37:15b)
맡겼다. 광녕에 주둔한 여진인 병사는

emu nirui orita niyalma tucifi emte minggan i
각 니루마다 20명씩 나와서 1000명씩

duin idu jafafi, emu mudan de emu
네 개 조를 편성하고서, 한 번에

minggan niyalma idu arame, taka birai wargi
1000명이 당번을 맡아서, 임시로 강의 서쪽

jeku juwere de, jušen i ilan tanggū ihan
곡물을 운반할 때는 여진인의 소수레 300대를

sejen nemefi tumen jalukiyambi, hai jeo i harangga
더해서 1만을 채운다. 해주(海州) 관할의

alban i ihan be, orin jakūn de dung cang
공역할 소는 28일에 동창보(東昌堡)에

pu de isina, g'ai jeo i harangga alban i ihan be, (37:16a)
도착하라. 개주(蓋州) 관할의 공역할 소는

ice duin de dung cang pu de isina, fu jeo i
초나흘에 동창보에 도착하라. 복주(復州)의

alban i ihan sejen, ice ninggun de dung cang
공물 소수레는 초엿새에 동창보에

pu de isina, ginjeo i alban i ihan sejen, juwan
도착하라. 금주(金州)의 공물 소수레는

duin de dung cang pu de isina, niowanggiyaha i
14일에 동창보에 도착하라. 청하의

alban i ihan sejen, ice ilan de liyoodung de isinju.
공물 소수레는 초사흘에 요동(遼東)에 도착하여 오라."

⇦ han i bithe, juwe biyai orin sunja de wasimbuha, beise be (37:16b)
한(汗)의 글을 2월 25일에 내렸다. "버일러들은

← boode umai baita akū, beye hūdun jio seme
집에서 전혀 일이 없으니 친히 속히 오라고

← takūraha bihe, suweni baha juwe tanggū morin, duin
사람을 보냈었다. 너희가 획득한 말 200마리, 소 400마리를

← tanggū ihan be, urut ci jihe beise de
Urut에서 온 버일러들에게

← icihiyame bu, baha nikan be, geli urut ci jihe
처리하여 주라. 노획한 한인은 또 Urut에서 온

← beise i yafan tarire tokso sindara niyalma be bu,
버일러의 텃밭을 경작하고 장원 일을 할 사람으로 주라.

← urut ci jihe monggo i beise ambasa, nuktere cihakū
Urut에서 온 몽골의 버일러들과 대신들은, 유목하기를 원하지 않고

← beise be dahame gašan de teki sere gucu be (37:17a)
버일러들을 따라 마을에서 살겠다고 하는 구추를

← sonjofi, musei beise i emgi gajime jio, geren nuktere
골라서, 우리의 버일러와 함께 데려오라. 여러 유목하는

← monggo de ejen arafi, tubade musei nuktere monggo de
몽골인들 중에서 수장을 정해서, 거기에서 우리의 유목하는 몽골인들과

← acafi emgi nukteme ulha ujime bikini, musei nuktere
만나서 함께 유목하며 가축을 기르며 있어도 좋다. 우리의 유목하는

← monggo, lifahan ofi taka geneci ojorakū, lifahan olhome
몽골인은 땅이 질어서 당분간 갈 수 없다. 진펄이 마르면

← genembi, suweni baha tanggū monggo be sonjome tuwafi,
갈 것이다. 너희가 획득한 몽골인 100명을 뽑아 살펴서,

← baitakū niyalma be wa, baitangga niyalma be saikan
쓸모없는 사람은 죽이고 쓸모 있는 사람은 확실히

← akdun niyalma de afabufi, gala de eshun ihaci (37:17b)
믿을 수 있는 사람에게 맡겨서, 손에 생 소가죽

← fulhū etubufi gajime jio, musei niyalma be huwesilerahū,
자루를 씌워서 데려오라. 우리의 사람을 칼로 찌를까 염려된다.

← jai sunja niyalma be takūrafi unggi, suweni juse
또 다섯 명을 시켜서 보내라. '너희의 자식들과

← sargan bici jio, juse sargan be gajime jihe
아내가 있으면 오라. 자식들과 아내를 데리고 온

← niyalma be akdun seme ujimbi, juse sargan be
사람은 믿을 만하다 하여 살려주겠다. 자식들과 아내를

← gajirakū emteli beye jihe niyalma be akdarakū seme
데려오지 않고 홀몸으로 온 사람은 믿을 수 없다'라고

← hendufi unggi, beise aika baita icihiyame wacihiyafi,
말해서 보내라. 버일러들은 온갖 일에 대한 처리가 끝난 후에,

← ambasa de cooha be afabufi suweni jabduhai teile (37:18a)
대신들에게 군사를 맡기고, 여유가 생기는 대로

← jikini, baha temen be gemu gajime jio.
오기 바란다. 획득한 낙타를 모두 끌고오라."

○ musei cooha, ginjeo, ci giya pu, i jeo, ere
"우리 병사가 금주(錦州), 척가보(戚家堡), 의주(義州), 이

ilan bade dosika bihe, ginjeo, ci giya pu de
세 곳에 들어가 있었는데, 금주(錦州), 척가보에서는

umai akū bihe, i jeo de aohan dureng ni
전혀 아무 일이 없었지만, 의주에서는 Aohan부 Dureng의

monggo dosifi, niyalma weihun tanggū isime jafaha,
몽골인들이 들어와서, 사람을 100명 가까이 사로잡고,

duin tanggū funceme waha, temen dehi nadan, (37:18b)
400명 넘게 죽였다. 낙타가 47마리,

morin juwe tanggū, ihan duin tanggū, seogen
말이 200마리, 소가 400마리이다. Seogen이

genefi kaha šancin i niyalma wasifi, hahasi be
가서 포위한 산채 사람이 내려오므로 장정들은

gemu waha, hehe juse be olji araha,
모두 죽이고, 여자와 아이들을 포로로 삼았다.

cing ho be gidara unde, ere bithe guwangning ci
Cing Ho는 아직 진압하지 못했다." 이 글이 광녕으로부터

orin sunja de isinjiha.
25일에 도착했다.

⇦ han i bithe, orin ninggun de wasimbuha, alban i tumen (37:19a)
한(汗)의 글을 26일에 내렸다. "수레 1만 대의

← sejen jeku juwerengge, io tun wei, ši san šan ci
공곡을 운반할 때, 우둔위(右屯衛), 십삼산(十三山)에서

← ebsi jeku be ume juwere, be tu cang, jing
이쪽까지는 곡물을 운반하지 말라. 백토창(白土廠),

← an pu, wei giya ling, ši ho, cing ho, i jeo,
진안보(鎭安堡),[2] 위가령(魏家嶺), 석하(石河), Cing Ho, 의주(義州),

← ci giya pu, ginjeo, šolingho, dalingho, tere goroki
척가보(戚家堡), 금주(錦州), 소릉하(小凌河), 대릉하(大凌河) 등 멀리 떨어진

← ba i jeku be juweme gajifi, gemu guwangning hecen i
곳의 곡물을 운반하여 가져와서, 모두 광녕성의

← tsang de sinda, neneme genehe ilan minggan ninggun
창고에 보관하라. 먼저 간 수레

← tanggū sejen i jeku be, sanako pu de gajifi (37:19b)
3600대의 곡물을 삼하보(三河堡)에 가져와서

← sindafi, niyalma, ihan, meni meni boode bederefi usin
보관하고, 사람과 소는 각자의 집에 돌아가서 밭을

← weilekini.
경작하기 바란다."

⇦ han, juwe biyai orin ninggun de, juwe ihan, juwe
한(汗)이 2월 26일에 소 두 마리, 양

honin wafi, monggo i beise fujisa be isabufi,
두 마리를 잡고, 몽골의 버일러들과 푸진들을 모아서,

2) jing an pu로 되어 있으나 위에서 여러 차례 나온 jeng an pu와 같은 지명으로 보아 진안보(鎭安堡)로 번역한다. 제35권의 각주 3 참고.

nikan i hacin hacin i efire niyalma be gajifi
각종 한인 광대들을 데려와

efibume, amba sarin sarilaha, (37:20a)
놀게 하면서, 큰 주연을 베풀었다.

← guwangning ni ba i niyalma aššafi genehe bade, suwe
"광녕 지역의 사람들이 움직여서 간 터에 너희가

← tehei bici suwembe bibumbio, suwe ciyan tun wei,
머무른 채 있으면, 너희를 있게 하겠는가. 너희가 전둔위(前屯衛),

← ning yuwan wei i bade genefi teci, monggo fihekebi kai.
영원위(寧遠衛) 지역에 가서 살려고 해도 몽골인들이 꽉 차 있다."

○ aniya biyade, minggan mafa i juse de elcin
정월에 Minggan 마파의 아들에게 사신으로

genehe isamu, beki, šose be, jarut i sangtu
간 Isamu, Beki, Šose를 Jarut의 Sangtu가

tosofi, yaluha morin, gamara ulin, etuhe etuku be (37:20b)
길을 막고서, 타고 간 말, 가지고 간 재물, 입은 옷을

gemu gaifi yafahan sindafi unggihe, amasi jime
모두 빼앗고 걸어서 가도록 놓아서 보냈다. 되돌아와서

juwe biyai juwan jakūn de isinjiha.
2월 18일에 도착했다.

○ jaisai elcin juwe niyalma de, juwe suje i
Jaisai의 사신 두 사람에게 비단옷 두 벌,

etuku, juwan duin mocin buhe, emu temen de
모청포 14필을 주었다. 낙타 한 마리에

emu gecuheri juwan mocin buhe.
망룡단 한 필, 모청포 열 필을 주었다.

(37:21a)

⇦ han i bithe, juwe biyai orin nadan de wasimbuha,
한(汗)의 글을 2월 27일에 내렸다.

← inggūldai kaha šancin be musei cooha kafi tuwakiya,
"Inggūldai가 포위하던 산채를 우리 병사가 포위하고 지키라.

← dobori dosifi maitušarahū, musei coohai kame iliha
밤에 들어와서 몽둥이질을 할까 염려된다. 우리 병사가 포위하고 진을 친

← bade fu sahafi ili, muke moo gaijara babe
곳에는 담을 쌓고 진을 치라. 물과 나무를 얻을 곳을

← muse tuwakiyafi gaiburakūci, i ai jeme bimbi, šancin i
우리가 지켜서 얻지 못하게 하면, 적이 무엇을 먹으며 지내겠는가. 산채

← niyalma de nikan bithe arafi kemuni bu, wasika
사람에게 한문으로 글을 써서 계속해서 보내라.

← manggi wambi seme hendumbi sere, ainu wambi, guwangning ni (37:21b)
'내려오면 죽인다고 말한다고 한다. 왜 죽이겠느냐. 광녕

← niyalma ujulaha niyalma ša ling de okdoko, ilhi niyalma
사람들 중에서 우두머리는 사령(沙嶺)에서 맞이하고, 다음 사람은

← g'ao ping de okdoko, geren šusai pan šan de okdoko,
고평(高平)에서 맞이하고, 여러 생원은 반산(盤山)에서 맞이했다.

← okdoko niyalma be okdoko doroi, tehe niyalma de
맞이한 사람은 맞이한 예로, 살고 있던 사람은

← tehe doroi, gemu hergen wesibufi ujimbi kai, baisin
살고 있던 예로, 모두 직위를 승직시켜 살게 할 것이다.

← irgen de gemu ba bufi, tere boo, jetere jeku,
백성에게는 모두 땅을 주고, 살 집, 먹을 것,

← tarire usin be icihiyame buhe, io tun wei i niyalma be,
경작할 밭을 처리하여 주었다. 우둔위(右屯衛) 사람은

← fu jeo, ginjeo de tebuhe, i jeo i niyalma be, g'ai jeo de (37:22a)
복주(復州), 금주(金州)에 살게 했다. 의주(義州) 사람은 개주(蓋州)에

← tebuhe, ginjeo i niyalma be, sio yan, cing tai ioi,
살게 했다. 금주(錦州) 사람은 수암(岫巖), 청태욕(靑苔峪),

← si mu ceng de tebuhe, guwangning ni duin wei i niyalma be,
석목성(析木城)에 살게 했다. 광녕의 네 위(衛) 사람은

← simiyan, fung ji pu, wei ning ing, puho de tebuhe,
심양(瀋陽), 봉집보(奉集堡), 위녕영(威寧營), 포하(蒲河)에 살게 했다.

← dahaha irgen de eiten jaka be bufi ujimbi, afara
항복한 백성에게는 온갖 물품을 주고 보살필 것이다. 싸우는

← niyalma be wambi kai, suweni dahaha niyalma be ainu
사람은 죽일 것이다. 너희 중에서 항복한 사람을 왜

← wambi, suweni tubade baha olji ihan be juleri unggifi,
죽이겠는가.' 너희가 그곳에서 얻은 포로와 소를 먼저 보내서

← emu dedun i bade ilata ihan sinda, beise i emgi (37:22b)
한 숙영 장소에 소 세 마리씩 두라. 버일러들과 함께

← jidere urut ci jihe beise de bufi wame jekini.
오는 Urut에서 온 버일러들에게 주고 잡아서 먹게 하라."

○ joriktu beile ci, sereng sere tabunang, ninggun niyalma be
Joriktu 버일러로부터 Sereng이라고 하는 타부낭이 여섯 명을

gaifi orin nadan de ukame jihe.
데리고 27일에 도망해 왔다.

⇦ han i bithe, juwe biyai orin nadan de wasimbuha, beye
한(汗)의 글을 2월 27일에 내렸다. "몸집이

← ajigen solho alašan be sonjofi, emu nirui niyalma (37:23a)
작은 조선의 둔한 말을 골라서, 한 니루의 사람

← tofohon, morin be umai bade ume yalubure, karhama be
15명이, 말을 아무 데서나 타게 하지 말고, 엉덩이는

← mušu i huru gese, dalan be suhe fesin i gese
메추라기의 등과 같이, 목정강이는 도끼 자루와 같이

← tarhūbu.
살찌우라."

○ juwe biyai orin jakūn de, du tang ni bithe,
2월 28일, 도당의 글을

lio fujiyang de wasimbuha, guwangning ci gurime
유(劉) 부장(副將)에게 내렸다. "광녕에서 이주하여

jihe boigon be, goro gurime jime joboho, (37:23b)
온 가호는 멀리 이주하여 오면서 고생했다.

ginjeo ci casi hūwang gu doo, lioi šūn keo i
금주(金州)에서 그쪽으로 황골도(黃骨島), 여순구(旅順口)로

baru ume unggire, ginjeo ci ebsi icihiyame
보내지 말라. 금주(金州)에서 이쪽으로 처리하여

頭註: gingguleme kimcici, umai bade ume yalubure sere gisun, ainci oyomburakū bade ume yalubure sere gisun dere. [신중하게 살펴보니, umai bade ume yalubure라는 말은 아마도 '긴요하지 않은 곳에서는 타게 하지 말라'는 말일 것이다.]

tebu, emu niyalma be cooha ilibu, fe ice
살게 하라. 한 사람을 병사로 징집하라. 신구(新舊)

nikan i morin be, gemu guwangning de ulebume
한인의 말을 모두 광녕에 먹이러

gama, morin ulebure de, ejen arafi unggi,
끌고가라. 말을 먹일 때 수장을 정해서 보내라.

liyoodung be gaijara de, bira doome genehe
요동(遼東)을 취할 때 강을 건너간

niyalma amasi jici, sini tehe boo, tariha (37:24a)
사람이 돌아와도 너희가 살던 집, 경작하던

usin, jetere jeku, gemu olji oho kai, dasame
밭, 먹을 것은 모두 노획물이 되었다. 다시

bahaki seci, ulin jafafi du tang de ainu
받고 싶다면 재물을 가지고 도당에게 왜

hengkilerakū, guwangning ci jihe haha tolome wajiha manggi,
절하지 않는가. 광녕에서 온 장정을 다 세고 난 후

guwangning ni hafasa de hergen bodome haha bufi,
광녕의 관원들에게 직위를 감안하여 장정을 주고,

funcehe haha be monggo i jihe beise de bu.
남은 장정은 몽골에서 온 버일러들에게 주라."

제38권

천명(天命) 7년(1622) 3월

gūsin jakūci debtelin,
abkai fulingga i
nadaci aniya ilan
biya.

tongki fuka sindaha hergen i dangse. (38:1a)
유권점 당안

○ ilan biyai ice inenggi, kalka i joriktu beile i
3월 초하루에 Kalka의 Joriktu 버일러의

juwan emu niyalma, ilan morin gajime ukame
11명이 말 세 마리를 끌고 도망해

jihe seme, jaldame jihe be serefi gemu waha.
왔다고 했으나 속여서 온 것을 알고 모두 죽였다.

○ ice juwe de, guwangning de tehe beise fujisa
초이틀에 광녕(廣寧)에 있던 버일러들과 푸진들이

isinjiha.
도착했다.

(38:1b)

○ ineku tere inenggi, lio fujiyang de
같은 날, 유(劉) 부장(副將)에게

⇦ bithe wasimbuha, jaha de baha jakūnju ilan niyalma be,
글을 내렸다. "나룻배에서 사로잡은 83명에게

← ya baci jihe, sini duwali udu bihe, absi
'어디에서 왔느냐, 너의 무리는 몇 명이 있었느냐, 어디로

← genembihe seme, aika medege be gemu kimcime baicame
가고 있었느냐'라고, 어떤 정보든 모두 상세하게 조사하여

← fonjifi bithe arafi unggi, tere jakūnju ilan niyalma be,
묻고, 글을 써서 보내라. 그 83명은

← gemu monggon de sele futa hūwaitafi, dalingho i jeku
모두 목에 쇠사슬을 매고, 대릉하(大凌河)의 곡물을

← juwere emu jaha de, juwete ilata niyalma be (38:2a)
운반하는 한 척의 배에 두세 명씩

← salafi afabu, ukandarahū, saikan ejen arame afabu.
분배하여 맡기라. 도망할까 염려되니 착실한 수장을 정해서 맡기라."

○ ineku tere inenggi, kalka i monggo i nangnuk, tariki,
같은 날, Kalka 몽골의 Nangnuk, Tariki,

sidar, ere ilan beile i ninju boigon hehe
Sidar의 세 버일러의 60가호가 여자와

juse, adun ulha be gajime ukame jihe.
아이들, 가축 떼를 끌고 도망해 왔다.

○ ilan biyai ice ilan i inenggi, jakūn juse acafi (38:2b)
3월 초사흘에, 여덟 아들이 모여서

⇦ ama han de,
아버지 한(汗)에게

⇦ abkai buhe doro be adarame toktobumbi, adarame ohode,
"하늘이 주신 도리를 어떻게 안정시킬 것입니까, 어떻게 하면

⇦ abkai hūturi enteheme ombi seme fonjire jakade,
하늘의 복이 영원히 지속되겠습니까"라고 물으니,

⇦ han hendume, ama be sirame gurun de ejen obure de,
한(汗)이 다음과 같이 말했다. "아버지를 이어 나라의 주인을 삼을 때,

← hūsungge etuhun niyalma be ume ejen obure, hūsungge etuhun niyalma
힘이 있고 강한 사람을 주인으로 삼지 말라. 힘이 있고 강한 사람이

← gurun de ejen ohode, ini hūsun be dele arame banjifi,
나라의 주인이 되면 자신의 힘을 최상으로 하여 살아가기 때문에,

⇦ abka de waka ojorahū, emu niyalma udu bahanambi (38:3a)
하늘에 잘못할까 염려된다. 한 사람이 비록 능력이 있다고

← seme, geren i hebe de isimbio, jakūn juse suwe
해도, 여럿이 협의한 바에 미치겠느냐. 너희 여덟 아들은

← jakūn wang oso, jakūn wang emu hebei banjici,
여덟 명의 왕이 되라. 여덟 명의 왕이 협의하여 살아서

← ufararakū okini, jakūn wang suweni gisun be mararakū
과오가 없기를 바란다. 너희 여덟 왕의 말을 거스르지 않는

← niyalma be tuwafi, suwe ama i sirame gurun de
사람을 보아서 너희 아버지를 이어 나라의

← ejen obu, suweni gisun be gaijarakū, sain jurgan be
주인으로 삼으라. 너희 말을 받아들이지 않고 선한 도리를

← yaburakū oci, jakūn wang suweni sindaha han be
행하지 않으면, 여덟 명의 왕 너희가 추대한 한(汗)을

← suwe halame, suweni gisun be mararakū sain niyalma be (38:3b)
너희가 교체하여 너희 말을 거스르지 않는 좋은 사람을

← sonjofi sinda, tere halara de, efime injeme hebei
뽑아서 추대하라. 바꾸는 그때, 떠들고 웃으며 협의하여

← icihiyame halaburakū, marame cira aljaci, sini ehe niyalmai
처리하여 바꾸게 하지 않고, 고집 부리며 안색을 바꾸면 너의 그 포악한 사람의

← ciha obumbio, tuttu oci, ehe i halambi kai, jakūn
뜻을 이루어지게 할 것이냐. 그렇게 되면 잘못 바꾸는 것이다.

← wang suweni dolo aika baita gurun i doro
너희 여덟 명의 왕 중에, 모든 일과 나라의 도리를

← dasara de, emu niyalma mujilen bahafi henduci, jai
다스릴 때, 한 사람이 생각이 떠올라서 말하면, 다른

← nadan niyalma dube tucibu, bahanara geli akū, bahanarakū
일곱 사람은 그 전말을 드러나게 하라. 그리고 알려고 하지도 않고, 알지도

← bime, gūwa i bahanaha babe dube tuciburakū, baibi ekisaka (38:4a)
못하면서, 다른 사람이 안 것의 전말을 드러내지도 않고, 그저 침묵을

← oci, tere be halafi, fejergi deo, ujihe jui be
지키면, 그를 대신하여, 그 아래 동생, 양육한 아들을

← wang obu, tere halara de, efime injeme hebei icihiyame halaburakū,
왕이 되게 하라. 바꾸는 그때, 떠들고 웃으며 협의하여 처리하여 바꾸게 하지 않고,

← marame cira aljaci, sini ehe niyalmai ciha obumbio,
고집을 부리며 안색을 바꾸면 너의 그 포악한 사람의 뜻을 이루어지게 할 것이냐.

← tuttu oci, ehe i halambi kai, aika baita de
그렇게 되면 잘못 바꾸는 것이다. 어떤 일로

← geneci, geren de hebdeme alafi gene, hebe akū
가든지, 여러 사람과 상의하여 알리고 가라. 협의 없이는

← ume yabure, suweni jakūn wang sindaha gurun i ejen i
가지 말라. 너희 여덟 명의 왕이 추대한 나라의 주인이

← jakade isaci, emu juwe i ume isara, geren gemu (38:4b)
있는 곳에 모이게 되면, 한두 사람으로 모이지 말고 여럿이 모두

← isafi hebe hebdeme gurun dasa, baita icihiya,
모여서 협의하며 나라를 다스리고 일을 처리하라.

⇦ weceku wecere, meteku metere, aika baita bici, geren de
신주(神主)에 제사를 지내거나 하늘에 제사를 지내거나 어떤 일이든 여럿에게

← alafi gene, jakūn wang hebdefi jušen amban jakūn,
알리고 가라. 여덟 왕이 협의해서, 여진인 대신 여덟,

← nikan amban jakūn, monggo amban jakūn ilibu, tere
한인 대신 여덟, 몽골 대신 여덟을 세우라. 그

← jakūn amban i fejile, jušen duilesi jakūn, nikan duilesi
여덟 대신 아래에 여진인 심리관 여덟, 한인 심리관

← jakūn, monggo duilesi jakūn ilibu, geren duilesi duilefi
여덟, 몽골인 심리관 여덟을 세우라. 여러 심리관이 심리하여

← ambasa de ala, ambasa toktobufi jakūn wang de (38:5a)
대신들에게 알리라. 대신들이 정해서 여덟 명의 왕에게

← wesimbu, toktoho weile be jakūn wang beidekini, jakūn
글을 올리라. 정해진 죄를 여덟 왕이 판결하기 바란다. 여덟

← wang argangga jalingga niyalma be amasi bederebu, tondo
왕이 간교한 사람은 뒤로 물리치고 충직한

← sijirhūn niyalma be dosimbu, jakūn wang ni jakade
사람은 받아들이라. 여덟 명의 왕 곁에

← jušen baksi jakūn, nikan baksi jakūn, monggo baksi
여진인 박시 여덟, 한인 박시 여덟, 몽골인 박시

← jakūn sinda, gurun i ejen, ice sunja de emgeri,
여덟을 두라. 나라의 주인은 초닷새에 한 번,

← orin de emgeri, emu biyade juwe jergi tucifi
20일에 한 번, 한 달에 두 번 나가서

← soorin de te, aniya cimari (38:5b)
보좌에 앉으라. 새해 아침에

⇦ tangse de hengkilefi,
당자(堂子)에서 절하고,

⇦ weceku de hengkilefi, jai gurun i ejen beye, eshete ahūta de
신주(神主)에 절하고, 그리고 나라의 주인 자신이 작은아버지들과 형들에게

← neneme hengkilefi, jai han i soorin te, han i beye,
먼저 절하고, 그리고 한(汗)의 보좌에 앉으라. 한(汗) 자신과

← han i hengkilere be alime gaiha eshete ahūta, gemu
한(汗)의 절을 받은 작은아버지들과 형들은 모두

← emu bade tehereme tefi, gurun i hengkilere be alime
한 곳에 나란히 앉아서, 나라 사람들의 절을

← gaisu, han ama i tacibuha gisun be ejefi, geren
받으라. 한(汗) 아버지가 가르친 말을 기록해서, 여러

← ahūta deote ci enculeme ehe facuhūn mujilen jafarakū, (38:6a)
형제들과 달리 독단적으로, 포악하고 문란한 마음을 먹지 말고,

← niyalmai šusihiyere gisun be gidarakū alambi seme akdulame
다른 사람이 부추기는 말을 숨기지 않고 고하겠다고 약속하여

← gisurefi monggolire bithe, gašan de banjire de ere
말하고 목에 거는 글이다. '마을에서 살 때, 이것은

← sain, ere ehe seme emhun ume gisurere, ya emu
좋고 이것은 나쁘다고 혼자서 말을 하지 말라. 누군가

← juwe beise be, han ama ehe sain seme
한두 버일러들에게 한(汗) 아버지가 나쁘다거나 좋다고

← hendumbihede, tubade uthai ume jabure, amasi bederefi hebdefi
말할 때, 그 자리에서 바로 대답하지 말라. 자리에서 물러나 협의해서,

← ere ehe mujangga, ere sain mujangga seme geren i
이것이 나쁘다는 것이 옳고, 이것이 좋다는 것이 옳다고 여럿이

← hebdefi jabuci, ushacun akū kai, emu juwe i jabuci, (38:6b)
협의하여 대답하면, 원한이 없을 것이다. 한두 사람이 대답하면,

← ushacun tucimbi kai, jakūn gūsai beise ya weile bahaci,
원한이 생길 것이다. 8구사의 버일러들 중에 누구라도 죄를 짓고

← mini weile be ume alara seme hendure niyalma,
'내 죄를 알리지 말라'고 하는 사람,

← si miosihon niyalma kai, emu niyalmai weile be
바로 네가 사악한 사람이다. 어떤 사람의 죄를

← alara, emu niyalmai weile be alarakūci ombio, dain de
알리고, 어떤 사람의 죄를 알리지 않을 수 있겠는가. 전쟁에서

← afaha be, jakūn gūsai beise, sini gūsa, gūwa i
싸운 것을, 8구사의 버일러들이, 너희의 구사이거나 남의

← gūsa seme, yaya be oci, geren i duilefi alarakū,
구사이거나 무엇이든지 여럿이 심리하여 알려야지

← emhun ume alara, emhun alaci temšendumbi kai, geren i (38:7a)
혼자 알리지 말라. 혼자서 알리면 서로 다툴 것이지만 여럿이

← duilefi alaci, ushacun akū kai, beise i beye sebjeleki
심리하여 알리면 원한이 없을 것이다. 버일러들이 사사로이 즐기겠다고

← seme giyahūn maktame aba abalame, geren de hebe
하여 매를 날리며 몰이사냥을 하더라도 여러 사람과 협의하지

← akū ume yabure, ya fudasihūn jurgan i yabure niyalma be
않고서는 가지 말라. 누군가 부당하게 행동하는 사람을

← saha de, dulemburakū hendumbi, emu niyalma bahanafi wakalaci,
보면, 그냥 넘어가지 않고 말할 것이다. 한 사람이 그것을 알아서 질책하고,

← wakalame hendure niyalmai gisun inu oci, geren gemu
질책하는 사람의 말이 옳다면, 여럿이 모두

← sasa wakala, si mimbe deribume emhun ainu wakalaha
함께 질책하라. '너 혼자서 시작하여 어찌 나를 질책하느냐'라고

← seme kimuleci, si geren i banjire be efulere ehe (38:7b)
하여 원수가 된다면, 네가 여럿의 삶을 파괴하는 나쁜

← niyalma kai, yaya ahūta deote ishunde ushacun bihede,
사람인 것이다. 여러 형제들은 서로 원한이 있을 때,

← iletu tucibufi usha, ushacun be iletu tuciburakū gidafi
분명히 드러내어 노여워하라. 원한을 분명히 드러내지 않고 숨겨서

← baibi geren de habšaci, geodebuku ehe mujilengge niyalma kai,
그냥 여러 사람에게 호소하는 자는 계략으로 속이는, 마음이 악한 사람이다.

← amasi geren sinde weile maktambi, han ama i toktobuha
여럿이 도리어 너에게 죄가 있다고 할 것이다. 한(汗) 아버지가 정한

← jakūn ubui bahara dabala, enculeme emu jaka be
여덟 몫을 받는 것 외에, 독단적으로 하나의 물품이라도

← gidame doosidame emgeri gidaci, emgeri bahara ubu ci
몰래 탐내어 받아서 한 번 숨기면 한 번 받을 몫을

← nakabumbi, juwenggeri gidaci, juwenggeri bahara ubu ci nakabumbi, (38:8a)
그만두게 한다. 두 번 숨기면 두 번 받을 몫을 그만두게 한다.

← ilanggeri gidaci, bahara ubu ci enteheme nakabumbi, han
세 번 숨기면 받을 몫을 영원히 그만두게 한다. 한(汗)

← ama i tacibume henduhe gisun be ejerakū, geren ahūta deote i
아버지가 가르쳐 말한 말을 기억하지 않고, 여러 형제들이

← hendure gisun be gairakū, jing kemuni fudasihūn jurgan i
말하는 말을 받아들이지 않고 줄곧 그대로 부당하게

← yabuci, sucungga de weile gaimbi, jai geli ojorakū
행동하면, 처음에는 죗값을 징수한다. 두 번째로 또 듣지

← oci, jušen gaimbi, jušen gaiha seme usharakū, beyebe
않으면, 속민을 빼앗는다. 속민을 빼앗았다고 하여 원한을 품지 않고 스스로를

← tuwancihiyame banjici wajiha, fuceci, simbe warakū horifi asarambi,
바로잡고 살아가면 그만이지만, 분노하면 너를 죽이지 않고 감금한다.

← ere gisun de isiburakū, miosihon jurgan be yabuci, (38:8b)
이 말을 따르지 않고 사악하게 행하면,

⇦ abka na fucihi weceku eiten enduri gemu wakalafi ehe
하늘과 땅, 부처, 신주(神主) 등 모든 신이 모두 질책해서 악한

← sui isifi, se jalgan de isiburakū aldasi bucekini,
죄업이 미치고, 제 명을 누리지 못하고 도중에 죽으리라.

← han ama i tacibuha gisun be ejefi jurcerakū, tondo
한(汗) 아버지가 가르친 말을 기억하여 어기지 않으며 바른

← jurgan i banjici,
이치에 따라 살아가면

⇦ abka na fucihi weceku eiten enduri gemu gosifi se
하늘과 땅, 부처, 신주(神主) 등 모든 신이 모두 사랑하여

← jalgan nonggime, jalan goro banjikini.
수명이 늘어 장수하리라."

(38:9a)

○ ice duin de,
초나흗에

⇦ han, fujisa, monggo i ukame jihe beise fujisa be gamame,
한(汗)이 푸진들, 몽골에서 도망해 온 버일러들과 푸진들을 데리고

ice gurire bade sarin sarilame genefi,
새롭게 이주할 곳에 주연을 베풀러 가서,

⇦ han, beise i boo weilere, alban i ihan be ujihe
"한(汗)과 버일러들의 집을 짓고 공역하는 소를 기르는

← niyalma, usin tarikini seme sindafi unggihe, alban i niyalma be
사람들은 밭을 경작하기 바란다"라고 하며 놓아 보냈다. 공역할 사람들은

gaifi tutaha.
데리고 남았다.

(38:9b)

○ ineku tere inenggi, du tang ni bithe, lio fujiyang de
같은 날, 도당(都堂)의 글을 유(劉) 부장에게

wasimbuha, julergi duin wei de kamciha birai wargi
내렸다. "남쪽의 네 위(衛)에 합친 강 서쪽의

boigon be, lio fujiyang sinde afabuha, amba boode
가호들을 유(劉) 부장 너에게 맡겼다. 큰 집에는

amba boigon, ajige boode ajige boigon be
큰 가호를, 작은 집에는 작은 가호를

kamcibufi, boo acan te, jeku acan jefu, usin
합치게 해서 집을 함께 살고, 먹을 것을 함께 먹고, 밭을

acan tari, ulin gaijarakū tondo hafasa be sindafi,
함께 경작하라. 재물을 받지 않는 정직한 관원들을 임명하여

usin be hūdun bošome taribu, usin tarime (38:10a)
밭을 속히 재촉하여 경작하게 하라. 여럿이 밭을 경작하기

geren deribuhe inenggi be bithe arafi wesimbu.
시작한 날을 글로 써서 올리라."

⇦ han i bithe, ice duin de wasimbuha, tanggū uksin be,
한(汗)의 글을 초사흗에 내렸다. "갑병 100명 중에서

← susai uksin be, guwangning de tebu, fulu be
50명은 광녕에 머물게 하고, 나머지를

← unggi, dzung bing guwan ci wesihun hergengge niyalma be,
보내라. 총병관(總兵官)보다 위의 직위를 맡은 사람들은

← liyoodung de jihe niyalma be dabume hontoholome unggi,
요동(遼東)에 온 사람을 헤아려서 반으로 나누어 보내라.

← tubade bisire niyalma, ilan biya be wacihiyame bisu, (38:10b)
거기에 있는 사람은 3월이 끝날 때까지 있으라.

← tere jihe ambasa coohai niyalma duin biyade
그 와 있는 대신들과 병사가 4월에

← halame genembi.
교대하러 갈 것이다."

○ ineku tere inenggi,
같은 날,

⇦ han i jakade urut beise suwe jiki seci, morin be
"Urut 버일러들 너희가 한(汗) 곁에 오고 싶다고 하니, 말을

hūdun tarhūbu, morin tarhūhabi seme elcin takūra.
속히 살찌우라. 말이 살쪘다 하여 사신을 보내라."

(38:11a)

○ ice sunja de, guwangning ci gūsin temen de
초닷새에 광녕에서 낙타 30마리에

gecuheri, alha, suje, ulin acifi gajiha.
망룡단, 색색 비단, 비단, 재물을 싣고 가져왔다.

○ ice ninggun de, kalka i darhan baturu beile i
초엿새에 Kalka의 Darhan 바투루 버일러의

elcin haha duin, hehe duin jihe, emu temen,
사신으로 남자 네 명, 여자 네 명이 왔다. 낙타 한 마리,

uyehe honci gūsin, juwan honin i yali benjihe.
무두질한 양가죽 30필, 10마리의 양고기를 보내왔다.

(38:11b)

○ monggo bagadarhan beile i gurun, juwan jakūn boo,
"몽골의 Bagadarhan 버일러의 백성 18가구

emu tanggū niyalma, juwan morin, nadanju ihan,
100명이 말 10마리, 소 70마리,

ilan tanggū honin gajime ukame jidere be, juwe
양 300마리를 끌고 도망해 오는 것을

biyai tofohon i inenggi, daihal, tondohoi juwe tabunang
2월 15일에 Daihal, Tondohoi의 두 타부낭이

ucarafi, haha be wafi, hehe juse adun
마주쳐서 남자들을 죽이고 여자와 아이들, 가축 떼를

ulha be gemu gaihabi, jai terei amala
모두 빼앗았다. 그리고 그 후에

geli dehi boo ukame jidere be, ineku (38:12a)
또 40가구가 도망해 오는 것을, 그

daihal heturefi jafafi, etuhe etuku be gemu
Daihal이 가로막고 붙잡아서 입은 옷을 모두

sume gaifi, ilan hehe gaifi tutahabi, jaisai
벗겨서 빼앗고, 여자 3명을 빼앗아 억류했다. Jaisai의

juse suwembe ubade sindafi, daihal ehe be
자식인 너희를 여기에 두고도 Daihal이 악행을

deribume, ubade jidere ukanju be juwe jergi
시작하여 여기로 오는 도망자를 두 번

wafi gaihabi kai, ere weile be setkil
죽이고 빼앗은 것이다. 이 일을 Setkil

si sa seme gisun hendubuhe.
네가 알라"고 하며 말을 전하게 했다.

(38:12b)

⇦ han, ice ninggun de, gege, enggeder efu be monggo i
한(汗)이 초엿새에 공주와[1] Enggeder 어푸를 몽골

bade unggime fudeme yamun de gajifi, orin
땅에 배웅하기 위해 아문에 데려와서

dere dasafi, juwe ihan, juwe honin wafi sarilaha.
상 20개를 차려서 소 두 마리, 양 두 마리를 잡아 주연을 베풀었다.

○ ineku tere inenggi, cahar, aohan, naiman i juwe
같은 날, Cahar의 Aohan부와 Naiman부의 두 명이

elcin jihe.
사신으로 왔다.

(38:13a)

○ ice nadan de, darhan hiya emu gūsai juwete
초이레에 Darhan 히야가 각 구사에서 두 명씩

niyalma be gaifi genere de, hendufi unggihe
이끌고 갈 때, 보내면서 한

---

1) Šurgaci의 넷째 딸인 Sundai 공주이다.

⇦ gisun, dain cooha be sabuha de, hecen i duka be
말이다. "적군을 보면 성문을

← gemu neifi sinda, jihe cooha, waliyaha hecen i gese
모두 열어두라. 다가온 병사가 버린 성처럼

← gūnikini, dain jifi musei hecen de dosici, dosika be
생각하게 하라. 적군이 와서 우리 성에 들어오면 들어온 자들을

← wa, yaya dain sabuha seme, morin yalufi bošombi
죽이라. 어떤 적군이 보여도 말을 타고 쫓겠다고

← seme ume deribure, juwe dalbade cooha buksifi yarkiyara de (38:13b)
마음먹지 말라. 양 옆에 군사를 매복하여 유인하는 것에

← tuhenderahū, musei sain niyalma juleri bošome genefi, amargi
넘어갈까 염려된다. 우리의 정예병이 앞에서 쫓아가면, 뒤의

← ehe niyalma gaiburahū, liyoodung de araha sejen i gese
약한 병사가 잡힐까 염려된다. 요동(遼東)에서 만든 것과 같은

← sejen arafi, hecen i ninggude jakarame sinda, jihe cooha
수레를 만들어서, 성 위를 따라서 늘어놓으라. 온 적군이

← hecen be afaci, tere sejen be keremu i ninggude
성을 공격하면, 그 수레를 성가퀴 위에

← matun obume sindafi afa.
널판이 되도록 놓고서 공격하라."

○ ukame jihe monggo de, sain niyalma de (38:14a)
"도망해 온 몽골인들 중에서 강한 사람에게는

sain uksin, ehe niyalma de ehe uksin be
좋은 갑옷을, 약한 사람에게는 나쁜 갑옷을

etubu, musei adali saca i iberi, uksin fisa de
입히라. 우리와 똑같이 투구의 뒷드리개와 갑옷 등판에

bithe hada, neneme ukame jihe monggoso de
글자를 붙이라. 예전에 도망해 온 몽골인들에게

etubuhe songkoi, musei harangga monggo, urut gurun ci
입혔던 대로 우리에게 속한 몽골인들과 Urut국에서

jihe beise i harangga monggo de, gemu emu
온 버일러에게 속한 몽골인에게 모두

adali ejete de ninggute da mocin, hahasi de
똑같이 수장들에게는 모청포 여섯 발, 장정들에게는

ninggute da boso salame bu, beise i emgi (38:14b)
베 여섯 발씩을 나누어주라. 버일러들과 함께

liyoodung de jidere niyalma de, eturengge ume
요동(遼東)에 오는 사람에게는 입을 것을

bure seme guwangning de takūrafi, monggoso de,
주지 말라"고 하여 광녕에 사람을 보내고, "몽골인들에게는

nikan i uksin be gemu dasafi buki.
한인의 갑옷을 모두 수리해서 주겠다"라고 했다.

○ jeku juweme genere ilan minggan ilan tanggū
곡물을 운반하러 가는 3360대의

ninju sejen de, duin minggan sunja tanggū
수레에 4551섬의

susai emu hule jeku be, nio juwang de isibuha. (38:15a)
곡물을 실어 우장(牛莊)에 보냈다.

○ dalingho i bira cikin de muhaliyaha bele, io tun
대릉하(大凌河) 강가에 쌓아놓은 쌀,

wei šurdeme gašan i jeku be gemu juwebu,
우둔위(右屯衛) 주변 마을의 곡물을 모두 운반하게 하라.

duin gūsai cooha, ci giya pu de morin
네 구사의 병사는 척가보(戚家堡)에서 말을

ulebume ili, jai duin gūsai cooha, ginjeo de
먹이면서 머물라. 그리고 다른 네 구사의 병사는 금주(錦州)에서

morin ulebume ili, ci giya pu, sung šan ci
말을 먹이며 머물라. 척가보와 송산(松山)에서

ebsi gašan gašan i jeku be, gemu guwangning ni (38:15b)
이쪽의 각 마을의 곡물을 모두 광녕

hecen de juwebu, i jeo ci, cing ho, ši ho, wei giya ling,
성으로 운반시키라. 의주(義州)에서 Cing Ho, 석하(石河), 위가령(魏家嶺),

šuwang tai, be tu cang ni jase jakai jeku de, musei
쌍대(雙臺), 백토창(白土廠)의 경계 부근의 곡물에 대해서는 우리 휘하의

fe monggo, ice jihe monggoso ilikini.
원래의 몽골인과 새로 온 몽골인들을 내세우기 바란다.

○ monggo i coohai ejete i sargan, ice jihe alban i
몽골 군사 수장들의 아내와 새로 온 공곡을

jeku jetere niyalmai sargata be, gemu guwangning de
먹는 사람의 아내를 모두 광녕에

tebu, juse hehesi genehe manggi, saikan akdulame (38:16a)
살게 하라. 아이들과 여자들이 간 후에, 아주 단단히

asara, hehesi de korafi gamame ukame generahū,
지키라. 여자들과 정을 통하여 데리고 도망할까 염려된다.

monggoso i cooha, be tu cang, šuwang tai de ilifi
몽골 병사들은 백토창, 쌍대에 머물러서

jase jakai jeku be morin de ulebu, isirakūci,
경계 부근의 곡물을 말에게 먹이라. 부족하면

wei giya ling, ši ho, cing ho, i jeo de isitala
위가령, 석하, Cing Ho, 의주까지의 곡물을

ulebu, ebsi gajici ojoro hanci ba i jeku be
먹이라. 이쪽으로 가져올 수 있을 만큼 가까운 지역의 곡물은

ume necire, urut gurun ci jihe monggo be,
손대지 말라. Urut국에서 온 몽골인들은

suweni emgi gaifi yabu. (38:16b)
너희와 함께 데리고 다니라.

○ ice nadan de, darhan hiya i gūsa, sunja
초이레에 "Darhan 히야의 구사가 수레

tanggū susai nadan sejen, jeku jakūn tanggū
557대와 곡물 830섬,

gūsin hule, abtai nakcu i gūsa, ninggun tanggū
Abtai 외삼촌의 구사가 수레 610대와

juwan sejen, jeku jakūn tanggū orin hule,
곡물 820섬,

tanggūdai age i gūsa, ilan tanggū nadanju juwe
Tanggūdai 아거의 구사가 수레 372대와

sejen, jeku duin tanggū uyunju hule, borjin (38:17a)
곡물 490섬, Borjin 히야의

hiya i gūsa, ilan tanggū jakūnju sejen, jeku
구사가 수레 380대와 곡물

sunja tanggū sunja hule, muhaliyan i gūsa, ilan
505섬, Muhaliyan의 구사가

tanggū juwe sejen, jeku duin tanggū hule,
수레 302대와 곡물 400섬,

subahai i gūsa, juwe tanggū ninju sunja sejen,
Subahai의 구사가 수레 265대,

jeku ilan tanggū jakūnju hule, donggo efu i
곡물 380섬, Donggo 어푸의

gūsa, juwe tanggū ninju sejen, jeku ilan
구사가 수레 260대, 곡물

tanggū juwan emu hule, abtai age i gūsa, (38:17b)
311섬, Abtai 아거의 구사가

ninggun tanggū tofohon sejen, jeku jakūn tanggū
수레 615대, 곡물 815섬,

tofohon hule, uhereme ilan minggan ilan tanggū
모두 하여 수레 3360대,[2)]

ninju sejen, jeku duin minggan sunja tanggū
곡물 4551섬이

susai emu hule, nio juwang de
우장(牛莊)에

2) 실제 수레의 총합은 3361대이다.

isinjiha seme boolaha.
도착했다"라고 보고해 왔다.

⇦ han i bithe, ice uyun de fusi efu, si uli (38:18a)
한(汗)의 글을 초아흐레에 Fusi 어푸, Si Uli

← efu, lio fujiyang de wasimbuha, simiyan, liyoodung ni
어푸, 유(劉) 부장에게 내렸다. "심양(瀋陽), 요동

← niyalma afafi etehekū dahaha, guwangning ni niyalma afahakū,
사람은 싸우고도 이기지 못하고 항복했다. 광녕 사람은 싸우지 않고

← laba bileri fulgiyeme niyaman hūncihin i gese okdoko,
나팔과 날라리를 불며 친인척처럼 맞이했다.

← tere guwangning ni bade tere boo, jetere jeku,
그 광녕 지역에서 살 집, 먹을 곡물,

← tarire usin akū ofi, liyoodung ni bade jihengge
경작할 밭이 없어서 요동 지역에 온 것이

← waka, han gajifi amba boode amba boigon, ajige
아니다. 한(汗)이 데려와서 큰 집에는 큰 가호를, 작은

← boode ajige boigon kamcifi, boo acan te, jeku (38:18b)
집에는 작은 가호를 합쳐서 집은 함께 살고, 곡물은

← acan jefu, usin acan tari seme bithe wasimbuha bihe,
함께 먹고, 밭은 함께 경작하라고 글을 내렸었는데,

← han i hese be jurceme, guwangning ci jihe boigon i
한(汗)의 명을 어기고 광녕에서 온 가호

← niyalma de, ši giya tun i ma yūn fung gebungge
사람에게 Ši Giya Tun의 Ma Yūn Fung이라는

← niyalma, ninju fulmiyen orho de, emu yan emu
사람이 목초 60단에 은 한 냥

← jiha sunja fun menggun, sunja sin turi de,
1전 다섯 푼, 콩 다섯 되에

← nadan jiha sunja fun menggun gaihabi, terei
은 7전 다섯 푼을 받았다. 그

← turgunde, tere ma yūn fung be oforo šan be (38:19a)
때문에 그 Ma Yūn Fung의 코와 귀를

← sirdan tokofi, dehi moo ura tūhe, gaiha
화살로 찌르고, 볼기 40대를 치고, 받은

← menggun de, holbome amasi buhe, erei gese
은을 맞추어서 돌려주었다. 이와 같이

← guwangning ci jihe niyalma de hūda gaiha
광녕에서 온 사람에게 값을 받은 것이

← bici, gemu amasi bederebu, tere gese yaka ba i
있다면 모두 되돌려주라. 그와 같이 어느 지역의

← niyalma, boo acan terakū, jeku acan jeterakū,
사람이 집에 함께 살지 않고, 곡물을 함께 먹지 않고,

← usin acan tarirakū, geli weile ararakū, usin
밭을 함께 경작하지 않고, 또 일을 하지 않아서 밭을

← tarire erin tutarahū, hūdun tari, usin jaci (38:19b)
경작하는 시기가 늦을까 염려된다. 속히 경작하라. 밭이 너무

← komso, tarici isirakū, ba hafirahūn sere niyalma,
적어서 경작할 수 없다거나 땅이 좁다고 하는 사람은

← simiyan, puho, i lu, fan ho de, fusi de,
심양, 포하(蒲河), 의로(懿路), 범하(范河), 무순(撫順)에

← usin elgiyen, fe ice ya cihangga niyalma tubade
밭이 많으므로, 옛날에 온 사람이든 새로 온 사람이든 원하는 사람은 거기에

← tarina.
가서 경작하라."

○ du tang ni bithe, ping lu pu i beiguwan de
도당의 글을 평로보(平虜堡)의 비어(備禦)에게

wasimbuha, tarhūn morin i tofohon niyalma be tucibufi, (38:20a)
내렸다. "살진 말이 있는 사람 15명을 내어서,

morin be bošome ulebu, jakūn gūsai siden i
말을 재촉하여 먹이라. 8구사의 공용(公用)

emu temen bu, tofohon niyalmai jetere aika
낙타 한 마리를 주라. 15명이 먹을 온갖

jaka acikini, laba emu juru, bileri emu
것을 싣기 바란다. 나팔 한 쌍, 날라리 한

juru, ajige tungken emken, tangtan emken, tung gu
쌍, 작은 북 한 개, Tangtan 한 개, Tung Gu

emu juru, kuwakuwa emu juru, bahanarakūci tacibu.
한 쌍, Kuwakuwa 한 쌍. 할 줄 모르면 가르치라."

← ○ jeku juweme birai wala genere sejen be, lii (38:20b)
"곡물을 운반하기 위해 강의 서쪽으로 가는 수레를 이(李)

← fuma sini emu sain niyalma be takūrafi unggi,
부마(駙馬) 너의 날랜 사람 한 명을 파견하여 보내서

頭註: manju gisun i buleku bithede baicaci, tangtan, tung gu, kuwakuwa sere gisun akū, gingguleme kimcici, ainci kumun de baitalara tetun i nikan gisun dere. [『御製淸文鑑』에서 조사하니, tangtan, tung gu, kuwakuwa라는 말이 없다. 신중하게 살펴보니, 아마도 음악에 사용하는 기구에 해당하는 한어 단어일 것이다.]

← gemu amasi gajime jio, hecen sahambi, ša ling ci
모두 되돌려 이끌어 오라. 성을 쌓을 것이다. 사령(沙嶺)에서

← ebsi, amcaha sejen be, untuhun amasi bedereme gajime
이쪽으로는 따라잡은 수레를 빈 채로 되돌려 이끌어

← jio, ša ling ci casi, amcaha niyalma be, jeku
오라. 사령(沙嶺)에서 저쪽으로 따라잡은 사람은 곡물을

← tebufi gajime jifi, nio juwang de werifi jio,
싣고 끌고와서, 우장(牛莊)에 남겨두고 오라.

← julergi duin wei niyalma, yaka meni meni boo de
남쪽 네 위(衛) 사람은 누군가 각자의 집에

← darirahū, emke juwe i fakcarahū, sejen ihan niyalma be, gemu (38:21a)
들를까 염려되고, 한두 사람이 이탈할까 염려된다. 수레와 소와 사람 모두를

← genehe niyalma yooni gajime jio.
간 사람이 온전히 끌고오라."

제39권

천명(天命) 7년(1622) 3월

gūsin uyuci debtelin,
abkai fulingga i
nadaci aniya ilan
biya.

tongki fuka sindaha hergen i dangse. (39:1a)
유권점 당안

⇦ han, juwan emu de, babai taiji be bingtu darhan
한(汗)이 11일에 Babai 타이지에게 Bingtu Darhan

taiji seme gebu bufi, suwayan sara, seke i
타이지라는 이름을 주고, 황색 일산(日傘), 담비

jibca, narhūn hayaha jibca, seke i dahū, dobihi
가죽옷, 가늘게 테를 두른 가죽옷, 담비 털옷, 여우

dahū, mahala, gūlha, umiyesun, juwe gecuheri be
털옷, 모자, 신발, 허리띠, 망룡단 두 필을

dabume, juwan suje, mocin samsu gūsin, menggun i
포함한 비단 열 필, 모청포 30필, 은으로 만든

alikū juwe, cara emken, moro juwe, fila
쟁반 두 개, 잔 한 개, 사발 두 개, 접시

juwe, saifi juwe, erebe dabume menggun sunja (39:1b)
두 개, 숟가락 두 개를 포함해서 은

tanggū yan.
500냥을 주었다.

○ suna efu i eyun de, gecuheri ojin, teleri,
Suna 어푸의 손위 누이에게 망룡단으로 만든 부인용 조복과 부인용 조의,

gulhun gecuheri juwe be, dabume juwan suje,
온전한 망룡단 두 필을 포함하여 비단 열 필,

mocin juwan, lamun juwan, boso juwan, fulgiyan
모청포 열 필, 남포(藍布) 열 필, 베 열 필, 붉은

jafu emken, suje i jibehun, sishe, cirku.
융단 한 장, 비단 이불, 요, 베개를 주었다.

(39:2a)

○ babai taiji, geli emu sargan de, ilhi
Babai 타이지의 다른 아내 한 명에게 중급

gecuheri ojin, teleri, emu gulhun gecuheri be
망룡단으로 만든 부인용 조복과 부인용 조의, 온전한 망룡단 한 필을

dabume sunja suje, sunja mocin, sunja lamun,
포함하여 비단 다섯 필, 모청포 다섯 필, 남포 다섯 필,

sunja boso, fulgiyan jafu emken, ilhi suje i
베 다섯 필, 붉은 융단 한 장, 중급 비단

jibehun, sishe, cirku, babai taiji beye, juwe
이불, 요, 베개를 주고, Babai 타이지 자신과 아내

sargan de, uhereme mocin samsu sunja tanggū.
두 명에게는 모두 하여 모청포 500필을 주었다.

(39:2b)

○ coshi taiji de, seke i jibca, silun i dahū,
Coshi 타이지에게 담비 가죽옷, 스라소니 털옷,

buyarame eture jibca emke, mahala, umiyesun, gūlha,
일상적으로 입는 가죽옷 한 벌, 모자, 허리띠, 신발,

juwe gecuheri be dabume juwan suje, juwan
망룡단 두 필을 포함하여 비단 열 필,

mocin, juwan lamun, juwan boso, fulgiyan jafu
모청포 열 필, 남포 열 필, 베 열 필, 붉은 융단

emken, sargan de, gecuheri ojin, teleri, emu
한 장, 그의 아내에게는 망룡단으로 만든 부인용 조복과 부인용 조의,

gecuheri be dabume sunja suje, mocin sunja,
망룡단 한 필을 포함하여 비단 다섯 필, 모청포 다섯 필,

lamun sunja, boso sunja, fulgiyan jafu emken, (39:3a)
남포(藍布) 다섯 필, 베 다섯 필, 붉은 융단 한 장,

ilhi suje i jibehun, sishe, jakūn guise šangnaha.
중급 비단 이불, 요, 궤 여덟 개를 상으로 주었다.

○ enggeder efu i eyun de, emu seke i dahū,
Enggeder 어푸의 손위 누이에게 담비 털옷 한 벌,

gecuheri ojin, teleri, juwe gecuheri be dabume
망룡단으로 만든 부인용 조복과 부인용 조의, 망룡단 두 필을 포함하여

juwan suje, mocin juwan, lamun juwan, boso
비단 열 필, 모청포 열 필, 남포 열 필,

juwan, fulgiyan jafu, suje i jibehun, sishe, guise
베 열 필, 붉은 융단, 비단 이불, 요, 궤

jakūn šangnaha. (39:3b)
여덟 개를 상으로 주었다.

○ harakcin fujin de, emu seke i dahū, ilhi
Harakcin 푸진에게 담비 털옷 한 벌, 중급

gecuheri ojin, teleri, juwe gecuheri be dabume
망룡단으로 만든 부인용 조복과 부인용 조의, 망룡단 두 필을 포함하여

juwan suje, juwan mocin, juwan lamun, juwan
비단 열 필, 모청포 열 필, 남포 열 필

boso, emu fulgiyan jafu, suje i jibehun, sishe,
베 열 필, 붉은 융단 한 장, 비단 이불, 요,

jakūn guise šangnaha, araha etuku, gecuheri suje
궤 여덟 개를 상으로 주었다. 만들어놓은 옷과, 망룡단과 비단을

uhereme susai buhe. (ere gemu monggo gurun ci ukame jihe beise, fujisa, abahai sa.) (39:4a)
모두 하여 50필을 주었다. (이들은 모두 몽골국에서 도망해 온 버일러, 푸진, 왕자들이다.)

○ tere inenggi wasimbuha
그날 내린

⇦ bithe, jušen, nikan, monggo ilan gurun acahabi, ilan
글이다. "여진인, 한인, 몽골인 세 백성은 함께 살고 있다. 그런데 세

← gurun i ehe guwanggun hūlha ai joboho, fung hūwang
백성 중에서 포악한 무뢰한이나 도적들은 무엇이 부족한가. 봉황성(鳳凰城)

← ceng ni bade maltu i komso be safi, nikan
지역에 목축인이 적은 것을 알고, 한인이

← maitušame waha, g'ai jeo i bade niyalma tolome komso
몽둥이로 쳐죽였다. 개주(蓋州) 지역에서는 사람의 수를 세러 적은 수가

← genefi, urikan, nacibu nirui juwe niyalma be (39:4b)
가서, Urikan과 Nacibu 니루의 두 사람을

頭註: gingguleme baicaci, monggo gisun de, ulha bisire niyalma be maltu sembi. [신중하게 조사하니, 몽골 말에 가축이 있는 사람을 maltu라 한다.]

← nikan waha, šanggiyan doo i ilan niyalma guwangning de
한인이 죽였다. Šanggiyan Doo의 세 사람이 광녕(廣寧)에

← genere be, urut gurun ci jihe sonom taiji harangga
가는 것을 Urut국에서 온 Sonom 타이지 소속의

← monggo waha, ginjeo ci gurime jidere boigon i
몽골인이 죽였다. 금주(錦州)에서 이주하여 오는 가호의

← duin niyalma be, g'ai jeo i niyalma waha,
네 사람을 개주(蓋州) 사람이 죽였다.

← te ereci amasi, yaya bade yabure niyalma
지금 이후로는 어느 곳에 가는 사람이든

← komso ume yabure, juwan juwan i hoki
적은 수로는 다니지 말라. 열 명씩 무리를

← banjifi yabu, juwan i hoki banjifi yabuci, ehe guwanggun (39:5a)
지어 다니라. 열 명으로 무리를 지어 다니면, 포악한 무뢰한과

← hūlha, niyalma waki seme gūnirakū kai, juwan i hoki
도적이 사람을 죽이고자 생각하지 못할 것이다. 열 명으로 무리를

← akū uyun niyalma yabure be saha de, saha
짓지 않고 아홉 사람이 다니는 것을 보면, 본

← niyalma jafafi uyun jiha menggun gaisu, jakūn niyalmai
사람이 잡아서 은 9전을 받으라. 여덟 사람이

← yabure be jafaha de, jakūn jiha menggun gaisu,
다니는 것을 잡으면 은 8전을 받으라.

← nadan niyalmai yabure be jafaha de, nadan jiha
일곱 사람이 다니는 것을 보면 은 7전을

← menggun gaisu, emu niyalmai yabure be jafaha de,
받으라. 한 사람이 다니는 것을 잡으면

← sunja jiha menggun gaisu. (39:5b)
은 5전을 받으라."

○ juwan juwe de, sonom taiji de unggihe
12일에 Sonom 타이지에게 보낸

⇦ bithe, ilan niyalma be, juwe niyalma adarame bahafi wambi,
글이다. "세 사람을 두 사람이 어찌 죽일 수 있느냐.

← ama, jui be guwebume, ahūn, deo be guwebume,
아버지가 아들을 면해주고 형이 동생을 면해주어

← geren i wafi juwe niyalma alime gaihabi ayoo, tuttu
여럿이서 죽이고서 두 사람만 죄를 받은 것이 아니냐. 그렇게

← geren be guwebufi, juwe niyalma be anaha seme
여럿을 면해주고서, 두 사람에게 미룬다 하여도

← amala donjiha de, sonom taiji sini beye akdun (39:6a)
나중에 듣게 되면, Sonom 타이지 너 자신에 대한 신뢰가

← akū ombikai, suwembe ba be waliyafi jihe be gūnime,
없어지는 것이다. 너희가 땅을 버리고 온 것을 생각하여

← eture jetere be joboburakū seme gūnimbi kai, han i
입을 것, 먹을 것을 걱정하지 않게 하겠다고 생각하고 있는 것이다. 한(汗)이

← tuttu gosime ujire be tuwame saikan banjirakū, jihe
그처럼 아끼면서 돌보는 것을 보면서 선량하게 살아가지 않고, 와 있는

← ba i niyalma be komso yabuha de dule wambio,
지역의 사람이 적은 수로 다니면 항상 죽일 것이냐.

← arki omifi soktofi becunume endebume niyalma waci, endebuhe
술을 마시고 취해서 서로 싸워 실수로 사람을 죽인다면 실수였다고

← seme gūnici ombikai, emu gurun i dolo banjime, gurgu i
생각할 수 있는 것이다. 한 나라 안에서 살아가면서 어찌 짐승처럼

← adali geoleme niyalma be ainu wambi, niyalma waha (39:6b)
습격하여 사람을 죽이느냐. 사람을 죽인

← niyalma be saikan kimcime baicafi, tere niyalma waha
사람을 자세히 살펴서 조사하고, 그 사람을 죽인

← niyalmai hoki bici, gemu jafafi bu.
자의 무리가 있으면 모두 잡아서 넘기라."

○ jušen i cooha emu minggan tucibufi, fu jeo de
여진인 병사 1000명을 내어서, 복주(復州)에

lio fujiyang ni beye, jušen i emu iogi, ilan
유(劉) 부장(副將) 자신과 여진인 유격(遊擊) 한 명, 병사

tanggū cooha tembi, ginjeo de jušen i emu iogi,
300명을 주둔시키고, 금주(金州)에 여진인 유격 한 명과

nikan i emu iogi, ilan tanggū cooha tembi, (39:7a)
한인 유격 한 명, 병사 300명을 주둔시키고,

hūwang gu doo de jušen i emu iogi, nikan i
황골도(黃骨島)에 여진인 유격 한 명과 한인

emu iogi, duin tanggū cooha tembi, juwete biya
유격 한 명, 병사 400명을 주둔시킨다. 두 달씩

tefi halambi.
주둔하고 교대한다.

○ ginjeo, fu jeo, juwan haha de juwe haha tucifi
금주(金州), 복주의 장정 열 명 중에서 두 명을 내어

hecen weilerengge, muke be jeku juwere de, jaha
성 쌓는 사람과, 곡물을 수로로 운반할 때 나룻배의

šurure niyalma be isire be tuwame gaimbi, (39:7b)
노를 저을 사람을, 인원이 차는 것을 보아서 충원하라.

jušen nikan i funcehe be gemu unggi, hafasa de
남은 여진인과 한인을 모두 보내라. 관원들에게

buhe haha be, baha haha i ton be tuwame
준 장정은, 받은 장정의 숫자를 보아

tolofi, hecen weilere ba be dende, orin
세어서, 성을 쌓을 곳을 나누라. 장정

haha de emu haha cooha ilihangge, ere biyaci
20명에 한 명씩 징병한 자들은, 이 달부터

poo sindame tacibu, ice biyai juwan de naka,
포 쏘는 것을 가르치라. 새 달 10일에는 그만두라.

hecen weilere de, jušen nikan i hafasa, meni
성을 쌓을 때 여진인과 한인 관원들이

meni kadalara niyalma be saikan kimcime tucibufi (39:8a)
각자 관할하는 사람을 잘 살펴 뽑아서,

bošome hūdun weileburakū, gese niyalma ci tutaha de,
재촉하여 속히 쌓게 하지 않아서 같은 일을 하는 사람보다 뒤떨어지면,

kadala seme buhe niyalma be gaimbi, amba
관할하라고 준 사람을 빼앗고, 큰

weile arambi, hafan be nakabumbi.
죄로 치죄하여 관원을 그만두게 한다.

○ manggol efu be tacibuha

Manggol 어푸를 가르친

⇦ gisun, tumen niyalma dahabume, tumen ulha be dalime banjire

말이다. “사람 1만 명을 따르게 하고, 가축 1만 마리를 몰며 살아가는

← niyalma, amba mujilen jafafi, baiha niyalma de buci (39:8b)

사람이 관대한 마음을 가지고, 청하는 사람에게 주면

← acambi kai, manggol sinde tumen gucu, tumen ulha bio,

마땅하다. Manggol, 너에게 구추 1만 명이 있고 가축 1만 마리가 있느냐.

← umai akū bime, han i gosime buhe ulin be

전혀 없는데, 한(汗)이 아끼며 준 재물을

← balai baiha niyalma de buci, niyalma gemu simbe

함부로 청하는 사람에게 주면, 사람들은 모두 너를

← mentuhun beliyen sembikai, beliyen i gebu gaifi ainambi, simbe

미련한 자, 바보라고 말할 것이다. 바보라는 이름을 얻어서 어찌할 것인가. 네가

← hojihon ofi tacibume hendumbi, anggai henduci ojorakū ofi

사위이므로 가르쳐 말한다. 입으로 말해도 듣지 않으니

← bithe arafi buhe.

글로 써서 준다.”

(39:9a)

○ uju de, gin ioi ho, jao i ho, g'ao ming

“첫째로 김옥화(金玉和), 조일곽(趙一霍), G'ao Ming

ho, jai de, u yen, tung yan, ju ji wen,

Ho, 둘째로 U Yen, Tung Yan, 주계문(朱計文),

頭註: gingguleme baicaci, ere emu meyen de tofohon niyalma be sunja jergi banjibuha gojime, ai baita de ejehe be baicara ba akū, ginggulеme da songkoi sarkiyaha. [신중하게 조사하니, 이 한 단락에 15명을 다섯 등급으로 나누기만 했을 뿐 무슨 일로 적었는지를 조사할 데가 없어 신중하게 원래대로 베껴 썼다.]

ilaci de, ju ši cang, jang ioi wei, jang meng
셋째로 Ju Ši Cang, Jang Ioi Wei, Jang Meng

jao, duici de, siowan i yuwan, lii dai ceng,
Jao, 넷째로 Siowan I Yuwan, Lii Dai Ceng,

tung jeng guwe, sunjaci de, jang de ju, tung sung
Tung Jeng Guwe, 다섯째로 Jang De Ju, 동송년(佟松年),

niyan, gu sio dung, ere be juwan ninggun de araha.
Gu Sio Dung." 이것을 16일에 글로 썼다.

(39:9b)

○ guwangning de tehe ambasa de unggihe
광녕에 있는 대신들에게 보낸

⇦ bithei gisun, wabuha ilan niyalma, wei nirui niyalma, ainu
글이다. "죽임을 당한 세 사람은 누구의 니루 사람이냐. 어찌하여

← fakcaha, ilan niyalmai canggi komso aibide genembihe, dobori
이탈했느냐. 세 사람뿐인 적은 수로 어디로 가고 있었느냐. 밤에

← deduhe bade amgaha de wabuhao, inenggi yabure de
머물던 곳에서 자다가 죽임을 당했느냐. 낮에 다니다가

← wabuhao, saikan kimcime baica, niyalma waha monggo be
죽임을 당했느냐. 잘 살펴서 조사하라. 사람을 죽인 몽골인을

← sonom taiji jafafi buhe de, haha be musei
Sonom 타이지가 잡아서 보내면, 남자는 우리

← ambasa saikan akdulame asara, galai falanggū hafu (39:10a)
대신들이 아주 단단히 가두라. 손바닥을 뚫어

← moo de hadafi, eihen yalubufi, juwe bethe be
나무에 못 박고 나귀에 태워서 두 발을

← eihen i hefeli i fejergi deri hūwaitafi gajime jio,
나귀의 배 아래쪽으로 묶어서 데려오라.

← muke de fekufi bucerahū, ubade gajifi geren de
물에 뛰어들어 죽을까 염려된다. 여기에 데려와서 여러 사람에게

← tuwabume eruleme wambi, juse hehesi be tubade geren de
보이며 형벌을 내려 죽일 것이다. 아이들과 여자들은 거기에서 여러 사람에게

← tuwabume wa.
보이며 죽이라."

○ cahar i aohan, naiman i elcin genehe. (39:10b)
Cahar의 Aohan부와 Naiman부의 사신이 갔다.

○ du tang ni bithe, juwan duin de sarhū i
도당(都堂)의 글을 14일에 Sarhū의

jung giyūn de wasimbuha, sini jakūn hecen i gurime
중군(中軍)에게 내렸다. "너의 여덟 성의 이주하여

jihe ice boigon i nikan, ihan de halhan
온 새 가호의 한인들은 소에 보습과

ofoho, turi bi sere, akū niyalma komso sere,
볏, 콩이 있다 하고, 없는 사람이 적다고 한다.

bisire niyalma ume gaijara, bisire niyalma doosidame gaici
있는 사람은 가지지 말라. 있는 사람이 욕심을 내어 가지면

weile, akū niyalma be tuwame bu, musei hungkerehe (39:11a)
죄이다. 없는 사람을 살펴보아 주라. 우리가 주조한

halhan ofoho bu, halhan isirakūci, niowanggiyaha de
보습과 볏을 주라. 보습이 충분하지 않으면 청하(淸河)에

gana, turi use isici wajiha, isirakūci, afiya
가서 가져오라. 콩의 씨앗이 충분하면 되었다. 충분하지 않으면 청대콩을

turi be tūfi gaikini.
탈곡하여 가지기 바란다."

○ juwan duin de, kalka i joriktu beile ci
14일에 Kalka의 Joriktu 버일러로부터

juwan ilan niyalma, sereng ni uyun niyalma,
13명, Sereng 휘하의 아홉 명이

hehe juse be gajime ukame jihe, bagadarhan i (39:11b)
여자와 아이들을 데리고 도망해 왔다. Bagadarhan의

juwan boigon ukame jihe.
열 가호가 도망해 왔다.

○ jušen i alban i ihan, emu tanggū juwan juwe
여진인의 공역 소 112마리,

ihan, nikan i alban i ihan, emu minggan duin
한인의 공역 소 1414마리,

tanggū juwan duin ihan, ere uheri emu
모두 하여

minggan sunja tanggū orin ninggun ihan genehe,
1526마리가 갔다.

jai ilan ihan nimeme bederehe, jai emu (39:12a)
그리고 세 마리는 병이 나서 되돌아갔다. 그리고

ihan be ejen amcafi gamaha, emu minggan
소 한 마리는 주인이 쫓아와서 끌고갔다.

sunja tanggū gūsin ihan, ilan biyai juwan
소 1530마리가 3월 13일에

ilan de liyoha bira be duleke.
요하(遼河)강을 지나갔다.

○ tofohon de, guwangning ci unggihe bithe, salu i gajiha
15일에 광녕에서 보낸 글이다. "Salu가 데려온

boigon i haha emu tanggū nadan, hehe ninju ninggun,
가호의 장정이 107명, 여자가 66명,

juse gūsin nadan, uhereme anggala juwe tanggū (39:12b)
아이들이 37명, 모두 하여 인구가 210명,

juwan, morin jakūn, ihan uyun, eihen juwan jakūn,
말 여덟 마리, 소 아홉 마리, 나귀 18마리이다.

emu šancin i niyalma be ilan biyai juwan de
한 산채의 사람들을 3월 10일에

baha, hahai ton, emu minggan juwe tanggū
얻었다. 장정의 수가 1260명이고,

ninju, uhereme anggalai ton, juwe minggan uyun
전체 인구 수는 2900명이었다.

tanggū, jai emu šancin i niyalma dahambi seme
또 다른 산채의 사람들이 항복한다 하고

duin niyalma jihe bihe, beise i boigon arafi
네 명이 와 있었는데, 버일러들의 가호로 삼아

werihe, šusai be sini niyamangga niyalma be, (39:13a)
남겼다. 생원을 '너의 친인척인 사람들을

alin de baime gana seme unggihe bihe,
산에서 찾아 데리고 오라'고 하여 보냈었는데,

ganafi haha ninju jakūn, hehe dehi uyun,
데리러 가서 장정 68명, 여자 49명,

emu morin, juwan ihan, uyun eihen gajiha,
말 한 마리, 소 10마리, 나귀 아홉 마리를 이끌고 왔다.

ere be gemu guwali de tebuhebi, uheri hahai
이들을 모두 성 밑에 살게 했다. 전체 장정의

ton emu tanggū gūsin.
수가 130명이다."

○ jakdan hecen i lii gung yen ciyandzung, ice (39:13b)
Jakdan성의 Lii Gung Yen 천총(千總)이 신전(新奠)

hecen i ergide funcehe tutaha niyalma be baime
쪽에 떨어져 남은 사람을 찾으러

genefi, aiha ci amasi dehi susai niyalma baha,
가서 애하(靉河)에서 북쪽으로 45명을 얻었고,

jai mao wen lung ni takūraha uksin etuhe
또 모문룡(毛文龍)이 파견한 갑옷을 입은

duin niyalma bahafi benjihe seme, dehi yan
사람 네 명을 잡아 보내왔다 하여

menggun šangnaha.
은 40냥을 상으로 주었다.

⇦ han i bithe, tofohon de wasimbuha, jušen nikan boo acan te, (39:14a)
한(汗)의 글을 15일에 내렸다. "여진인과 한인은 집에 함께 살고,

← jeku acan jefu, usin acan tari seme kamcibuhabi kai,
곡물을 함께 먹고, 밭을 함께 경작하라고 합치게 한 것이었다.

← donjici, jušen, kamciha booi nikan i ihan sejen, kamciha
듣자 하니, 여진인이, 집을 합친 한인의 소수레를, 집을 합친

← booi nikan be jafabufi orho jeku be juwebumbi
한인으로 하여금 끌게 해서, 목초와 곡물을 운반시킨다고

← sere, ai ai jaka be gejurembi sere, tere be
하고, 갖가지 물건을 착취한다고 한다. 그들을

← sinde aha buhebio, baci gurime jifi, tere boo,
너희한테 노예로 주었느냐. 옛 땅에서 이주하여 와서, 살 집,

← jetere jeku, tarire usin akū ofi, kamcibuha bihe kai,
먹을 곡물, 경작할 밭이 없으므로, 합치게 한 것이었다.

← ereci amasi, jušen, nikan i boode acan tere, jeku be (39:14b)
지금 이후로 여진인은 한인의 집에서 함께 살고 곡물을

← anggala tolome acan jetere dabala, jušen, nikan, meni
식구를 세어 함께 먹기만 할 뿐, 여진인과 한인이 각자

← meni ubui usin be meni meni ihan i tari, ere
몫의 밭을 각자의 소로 경작하라. 이

← gisun be jurceme nikan be jušen gidašame gejureci,
말을 어기고 한인을 여진인이 업신여기고 착취하면,

← nikan gajime šajin de habša, ere bithe be
한인이 데리고 와서 법으로 고소하라. 이 글을

← wasika seme, nikan geli balai holtome jušen be
내렸다 하여, 한인이 또 함부로 속여 여진인을

← ume belere, gemu emu han i irgen kai.
무고하지 말라. 모두 똑같은 한(汗)의 백성들이다."

(39:15a)

○ aita fujiyang de juwe tanggū monggo be
Aita 부장에게 몽골인 200명을

uji seme bure de, eture etuku, yalure
돌보라 하여 줄 때, 입을 옷, 탈

morin, uksin saca, enggemu hadala, jebele beri
말, 갑옷과 투구, 안장과 굴레, 화살통과 활을

gemu yooni buhe.
모두 갖추어주었다.

○ juwan ninggun de, guwangning de tehe ambasa de
16일에 광녕에 사는 대신들에게

unggihe (39:15b)
보낸

⇦ bithei gisun, guwangning de bisire niyalma, ba ba i šancin ci
글이다. "광녕에 있는 사람은 곳곳의 산채에서

← wasika boigon i nikan be, gemu guwangning de gajifi
내려온 가호의 한인을 모두 광녕에 데려와서

← orin angga de emu ihan bufi usin taribu,
식구 20명에 소 한 마리를 주고 밭을 경작하게 하라.

← jeku juwere sejen be juwe gūsai emu iogi
곡물을 운반하는 수레를 두 구사에서 유격 한 명이

← dahambihe, te jakūn gūsai jakūn iogi tucifi, emu
따르고 있었는데, 이제 8구사의 유격 여덟 명이 나오고, 한

← nirui juwete uksin i niyalma kemuni tucifi, ši san šan i
니루마다 갑병 두 명씩이 매번 나와서, 십삼산(十三山)의

← ebergi emu pu be tuwafi tuwakiyame morin ulebume te, (39:16a)
이쪽의 보(堡) 하나를 보고 지키며, 말을 먹이며 주둔하라.

← genehe sejen guwangning ni šurdeme jeku be juwebu, baha
간 수레로 광녕 주변 곡물을 운반하게 하라. 얻은

← olji juwe tanggū morin be aita de bufi unggi.
포로와 말 200마리를 Aita에게 주어서 보내라."

⇦ han hendume, agesa suwembe booi juse hehesi de nekeliyen
한(汗)이 말하기를, "아거들 너희가 집의 아이들과 여자들에게 얇은

← suje be etubufi, te gemu jiramin sain suje
비단을 입히고 이제 모두 두껍고 좋은 비단만

← funcefi, gūwa de buci hairakan, burakūci, etukini seme
남으면 남에게 주기 아까울 것이다. 주지 않는다면 입히려고

← gūniha niyalma de ai bure, ai ai suje be (39:16b)
생각한 사람에게 무엇을 주겠느냐. 온갖 비단을

← gemu suweni beye tuwame sonjo, beise i eture be
모두 너희가 스스로 보고 고르라. 버일러들이 입을 것을

← encu, fujisai eture be encu, haha jusei eture be
따로, 푸진들이 입을 것을 따로, 아들들이 입을 것을

← encu, sargan jusei eture be encu, musei beise
따로, 딸들이 입을 것을 따로, 우리 버일러들과

← ambasai eture be encu, monggo, nikan, beise, ambasa de
대신들이 입을 것을 따로, 몽골인과 한인 버일러들과 대신들에게

← bure be encu, jai balai niyalma de bure be
줄 것을 따로, 그리고 마음대로 사람들에게 줄 것을

← encu, hacin hacin i sonjofi faksalafi sinda, jai suje
따로, 종류별로 선별해서 갈라놓으라. 또

← sain bime nilgiyan suje be etuku dembei arame (39:17a)
품질이 좋으면서도 윤이 나는 비단을 옷으로 잘 만들어

← gaisu, musei gūniha niyalma de buki.
가지고 있으라. 우리가 생각한 사람에게 주자."

○ juwan nadan de, aita fujiyang bithe wesimbume
17일에 Aita 부장이 글을 올려

hendume, ginjeo i lii diyan kui, takūraha bade
말하기를 "금주(金州)의 Lii Diyan Kui는 일을 시켰을 경우에는

getuken, afabuha weile be mutebumbi, mujilen tondo
총명하고, 맡긴 일을 능히 하며, 마음이 바르고

sain seme bithe wesimbure jakade, iogi hergen buhe.
선량합니다"라고 했기 때문에 유격의 직위를 주었다.

(39:17b)

○ juwan jakūn de, guwangning de tehe ambasa de
18일에 광녕에 주둔한 대신들에게

unggihe
보낸

⇦ bithei gisun, jakūn beise i asaraha ehe alašan morin be
글이다. "8구사의 버일러들이 보유한, 좋지 않고 느린 말을

← sonjofi, jai monggo, nikan de olji morin be
고르고, 또 몽골인과 한인들에게서 노획한 말을

← sonjofi, juwe tanggū morin de baha olji enggemu
골라서, 말 200마리에 노획한 안장과

← hadala tohofi, juwe tanggū niyalmai uksin saca, loho
굴레를 메우고, 200명 몫의 갑옷과 투구, 환도를

← jalukiyafi, aita fujiyang de bu, sain morin sain (39:18a)
갖추어서 Aita 부장에게 주라. 좋은 말과 좋은

← geo be burakū, jakūn beise i buhe morin i funde
암말은 주지 말고, 8구사 버일러들은 준 말 대신에

← sain morin sain geo be toodame gaisu, guwangning de
좋은 말과 좋은 암말을 보상 받으라. 광녕에

← bisire jakūn gūsai uksin bure ambasa, monggo de
있는 8구사의 갑옷을 주는 대신들은, 몽골인에게

← bure emu nirui orita uksin be, golmin uksin i
주는 니루당 갑옷 20벌을, 긴 갑옷의

← buten be faitafi, iberi šabtun wacan faita, arara
자락을 자르고, 투구의 뒷드리개와 좌우 드리개, 갑옷의 겨드랑이를 자르라. 할

← niyalma akū oci, uksin eture niyalmai sargan de arabu.
사람이 없으면, 갑옷을 입을 사람의 아내에게 시키라."

(39:18b)

○ sakjai nirui jergi jakūn booi delhetu nirui
"Sakjai 니루 등의 팔가(八家) Delhetu 니루[1)]

niyalma, tubade orin sunjata uksin te, tereci
사람은 그곳에 갑병 25명씩 머물고, 그러고도

fulu niyalma gemu jio, guwangning de bisire
남은 사람은 모두 오라. 광녕에 있는

---

1) delhetu niru는 후대의 사전이기는 하지만 『御製清文鑑』(1708)과 『御製增訂清文鑑』(1771)에 따르면 booi niru(内府佐領)와 같은 뜻이다. delhembi는 '분가하다'의 뜻이며, delhetu는 '당책(檔冊), 즉 호적을 적는 책에 올린'의 뜻이다.

orin karun i niyalma juwan te, juwan jio,
20명의 초병 중 10명은 거기에 있고 10명은 오라.

karun i ninggun iogi ilan te, ilan jio.
초소의 유격 여섯 명 중 세 명은 거기에 있고 세 명은 오라."

○ ineku tere inenggi, cahar i aohan, naiman i elcin (39:19a)
같은 날, Cahar의 Aohan부와 Naiman부의 사신

nadan niyalma jihe.
일곱 명이 왔다.

○ du tang ni bithe, juwan uyun de wasimbuha,
도당의 글을 19일에 내렸다.

cilin, fanaha, caiha ci julesi, niowanggiyaha ci amasi,
"철령(鐵嶺), 범하(范河), 채하(柴河)의 남쪽과 청하의 북쪽

jasei tule alin holo de tehe nikasa, suwe
경계 밖의 산과 골짜기에 사는 한인들 너희가

boo arafi usin tarifi tehe niyalma oci, ere
집을 짓고 밭을 경작하고 살던 사람이면,

aniyai teile te, jai aniya hecen pu de (39:19b)
올해만 거기에서 살아라. 내년에는 성과 보(堡)에

bargiyafi tebumbi, te gurime genere niyalma oci,
거두어서 살게 하겠다. 지금 이주하여 오는 사람은

hecen pu tai noho babe baime boo te,
성, 보, 대(臺)가 있는 지역을 찾아 정착하고

usin tari, tere usin boo be miningge waka,
밭을 경작하라. 그 밭과 집이 내 것이 아니라고,

ere boo usin de ejen bidere seme ume
이 집과 밭에 주인이 있을 것이라고

olhome gūnire, gemu emu
걱정하지 말라. 모두 같은

⇦ han i irgen oho kai, neigen icihiyame tembi, icihiyame
한(汗)의 백성이 되었다. 공평하게 처리하여 살 것이고,

tarimbi kai. (39:20a)
경작할 것이다."

○ muhaliyan dzung bing guwan, hecen weilere ihan sejen
Muhaliyan 총병관(總兵官)이 성을 쌓는 소, 수레,

niyalma gana seme ma šeo pu be takūraha,
사람을 데리러 가라고 Ma 수보(守堡)를 파견했다.

tere ma šeo pu genefi ihan sejen niyalma be
그 Ma 수보가 가서 소, 수레, 사람을

bošorakū, gašan i niyalma de menggun gaijara jakade,
재촉하지 않고, 마을 사람들에게 은을 받았다 해서,

gašan i niyalma, aita fujiyang de habšara jakade,
마을 사람들이 Aita 부장에게 고소하므로,

tere habšaha gisun de, aita fujiyang, ma (39:20b)
그 고소한 말에 따라 Aita 부장이 Ma

šeo pu be ganafi fonjime, si ihan sejen
수보를 데리고 와서 묻기를 "너는 소, 수레,

niyalma be bošome gamarakū, menggun ainu gaimbi
사람을 재촉하여 데리고 가지 않고, 어찌하여 은을 받았느냐"라고

seme ma šeo pu be jafaha jafaha manggi,
하며 Ma 수보를 잡았다. 잡은 후에,

muhaliyan dzung bing guwan, abuni gebungge niyalma be
Muhaliyan 총병관(總兵官)이 Abuni라는 사람에게

bithe jafabufi aita fujiyang de šerime takūrame,
글을 들려서 Aita 부장에게 보내어 위협하기를,

tere golo be
"그 지역은

⇦ han minde buhebi, mini takūraha niyalma be si ainu (39:21a)
한(汗)이 나에게 준 것이다. 내가 파견한 사람을 네가 어찌

jafaha, tere golo de si ejen oso, si
잡았느냐. 네가 그 지역의 수장이 되라. 네가

gaisu seme hendume takūraha manggi, aita fujiyang
받으라"고 하며 사람을 보내니, Aita 부장이

hendume, ere ma šeo pu de ulin gaiha weile
말하기를, "이 Ma 수보에게 재물을 받은 죄가

bifi jafahabi, niyalma ihan sejen bošoro niyalma encu
있어서 잡은 것이다. 사람, 소, 수레를 재촉하여 데리고 갈 사람을 따로

tucibufi unggire seci, takūraha abuni gebungge niyalma
뽑아서 보내겠다"라고 했다. 파견한 Abuni라는 사람이

ohakū, guwanggušame dedu seme tucibuhe boode deduhekū,
따르지 않고, 행패를 부리며, 머물라고 내어준 집에 머물지 않고

aita fujiyang ni duka de dedure jakade, aita fujiyang (39:21b)
Aita 부장의 문에서 자기 때문에 Aita 부장이

tere bithe be jafafi šajin de alara jakade,
그 글을 가지고 법도에 따라 고했다. 그러자

šajin i niyalma beideme, muhaliyan dzung bing guwan be, si
법관이 판결하여 Muhaliyan 총병관을 "너는

geren de hebe akū, encu golode sini beyebe
여러 사람과 협의 없이 어찌 다른 지역에 너 자신이

amban seme šerime ainu takūraha seme weile arafi,
대신이라고 하여 위협하기 위하여 파견했느냐"라고 하여 정죄하고,

dzung bing guwan i hergen be nakabuha, jušen emu niru,
총병관 직위를 그만두게 했다. 속민 한 니루,

ilan minggan nikan, guwangning de šangnaha ulin, buhe
한인 3000명, 광녕에서 포상한 재물과 주었던

niyalma be gemu gaiha, abuni gebungge niyalma be (39:22a)
사람을 모두 몰수했다. Abuni라는 사람은

si ainu guwanggušaha seme tanggū šusiha šusihalaha.
"너는 어찌 행패를 부렸느냐"라고 하여 채찍 100대를 때렸다.

제40권

천명(天命) 7년(1622) 3월부터 4월까지

dehici debtelin,
　abkai fulingga i nadaci
　aniya ilan biyaci duin
　biyade isinahabi.

tongki fuka sindaha hergen i dangse. (40:1a)
유권점 당안

○ orin de, abatai age de unggihe
20일에 Abatai 아거에게 보낸

⇦ bithe, abatai age, jidere niyalmai sasa orin nadan de
글이다. "Abatai 아거는 오는 사람과 함께 27일에

← isinju, jai guwangning ni šurdeme ba i jeku be
도착해 오라. 그리고 광녕(廣寧) 주변 지역의 곡물을

← juwebu, sonom taiji i sargan i non be jafaha be
운반하게 하라. Sonom 타이지의 아내의 여동생을 잡아놓은 것을

← sinda, urut beise ba ba i jihe monggo be
풀어주라. Urut 버일러들의 지역 곳곳에서 온 몽골인들을

← urut beise de bu, tereci gūwa monggo be
Urut 버일러들에게 주라. 그 외의 몽골인들은

← asara, ubai ambasa genehe manggi icihiyakini. (40:1b)
가두어두라. 이곳의 대신들이 가서 처리하게 하겠다."

○ joriktu beile ci, haha hehe uheri dehi
Joriktu 버일러로부터 남녀 합쳐서

duin niyalma yafahan ukame jihe.
44명이 걸어서 도망해 왔다.

○ orin juwe de, jeng giyang ni ergide tehe
22일에 진강(鎭江) 쪽에 주둔하고 있던

eksingge de cooha nonggime, emu nirui emte
Eksingge에게 병사를 증원하여 한 니루마다

niyalma, poo sindara orin niyalma be unggihe bithei (40:2a)
한 명씩, 포를 쏘는 사람 20명을 보낸 글이다.

gisun, alin holo de bisire nikan suwe hūdun
"산과 골짜기에 있는 한인들 너희는 속히

alin ci wasifi usin tari, boo arafi te,
산에서 내려와서 밭을 경작하고, 집을 짓고 살라.

suwe šanaha dosime genehe seme, suwende tere boo,
너희가 산해관(山海關)에 들어갔다고 하더라도 너희에게 살 집,

tarire usin, jetere jeku we icihiyame bumbi, tere
경작할 밭, 먹을 곡물을 누가 마련하여 주겠느냐.

anggala, meni amban cooha, ulgiyan singgeri aniya šanaha be
게다가 우리 대군이 계해년(癸亥年, 1623)이나 갑자년(甲子年, 1624)에 산해관(山海關)에

dosime dailame genembi kai, suwe alin ci wasifi
정벌하러 들어갈 것이다. 너희가 산에서 내려와서

⇦ genggiyen han de dahame jici, jetere jeku, tarire (40:2b)
경기연 한(汗)에게 항복하러 오면 먹을 곡물, 경작할

usin, tere boo be getuken i icihiyame neigen bume
밭, 살 집을 분명하게 처리하여 공평하게 주고

ujimbi kai, alin ci wasifi dahame jiderakūci, wambi kai.
돌봐주겠다. 산에서 내려와서 항복하러 오지 않으면 죽이겠다."

○ jeng giyang de cooha genehe eksingge, nadan
진강(鎭江)에 출병한 Eksingge가 포로

tanggū olji bahafi benjihe.
700명을 잡아서 보내왔다.

○ ineku tere inenggi, guwangning ci gajiha olji be, (40:3a)
같은 날, 광녕에서 데리고 온 포로를

tsanjiyang iogi de juwete juru niyalma buhe.
참장(參將)과 유격(遊擊)에게 두 쌍씩 주었다.

○ monggo i korcin i nangsu lama,
몽골 Korcin의 Nangsu 라마가

⇦ genggiyen han i ujire kundulere sain be donjifi, sucungga
경기연 한(汗)이 잘 보살피고 공대한다는 것을 듣고, 처음

juwe jergi jifi genehe, liyoodung be baha manggi,
두 번을 왔다가 갔다. 요동(遼東)을 얻은 후에,

tere lama jifi hendume, bi mini baci jidere de,
그 라마가 와서 말하기를, "제가 저의 지역에서 오는데

beye sain i jihekū kemuni nimeme jihe, mini dolo (40:3b)
몸이 편안하게 오지 않고 계속 앓으면서 왔습니다. 제 마음속으로

gūnime jihengge,
생각하며 온 것은

⇦ genggiyen han i jakade giran waliyaki seme jihe seme
경기연 한(汗) 곁에 제 주검을 버리고자 하여 왔습니다"라고

hendufi, goidahakū beye manggalafi nimere de, lama
말했다. 얼마 지나지 않아 몸이 위중해지고 아플 때 라마가

hendume, mimbe gosici bucehe manggi, mini giran be,
말하기를, "저를 아끼신다면 죽은 후에 제 주검을

ere liyoodung de baga ba lama de afabufi
이 요동에 있는 Baga Ba 라마에게 맡겨서

juktebu seme hendufi, šahūn coko aniya tuweri
제사를 지내게 해주십시오"라고 말하고 신유년(辛酉年, 1621) 겨울

juwan biyade akū oho, giran be liyoodung ni (40:4a)
10월에 숨을 거두었다. 시신을 요동

hecen i julergi dukai tule, han' tsanjiyang ni yafan i
성 남문 밖 Han 참장의 텃밭이 있는

tokso i boode miyoo arafi sindaha manggi,
장원의 집에 묘(廟)를 짓고 안치한 후에,

⇦ genggiyen han, ba lama be jukte seme afabuha, nangsu
경기연 한(汗)이 Ba 라마에게 제사를 지내라고 맡겼다. Nangsu

lama i harangga jušen korcin de bihe ninju
라마에게 소속된 Korcin에 있던 여진인 63가호를,

ilan boigon be, turusi gebungge niyalma be
Turusi라는 사람을

takūrafi ganafi, nikan i emu pu be bufi
파견하여 데리러 가서, 한인의 보 하나를 주고

lama i giran i jakade tebuhe, jai gabtabume tuwafi (40:4b)
라마의 묘 곁에서 살게 했다. 그리고 활을 쏘게 해서 보고,

susai sunja beri šangnaha, susai uksin, susai
활 55개를 상으로 주었다. 갑옷 50벌, 말

morin, orin eihen, takūrara aha, susai haha,
50마리, 나귀 20마리, 부릴 종과 장정 50명,

susai hehe buhe.
여자 50명을 주었다.

○ orin ilan de, joriktu ecike be iogi i
23일에 Joriktu 숙부의 유격

hergen be wesibufi fujiyang ni hergen buhe, darja
직위를 승직시켜 부장(副將) 직위를 주었다. Darja

age beiguwan i hergen be wesibufi iogi i hergen buhe. (40:5a)
아거는 비어(備禦) 직위를 승직시켜 유격 직위를 주었다.

○ orin duin de, kalka i joriktu beile i nadan
24일에 Kalka의 Joriktu 버일러의 장정 일곱 명과

haha, ilan hehe yafahan ukame jihe.
여자 세 명이 걸어서 도망해 왔다.

○ du tang ni bithe, orin sunja de wasimbuha,
도당(都堂)의 글을 25일에 내렸다.

guwangning ci jihe hafasa, meni meni wei, meni
"광녕에서 온 관원들은 각 위(衛),

meni ba i niyalma be ejen arafi gajiha kai, (40:5b)
각 지역의 사람을 수장이 기록하여 데리고 왔다.

tere gajiha niyalma yooni bici, yooni bi seme
그 데리고 온 사람들이 그대로 있으면, 그대로 있다고

bithe wesimbu, gajiha haha yooni akū, meni
글을 올리라. 데려온 장정들이 그대로 없고,

meni niyaman hūncihin de genehe bici, hafasa
각자 친인척에게 가 있으면, 관원들이

meni meni harangga niyalma de bithe unggifi
각자 관하 사람들에게 글을 보내서

baicame gajifi, mini gajiha hahai ton be
조사하여 데려오고, '제가 데려온 장정의 수를

baicame bahame wajiha seme bithe wesimbu, ba
조사하여 파악이 끝났습니다'라고 글을 올리라. 고향을

waliyafi gurime jihe seme, ere indahūn aniya (40:6a)
버리고 이주하여 왔다 하여 올해 임술년(壬戌年, 1622)은

hecen weilere alban guwebuhe, cooha ilibufi morin
성을 쌓는 공역을 면해주었다. 병사를 뽑고, 말이

akū niyalma be morin udabu, coohai niyalma be
없는 사람에게는 말을 사게 하라. 병사들로 하여금

coohai agūra be dasabucina,
병장기를 수리시키기 바란다.

⇦ han i beye cooha yabuci, suwe baibi tembio, fujiyang de
한(汗)이 몸소 출병하는데, 너희는 아무것도 하지 않고 있을 것이냐. 부장에게는

ilan minggan haha kadalabumbi, iogi de juwe
장정 3000명을 관할하게 한다. 유격에게는

minggan haha kadalabumbi, beiguwan de emu minggan
장정 2000명을 관할하게 한다. 비어에게는 장정

sunja tanggū haha kadalabumbi, guwangning ci jihe (40:6b)
1500명을 관할하게 한다. 광녕에서 온

hafasa, suwende bisire haha be saikan kimcime
관원들은 너희에게 있는 장정을 잘 살피고

baicame tolofi, hahai ton be ume gidara,
조사해서 수를 세어서, 장정의 수를 숨기지 말고

yooni ala, suwende bisire haha isirakūci, nememe
모두 고하라. 너희에게 있는 장정이 부족하면 수를 늘려

bumbi, fulu oci, gūwa isirakū niyalma de
주겠다. 남으면 부족한 다른 사람에게

bumbi kai.
줄 것이다."

○ du tang ni bithe, ineku tere inenggi wasimbuha, (40:7a)
도당의 글을 같은 날에 내렸다.

toloho gašan i niyalma, ini gašan de bisirakū
"수를 센 마을 사람이 자신의 마을에 있지 않고

gūwa gašan de jurceme ukame yabumbi sere,
명을 어겨 다른 마을로 도망하여 다닌다고 한다.

tuttu ini gašan de bisirakū jurceme yabure
그처럼 자기 마을에 있지 않고 명을 어겨 다니는

niyalma ukanju kai, tenteke facuhūn yabure niyalma be
자는 도망자이다. 그렇듯이 무질서하게 다니는 자는

saha sahai jafafi benju, benjihe niyalma de,
발견하는 대로 잡아서 보내라. 보내온 사람에게는,

ukaka niyalmai beye de bisire ulin tanggū
도망한 사람의 몸에 있는 재물이

yan bici, susai yan gaifi bukini, emu yan (40:7b)
100냥이면 50냥을 지급하고, 한 냥이면

bici, sunja jiha gaifi bukini, emu jiha bici,
5전을 지급하고, 1전이면

sunja fun gaifi bukini, tere ukaka niyalma be,
다섯 푼을 지급하겠다. 도망한 그 사람을

hafan same bibuci, hafan i beyede tuhere weile,
관원이 알면서도 그대로 두면 관원 자신에게 죄가 있다.

ba i ejen bejang same bibuci, bejang ni ini
지역의 수장인 백장(百長)이 알면서 그대로 두면, 백장

beyede tuhere weile arambi, meni meni toloho
자신에게 떨어질 죄로 삼는다. 각자 수를 센

gašan i niyalma be, gūwa gašan de ainu
마을 사람을 다른 마을에 어찌하여

unggimbi, ukame geneci, ainu baicarakū, gūwa i toloho (40:8a)
보내느냐. 도망해 가는데 어찌하여 조사하지 않고, 다른 곳의 수를 센

niyalma jici, baicafi ejen de ainu benerakū,
사람이 오는데 어찌하여 조사해서 수장에게 보내지 않느냐.

tuttu umai baicarakū oci, tanggū hahai ejen,
그처럼 전혀 조사하지 않으면, 장정 100명의 수장,

minggan i ejen seme, amba ajige jergi jergi
1000명의 수장이라고, 대소 각급으로

sindaha hafan ai baita, birai dergici birai
임명한 관원이 무슨 소용이 있는가. 강의 동쪽에서 강의

wala genefi amasi jihe niyalma oci, tere hahai
서쪽으로 갔다가 되돌아온 사람이면, 그 장정의

ton be, ba i ejen mini bade udu haha
수를, 지역의 수장이 '내 땅에 장정 몇이

jihebi seme bithe wesimbu, birai wargi guwangning ni (40:8b)
와 있다'라고 글을 올리라. 강 서쪽 광녕

harangga niyalma joriha bade genehekū niyaman hūncihin
소속의 사람이 지시한 곳에 가지 않은 친인척을

same bici, tere be ume gidara, meni meni
알고 있으면, 그것을 숨기지 말라. 각각의

ba i ejen baicafi, guwangning ni hafan de unggi,
지역의 수장이 조사하여 광녕의 관원에게 보내라.

tuttu unggirakū somifi bifi donjiha de, ba i
그렇게 보내지 않고 숨기고 있다가 듣게 되면, 지역의

ejen hafan, tanggū i ejen bejang de ujen
수장인 관원과 100명의 수장인 백장을 엄중하게

weile arambi,
치죄하겠다.

⇦ han i alban i ihan be, orin niyalma emu ihan be (40:9a)
한(汗)의 공역할 소는 20명이 소 한 마리를

ulebu, tere ulebuhe hūda be ihan ujihe
먹이라. 먹인 값은 소를 소유한

ejen de gaifi toodame bukini.
주인에게 받아서 보상해주기 바란다."

○ du tang ni bithe, ineku tere inenggi lio
도당의 글을 같은 날에 유(劉) 부장에게

fujiyang de wasimbuha, ice jaha udu araha,
내렸다. "새로 나룻배를 몇 척이나 만들었느냐.

mungtan i joriha jaha, dalingho birai cargi dalin de
Mungtan이 가리킨 나룻배가 대릉하(大凌河)의 건너편 기슭에

bi sere, dalingho i juwe cikin be jaha baibu, (40:9b)
있다고 한다. 대릉하(大凌河)의 두 강변에서 나룻배를 찾으라.

baha jaha i ton udu, araha jaha i ton
획득한 나룻배의 수가 몇이고, 만든 나룻배의 수가

udu, bithe arafi wesimbu, jeku be hūdun
얼마인지 글로 써서 올리라. 곡물을 속히

kiceme juwe, juwehe jeku i ton be inu
부지런히 운반하라. 운반한 곡물의 수도

bithe arafi unggi,
글로 써서 보내라.

⇦ han i alban i ihan be, duleke aniya ci bošome
한(汗)의 공역할 소를, 지난해부터 재촉했는데,

ere aniya ilan biyade isitala,
올해 3월에 이르기까지

⇦ han i tere hecen arara de burakū, ujihe ejen gidafi (40:10a)
한(汗)이 거주할 성을 쌓는 데에 내어주지 않는다. 키운 주인이 숨겼다가,

頭註: gingguleme kimcici, juwe cikin be jaha baibu sere gisun, ainci juwe cikin deri jaha baisu sere gisun dere. [신중하게 살펴보니, juwe cikin be jaha baibu라고 하는 말은 아마도 '두 강변을 따라 나룻배를 찾으라'고 하는 말일 것이다.]

jai tere alban i ihan be aide baitalambi,
또 그 공역할 소를 어디에 이용할 것인가.

⇦ han i alban i ihan be,
한(汗)의 공역할 소를

⇦ han i tere hecen arara de bahafi baitalarakū oci,
한(汗)이 거주할 성을 쌓을 때 이용할 수 없으면,

suwembe hūsun gaikini seme udafi sindaha biheo,
너희가 이용하라고 사두었겠는가.

ba ba i šeo pu hafan, tanggū i ejen bejang, meni
곳곳의 수보(守堡) 관원과, 100명의 수장인 백장(百長)이

meni harangga bade bisire alban i ihan be
각자 관할 지역에 있는 공역할 소를

hūdun baicafi burakūci, šeo pu hafan, bejang be, (40:10b)
속히 조사해서 넘겨주지 않으면 수보 관원과 백장을

dusy hafan jafafi sele futa hūwaita, alban i
도사(都司) 관원이 잡아서 쇠사슬로 묶으라. 공역할

ihan be hūdun bahafi buci, kemuni hafan
소를 속히 얻어서 넘겨주면, 그대로 관원으로

sindafi niyalma kadalabu, alban i ihan be hūdun
두고 사람들을 관할하게 하라. 공역할 소를 신속하게

wacihiyame bahafi burakūci, si aibe baicara hafan,
모두 구해서 넘겨주지 않으면, 너는 무엇을 조사하는 관원인가."

tenteke
그처럼

⇦ han i weile be muteburakū šeo pu, bejang be jafafi,
한(汗)의 일을 해내지 못하는 수보와 백장을 잡아서

šajin i beise de wesimbufi, (40:11a)
법도를 담당하는 버일러들에게 올리고

⇦ han de, lii dusy habšaha julergi duin wei
한(汗)에게 Lii 도사(都司)가 고소했다. "남쪽의 네 위(衛)

niyalma de bisire alban i ihan be, bošofi
사람에게 있는 공역할 소를 재촉하여

unggi seme, lio fujiyang de juwe jergi
보내라고 유(劉) 부장에게 두 번

bithe unggici, lio fujiyang karu emu gisun
글을 보내도, 유 부장은 답으로 한마디 말도

jabuhakū sere mujanggao seme dacilame unggihe.
보내지 않았다고 하는 것이 사실이냐"라고 하며 자세히 물으러 보냈다.

○ orin ninggun de, monggo ci ukame jihe (40:11b)
26일에 몽골에서 도망해 온

urut gurun i beise guwangning ci isinjiha, jihe
Urut국의 버일러들이 광녕으로부터 도착했다. 온 것에 대한

doroi jakūn gūsai juwan ihan wafi, tanggū
예로 8구사의 소 열 마리를 잡고

dere dasafi, ice hecen arara bade gamafi
상 100개를 마련해서, 새 성을 쌓는 곳에 가지고 가서

amba sarin sarilaha.
큰 주연을 베풀었다.

○ ineku tere inenggi, abatai age guwangning ci jihe,
같은 날, Abatai 아거가 광녕에서 왔다.

tere inenggi, korcin i gumbu taiji de elcin (40:12a)
그날 Korcin의 Gumbu 타이지에게 사신으로

genehe gosin, isamu isinjiha.
갔던 Gosin과 Isamu가 돌아왔다.

○ du tang ni bithe, orin nadan de dusy
도당의 글을 27일에 도사

hafasa de wasimbuha, alban i ihan hecen weilere
관원들에게 내렸다. "공역할 소와 성을 쌓을

niyalma gana seme, hafasa, buya niyalma, alban i
사람을 데리러 가라고 했으나, 관원들이 소인들과 공역할

ihan be gajirakū, menggun gaifi gajime ofi,
소를 데리고 오지 않고 은을 받아서 가지고 오므로,

dusy hafan sini beye genefi getuken i icihiyafi, (40:12b)
도사 관원 너 자신이 가서 분명히 처리해서,

alban i ihan be wacihiyame hūdun bošome gaifi
공역할 소를 모두 속히 재촉하여 받아서

gajikini seme dusy hafan simbe unggihe.
끌고오게 하라고 도사 관원 너를 보낸다."

○ du tang ni bithe, orin nadan de wasimbuha,
도당의 글을 27일에 내렸다.

ulgiyan ujiki sere niyalma, nirui ejen, daise
"돼지를 키우고자 하는 사람은 니루 수장,

janggin de akdulafi, mehen ulgiyan udafi uji,
장긴 서리에게 보증하고 암퇘지를 사서 키우라.

ujimbi seme udafi waha de, nirui ejen, (40:13a)
키우겠다고 하고 사서 죽이면 니루 수장,

daise janggin de tanggū šusiha i weile, udaha
장긴 서리에게는 채찍 100대의 벌을 주고, 산

niyalma de tanggū šusiha, oforo šan i weile,
사람에게는 채찍 100대와 코와 귀를 찌르는 벌을 준다.

erei algin de balai ulgiyan udafi ume wara.
이 소문을 내서 함부로 돼지를 사서 죽이지 말라."

○ ineku tere inenggi, kalka i joriktu beile i ninggun
같은 날, Kalka의 Joriktu 버일러의 장정 여섯 명,

haha, sunja hehe, sunja morin gajime ukame jihe.
여자 다섯 명이 말 다섯 마리를 끌고 도망해 왔다.

(40:13b)

○ orin ninggun de, jaka i niyalma dobori dosifi, šui cang ioi
26일에 Jaka 사람이 밤에 들어와서 Šui Cang Ioi

gašan i jang šeo pu i boigon susai funceme niyalma be huthufi
촌락의 Jang 수보의 가호 50명이 넘는 사람을 묶어서

gamaha, sio yan i siyoo beiguwan orin jakūn de alanjiha.
끌고갔다. 수암(岫巖)의 Siyoo 비어가 28일에 알려왔다.

○ orin uyun de,
29일에

⇦ han, monggo ci jihe beise de bithe bume tacibuha
한(汗)이 몽골에서 온 버일러들에게 글을 주며 가르친

← gisun, mini dolo kalka ci jihe beise emu (40:14a)
말이다. "내 생각으로, Kalka에서 온 버일러들이 하나의

← gūsa banji, cahar ci jihe beise emu gūsa
구사를 이루어 살고, Cahar에서 온 버일러들이 하나의 구사를

← banji, bi suweni jihe be gūnime suwembe juwe
이루어 살라. 나는 너희가 온 것을 생각하여 너희에게 두

← gūsa araha, suwe enculeme gūsa ofi banjici suilambi
구사를 만들어주었다. 너희가 별도로 구사를 이루어 사는 것이 힘들다고

← seci, suwe meni meni cihangga beise de sadun
하니, 너희는 각자 원하는 버일러들과 사돈을

← jafafi jui bume urun gaime guculeci, suweni ciha
맺어서 아들을 주고 며느리를 맞으며 친하게 지내려면 너희의 뜻대로

← oso, tuttu beise de hajilafi guculeme banjici, bi
하라. 그렇게 버일러들과 친교를 맺고 친하게 살아가면 내가

← elemangga urgunjembi kai, suweni monggo gurun i gese ama (40:14b)
더욱 기쁠 것이다. 너희 몽골국과 같이

← jui ahūn deo seme encu akū kai, meni
부자와 형제라 하며 다를 것이 없다. 우리

← jakūn boo, emu boo kai, mini beyede banjiha
여덟 집은 한 집인 것이다. 내 몸에서 태어난

← juse ci, baime jihe juse be, tulgiyen gūnirakū
아들들에 비해서 귀부(歸附)해 온 아들들이 바깥사람이라고 생각하지 않고

← gosime ujiki sembi, suwe meni gurun i beise i
아끼며 보살피고자 한다. 너희는 우리나라 버일러들의

← kooli be tuwame banji, suweni monggo gurun i šajin ci,
전례를 보고 살아가라. 너희 몽골국의 법도보다

← meni gurun i šajin elemangga akdun cira kai, beise,
우리나라의 법도가 더욱 견고하고 엄격하다. 버일러들은

← gucuse de hendufi, hūlha be enteheme nakabu, suweni (40:15a)
구추들에게 말해서, 도적질을 영원히 그만두게 하라. 너희

← monggo gurun ishunde hūlhahai, ulha gemu wajiha, gurun
몽골국은 서로 도적질을 함으로써 가축이 모두 없어지고 국민이

← yadaha kai, suweni jihe be gūnime eture jetere be
궁핍해진 것이다. 너희가 온 것을 생각하여 입을 것과 먹을 것을

← gosimbi dere, šajin be efulere niyalma, gurun i doro
베풀 것이다. 법도를 깨뜨리는 자는 나라의 도리를

← efulere hutu kai, šajin doro be efulere hutu be
깨뜨리는 악귀인 것이다. 법도와 도리를 깨뜨리는 악귀를

← geli gosici ombio.
또 사랑할 수 있느냐."

⇦ han i bithe, orin uyun de nikan i hafasa de wasimbuha, (40:15b)
한(汗)의 글을 29일에 한인 관원들에게 내렸다.

← dube jecen i olhoro karmara be, suwe mende anafi
"최전방 경계를 조심하고 보호하는 것을 너희가 우리에게 미루고

← sartaburahū, suweni gurun i akdun, akdun akū be suwe
소홀히 할까 염려된다. 너희 국민이 미덥고 미덥지 못함을 너희는

← sambi kai, mende anacibe, manggai henduci, gelehe gurun geli
알고 있다. 우리에게 미룬다 해도 엄하게 말하면 두려워하는 백성은 또한

頭註: gingguleme kimcici, manggai henduci sere gisun, ainci horolome henduci sere gūnin dere. [신중하게 살펴보니, manggai henduci라는 말은 아마도 '엄하게 말하면'이라는 뜻일 것이다.]

← gelere, jendu henduci, donjirakū, suweni geren hafasa beye de
두려워할 것이고, 조용히 말하면 듣지 않을 것이다. 너희 여러 관원이 스스로

← alifi onggorakū gūnime, lii, tung, juwe efu i baru
받아들여 잊지 말고 생각하며, 이(李), 동(佟) 두 어푸와

← hebešeme dube jecen i akdun akū babe saikan tuwakiyabu,
상의하고 최전방 경계의 미덥지 못한 곳을 잘 지키게 하라.

← akdun akū niyalma be bargiyabu, jai ai ai (40:16a)
미덥지 못한 사람은 거두어들이게 하라. 또 갖가지

← weile de baitalaci ojoro sain niyalma bici, emu
일에 쓸 수 있는 좋은 사람이 있으면

← juwe niyalma uthai ume alara, geren hafasa
한두 사람이 바로 고하지 말고, 여러 관원이

← juwe efu i emgi hebešefi, (lii yung fang, tung yang sing be, juwe efu sehe.)
두 어푸와 함께 상의해서 (이영방(李永芳), 동양성(佟養性)을 두 어푸라고 했다.)

← sain seme wesimbu, hergen buki, ehe facuhūn
좋다고 하고 올리라. 직위를 주겠다. 포악하고 문란한

← niyalma bici, inu emu juwe niyalma uthai ume
사람이 있으면, 역시 한두 사람이 바로

← alara, geren hafasa juwe efu i emgi hebešefi, ehe
고하지 말고 여러 관원이 두 어푸와 함께 의논해서 나쁘다고

← seme wesimbu, jai suweni dolo aikabade nikan be (40:16b)
올리라. 그리고 너희 마음속으로 혹시라도 명나라는

← enteheme, membe taka arafi amtan akū ume gūnire,
영원하고 우리는 잠시일 뿐으로 여겨 흥미 없다고 생각하지 말라.

← liyoodung ni hecen i hūcin de senggi tucifi liyoodung ni
요동성의 우물에서 피가 나오고 나서 요동성을

← hecen gaibuha, beging ni hecen i bira de juwe jergi
빼앗겼다. 북경성(北京城)의 강에 두 번

← senggi eyehe, jai amba edun yamun yamun i amba
피가 흘렀다. 또 태풍이 여러 아문(衙門)의 큰

← moo fulehe suwaliyame ukcaha, wehei pailu mokcoho sere,
나무들을 뿌리째 뽑았고, 돌로 만든 패루(牌樓)가 부서졌다 한다.

⇦ abkai joriha tere amba ganio be we jailabumbi,
하늘이 정한 그 큰 변괴를 누가 빗겨서 가게 할 것인가.

⇦ abkai ciha kai, amban be ajigen obure, ajigen be (40:17a)
하늘의 뜻이다. 큰 것을 작은 것이 되게 하고, 작은 것을

← amban oburengge, gemu julgeci ebsi forgošome banjiha kooli be
큰 것이 되게 하는 것은 모두 예로부터 지금까지 뒤바뀌며 살아왔던 선례임을

← suwe gemu sambi kai.
너희가 모두 알 것이다."

○ duin biyai ice inenggi, cahar, kalka ci jihe
4월 초하루에, Cahar와 Kalka에서 온

beise be isabufi,
버일러들을 모으고,

⇦ han yamun de tucifi, beise de teisu teisu sadun
한(汗)이 아문에 나와서, 버일러들에게 "각자 사돈을

← jafa seme afabuha, (40:17b)
맺으라"고 하여 맡겼다.

⇦ han i sadun joriktu jui ūljeitu, coirjal,
한(汗)의 사돈은 Joriktu의 아들 Ūljeitu, Coirjal,

g'arma, sonom, bobung, amba beile i sadun,
G'arma, Sonom, Bobung이다. 대버일러의 사돈은

manggol efu i ama jui, daicing ni jui
Manggol 어푸 부자(父子), Daicing의 아들

baindai, corji, misai, irincin, ebugen, ish'ab,
Baindai, Corji, Misai, Irincin, Ebugen, Ish'ab이다.

amin beile i sadun, baising ni
Amin 버일러의 사돈은 Baising의

jui cinggil, cinggil i jui dalai,
아들 Cinggil, Cinggil의 아들 Dalai이다.

manggūltai beile i sadun, erdeni dalai i jui (40:18a)
Manggūltai 버일러의 사돈은 Erdeni Dalai의 아들

dorji, teling, duici beile i sadun, urut i
Dorji, Teling이다. 제4버일러의 사돈은 Urut의

nadan beile i akūngge lung beile i emu
일곱 버일러 중에서 고(故) Lung 버일러의 한

sargan i jui minggan, minggan i ilan jui
아내의 아들 Minggan,[1] Minggan의 세 아들

angkūn, bandi, dorji, degelei age i sadun,
Angkūn, Bandi, Dorji이다. Degelei 아거의 사돈은

kibtar, abatai beile i sadun, manggatai i jui
Kibtar이다. Abatai 버일러의 사돈은 Manggatai의 아들

1) 여기에서 '고(故) Lung 버일러의 한 아내의 아들 Minggan'이라고 한 것은 동명의 Minggan, 즉 Darhan 바투루와 구별하기 위한 것이다.

budang, gunji, sirhūnak, ajin, yoto age i
Budang, Gunji, Sirhūnak, Ajin이다. Yoto 아거의

sadun, weijeng ni jui buyandai, jirgalang age i (40:18b)
사돈은 Weijeng의 아들 Buyandai이다. Jirgalang 아거의

sadun, babai taiji, jaisanggū age i sadun,
사돈은 Babai 타이지이다. Jaisanggū 아거의 사돈은

gurbusi taiji, dodo age i sadun, buda i
Gurbusi 타이지이다. Dodo 아거의 사돈은 Buda의

jui enggelei, ere gemu cahar i
아들 Enggelei이다. 이들은 모두 Cahar의

beise,
버일러들이다.

⇦ genggiyen han, ini juse be saikan ujikini seme
경기연 한(汗)은 자신의 자식들이 잘 보살피기 바란다 하여

jortai sadun seme henduhebi.
일부러 사돈이라고 말한 것이다.

(40:19a)

○ eksingge baksi de karun saikan sinda, songko
Eksingge 박시에게, 초소를 잘 설치하고, 적의 자취를

faita seme, aduci, isi mergen be takūraha.
찾으라 하며, Aduci, Isi Mergen을 파견했다.

○ ice juwe de, cahar ci jihe beise de
초이틀에, Cahar에서 온 버일러들에게

buhengge, beise de sunjata yan aisin, juwete
준 것이다. 버일러들에게 금 다섯 냥씩, 은 200냥씩,

tanggū yan menggun, duite gecuheri, emte debsiku,
망룡단 네 필씩, 깃 부채 하나씩,

juwanta suje, juwete tanggū mocin, hūha seke i (40:19b)
비단 열 필씩, 모청포 200필씩, 짠 담비

jibca emte, sahaliyan seke i dahū emte, silun i
가죽옷 한 벌씩, 검은 담비 털옷 한 벌씩, 스라소니

dahū emte, nikan elbihe dahū emte, jai
털옷 한 벌씩, 명나라 너구리 털옷 한 벌씩을 주었다.

jergi de ilan yan aisin, tanggū yan menggun,
2등급에게는 금 석 냥, 은 100냥,

juwe gecuheri, debsiku emte, nadata suje, silun i
망룡단 두 필, 깃 부채 하나씩, 비단 일곱 필, 스라소니

dahū emte, tanggūta mocin, elbihe dahū emte,
털옷 한 벌씩, 모청포 100필씩, 너구리 털옷 한 벌씩,

seke hayaha gecuheri buriha jibca emte, ilaci
담비 털로 테를 두르고 망룡단으로 겉을 댄 가죽옷 한 벌씩을 주었다.

jergi de juwete yan aisin, susaita yan menggun, (40:20a)
3등급에게는 금 두 냥씩, 은 50냥씩,

emte gecuheri, emte debsiku, ilata suje, susaita
망룡단 한 필씩, 깃 부채 하나씩, 비단 세 필씩,

mocin, dobihi dahū emte, jušen seke i hayaha
모청포 50필씩, 여우 털옷 한 벌씩, 여진의 담비 털로 테를 두른

puse noho suje buriha jibca emte, uhereme
흉배 놓은 비단으로 겉을 댄 가죽옷 한 벌씩이다. 모두 하여

ton, aisin jakūnju nadan yan, menggun ilan
수가 금 87냥, 은

minggan duin tanggū yan, amba gecuheri ninju juwe,
3400냥이고, 큰 망룡단 62필,

ajige gecuheri orin sunja, uhereme jakūnju nadan,
작은 망룡단 25필, 합쳐서 87필이

gecuheri, cuse, fangse, pengduwan, lingse, duin hacin i (40:20b)
망룡단이다. 명주, 방사주(紡紗紬), 팽단(彭緞), 능자(綾子) 네 종류의

suje emu tanggū nadanju jakūn, mocin samsu
비단 178필, 모청포가

uhereme ilan minggan emu tanggū, sahalca i seke
합쳐서 3100필, 검은 담비 털로

hayaha seke i doko i hūha jibca uyun, sahaliyan
테를 두르고 담비 털로 안을 짠 가죽옷 아홉 벌,

seke i dahū uyun, silun i dahū uyun, gecuheri
검은 담비 털옷 아홉 벌, 스라소니 털옷 아홉 벌, 망룡단으로

buriha seke hayaha jibca juwan, yarha dahū
겉을 대고 담비 털로 테를 두른 가죽옷 열 벌, 표범 털옷

juwan, dobihi dahū ninggun, elbihe dahū juwan
열 벌, 여우 털옷 여섯 벌, 너구리 털옷

uyun, jušen seke hayaha puse noho suje i (40:21a)
19벌, 여진의 담비 털로 테를 두르고 흉배를 놓은 비단으로

buriha jibca ninggun, emu gūsai ilata ulhu
겉을 댄 가죽옷 여섯 벌, 한 구사당 청설모

jibca, duite malahi jibca, uhereme ulhu jibca
가죽옷 세 벌씩, 살쾡이 가죽옷 네 벌씩, 모두 하여 청설모 가죽옷

orin duin, malahi jibca gūsin juwe, jibca i
24벌, 살쾡이 가죽옷 32벌인데, 가죽옷의

ton, uhereme jakūnju emu, dahū i ton, uhereme
수를 모두 하여 81벌, 털옷의 수를 모두 하여

susai ilan šangnaha.
53벌을 상으로 주었다.

○ minggan, ūljeitu, sonom, budang, dorji, coirjal, buyandai, (40:21b)
Minggan, Ūljeitu, Sonom, Budang, Dorji, Coirjal, Buyandai,

corji, dalai, ere uyun niyalma uju jergi.
Corji, Dalai, 이 아홉 명은 1등급이다.

○ dorji, misai, irincin, sirhūnak, kibtar, angkūn, g'arma,
Dorji, Misai, Irincin, Sirhūnak, Kibtar, Angkūn, G'arma,

enggelei, bobung, ere juwan niyalma jai jergi.
Enggelei, Bobung, 이 열 명은 2등급이다.[2)]

○ teling, gunji, ajin, ish'ab, ebugen, bandi, coshi,
Teling, Gunji, Ajin, Ish'ab, Ebugen, Bandi, Coshi,

ere nadan niyalma ilaci jergi. (40:22a)
이 일곱 명은 3등급이다.

○ ice duin de, kalka i joriktu beile i jui
초나흘에 Kalka의 Joriktu 버일러의 아들

esen taijingge orin juwe haha, orin juwe
Esen 타이지 휘하 장정 22명, 여자 22명이

---

2) 아홉 명의 이름을 나열하고 열 명이라고 했다.

hehe ukame jihe.
도망해 왔다.

○ ice duin de,
초나흘에

⇦ han, ice hecen arara bade hecen arara onggolo, liyoo (40:22b)
한(汗)이 새 성을 쌓을 곳에 성을 쌓기 전에 요양성으로부터

yang hecen ci gurifi, cahar, kalka ci jihe
이동하여, Cahar, Kalka에서 온

beise, guwangning ni hafasa be gamafi amba
버일러들, 광녕의 관원들을 데리고 가서 큰

sarin sarilaha, monggo i ujulaha uyun beile de,
주연을 베풀었다. 몽골인들의 수장인 아홉 버일러에게

emte sara, duite kiru buhe.
일산(日傘) 하나씩, 기(旗) 네 개씩을 주었다.

제41권

천명(天命) 7년(1622) 4월부터 6월까지

dehi emuci debtelin,
abkai fulingga i nadaci
aniya duin biyaci ninggun
biyade isinahabi.

tongki fuka sindaha hergen i dangse. (41:1a)
유권점 당안

○ ice sunja de, amba beile, dudu age,
초닷새에, 대버일러, Dudu 아거,

jirgalang age, yangguri dzung bing guwan, geren fujiyang,
Jirgalang 아거, Yangguri 총병관(總兵官)이, 여러 부장(副將)과

tsanjiyang, iogi, emu nirui susaita uksin be gaifi,
참장(參將), 유격(遊擊), 한 니루당 50명씩의 갑병을 이끌고

guwangning de tehe cooha be halame genehe.
광녕(廣寧)에 주둔한 군대와 교대하러 갔다.

⇦ han ice ninggun de monggo i gege, enggeder efu be
한(汗)이 초엿새에 몽골 공주와 Enggeder 어푸를

fudere doroi ojin, teleri jakūn, boro jakūn (41:1b)
배웅하는 예로 부인용 조복(朝服)과 부인용 조의(朝衣) 여덟 벌, 여름 모자 여덟 개를

buhe, ice hecen ci amasi juwan ba i dubede
주었다. 동경성(東京城)에서 북쪽으로 10리 끝까지

⇦ han, fujisa, beise fudeme genefi, juwe ihan, juwe honin
한(汗), 푸진들, 버일러들이 배웅하러 가서, 소 두 마리와 양 두 마리를

wafi, orin dere dasafi sarilame, gege i jui be
잡아서 상 20개를 차려 주연을 베풀었는데, 공주의 아이를

⇦ han mafa de gebu ara seme baire jakade,
한(汗) 할아버지에게 이름을 지어 달라고 청하자,

⇦ han, erke daicing seme gebu arafi, burulu morin de
한(汗)이 Erke Daicing이라 이름 짓고, 부루말에[1]

foloho enggemu hadala tohohoi buhe, jai gege
장식을 새긴 안장과 굴레를 채워서 주었다. 또 공주와

efu be aika juweme jekini seme, (41:2a)
어푸에게는 혹시라도 이동하며 먹으라고,

⇦ han duin temen, duin beile duin temen buhe,
한(汗)이 낙타 네 마리를, 네 명의 버일러가 낙타 네 마리를 주었다.

sarilame wajifi,
주연을 마치고

⇦ han i beye, gege i morin i yarfun be jafafi,
한(汗)이 몸소, 공주의 말고삐를 잡고,

ilan ba i dubede isitala fudefi unggihe, manggūltai
3리 끝에 이르도록 배웅해서 보냈다. Manggūltai 버일러,

beile, abatai age, jaisanggū age, šoto age,
Abatai 아거, Jaisanggū 아거, Šoto 아거는

orin sunja ba i dubede fudeme benefi jihe,
25리까지 배웅해서 보내고 왔다.

---

1) 흰털과 붉은 털이 섞인 말이다. 『漢淸文鑑』에 burulu를 '부루몰'이라고 했으므로 '부루말'이라고 번역한다.

baduri, abutai nakcu, tanggū funceme niyalma be (41:2b)
Baduri와 Abutai 외삼촌은 100명이 넘는 사람을

gaifi jase tucime benefi jihe, jai duin
이끌고 경계를 나가서 보내고 왔다. 또

niyalma eigen sargan yooni bade isitala benehe.
네 명의 사람이 부부가 완전히 자기 지역에 이를 때까지 배웅했다.

○ ice nadan de, cahar i aohan i ba i dureng
초이레에, Cahar의 Aohan부(部) 지역의

beile de unggihe
Dureng 버일러에게 보낸

⇦ bithe, muse juwe gurun, emu gurun i gese kai, suweni
글이다. "우리 두 나라는 하나의 나라와 같다. 너희

← monggo gurun, nikan i du tang ni gisun de dosifi (41:3a)
몽골국은, 명의 도당(都堂)의 말에 빠져서

← cooha daha, cooha daci dakini seme nikan be dailaha,
군대를 원조했다. 군대를 원조할 테면 하라고 하며 명나라를 정벌했고,

⇦ abka gosifi guwangning ni ba šanaha ci ebsi gemu
하늘이 사랑해서 광녕 지방 산해관(山海關)으로부터 여기까지 모두

← minde buhe, buhe nikan gurun be gemu uju
나에게 주었다. 하늘이 준 명나라 백성은 모두 머리를

← fusifi fulgiyan moncon hadaha, tuttu bisire de, jasei
깎고 붉은 국화정(菊花頂)을[2] 달았다. 그렇게 있을 때, 경계

2) 여진인이 모자에 다는 국화꽃 모양의 장식이다.

← jaka i nikan alanjime, membe monggo sucufi gamambi seme
부근의 한인이 와서 고하기를, '우리를 몽골이 습격해서 끌고간다'라고

← alanjiha manggi, monggo suwe dailaci, šanaha i dorgi
알려오니, '몽골 너희가 정벌하려면, 산해관의 안쪽

← nikan be dailacina, mini harangga oho gurun be (41:3b)
명나라를 정벌해야지, 나의 속민이 된 백성들을

← ainu dailambi seme, meni cooha genefi, iselehe
어찌 정벌하는가'라고 하여, 우리의 군대가 가서 저항하던

← niyalma be waha, iselehekū niyalma be wahakū weihun
사람들을 죽였다. 저항하지 않은 사람은 죽이지 않고 사로잡아서,

← jafafi, tanggū funceme niyalma be sindafi unggihe, tuttu
100명 넘게 사람을 놓아보냈다. 그렇게

← unggici, suwe meni nikan be karu emken hono
보내도, 너희는 보답하여 우리의 한인을 한 사람조차

← benjirakū, tuttu seme ainara, niyalma ishunde kundulere
보내지 않으니, 그리 하면 어찌하는가. 사람이 서로 존중하는

← mujilen be jafaci, temšere mujilen be nakambi sere,
마음을 먹으면, 다투는 마음을 멈춘다 한다.

← sain ulin be hairandarakūci, niyalma doosidara mujilen be (41:4a)
좋은 재물을 아끼지 않으면, 사람이 탐욕부리는 마음을

← nakambi sere, bi onco be gūnifi, te geli
그친다고 한다. 나는 관용을 생각해서, 지금 또

← gūsin ninggun niyalma be sindafi unggihe, suweni gamaha
36명의 사람을 놓아 보낸다. 너희가 데려간

← meni nikan i eihen losa ci wesihun, niyalma ci
우리 한인들의 나귀나 노새들부터 사람까지

← fusihūn, gemu benjicina, uttu weile be wajifi, jai
모두 보내려무나. 이렇게 죄를 끝내고 나서, 다시

← doro be gisurecina seme menggetu be elcin takūraha.
도리를 말하도록 하라"고 하며 Menggetu를 사신으로 파견했다.

○ ice jakūn de, turusi, gosin, korcin de (41:4b)
초여드레에, Turusi와 Gosin이 Korcin에

elcin genehe, hūwang gu doo ci tanggū ba i
사신으로 갔다. 황골도(黃骨島)로부터 100리

dubede, giyang ni birai gargan de, orin nadan
끝 강가에, 27척의

cuwan jifi ilihabi seme cohoro nirui siberi alanjiha.
배가 와서 정박해 있다 하며 Cohoro 니루의 Siberi가 알려왔다.

⇦ han i bithe, ice jakūn de wasimbuha, sio yan i
한(汗)의 글을 초여드레에 내렸다. "수암(岫巖)의

← angga de jušen i cooha emu tanggū, nikan i cooha
입구에 여진인 병사 100명, 한인 병사

← emu minggan, hūwang gu doo de jušen i cooha (41:5a)
1000명, 황골도에 여진인 병사

← gūsin, nikan i cooha sunja tanggū, ginjeo de jušen i
30명, 한인 병사 500명, 금주(金州)에 여진인

← cooha gūsin, nikan i cooha sunja tanggū, ere unggire
병사 30명, 한인 병사 500명, 이렇게 보낼

← cooha be jušen nikan i hafasaingge, yaya akdun be
병사들은 여진인과 한인 관원에 속하는 자들로, 모두 신실함을

← tuwame unggimbi, ere emu weile, meni meni gūsai
살펴보아 보낸다. 이것이 하나의 일이다. 각 구사가

← goiha bade, meni meni gūsai niyalma be hafan
맡은 지역에서, 각 구사의 사람들을 관원으로

← sinda, tere hecen i dekdeni kadalaha ba i niyalma, tere
임명하라. 그 성에서 본래 관할하던 지역의 사람은, 그것이

← ai medege oci, sindaha hafan de medege gaisu, (41:5b)
어떤 정보든지, 담당한 관원에게 정보를 받으라.

← coohai teile goiha ejen be daha, ere juwe
병사들은 담당 수장을 따르라. 이것이 두 번째

← weile, hafan i beyede bure haha be gūwa bade
일이다. 관원 자신에게 줄 장정을 다른 곳에

← buhe bici, ini tehe bade hūlašame bu ere
주었다면, 그가 주둔한 곳에서 대신하여 주라.

← gese yaya bade bici, gemu hūlašambi, ere ilan
이같이 어떤 곳에 있어도, 모두 대신한다. 이것이 세 번째

← weile, dube jecen i olhoro bargiyara babe, jakūn gūsai
일이다. 변경 끝의 경계하고 거둘 지역을 8구사로

← dendembi, ere duin weile, liyoodung ni ba i niyalma,
나눈다. 이것이 네 번째 일이다. 요동(遼東) 지역의 사람들이

← bira doome genefi amasi jihengge be, kamciha ba i (41:6a)
강을 건너가서 다시 온 것을 합친 지역의

← ejen saikan tolofi alanju, guwangning ni ba i niyalma
수장이 잘 세어서 고하러 오라. 광녕 지역의 사람은

頭註: gingguleme kimcici, dekdeni kadalaha ba sere gisun, ainci daci kadalaha ba sere gisun dere. [신중하게 살피니, dekdeni kadalaha ba라는 말은 아마도 '본래 관할하던 지역'이라는 말일 것이다.]

← oci, ume toloro, tere be guwangning ni hafasa de
세지 말라. 그들은 광녕의 관원들에게

← bumbi, ere sunja weile, jušen i kadalame muterakū
준다. 이것이 다섯 번째 일이다. 관할할 능력이 없는

← hafasa de buhe nikan be gaifi monggo i
여진인 관원들에게 주었던 한인을 빼앗아서 몽골의

← beise de bumbi, ere ninggun weile.
버일러들에게 준다. 이것이 여섯 번째 일이다."

⇦ han i bithe, juwan de wasimbuha, cen iogi si, ere (41:6b)
한(汗)의 글을 10일에 내렸다. "Cen 유격, 너는 이

← hecen i mishan tuhebure sahara be, gemu si tuwame
성의 먹줄을 늘어뜨리는 것과 쌓는 것을, 모두 네가 살펴보며

← jori, sahame ufaraci, sinde hendumbi, boihon i beyebe
지시하라. 쌓는 것에 실책이 있으면 너에게 말하겠다. 흙 자체만

← ume tuwara, dasame cirgeci geli efujembi, goidambi kai,
보지 말라. 몇 번을 다져도 다시 무너지고, 더딜 것이다.

← hecen i derei wehe be saikan hūdun saha,
성의 바깥 면으로 돌을 속히 잘 쌓으라.

← kemnefi buhe kemun be ume jurcere.
측량해서 준 척도를 어기지 말라."

○ juwan emu de, kalka i joriktu beile i ninggun (41:7a)
11일에, Kalka의 Joriktu 버일러 예하의 사람 6명이

niyalma ukame jihe.
도망해 왔다.

← ○ teisu bira doofi gaiki sehe ba, muse de
"맞은편의 강을 건너서 취하고자 했던 곳이, 우리에게

← dahaha miyoo beiguwan i šuwang šan i gašan kai,
항복한 Miyoo 비어의 쌍산(雙山) 마을이다.

← tere be suwe balai dailarahū, jai yaya babe
그것을 너희가 함부로 정벌할까 염려된다. 또 어떤 지역을

← dailambi seme ume deribure seme, juwan duin de
정벌하겠다 하며 시도하지 말라"고 하며, 14일에

takūrsi be takūrafi unggihe. (41:7b)
전령을 파견했다.

⇦ han i bithe, duin biyai juwan duin de wasimbuha, geren
한(汗)의 글을 4월 14일에 내렸다. "여러

← iogi sa hecen be hūdun bošome amtanggai weilebu,
유격은 성을 속히 재촉하면서도 구미에 맞게 쌓게 하라.

← hecen wajiha manggi, usin yangsara niyalma be sindafi
성을 다 쌓은 후, 밭을 김맬 사람을 놓아

← unggifi usin weilekini.
보내서 밭일을 하게 하라."

○ juwan nadan de, arbuni, si iogi de unggihe (41:8a)
17일에, Arbuni와 Si 유격에게 보낸

⇦ bithei gisun, ginjeo de tehe nikan i cooha sunja tanggū
글이다. "금주(金州)에 주둔한 한인 병사 500명은

← kemuni tefi bisu, jušen i iogi beye, gūsin uksin i
그대로 주둔하고 있으라. 여진인 유격 자신은, 30명의

← niyalma be gaifi te, jai jušen i cooha be gemu
갑병을 데리고 주둔하라. 또 여진인 병사를 모두

← liyoodung de bederebume unggi, ere bithe be juwe
요동으로 물러나게 하여 보내라. 이 글을 두

← šanggiyan tu i sunja tanggū cooha de jafabufi ginjeo de
백색 둑(纛)의 병사 500명에게 들려서, 금주(金州)에

← unggi, hūwang gu doo de tehe nikan i cooha sunja
보내라. 황골도에 주둔한 한인 병사 500명은

← tanggū kemuni tefi bisu, jušen i iogi, gūsin uksin i (41:8b)
그대로 주둔해 있으라. 여진인 유격은, 30명의

← niyalma be gaifi te, jai emu tanggū jušen
갑병을 데리고 주둔하라. 또 100명의 여진인

← cooha be, sio yan i bira doome ilan bolikū de
군사를, 수암(岫巖)의 강을 건너 Ilan Bolikū에

← arbuni be baime unggi, tereci funcehe cooha be
Arbuni를 찾으러 보내라. 그리고서 남는 군사는

← amasi liyoodung de unggi, ere bithe be juwe
다시 요동으로 보내라. 이 글을

← lamun tu i sunja tanggū cooha de jafabufi
두 남색 둑(纛)의 병사 500명에게 들려서

← hūwang gu doo de unggi, arbuni, juwe suwayan tu
황골도에 보내라. Arbuni는 두 황색 둑(纛)과

← juwe fulgiyan tu i nikan i emu minggan cooha, (41:9a)
두 홍색 둑(纛)의 한인 병사 1000명,

← jušen i emu cooha be gaifi, sio yan i birai
여진인 한 병사를 이끌고, 수암(岫巖)의 강의

← šun dekdere ergi cikin de tefi tuwa, eksingge i
해 뜨는 쪽 강가에 주둔해서 살피라. Eksingge와 함께

← emgi genehe cooha, gemu amasi bedereme liyoodung de
간 군사는, 모두 다시 물러나 요동에

← jio, liyoodung ni niyalma suweni dolo aikabade nikan be
오라. 요동의 사람은 너희의 마음속으로 혹시라도 명나라를

← enteheme, membe taka arafi, amtan akū ume gūnire,
영원하다고, 우리는 잠깐이라고 여겨서, 흥미 없게 생각하지 말라.

← liyoodung ni hecen i hūcin de senggi tucifi, liyoodung ni
요동성의 우물에서 피가 나와서, 요동성을

← hecen gaibuha, beging hecen i bira de, suwayan morin (41:9b)
빼앗겼다. 북경성의 강에, 무오년(戊午年, 1618)

← aniya duin biyade emgeri, honin aniya duin biyade
4월에 한 번, 기미년(己未年, 1619) 4월에

← emgeri, juwe jergi senggi eyehe, jai, amba edun de
한 번, 두 번 피가 흘렀다. 또 태풍에

← yamun yamun i amba moo fulehe suwaliyame ukcaha, wehei
아문(衙門)마다 큰 나무가 뿌리째 뽑혀나가고, 돌로 된

← pailu mokcoho sere,
패루(牌樓)가 무너졌다 한다.

⇦ abkai joriha tere amba ganio be we jailabumbi,
하늘이 정한 이 큰 재앙을 누가 피하겠는가.

頭註: gingguleme baicaci, fe dangse de emu cooha be gaifi seme arahabi, emu sere hergen i fejile, eici minggan, eici tanggū sere hergen be melebuhe be baicara ba akū ofi, da songkoi sarkiyaha. [신중하게 조사하니, 『滿文原檔』에 emu cooha be gaifi라고 쓰여 있었다. emu라는 글자 아래, 1000 혹은 100이라는 글자가 생략된 것을 찾을 바 없어서, 원래대로 베껴 썼다.]

⇦ abkai ciha kai, amba be ajige obure, ajige be
하늘의 뜻이다. 큰 것을 작게 만들고, 작은 것을

← amba oburengge, gemu julgeci ebsi forgošome banjiha kooli (41:10a)
크게 만드는 것은, 모두 예로부터 뒤바뀌며 살아왔던 선례가

← ambula bikai, julge giyei han doro akū ehe
많이 있다. 옛 걸왕(桀王)이 무도하고 악해서,

← ofi, ceng tang nadanju ba i dorgi ci tucifi giyei
성탕(成湯)이 70리의 안에서 나와서,

← han i doro be bahabi, juo han doro akū ehe
걸왕(桀王)의 정권을 얻었다. 주왕(紂王)이 무도하고 악해서,

← ofi, wen wang tanggū ba i dorgi ci tucifi
문왕(文王)이 100리 안으로부터 나와서

← juo han i doro be bahabi, cin ši hūwang han
주왕(紂王)의 정권을 얻었다. 진시황(秦始皇)이

← doro akū ehe ofi, han' g'ao dzu, sy šang ting
무도하고 악해서, 한고조(漢高祖)가 사상정(泗上亭)

← gašan ci emhun beye tucifi cin ši hūwang han i (41:10b)
마을에서 단신(單身)으로 나와서 진시황(秦始皇)의

← doro be bahabi, dailiyoo i tiyan dzo han, meni
정권을 얻었다. 대요국(大遼國)의 천조(天祚) 황제가, 우리

← aisin taidzu han be maksi seci maksihakū turgunde
금(金) 태조(太祖) 황제를 춤추라 해도 춤추지 않았기 때문에

← waki sere jakade, korsofi dailara jakade, dailiyoo han i
죽이려 하자, 원한을 가지고 정벌하여, 대요국 황제의

← doro be bahabi, jao hoidzung han, aisin han i
정권을 얻었다. 조(趙) 휘종(徽宗) 황제는 금 황제가

← dailaha eden dailiyoo i jang giyo gebungge amban be
정벌한 잔당 대요국의 장각(張覺)이라는 대신을

← alime gaifi, gaji seci buhekū dain ofi, jao
받아들여서 달라 해도 주지 않아 적이 되어서,

← hoidzung, jao kindzung ama jui juwe han be (41:11a)
조(趙) 휘종(徽宗), 조(趙) 흠종(欽宗) 부자(父子) 두 황제를

← bahafi, šanggiyan alin i šun dekdere ergi u guwe ceng
얻어서, 백두산(白頭山)의 해 뜨는 쪽 오국성(五國城)에

← hecen de unggihebi, aisin i dubei jalan i
보냈다. 금 마지막 대의

← han, monggo cinggis han i hengkileme jihe
황제는, 몽골의 Cinggis 한(汗)이 절하러 온

← niyalma be, banjiha arbun be tuwafi waki sehe
것을, 생긴 모양을 보고 죽이고자 했기

← turgunde, cinggis han dailara jakade, aisin han i
때문에 Cinggis 한(汗)이 정벌하여 금 황제의

← doro be bahabi, nikan i wan lii han doro akū
정권을 얻었다. 명나라의 만력제(萬曆帝)는 무도하고

← ehe ofi, jasei tulergi encu gurun i weile de (41:11b)
악해서, 경계 밖 다른 나라의 일에

← dafi, uru be waka, waka be uru seme
간섭하여, 옳은 것을 그르다고, 그른 것을 옳다고

← fudarame beidehe be
거꾸로 판단한 것을

⇦ abka wakalaha, meni han tondo be
하늘이 질책했다. 우리의 한(汗)이 바른 것을

⇦ abka urušefi gosiha, jai nan ging, beging, biyan ging be,
하늘이 옳게 여겨서 사랑했다. 또 남경(南京), 북경(北京), 변경(汴京)은,

← daci emu niyalmai tehe ba waka, jušen nikan
본래 한 사람이 살던 땅이 아니라, 여진인과 한인이

← forgošome hūlašame tehe ba kai, suweni liyoodung ni
돌아가며 바꾸며 살던 땅이다. 우리의 요동

← ba i niyalma sartame gūnifi, balai ehe mujilen ume (41:12a)
지역의 사람은 느긋하게 생각해서, 함부로 나쁜 마음을

← jafara, tuttu oci beye bucembi kai, suwembe waliyafi
먹지 말라. 그러면 몸이 죽을 것이다. 너희가 버리고

← dosi genehe seme, wei tehe boo, tariha usin,
안으로 간다 하여도, 누구의 살던 집, 경작하던 밭,

← jetere jeku be suwende icihiyame bumbi, alin hada de
먹을 곡식을 너희에게 마련하여 줄 것인가. 산과 언덕에

← samsifi beye somime bihe niyalma, gemu liyoodung ni
흩어져서 숨어 있던 사람은 모두 요동

← baru baime jio, genggiyen han, tere boo, tarire
쪽으로 귀부(歸附)하여 오라. 경기연 한(汗)이 살 집과 경작할

← usin, jetere jeku icihiyame bumbi kai. guwangning de
밭, 먹을 곡식을 마련해줄 것이다." 광녕에

anafu tehe dzung bing guwan amba efu, fujiyang, (41:12b)
수자리 살던 총병관 대어푸, 부장,

tsanjiyang, iogi geren coohai niyalma, juwan nadan de
참장, 유격과 여러 병사가 17일에

isinjiha.
이르러 왔다.

○ jakūn gūsai dube jecen be bargiyara dangse,
8구사가 변경 끝을 거둘 당안이

ere inu.
이것이다.

○ gulu suwayan i gūsai bargiyara ba, fe ala, (41:13a)
정황기(正黃旗)가 거둘 지역은, Fe Ala,

šanggiyan hada, boo wehe, jakdan, hongko, fusi,
Šanggiyan봉(峰), Boo Wehe, Jakdan, Hongko, 무순(撫順),

wargi janggiya, deli wehe, fung ji pu, ere
Wargi Janggiya, Deli Wehe, 봉집보(奉集堡)이다. 이

jakūn hoton be bargiyambi.
여덟 개의 성을 거둔다.

○ kubuhe suwayan i gūsai bargiyara ba, caiha, fu an,
양황기(鑲黃旗)가 거둘 지역은, 채하(柴河), 무안(撫安),

fanaha, ilu, sancara pu, cilin, [原檔殘缺] sung giya po,
범하(范河), 의로(懿路), 삼차아보(三岔兒堡), 철령(鐵嶺), □□□ 송가박(宋家泊),

ding dzy po, bi yen, giyahūcan, ere juwan emu (41:13b)
정자박(丁字泊), Bi Yen, Giyahūcan이다. 이 11개의

hoton be bargiyambi.
성을 거둔다.

頭註: gingguleme baicaci, fe dangse de jakūn hoton sehe bime, uyun ba i gebu be arahabi, da songkoi sarkiyame araha. [신중하게 조사하니, 『滿文原檔』에는 여덟 성이라 했으나 아홉 지역의 이름을 적어놓았다. 원래대로 베껴 썼다.]

○ gulu fulgiyan i gūsai bargiyara ba, undehen, jakūmu,
정홍기(正紅旗)가 거둘 지역은, Undehen, Jakūmu,

niowanggiyaha, i du ciyang, giyamcan, gu šan, šan yang ioi,
청하(淸河), 일도장(一堵墻), 감장(鹻場), 고산(孤山), 산양욕(山羊峪),

wei ning ing, dung jeo, mahadan, ere juwan hoton be
위녕영(威寧營), 동주(東州), 마근단(瑪根丹)이다. 이 10개의 성을

bargiyambi.
거둔다.

(41:14a)

○ kubuhe fulgiyan i gūsai bargiyara ba, simiyan, puho,
양홍기(鑲紅旗)가 거둘 지역은, 심양(瀋陽), 포하(蒲河),

ping lu pu, ši fang sy, šang ioi lin, jing
평로보(平虜堡), 십방사(十方寺), 상유림(上楡林), 정원보(靜遠堡),

yuwan pu, u jing ing, cang ning pu, hūi an
무정영(武靖營), 장녕보(長寧堡), 회안보(會安堡),

pu, hū pi i, cang yung pu, cang šeng pu,
호피역(虎皮驛), 장용보(長勇堡), 장승보(長勝堡)이다.

ere juwan juwe hoton be bargiyambi.
이 12개의 성을 거둔다.

○ kubuhe lamun i gūsai bargiyara ba, lioi šūn keo, (41:14b)
양람기(鑲藍旗)가 거둘 지역은, 여순구(旅順口),

mu cang i, ginjeo, ši ho i, hūwang gu doo,
목장역(木場驛), 금주(金州), 석하역(石河驛), 황골도,

gui fu pu, wang hai to, hūng dzui, ere jakūn hoton be
귀복보(歸服堡), 망해과(望海堝), 홍취(紅嘴)이다. 이 여덟 개의 성을

bargiyambi.
거둔다.

○ gulu lamun i gūsai bargiyara ba, sio yan, cing tai ioi,
정람기(正藍旗)가 거둘 지역은, 수암(岫巖), 청태욕,

makuwal sai, šui cang ioi, ilan bolikū, jeng dung,
Makuwal Sai, Šui Cang Ioi, Ilan Bolikū, 진동(鎭東),

jeng i, fung hūwang, tang jan, hiyan šan, tiyan šui (41:15a)
진이(鎭夷), 봉황(鳳凰), 탕참(湯站), 험산(險山), 첨수참(甜水站)이다.

jan, ere juwan emu hoton be bargiyambi.
이 11개의 성을 거둔다.

○ gulu šanggiyan i gūsai bargiyara ba, fu jeo, luwan gu pu,
정백기(正白旗)가 거둘 지역은, 복주(復州), 난고보(欒古堡),

yang guwan pu, yung ning giyan, u ši jai, g'ai jeo, yan cang
양관보(楊官堡), 영녕감(永寧監), 오십채(五十寨), 개주(蓋州), 염장보(鹽場堡),

pu, tiyan ceng pu, king yūn pu, ere uyun hoton be
천성보(天成堡), 경운보(慶雲堡)이다. 이 아홉 개의 성을

bargiyambi.
거둔다.

(41:15b)

○ kubuhe šanggiyan i gūsai bargiyara ba, hai jeo, dung ging
양백기(鑲白旗)가 거둘 지역은, 해주(海州), Dung Ging Pu,

pu, yoo jeo, mu giya pu, si mu ceng, gu ceng pu,
요주(耀州), 목가보(穆家堡), 석목성(析木城), 고성보(古城堡),

cang an pu, cing ceng pu, an šan, ere uyun
장안보(長安堡), 청성보(青城堡), 안산(鞍山)이다. 이 아홉

hoton be bargiyambi, ere bithe be juwan jakūn de araha.
성을 거둔다. 이 글을 18일에 썼다.

○ juwan jakūn de, barin i gurbusi taijingge juwan
18일에, Barin의 Gurbusi 타이지 예하의 장정 16명과

ninggun haha, ninggun hehe, orin juwe ihan (41:16a)
여자 여섯 명이 소 22마리를

gajime ukame jihe.
이끌고 도망쳐 왔다.

⇦ han i bithe, duin biyai juwan uyun de wasimbuha,
한(汗)의 글을 4월 19일에 내렸다.

← kamciha nikan i morin be sunja nirui morin de
"합친 한인의 말을 다섯 니루의 말에

← acabufi, daise nirui ejen gaifi tuwakiya, ejen akū
합쳐서, 니루 수장 서리가 받아서 지키라. 주인 없는

← morin be yalufi darin tucirahū, ukanju hūlha de
말을 타서 안장에 쓸린 상처가 생길까, 도망자와 도적에게

← gaiburahū, emu nirui [原檔殘缺] (41:16b)
빼앗길까 염려된다. 한 니루의 □□□"

○ ice duin de, šanaha ci emu ukanju yafahan jihe.
초나흘에, 산해관(山海關)으로부터 한 명의 도망자가 걸어서 왔다.

○ ice sunja de, emu nirui juwete uksin be,
초닷새에, 한 니루에서 두 명씩의 갑병을,

yarana gaifi jeng giyang de genehe.
Yarana가 이끌고 진강(鎭江)으로 갔다.

○ jase bitume hoton araname genehe šajin, (41:17a)
경계를 따라 성을 쌓으러 갔던 Šajin Bayan,[3)]

bayan, emu nirui orita uksin, ice ninggun de
그리고 한 니루에서 20명씩의 갑병이 초엿새에

isinjiha.
돌아왔다.

○ ice ninggun de, jeng giyang ni ergici isinjiha
초엿새에, 진강 쪽에서 도달해 온

bithe, sunja biyai orin jakūn de, juwe
글이다. "5월 28일에,

minggan funceme cooha sanggu ho babe dosika,
2000명이 넘는 적병이 Sanggu Ho 지역으로 들어왔다.[4)]

emu minggan cooha ning dung pu de ing (41:17b)
적병 1000명은 영동보(寧東堡)에서

hadaha, jai emu minggan cooha tang jan de
영(營)을 설치했다. 또 다른 적병 1000명은 탕참(湯站)에

jifi, musei karun i amargi be dosifi gidaha,
와서, 우리측 초소의 후방으로 들어와서 공격했다.

---

3) 원문에는 šajin 뒤에 구두점이 있으나, 여기에서는 šajin bayan을 한 명으로 본다.
4) 여기에서 적병은 모문룡의 군사이다.

juwan ninggun boigon be gamaha, morin ihan
16가호를 데려갔고, 말과 소,

losa eihen uhereme ninju nadan gamaha, cooha
노새와 나귀 모두 하여 67마리를 데려갔다. 적병이

jeng giyang ni dogon be genehe, ning dung pu de
진강의 나루에 갔다. 영동보에

ing hadaha cooha, tubai dulin niyalma be
영을 설치한 적병인 저쪽의 절반이 사람들을

gamaha be sarkū, niyalma be takūraha bihe, (41:18a)
데려갔는지는 알 수 없다. 사람을 파견했는데,

bisan bisafi dooci ojorakū, cooha dosika erin
홍수가 나서 건너지 못한다. 적병이 들어왔던 시각은

tasha erin, genehe erin muduri erin.
인시(寅時)이며, 간 시각은 진시(辰時)이다."

제42권

천명(天命) 7년(1622) 6월

dehi juweci debtelin,
abkai fulingga i nadaci
aniya ninggun biya.

tongki fuka sindaha hergen i dangse. (42:1a)
유권점 당안

⇦ han, ice nadan de hendume, dzung bing guwan darhan hiya,
한(汗)이 초이레에 말하기를, "총병관(總兵官) Darhan 히야,

← dzung bing guwan baduri, du tang urgūdai efu, dzung bing guwan soohai,
총병관 Baduri, 도당(都堂) Urgūdai 어푸, 총병관 Soohai,

← fujiyang atai, iogi yahū, tsanjiyang yegude, tsanjiyang kangkalai,
부장(副將) Atai, 유격(遊擊) Yahū, 참장(參將) Yegude, 참장 Kangkalai,

← iogi nanjilan, iogi ušan, beiguwan hūri, beiguwan toktoi,
유격 Nanjilan, 유격 Ušan, 비어(備禦) Hūri, 비어 Toktoi,

← beiguwan bobotu, beiguwan singgiya, beiguwan weihede, beiguwan langge,
비어 Bobotu, 비어 Singgiya, 비어 Weihede, 비어 Langge,

← ere juwan ninggun niyalma, gurun i ai ai weile
이 16명은 백성의 갖가지 죄를

← beidere de afabuha, fujiyang munggatu, iogi munggu, iogi (42:1b)
판결하는 일을 맡겼다. 부장 Munggatu, 유격 Munggu, 유격

← cergei, iogi lisan, iogi susan, iogi afuni, iogi
Cergei, 유격 Lisan, 유격 Susan, 유격 Afuni, 유격

← donoi, iogi karda, ere jakūn niyalma be, ku i

Donoi, 유격 Karda, 이 여덟 명은, 창고의

← jeku be ejeme gaijara, salame bure, ice jihe

곡식을 기록하며 받는 것, 나누어주는 것, 새로 온

← anggala toloro, boo usin bure, ba guribure, ere

인구를 세는 것, 집과 밭을 주는 것, 지역을 옮기는 것, 이것이

← emu jurgan i weile, hoton sahara, kiyoo cara, baha

한 부서의 일이다. 성을 쌓는 것, 다리를 설치하는 것, 획득한

← niyalma be den hashan hashalara, jafaha niyalma be

사람을 높은 담장을 둘러 가두는 것, 잡은 사람을

← guwangse sangse etubure, ere emu jurgan i weile, (42:2a)

족쇄와 수갑을 채우는 것, 이것이 한 부서의 일이다.

← kiyoo de hūda hūdašabure, cifun gaijara, ihan madara,

다리에서 매매하게 하는 것, 세금을 걷는 것, 소를 쳐서 늘리고

← ulgiyan wara be baicara, yaya ujima ujibure, genere be

돼지를 잡는 것을 조사하는 것, 온갖 가축을 키우게 하는 것, 가는 이를

← fudere, jidere be okdoro, ice jihe niyalma de

전송하고 오는 이를 맞이하는 것, 새로 온 사람들에게

← boo tucibufi bure, tebure mucen, sacire suhe, eture

집을 내어주는 것, 앉히는 가마솥, 베는 도끼, 입는

← etuku bure, baha sula ulha be asarara, sargan

옷을 주는 것, 획득한 후 배당되지 않은 가축을 우리에 가두는 것, 아내가

← akū niyalma de sargan fonjifi bure, enteke ai

없는 사람에게 아내를 주선해서 주는 것, 이러한 갖가지

← ai weile be, munggatu i jergi niyalma de afabuha, (42:2b)

일을 Munggatu 등에게 맡겼다.

← poo miyoocan, karun tai, mama tucire be baicara,
포와 조총, 초소와 대(臺), 역질이 도는 것을 조사하는 것,

← songko faitara, kederere, ere emu jurgan i weile, iogi
흔적을 추적하는 것, 순라하는 것, 이 한 부서의 일은 유격과

← šajin i jergi niyalma de afabuha, uksin saca, loho
법관 등의 사람에게 맡겼다. 갑옷과 투구, 칼과

← gida, beri sirdan, enggemu hadala, wan, kalka sejen,
창, 활과 화살, 안장과 굴레, 사다리, 방패차,

← sacikū, weihu, sacibure suhe, bon, nemerhen, maikan,
곡괭이, 통나무배, 베는 도끼, 얼음 깨는 도끼, 도롱이, 장막,

← yaki ucika, coohai ai ai agūra be tuwara,
화살 우비, 활 우비 등 병사의 갖가지 병기를 살피는 것,

← morin tarhūbure, hehe juse tokso de geneci fonjire, (42:3a)
말을 살찌우는 것, 여자와 아이들이 장원에 가면 탐문하는 것,

← jugūn de morin yalufi yabure be baicara, duka de
길에 말 타고 가는 것을 조사하는 것, 문에

← hūwaitara morin be tarhūn turga be tuwara, ere
매어놓은 말이 살지고 마른 것을 살피는 것, 이

← juwe jurgan i weile be, coohai dzung bing guwan
두 부서의 일은 군사의 총병관과

← fujiyang de afabuha, dube jecen bargiyara, ukanju baicara,
부장에게 맡겼다. 변경 끝을 거두어들이는 것, 도망자를 조사하는 것,

← asu hūrhan arabure, sirga i wešen arabure, yaya bade
작은 그물과 큰 그물을 만들게 하는 것, 노루 올가미를 만들게 하는 것, 여러 곳에

← elcin takūrara, hūdun medege i feksibure, ere emu
사신을 보내는 것, 급한 소식으로 파발을 보내는 것, 이 한

← jurgan i weile, [原檔殘缺] (42:3b)
부서의 일은, □□□

○ puho, ilu ergi de, jakūn gūsai yanai
초아흐레에, 포하(蒲河), 의로(懿路) 방면으로, 8구사의 Yanai

jergi emte beiguwan, emte tanggū cooha be
등 각 한 명씩의 비어가 100명씩의 병사를

gaifi, ice uyun de anafu tenehe.
데리고 수자리 살러 갔다.

○ ice nadan de, lio fujiyang bithe wesimbume,
초이레에, 유(劉) 부장이 글을 올리기를,

g'ai jeo i amala gūsin ba i dubede, bo lo pu i (42:4a)
"개주(蓋州)에서 북쪽으로 30리 끝에 패라포(孛羅鋪)

jakade hūsita nirui aha šose tehebi, acafi
근처에 Hūsita 니루의 노복인 Šose가 살고 있습니다. 합하여

tehe nikan, g'ai jeo de lio fujiyang de habšanafi,
사는 한인이 개주에 유(劉) 부장에게 고발하러 가서,

amala mini ihan be jušen tarimbi, mini
'북쪽에서 제 소를 여진인이 경작할 때 씁니다. 제

beyebe inu jušen takūrambi, mini sargan inu
몸 또한 여진인이 부립니다. 제 아내 또한

buda bujubumbi, mini ujihe ulgiyan be, amba
밥을 짓게 합니다. 제가 기른 돼지를, 큰

ulgiyan de emu juwe jiha maktame bufi,
돼지에 1, 2전을 던져주고,

gidame jafafi wambi seme uttu habšara jakade, (42:4b)
강제로 빼앗아 죽입니다'라고 하며 이렇게 고발한 까닭에,

bi emu niyalma be takūrame jušen bithe
제가 한 사람을 파견하여 여진인의 글을

emu hontoho, nikan bithe emu hontoho de
반, 한인의 글을 반을

arafi unggime,
적어서 보내기를,

⇦ han, cananggi šajin i bithe arame, nikan i ihan be
'한(汗)께서 전에 금령(禁令)의 글을 쓰시기를, 한인의 소를

jušen ume takūrara, meni meni giyalakū de
여진인이 부리지 말고, 각자 떨어져

tefi, jeku be oci, dendefi anggala bodome
살고, 곡식은 나누어서 인구를 세어

jefu seme tuttu donjiha kai, nikan si, (42:5a)
먹으라고 그렇게 들었다. 한인 너는

sini ujihe ulgiyan be ume bure, gidame
네가 기른 돼지를 주지 말라. 강제로

jafafi gaici, si minde alanju, bi beise
빼앗아 가진다면, 너는 나에게 고하러 오라. 내가 버일러들과

ambasa de alara seme arafi unggihe bithe be,
대신들에게 알리겠다'라고 적어서 보낸 글을,

hūsita nirui aha šose tatame gaifi hūwalafi
Hūsita 니루의 노복 Šose가 가로채서 찢어서

頭註: gingguleme kimcici, meni meni giyalakū de tefi sere gisun, ainci meni meni giyalame tefi sere gūnin dere. [신중하게 살펴보니, meni meni giyalakū de tefi라는 말은 아마도 '각자 떨어져 살고'라는 뜻일 것이다.]

waliyaha, takūraha niyalma be huthufi [原檔殘缺] aita
버렸습니다. 파견한 사람을 묶고 □□□ 'Aita가

ainaha amban bihe, mini kamciha niyalma be,
어찌 대신인가. 나의 합친 사람을

si ainu beidembi seme, mini jai jergi (42:5b)
네가 왜 판결하는가'라고 하며 제가 두 번째

takūraha, juwe jušen be, hūsita nirui guwanggun
파견한 두 여진인을 Hūsita 니루의 Guwanggun이라는

gebungge niyalma, ere juwe jušen, nikan be
사람이, '이 두 여진인과 한인을

suwaliyame jafafi gamaki sere be, jai ceni
함께 잡아서 데려가자'라고 하는 것을, 다시 그들

nirui juwe niyalma, ere takūraha mujangga, si
니루의 두 사람이, '이들은 파견한 것이 맞다. 너는

ere be ainu gamambi seme nakabufi amasi
이들을 왜 데려가는가'라고 하며 멈추게 하고 되돌려

unggihe, uttu emu niyalma be takūraci, jafafi
보냈습니다. 이렇게 한 사람을 파견해도 잡아서

huthufi tantara, juwe niyalma be takūraci, jafafi (42:6a)
묶고서 때리고, 두 사람을 보내도 잡아서

tantara oci, jai
때리니, 다시

⇦ han i ai ai weile be, be adarame mutembi, aita
한(汗)의 갖가지 일을 우리가 어떻게 해내겠습니까." "Aita

sini neneme takūraha emu niyalma, amala takūraha juwe
네가 먼저 보낸 한 사람과 나중에 보낸 두

niyalma, tere ilan niyalma be gemu jafafi
사람, 그 세 사람을 모두 잡아서

liyoodung de unggi, hūsita nirui niyalma be
요동(遼東)에 보내라." Hūsita 니루의 사람은

ini nirui niyalma de afabufi ganabuha.
그 니루의 사람에게 맡겨서 데리러 가게 했다.

(42:6b)

○ ice nadan de, sihan i orin yan i weile
초이레에, Sihan의 20냥의 죗값을

faitaha, ineku tere inenggi, yegude de orin
깎았다. 같은 날, Yegude에게서 25냥의

sunja yan i weile gaiha, tere inenggi, korcin i
죗값을 받았다. 그날, Korcin의

sira han i ahūn deo i banjin taiji, juwan
Sira 한(汗)의 형제인 Banjin 타이지가

emu se de, aohan i gurun de efu
11살 때 Aohan부에 있는 매형과

eyun de jifi uthai tehe bihe, tereci
손위 누이에게 와서 그대로 살고 있었는데, 거기로부터

⇦ genggiyen han be baime ukame jihe. (42:7a)
경기연 한(汗)에게 귀부하여 도망해 왔다.

○ juwan de, neici han ci juwe haha, juwe
10일에, Neici 한(汗)으로부터 장정 두 명이

頭註: gingguleme kimcici, sira han i ahūn deo i banjin taiji sere gisun, ainci sira han i ahūn deo i dorgi, emu banjin gebungge taiji sere gisun dere. [신중하게 살펴보니, sira han i ahūn deo i banjin taiji라는 말은 아마도 'Sira 한(汗)의 형제 가운데, Banjin이라는 이름의 한 타이지'라는 말일 것이다.]

hehe, ilan jui, uyun morin gajime ukame jihe.
여자 두 명과 아이 세 명, 말 아홉 마리를 데리고 도망해 왔다.

○ ninggun biyai juwan emu de, geren beise, busan i
6월 11일에, 여러 버일러가

liyoodung de afaha weile be, jai duilefi
요동에서 싸운 Busan의 죄를 재차 심리하니

dasame dzung bing guwan baduri, geren ambasa de (42:7b)
다시 총병관 Baduri와 여러 대신에게

weile tuhefi busan be dzung bing guwan i hergen
죄가 있어서 Busan을 총병관의 직위로

obuha, keyen ci ebsi gaiha aika jaka be
삼았다. 개원(開原)에서부터 이제까지 빼앗은 모든 재물을

amasi bederebume buhe, baduri simbe tondo seme
되돌려주었다. "Baduri 네가 바르다 하여

amban obufi tukiyeci, tondoi gisurerakū, murime waka be
대신으로 삼아서 등용했음에도 바르게 말하지 않고 왜곡하여 그릇된 것을

uru seme gisurehe seme, tondo seme buhe jibca,
옳다고 했다"라고 하며 바르다 하여 주었던 가죽옷,

dahū, emu nirui jušen, dzung bing guwan be
털옷, 한 니루의 속민, 그리고 총병관직을

nakabufi tsanjiyang ni hergen obuha, emu jergi (42:8a)
거두고 참장의 직위가 되게 했다.

gaijara weile waliyaha, liyoodung ni šang be
징수할 죗값을 한 번 면해주었다. 요동의 상을

hontoholome gaiha, darhan hiya be dzung bing guwan be
반을 나누어 빼앗았다. Darhan 히야를 총병관을

nakabufi fujiyang obuha, gaijara weile be waliyaha,
그만두게 하고 부장으로 삼았다. 징수할 죗값을 면해주었다.

kanggūri be fujiyang be nakabufi tsanjiyang ni hergen
Kanggūri는 부장을 그만두게 하고 참장의 직위로

obuha, liyoodung ni šang be hontoholome gaiha,
삼았다. 요동의 상을 반을 나누어 빼앗았다.

darhan efu be fujiyang be nakabufi tsanjiyang ni
Darhan 어푸는 부장을 그만두게 하고 참장의

hergen obuha, liyoodung ni šang be hontoholome (42:8b)
직위로 삼았다. 요동의 상을 반을 나누어

gaiha, ginggūldai de liyoodung ni šang be
빼앗았다. Ginggūldai는 요동의 상을

hontoholome gaiha.
반을 나누어 빼앗았다.

○ tangkoltai, aku, hahana be, busan i keyen cilin i
Tangkoltai, Aku, Hahana가, Busan이 개원과 철령(鐵嶺)의

šangname bahara ulin be,
상으로 얻어야 할 재물을

⇦ han de alahakū seme, gūsita yan i weile gaiha.
한(汗)에게 고하지 않았다고 각각 30냥씩의 죗값을 받았다.

(42:9a)

○ gūlmahūn, yanai, burai, ere ilan beiguwan be,
Gūlmahūn, Yanai, Burai, 이 세 비어가

olbo i afara bade isinahakū seme, liyoodung ni
면갑병이 싸우는 곳에 도달해 가지 않았다 하여 요동의

šang be gemu gaiha, ere gaiha ulin be,
상을 모두 빼앗았다. 이 빼앗은 재물을

isun i jakade isinaha ihan i jergi niyalma de buhe.
Isun 근처에 도달해 간 Ihan 등에게 주었다.

○ gisun, sahaliyan ing de bihe, isun i jakade
Gisun이 Sahaliyan영(營)에 있다가 Isun 부근에

isinaha seme, ciyandzung ni hergen bihe, wesibufi (42:9b)
도달했다고 천총(千總)의 직위에 있던 것을 승직시켜

iogi hergen buhe.
유격의 직위를 주었다.

○ hara babai be, olbo i afara bade isinahakū seme,
Hara Babai가 면갑병이 싸우는 곳에 도달하지 않았다고

liyoodung ni šang be gemu gaifi, ihan i jergi
요동의 상을 모두 빼앗고, Ihan 등에게

niyalma de buhe, beiguwan i hergen efulehe.
주었다. 비어의 직위를 박탈했다.

○ musei sindafi unggihe bak taiji, ninggun biyai (42:10a)
우리가 놓아 보냈던 Bak 타이지가 6월

juwan juwe de isinjimbi seme, amin beile
12일에 이르러 온다 하여 Amin 버일러가

ihan wame juwan ba i dubede okdofi gajiha,
소를 잡아 10리 밖에서 맞이하여 데리고 왔다.

jihe jai inenggi,
온 다음 날,

⇦ han tucifi amba sarin sarilara de, bak taiji
한(汗)이 나와서 큰 주연을 베풀 때, Bak 타이지가

⇦ han de juwe morin, jakūn honin jafafi hengkileme acaha.
한(汗)에게 말 두 마리와 양 여덟 마리를 잡아서 절하며 알현했다.

○ du tang ni bithe, ninggun biyai tofohon de (42:10b)
도당(都堂)의 글이다. 6월 15일에

wasimbuha, jušen, nikan puseli sindara niyalma, puseli
내렸다. "여진인과 한인 중 가게를 여는 사람은 가게

ejen i hala gebu be, wehe de moo de
주인의 성과 이름을 돌이나 나무에

folome bithe arafi, puseli jakade ilibu, ejen i
새겨 글로 써서 가게 앞에 세우라. 주인의

gebu hala be bithe arame temgetulerakū oci
이름과 성을 글로 써서 표시하지 않으면

weile, puseli akū gala jafafi uncame yabure
죄가 있다. 가게 없이 손에 들고 팔러 다니는

niyalma be gemu nakabu, jafafi uncame yabure
사람을 모두 그만두게 하라. 들고 팔러 다니는

頭註: gingguleme kimcici, puseli sindara niyalma sere gisun, ainci puseli neire niyalma sere gisun dere. [신중하게 살펴보니, puseli sindara niyalma라는 말은 아마도 '가게를 여는 사람'이라는 말일 것이다.]

niyalma, imbe baicibe baharakū seme oktolorongge gemu (42:11a)
사람은 모두가 자신들을 찾더라도 잡을 수 없다고 하여 독을 쓰는 것이다.

tere kai, musei jušen juse hehesi de aname
우리의 여진 아이들과 여자들에게 전달하여

ulhibume hendu, ya udame jetere niyalma, jeke
깨치게 말하라. 모든 사서 먹는 사람은 먹은

puseli ejen be ejeme gaisu, ejeme gaijarakū
가게의 주인을 기록하여 두라. 기록하여 두지 않으면

oci, si oktolobufi buceci, buhiyeme wei baru
너희가 중독되어 죽어도, 미루어 의심하여 누구에게

gisurembi, jušen nikan gemu emu
말하겠는가. 여진인과 한인은 모두

⇦ han i gurun kai, yaya niyalma uncara jaka bicibe,
한(汗)의 백성이다. 모든 사람이 파는 것이 있는데도

ai ai jaka be ainu durimbi, durire niyalma be (42:11b)
갖가지 물건을 왜 빼앗는가. 빼앗는 사람을

jušen saci, jušen jafa, nikan saci, nikan
여진인이 보면, 여진인이 잡고 한인이 보면 한인이

jafa, jafaburakū burulame sujure be, jušen nikan
잡으라. 잡히지 않고 도망쳐 달아나는 것을 여진인 한인

yaya ucaraha niyalma dafi aisilame jafa, jafaha
누구든 맞닥뜨린 사람이 도와서 힘을 보태어 잡으라. 잡은

niyalma de šangnambi.
사람에게 상을 내릴 것이다."

○ maitari ama beile i lio beiguwan, weilengge niyalma be
Maitari 아버지 버일러의[1] Lio 비어가 죄 있는 사람을

enculeme tantara, goibure, weile arara, sindaralaha seme (42:12a)
독단적으로 때리거나, 쏘아 맞추거나, 치죄하거나, 풀어주었다 하여

tofohon yan i weile gaiha.
15냥의 죗값을 받았다.

○ abutu baturu be, inde kamciha ice nikan be, ini boo be
Abutu 바투루가 자신에게 합친 새 한인을 자신의 집을

alban i weilebuhe, jai weilengge niyalma be enculeme šusihalaha
공역으로 짓게 하고, 또 죄 있는 사람을 독단적으로 채찍질했다

seme, inde buhe nikan be gemu gaime, gūsin yan i weile
하여, 그에게 준 한인을 모두 빼앗고 30냥으로 치죄하도록

arame, šajin i ambasa beidehe bihe, tere weile be abutu
사법 대신들이 심리했었다. 그 죄를, Abutu

baturu i ejehe gung be tuwafi (42:12b)
바투루의 칙서의 공을 보고

⇦ han gosime waliyaha.
한(汗)이 아끼어 면제했다.

○ fung hūwang ceng, tang šan, hiyan šan, ilan ba i šeo pu bithe
봉황성(鳳凰城), 탕산(湯山), 험산(險山), 세 곳의 수보(守堡)가 글을

wesimbume, mao wen lung niyalma sindafi kemuni dobori dosifi
올리기를, "모문룡(毛文龍)이 사람을 풀어서 매번 밤을 틈타

1) maitari ama beile는 제4버일러, 즉 Hong Taiji의 다른 명칭이다.
頭註: gingguleme kimcici, sindaralaha sere gisun, ainci sindahangge be sindaha sere gūnin dere. [신중하게 살펴보니, sindaralaha라는 말은 아마도 '풀어준 사람을 풀어주었다'라는 뜻일 것이다.]

hūlhame tuwame yabumbi, minggan cooha unggi seme wesimbure jakade,
몰래 살피며 다닙니다. 1000명의 군사를 보내주십시오"라고 올린 까닭에

⇦ han, eksingge fujiyang be juwe minggan cooha be adabufi
한(汗)이 Eksingge 부장에게 2000명의 군사를 붙여서

juwan jakūn de unggihe. (42:13a)
18일에 보냈다.

○ juwan ninggun de, baduri age i ilan monggo,
16일에, Baduri 아거 예하의 세 몽골인이

sunja morin, emu ihan gamame ukame genehe.
다섯 마리의 말과 한 마리의 소를 끌고 도망해 갔다.

○ geren beise, ninggun biyai juwan nadan de
여러 버일러가 6월 17일에

toktobuha, tanggū šusiha de, susai moo goibu,
결정한 것이다. "채찍 100대에 곤장 50대를 적용하라.[2)]

tereci fusihūn juwe šusiha de, emu moo (42:13b)
이제부터는 채찍 두 대에 곤장 한 대를

goibu, oforo šan tokoro be naka.
적용하라. 코와 귀를 찌르는 것을 중단하라."

○ ninggun biyai juwan jakūn de, bak taiji de
6월 18일에, Bak 타이지에게

頭註: gingguleme kimcici, ere goibu sere gisun, ainci uthai bukdabu sere gisun dere. [신중하게 살펴보니, 이 goibu 라는 말은 아마도 즉, bukdabu(접게 하라)라는 말일 것이다.]

2) 두주(頭註)에서는 goibu가 '접게 하라'는 의미로 사용된다고 했으나, 여기서는 goibu 본래의 의미를 살려서 '적용하라'로 번역한다.

buhengge, amba gecuheri juwe, tukšan gecuheri sunja,
준 것이다. 큰 망룡단 두 필, Tukšan 망룡단 다섯 필,

undurakū gecuheri ilan, sorson suje juwan, genggiyen
용무늬 망룡단 세 필, Sorson 비단 열 필, 석청(石靑)색 민무늬 비단

juwe, pengduwan, yangduwan, lingse, buyarame, suje dehi
두 필, 팽단(彭緞), 모수자(毛繻子), 능자(綾子), 자잘한 비단 42필 등

juwe, uheri susai suje, amba mocin susai, (42:14a)
도합 50필의 비단, 큰 모청포(毛靑布) 50필,

biyoolan[3] susai, ajige mocin duin tanggū, uheri
무늬 놓은 비단 50필, 작은 모청포 400필 등 합하여

sunja tanggū, uju jergi de, emu hilteri
500필이다. 1등 직위에 대하여, 한 벌의 미늘 갑옷,

uksin saca galaktun de aisin ijume folohobi,
투구, 갑옷 소매에 금을 칠해 새긴 것과

nikan uksin nadan, uheri jakūn uksin, jakūn
한인의 갑옷 일곱 벌, 모두 여덟 벌의 갑옷과 여덟 마리의

morin buhe, ini omolo be acabuha, bak
말을 주었다. 그의 손자를 알현시켰다. Bak

taiji orin juwe de genehe, emu foloho
타이지가 22일에 갔다. 장식을 새긴 안장 하나,

enggemu, emu hiyahan enggemu buhe. (42:14b)
아이용 안장 하나를 주었다.

頭註: gingguleme baicaci, fe manju gisun i bithe, manju gisun i buleku bithede, gemu tukšan gecuheri, sorson suje sere gisun akū, da songkoi sarkiyame araha. [신중하게 살펴보니, 『舊淸語』와 『御製淸文鑑』에 모두 tukšan gecuheri와 sorson suje라는 말이 없다. 원래대로 베껴 썼다.]

3) biyoolan은 사전에 등재되어 있지 않다. biyoo(表) + -la(동사형성접사) + -n(명사형성접사)으로 해석했다. Norman (2013)에서는 biyoola-를 biyolu-(to shave smooth, to level off)와 동의어로 보았다.

○ juwan jakūn de, hoton weilere ihan turgalahabi
18일에, 성의 일을 할 소가 야위었다

seme, beise, kūrcan baksi be
하여, 버일러들이 Kūrcan 박시로 하여금

⇦ han de fonjibuha, fonjiha gisun icakū ofi,
한(汗)에게 여쭙게 했다. 여쭌 말이 못마땅해서,

⇦ han jili banjifi hendume, sini dara ba waka kai,
한(汗)이 화를 내며 말하길, "네가 관여할 바가 아니다.

← afaha niyalma encu bikai seme hendume wakalafi, kūrcan i
맡은 사람이 따로 있다"라고 나무라고, Kūrcan의

iogi hergen be nakabuha. (42:15a)
유격 직위를 그만두게 했다.

○ juwan jakūn de, uyan i niru be, beliyen
18일에, Uyan의 니루를 Beliyen

fiyanggū i juse de jušen buhe.
Fiyanggū의 자식들에게 속민으로 주었다.

⇦ han i bithe, ninggun biyai juwan uyun de wasimbuha,
한(汗)의 글을 6월 19일에 내렸다.

← han be, gurun ujire sain seme monggo ci
"한(汗)이 백성을 돌보는 것이 훌륭하다며 몽골로부터

← baime jihe niyalma de takūrara aha, tarire ihan, (42:15b)
귀부(歸附)하여 온 사람에게 부릴 노비, 경작할 소,

← yalure morin, amba etuku be han šangname bumbi,
탈 말, 많은 의복을 한(汗)이 상으로 줄 것이다.

← musei ambasa de uji seme afabuhabi, tuttu uji
우리 대신들에게 돌보라 하며 맡겼다. 그렇게 돌보라고

← seme afabuha monggo de, nirui niyalmai wecehe metehe de
맡긴 몽골인들을, 니루의 사람이 제사하고 공양할 때

← gamafi ulebu, arki nure bici omibu, hengke, hasi,
데리고 가서 먹게 하라. 소주와 황주가 있으면 마시게 하라. 오이, 가지,

← elu, namu, sogi, yafan i jeku be acan jefu,
파, 상추 등 나물과 텃밭의 곡식을 함께 먹으라.

← gahari fakūri ice be halaci, fe be bu, monggo de
윗옷과 바지를 새것으로 바꾸면 헌것은 주라. 몽골인에게

← buhe aha be, kamciha booi aha i emgi kamcibufi, (42:16a)
준 노비를, 합친 집의 노비와 함께 합치게 하여,

← jeku weilecibe, moo ganacibe, emgi weilebu, ukambuci waliyabuci
곡식을 거둘 때나, 나무를 할 때나 함께 일하게 하라. 도망치게 하여 손실이 있다면

← si tooda, monggo be uji seme afabuhabi, si
너희가 배상하라. 몽골인을 돌보라고 맡겼다. 너희가

← mujakū joboburakū, monggo bicibe, han uji seme afabuhabi
부당하게 괴롭혀서는 안 된다. 몽골인이라도, 한(汗)이 돌보라고 맡겼다

← seme mujakū ume hairara, hūsun tucifi takūrabume banji,
하여 무작정 아끼지 말라. 힘을 다하여 부리게 하며 살라.

← sain oci sain seme ala, ehe oci ehe
잘하면 잘한다고 고하라. 못하면 못한다고

← seme ala.
고하라."

頭註: gingguleme kimcici, ere joboburakū sere gisun, ainci jobobuci ojorakū sere gisun dere. [신중하게 살펴보니, 이 joboburakū라는 말은 아마도 '괴롭히면 안 된다'라는 말일 것이다.]

(42:16b)

○ sirana i deo ana i sargan, booi hehe be
Sirana의 동생 Ana의 아내가 하녀를

kooli akū fefe be hariha seme, ana i
선례 없이 음문(陰門)을 지졌다 하여, Ana의

sargan be wara weile araha bihe, tere be
아내를 죽일 죄로 치죄했는데, 그것을

nakafi oforo šan be tokoho, booi aha
그만두고 코와 귀를 찔렀다. 집의 노비와

hehe be, uru be sindafi si ainu ukaka
여자를 "옳은 것을 두고서 너는 왜 도망했는가"

seme, oforo šan be faitaha, šajin i niyalma gaiha.
하며 코와 귀를 베고 그들을 법관이 취했다.

(42:17a)

○ orin emu de, namtai be eksingge baksi de
21일에, Namtai를 Eksingge 박시에게

takūraha, ineku tere inenggi, duin niyalma be
파견했다. 같은 날, 네 사람을

turusi baksi de takūraha.
Turusi 박시에게 파견했다.

○ cen iogi, hoton weilere jalin de, yoto age i
Cen 유격이, 성을 지을 때, Yoto 아거의

cigu i emu niyalma be ura tūme waha, yoto
기고(旗鼓)의[4] 한 사람을 볼기를 쳐서 죽였다. Yoto

---

4) 『御製增訂淸文鑑』에는 cigu niru가 '노복인 한인으로 이루어진 니루'를 뜻하는 기고좌령(旗鼓佐領)으로 대

age i cigu de, cen iogi genefi hendume, ere (42:17b)
아거의 기고에게 Cen 유격이 가서 말하길, "이

weile be geren beidesi de ume alara, bi
일을 여러 심사관에게 고하지 말라. 내가

waha niyalmai ahūn de, susai yan menggun bure
죽인 사람의 형에게 50냥의 은을 주겠다"라고

seme buhe, ere weile de borjin hiya i deo
하며 주었다. 이 일에 대해 Borjin 히야의 동생

burhan ucarafi hendume, ere weile be bi sara
Burhan이 우연히 알고 말하기를, "이 일을 내가 알고 있겠다"라고

seme hendure jakade, cen iogi emu ihan, juwan
말하므로, Cen 유격이 소 한 마리, 열 냥의

yan menggun, emu juru sohin gūlha, burhan de
은, 한 쌍의 검은 비단신을 Burhan에게

buhe bihe, gūwa hetu niyalma gercilefi, cen (42:18a)
보냈는데, 다른 제삼의 사람이 고발하여, Cen

iogi de orin yan i weile gaiha, cigu de
유격에게 20냥의 죗값을 받았다. 기고에게

tofohon yan i weile gaiha, burhan de wara
15냥의 죗값을 받았다. Burhan에게 죽일

weile araha bihe, wara be nakafi tanggū
죄를 내렸었는데 죽일 죄는 취소하고 100대의

šusiha šusihalaha, buhe ulin be gaifi šajin
채찍을 때렸다. 준 재물을 빼앗고 법관이

역되어 있다.

niyalma gaiha.
취했다.

← ○ jeku juwere iogi lii diyan kui be, ini (42:18b)
"곡식을 운반하는 유격 Lii Diyan Kui를, 그의

← giyajan kioi il gebungge niyalma ubade habšanjihabi,
시종인 Kioi Il이라는 사람이 여기에 고발하러 왔다.

← lio fujiyang si, lii diyan kui be sini
유(劉) 부장 너는, Lii Diyan Kui를 너의

← jakade gajifi dacilame fonji, ajige ajige gaiha
곁에 데리고 와서 자세히 물으라. 아주 조금 받은 것이

← mujangga oci, nikan i hafasa doro kai, tubade
사실이면, 한인 관리들의 관례인 것이다. 거기에서

← uthai waji, ambula yargiyan oci, juse sargan be
그대로 끝내라. 많이 받은 게 사실이면, 자식들과 아내를

← suwaliyame unggi, boigon ubade tekini, sini deo
함께 보내라. 가호가 이곳에서 살기 바란다. 네 동생

← lio sing wen, lii diyan kui i funde jeku tuwame (42:19a)
유흥문(劉興文)이 Lii Diyan Kui 대신 곡식을 살피며

← juwekini, ninggun biyai orin ilan de lio
운반하기 바란다." 6월 23일에 유(劉)

fujiyang de unggihe.
부장에게 보냈다.

⇦ han, orin sunja de yamun de tucifi, monggo
한(汗)이 25일에 아문에 나와서 몽골국으로부터

gurun ci ubašame jihe urut, kalka i beise de
배반하여 온 Urut와 Kalka의 버일러들에게

ejehe bume, amba sarin sarilaha.
칙서를 주고 큰 주연을 베풀었다.

(42:19b)

○ orin ninggun de, bodonggo nirui akdun booi emu
26일에 Bodonggo 니루의 Akdun 집의

solho, juwe jušen an šan ci ukaka.
조선인 한 명과 여진인 두 명이 안산(鞍山)으로부터 도망쳤다.

○ orin ninggun de, aohan i elcin de, ujulaha
26일에, Aohan부의 사신에게, 우두머리인

niyalma de jakūta yan, kutule de ilata yan
사람에게는 여덟 냥씩, 말구종에게는 석 냥씩

menggun šangname buhe, nadan de jurambuha.
은을 상으로 주었다. 7일에 떠나게 했다.

(42:20a)

○ ninggun biyai orin nadan de, ginjeo i lio
6월 27일에, 금주(金州)의 Lio

tsanjiyang, duin šoro foyoro, ninju pinggu benjihe.
참장이 네 광주리의 자두와 60개의 사과를 보내왔다.

○ aohan i elcin be, ninggun biyai orin uyun de
Aohan부의 사신을, 6월 29일에

unggihe, aohan i dureng beile de, emu aisin i
보냈다. Aohan부의 Dureng 버일러에게 금으로 된

umiyesun, emu menggun i moro buhe, cūhur beile de,
허리띠 하나, 은으로 된 사발 하나를 주었다. Cūhur 버일러에게는

emu aisin i umiyesun, emu menggun i moro buhe, (42:20b)
금으로 된 허리띠 하나, 은으로 된 사발 하나를 주었다.

jai jihe elcin de, duin niyalma de
또 온 사신에게는, 네 사람에게

jakūta yan menggun buhe, jai nadan kutule de
여덟 냥씩의 은을 주었다. 또 일곱 말구종에게는

ilata yan menggun buhe.
석 냥씩의 은을 주었다.

기사 제목

제21권 | 천명(天命) 6년(1621) 4월~5월

제22권 | 천명(天命) 6년(1621) 5월

제25권 | 천명(天命) 6년(1621) 8월

제29권 | 천명(天命) 6년(1621) 11월

제37권 | 천명(天命) 7년(1622) 2월

제38권 | 천명(天命) 7년(1622) 3월

제39권 | 천명(天命) 7년(1622) 3월

제41권 | 천명(天命) 7년(1622) 4월~6월

제42권 | 천명(天命) 7년(1622) 6월

참고문헌

구범진(2012), 『청나라, 키메라의 제국』, 민음사.

김두현(2008), 「『滿文原檔』과 入關前 淸史硏究」, 『명청사연구』 30, 명청사학회, pp. 259-286.

김두현(2010), 『滿文老檔과 舊滿洲檔 對照表 — 太祖朝』, 울산대학교출판부.

김선민(2012), 「『舊滿洲檔』에서 『滿洲實錄』까지 — 청 태조실록의 편찬과 수정」, 『史叢』 77, 고려대학교 역사연구소, pp. 139-175.

김주원(2008), 『조선왕조실록의 여진족 족명과 인명』, 서울대학교출판부.

김주원(2010), 「여진족 추장 하질이(何叱耳)의 실록상 이표기에 대하여」, 『인문논총』 64, 서울대학교 인문학연구원, pp. 51-74.

김주원(2012), 「서울대학교 도서관 소장 만주어 몽골어 문헌에 대하여」, 『알타이학보』 22, 한국알타이학회, pp. 1-28.

김주원(2014), 「두 실록의 번역서 — 조선태조실록과 만주실록」, 『인문논총』 71(3), 서울대학교 인문학연구원, pp. 361-378.

김주원 · 이형미(2017), 「『滿文原檔』에서 『滿文老檔』으로의 내용 변개에 관한 연구」, 『인문논총』 74(3), 서울대학교 인문학연구원, pp. 11-47.

김혜(2018), 「『滿文老檔』 한어 차용어의 표기 체계」, 『한국알타이학회 전국학술대회 발표논문집』, pp. 79-104.

도정업(2015), 「『滿文老檔』—『滿洲實錄』 만주문 대조 연구」, 『알타이학보』 25, 한국알타이학회, pp. 1-35.

만주실록역주회(2014), 『만주실록 역주』(고려대학교 민족문화연구원 만주학센터), 소명출판.

박상철(2017), 「만주어 문어의 시제와 양상 연구 —『滿文老檔』의 용례를 중심으로—」, 서울대학교 박사학위논문.

박은용(1969), 『만주어문어연구(1)』, 형설출판사.

박은용(1973), 『만주어문어연구(2)』, 형설출판사.

성백인(1968), 「만주어 문어의 부동사 어미 -me에 대하여」, 『한글』 142, 한글학회, pp. 72-102. (성백인 1999b에 재수록)

성백인(1970), 「만주어의 의문법에 대하여」, 『명대논문집』 3, 명지대학, pp. 257-290. (성백인 1999b에 재수록)

성백인(1977), 「만문 특수문자의 로마자 표기법」, 『언어학』 2, 한국언어학회. (성백인 1999b에 재수록)

성백인(1978), 「만문 무권점 십이자두 연구」, 『말』 3, 연세대학교 한국어학당, pp. 97-134. (성백인 1999b에 재수록)

성백인(1981), 『만주어 음운론 연구』, 명지대학출판부.

성백인(1986), 「초기 만주어 사전들에 대하여」, 『동방학지』 52, 연세대학교 국학연구원, pp. 219-258. (성백인 1999b에 재수록)

성백인(1999a), 「청조의 청문감 편찬」, 『새국어생활』 9(1), 국립국어원, pp. 145-157.

성백인(1999b), 『만주어와 알타이어학 연구』, 태학사.
유소맹(2013), 『여진 부락에서 만주 국가로』(이훈 · 이선애 · 김선민 공역), 푸른역사.
이형미(2018), 「『滿文老檔』의 법률 용어」, 『한국알타이학회 전국학술대회 발표논문집』, pp. 57-78.
최계영 · 김주원(2018), 「『滿文老檔』 한 · 일 번역본의 표기와 번역 차이 — 저본으로 인한 차이를 중심으로」, 『한국알타이학회 전국학술대회 발표논문집』, pp. 1-20.
최동권(2007), 『舊滿洲檔: 荒字檔』, 보고사.
최학근(1980), 『알타이어학논고』, 현문사.

關嘉祿 · 佟永功 · 關照宏(1987), 『天聰九年檔』, 天津: 天津古籍出版社.
廣祿 · 李學智(1965), 「清太祖朝 『老滿文原檔』與『滿文老檔』之比較研究」, 『中國東亞學術研究計畫委員會年報』 4, 中國東亞學術研究計劃委員會, pp. 1-165.
國立故宮博物院 編(1969), 『舊滿洲檔』 全10册, 臺北: 國立故宮博物院.
譚其驤 主編(1982), 『中國歷史地圖集 第七冊 元明時期』. 北京: 中國地圖出版社.
佟永功(1998), 「述崇謨閣『滿文老檔』」, 『滿學研究』 4, 北京社會科學院滿學研究所, 北京: 民族出版社, pp. 141-155.
馮明珠 編(2006), 『滿文原檔』 全10册, 臺北: 國立故宮博物院. (『舊滿洲檔』(1969)의 개정판)
白洪希(1998), 「崇謨閣與『滿文老檔』」, 『滿學研究』 4, 北京社會科學院滿學研究所, 北京: 民族出版社, pp. 169-180.
安雙成 主編(1993), 『滿漢大辭典』, 瀋陽: 遼寧民族出版社.
閻崇年(1998), 「論『滿洲老檔』」, 『滿學研究』 4, 北京社會科學院滿學研究所, 北京: 民族出版社, pp. 1-84.
遼寧大學歷史系 編(1978-1979), 『重譯滿文老檔』, 瀋陽: 遼寧大學.
遼寧大學歷史系 編(1979), 『漢譯滿文舊檔』, 瀋陽: 遼寧大學.
劉小萌(2001), 『滿族從部落到國家的發展』, 瀋陽: 遼寧民族出版社.
劉厚生(1994), 「關於『滿文老檔』(大黃綾本)的簽註」, 『舊滿洲檔研究』, 長春: 吉林文史出版社, pp. 105-174.
李學智(1982), 『乾隆重鈔本滿文老檔簽註正誤』, 臺北: 中央研究院歷史語言研究所.
李學智 · 廣祿 譯註(1970 · 1971), 『清太祖老滿文原檔』 1 · 2, 臺北: 中央研究院歷史語言研究所.
張葳 譯註(1977 · 1980), 『舊滿洲檔譯註 淸太宗朝』 1 · 2, 臺北: 國立故宮博物院.
齊木德道爾吉 · 敖拉 · 崔東權(2009), 「『武皇帝實錄』與『舊滿洲檔』的史料价值的分析」, 『몽골학』 25, 한국몽골학회, pp. 269-290.
趙志强 · 江橋(1998), 「『無圈點檔』及乾隆抄本補絮」, 『滿學研究』 4, 北京社會科學院滿學研究所, 北京: 民族出版社, pp. 142-144.
中國第一歷史檔案館 整理 · 編譯(2009), 『內閣藏本滿文老檔』 1~20, 瀋陽: 遼寧民族出版社.
中國第一歷史檔案館 · 中國社會科學院歷史研究所 譯註(1990), 『滿文老檔』 上 · 下, 北京: 中華書局.
中華書局(1986), 『清實錄』, 北京: 中華書局.
陳捷先(1969), 「『舊滿洲檔』述略」, 『舊滿洲檔』(國立故宮博物院 編), pp. 1-56.
陳捷先(1978), 「滿文清實錄研究」, 『滿文檔案叢考 第一集』, 臺北: 大化書局.

陳捷先(1981),「滿文淸本紀硏究」,『滿文檔案叢考 第二集』, 臺北: 明文書局.
崔東權 · 齊木德道爾吉 · M. Bayarsaikhan · 敖拉 巴雅爾賽漢(2007),「『淸太祖武皇帝實錄』與『舊滿洲檔』史料比較硏究(1)—以內客爾喀部史料爲主—」,『몽골학』 23, 한국몽골학회, pp. 29-76.

今西春秋(1959a),「『滿文老檔』の重鈔年次」,『東方學紀要』 1, pp. 89-93.
今西春秋(1959b),「『滿文老檔』乾隆付註譯解」,『東方學紀要』 1, pp. 104-219.
東洋文庫淸代史硏究室 譯註(1972 · 1975),『舊滿洲檔 天摠九年』 1 · 2, 東京: 東洋文庫.
滿文老檔硏究會 譯註(1955~1963),『滿文老檔』 1~7, 東京: 東洋文庫.
上原久(1960),『滿文滿洲實錄の硏究』, 東京: 不昧堂書店.
松村潤(2001),『淸太祖實錄の硏究』, 東京: 東北アジア文獻硏究會.
神田信夫(1978),「淸朝興起史の硏究—序說『滿文老檔』から『舊滿洲檔』へ」,『明治大學人文科學硏究所年報』 20, pp. 20-30.
神田信夫(1996),「從『滿文老檔』到『舊滿洲檔』」,『滿學硏究』 3, 北京社會科學院滿學硏究所, pp. 256-278.
早田輝洋(2012),「滿洲語の n ~ Ø 交替の史的概觀」,『알타이학보』 22, pp. 93-110.
早田輝洋(2014),「『滿文原檔』中の重複滿文の相對年代」,『알타이학보』 24, pp. 69-81.
池上二良(1965),「Tongki Fuka Akū Hergen i Bitheとそのウランバートル刊本」,『言語硏究』 48, pp. 46-52.
池上二良(1999),『滿洲語硏究』, 東京: 汲古書院.
津曲敏郎(2002),『滿洲語入門20講』, 東京: 大學書林.
河內良弘(1992),『明代女眞史の硏究』, 京都: 同朋社.
河內良弘 編(2014),『滿洲語辭典』, 京都: 松香堂書店.
河內良弘 · 淸瀨義三郎則府(2002),『滿洲語文語入門』, 京都: 京都大學學術出版會.

Atwood, Ch. P. (2004), *Encyclopedia of Mongolia and the Mongol Empire*, New York: Facts on File.
Avrorin, V. A. (2000), *Grammatika man'čžurskogo pis'mennogo jazyka* [Grammar of Written Manchu], Sankt-Peterburg: Nauka.
Elliott, M. C. (2001), *The Manchu Way: The Eight Banners and Ethnic Identity in Late Imperial China*, Stanford: Stanford University Press.
Gorelova, L. M. (2002), *Manchu Grammar*, Leiden/Boston/Köln: Brill.
Kim, J., Ko, D., Chaoke, D. O., Han, Y., Piao, L., & Boldyrev, B. V. (2008), *Materials of Spoken Manchu* (Altaic Languages Series 1), Seoul: Seoul National University Press.
Kim, Juwon (2010), "An Examination of Chinese Character Transcriptions of Jurchen and Manchu Personal Names as Reflected in the Annals of the Choson Dynasty," *SCRIPTA* Vol. 2: 85-114.
Möllendorff, P. G. von (1892), *A Manchu Grammar, With Analysed Texts,* Shanghai: American Presbyterian mission Press.
Norman, J. (2013), *A Comprehensive Manchu-English Dictionary* (Harvard-Yenching Institute monograph series 85), Cambridge, MA: Harvard University Asia Center.
Poppe, N. (1965), *Introduction to Altaic Linguistics,* Wiesbaden: Otto Harrassowitz.

Roth Li, G. (2000), *Manchu: A Textbook for Reading Documents,* Honolulu: University of Hawaii Press.

Zaxarov, I. (1879), *Grammatika man'čžurskogo jazyka* [Manchu Grammar], Sankt-Peterburg: Tipografija Imperatorskoj Akademii Nauk.

발간사

알타이학이라는 용어는 많은 이에게 생소할지도 모른다. 종래에는 주로 한국어계통론이라는 명칭으로 연구되면서 시각과 연구 범위도 다소 한정되어 한국어의 조상 언어를 찾아내고 이웃 언어와의 계통적 연관성을 연구하는 분야 정도로 알려져 왔다.

그러나 알타이학은 이른바 알타이어족으로 불린 언어를 사용하는 민족들의 언어, 문학, 역사, 신화, 민속, 종교, 관습, 유전체 등을 종합적으로 연구하는 분야이다. 이러한 학문 분야 연구는 개별적으로 진행되기보다는 융합적인 관점에서 서로의 연구 성과를 아우르면서 진행되어야 소기의 목적을 달성할 수 있다. 그렇게 함으로써 편협한 시각에서 벗어나 우리 자신과 우리의 이웃을 총체적으로 이해할 수 있다. 이런 점에서 알타이학은 알타이계 제 민족의 언어와 문화 등을 연구하는 데 머무르지 않고 한국의 어제와 오늘을 이해하려는 한국학의 중요한 한 부분이다.

2009년 서울대학교 인문학연구원에 알타이학연구소가 설립되었다. 이를 계기로 연구자들이 뿔뿔이 흩어져 개인적으로 연구하고 있던 과제를 상호 토론하고 종합함으로써 알타이학 발전의 새로운 계기를 마련할 수 있게 되었다. 이렇게 상호 소통하며 토론하고 종합한 연구 결과를 남기고 공유하고자 알타이학총서를 출판하기로 하였다.

그런데 알타이계 여러 민족이나 집단의 역사, 문학 등에 접근하기 위해서는 다른 나라의 언어로 쓰인 자료도 필요하겠지만, 알타이계 민족이 자신들의 언어로 서술한 저작물에 대한 이해가 반드시 필요하다. 어떤 저작물이든 그것을 기록한 언어를 사용한 민족의 주관적인 시각이 배어 있기 때문이다.

알타이계 민족은 자신들의 언어를 표기하는 고유 문자를 가지고 있는 경우가 적지 않다. 대표적으로 만주어나 몽골어 등으로 출판된 자료는 그것이 꼭 읽어야 하는 것임에도 불구하고 언어의 장벽 때문에 쉽사리 접근하기가 어렵다. 알타이학번역총서는 이러한 알타이계 언어로 쓰인 원전에 용이하게 접근하게 하기 위해 기획된 것이다. 이 총서를 통해 관련 학자들뿐만 아니라 이 분야의 학문적 정보에 목말라 있는 대중에게 깊이 있고 종합적인 정보를 제공하고자 한다. 아울러 이 총서를 통해 한국의 알타이학이 그 기초가 더 튼튼해지고 세계적인 수준으로 성장하기를 기대한다.

2019년 1월
서울대학교 알타이학연구소 소장

역주자 약력

김주원

서울대학교 언어학과 교수
서울대학교 언어학과 졸업
박사학위 논문: 「만주퉁구스제어의 모음조화 연구」(1989, 서울대학교)
경력: 1983.3.~1999.8. 영남대학교 국어국문학과 교수
1999.9.~현재 서울대학교 부교수, 교수
대표 논저: *A Grammar of Ewen*(2011, SNU Press), *Materials of Spoken Manchu*(2008, SNU Press, 공저), 『조선왕조실록의 여진족 족명과 인명』(2008, 서울대학교출판부), 『언어다양성 보존을 위한 알타이언어 문서화』(2012, 태학사, 공저)

고동호

전북대학교 국어국문학과 교수
서울대학교 언어학과 졸업
박사학위 논문: 「국어 마찰음의 통시적 연구」(1995, 서울대학교)
경력: 1999.4.~2000.8. 도쿄외국어대학 객원조교수
2000.9.~현재 전북대학교 조교수, 부교수, 교수
대표 논저: 『사라져 가는 알타이언어를 찾아서』(2008, 태학사, 공저), *Materials of Spoken Manchu*(2008, SNU Press, 공저), *A Description of Najkhin Nanai*(2011, SNU Press, 공저)

최계영

서울대학교 언어학과 시간강사
서울대학교 언어학과 졸업
박사학위 논문: 「『漢淸文鑑』의 사전학적 연구」(2016, 서울대학교)
대표 논저: 「『御製增訂淸文鑑』 신규 표제어 연구」(2017, 알타이학보 27)

박상철

전북대학교 국어국문학과 박사후연구원
서울대학교 언어학과 졸업
박사학위 논문: 「만주어 문어의 시제와 양상 연구: 『滿文老檔』의 용례를 중심으로」(2017, 서울대학교)
경력: 2017.9.~2018.6. 서울대학교 언어학과 시간강사
2018.7.~현재 전북대학교 국어국문학과 박사후연구원
대표 논저: 「만주어 문법서에서 기술한 -ra와 -ha의 의미: 시제(時制)인가 양상(樣相)인가」(2017, 인문논총 74-3)

도정엽

서울대학교 언어학과 시간강사

서울대학교 언어학과 졸업

박사학위 논문: 「만주어 격 표지 be의 기능 연구」(2018, 서울대학교)

대표 논저: 「『滿文老檔』과 『滿洲實錄』의 만주문 대조 연구」(2015, 알타이학보 25)

이형미

서울대학교 언어학과 박사과정 수료

대표 논저: 「『滿文原檔』에서 『滿文老檔』으로의 내용 변개에 관한 연구」(2017, 인문논총 74-3, 공저)

김혜(金慧)

서울대학교 언어학과 박사

박사학위 논문: 「『滿文原檔』의 차용 표기에 나타난 만주어와 한어의 음운현상 연구」(2019, 서울대학교)

대표 논저: 「만주어 표기에 반영된 만주어와 한어의 구개음화」(2018, 언어학 80)

심재훈

서울대학교 언어학과 박사과정

서울대학교 언어학과 졸업

석사학위 논문: 「전북 임실방언의 모음체계 변화 연구」(2018, 서울대학교 언어학과)